ISBN 978-1-334-62922-8
PIBN 10767375

1 MONTH OF FREE READING

at

www.ForgottenBooks.com

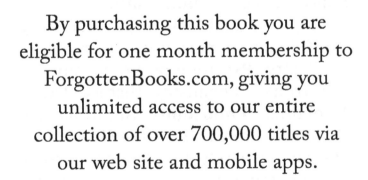

By purchasing this book you are eligible for one month membership to ForgottenBooks.com, giving you unlimited access to our entire collection of over 700,000 titles via our web site and mobile apps.

To claim your free month visit:
www.forgottenbooks.com/free767375

English
Français
Deutsche
Italiano
Español
Português

www.forgottenbooks.com

Mythology Photography **Fiction**
Fishing Christianity **Art** Cooking
Essays Buddhism Freemasonry
Medicine **Biology** Music **Ancient
Egypt** Evolution Carpentry Physics
Dance Geology **Mathematics** Fitness
Shakespeare **Folklore** Yoga Marketing
Confidence Immortality Biographies
Poetry **Psychology** Witchcraft
Electronics Chemistry History **Law**
Accounting **Philosophy** Anthropology
Alchemy Drama Quantum Mechanics
Atheism Sexual Health **Ancient History**
Entrepreneurship Languages Sport
Paleontology Needlework Islam
Metaphysics Investment Archaeology
Parenting Statistics Criminology
Motivational

G L I
ANNALI D'ITALIA
Dal principio dell'Era Volgare
fino all'Anno 1749.

Anno di Cristo 1701. Indizione IX.
Di Clemente XI. Papa 2.
Di Leopoldo Imperadore 43.

NON sì tosto fu affiso sulla Cattedra di San Pietro *Cle-* *mente XI.* che diede a conoscere, quanto saggiamente
avessero operato i sacri Elettori, in confidare a lui il
governo della Chiesa di Dio e dello Stato Ecclesiastico. Mirava già egli in aria il fiero temporale, che minacciava l'Europa, e siccome Padre comune mise immediatamente in moto
tutto il suo zelo, e la singolar sua eloquenza, per esortare i
Potentati Cristiani ad ascoltar trattati di pace, prima di venire all'armi. A questo oggetto spedì Brevi caldissimi, fece
parlare i suoi Ministri alle Corti, esibì la Mediazione sua, e
quella eziandio della Repubblica Veneta. Predicò egli a sordi,
e tuttochè l'Imperadore inclinasse a dar orecchio a proposizioni d'accordo, non si trovò già la medesima disposizione in
chi possedeva tutto, e nè pure un briciolo ne volea rilasciare
ad altri. Grande istanza fecero i Ministri del nuovo Re di Spagna *Filippo V.* secondati da quei del Re Cristianissimo *Luigi XIV.*
per ottenere l'Investitura de i Regni di Napoli e Sicilia, siccome Feudi della santa Romana Chiesa. Fu messo in consulta co'
più saggi de' Cardinali questo scabroso punto; e perciocchè una
pari richiesta veniva fatta dall'Imperador *Leopoldo*, a tenore
delle sue pretensioni e ragioni: il Santo Padre, per non pregiudicare al diritto d'alcuna delle parti, sospese il giudizio suo; e
per quante doglianze e minaccie impiegassero Franzesi e Spagnuoli, non si lasciò punto smuovere dal proponimento suo.
Diedero intanto principio gl'Imperiali alla battaglia con de i
Manifesti, ne' quali esposero le ragioni dell'Augusta Famiglia
sopra i Regni di Spagna, allegando i Testamenti di que' Mo-

Tomo XII.   A   nar-

Era Volg.
Ann. 1701.

Era Volg.
Ann. 1701. narchi in favore degli Auſtriaci di Germania, e le ſolenni Rinunzie fatte dalle due Infante *Anna*, e *Maria Tereſa*, Regine di Francia. Fu a queſti dall'altra parte riſpoſto, aver da
prevalere a gli altri Teſtamenti l'ultima volontà del regnante
Re *Carlo II*. nè doverſi attendere le Rinunzie ſuddette, non
potendo le Madri privar del loro Gius i Figliuoli: pretenſione, che ſtrana ſembrò a molti, non potendoſi più fidare in
avvenire d'atti ſomiglianti, e reſtando con ciò illuſorj i patti
e i Giuramenti. Ma non s'è forſe mai veduto, che le Carte
decidano le liti de' Principi, ſe non allorchè loro mancano forze
ed armi, per ſoſtenere le pretenſioni ſue, giuſte o ingiuſte che
ſieno. Però ad altro non ſi penſò, che a far guerra, come già
ognun prevedeva; e la prima ſcena di queſta terribil Tragedia
toccò alla povera Lombardia.

PER gli ufizj della Corte Ceſarea era già ſtato appoggiato
il Governo della Fiandra a *Maſſimiliano* Elettor *di Baviera*,
ſulla ſperanza di trovare in lui un buon appoggio nelle imminenti contingenze. Fece il tempo vedere, ch'egli più penſava
a ſoſtener le ragioni del Figlio ſuo, che le altrui; e rapitogli
poi dalla morte queſto ſuo germe, crebbero ſempre più le a-
marezze ſue contro la Corte di Vienna, la quale non ebbe maniera di torgli quel Governo, perchè più numeroſe erano le
di lui milizie in Fiandra, che le Spagnuole. Miſero toſto i
Franzeſi un amichevole aſſedio a queſto Principe, e con obbli-
garſi di pagargli annualmente gran ſomma di danaro, e con
promeſſe di dilatare i ſuoi dominj in Germania, il traſſero nel
loro partito; e ſi convenne, che movendoſi l'armi, egli ſarebbe de' primi in Baviera a far delle conquiſte. Ciò fatto, ebbero maniera le truppe Franzeſi di entrar quetamente nelle
Piazze di Fiandra, ove gli Ollandeſi tenevano guernigione,
con licenziarne le loro truppe. Rivolſe nello ſteſſo tempo il
Gabinetto di Francia le ſue batterie a *Vittorio Amedeo* Duca di
Savoia per guadagnarlo. Ben conoſceva queſto avveduto Principe, che caduto lo Stato di Milano in mano della Real Caſa
di Borbone, reſtavano gli Stati ſuoi in ceppi, ed eſpoſti a troppi pericoli per l'unione o fratellanza delle due Monarchie. Ma
ſicuro dall'una parte, che non gli ſarebbe accordata la neutralità, e dall'altra, che ricalcitrando verrebbe egli ad eſſere la
prima vittima del furore Franzeſe, giacchè il Re Criſtianiſſimo
s'era potentemente armato, e l'Auguſto *Leopoldo* avea trovato
all'

all' incontro affai fmilze le fue truppe, e troppo tardi farebbero giunti in Italia i fuoi foccorfi : però con volto tutto contento
contraffe alleanza colle Corone di Francia e Spagna ; e li convenne, che il Re Cattolico *Filippo V.* prenderebbe in moglie.
la Principeffa *Maria Lodovica Gabriella* fua fecondogenita ; ch'
egli farebbe Generaliffimo dell' armi Gallispane in Italia ; fom-
miniftrerebbe otto mila fanti, e due mila e cinquecento cavalli ;
e ne riceverebbe pel mantenimento menfalmente cinquanta mila feudi, oltre ad uno ftraordinario aiuto di cofta per metterfi
decorofamente in arnefe . Qùi non fi fermarono gl' induftriofi
Franzefi. Spedito a Venezia il *Cardinale d'Etrè*, gli diedero
commiffione di trarre in Lega ancor quella Repubblica ; ma più
di lui ne fapea quel faggio Senato, rifoluto di mantenere in
quefti imbrogli la neutralità : partito pericolofo per chi è de-
bile, ma non già per chi ha la forza da poterla foftenere, quali appunto erano i Veneziani. Fornirono effi le lor Città di copiofe foldatefche, lafciando poi, che gli altri fi rompeffero il
capo . Non così avvenne a *Ferdinando Carlo Gonzaga* Duca ·di
Mantova, che fi trovava a' fuoi divertimenti in Venezia . Oltre all' avere il Cardinal fuddetto guadagnati i di lui Miniftri
con que' mezzi, che hanno grande efficacia ne' cuori venali,
tanto feppe dire al Duca, facendo valere ora le minaccie, ora
gli allettamenti di promeffe ingorde, che non feppe refiftere ; e
maffimamente perchè in fuo cuore confervava un fegreto ran-
core contra di Cefare per cagion di Guaftalla, a lui tolta con
Luzzara e Reggiuolo, e perchè abbifognava di danaro,
fecondo lo ftile di gli altri fcialacquatori pari fuoi . Per dar colore a quefta fua rifoluzione, inviò a Roma il Marchefe Beretti fuo potente Configliere, acciocchè pregaffe il Pontefice
di voler mettere prefidio Papalino in Mantova, a fine di non
cederla ad alcuno . E a ciò effendo condifcefo il Santo Padre,
poco fi ftette poi a fcoprire, effere feguito accordo fra lui e
i Franzefi, ed effere una mafcherata quella del fuo Inviato a
Roma : il perchè fu quefti licenziato con poco fuo piacere da
quella facra Corte. Comunemente venne deteftata quefta viltà del Duca, effendo Mantova Città, che anche fornita di
foli Miliziotti fi potea difendere, oltre al poterfi credere, che
i Franzefi non farebbono giunti ad infultarlo, fe aveffe refifti-
to . Ne fece ben egli dipoi un' afpra penitenza. In vigore del
fuddetto concordato ful prisncipio d'Aprile circa quindici mila

Era Volg.
Ann. 1701. Franzefi, ch'erano già calati in Italia, fi prefentarono fotto
il comando del Conte di Tefsè alle porte di Mantova, minacciando fecondo il concerto di voler'entrare colla forza in
quella forte Città ; e però il Duca moftrando timore di qualche gran male, cortefemente ricevette quegli ofpiti novelli,
e gridò poi dapertutto (fenza però che alcuno glielo credeffe,) che gli era ftata ufata violenza.

Verso il principio della Primavera cominciarono a calare
in Italia le truppe Franzefi a fin di difendere lo Stato di Milano ; giunfe anche a Torino nel dì quattro d'Aprile il Marefciallo di *Catinat*, con dimoftrazioni di gran giubilo accolto
da quel Real Sovrano, che il trattò da padre, e più volte gli
diffe di voler'imparare fotto di lui il meftier della guerra, e
a guadagnar battaglie. Nacque appunto nel dì 27. del Mefe
fuddetto al Duca il fuo Secondogenito, a cui fu pofto il nome di *Carlo Emmanuele*, oggidì Re di Sardegna, e Duca di
Savoia. Accrefciuta poi l'Armata Franzefe da altre milizie,
che fopravvennero, e decantata fecondo il folito dalla Politica
guerriera più numerofa di quel ch'era, il Catinat ful principio di Maggio pafsò con effa ful Veronefe, e andò a poftarfi
all'Adige, armando tutte quelle rive, per impedire il paffo a
i Tedefchi, i quali fi credeva, che tenterebbono il paffo ftretto della Chiufa. Erano in quefto mentre calati dalla Germania quanti cavalli e fanti potè in fretta raunare la Corte Cefarea, e fe ne facea la maffa a Trento. Al comando di quefta Armata fu fpedito il Principe *Eugenio di Savoia*, non fenza maraviglia della gente, che non fapeva intendere, come
un Principe di quella Real Cafa imbrandiffe la fpada contra lo
fteffo Duca di Savoia Generaliffimo de'Gallifpani. Seco venivano il *Principe di Commercy*, e il Principe *Carlo Tommafo di
Vaudemont* (tuttochè il di lui Padre al fervigio della Spagna governaffe lo Stato di Milano) e il Conte *Guido di Staremberg*.
Allorchè fu all'ordine un competente Corpo d'Armata, il Principe Eugenio, prima che maggiormente s'ingroffaffe l'efercito
nemico (già più poderofo del fuo) con truppe nuove procedenti dalla Francia, e con quelle del Duca di Savoia, fi mife in
marcia per isboccar nelle pianure d'Italia. Trovò impoffibile il
cammino della Chiufa, e prefi tutti i paffi fuperiori dell'Adige. Se i Tedefchi non hanno ali, dicevano allora i Franzefi,
certo per terra non pafferanno. Ma il Principe a forza di co-

piofi

piofi guaftatori fi aprì una ftrada per le Montagne del Veronefe e Vicentino, e all'improvvifo comparve al piano con qualche pezzo d'artiglieria. Per un argine infuperabile era tenuto
il groffiffimo fiume dell'Adige; e pure il *Generale Palfi* nel dì
16. di Giugno ebbe la maniera di paffarlo di fotto a Legnago.
Il che fatto, i Franzefi a poco a poco fi andarono ritirando,
e gli altri avanzando. Nel dì nove di Luglio feguì ful Veronefe a Carpi un fatto caldo, e di là sloggiati con molta perdita
i Gallispani furono in fine coftretti a ridurfi di là dal Mincio,
dove fi accinfero a ben cuftodir quelle rive. Perchè in rinforzo loro colle fue genti arrivò *Vittorio Amedeo* Duca di Savoia,
ed erano ben forniti di gente e cannoni gli argini d'effo Fiume, allora sì che parve piantato il Non plus ultra a i paffi
dell'Armata Alemanna. Ma il Principe *Eugenio*, nulla fpaven-
tato nè dalla fuperiorità delle forze nemiche, nè dalle gravi
difficultà de' fiti, nel dì 28. di Luglio animofamente formato
un Ponte ful Mincio, lo valicò colla fua Armata, non avendo
il Catinat voluto aderire al fentimento del Duca di Savoia,
di opporfi, perchè credea più ficuro il giuoco, allorchè foffe
arrivato un gran corpo di gente a lui fpedito di Francia. Prefe quefto Marefciallo il partito di poftarfi di là dal Fiume
Oglio, lafciando campo al Principe Eugenio d'impadronirfi di
Caftiglion delle Stiviere, di Solferino, e di Caftel Giuffrè nel
dì cinque d'Agofto: con che le fue truppe cominciarono a
godere delle fertili campagne del Brefciano, e a mettere in
contribuzione lo Stato di Mantova con alte grida di quel Duca, che cominciò a provar gli amari frutti delle fue fconfigliate rifoluzioni. Trovaronfi in quefti tempi molto aggravati
dalle nemiche Armate i territorj della Repubblica Veneta. Ma
effa nè per minaccie, nè per lufinghe fi volle mai dipartire
dalla neutralità faggiamente prefa, tenendo guernite di groffe
guernigioni le fue Città, che perciò furono fempre rifpettate.

ERA, non può negarfi, il *Marefciallo di Catinat* Maeftro
veterano di guerra, non men provveduto di valore, che di
prudenza; ma da che fi cominciò a fcorgere, che più anche
di lui fapea quefto meftiere il Principe Eugenio, tuttochè non
pervenuto per anche all'età di quarant'anni: giudicò il Re
Criftianiffimo col fuo Configlio, che a gli affari d'Italia, i
quali prendeano brutta piega, occorreva un Medico di maggior polfo e fortuna. Fu perciò rifoluto di fpedire in Lombardia

bardia il Marefciallo *Duca di Villeroy*, con dargli il fupremo comando dell'Armata, fenza pregiudizio de gli onori dovuti al Duca di Savoia Generaliffimo. Nuove truppe ancora, oltre alle già inviate, fi mifero in cammino, affinchè la maggior copia de'combattenti, aggiunta alla confueta bravura Franzefe, con più facilità poteffe prometterfi le vittorie. Nel dì 22. d'Agofto giunfe il Villeroy al campo Gallispano, menando feco il *Marchefe di Villars*, il *Conte Albergotti* Italiano; Tenenti Generali, ed altri Ufiziali; accolto colla maggiore ftima dal Duca di Savoia, e da tutta l'Ufizialità. Le prime fue parole furono di chiedere, dove era quella canaglia di Tedefchi, perchè bifognava cacciarli d'Italia: parole, che fecero ftrignere nelle fpalle chiunque l'udì. Per li fopragiunti rinforzi fi tenne l'efercito fuo fuperiore quafi del doppio a quel de' Tedefchi: laonde il Principe Eugenio ebbe bifogno di tutto il fuo ingegno, per trovar maniera di refiftere a sì groffo torrente; e ficcome egli era mirabile in divifare e prendere i buoni poftamenti, così andò ad impoffeffarfi della Terra di Chiari nel Brefciano, non fenza protefte e doglianze del Comandante Veneto; e quivi fi trincierò, facendofi fpezialmente forte dietro alcune caffine e mulini. Ardeva di voglia il Villeroy di venire alle mani col nemico, perchè fi teneva in pugno il trionfo; e però valicato l'Oglio a Rudiano, a bandiere fpiegate andò in traccia dell'Armata Tedefca, con rifoluzion di affalirla.

Vittorio Amedeo Duca di Savoia in quel combattimento ſi ſegnalò nello ſprezzo di tutti i pericoli; e o foſſe una cannonata, come a me raccontò perſona ben' informata, o pur colpo di fucile, corſe riſchio della vita ſua. E fu in queſta occaſione, ch' egli ſi affezionò a gli Strologhi, perchè un d'eſſi avea da gli Svizzeri due meſi prima ſcritto ad un confidente di eſſo Principe, che nel dì primo di Settembre Sua Altezza Reale correrebbe un gran pericolo. Per quanto falſe le loro predizioni, egli trovaſſe da lì innanzi, non perdè mai più la ſtima di quell'Arte vana ed ingannatrice. Accoſtandoſi il verno, richiamò eſſo Sovrano le ſue milizie in Piemonte; e il Villeroy veggendo oſtinati a tener la campagna i Tedeſchi, giudicò meglio di ritirarſi egli il primo, e di ripartire a quartieri maſſimamente ſul Cremoneſe la maggior parte delle ſoldateſche ſue; con che ebbero agio i Ceſarei d'impadronirſi di Borgoforte, di Guaſtalla, d'Oſtiglia, di Ponte-Molino, e d'altri Luoghi. Aveano già ſaputo col mezzo delle minaccie i Galliſpani mettere il piede su i principj di queſt' Anno entro la Fortezza della Mirandola. Seppe coſì ben concertare anche *il Principe Eugenio* colla *Principeſſa Brigida Pico* le maniere di cacciarli, che quella Città vi ricevette preſidio Ceſareo. A cavallo del Po ſpezialmente ſe ne ſtavano le milizie Imperiali, invigorite ultimamente da nuovi ſoccorſi calati dalla Germania; s'impoſſeſſarono ancora di Canneto, e di Marcaria; e giacchè a riſerva del Caſtello di Goito e di Viadana non reſtavano più Franzeſi ſul Mantovano, diede principio eſſo Principe Eugenio ad un blocco lontano intorno alla ſteſſa Città di Mantova, fornita d'un vigoroſo preſidio di Franzeſi. Eſſendo oramai i Ceſarei in poſſeſſo di tutto il Mantovano, non s'ha da chiedere, ſe faceſſero buon trattamento a que' poveri Popoli; e tanto più perchè il loro Duca era ſtato dichiarato ribello del Romano Imperio.

E finquì la ſola Lombardia avea ſoſtenuto il peſo della guerra, quando nel dì 23. di Settembre ſcoppiò un turbine anche nella Città di Napoli. Non mancavano in quella gran Metropoli de i divoti del nome Auſtriaco ſì nella Nobiltà, che nel Popolo. Negli eſerciti dell'Imperador *Leopoldo*, e del Re *Carlo II.* molti di que' Nobili militando in addietro, aveano pel loro valore conſeguito de' gradi ed onori diſtinti. Queſta fazione valutando non poco, l'eſſerſi finora negata dal ſommo Pontefi-

Era Volg.
Ann. 1701.
tefice l'Inveſtitura di quel Regno al prelodato *Re Filippo*, teneva per lecito l'aderire all'Auguſta Caſa d'Auſtria, e mac-
chinava follevazioni, ſenza nulla atterrirſi per le frequenti pri-
gionie, che faceva il Vicerè *Duca di Medina Celi* de i chiamati Inconfidenti. Dimorava in queſti tempi il *Cardinal Grimani*
Veneto in Roma, accurato Miniſtro della Corte Ceſarea, e andava ſcandagliando i cuori di que' Napoletani, ne' quali preva-
leva l'amore verſo del Sangue Auſtriaco, e che già aveano at-
taccati cartelli per le Piazze di Napoli colle parole, uſate già
dal Giudaiſmo, e riferite nel Vangelo : *Non habemus Regem*,
niſi Cæſarem. Quando a lui parve aſſai diſpoſta la mina, per
la ſicurezza, che avea di molti congiurati, e ſperandone molti più, allorchè le ſi appiccaſſe il fuoco : ſpedì traveſtito a Napoli il Barone di Saſſinet Segretario dell'Ambaſciata Ceſarea.
Coſtui nel giorno ſuddetto, preſa in mano una bandiera Imperiale, uſcì in pubblico, ed unitaſi a lui gran copia di que' Laz-
zari, cominciò a gridare *Viva l'Imperadore*. Crebbero a migliaia i ſollevati, e s'impadronirono della Chieſa di San Lorenzo, della Torre di Santa Chiara, e d'altri poſti. Lor Condottiere fu Don Carlo di Sangro nobile Napoletano, e Ufiziale
nelle truppe Ceſaree. Era ſtato fatto credere al buon *Imperado-*
re Leopoldo, tale eſſere l'amore degl'Italiani, e maſſimamente
nel Regno di Napoli, e Stato di Milano, che baſtava alzare un
dito, perchè tutti i Popoli ſi ſollevaſſero in favor ſuo. Ma queſti non erano più i tempi de' Ghibellini, quando agguerriti i
Popoli d'Italia, e agitati dall'interno fermento delle Fazioni,
troppo facilmente tumultuavano, e ſpendevano la vita, per ſoddisfare alle loro paſſioni. Si trovavano ora i Popoli inviliti, talun di eſſi oppreſſo da' Principi, allevati nella quiete, e alieni
da azzardare quanto aveano in tentativi pericoloſi.

Alzatosi dunque il romore, la maggior parte della Nobiltà Napoletana corſe ad eſibirſi in difeſa del Vicerè, e non tardò lo ſteſſo Eletto del Popolo con iſchiere numeroſe di que' Popolari ad aſſicurarlo della ſua e lor fedeltà. Il perchè uſcite le
guernigioni Spagnuole in armi, ed unite con quattrocento di
que' Nobili, e più migliaia del Popolo, non durarono gran fatica a diſſipare i ſollevati, a riacquiſtare i Luoghi occupati, e
a far prigione il Barone di Saſſinet, e Don Carlo di Sangro con
altri Nobili, che non ebbero la fortuna di ſalvarſi colla fuga.
Ad alcuni di queſti ſegretamente nelle carceri tolta fu la vita;

pubblicamente mozzo il capo al Sangro; rafato il Palazzo di
Telefa di Cafa Grimaldi; e il Saffinet venne poi da lì a qualche tempo condotto in Francia. Calmoffi tofto quella mal' or-
dita follevazione; e per maggior ficurezza di quella Città, vi
furono per terra e per mare fpediti dal Re Criftianiffimo abbondanti rinforzi di milizie e di munizioni; e il *Duca di Afcalona* pafsò dal governo della Sicilia a quello di Napoli. Intanto non ceffava la Corte Cefarea di perorar la fua caufa in quelle delle amiche Potenze, mettendo davanti a gli occhi d'ogni-
una, qual rovina fi potea afpettare dall'oramai fterminata poffanza della Real Cafa di Borbone, per efferfi ella piantata ful
Trono della Spagna. Di quefte lezioni non aveano gran bifogno gl'Inglefi ed Ollandefi, per conofcere il gran pericolo, a
cui anch' effi rimanevano efpofti; ed aggiuntovi il difpetto d'effere ftati beffati dal Re Criftianiffimo colle precedenti Capitolazioni, non fu in fine difficile il trarli ad una Lega difenfiva ed offenfiva contro la Francia. Fu quefta fottofcritta all'
Haia nel dì fette di Settembre da i Miniftri di *Cefare*, di *Guglielmo* Re della Gran Bretagna, e dall'*Ollanda;* laonde ogni-
uno fi diede a preparar gli arnefi, per ufcir con vigore in campagna nell'Anno appreffo. Ma nè pur dormiva il Re Criftianiffimo, e di mirabili preparamenti fece anch' egli per ricevere i già preveduti nemici. Nel Settembre di queft'Anno feguì in Torino lo Spofalizio della Principeffa *Maria Luigia*, fecondogenita del Duca di Savoia col Re di Spagna *Filippo V.*
ed ella appreffo fi mife in viaggio per andare ad imbarcarfi a
Nizza, e paffare di là in Ifpagna.

Anno di CRISTO 1702. Indizione X.
  Di CLEMENTE XI. Papa 3.
  Di LEOPOLDO Imperadore 44.

MENTRE lo zelante Pontefice *Clemente XI.* non rallen-
tava le fue premure, per introdurre penfieri di pace
fra i Principi guerreggianti, e prevenire con ciò l'incendio,
che andava a farfi maggiore in Europa, non godeva egli quiete in cafa propria, perchè combattuto da i Miniftri d'effe Potenze, pretendendolo cadaun d'effi troppo parziale dell'altra
parte. Spezialmente fi fcaldava su quefto punto la Corte Cefarea. Non s'era già ella doluta, perchè il fanto Padre avefse

Tomo XII. B fpedi-

spedito il *Cardinale Archinto* Arcivefcovo di Milano con titolo
di Legato a Latere a complimentare la novella Regina di Spagna ; ma fece ben di gravi doglianze , perchè in Roma veniffe .pubblicata fentenza contro il *Marchefe del Vafto*, Principe
aderente alla Corona Imperiale, per aver egli pretefo , che il
Cardinale di Gianfon avelfe voluto farlo affaffinare . Unironfi a
quefti in apprelfo altri più gravi lamenti per le dimoftrazioni
fatte dal Papa al Re *Filippo V.* Prevalfe in Madrid, e Parigi,
benchè non fenza contradizione di molti, il fentimento di chi
configliava quel giovane Monarca di venire alla tefta dell'efercito Gallifpano in Italia, non tanto per dar calore alle azioni
della campagna ventura, e conciliarfi il credito del valore ,
quanto ancora per confermare in fede i Popoli titubanti colla
fua amabil prefenza, e coll'afpetto della fua fingolar Pietà,
Saviezza, e genio inclinato alla Generofità e Clemenza . Finchè folfe all'ordine la poffente fua Armata in Lombardia, verfo la quale erano in moto molte migliaia di combattenti fpedite da Francia e Spagna, fu creduto bene, ch'egli paffalfe
prima a Napoli a farfi conofcere per quel Principe, che era
degno dell'offequio ed amore d'ognuno . Arrivò quefto grazio-
fo Monarca per mare a quella Metropoli nel dì 16. d'Aprile,
cioè nel giorno folenne di Pafqua, accolto con fontuofiffimi apparati e fegni di gioia da quella copiofa Nobiltà e Popolo. S'egli
fi moftrò ben contento ed ammirato della bella fituazione, grandezza, e magnificenza di quella Real Città, e de' fuoi abitato-
ri, non fu men contenta di lui quella Cittadinanza, o per meglio dire, il Regno tutto, per le tante grazie, che gli com-
partì il benefico fuo cuore, di modo che in lontananza mal-
veduto da molti, fi partì poi di colà amato & adorato quafi
da tutti. Gli fpedì in tal congiuntura Papa Clemente il *Car-*
dinale Carlo Barberini, ornato del carattere di Legato a Latere, ad atteftargli il fuo paterno affetto, e a prefentargli de' fuperbi regali, preziofi per la materia, e più per la divozione .
Quefta fpedizione, tuttochè approvata come indifpenfabile da
i faggi, e che non perciò portava feco l'Inveftitura de' Regni
di Napoli e Sicilia, pure cotanto fpiacque al *Conte di Lam-*
berg Ambafciatore di Cefare, che col Marchefe del Vafto fi
allontanò da Roma. Bolliva intanto nella facra Corte la gran
controverfia de' Riti Cinefi ; e perchè fulle troppo contrarie relazioni venute di colà non fi poteano ben chiarire i fatti, de-

ter-

terminò il prudente Pontefice d'inviar fino alla Cina un perfonaggio non parziale, e per la fua dottrina cofpicuo, che ful fatto offervaffe ciò, ch'efigeffe correzione, con facoltà di rimediare a tutto. A quefto importante affare di Religione fu prefcelto Monfignor *Tommafo di Tournon* Piemontefe, che con titolo di Vicario Apoftolico, portando feco molti regali da prefentare all'Imperador Cinefe, imprefe quello fterminato viaggio per mare, ed egregiamente poi foddisfece all'affunto fuo. Fu ancora in queft'Anno a dì 17. di Febbraio terminata dal fanto Padre con una fentenza la lite lungamente ftata fra la *Ducheffa d'Orleans*, e l'*Elettore Palatino*, già da gran tempo compromeffa nella Santità fua.

Non fu baftante il rigore del verno nell'Anno prefente a frenar le operazioni militari del *Principe Eugenio*. Finquì *Rinaldo d'Efte* Duca di Modena avea goduta la quiete ne' fuoi Stati, rifoluto di non prendere impegno in mezzo alle terribili diffenfioni altrui. Ma troppo facilmente vengono falliti i conti a i Principi deboli, che in mezzo alla rivalità di potenti eferciti fi lufingano di potere falvarfi colla neutralità. Aveva egli ben munito Brefcello, Fortezza di fomma importanza, perchè fituata ful Po, guernita di fettanta pezzi di Cannone di bronzo, di copiofe munizioni da bocca e da guerra, e di un competente prefidio. A nulla aveano fervito finquì le iftanze del *Cardinale d'Etrè*, nè de' Generali Cefarei per levargliela dalle mani; ma avvenne, che il Tenente Generale Franzefe *Conte Albergotti* lafcioffi vedere in que' contorni, ed abboccatofi ancora col Comandante della Piazza, tentò, ma inutilmente, la di lui fede con grandiofe efibizioni. Rifaputofi ciò da' Tedefchi, acquartierati nella vicina Guaftalla, e nata in loro diffidenza, fi fervirono di quefto pretefto per obbligare il Duca a confegnar loro quella Fortezza. In quelle vicinanze adunque fece il *Principe Eugenio* unire un corpo di circa dodici mila foldati, e nello fteffo tempo fpedì a Modena il Conte Sormanni a chiedere in depofito la Piazza fuddetta. Nel dì quattro di Gennaio feguì l'intimazione, fiancheggiata da minaccie in cafo di ripugnanza; laonde il Duca non fenza pubbliche protefte contro sì fatta violenza s'induffe a cederla. Crederono dipoi i Franzefi ciò feguito di concerto, o almen fi prevalfero di quefta apparente ragione per procedere oftilmente contro il medefimo Duca. Ottenuto Brefcello, fi ftefero ful

Era Volg.
Ann. 1702. Parmigiano l'armi Cefaree, e nella fteffa maniera pretefero di'
obbligare *Francefco Farnefe* Duca di Parma ad ammettere guernigione Imperiale nelle fue Città. Ma quel Principe con alle-
gare, che i fuoi Stati erano Feudi della Chiefa, e di non poterne difporre fenza l'affenfo del Papa, di cui aveva inalbe-
rato lo Stendardo, feppe e potè difenderfi fotto quell' ombra;
anzi per afficurarfi meglio dalle violenze in avvenire, traffe
poi le truppe Pontifizie a guernir di prefidio le fuddette fue
Città. Ma quefto non impedì, che le foldatefche Imperiali
non occupaffero da lì innanzi Borgo San Donnino, Buffeto,
Corte Maggiore, Rocca Bianca, ed altri Luoghi di quel Ducato.

GRANDE ftrepito fece in quefti tempi un'impenfato gran
tentativo ideato dall' indefeffo *Principe Eugenio*, per forprendere la Città di Cremona, tuttochè allora provveduta di pa-
reccbi Reggimenti Franzefi, e colla prefenza del Marefciallo
Duca di Villeroy, che aveva quivi ftabilito il fuo quartiere.
Teneva effo Principe intelligenza fegreta in quella Città col
Propofto di Santa Maria Nuova, fpafimato fautore dell'Augufta Cafa d'Auftria, la cui Chiefa ed abitazione confinava colle
mura della Città. Sotto la di lui cafa paffando un condotto,
che sboccava nella foffa, gli fece lo fconfigliato Prete conofcere, che fi poteva di notte introdurre gente, ed avventurare un bel colpo. Non cadde in terra la propofizione, e il
Principe prefe tutte le fue mifure per accoftarfi quetamente
alla Città nella notte antecedente al dì primo di Febbraio con
alquante migliaia de' fuoi combattenti. Per la chiavica fuddetta s'introduffero in Cremona alcune centinaia di Granatieri e
di bravi Ufiziali con guaftatori, che trovati i Franzefi immerfi
nel fonno, ebbero tempo di forzare ed aprir due Porte, per
le quali entrò il groffo de gli altri Alemanni. Svegliata la guernigion Franzefe diede di piglio all'armi, e fi attaccò una confufa crudel battaglia. Ufcito di cafa il *Marefciallo di Villeroy*,
per conofcere che romor foffe quello, andò a cader nelle mani de' Tedefchi, e fu poi mandato prigione fuori della Città
con altri Ufiziali. Non poffo io entrare nella defcrizione di quel
fiero attentato, e bafterammi di dire, che feguì un gran macello di gente dall' una e dall' altra parte, perchè fi menava-
no le mani con baionette e fciable. In fine foprafatti i Tedefchi da i Franzefi, e maffimamente dalla bravura degl' Ir-
landefi, furono obbligati a ritirarfi il meglio che poterono:

Con

Con loro falvatofi il Prete, pafsò poi in Germania, dove trovò buon ricovero. A quefta disavventura de gli Auftriaci fopra tutto influì il non aver potuto il giovine Principe. *Tom-*
mafo di Vaudemont, come era il concerto, giugnere a tempo,
pel Parmigiano al Po e valicarlo ; e quefto a cagion delle ftrade rotte, e de' foffi, che s'ebbero a paffare, oltre all'aver anche trovato rotto il Ponte da' Franzefi, pel quale penfava di
tranfitare il Fiume . Fu creduto, che la parte Cefarea vi per-
deffe più di fettecento uccifi, e più di quattrocento rimafti prigioni, fra' quali il Baron di Mercy; e che più di mille fra
morti e feriti furono i Franzefi, oltre a cinquecento rimafti
prigionieri, fra' quali il Luogotenente Generale *Marchefe di Cre-
nant* con altri non pochi Ufiziali, e lo fteffo *Marefciallo di Villeroy* . Gloriofa fi riputò l'imprefa per gli affalitori, ma più
gloriofa certamente riufcì per li difenfori.

ANDOSSI poi fempre più di dì in dì ingroffando l'efercito Gallifpano, ficchè fi fece poi afcendere fino a circa cinquanta milà armati, laddove l'ofte nemica appena arrivava alla metà, non effendo mai calate di Germania le defiderate reclute,
perchè fi attendeva alla guerra moffa in altre parti. Al comando dell' armi Gallifpane fu fpedito da Parigi il *Duca di
Vandomo Luigi Giufeppe*, Principe de' più efperti nel magiftero
militare, in cui gran nome fi era già procacciato . Arrivò egli
in Italia dopo la metà di Febbraio, e da che vide l'efercito fuo
rinforzato dalle tante milizie venute di Francia, ufcì in campagna nel Mefe di Maggio, con intenzione fpezialmente di liberar la Città di Mantova, oramai ridotta a molti bifogni e
ftrettezze pel lungo blocco de' Tedefchi. Ritirò il *Principe Eugenio* da varj fiti le genti fue, e poi con alto e lungo trincieramento fi fortificò dalla banda del Serraglio in faccia a quella Città . Entrò il Vandomo in Mantova con quanta gente volle, e ricuperò colla forza Caftiglion delle Stiviere ; e già fi afpettava ognuno, ch' egli con tanta fuperiorità di forze non voleffe fofferire in sì gran vicinanza a Mantova i nemici. Ma
pafsò il Giugno fenza azione alcuna di rifleffo, perchè a fuperare il poftamento de gli Alemanni fi potea rifchiar molto. Il
vero motivo nondimeno di quella inazione fu l'avere il Re Cattolico fcritto da Napoli al Vandomo ; che portaffe bensì a Mantova il foccorfo, ma che non tentaffe altra maggiore imprefa
fino all'arrivo fuo. Cioè riferbava quefto Monarca a fè tutte le
pal-

palme e gli allori, che fi aveano da raccogliere dalla prefente
campagna. Nel dì due di Giugno imbarcatofi il Re *Filippo V.*
fece la fua partenza da Napoli, e nel paffar da Livorno fu vi-
fitato e fuperbamente regalato dal Gran Duca *Cofimo III. de'*
Medici, dal Gran Principe *Ferdinando*, e dalla Gran Principeffa *Violante di Baviera* fua Zia. Andò a sbarcare al Finale, e
venuto ad Acqui nel Monferrato, ebbe la vifita di *Vittorio A-*
medeo Suocero fuo, e nel dì 18. con gran pompa fece la fua entrata in Milano. In quefto mentre il Principe Eugenio attefe a
fortificar Borgoforte, e a formare di qua e di là dal Po un
ben munito accampamento. E da che intefe che il Re Cattolico marciava pel territorio di Parma alla volta del Reggiano
col maggior nerbo della fua Armata, inviò il Generale Marchefe *Annibale Visconti* con tre Reggimenti di Corazze a poftarfi
a Santa Vittoria, fito vantaggiofo, perchè circondato da canali
e dal fiume Croftolo. Se ne ftavano quefti Alemanni con gran
pace in quel Luogo, con poca guardia, fenza fpie, co' cavalli
diffellati al pafcolo, credendo, che i Franzefi tuttavia fi deli-
ziaffero nel Parmigiano: quand'ecco nel dopo pranzo del dì 26.
di Luglio fi videro comparire addoffo il *Conte Francefco Alber-*
gotti Tenente Generale de' Franzefi, o pure lo fteffo *Duca di*
Vandomo con quattro mila cavalli e due mila fanti. La confufione loro fu ecceffiva; fecero effi quella difefa, che poterono
in tale improvvifata e cattiva difpofizione; ma in fine convenne loro voltar le fpalle, e lafciare alla balìa de' vincitori il bagaglio, quattordici Stendardi, due paia di Timbali, e cento
cavalli. Trecento furono i morti, altrettanti i prigioni, e il Re
Filippo fopragiunto ebbe il piacere di mirare il fine di quella mifchia.

. NON avendo più alcun ritegno i Franzefi, dieci mila d'effi
nel dì 29. di Luglio fi prefentarono fotto la Città di Reggio, e
non trovarono gran difficultà ad impadronirfene; avvenimento,
che fece intendere a *Rinaldo d'Efte* Duca di Modena, qual'
animo covaffero contra di lui i Re di Francia e di Spagna.
Però nel dì feguente con tutta la fua Corte s'inviò alla volta
di Bologna, lafciando il Popolo di Modena in fomma cofternazione. Giunfe nel primo dì d'Agofto fotto quefta Città il
Conte Albergotti con un groffo corpo di cavalleria e fanteria,
che dimandò la Città e Cittadella a nome del Re Cattolico.
La Confulta lafciata dal Duca, con facoltà di operare ciò che
cre-

'credeſſe più a propoſito in sì ſcabroſe congiunture, con aſſai
onorevole capitolazione ſi ſottomiſe alla forza dell'armi. Lo
ſteſſo avvenne a Carpi, Correggio, e al rimanente de gli Stati del Duca, eccettuata la Garfagnana di là dall'Apennino,
che ricusò di ubbidire. L'aſpetto di queſti progreſſi dell'eſercito Franzeſe quel fu, che in fine obbligò il Principe Eugenio
a ritirar le ſue truppe dal Serraglio di Mantova, e a laſciar
libera quella Città, per accudire al di qua da Po, dove alla
Teſta ſul Correggieſco s'era accampato il Re Cattolico colla
ſua grande Armata, che venne in queſti tempi accreſciuta da
buona parte delle truppe, colle quali il vecchio *Principe di*
Vaudemont dianzi campeggiava in difeſa di Mantova. Eſſendoſi preſa la riſoluzione da' Galliſpani di marciare alla volta
di Borgoforte, per quivi venire a giornata campale, ſi moſſe
la loro Armata nella notte precedente al dì quindici d'Agoſto
alla ſordina, e s'inviò alla volta di Luzzara, dove ſi trovò un
Comandante Tedeſco, che all'intimazion della reſa non riſpoſe ſe non col fuoco de' fucili. Camminavano i Franzeſi ſpen-
ſieratamente coll'immaginazione in capo di trovare il Principe Eugenio ſepolto ne' trincieramenti di Borgoforte; quando
all'improvviſo ſi accorſero, che il coraggioſo Principe marciando per gli argini del Po veniva a trovarli, e diede in fatti
principio ad un fiero combattimento, ſulle cui prime moſſe
perdè la vita il Generale Ceſareo *Principe di Commercy*. Era
già ſonata la ventun'ora, quando ſi diede fiato alle trombe,
e ſi acceſe il terribil conflitto. Durò queſto fino alla notte con
gran bravura, con molta mortalità dell'una e dell'altra parte, e reſtò indeciſa la vittoria, benchè ognun dal ſuo canto
faceſſe dipoi intonare ſolenni *Te Deum*, ed amplificaſſe la perdita de' nemici, e ſminuiſſe la propria: il che fa ritener me
dal riferire il numero de' morti e feriti. Quel ch'è certo, a
niun d'eſſi reſtò per allora il campo della battaglia, e non lieve preda fecero i Ceſarei. Per altro in quella notte ſtettero quiete in vicinanza le due Armate, e credevaſi, che fatto il giorno ſi azzuffarebbono di nuovo, e che o gli uni o gli altri vo-
leſſero veder la deciſione delle loro conteſe. Atteſe il Duca di
Vandomo, eſſendo alquanto rinculato, ad aſſicurare il ſuo campo dall'invaſion del nemico con buoni argini e trincieramenti,
e con formare un Ponte ſul Po, per mantener la comunicazione col Cremoneſe. Gli era reſtata alle ſpalle Guaſtalla, e ne
fece

fece l'affedio, e forzato dopo nove giorni di trincea aperta il General Solari a renderla nel dì nove di Settembre, mife in poffeffo di quella Città *Ferdinando Carlo Gonzaga* Duca di Mantova. Cinfe ancora di ftretto blocco la Fortezza di Brefcello del Duca di Modena. In quefti tempi furono veduti novecento cavalli Ufferi e Tedefchi condotti dall' Eberzeni, Paolo Diak, e Marchefe Davia Bolognefe, paffare pel Reggiano fin ful Pavefe, efigendo contribuzioni dapertutto. Entrarono poi fin dentro Milano, e vi gridarono *Viva l' Imperadore;* e falvi poi pel Mantovano fi riduffero al loro campo.

Stettero dipoi ne i divifati poftamenti l'una in faccia all' altra le Armate nemiche, facendofi folamente guerra colle cannonate, e con qualche fcaramuccia, finchè venne il verno con grande onore del Principe Eugenio, il quale con tanta inferiorità di forze feppe sì lungamente tenere a bada nemici cotanto poderofi. L'ultimo trofeo, che riportò in quefta campagna il giovine Re *Filippo V.* fu, ficcome dicemmo, la prefa di Guaftalla. Dopo di che penfò a ritornarfene in Ifpagna, chiamato colà da i bifogni ed iftanze de' fuoi Regni. Fermoffi in Milano alcune fettimane, da dove nel dì fei di Novembre fi moffe alla volta di Genova, ricevuto ivi con incredibile fplendidezza da quella Nobiltà e Popolo; e di là fece poi vela verfo la Catalogna. Accoftandofi il verno, ricuperò l'Armata delle due Corone Borgoforte, e prefe i quartieri in Mantova, e la maggior parte in Modena, Reggio, Carpi, Bomporto, ed altri Luoghi dello Stato di Modena. Il Principe Eugenio, dopo avere diftribuiti i fuoi nelle Terre e Ville del baffo Modenefe, contigue alla Mirandola, e nel Mantovano di qua da Po, con ritenere un Ponte ful Po ad Oftiglia, s'inviò alla Corte di Vienna, per rapprefentar lo ftato delle cofe, e il bifogno di gagliardi foccorfi. Dopo lo fpaventofo Tremuoto dell' Anno 1688. fi erano riparate le rovine della Città di Benevento; ma nell'Aprile ancora di queft'Anno fi rinovò nella fteffa un quafi pari difaftro. Sollevatofi quivi un temporale sì fiero, che fembrava voler diroccare la Terra da' fondamenti, cagion fu, che gli abitanti fcappaffero fuori dell'abitato. Succedette pofcia un terribile fcotimento, che rovefciò buona parte della Città baffa; e il Palazzo dell' Arcivefcovo, e la Cattedrale. Dugento cinquanta perfone rimafero sfracelate fotto le rovine. Anche le Città d'Ariano, Grotta, Mirabella, Apice, ed altre di que'

con-

contorni ebbero di che piagnere, perchè quasi interamente di-
ſtrutte. Altre non men funeſte ſcene di guerra ſi videro nell'
Anno preſente in Germania, Fiandra, ed altri paeſi, bagnati
dal Reno, giacchè l'Imperadore e le Potenze Maritime aprirono anch' eſſe il teatro della guerra in quelle parti contro la
Francia. Di grandi preparamenti avea fatto l'Inghilterra per
queſto, quando venne a mancar di vita nel dì 19. di Marzo
il loro Re *Guglielmo* Principe d'Oranges, e fu dipoi alzata al
Trono la *Principeſſa Anna*, Figlia del già defunto Cattolico
Re della Gran Bretagna *Giacomo II.* e Moglie di *Giorgio Principe di Danimarca*, la quale con più ardore ancora del ſuddetto
Re Guglielmo incitò quella Nazione a i danni della Real Caſa
di Borbone, ed inviò per Generale dell'armi Britanniche ne'
Paeſi baſſi Milord *Giovanni Curchil Conte di Marlborough*, col
cui valore ſi moſtrò poi ſempre collegata la Fortuna.

ALL' incontro la Francia traſſe nel ſuo partito gli *Elettori
di Baviera e Colonia Fratelli*. Varj aſſedj furono fatti al baſſo
Reno; riſonò ſpezialmente la fama per quello di Landau nell'
Alſazia, eſeguito con gran ſangue dall'Armata Ceſarea comandata dallo ſteſſo *Re de' Romani Giuſeppe*. In eſſo tempo il Bavaro collegatoſi co' Franzeſi moſſe anch'egli l'armi ſue, con
ſorprendere la Città d'Ulma, Meninga, ed altre di que' contorni, e con accendere un gran fuoco nelle viſcere della Germania, dove i Circoli di Franconia, Suevia e Reno accrebbero il numero de' Collegati contra della Francia. Ma ciò, che
diede più da diſcorrere a i Novelliſti in queſt'Anno, fu il terrore e danno immenſo recato alle coſte della Spagna dalla formidabile Armata navale degl' Ingleſi ed Ollandeſi, guidata dall'
Ammiraglio *Rooc* Ingleſe, dall' *Alemond* Ollandeſe, e da *Giacomo Duca d'Ormond* Generale di terra. Verſo il fine di Agoſto
approdò queſta a Cadice (antica Gades de' Romani) emporio
celebre e dovizioſiſſimo della Monarchia Spagnuola ſull'Oceano.
Superati alcuni di que' Forti, vi entrarono gli Angllollandi, e
diedero un fiero ſacco alla Terra, aſportandone qualche milione di preda, ma con aſpre doglianze di tutti i Mercatanti ſtra-
nieri, e con accreſcere negli Spagnuoli l'odio immenſo verſo
le loro Nazioni. Capitarono in queſto tempo dall'America i
Galeoni di Spagna carichi d'oro, d'argento, e di varie merci,
e ſcortati da quindici Vaſcelli e da alcune Fregate Franzeſi.
All' udire le diſavventure di Cadice, ſi rifugiarono queſti ric-

chi Legni nel Porto di Vigo in Galizia. Colà accorfa anche
la Flotta Anglollanda ruppe la catena del Porto. Alquanti di
que' Vafcelli e Galeoni rimafero incendiati; lo fterminato val-
fente parte fu rifugiato in terra, parte venne in poter de' nemici; fette Vafcelli e quattro Galeoni falvati dalle fiamme mu-
tarono padroni. Gran flagello, gran perdita fu quella..

Anno di CRISTO 1703. Indizione XI.
  Di CLEMENTE XI. Papa 4.
  Di LEOPOLDO Imperadore 45.

EBBE principio queſt' Anno con una inondazione del Tevere in Roma ſteſſa, a cui tenne dietro un fiero Tremuoto, che alla metà di Gennaio con varie ſcoſſe per tre giorni ſi
fece fentire in quell' Auguſta Città, riempendola di tal terrore,
che tutto il Popolo corſe ad accomodar le ſue partite con Dio;
molti ſi riduſſero ad abitar ſotto le tende; e il Pontefice Clemente XI. prefcriſſe varie divozioni per implorar la divina Mifericordia. Per queſto ſcotimento della terra la picciola Città di
Norcia colle Terre contigue ſi convertì in un mucchio di pietre; e quella di Spoleti con varie Terre del ſuo Ducato patì
graviſſimi danni. Grandi rovine ſi provarono in Rieti, in Chieti, Monte-Leone, ed altre Terre e Borghi dell' Abbruzzo. La
Città dell' Aquila vide a terra gran parte delle ſue fabbriche
colla morte di molti. Civita Ducale reſtò ſubiſſata con gli abitanti. Fu creduto, che ne' ſuddetti Luoghi periſſero circa trenta mila perſone; nè ſi può eſprimere lo ſcompiglio e ſpavento, che fu in Roma, e per tante altre Città in tal congiuntura, perchè ſino all' Aprile, Maggio, e Giugno altre ſcoſſe di
terra ſi fecero ſentire, ed ognun ſempre ſtava in allarmi; temendo di peggio. Non mancavano intanto altre faſtidioſe cure al Santo Padre in mezzo alle pretenſioni delle Potenze guerreggianti, nè ſi eſigeva meno che la ſua ſingolar deſtrezza per
navigare in mezzo a gli ſcogli, e ſoſtenere la determinata ſua
neutralità. Contuttociò il partito Auſtriaco lo ſpacciava per
aderente al Gallispano, e ſpezialmente fece di gran querele,
perchè avendo l' Auguſto Leopoldo Padre, e Giuſeppe Re de' Romani Figliuolo nel dì 12. di Settembre dell' Anno preſente ceduto all' Arciduca Carlo ogni lor diritto ſopra la Monarchia della Spagna, con che egli aſſunſe inſieme col titolo di Re di Spa-

gna

Era Volg.
Ann. 1703.

gna il nome di *Carlo III.* dal Pontefice fu proibito, che il Ritratto di questo nuovo Re pubblicamente si esponesse nella Chiesa Nazional de' Tedeschi in Roma.

ERANO restate in una gran decadenza l'armi Cesaree in Lombardia, perchè alle diserzioni e malattie, pensioni ordinarie delle Armate, non si suppliva dalla Corte di Vienna con reclute e nuovi soccorsi, trovandosi Cesare troppo angustiato per li continui progressi di *Massimiliano Elettor di Baviera*, le cui forze alimentate finora dall'oro Franzese, e poscia accresciute da un esercito di essa Nazione, condotto dal *Maresciallo di Villars*, faceano già tremar l'Austria, e Vienna stessa. Contuttociò il *Conte Guido di Staremberg*, Generale di molto senno nel mestier della guerra, lasciato a questo comando dal Principe Eugenio, tanto seppe fortificarsi alle rive del Po e della Secchia, che potè sempre rendere vani i tentativi della superiorità dell'esercito Franzese. Intanto la Fortezza di Brescello sul Po, che per undici mesi avea sostenuto il blocco formato dalle truppe Spagnuole, si vide forzata a capitolar la resa. Cercò quel Comandante Imperiale, che questa Piazza fosse restituita al Duca di Modena, ma non fu esaudito. Vi trovarono i Franzesi un gran treno d'artiglieria, di bombe, granate, polve da fuoco, e d'altri militari attrecci; la guernigione restò prigioniera di guerra. Tanto poi si adoperò *Francesco Farnese* Duca di Parma, benchè Nipote del Duca di Modena *Rinaldo d'Este*, che nell'Anno seguente impetrò dalla Francia e Spagna, che si demolissero tutte le fortificazioni di quella Piazza, con dolore inestimabile di esso Duca di Modena, il quale dimorante in Bologna si trovava perseguitato dalle disgrazie, e conculcato fin da i proprj Parenti. Seppe il valoroso Conte di Staremberg difendere Ostiglia da gli attentati de' Franzesi; e nel dì 12. di Giugno essendo giunto il General Franzese *Albergotti* a Quarantola sul Mirandolese, ebbe una mala rotta da i Tedeschi, e gli convenne abbandonare il Finale di Modena. Ciò non ostante crebbero vieppiù da lì innanzi le angustie dell'esercito Alemanno in Italia, perchè l'Elettor Bavaro cresciuto cotanto di forze entrò nel Tirolo, e giunse ad impossessarsi della Capitale d'Inspruch. L'avrebbe bene accomodato il possesso e dominio di quella Provincia, confinante a' suoi Stati; ma si aggiugnevano due altre mire, l'una di togliere a i Tedeschi quella strada, per cui solevano spignere in Ita-

C 2   lia

lià i foccorfi di milizie ; e l'altra di aprirfi un libero commerzio coll'efercito Franzefe, efiftente in Italia, a fin di ricever-
ne più facilmente gli occorrenti fuffidj.

Mossesi in fatti il Duca di Vandomo nel Mefe d'Agofto
dalla Lombardia con parte del fuo efercito alla volta del Trentino, fperando di toccar la mano a i Bavarefi, che avevano
da venirgli incontro. Marciarono i Franzefi per Monte Baldo,
e per le rive del Lago di Garda, e cominciarono ad aggrap-
parfi per quelle montagne, con impadronirfi delle Caftella di
Torbole, Nago, Bretonico, e d'altre, che non fecero difefa,
a riferva del Caftello d'Arco, il quale per cinque giorni foftenne l'empito de' cannoni nemici, con fatiche incredibili fin
colà ftrafcinati. Giunfe poi ful fine d'Agofto dopo mille ftenti
l'efercito Franzefe alla vifta di Trento, ma coll'Adige frap-
pofto, e con gli abitanti nell'oppofta riva preparati a contra-
ftar gli ulteriori avanzamenti de' nemici. Nè le minaccie del
Vandomo, nè molte bombe avventate contro la Città, atter-
rirono punto i Trentini, e maffimamente da che in ajuto loro
accorfe con alcuni Reggimenti Cefarei il Generale *Conte Solari*.
All'afpetto di quefti movimenti comune credenza era in Italia, che in breve fi aveffero a vedere in precipizio gli affari
dell'Imperadore, fatta che foffe l'unione del Bavaro col Duca di Vandomo. Stettero poco a difingannarfi al comparire all'
improvvifo mutata tutta la fcena. I Tirolefi d'antico pre-
gni contra de' Bavarefi, e maffimamente i bravi lor cacciatori,
sì fattamente cominciarono a riftrignere e tempeftar co i loro
fucili le truppe nemiche, prendendo fpezialmente di mira gli
Ufiziali, che altro fcampo non ebbe l'Elettore, fe non quello
di ritirarfi alle fue contrade. Medefimamente non fenza maraviglia de' politici fu offervato ritornarfene il Duca di Vandomo in Italia, dopo aver facrificato inutilmente di gran gente e munizioni in quella infelice fpedizione. Ora ecco il motivo di fua ritirata.

Non avea mai potuto *Vittorio Amedeo* Duca di Savoia,
ficcome Principe di mirabile accortezza, e attentiffimo non meno al prefente, che a i futuri tempi, mirar fenza ribrezzo la
tanto accrefciuta grandezza della Real Cafa di Francia, e pa-
revagli fabbricato il mortorio alla fua Sovranità, da che il Ducato di Milano era caduto in mano di un Monarca sì congiunto di fangue colla potenza Franzefe. Portò la congiuntura de'

tem-

Era Volg.
Ann. 1703.

tempi, ch'egli s'avesse a collegar colle due Corone, tuttochè
scorgesse così fatta Lega troppo contraria a' proprj interessi;
ma stava egli sempre sospirando il tempo di potere rompere
questa catena; e parve ora venuto, da che era vicino a spi-
rare il tempo del contratto impegno della sua Lega co i Re di
Francia e di Spagna. Non lasciava la Corte Cesarea di far
buona cera a questo Principe, benchè in apparenza nemico,
nè sul principio della rottura scacciò da Vienna il di lui Ministro, come avea praticato con quello del Duca di Mantova.
Spedì eziandio nel Luglio dell'Anno presente a Torino (per
quanto pretesero i Franzesi) il *Conte d'Aversberg* travestito per
intavolare con lui qualche Trattato, ma senza sapersi, se ne
seguisse conclusione alcuna finora. Quel che è certo, non avea
voluto il Duca permettere, che le sue truppe passassero verso
il Trentino. Ora i forti sospetti concepiti nella creduta vacillante fede del Duca *Vittorio Amedeo*, diedero impulso al Re
Cristianissimo di richiamare in Lombardia il Duca di Vandomo. Tornato questo Generale colle sue genti a San Benedetto di Mantova di qua dal Po, già da lui scelto per suo quartier generale, nel dì 28. o pure 29. di Settembre, messo in armi tutto l'esercito suo, fece disarmar le truppe di Savoia,
che si trovavano in quel campo ed altri Luoghi, ritenendo
prigioni tutti gli Uziali e soldati. Non erano più di tre mila;
altri nondimeno li fecero ascendere a quattro o a cinque mila.
Per questa impensata novità e violenza alterato al maggior segno il Duca, Principe di grand'animo, ne fece alte doglianze per tutte le Corti; mise le guardie in Torino a gli Amba-
sciatori di Francia e Spagna; occupò gran copia d'armi, spedite dalla Francia in Italia, ed imprigionò quanti Franzesi potè cogliere ne' suoi Stati. Quindi si diede precipitosamente a
premunirsi, e a mettere in armi tutti i suoi Sudditi, per resistere al temporale, che andava a scaricarsi sopra i suoi Stati;
giacchè non tardò il Duca di Vandomo a mettere in viaggio
buona parte dell'esercito suo contro il Piemonte. Saltò fuori in
tal guisa un nuovo nimico delle due Corone, e un nuovo teatro di guerra in Italia.

Nel dì tre di Dicembre pubblicamente dichiarò il Re di
Francia *Luigi XIV.* la guerra contra di esso Duca di Savoia,
il quale nel dì 25. d'Ottobre, come scrisse taluno, o piuttosto nel dì otto di Novembre, come ha lo Strumento rappor-
tato

tato dal Lunig, avea già ſtretta Lega coll' *Impèradòr Leopoldo*.
In eſſo Strumento ſi vede promeſſo al Duca *Vittorio Amedeo*
tutto il Monferrato, ſpettante al Duca di Mantova con Caſalè,
e in oltre Aleſſandria, Valenza, la Valſeſia, e la Lomellina,
con obbligo di demolir le fortificazioni di Mortara. Promet-
tevano in oltre le Potenze Maritime un ſuſſidio Menſale di ottanta mila Ducati di banco ad eſſo Principe, durante la guerra.
Fu poi aggiunto un altro alquanto imbrogliato Articolo della
ceſſione ancora del Vigevanaſco, per cui col tempo ſeguirono
molte diſpute colla Corte di Vienna. Per eſſerſi trovato il Duca colto all'improvviſo dallo ſdegno Franzeſe, e ſpezialmente
ſprovveduto di Cavalleria, gli convenne ricorrere al Generale
Conte di Staremberg, il quale deſideroſo di aſſiſtere il nuovo
Alleato, miſe improvviſamente in viaggio nel dì 20. di Ottobre mille e cinquecento cavalli ſotto il comando del Generale
Marcheſe Annibale Visconti. Benchè ſollecita foſſe la lor marcia, più ſolleciti furono gli avviſi al Duca di Vandomo del loro diſegno; laonde ben guarnito di milizie il paſſo della Stradella, Serravalle, ed altri ſiti, allorchè colà giunſero gli affaticati Alemanni, trovarono un terribil fuoco, e andarono preſto in rotta. Molti furono gli ucciſi, molti i prigioni; ed a
quei, che colla fuga ſi ſottraſſero al cimento, convenne dipoi
paſſare fino a San Pier d'Arena preſſo Genova, e valicare aſpre
montagne per giugnere in Piemonte. Queſto picciolo rinforzo, e l'eſſere ſtati i Franzeſi a cagion del ſuddetto paſſaggio
impegnati in varj movimenti, ſervì di non lieve reſpiro al Duca di Savoia; ma non già a preſervarlo da gl'inſulti a lui minacciati dal potente eſercito nemico. Il perchè determinò in
fine il ſaggio Conte Guido di Staremberg un' arditiſſima impreſa, che per eſſere felicemente riuſcita, riportò poſcia il
plauſo di ognuno. Quando ſi penſava la gente, che l'eſercito ſuo poſtato ſul Modeneſe e Mantovano di qua da Po, ſi foſſe bene adagiato ne' quartieri d'inverno, e penſaſſe al ripoſo:
all'improvviſo con circa dieci mila fanti e quattro mila cavalli,
ſeco menando ſedici cannoni, nel giorno ſanto del Natale paſsò eſſo Staremberg la Secchia, e pel Carpigiano s'indirizzò alla ſtrada Maeſtra, chiamata Claudia, prendendo pel Reggiano
e Parmigiano con marcie sforzate il cammino alla volta del
Piemonte, ſenza far caſo de' rigori della ſtagione, delle ſtrade
rotte, e di tanti Fiumi gravidi d'acqua, che conveniva paſſare.

re . Era già tornato il *Duca di Vandomo* al campo di San Benedetto di Mantova . Al primo avviso di questo impensato movimento de' nemici , raunate le sue truppe , si diede ad inseguirli con forze , chi disse minori , e chi maggiori , ma senza poter mai raggiugnerli , o pure senza mai volerli raggiugnere per poca voglia di azzardare una battaglia . Si contarono bensì alcune scaramuccie ed incontri , ne' quali lasciarono la vita i due valorosi Generali *Lictenstein* Tedesco , e *Solari* Italiano ; ma questi non poterono impedire al prode Comandante di felicemente superar tutti i disagi , e di pervenire ad unirsi col Duca di Savoia nel dì 13. del seguente Gennaio , con infinita consolazione di lui , e de' sudditi suoi.

PRESERO in questi tempi , cioè nel dì otto di Dicembre i Franzesi dimoranti in Modena il preteso di confiscare al Duca *Rinaldo d'Este* tutte le sue rendite e mobili , perchè il suo Ministro in Vienna , trovandosi nell' anticamera della Regina de' Romani , in passando l'*Arciduca Carlo* , dichiarato Re di Spagna , l'inchinò . A chi vuol far del male , ogni cosa gli fa giuoco . Entrato nel Novembre il *Mareсciallo di Tessè* nella Savoia , s'impadronì di Sciambery sua Capitale , e poscia strinse con un blocco la Fortezza di Monmegliano . Riuscì in quest' Anno alle *Potenze Maritime* , e all' *Imperadore Leopoldo* di tirar seco in Lega un' altra Potenza , cioè *Pietro II.* Re di Portogallo . Gli articoli di questa Alleanza furono sottoscritti nel dì 16. di Maggio , e fatte di grandi promesse a quel Monarea , fondate nondimeno su gl' incerti avvenimenti delle guerre . Di quì sorsero speranze ne' Collegati di potere un dì detronizzare il Re di Spagna *Filippo V.* al qual fine creduto fu non solamente utile , ma necesario , che lo stesso *Arciduca Carlo* , proclamato Re di Spagna col nome di *Carlo III.* passasse in persona colà per dar polso a i Portoghesi , e per animare l' occulto partito Austriaco , che si conservava tuttavia ne' Regni di Spagna . Pertanto questo savio , affabile , e piissimo Principe , preso congedo da gli Augusti lagrimanti suoi Genitori , e dal Fratello Giuseppe Re de' Romani , si mise nel Settembre in viaggio alla volta dell' Ollanda , con ricevere immensi onori per dovunque passò . Pertanto ecco oramai gran parte dell' Europa in guerra , per disputare della Monarchia di Spagna ; nel qual tempo anche il Settentrione ardeva tutto di guerra per la Lega del Sassone Re di Polonia col Czar della

Russia

Era Volg.
Ann. 1703. Ruſſia contro il Re di Svezia, che diede loro dell' aſpre lezioni. Preſero in queſt' Anno i Franzeſi Briſac, ricuperarono
Landau, diedero una rotta a i Tedeſchi ſotto eſſo Landau; e
all' incontro gli Angollandi s'impadronirono di Bona, Huy,
e Limburgo.

Anno di Cristo 1704. Indizione XII.
Di Clemente XI. Papa 5.
Di Leopoldo Imperadore 46.

VEggendosi *Rinaldo d'Eſte* Duca di Modena ſì maltrattato ed oppreſſo da i Franzeſi, altro ripiego non trovò, che di ricorrere a Papa *Clemente XI.* per implorare i ſuoi
paterni ufizj appreſſo le due Corone, o per dir meglio, alla
Corte di Francia, che ſola dirigeva la gran macchina, e ſotto nome del Re Cattolico ſola ſignoreggiava ne gli Stati di eſſo Duca. Si portò a queſto fine incognito a Roma, e vi ſi fermò per più Meſi. Giacchè non volle mai indurſi a gittarſi in
braccio a' Franzeſi, non altro in fine potè ottenere, che una
penſione di dieci mila dobble, e queſta ancora gli convenne
comperare con cedere ad eſſi Franzeſi il poſſeſſo della Provincia della Garfagnana, ſituata di là dall' Apennino colla Fortezza di Montalfonſo; unico reſto de' ſuoi dominj, fin ora ſoſtenuto nel ſuo naufragio: dopo di che ſi reſtituì a Bologna ad
aſpettare ſenza avvilirſi lo ſcioglimento dell' univerſal Tragedia. Ma alle ſue diſavventure ſi aggiunſe in queſt' Anno la
demolizione della ſua Fortezza di Breſcello, fatta da' Parmigiani: tanto pontò il Duca di Parma, per levarſi quello ſtecco
da gli occhi. Furono aſportate parte a Mantova, parte nello
Stato di Milano tutte quelle artiglierie ed attrecci militari. Cominciarono in queſt' Anno a declinar forte in Italia gli affari
dell' Imperadore, e del collegato Duca di Savoia. L'incendio
commoſſo in Ungheria da i ſollevati, e in Germania da *Maſſimiliano Elettor di Baviera*, ſiccome quello, che più ſcottava
la Corte di Vienna, a lei non permetteva di alimentar la ſua
Armata in Italia co i neceſſarj rinforzi di truppe e danaro.
Nulla all' incontro mancava al General Franzeſe *Duca di Vandomo*. Da che fu egli maggiormente rinvigorito dalle nuove
leve ſpedite dalla Provenza per mare, diviſe l'eſercito ſuo in
due, ritenendo per ſè le forze maggiori a fine di far guerra

al

al Duca di Savoia ; e dell'altra parte diede il comando al *Gran*
Priore Duca di Vandomo suo Fratello, acciocchè tentasse di cacciar d'Italia il corpo di' Tedeschi, che assai smilzo restava nel
Mantovano di qua da Po, e teneva forte tuttavia la Terra
d'Ostiglia di là da esso Fiume. Allorchè i Franzesi s'avviarono sul fine, dell'Anno precedente dietro al *Conte Staremberg*,
aveano gli Alemanni occupato Bomporto e la Bastia sul Modenese, con far prigioniere il presidio di quest'ultima. Tornato che fu a Modena il Tenente Generale *Signor di San Fre-
mond*, non perdè tempo a ricuperare sul principio di Febbraio
que' Luoghi : sicchè si ritirarono i Tedeschi alla Mirandola,
e attesero a fortificarsi in Revere, Ostiglia, ed altri siti lungo il Po di qua e di là, con istendersi ancora sul Ferrarese
a Figheruolo.

VENUTO il Mese d'Aprile, si mosse il Gran Priore di Vandomo col grosso delle sue milizie, per isloggiare i Tedeschi da
Revere. Non l'aspettarono essi, e si ridussero di là da Po ad
Ostiglia : con che venne a restar separata la Mirandola dal campo loro. Allora fu, che il giovane *Francesco Pico* Duca di essa
Mirandola, accompagnato dal *Principe Giovanni* suo Zio, e da
Don Tommaso d'Acquino Napoletano, suo Padrigno, e Principe
di Castiglione, comparve a Modena con dichiararsi del partito delle due Corone, e con pubblicare un Manifesto contra de i
Cesarei. Fu bloccata da lì innanzi quella Città da i Franzesi ;
fu anche sul fine di Luglio regalata da una buona pioggia di
bombe, ma senza suo gran danno, e senza che se ne sgomen-
tasse punto il *Conte di Koningsegg* Comandante in essa. Pensavano intanto i troppo indeboliti Tedeschi, ridotti di là da Po,
a mantenere almeno la comunicazione colla Germania ; al qual
fine fortificarono Serravalle, Ponte Molino, e varj posti sotto
Legnago ne gli Stati della Repubblica Veneta. Di qua dal Po
stavano i Franzesi, cannonando incessantemente Ostiglia nell'opposta riva. Il Gran Priore passò dipoi ad assediar Serravalle.
Ma perciocchè non men le sue truppe di qua dal Fiume suddetto, e i Tedeschi dall'altra parte si stendevano sul Ferrarese ; diede ciò motivo al sommo Pontefice di farne gravi querele
per mezzo del *Cardinale Astalli* Legato di Ferrara, intimando
a gli uni e a gli altri di sloggiare, e nello stesso tempo minacciando di unir le sue truppe colla parte ubbidiente per iscacciarne la disubbidiente. Sì questi che quelli si mostrarono pronti

Tomo XII.   D   ad ad evacuare il Ferrarese, e in fatti si ritirarono i Franzesi dalla Stellata, e gli Alemanni consegnarono Figheruolo a gli Ufiziali del Papa, con promessa di ritirarsi sul Veneziano. Mentre si allestivano a partire, nella notte precedente la Natività di San Giovanni Batista, avendo i Franzesi raunata gran copia di barche o trovate in Po, o fatte venir dal Panaro, alcune migliaia di essi imbarcate alle Quadrelle, quetamente passarono di là dal Fiume, ed ottenuto il passo dalle guardie Pontifizie, diedero addosso a gli Alemanni, i quali in vigore dell'accordo fatto se ne stavano assai spensierati e quieti. Alquanti ne furono uccisi, gli altri colla fuga scamparono; restò il loro bagaglio in man de' Franzesi. Fu cagion questo colpo, ch'eglino poscia abbandonassero Ostiglia, Serravalle, e Ponte Molino, e che il picciolo loro esercito, valicato l'Adige, andasse a mettersi in salvo sul Trentino. Proruppe la Corte di Vienna in escandescenze per questo fatto, con pretendere di aver pruove chiare, che fosse seguito di concerto co i Ministri del Papa, perchè nello stesso tempo era andato il *Conte Paolucci* Generale Pontifizio ad abboccarsi col Gran Priore, e per altre ragioni, che non importa riferire. Commosso dalle amare doglianze di Cesare il Pontefice spedì a Ferrara Monsignor *Lorenzo Corsini*, che fu poi Cardinale e Papa, acciocchè ne formasse un Processo. Nulla risultò da questo, che i Pontifizj avessero consentito o contribuito alla cacciata de' Tedeschi; ma non perciò si potè levar di capo alla Corte Cesarea, che il Papa assicurato oramai della fortuna favorevole a i Gallispani, avesse data mano ad essi, per cacciare lungi da' suoi Stati quel molesto pugno di gente. Da che si trovarono rinforzati gli Alemanni da alquante milizie calate dal Tirolo, dopo la metà di Settembre calarono di nuovo nel Bresciano, fortificandosi a Gavardo, e Salò sul Lago di Garda, e in altri Luoghi. Poche son le Nazioni e i Principi, che nelle prosperità sappiano conservar la moderazione. Cadde allora in pensiero a i Franzesi di parlar alto, e di obbligar la Repubblica Veneta ad impedire la calata e la dimora delle soldatesche Alemanne ne' suoi Stati. E perciocchè la saviezza Veneta, risoluta di conservare la già presa neutralità, rispose con non minore coraggio, e vieppiù rinforzò i presidj delle sue Piazze: allora il Gran Priore per forza entrò in Montechiaro, Calcinato, Carpanedolo, Desenzano, Sermione, ed altri Luoghi, e non si guardò di far altre insolenze e danni a quelle Venete

con-

contrade, finchè arrivò il verno, che mise freno alle operazioni militari.

QUANTO al Piemonte; avea bene il Duca *Vittorio Amedeo* con varie leve fatte ne' suoi Stati e negli Svizzeri, accresciu- to di molto l'esercito suo, ma per la gran copia di Franzesi, venuta per mare al *Duca di Vandomo*, si trovò sempre di trop- po inferiore alle forze nemiche. Sul principio di Maggio con- tò esso Vandomo circa trentasei mila combattenti nell'oste sua, e però con isprezzo de gli Alleati postati a Trino, passò in fac- cia di essi il Po, e gli obbligò a ritirarsi con qualche loro per- dita. Quindi imprese l'assedio di Vercelli, Città, che quan- tunque presidiata da sei mila persone, non fece, che una mi- sera difesa; ed ostinatosi il Vandomo a voler prigioniera di guer- ra quella guernigione a fine di sempre più tagliar le penne al Duca di Savoia, trovò Comandante ed Ufiziali, che condisce- fero a cedergli la Piazza con sì dura condizione. Ordine ema- nò ben tosto di spogliar quella Città d'ogni fortificazione nel dì 21. di Luglio. Calato intanto anche il *Duca della Fogliada* dal Delfinato con dieci mila combattenti, dopo essersi impos- sessato della Città di Susa, mise l'assedio a quel Castello; espu- gnò la Brunetta, e il Forte di Catinat; e nel dì 12. di Luglio costtinse il presidio del suddetto Castello di Susa a rendersi con patti molto onorevoli. Obbligò dipoi colla forza i Barbitti abi- tanti nelle quattro Valli ad accettare la neutralità. Andò quin- di ad unirsi sotto la Città d'Ivrea col Vandomo, il quale se- dici giorni impiegò a sottomettere quella Città. Ritiratosi il Comandante nella Cittadella, poscia nel dì 29. di Settembre dovette cedere, con restar prigioniere egli, e tutti i suoi. Vi restava in quelle parti la Città d'Aosta renitente alla fortuna; ma nè pur' essa potè esimersi dall'ubbidire a i Franzesi insie- me col Forte di Bard: con che restò precluso al Duca di Sa- voia il passo, per ricevere soccorsi dalla parte della Germa- nia e degli Svizzeri. E pure quì non finirono le imprese dell' infaticabil *Duca di Vandomo*. Si avvisò egli al dispetto della contraria stagione, che si appressava, d'imprendere l'assedio di Verrua, Fortezza non solo pel sito, perchè posta sul Po sopra un dirupato sasso, ma eziandio per le fortificazioni aggiunte, creduta quasi inespugnabile; e tanto più perchè il Duca di Savoia unito al Maresciallo di Staremberg colla sua Armata sta- va postato di là dal Po a Crescentino nella riva opposta del

Fiume, e mercè di tre ponti manteneva la comunicazione con Verrua. Oltre a ciò davanti a Verrua si trovava il posto di Guerbignano ben trincierato e difeso da cinque mila fra Tedeschi e Piemontesi. Non si atterrì per tutte queste difficultà il Vandomo, e alla metà d'Ottobre andò a piantare il campo contro di Guerbignano. Intanto perchè sì fattamente calarono l'acque del Po, che si poteano guadare, finse, o pure determinò egli di voler passare col meglio delle sue genti, ed assalire il campo di Crescentino. Ne fu avvisato a tempo il Duca di Savoia, che perciò richiamò la maggior parte della gente posta alla difesa di Guerbignano. Tra la partenza di quelle truppe, e il fuoco di molte mine, che fecero saltare i trincieramenti di quel posto, il Vandomo se ne impadronì, e dipoi si diede a gli approcci e alle batterie contro Verrua, continuando pertinacemente l'assedio pel resto dell'Anno: assedio memorabile non men per le incredibili offese de gli uni, che per l'insigne difesa e bravura de gli altri.

ERA mancata di vita nell'Anno precedente *Anna Isabella*, Duchessa di Mantova, Moglie di *Ferdinando Carlo Gonzaga* Duca regnante: Principessa, che per la somma sua Pietà, Carità e Pazienza, meritò vivendo e morta gli encomj d'ognuno. Volle in quest'Anno esso Duca portarsi alla Corte di Parigi, dove non gli mancarono onori e carezze quante ne volle. Ottenne anche il titolo di Generalissimo delle Armate in Italia di sua Maestà Cristianissima. O il suo desiderio di lasciar dopo di sè qualche posterità legittima, giacchè di questa era privo, o

Principeffa. Ora mentre l'Italia mirava in ben cattiva fituazione: l'armi Cefaree e Savoiarde, con prevalere cotanto le Franzefi, cominciò la fortuna a mutar volto in Germania. Avea
l'*Elettor di Baviera* slargate molto l'ali, con efferfi impadronito anche di Ratisbona, Augufta, Paffavia, ed altri Luoghi,
e minacciava conquifte maggiori: quando con fegreta rifoluzione fu fpedito da *Anna Regina d'Inghilterra* il fuo Generale *Milord Marlboroug* con isforzate marcie ad unir le fue forze
colle Cefaree, comandate dal *Principe Eugenio* in Germania.
Non mancò il Re Criftianiffimo d'inviare anch'egli in ajuto
del Bavaro il *Marefciallo di Tallard* con ventidue mila combattenti. Occuparono i due prodi Generali Anglocefarei la Città di Donavert con un combattimento, in cui grande fu il macello de' vinti, e forfe non minore quello de' vincitori.

ERANO le due Armate nemiche forti ciafcuna di quafi feffanta mila perfone, e nel dì 13. d'Agofto in vicinanza di Hogh-
ftedt vennero alle mani. Da gran tempo non era feguita una
sì terribil battaglia; dall'una parte e dall'altra fi combattè con
eftremo valore e furore. Ma in fine fi dichiarò la vittoria in
favore degl'Imperiali ed Inglefi. Secondo le Relazioni Tedefche d'allora, dieci mila Gallo-Bavari vi perderono la vita,
fei mila fe ne andarono feriti, e dodici o quattordici mila rimafero prigioni, la maggior parte colti feparati dall'Armata,
e ftretti al Danubio, che furono forzati a pofar l'armi. Fra
effi prigionieri fi contò il *Marefciallo di Tallard*. Il *Duca di Baviera*, e il *Marefciallo di Marfin*, colla gente che poterono falvare, frettolofamente marciarono alla volta della Selva Nera
e della Francia. Anche l'efercito vittoriofo lafciò ful campo
circa cinque mila eftinti, e a più di fette mila afcefe il numero de' feriti. Le confeguenze di sì gran vittoria furono la
liberazion d'Augufta, Ulma, ed altre Città della Germania,
e l'acquifto di nuovo di quella di Landau in Alfazia. La Baviera, che dianzi facea tremar Vienna fteffa, venne in potere
di Cefare con patti onorevoli per l'*Elettrice*, che fi ritirò poi
a Venezia, effendo paffato l'*Elettore* Conforte al fuo Governo
di Fiandra. Al primo avvifo di quella fanguinofa battaglia portato in Italia, fi adirarono forte i Franzefi, con chi riferiva,
efferfi rendute prigioniere tante migliaia de' lor Nazionali, fenza fare difefa. Si accertarono poi della verità con loro grande
rammarico. Ed ecco la prima amara lezione, che riportò dalle fue

le fue vafte idee il Re Criftianiffimo *Luigi XIV.* Fu ancora gran guerra in Portogallo, dove era giunto il Re *Carlo III.* con rinforzi di milizie Inglefi ed Ollandefi . Andò in campagna lo fteffo Re *Filippo V.* riportò di molti vantaggi fopra de' Portoghefi , e fe ne tornò gloriofo a Madrid, fe non che le fue allegrezze reftarono amareggiate dall' avere gl' Inglefi occupata la Città di Gibilterra , pofto di fomma importanza nello Stretto , ma pofto mal cuftodito da gli Spagnuoli in sì pericolofa congiuntura . Tentarono effi di ricuperarlo con un vigorofo affedio, che durò fino all' Anno feguente , ma fenza poterne fnidar di colà i nemici, che anche oggidì ne confervano il dominio. Seguì parimente una fiera battaglia circa il fine d'Agofto verfo Malega fra le Flotte Franzefe ed Anglollanda . Sì gli uni che gli altri folennizzarono dipoi col *Te Deum* la vittoria, che ognun fi attribuì, e niuno veramente riportò. Nel dì 23. di Febbraio di queft'Anno mancò di vita in Roma il *Cardinale Enrico Noris* Veronefe, ben degno, che di lui fi faccia menzione in quefte memorie . Militò egli nell' Ordine de' Frati Agoftiniani , fu pubblico Lettore in Pifa , e Cuftode della Biblioteca Vaticana; poi promoffo alla facra Porpora nel 1695. perfonaggio, che pel fodo ingegno , raro giudizio , e profonda erudizione non ebbe pari in Italia a' tempi fuoi, come ne fanno , e faran fempre fede l'Opere da lui date alla luce.

Anno di CRISTO 1705. Indizione XIII.
Di CLEMENTE XI. Papa 6.
Di GIUSEPPE Imperadore 1.

FU quefto l'ultimo Anno della vita di *Leopoldo Auftriaco* Imperadore, morto nel quinto giorno di Maggio : Monarca, ne' cui elogj fi ftancarono giuftamente le penne di molti Storici. La Pietà, retaggio fingolare dell'Augufta Cafa d'Auftria , in lui principalmente fi vide rifplendere, e del pari la Clemenza, l'Affabilità, e la Liberalità maffimamente verfo de' Poveri. Mai non fi vide in lui alterigia nelle profpere cofe, non mai abbattimento di fpirito nelle avverfe . Parea, che nelle difavventure non gli mancaffe mai qualche miracolo in faccoccia per riforgere . Lafciò un gran defiderio di sè , e infieme due Figli, l'uno *Giufeppe*, Re da molti anni de' Romani, e *Carlo III.* appellato Re di Spagna , il primo di temperamento

mento focofo, e l'altro di una mirabil faviezza. A lui fuccedette il primo con affumere, fecondo il rito, il titolo d'Imperador de'Romani, ed accudire ál pari, anzi più del Padre defunto, al profeguimento della guerra contro la Real Cafa di
Francia. Pubblicò nel Luglio di queft'Anno il Pontefice *Clemente XI.* una nuova Bolla contra de'Gianfenifti. Ma fotto
il novello Imperador *Giufeppe* crebbero le amarezze della Corte Imperiale contro la Pontificia, di maniera che il *Conte di
Lamberg* Ambafciatore Cefareo in Roma fe ne partì, paffando
in Tofcana, e fu licenziato da Vienna *Monfignor Davia* Bolognefe Nunzio di fua Santità. Gran tempo era, che il magnanimo Pontefice penfava ad accrefcere un nuovo ornamento alla Città di Roma, coll'erezione della Colonna Antoniniana;
diede l'ordine, che foffe difotterrata. Nel dì 25. di Settembre
fu quefto bel monumento folamente cavato dal terreno per
opera del Cavalier Fontana; e gran fomma d'oro coftò sì nobile imprefa.

IN Piemonte continuò ancora gran tempo la forte Piazza
di Verrua a foftenerfi contro le inceffanti offefe del campo Franzefe. Nel dì 26. di Dicembre dell'Anno precedente un gran
guafto fu dato alle trincee di gli affedianti da quel prefidio,
rinforzato fegretamente dal Duca di Savoia da due mila perfone, giacchè egli manteneva tuttavia la comunicazion colla Fortezza mediante il Ponte di Crefcentino; ma fenza comparazione più furono i periti nel campo di effi Franzefi a cagion de'
gravi patimenti di un affedio oftinatamente foftenuto in mezzo
a i rigori del verno, ancorchè non ommetteffe il Duca di Vandomo diligenza alcuna per animarli con profufion di danaro e
di alimenti. Intanto innumerabili furono gli sforzi delle artiglierie, bombe, e fuochi artificiati contro l'oftinata Piazza per
li Mefi di Gennaio e Febbraio. Frequenti erano ancora le mine e i fornelli sì dall'una, che dall'altra parte. Ma perciocchè
fi conobbe troppo difficile il vincere quefta pugna, finchè il
Duca Vittorio Amedeo poteffe dall'oppofta riva del Po andare rinfrefcando quella Fortezza di nuovi combattenti, viveri,
e munizioni: nel primo dì di Marzo il Vandomo improvvifamente fpinfe un groffo diftaccamento ad occupar l'Ifola e Forte del Po, a cui fi atteneva il Ponte nemico; e così tagliò ogni
comunicazione con Verrua. Ritiroffi allora il *Duca di Savoia*
col *Marefciallo di Staremberg* a Civaffo, lafciando Crefcentino
in

in poter de' Franzefi. Si trovò in breve il valorofo Comandante di Verrua obbligato a cedere; ma pria di farlo, co i fornelli preparati mandò in aria i recinti e baftioni, e poi fi rendè nel dì 10. di Marzo a difcrezione, rimproverato, pofcia, e infieme lodato dal Vandomo per sì lunga e gloriofa difefa. Prefero dopo tale acquifto le affaticate milizie Franzefi ripofo fino al principio di Giugno, ed allora ufcendo in campagna, fi moffero con difeguo di affediare Civaffo, e di aprirfi con ciò il campo fino a Torino, già meditando offefe contra di quella Capitale. Stava accampato in quelle vicinanze il Duca di Savoia con lo Staremberg, e di là diede molte percoffe alle truppe Franzefi, ma fenza poter impedire l'affedio di Civaffo. Si foftenne quefta picciola Piazza fino al dì 29. di Luglio, in cui effo Duca alla fordina fece di notte evacuarla, per quanto potè, di artiglierie e munizioni, e la lafciò in potere del *Duca della Fogliada*, Comandante allora di quell'Armata Franzefe, giacchè il *Duca di Vandomo* avea dovuto accorrere al baffo Po contro l'Armata Cefarea, ficcome diremo.

Di grandi ed incredibili preparamenti fece dipoi effo Fogliada, paffato fino alla Veneria, per mettere l'affedio a Torino; ma perchè fopragiunfero ordini dal Re Criftianiffimo di differire sì grande imprefa all'Anno feguente, portò egli la guerra altrove. Avea quefto General Franzefe molto prima, cioè nel dì 10. di Marzo obbligata a renderfi la picciola Città di Villafranca fulle rive del Mediterraneo. Lafciato pofcia un blocco intorno a quella Cittadella, che poi fi arrendè nel dì primo di Aprile, andò ad aprir la trincea fotto la Città di Nizza. Se ne impadronirono i Franzefi, ma non vedendo maniera di forzare quel Caftello, l'abbandonarono dipoi con rovinarne le fortificazioni. Da che quefte furono alquanto riftorate dal Marchefe di Caraglio Governatore, ful principio di Novembre, comparve colà di nuovo con forze maggiori il *Duca di Berwich*, ed entratovi nel dì 14. di effo Mefe, fi accinfe poi a far giocare le batterie contra di quel Caftello, il quale non meno pel fito, che per le fortificazioni atto era a far buona refiftenza. Aveano per non so qual ordine male intefo i Franzefi ritirata la lor guarnigione da Afti verfo la metà di Ottobre. Vi accorfe tofto il Marefciallo di Staremberg, e piantò quivi il fuo quartiere. Tanto ardire non piacendo al Duca della Fogliada, andò ad accamparfi in quei contorni;

con

con poca fortuna nondimeno, perchè ufciti gli Alemanni con
tal bravura li percoffero, che vi reftò ucciso il General Franzefe *Conte d'Imercourt* con alquante centinaia de' fuoi : laonde
fu giudicato miglior configlio il ritiràrfi . Verfo la metà di Dicembre la Fortezza di Monmegliano in Savoia , vinta non dalla forza , ma da' un oftinato blocco di un anno e mezzo, fi
trovò in fine obbligata a capitolare con condizioni onorevoli.
Per ordine poi del Re Criftianiffimo ne furono fmantellate tutte le fortificazioni . Così andavano moltiplicando le perdite e
fciagure addoffo al Duca di Savoia, il quale non avea ceffato
di tempeftare la Corte di Vienna e le Potenze maritime , per
ottenere gagliardi foccorfi .

CON occhio certamente di compatimento miravano gli Alleati l'infelice pofitùra di quefto sì fedele Sovrano ; e però fu
prefa la rifoluzione di rifpedire in Italia con forze nuove il
Principe Eugenio, in cui concorrendo un raro valore e faper
militare , e di più la ftretta attinenza di fangue colla Real Cafa di Savoia, fi potea perciò da lui promettere ogni maggiore ftudio per la caufa comune . Ma non gli furono confegnate
forze tali, che poteffero per conto alcuno competere colle Franzefi . Ne prefentì la venuta il *Duca di Vandomo* , e per afficurarfi, ch'egli non penfaffe alla da tanto tempo bloccata Mirandola , ordinò , che il *Signor di Lapurà* Tenente Generale de
gl' Ingegneri alla metà di Aprile paffaffe ad aprir la trincea
fotto quella Fortezza . Benchè fi trovaffe fornito di tenue prefidio il *Conte di Koningfegg* ivi Comandante Cefareo, pur fece una bella difefa fino al dì dieci di Maggio, in cui fi arrendè co' fuoi prigioniere di guerra. Arrivò in quefto mentre in
Italia il prode Principe Eugenio , e da che ebbe raunato un
fufficiente corpo d'Armata , cofteggiando il Lago di Garda ,
giunfe a Salò. Quivi fu egli indarno trattenuto dall' oppofta
nemica Armata , perchè feppe aprirfi il paffo al piano della
Lombardia , e far poi molti prigioni de' nemici . A Caffano
ful Fiume Adda fi trovarono pofcia a fronte le due nemiche
Armate nel dì 16. d'Agofto, e vennero a giornata campale .
Erano maeftri di guerra i due Generali, piene di valorofo ardire le truppe di amendue, e però ciafcuna delle parti menò
ben le mani, ma con lafciare indecifa la vittoria, avendo la
notte pofto fine a gli fdegni . Si ftudiò poi ciafcuna delle parti, fecondo il privilegio de' guerrieri, di far' afcendere a più

Tomo XII. E mi-

migliaia la mortalità de' nemici, e a tanto meno la propria, di modo che s'intesero da lì a poco intonati due contrarj *Te Deum*. Forse maggiore fu la perdita de' Franzesi ; ma certo compensata dall'avere i Tedeschi compianta la morte di più loro Generali, oltre a quella del *Principe Giuseppe di Lorena*. Perchè l'uno e l'altro esercito restò infievolito da sì copioso salasso, pensò dipoi più al riposo, che ad ulteriori militari fatiche, ed altra impresa non succedette pel resto dell'Anno in quelle parti.

ANCHE nell'alto Reno, alla Mosella, e al Brabante non mancarono azioni militari e sanguinose, e fra quelle spezialmente rimbombò l'avere il *Milord Marlboroug* forzate nel dì *19.* di Luglio le Linee Franzesi del Brabante, con far prigioni circa mille e cinquecento Gallispani, fra' quali due Generali, e con prendere alquanti cannoni, bandiere, stendardi, e qualche parte del bagaglio. Lo strepito nondimeno maggiore della guerra fu in Ispagna. Qualche picciolo acquisto fecero i Portoghesi, assistiti da gli Angollandi. Assediarono anche Badajos, ma entrato colà un buon soccorso di Spagna, meglio si stimò di lasciare in pace quella Città. All'incontro la potentissima Flotta combinata de gl'Inglesi ed Ollandesi con gente da sbarco, e collo stesso Re *Carlo III.* in persona, si presentò davanti Barcellona. Al nome Austriaco in gran copia concorsero colà i Catalani armati: dal che rinvigoriti gli Angollandi formarono l'assedio di quella Città, e ne furono direttori il *Principe di Darmstat*, e il *Milord Peterboroug*. Dopo essersi gli assedianti impadroniti de i Forti del Mongiovì, nella quale impresa quel valoroso Principe lasciò la vita, strinsero maggiormente la Città, e finalmente indussero sul principio di Ottobre il *Vicerè Velasco* a capitolare, con accordargli tutti gli onori militari. Ma andò per terra la Capitolazione, perchè prima di effettuarla, si mosse a sedizione il Popolo di Barcellona, e v'entrarono gli Austriaci, accolti con festosi ed incessanti viva. L'acquisto della Capitale fu in breve seguitato da Lerida, Tarragona, Tortosa, Girona, ed altri Luoghi della Catalogna. Tumultuarono parimente i Popoli del Regno di Valenza, e questa Città con Denia, Gandia, ed altre Terre alzò le bandiere del Re Carlo III. Per quanti sforzi facessero nell'Anno presente gli Spagnuoli, per ricuperare Gibilterra con un pertinace assedio, non furono assistiti

dalla

Era Volg.
Ann. 1705.

dalla fortuna, perchè padroni del mare gli Angollandi, colà
introduffero di mano in mano quante forze occorrevano per
la difefa. Nel Novembre dell'Anno prefente avvenne una memorabil rotta del Po ful Mantovano di qua, che rotti gli argini della Secchia e del Panaro, e feco unite quell'acque, recò incredibili danni a tutta quella parte del Mantovano, al Mirandolefe, a parte del Modenefe, e ad un gran tratto del Ferrarefe fino al mare Adriatico. Arrivarono l'acque fino alle mura di Ferrara, atterrarono un'infinità di cafe e fenili rurali,
colla morte di gran copia di beftie, e di non poche perfone.

Anno di CRISTO 1706. Indizione XIV.
  Di CLEMENTE XI. Papa 7.
  Di GIUSEPPE Imperadore 2.

SE mai fu Anno alcuno in Italia, anzi in Europa, fecondo d'avvenimenti militari, e di ftrane metamorfofi, certamente è da dire il prefente. Fra i gran penfieri, che agita-
vano la Corte di Francia, per foftenere la Monarchia Spagnuola, lacerata, o minacciata in tante parti dall'armi Collegate,
uno de'principali fi fcoprì effere quello di ultimar la diftru-
zione di *Vittorio Amedeo* Duca di Savoia, Principe, che colle
fue ardite rifoluzioni avea finquì obbligato il Re Criftianiffimo
Luigi XIV. a mantenere in Italia una guerra, che gli coftava
non pochi milioni ogni Anno. Oppreffo quefto coraggiofo Principe, fi credea facile il mettere le sbarre ad ulteriori tentativi
della Germania contra lo Stato di Milano. Già avea per cinquantacinque giorni il *Marchefe di Caraglio* foftenuto il Caftello di Nizza, benchè flagellato continuamente da cannoni e mortari del *Duca di Berwich*, quando fi vide ridotto all'eftremo, e
ridotto a capitolarne la refa con tutti gli onori militari nel dì
quattro di Gennaio. Fu pofcia condennato quel Caftello a vedere uguagliate al fuolo tutte le fue fortificazioni. Tanti preparamenti andava in quefto mentre facendo il *Duca della Fogliada-
da*, che poco ci voleva a comprendere tendenti le fue mire
all'affedio di Torino. Perciò il faggio Duca attefe a ben premunire quella Capitale e Cittadella, di quanto potea occorrere
in sì fiero emergente; e da che vide cominciate le offefe, con
paffaporti del nemico General Franzefe, fpedì a Genova la Real
fua Famiglia, ed anch'egli fi mife poi alla larga per maggior

fua ficurezza, riducendofi a Cuneo, e ad altri Luoghi finquì
prefervati dalle nemiche violenze. Ora non sì tofto ebbe il
fuddetto Fogliada ricevuta nuova gente da Francia con promeffa ancora di maggiori rinforzi, che paffata la metà di Maggio accoftatofi a Torino, diede principio alla circonvallazione
intorno a quella Cittadella, dove il prode *Conte Daun*, lafciato dal Duca per Governator di Torino infieme col Marchefe
di Caraglio, avea meffo un forte prefidio de' fuoi Tedefchi.
Venuto pofcia il Giugno, aprì la trincea fotto quella Fortezza, contando dopo l'acquifto di effa prefa anche la Città, benchè nè pure ommetteffe le offefe contro la Città medefima.
Orrendo fpettacolo era il gran fuoco di circa ducento tra Cannoni e Mortari continuamente impiegati da' Franzefi in gittar
palle, bombe, e faffi contro di effa Città, e più contro della
Cittadella; e un pari trattamento lor faceano i tanti bronzi,
e fuochi de gli affediati. Nello fteffo tempo non lafciò il Fogliada di marciare con alcune migliaia di fanti e cavalli, per
voglia di cogliere, fe gli veniva fatto, lo fteffo Duca di Savoia. Ma egli vigilante ora fcorrendo in un luogo, ed ora in
un altro, feppe fchermirfi da i nemici, e dar loro anche
qualche percoffa, finchè fi ritirò nella Valle di Lucerna,
dove trovò affai fedeli e arditi alla fua difefa que' Barbetti.
L'efferfi perduti in quefta diverfione i Franzefi, cagion fu,
che non progrediffe l'affedio di Torino con quel vigore, che
richiedeva la pofitura de' loro affari.

TORNATO fulla Primavera il *Principe Eugenio* ful Trentino, quivi attefe a far maffa de' rinforzi a lui promeffi, che
fecondo il folito de' Tedefchi, con poca fretta andavano calando dalla Germania. Più follecito il *Duca di Vandomo*, dappoichè fu ritornato anch'egli da Parigi, paffata la metà d'Aprile, ufcì in campagna con venticinque mila combattenti (altri
han detto molto meno) a motivo di cacciar dal piano della
Lombardia quelle brigate Alemanne, che vi erano reftate, e
di riftrignere le loro fperanze fra le montagne dell'Alpi. Ben
lo previde il Principe Eugenio, e per non perdere l'adito in
Italia, ordinò al *Generale Reventlau* di poftarfi fra Calcinato
e Lonato con dodici mila tra fanti e cavalli alla Foffa Serio-
la, che gli avrebbe fervito di antemurale. Furono malamente efeguiti gli ordini fuoi, avendo quel Generale trafcurato di
ben fortificarfi dalla parte di Lonato. Ora ecco nel dì 19. d'A-
prile

prilè fopragiugnere il Vandomo dalla parte di Montechiaro, e
poi di Calcinato, il quale fi fpinfe contro l'accampamento nemico. Afpro fu il conflitto, ma in fine i meno cedettero a i più,
e gli Alemanni in rotta fi ritirarono il meglio che poterono a
Gavardo. Efaltarono i Franzefi quefta vittoria, pretendendo,
che reftaffero prigionieri circa tre mila Imperiali, ed altrettanti freddi ful campo; laddove gli altri contavano folamente ottocento gli eftinti, e circa mille e cinquecento i prigioni e feriti. Certo è, che i Franzefi acquiftarono alquanti pezzi di
cannone, molte bandiere e ftendardi, e fecero bottino del bagaglio e delle provvifioni. Dopo quefta percoffa il Principe Eugenio vedendo chiufi i paffi pel Brefciano, andò a poco a poco ritirando dalle rive del Lago di Garda le fue truppe, e a
fuo tempo improvvifamente sboccò di nuovo ful Veronefe.
Graviffimi danni avea patito nel precedente Anno la Repubblica Veneta ful Brefciano, calpeftato dalle due nemiche Armate; maggiori li provò nel prefente, perchè il Vandomo venne colle maggiori fue forze ad accamparfi in vicinanza di Verona, e ftefe le fue genti lungo l'Adige, per impedirne il paffaggio a gl'Imperiali. Con pretefto, che da' Veneziani fi pre-
ftaffe o poteffe preftare ajuto alle truppe Cefaree, alzò de' Fortini contro la Città di Verona, non folamente minacciando effa, ma fino il Senato fteffo, fe non ufciva di neutralità. Spinti
da sì fatte violenze que' faggi Signori accrebbero il loro armamento, e rifpofero di buon tuono a' Franzefi, fenza mai dipar-
tirfi dalla prefa rifoluzione di non voler' aderire a partito alcuno. Aveano ftretta a quefto fine nel dì 12. di Gennaio una Lega colle Città Svizzere di Berna e Zurigo. Intanto con finte
marcie andava il Principe Eugenio imbrogliando l'avvedutezza Franzefe, finchè nel dì fei di Luglio riufcì a un corpo di
fua gente di valicar l'Adige alla Pettorazza, e di afforzarfi nell'
oppofta riva: il che aprì l'adito al paffaggio di tutta la fua Armata, che, per quanto fi figurò la gente, afcendeva a trenta
mila perfone, benchè la fama la faceffe giugnere fino a qua-
rantamila. Curiofa cofa fu il vedere, come i dianzi sì baldanzofi
Franzefi batteffero una frettolofa ritirata, fenza mai voler mirare il volto dell'efercito nemico, finchè fi ricoverarono di qua
e di là dal Po ful Mantovano.

Fu in quefti tempi, che il Re Criftianiffimo per bifogno di
un eccellente Generale in Fiandra richiamò il Duca di Vandomo,

Era Volg.
Ann. 1706.

mo, e in luogo fuo a comandar l'armi in Italia fpedì *Luigi Duca d'Orleans* fuo Nipote, Principe, che fe non potea competere coll'altro nella fperienza militare, certo l'uguagliava nel valore, e il fuperava nella penetrazione e vivacità della mente. Venuto quefto generofo Principe col *Marefciallo di Marfin* a Mantova, dove il Vandomo gli raffegnò il baftone del comando, pafsò dipoi a riconofcere i varj fiti, e tutte le forze Franzefi. Trovò egli con fuo rammarico ben diverfa la faccia delle cofe da quello, che gli era ftato fuppofto, talmente che fi vide forzato a richiamar dal Piemonte alquante brigate per premura di opporfi all'avanzamento dell'ofte nemica; e intanto fi andò a poftare a San Benedetto ful Mantovano di qua dal Po. Ma il Principe Eugenio, al cui cuore non permetteva pofa alcuna il pericolo dell'affediato Torino, e l'urgente bifogno del parente Duca di Savoia, animofamente profeguiva il fuo viaggio. Nel dì 17. di Luglio pafsò il Po alla Polefella, e quafi che le fue truppe aveffero l'ali, fi videro nel dì 19. comparire fino al Finale di Modena alcuni fuoi Uffari e cavalli leggieri. Sul fine del Mefe valicò l'Armata Cefarea il Panaro e la Secchia a San Martino, e giunta fotto Carpi coftrinfe cinquecento Franzefi a renderfi prigionieri; ed ivi prefe ripofo, finchè colà giugueffe tutta la fua artiglieria. Nel dì 13. d'Agofto entrò il Principe Eugenio nella Città di Reggio, con farvi prigione quel prefidio Franzefe, e lafciar ivi tutti i fuoi malati con fufficiente guernigione di fani. Altra gente lafciò egli all'Adige, Po, Panaro, ed altri Luoghi, per mantener la comunicazione con lo Stato Veneto. Progrediva in quefto mentre il memorabile affedio di Torino, e maraviglie di valore facevano tutto dì non meno gli aggreffori, che i difenfori. Le artiglierie, le bombe, le mine giocavano continuamente da ambe le parti, e gran fangue coftavano le fortite, che di tanto in tanto fi facevano

Era Volg.
Ann. 1706.

Cefareo, condotto dal *Principe Eugenio*, e nel poterfi foftenere, tanto ch'egli giugneffe.

ORA mentre effo Principe marciava coll'efercito fuo di quà
dal Po alla volta del Parmigiano e Piacentino, il *Duca d'Orleans*, dopo aver lafciato un corpo di truppe al *Tenente Generale Medavì*, affinchè fi opponeffe ful Brefciano a i difegni
delle Truppe Affiane, che calavano in Italia, valicò a Guaftalla il Po coll'efercito fuo, e cominciò dall'altra parte di quel
Fiume a cofteggiare i nemici, perchè non fi fentiva voglia di
affrontarfi con loro, fe non avea ficuro il giuoco. Continuò l'
Armata Cefarea i fuoi paffi fenza metterfi apprenfione delle anguftie della Stradella, e di aver da paffare per paefe guernito
di Piazze nemiche. Era già ful fine di Agofto, quando il Duca di Savoia, tutto pien di giubilo, e fcortato da alcune centinaia di cavalli, giunfe a confolar gli occhi fuoi colla vifta
del tanto fofpirato foccorfo, e della prefenza del Principe Eugenio, con cui cominciò a divifare quanto occorreva nell'imminente bifogno. Ciò, che recava loro non lieve affanno, era
la mancanza de' viveri in paefe sbrollo per sì lunga guerra,
e qualche fcarfezza di munizione da guerra. Ma di quefto
fi prefe cura la fortuna, perchè nel quinto dì di Settembre
venne loro avvifo, che dalla Valle di Sufa calava un groffo
convoglio di ottocento e forfe più muli e beftie da foma, che
conducevano al campo Franzefe polve da fuoco, farine, armi, ed altre munizioni, fotto la fcorta di cinquecento cavalli. Non è da chiedere, fe di buona voglia accorreffero colà i
Tedefchi. A riferva di ducento beftie, che fi falvarono colla
fuga, il refto fu prefo in un punto, e poco dopo anche il Caftello di Pianezza, in cui furono fatti prigioni da ducento Franzefi, fra' quali molti Ufiziali, con trovarfi ivi anche altra copia di vettovaglie. Avendo pofcia il Duca di Savoia unite all'
efercito Cefareo quelle poche truppe regolate, che gli reftavano, e comandata l'occorrente copia di milizie forenfi e di guaftatori, fu determinato nel Configlio di avventurar la battaglia nel dì 7. di Settembre. Intanto era giunto il *Duca d'Orleans* ad unirfi col *Duca della Fogliada* fotto Torino. Tenuto
fu un gran Configlio da' Generali, per fiffar la maniera di accogliere la vifita dell'efercito Imperiale. Il fentimento del Duca Generaliffimo, foftenuto da più ragioni, e da non pochi Uf-
ziali applaudito, era di abbandonàr le trincee, e ufcendo in
aper-

Era Volg.
Ann. 1706.
aperta campagna di far giornata campale co i nemici. Di diverso parere fu il *Marefciallo di Marfin*, dato come per Aio al Duca d'Orleans, infiftendo egli, che non fi aveffe in un momento a perdere il frutto di tante fatiche, per ridurre a gli eftremi la Cittadella di Torino; effere tanta la fuperiorità delle proprie forze, sì ben muniti e forti i trinceramenti, che il tentare i Tedefchi di fuperarli, era un cercare l'inevitabil loro rovina. Ma perfiftendo il Duca d'Orleans nel fuo proponimento, diede fine il Marfin alla difputa con isfoderare un ordine della Corte di non abbandonar le trincee: il che ebbe a far difperare il Duca, che ad alta voce prediffe l'efito infelice della fconfigliata rifoluzione; ma convenne ubbidire.

APPENA fpuntò in Cielo l'alba del dì 7. di Settembre, che tutto il Cefareo efercito con gran fefta impaziente di combattere corfe all'armi, e fecondo le difpofizioni fatte s'inviò in ordinanza, ma fenza toccar tamburi o trombe, verfo i trinceramenti nemici formati fra la Dora e la Stura. Alti erano gli argini, profonde le foffe, guernite le linee tutte d'artiglieria e mofchetteria, che con terribil fuoco e furor di palle cominciarono a falutare gli arditi aggreffori. Ma a sì fcortefe ricevimento fi era preparato il coraggio Tedefco. Per due ore continuò il fanguinofo combattimento, ftudiandofi gli uni di entrar nelle trincee, e gli altri di ripulfarli. Fu creduto, che circa due mila Imperiali vi perdeffero la vita prima di poter fuperare que' forti oftacoli. Ma in fine li fuperarono, e data ne fu la gloria a i Pruffiani, condotti dal *Principe di Anhalt*, che de' primi sboccarono nella circonvallazion nemica. Per la troppo lunga eftenfion delle linee era diftribuita anzi difperfa la milizia de' Gallispani. Però non sì tofto vi penetrò il groffo corpo de' Pruffiani, che fi fparfe il terrore e la cofternazione per gli altri vicini poftamenti. Fecero bensì vigorofa refiftenza alcuni corpi di riferva, o pure riuniti, sì fanti che cavalli, ma in fine rimafero rovefciati dall'empito de' nemici; e da che furono da' guaftatori fpianate molte di quelle barriere, il refto dell'efercito Cefareo entrato potè menar le mani. Allora non penfarono più i Gallispani, che a falvarfi; e chi potè fuggire, fuggì. Al *Duca d'Orleans* toccarono alcune ferite, dalle quali fu obbligato a ritirarfi per farfi curare. Il *Marefciallo di Marfin* gravemente ferito fu prefo, ma nel dì feguente morì, rifparmiando a fe fteffo il difpiacere di comparire a Parigi

rigi colla testa bassa per iscusare l'infelicità de' suoi configli, A' udire le relazioni de' vincitori, più di quattro mila e cinque- cento furono i Gallispani rimasti uccisi nel campo; più di set- te mila i fatti prigioni, parte nel campo stesso, e parte alla Montagna, e a Chieri, colla guernigion di Civasso, fra i qua- li almeno ducento Ufiziali. A sì fatta lista si può ben far qual- che detrazione. Certo è, che vennero in mano del vittorioso Duca *Vittorio Amedeo* più di cento cinquanta pezzi di cannone, e circa sessanta mortari. Il doppio si legge nelle Relazioni sud- dette. Oltre a ciò un' immensa quantità di bombe, granate, palle, polveri da fuoco, ed altri militari attrecci, con forse due o più mila tra cavalli, muli, e buoi. Gran bagaglio, mol- ta argenteria, e tutte le tende rimasero in preda de' soldati; e fu detto, che fin la cassa di guerra entrasse nel ricco botti- no. Non finì la giornata, che il Duca di Savoia col Principe Eu- genio fece la sua entrata in Torino fra i Viva del suo festeg- giante Popolo, e a dirittura si portò alla Cattedrale a tribu- tare i suoi ringraziamenti all' Altissimo, dalla cui clemenza e protezione riconosceva sì memorabil vittoria. Il poco di pol- ve, che oramai restava al *Conte Daun* per difesa di Torino, servì a solennizzare quel *Te Deum* col rimbombo di tutte le artiglierie. E tale fu quella famosa giornata e vittoria, che tanto più riempiè di stupore l'Europa tutta, non che l'Italia, perchè non potea l'oste Cesarea ascendere a più di trenta mila persone, e forse nè pur vi arrivava per li tanti malati lasciati indietro, e per li tanti staccamenti rimasti nel Ferrarese, al Fi- nale di Modena, a Carpi, Reggio, ed altri Luoghi, affinè di assicurarsi la ritirata in caso di bisogno. Laddove nell' esercito Gallispano, secondo la comune credenza si contavano circa cin- quanta mila combattenti, se non che i Franzesi dopo sì gran percossa ne sminuirono di molto il numero; e veramente tene- vano anch' essi qua e là de i presidj, e già dicemmo, che un corpo di essi era stato spedito in rinforzo al *Conte di Medavì*, di cui ora convien fare menzione.

ERA calato in Italia *Federigo Principe d'Hassia Cassel* con cinque mila e secento soldati tra fanti e cavalli di sua Nazio- ne, e andò ad accoppiarsi con altri quattro mila fanti e set- tecento cavalli Cesarei, comandati dal *Generale Vetzel*. Dopo aver egli espugnato Goito sul Mantovano, passò ad assediare Castiglion delle Stiviere, e presa la Terra, bersagliava il Ca-

Tomo XII.   F   stello.

ſtello. Ma nel dì 9. di Settembre colà giunſe il Tenente General Franzeſe *Conte di Medavì* con egual nerbo, e forſe maggiore, di gente, e gli diede battaglia. Se ne andò ſconfitto l'
Haſſiano con perdita di più di due mila perſone (i Franzeſi
differo molto più) di alquante bandiere e ſtendardi, dell' artiglieria groſſa e minuta, delle munizioni e bagaglio. Di queſta vittoria avrebbe ſaputo prevalerſi il Medavì, ſe non aveſſe
atteſo a liberar la Terra di Caſtiglione, e non gli foſſe giunto
il funeſto avviſo della liberazion di Torino, due giorni prima
accaduta. Corſe egli colla ſua gente a Milano; il Principe d'
Haſſia andò poſcia ad unire il reſto delle ſue truppe col Principe Eugenio, e il Generale Vetzel colle ſue venne a formare una ſpecie di blocco alla Città di Modena. Non baſtò alla
fortuna di moſtrar sì favorevole il volto a i Collegati in Italia colla vittoria di Torino; avvenne anche un'altra mirabil
contingenza, che ſervì a coronare quella gran giornata. Se i
Franzeſi nella fuga aveſſero volte le gambe verſo il Monferrato e Stato di Milano, tanti ne reſtavano tuttavia di loro,
tante Piazze da loro dipendenti (giacchè comandavano a gli
Stati di Mantova e Modena, a tutto il Milaneſe e Monferrato, e quaſi a tutto il Piemonte) che potevano lungamente
contraſtare a i Ceſarei il dominio di quegli Stati, e fors' anche
riſtrignere il Duca di Savoia e il Principe Eugenio, ſprovveduto di tutto, ne' contorni di Torino. Ma i fugitivi Galliſpani preſero le ſtrade, che guidano in Francia, e ſembrando loro di aver ſempre alle reni le ſciable Tedeſche, affrettarono
i paſſi, per valicar l'Alpi. Raccolti, ch'ebbe il Duca d'Orleans quanti potè de' ſuoi, tenuto fu Configlio, ſe ſi aveſſe a
marciare verſo la Francia, o verſo Milano. Il paſſaggio alla
volta del Milaneſe non parve ſicuro, giacchè oltre alla gran
diſerzione ſi trovavano le truppe col timore in corpo per la
patita diſgrazia; più facile dunque il ricoverarſi nel Delfinato, dove già tanti di eſſi ſi erano incamminati. Così fecero;
laonde reſtò più libero il campo all'armi Collegate·, per cogliere il frutto dell'inſigne loro vittoria.

NON perdè tempo il Duca *Vittorio Amedeo* col *Principe Eu-*
genio dopo la preſa di Civaſſo a ripigliare Ivrea, Trino, Verrua, Creſcentino, Aſti, Vercelli, ed altri Luoghi del Piemonte. Entrate le lor truppe nello Stato di Milano, Novara ·nel
dì 20. di Settembre aprì loro le porte. Eraſi ritirato da Mila-

no a

no a Pizzighittone con poscia paffare a Mantova il *Principe*
di Vaudemont Governatore; e però i Magiftrati veggendo avvi.
cinarfi alla fudetta Metropoli di Milano il Principe Eugenio,
nel dì 24. di effo Mefe fpedirono i loro Deputati ad offerirgli
le chiavi. Vi entrarono poscia gl'Imperiali; fu cantato folen-
nè *Te Deum*, e pofto il blocco a quel Caftello, fortiffimo bensì di mura e baftioni, ma mal provveduto di viveri. Lodi,
Vigevano, Caffano, Arona, Trezzo, Lecco, Soncino, Como,
ed altri Luoghi, vennero anch'effi all'ubbidienza di *Carlo III.*
Re di Spagna. Sollevatofi il Popolo dell'importante Città di
Pavia, al vedere aperta la trincea da i Tedefchi fotto la lor
Città, obbligò quella guernigion Gallispana a capitolar la refa
nel principio di Ottobre. Fu dipoi pofto l'affedio a Pizzighittone, a cui intervenne anche il Duca di Savoia. Ma a lui pré-
mendo fopra ogni altra cofa l'acquifto di Aleffandria, perchè,
fecondo i patti, dovea quefta paffare in fuo dominio col Monferrato Mantovano, Valenza, e Lomellina: colà inviò il Principe Eugenio, e fece aprir la trincea fotto quella Città. Non
vi fu però bifogno di breccia; quefta fu fatta ben larga da un
magazzino di polve, che era fulle mura della Città, a cui o
per accidente, o per manifattura d'uomini, fu attaccato il fuoco. Per sì orrendo fcoppio andarono a terra moltiffime cafe,
e fopra tutto un Convento vicino, o pur due, di Religiofe, e
fotto le rovine rimafero feppellite circa mille perfone. Perciò
il General *Conte Colmenero* fi trovò forzato a rendere la Città
nel dì 21. d'Ottobre. Perchè egli poi confeguì l'importante governo del Caftello di Milano fua vita natural durante, ebbe
origine la fama, ch'egli aveffe comperato quel pofto col facrifizio della fuddetta Città d'Aleffandria, cioè col detestabile incendio di quel Magazzino. Poco prima erano entrati i Cefarei
nella Città di Tortona, e ritiratofi quel prefidio di ducento uomini nella Cittadella, perchè fi oftinò nella difefa, un giorno
entrativi gli affedianti con un feroce affalto, li mifero tutti a
fil di fpada. Nel dì 29. di Ottobre la guernigion Franzefe di
Pizzighittone capitolò la refa, e fe ne andò a Cremona. Paffarono dipoi il Duca *Vittorio Amedeo*, e il *Principe Eugenio*, già
dichiarato Governator di Milano, fotto Cafale di Monferrato.
Venne la Città nel dì 16. di Novembre all'ubbidienza di effo
Duca, che ne prefe per sè il poffeffo, e fu riconofciuto per
Signore del Monferrato da quella Cittadinanza. Nella notte

prece-

precedente al dì 20. di Novembre i Cesarei, che teneano bloccata la Città di Modena, assistiti da alcune migliaia di contadini armati, entrarono in essa, acclamando i nomi dell' Imperadore, e del Duca *Rinaldo d'Este;* e tosto formarono il blocco di quella Cittadella, siccome ancora di Mont' Alfonso e Sestola, due altre Fortezze di esso Duca di Modena. Fu anche
messo da i Collegati l'assedio a Valenza. Qualche altro migliaio di Franzesi, nel perdere le suddette Piazze, restò prigioniere de gli Alemanni, o del Duca di Savoia. Circa mille e ottocento nel solo Casale vennero in loro potere. Oggetto di gran
maraviglia fu presso gl' Italiani il mirar tanti effetti d' una
sola vittoria, e il rapido acquisto fatto in sì poco tempo da
i Collegati.

NON furono in quest'Anno meno strepitose le scene della
guerra in altri paesi. Uscirono di buon' ora in campagna l'*E-
lettor di Baviera*, e il *Marefciallo di Villeroy* già rimesso in libertà, coll' esercito Franzese in Fiandra. Non dormiva il *Duca di Marlboroug* Generale della Lega in quelle parti; e poste
anch' egli in ordine le sue forze, marciò contro i nemici, e si
trovarono a fronte le due Armate presso di Rameglì nel dì 23.
di Maggio, cioè nella Domenica di Pentecoste. Mentre i Collegati erano dietro a forzar quella Terra, si attaccò una fiera battaglia, che durò più di due ore. Finalmente trovandosi
i Franzesi inferiori nel numero della cavalleria, bisognò, che
cedessero all' empito della contraria, e andarono in rotta, inseguiti poi per due altre ore da i vincitori. Fu creduto, che
in quel terribile conflitto perdessero la vita quattro mila Franzesi, ed altrettanti fossero i loro feriti, colla perdita di molte
artiglierie, bandiere, e stendardi. Più di tre mila con dugento Ufiziali rimasero prigionieri; ma forse il maggior loro danno provenne dalla smoderata diserzione, di modo che quell' Armata restò per qualche tempo in una somma fiacchezza, e convenne rinforzarla con truppe tirate dall' Alsazia, ma senza ch'
ella potesse da lì innanzi arrestare il torrente de'nemici. Anche questa vittoria si tirò dietro delle straordinarie conseguenze. Lovanio e Bruselles tardarono poco a riconoscere per loro
Signore *Carlo III.* Re di Spagna. Altrettanto fecero Bruges,
Dam, e Odenard. Pareva, che la ricca e nobil Città di An-
versa non volesse il giogo, perchè presidiata da dodici battaglioni Gallispani; ma quella Cittadinanza e il Comandante d

lael

la Cittadella, ben affetti al nome Austriaco, tanto operarono, che nel dì sei di Giugno avendo quel presidio ottenuto onorevoli patti, ne fece la consegna all'armi de' Collegati. Fu posto l'assedio ad Ostenda, e in meno di otto giorni, cioè nel dì sei di Luglio n'entrarono in possesso pel Re Carlo III. gli Angiollandi, siccome ancora fecero nel dì seguente in Neoporto, e poscia in Coutrai. La forza fu quella, che fece piegare il collo a Menin, Piazza, in cui si trovò gran resistenza. Dendermonda, ed Ath vennero anch'esse alla loro ubbidienza, di modo che anche in quella parte ebbero un terribile scacco l'armi delle due Corone. Nè fu pur loro propizia la fortuna in Ispagna. Stava sul cuore del Re *Filippo V.* la perdita della riguardevol Città di Barcellona, al cui esempio si era ribellata quasi tutta la Catalogna, e il Regno di Valenza. Per ricuperarla non perdonò a spesa e diligenza alcuna; raunò un buon esercito di Spagnuoli; ebbe dal Re Cristianissimo Avolo suo un poderoso rinforzo di truppe, condotto dal *Duca di Noaglies*. Ciò fatto, siccome Principe generoso, volle in persona intervenire a quell'impresa, per maggiormente accalorarla. Si mosse da Madrid verso il fine di Febbraio, e giunse sotto Barcellona, al cui assedio fu dato principio. Dentro vi era lo stesso Re *Carlo III.* che veggendo la Città sfornita di soldatesche, ed aperte tuttavia le breccie dell'Anno precedente, fu in forse, se dovea ritirarsi. Tale nondimeno a lui parve l'affezione e il coraggio di quel Popolo, che determinò di non abbandonarlo. Mirabili cose fecero que' Cittadini, sì uomini che donne, ed anche i Religiosi claustrali, per preparar ripari, per difenderli fino all'ultimo fiato, ben consapevoli, che colla perdita della Città andavano a perdere i tanti loro privilegj, e correano pericolo le loro stesse vite. Tutti i loro sforzi non poteano impedire la grandine delle bombe, e i frequenti, anzi i continui tiri delle batterie nemiche: offese, che rovesciarono gran copia di case, e già formavano considerabili breccie nelle mura. Di peggio vi fu, perchè riuscì a gli assedianti d'insignorirsi de i due Forti del Mongiovì, dove perirono quasi tutti que' pochi Inglesi ed Ollandesi, ch'erano ivi alla difesa. Si trovò allora a gli estremi la Città, e contuttochè i fedeli Catalani mai nè per le morti, nè per le incredibili fatiche si avvilissero: pure fu da i più consigliato il Re Carlo a sottrarsi alla rovina imminente con tentare la fuga per mare, benchè

la

la Flotta Franzese teneſſe bloccato quel Porto. Ma più potè in lui l'amore conceputo verſo i poveri Cittadini, che il proprio pericolo. S'egli ſi ritirava, la Città toſto era perduta. Arrivò in fine nel dì otto di Maggio il foſpirato foccorſo della Flotta Anglollanda, che fece ritirar la Franzeſe a Tolone, e ſbarcò dipoi in Barcellona più di cinque mila combattenti, con ineſplicabil gioia di quella Cittadinanza. Sì poderoſo ajuto, e il reſtare aperto il mare ad altri foccorſi, fecero riſolvere il Re *Filippo V.* a ſciogliere quell' aſſedio, e a ritirarſi non già per l'Aragona, ma pel Roſſiglione in Francia. Accadde la levata del ſuo campo nella mattina del dì 12. di Maggio, in cui ſeguì uno de' maggiori Ecliſſi del Sole tre ore prima del mezzo giorno: avvenimento, che notabilmente accrebbe il terrore nell' Armata, che ſi ritirava in gran fretta. Laſciarono gli Spagnuoli nel campo più di cento Cannoni con ventiſette mortari, cinque mila barili di polve, due mila bombe, con gran quantità d'altri militari attrecci, e di munizioni da bocca e da guerra. Furono poi nella marcia inſeguiti, flagellati, ſvaligiati da una continua perſecuzione de' Micheletti alla coda e a i fianchi. Paſſò il Re Filippo per Perpignano e per la Navarra, e ſi reſtituì follecitamente a Madrid.

MA mentre ſotto Barcellona ſi trovava impegnato eſſo Monarca, il *Milord Gallovay*, che comandava le truppe Ingleſi nel Portogallo, benchè poco ſi accordaſſe il ſuo parere con quello de' Generali Portogheſi, pure tanto fece, che unitamente paſſarono ſotto Alcantara, e la preſero. Apertaſi con ciò la ſtrada fino a Madrid, colà dipoi s'incamminò il loro eſercito, e pervenne al celebratiſſimo Moniſtero dell' Eſcuriale. Non ſi credè ſicuro allora in Madrid il *Re Filippo*, e però ſcortato con quattro mila cavalli e cinque mila fanti dal *Duca di Bervic*, ſi ritirò altrove con tutta la Corte. Nel dì due di Luglio fu ſolennemente proclamato nella Città di Madrid *Carlo III.* per Re di Spagna. S'egli follecitava il ſuo viaggio a quella Capitale, e ſe l'Armata de' Collegati aveſſe ſenza dimora inſeguito il Re Filippo, forſe reſtavano in precipizio gli affari della Real Caſa di Borbone in quelle parti. Ma il Re Carlo, udita la follevazion di Aragona in ſuo favore, volle paſſar prima a Saragozza, per ricevere ivi gli omaggi di que' Popoli. Intanto rinforzato il Re Filippo da i foccorſi ſpediti dal Re Criſtianiſſimo, dopo aver fatto ritirar gli Alleati inferiori di forze,

ze, rientrò nella scompigliata Città di Madrid. Corse de i gravi pericoli il Re Carlo, perchè abbandonato da i Portoghesi;
pure ebbe la fortuna di scampare a Valenza, dove con gran
plauso fu ricevuto da quel Popolo. L'odio inveterato, che passa fra i Castigliani e Portoghesi, e il maggiore, che professano
i primi contro gli Angollandi per la diversità della Religione,
sommamente giovarono al Re Filippo, e nocquero all'Emulo
suo. Intanto anche Cartagena ed Alicante per timor della Flotta possente de' Collegati, alzò le bandiere del Re Carlo. In
questa confusione restarono nel presente Anno le cose della Spagna. In esso ancora ad una fiera calamità fu sottoposto l'Abbruzzo per un'orribil Tremuoto, che nel dì tre di Novembre
interamente desolò una gran quantità di Terre colla morte d'assaissimi di quegli abitanti, e con recare gravissimi danni eziandio a molt'altre. Di tal disavventura partecipò anche la Calabria. Parea, che in questi tempi un tal flagello fosse divenuto cosa familiare. Di gravi contribuzioni esigerono i Tedeschi
nel verno da i Principi d'Italia, e non esentarono da esse, e nè
pur da' quartieri gli Stati di Parma e Piacenza, ancorchè pro-
tetti dalle bandiere di San Pietro. L'accordo fatto dal Duca
Francesco Farnese nel dì 14. di Dicembre di pagare novanta mila doble a gl'Imperiali, fu dipoi riprovato dal sommo Pontefice, che passò anche a fulminar Censure contra di que' bravi
esattori: il che maggiormente alterò la Corte di Vienna contro la Romana.

Anno di CRISTO 1707. Indizione XV.
Di CLEMENTE XI. Papa 8.
Di GIUSEPPE Imperadore 3.

PEr tutto il Gennaio di quest'Anno era durato il blocco
della Cittadella di Modena, quando giunsero artiglierie,
colle quali fu risoluto di farle un più aspro trattamento. Erette le batterie cominciarono nel dì 31. di esso Mese a flagellare
le mura, ed era già formata la breccia. Arrivò improvvisamente in questo tempo da Bologna lo stesso Duca di Modena
Rinaldo d'Este, che agevolò a i Franzesi con vantaggiose condizioni la resa della Piazza. Nel dì 7. di Febbraio se ne andò
quella guernigione con tutti gli onori; e giacchè anche Mont'
Alfonso capitolò nel dì 25. di esso Mese, e Sestola nel dì quattro

tro di Marzo : rientrò il Duca in possesso di tutti i suoi Stati : Continuò ancora per questo verno il blocco del Castello di Milano, il cui Comandante, perchè le tavole degli Ufiziali scarseggiavano di viveri, obbligò quella Città colle minaccie de' Cannoni a somministrarne. Non si può dire, quanto restasse dipoi sorpresa la pubblica curiosità, allorchè si propalò un' Accordo stipulato in Milano nel dì 13. di Marzo fra i Ministri dell' *Imperador Giuseppe*, e del *Re Carlo III.* suo Fratello, e quei del Re Cristianissimo *Luigi XIV.* per cui fu convenuto, che i Franzesi evacuarebbono tutta la Lombardia. Ritenevano essi tuttavia il Castello di Milano, Cremona, Mantova, la Mirandola, Sabbioneta, Valenza, e il Finale di Spagna ; di tutto fecero cessione a gli Austriaci Fratelli : risoluzione, che parve strana alle picciole teste d'alcuni, ma che molto ben convenne alla saviezza del Gabinetto di Francia. E' incredibile la spesa, che facea il Re Cristianissimo per mantenere la guerra in Italia ; senza paragone più gli sarebbe costato questo impegno, da che le vittoriose armi Cesaree e Savoiarde gli aveano o serrati o troppo difficultati i passi in Italia. Troppe Città e Piazze si erano perdute. Contuttochè il *Conte di Medavì* conservasse ancora nel Mantovano circa dodici mila soldati, pure un nulla era questo al bisogno. Alla Francia sopra tutto premeva di ricuperar le truppe esistenti in Lombardia, e le migliaia ancora di quelle, che erano restate prigioniere : punto, che le fu accordato con tutti i comodi ed onori militari, affinchè potessero tali milizie passar sicure in Francia. Sicchè la Real Casa di Borbone, poco anzi padrona de' Ducati di Milano, di Modena, di Mantova, Guastalla, del Monferrato, del Finale, di varj Luoghi nella Lunigiana, e della maggior parte del Piemonte, eccola di repente spogliata di tutto, prendere la legge dalla fortuna, e da chi poc'anzi non avea nè pure un palmo di terreno in Italia. Per sostenere la sola guerra d'Italia, che poi nulla fruttò, impiegò il Re Cristianissimo più di settanta milioni di Luigi d'oro. Parrà cosa incredibile, ma io la tengo da chi dicea di saperla da buon luogo. Restarono dunque in man de' Franzesi solamente la Savoia, Nizza, e Villafranca, e la lor gran potenza fu astretta a consegnar la Città di Mantova col suo Ducato, e insieme la Mirandola all'armi di Cesare, lasciando i Duchi di quelle Città pentiti, ma tardi, d'aver voluto senza necessità sposare il loro

ro

ro partito. All'incontro il generoso e insieme fortunato *Vittorio Amedeo* Duca di Savoia, dopo essersi trovato in sì pericoloso giuoco alla vigilia di perdere in una giornata anche la sua Capitale, quasi unica tavola del suo naufragio; all'improvviso ricuperò tutti i suoi Stati di Lombardia, e in oltre dall'*Augusto Giuseppe* ricevette l'Investitura di Casale col Monferrato Mantovano, e di Alessandria, Valenza, Lomellina, Valsesia, e varj Feudi delle Langhe con glorioso accrescimento alla Real sua Casa, Abbandonarono i Franzesi l'Italia, ma ci lasciarono una funesta eredità de' loro insegnamenti ed esempli, perchè s'introdusse una gran libertà di commerzio fra l'uno e l'altro sesso; e l'amore del Giuoco anche nel sesso femineo si aumentò; e si diè bando a i riguardi e rigori dell' età passata.

ESSENDOSI gagliardamente rinvigorito di truppe il Duca di Savoia, si pensò, quale impresa si avesse da eleggere, per far guerra alla Francia in casa sua, giacchè la Francia più non pensava a farla a casa altrui nelle parti d'Italia. Volevano il Duca *Vittorio Amedeo*, e il *Principe Eugenio*, che si portassero l'armi contro il Delfinato e Lionese, siccome più pratici de' paesi; ma d'uopo fu, che si accomodassero alla risoluta volontà de gl'Inglesi, a' quali sembrava più utile, ed anche facile l'acquisto di Tolone, Porto di tanta importanza nella Provenza, perchè sarebbe l'assedio di esso secondato dalla Flotta Anglollanda. Sapevano i Prineipi di Savoia, quanto male in altre occasioni precedenti fossero riusciti i conti e i tentativi dell' armi Cesaree e Savoiarde in quelle parti; pure loro malgrado consentirono a sì fatta spedizione. Incredibili fatiche, stenti, e spese costò il condurre l'esercito per l'aspre montagne di Tenda, e per le vicinanze di Nizza e Villafranca occupate da' Franzesi. Si scarseggiava dapertutto di viveri e di foraggi; pure ad onta de' tanti disagi, per li quali mancò nel cammino molta gente, pervenne l'oste Collegata per Cagnes, Frejus, Arce, e Sauliers in vicinanza di Tolone nel dì 26. di Luglio. Ma due giorni prima il vigilante *Maresciallo di Tessè* con marcie sforzate correndo, avea introdotto in quella Città piuttosto un esercito, che una guernigione, e si era affaccendato in formar ripari e fortificazioni a tutti i siti. Sicchè fu ben dato principio alle offese contra Tolone, ma con poca o niuna speranza di buon esito, tanta era la copia de i difensori. S'impadronirono bensì gli Alleati di due Forti, spinsero bombe nella Piazza;

ma chiariti, che si gittava la polve e il tempo; che ogni dì
più s'ingrossava l'esercito del Tessè; che veniva gente fino di
Spagna; che i Duca di Borgogna e Berrì erano in moto per
venire alla testa delle lor milizie; e che la Flotta Anglollanda
più avea da combattere co i venti, che colla Terra; finalmente fu preso il partito di sloggiare, e di tornarsene in Italia.
Con buon ordine fu eseguita la ritirata nella notte precedente
al dì 22. d'Agosto; e passato felicemente il Varo, si restituì l'
Armata Alleata in Italia, minore di quel ch'era prima, perchè di trentasei mila combattenti, appena la metà si salvò.
Ora quì si aprì il campo alle dicerie de' Politici, che sognarono misterj segreti nel Duca di Savoia, senza far mente alle vere cagioni dell'infelice riuscita di quell'impresa. Giunti in Piemonte i Collegati, poco stettero in ozio. Restava tuttavia in
man de' Franzesi la Città di Susa, corteggiata da alcuni Forti,
alzati da essi sulle alture de' monti, che attorniano quella Valle. S'impadronirono essi Collegati nel dì 22. di Settembre della Città, e nel dì quattro di Ottobre anche della Cittadella
con farne prigioniere il presidio. Presero anche d'assalto il Forte di Catinat, restando parte di quella guernigione tagliata a
pezzi. Con queste imprese terminò la campagna in Piemonte.

COMUNE opinione fu, che l'infelice spedizione dell'armi Collegate in Provenza producesse almen questo vantaggio, che la
Francia impegnata alla propria difesa, non inviasse soccorso al
Regno di Napoli, minacciato dall'*Imperador Giuseppe*. A tale
acquisto ardentemente pensava la Corte di Vienna, animata
spezialmente da segrete relazioni, che i Popoli di quel Regno,
oltre al concetto di essere amanti di nuovo governo, a braccia
aperte aspettavano, chi venisse a ristabilir ivi il dominio Austriaco, con iscacciarne la Real Casa di Borbone. Non l'intendevano così gli Anglollandi per altri loro riflessi; ma Cesare
stette forte nel suo proponimento, considerando fra l'altre cose,
che parte della sua cavalleria resterebbe oziosa in Piemonte,
siccome avvenne, per non potere esporsi a troppi patimenti
nell'aspro passaggio verso la Provenza. Fu dunque scelto per
Condottiere d'una picciola Armata, consistente in cinque mila
fanti, e tre o forse più mila cavalli (benchè la fama ne ac-
crescesse molto di più la dose) il valoroso *Conte Daun*, per
marciare alla volta di Napoli; giacchè si giudicavano bastanti
così poche forze a conquistare un Regno, dove mancavano di-
fen-

fenfori, le Fortezze erano fprovvedute, e l'amore de' Popoli
ferviva di ficurezza per un efito favorevole. Nel dì 12. di Maggio fi mife in marcia quefto diftaccamento, paffando per la
Romagna e per la Marca; ad Ancona ricevette un treno di
artiglieria; e verfo la metà di Giugno per Tivoli e Paleftrina
nel dì 24. pervenne a i confini del Regno. Avea per tempo il
Duca d'Afcalona Vicerè fatti que' preparamenti, che a lui furono poffibili, per opporfi a quefto temporale. Poche truppe
regolate fi trovavano al fuo comando; nè arruolò molte di nuove; diede l'armi al Popolo di Napoli, moftrando confidenza
in effo; ma in fine modo non appariva di ufcire in campagna,
e d'impedire l'ingreffo a i nemici nel Regno. Contuttociò *Don*
Tommafo d'Acquino Principe di Caftiglione, *Don Niccola Pigna-*
telli Duca di Bifaccia, ed altri Ufiziali con alcune migliaia di
armati, fi poftarono al Garigliano; ma al comparire de gli Alemanni confiderando meglio effi, che nulla fi poteano promettere da gente collettizia, fi ritirarono a Napoli. Perciò fenza
colpo di fpada vennero in poter de' Tedefchi Capoa ed Averfa; e l'efercito fenza trovare oftacolo alcuno, fi prefentò nel
dì 7. di Luglio alla Città di Napoli, effendofi ritirato il Duca
di Afcalona a Gaeta.

PORTATE da i Deputati le chiavi di effa Metropoli al *Con-*
te di Martinitz, dichiarato Vicerè, entrò egli colla fanteria
nella Città fra le inceffanti acclamazioni del Popolo, la cui sfrenata allegrezza paffò fino a mettere in pezzi la bella ftatua
equeftre di bronzo eretta al Re *Filippo V.* e a gittarla in mare. Da lì a pochi giorni i tre Caftelli di Napoli fi arrenderono; la guernigione di Caftelnuovo prefe partito fra gli Auftriaci. Con grande folennità fu poi prefo poffeffo di quella gran
Città a nome del Re *Carlo III.* Ritiratofi il Principe di Caftiglione verfo la Puglia con circa mille cavalli, trovò in quel
d'Avellino barricate le ftrade. Rivoltofi a Salerno, ed infeguito dalla cavalleria Cefarea, quivi fu prefo, e la fua fquadra
parte fi sbandò, parte reftò prigioniera. L'efempio di Napoli
fi tirò dietro il refto delle Città e Provincie di quel Regno,
a riferva dell'Abbruzzo, che fece qualche refiftenza a cagione del *Duca d'Atri*; ma fpeditovi il *Generale Vetzel* con truppe, ubbidì ancora quella contrada, fe non che il prefidio di
Pefcara fi tenne faldo fino a i primi dì di Settembre. La fola
Città di Gaeta, dove con circa tre mila foldati s'era rifugiato

ed afforzato il Duca d'Afcalona, fembrava difpofta a fare una più lunga e vigorofa difefa, giacchè era anch'effa affiftita pèr mare dalle Galee del Duca di Turfi. Sotto d'effa andò ad accamparfi il Conte Daun, e difpofte le batterie, quefte arrivarono in fine a formare una ben larga breccia nelle mura, di modo che nel dì 30. di Settembre fu rifoluto di falire per effa. O fia, che l'Afcalona poco s'intendeffe del meftier della guerra, o che troppo confidaffe nella più che mediocre bravura de' fuoi guerrieri, e in un argine di ritirata alzata dietro la breccia: fi lafciò fconfigliatamente venire addoffo il torrente. Montarono i Cefarei intrepidamente la breccia, e quando fi credeano di aver fatto affai con prender ivi pofto, avvedutifi del difordine de i difenfori, feguitarono innanzi, e furiofi entrarono nell'infelice Città. Andò effa tutta a facco con tutte le confeguenze di fomiglianti fpettacoli, effendo folamente reftate efenti dal furor militare le Chiefe e i Conventi. Fu creduto afcendere il bottino a più d'un milione di ducati. Gran macello fu fatto de' prefidiarj. Il mal accorto Duca d'Afcalona, cagione di tanta fciagura, covava fempre la fperanza del fuo fcampo nelle fuddette Galee; ma per difavventura erano effe quel dì ite a caricar vettovaglie, e però gli convenne ritirarfi colla gente, che potè fottrar alle fciable Tedefche, nel Caftello. Fu poi egli obbligato di renderfi a difcrezione infieme col *Duca di Bifaccia*, e col *Principe di Cellamare*, che pubblicamente furono condotti prigionieri fra gl' improperj del Popolo, minacciante all'Afcalona, come cofa degna di lui, la forca, pel fangue de' Napoletani da lui fparfo in occafion della Congiura, già maneggiata e malamente efeguita contra del Re *Filippo V.* Fu poi richiamato in Germania il *Conte di Martinitz*, e il governo di Napoli reftò al *Conte Daun*.

Di quefto felice paffo profeguivano in Italia gli affari del Re *Carlo III.* mentre in Ifpagna andavano a precipizio. L'arrivo di poderofi rinforzi mandati da' Franzefi, e de' ricchi Galeoni venuti dall'America, preftarono al Re Filippo il comodo di unire una buona Armata, e di fpedirla contro l'emulo Carlo III. Era dall'altra parte ufcito in campagna *Milord Gallovai* colle truppe Anglollande e Catalane; e quantunque caldamente foffe ftato configliato dal *Conte di Peterboroug*, e da altri Ufiziali, di tenerfi unicamente fulla difefa, pure fedotto da i contrarj impetuofi configli del *Generale Stenop.*, ardentemente

mente bramava di venire ad un fatto d'armi, lufingandofi,
che nulla poteſſe refiſtere al valore de' ſuoi. Si trovarono in
vicinanza le due nemiche Armate nel dì 22. d'Aprile, non
lungi dalla Città d'Almanza nel Regno di Valenza. Voleva
il *Duca di Bervich*, Generale del Re Filippo differir le operazioni, finchè il *Duca d'Orleans*, ſpedito da Parigi a Madrid
con titolo di Generaliſſimo, arrivaſſe al campo, per laſciare a
lui l'onore della ſperata vittoria; ma non gli diede il Gallovai
tanto di tempo; perchè nel dì 25. d'eſſo Aprile andò ad attaccare la zuffa. Non erano forſe diſuguali nel numero le ſchiere de'contendenti; pure l'Armata de'Collegati ſi trovava inferiore di cavalleria, e le truppe Portogheſi non ſapeano, che
brutto giuoco foſſero le battaglie. Si combattè con gran vigore
da ambe le parti, e gl'Ingleſi fecero maraviglie, ſoſtenendo
per grande ſpazio di tempo il peſo del conflitto; ma in fine
sbaragliati cederono il campo a i vincitori Galliſpani. Si calcolò, che de gli Alleati reſtaſſero ben cinque mila eſtinti, oltre ad una copioſa quantità di feriti, e che i rimaſti prigionieri aſcendeſſero al numero di quattro mila. Gran ſangue ancora coſtò a i Galliſpani queſta felice giornata, perchè v'ebbero da quattro mila tra morti e feriti. Ma in mano loro venne
tutta l'artiglieria nemica, e il minuto bagaglio con aſſai bandiere e ſtendardi. Lamentaronſi forte gl'Ingleſi della vana ſpedizione fatta da i Ceſarei e Piemonteſi in Provenza; perchè
ſe le truppe inutilmente conſumate in quella impreſa foſſero
ſtate ſpedite in Iſpagna, come eſſi ne facevano iſtanza, ſi lu-
ſingavano di ſtabilir ivi ſenza dubbio il Trono del Re Carlo.

GRAN tracollo diede queſta ſconfitta alla fortuna d'eſſo *Re
Carlo*. Imperocchè giunte al campo il *Duca d'Orleans*, non
perdè tempo a ricuperare Valenza ed altri Luoghi di quel Regno, che provarono il gaſtigo della loro affezione al nome Auſtriaco. Laſciato poi il corpo maggior dell'Armata al *Duca di
Bervich*, e al Generale Asfeld, affinchè ſeguitaſſero le conquiſte nel Valenziano e Murcia, egli con otto o dieci mila combattenti marciò alla volta dell'Aragona, e trovati que'Popoli
atterriti per la rotta d'Almanza, facilmente li riduſſe all'ubbidienza del *Re Filippo V.* da cui furono poi privati di tutti i
privilegj, ſpogliati d'armi, e ſeveramente puniti in altre gui-
ſe. A tante contentezze della Corte di Madrid ſi aggiunſe nel
dì 25. d'Agoſto l'aver la Regina *Maria Gabriella di Savoia* dato

to alla luce un Figlio maschio, a cui fu posto il nome di Luigi, e dato il titolo di Principe d'Asturias. Fu poi nell'Autunno costretta dal Duca d'Orleans l'importante Città di Lerida con un vigoroso assedio a rendersi. Fermossi in quest'Anno il Re Carlo III. in Barcellona, per animare i suoi Catalani nelle disgrazie, mangiando intanto il pane del dolore, perciocchè oltre al non venirgli alcun nuovo soccorso nè dalle Potenze Maritime, nè dall'Italia, da ogni parte sioccavano famiglie nobili di Valenza ed Aragona sue parziali, che a lui si rifugiavano, cercando di che vivere. In Fiandra e al Reno continuò anche nell'Anno presente la guerra, ma senza che succedessero fatti, od imprese, delle quali importi al Lettore che io l'informi.

Anno di CRISTO 1708. Indizione I.
Di CLEMENTE XI. Papa 9.
Di GIUSEPPE Imperadore 4.

ATTESE in quest'Anno il *Conte Daun* Vicerè di Napoli a rimettere sotto il dominio del Re *Carlo III.* le Piazze spettanti alla Spagna nelle Maremme di Siena. Spedito colà un corpo di truppe, il *Generale Vetzel* non ebbe a spendere gran tempo e fatica, per ridurre alla resa Santo Stefano ed Orbitello, Fortezza pel sito assai riguardevole. Da lì a non molto venne a' suoi voleri anche la Città di Piombino, col suo Castello. Ma in Porto Ercole e Portolongone si trovarono difensori risoluti di custodire in que' Porti la Signoria di *Filippo V.* Convenne dunque trasportar colà da Napoli artiglierie e munizioni, per adoperare la forza. Ma verso il principio di Novembre, il Comandante di Porto Longone, sbarcata gente ad Orbitello, col nembo di molte bombe fece provare il suo sdegno a quella Piazza. Era già stata destinata in Moglie al *Re Carlo III.* la Principessa *Elisabetta Cristina di Brunsvich* della Linea di Wolfembutel, che a questo fine abbracciò la Religione Cattolica. Si mosse di Germania nella Primavera del presente Anno questa graziosissima Principessa, dichiarata Regina di Spagna, e calò in Italia. Suo condottiere era il *Principe di Lorena* Vescovo d'Osnabruch. Magnifico ricevimento le fece per li suoi Stati la Veneta Repubblica. Nel dì 26. di Maggio furono ad inchinarla in Desenzano *Rinaldo d'Este* Duca di Modena, e il Principe *Don Giovanni Gastone*, spedito dal Gran

Duca.

Duca *Cofimo de' Medici* fuo Padre, e pofcia in Brefcia *Fran-*
cefco Farnefe Duca di Parma. Paffata effa Regina a Milano,
ed ivi accolta con gran pompa e folennità, fu poi a vifitar
le deliziofe Ifole Borromee, e nel dì 7. di Luglio s'inviò a San
Pier d'Arena, dove imbarcata nella Flotta Inglefe, nel dì 15.
fciolfe le vele verfo Barcellona. Dappoichè la memorabil vittoria de gl'Imperiali fotto Torino fconvolfe tutte le mifure de'
Franzefi per conto dell'Italia, deftramente ful principio del
precedente Anno avevano effi configliato *Ferdinando Carlo
Gonzaga* Duca di Mantova di paffare per fua maggior fieu-
rezza a Venezia. Eleffe più tofto la Ducheffa fua Moglie di
ritirarfi in Francia, che di feguitarlo, e portatafi a Parigi, quivi nel dì 19. di Dicembre del 1710. mancata di vita, liberò
quella Corte dall'obbligo di pagarle un'annua convenevol penfione. Portò feco il Duca a Venezia un'incredibile afflizione,
che crebbe poi a difmifura all'udire caduta in mano dell'Imperadore la fua Capitale, e al trovarfi fpogliato di tutti i fuoi
Stati. Nè a mitigar quefta piaga ferviva punto la promeffa
del Re Criftianiffimo di pagargli ogni anno quattrocento mila
franchi, e di rimetterlo in cafa alla Pace. Il laceravano continuamente i rimorfi delle fue fconfigliate rifoluzioni, e la notizia di non effer compatito da alcuno; laonde cominciò a patire oppreffioni di cuore, con pericolo di foffocarfi, allorchè fi
metteva a giacere. Ora in Venezia, ed ora a Padova cercando rimedj a i mali non men del corpo che dell'animo, fi riduffe in fine a gli eftremi. Stava la Corte di Vienna con l'occhio aperto al di lui vacillante ftato, e prima, ch'egli prendeffe congedo dal Mondo, fulminò contra di lui una fiera fentenza, dichiarando lui reo di fellonìa, e decaduti i fuoi Stati
al Fifco Cefareo. L'ultimo dì della vita di quefto infelice Principe fu il quinto di Luglio dell'Anno prefente in Padova, e
corfe tofto fama, che il veleno gli aveffe abbreviati i giorni,
quafichè i tanti difordini della fua vita licenziofa in addietro,
e i fucceduti crepacuori non aveffero affai poffanza per condurlo al fepolcro in età di cinquanta fette anni. Non lafciò dopo
di sè prole alcuna legittima, e quantunque *Vincenzo Gonzaga
Duca* di Guaftalla faceffe più e più iftanze e ricorfi per fuccedere nel Ducato di Mantova, ficcome chiamato nelle Inveftiture, ed anche per patti confermati dal fu *Augufto Leopoldo*,
nè allora, nè dipoi potè confeguire il fuo intento. Solamente
gli

gli venne fatto di riportare il posseßo e dominio del Principato di Bozzolo, di Sabbioneta, Oßiano, e Pomponesco. Avrebbe dovuto il Popolo di Mantova compiagnere tanta mutazione di cose, e la perdita de' proprj Principi, che seco portava la dolorosa penßione di divenir Provincia con altre aßai grevi conseguenze, che non importa riferire. E tanto più perchè l'eßtinto Duca trattava amorevolmente, e con dißcreti tributi i sudditi suoi, e teneva in feßte quella allor ben popolata Città. Contuttociò la sfrenata libidine sua, per cui non era in ßicuro l'onor delle Donne, e maßßimamente delle Nobili; e i tanti sgherri, ch'egli manteneva per far delle vendette, e spezialmente se gli saltavano in capo ghiribizzi di geloßie: tale impreßßione lasciarono, non dirò in tutti, ma nella miglior parte del Popolo, che o non deplorarono, o giudicarono anche fortuna ciò, che altri Stati han conßiderato, e tuttavia conßiderano per una delle loro maggiori sventure. E quivi ßi provò, che un solo Principe cattivo fece perdere per così dire la memoria e il deßiderio di tanti illußtri e saggi suoi Predeceßßori, che aveano in alto grado nobilitata, arricchita, e renduta celebre dapertutto la Città di Mantova. Cento ßi richieggono ad edificare, un solo baßta a dißtruggere tutto.

NON poche differenze ancora inforsero fra la Corte Imperiale, e *Vittorio Amedeo Duca* di Savoia a cagione del Vigevanasco, già promeßßo a queßlo Principe ne' precedenti patti, ma senza che il Conßiglio Aulico di Vienna ßapeße mai condißcendere a queßta ceßßione. Indarno ßi moßsero Inglesi e Ollandesi a soßtenere le di lui ragioni, e vie più perchè il Duca ßi moßtrava renitente ad ußcire in campagna, se non era soddisfatto. Tante belle parole nondimeno e promeße furono spese in tale occaßione, che il Duca nel Meße di Luglio ßi moße coll' armi sue e Collegate. Il *Conte di Daun* fu richiamato da Napoli al comando delle truppe Ceßaree in Piemonte, e in luogo suo con titolo di Vicerè paßsò il *Cardinale Vincenzo Grimani* Veneto a quel Governo, e ne preße il poßseßo nel dì quattro di Luglio. Parevano rißoluti gli Alleati di penetrare colle lor forze nel Delfinato, dove il *Mareßciallo di Villars*, benchè inferiore di gente, avea preße le poßßibili precauzioni per la difeßa. Ma le mire del Duca di Savoia erano di torre ai Franzeßi quelle Fortezze, che aprivano loro il paßßaggio verso l'Italia. Perciò dopo eßerßi avanzata l'Armata Collegata per quelle

aspre

afpre montagne, cioè per la Morienna, per la Tarantafia, per
la Valle d'Aofta, e pel Monfenifio, minacciando la Savoia:
all'improvvifo ful principio d'Agofto, voltato cammino e faccia, tagliò a'Franzefi l'ulterior comunicazione co i Forti della
Perofa, di Exiles, e delle Feneftrelle. Fu nel medefimo tempo imprefo l'affedio de i due primi, ed amendue nel dì 11. e
12. d'Agofto efpofero bandiera bianca, reftando prigioniere
quelle guernigioni. Di là fi pafsò a ftrignere le Feneftrelle,
Fortezza di maggior nerbo, ma che berfagliata fieramente dalle nemiche batterie, nel dì 31. del Mefe fuddetto capitolò la
refa, con reftare ivi ancora prigioniere di guerra il prefidio.
Ciò fatto, fi ritirò quell'Armata a Pinerolo, e con tali imprefe ebbe fine in effe parti la campagna, non effendofi fatto
altro tentativo, sì perchè cadendo di buon'ora le nevi in que'
monti, impedifcono i paffi alle operazioni militari, e sì perchè l'armi Cefaree erano richiamate in Italia per un'altra fcena, a cui s'era dato principio.

ANCORCHE' nelle prefenti fcabrofe contingenze con fomma
prudenza e da Padre comune, fi foffe governato il Pontefice
Clemente XI. fenza prendere impegno alcuno fra le Potenze
guerreggianti: pure provò, quanto fia difficile il foddisfare a
tutti, e il confervare il credito e vantaggio della neutralità in
mezzo a due contrarj fuochi. Dichiaroffi in fatti mal foddis-
fatta di lui la Corte di Vienna, sì per l'affare di Figheruolo,
come dicemmo all'Anno 1704. e sì per le Scomuniche fulminate dal Santo Padre nel dì primo d'Agofto del precedente
Anno contro i Miniftri Cefarei a cagion delle Contribuzioni
efatte dal Ducato di Parma e Piacenza, come ancora per varj
altri Atti di quefto Pontefice, gelofo mantenitore dell'Immunità Ecclefiaftica. Ora da che l'*Imperador Giufeppe* fi vide forte in Italia per l'efpulfione dell'armi delle due Corone, non
tardò a far provare i fuoi rifentimenti alla Corte di Roma,
ordinando, che non paffaffero a Roma le rendite de'Beni Ecclefiaftici del Regno di Napoli, e risvegliando le pretenfioni
già moffe dall'Augufto fuo Padre, per li Feudi e Stati Imperiali d'Italia. Uno di quefti pretendeva il Configlio Aulico,
che foffe la Città di Comacchio, pofta full'Adriatico fra Ravenna e Ferrara colle fue ricche Valli pefcareccie, ficcome
quella, che la Cafa d'Efte fin dall'Anno 1354. riconofceva
dal facro Romano Imperio per Inveftiture continuate fino al

Tomo XII. H regnan-

regnante Duca di Modena *Rinaldo d'Este*, e che quantunque non comprefa nel Ducato di Ferrara, pure fu occupata dal Papa *Clemente VIII.* nel 1598. ed era tuttavia detenuta dalla Camera Apoftolica, non oftante i richiami fatti più volte da i Principi Eftenfi. Similmente eccitò le pretenfioni Cefaree fopra Parma e Piacenza, ancorchè per due Secoli la Sede Apoftolica ne foffe in poffeffo, e ne deffe pubblicamente le inveftiture alla Cafa Farnefe. Adunque verfo la metà di Maggio fi fece maffa di milizie Imperiali ful Ferrarefe, e fenza far novità contro la Città fteffa di Ferrara, pafsò nel dì 24. d'effo Mefe un corpo di Tedefchi ad impoffeffarfi della Città di Comacchio. Venne anche ordine da Vienna e da Barcellona al Senato di Milano d'intimare al Duca di Parma di prendere fra quindici giorni l'Inveftitura di Parma e Piacenza, come Feudi Imperiali, e dipendenze dello Stato di Milano.

Da tali novità commoffo il fommo Pontefice, giudicò debito fuo di metterfi in iftato di ripulfar colla forza gli attentati de gli Alemanni, e a sì fatta rifoluzione l'animarono fpezialmente i Miniftri di Francia e Spagna, impiegando larghe promeffe di foccorfi, che poi non fi videro mai comparire. Però avuto ricorfo al teforo di Caftello Sant'Angelo, e trovate altre maniere di accumular pecunia, fi fece in Roma e per gli Stati della Chiefa un armamento di circa venti mila foldati, de' quali fu dato il comando al Conte *Ferdinando Marfili* Bolognefe, Generale già dell'Imperadore, e famofo ancora per la fua fingolar Letteratura. Paffarono quefte truppe a guernire i pofti del Ferrarefe, Bolognefe e Romagna, e feguirono anche oftilità nelle Ville confinanti a Comacchio. Il Duca di Modena *Rinaldo* per fua precauzione fece anch'egli di molta gente. Ora intenzione della Corte Cefarea non era già di far guerra al Papa, ma folamente di tirarlo a qualche convenevole aggiuftamento: pure vedendo sì grande apparato d'armi, ordinò al *Conte Wirico di Daun* fuo primario Generale in Italia, di cercare colle brufche ciò, che i fuoi Miniftri in Roma non poteano ottenere col maneggio. Calati dunque varj Reggimenti verfo il Ferrarefe, il fuddetto Generale Daun nel dì 27. d'Ottobre marciò contro il Bondeno, e vi fece prigionieri più di mille foldati Pontifizj, liberò dal blocco Comacchio, e s'impadronì di Cento. Appreffo andò quafi tutto il refto dell'Armata Imperiale a prendere quartieri di verno ful Ferrarefe e

Bolo-

Bolognefe, e formò una fpecie di blocco alla ftefla Città di Ferrara, e a Forte Urbano. Inoltroffi ancora ad Imola, e Faenza, da dove sloggiarono prefto le milizie Pontificie, che aveano dianzi determinato di far quivi Piazza d'armi. Intanto anche le penne cominciarono a far guerra, avendo la Corte Romana pubblicate le Ragioni del fuo dominio in Comacchio, alle quali contrapofe tofto altre Scritture il Duca di Modena, che iftruirono il Pubblico del diritto Imperiale ed Eftenfe fopra quella Città. Oltre a quefti sì ftrepitofi fconcerti provò Papa *Clemente XI.* nel prefente Anno molti affanni e cure a cagion de' Riti Cinefi, da che intefe, che *Monfignore di Tournon*, da lui inviato per Vifitatore alla ftefla Cina, ed ultima-

Era volg.
Ann. 1708.

verfie nell'efecuzione dell'Apoftolico fuo miniftero.

NEL Maggio di queft'Anno fece il Re Criftianiffimo *Luigi XIV.* la fpedizione del giovine Cattolico Re della Gran Bretagna *Giacomo III.* verfo la Scozia con poderofa Flotta, per fufcitare in quelle parti qualche incendio. Ma sì opportune e gagliarde furono le precauzioni prefe dalla Corte di Londra e da gli Ollandefi, che lo fventurato Principe fu aftretto a ritornarfene a Dunquerque, contento d'avere fcampato il grave pericolo, a cui fu efpofta infieme colla Flotta la fua Real perfona. Con grandi forze entrarono dipoi i Franzefi in campagna nell'Anno prefente, giacchè i lor defiderj e trattati di Pace co i Miniftri delle Potenze Collegate s'erano fciolti in fumo; ed improvvifamente fi fecero padroni di Gante e di Bruges. Al comando di quell'Armata pafsò lo fteffo *Duca di Borgogna* colla direzione del valorofo *Duca di Vandomo*; ed erafi già accampata l'ofte loro preffo Odenard, dove fi trovò Comandante ben rifoluto alla difefa. Allora fu, che gl'infigni due Generali dell'efercito Alleato, cioè il *Principe Eugenio di Savoia*, e *Milord Duca di Marlboroug* s'affrettarono per venire alle mani co' Franzefi. Nel dì undici di Luglio attaccarono effi la battaglia con tal maeftria e vigore, che ne riportarono la vittoria. La notte fopragiunta favorì non poco la fuga, o ritirata de' Franzefi. Contuttociò, fe s'ha da credere alla Relazion de' vincitori, d'effi Franzefi reftarono ful campo quattro mila eftinti, laddove fecondo il conto de' vinti, nè pur giunfero a due mila. S'accordarono bensì le notizie in dire, che rimafero prigionieri fette mila d'effi, fra' quali cinquecen-

to Ufiziali. Si portò dipoi il Principe Eugenio all'aſſedio dell'
importante Città di Lilla, fortificata al maggior ſegno dal fa-
moſo Ingegnere Vauban. Coſtò gran ſangue l'eſpugnazion di
sì gran Fortezza, difeſa con ſommo valore dal *Mareſciallo di
Bouflers*, e ſecondo lo ſcandaglio de gl'intendenti vi perirono
de gli offenſori circa diciotto mila perſone, ſenza parlar de'feriti. Nel dì 22. d'Ottobre la Città ſi rendè; nel dì 9. di Dicembre la Cittadella. In queſto mentre per fare una diverſio-
ne, *Maſſimiliano Duca di Baviera* miſe l'aſſedio a Bruſſelles;
ma accorſi i due Generali de' Collegati il fecero precipitoſamente ritirar di là; dopo di che ricuperarono Gante e Bruges, coronando con sì glorioſe impreſe la preſente campagna.
   NELLA Spagna non furono men conſiderabili gli avvenimenti della guerra. Arrivò a Barcellona ſpedito dall'Italia il
ſaggio Mareſciallo *Conte Guido di Staremberg* al comando dell'
Armata del *Re Carlo III.* in Catalogna; ma colà ben tardi
andarono capitando i rinforzi di gente Italiana e Palatina inviati per mare. Di queſta lentezza non laſciò di profittare il
vigilante *Duca d'Orleans* Generaliſſimo dell'armi delle Corone. Verſo il dì 21. di Giugno miſe l'aſſedio a Tortoſa, e
la coſtrinſe alla reſa. Anche nel Valenziano i Porti di Denia
e di Alicante ritornarono per forza all'ubbidienza del *Re Filippo V.* Ma queſte perdite furono compenſate da altri acquiſti. Imperciocchè avendo la Flotta Ingleſe sbarcate nell'Iſola
di Sardegna verſo la metà d'Agoſto un groſſo corpo di milizie
Auſtriache, trovò que'Popoli portati dall'antica affezione verſo la Caſa d'Auſtria, che non ſolo niuna reſiſtenza fecero,
ma con feſta inalberarono toſto le bandiere del *Re Carlo III.*
Il Vicerè Spagnuolo non tardò a capitolar la reſa di Cagliari,
con ottener tutto quanto deſiderò d'onori militari. Amoreg-
giavano da gran tempo anche gl'Ingleſi l'Iſola di Minorica,
per brama di mettere il piede in Maone, Porto de' più riguardevoli e ſicuri del Mediterraneo, e di quivi fondare una buona ſcala al loro commerzio. Nel dì 14. di Settembre il Generale Ingleſe *Stenop* sbarcò in quell'Iſola più di due mila combattenti, e gli abitanti corſero a ſuggettarſi. Nel dì 26. marciò contro il Caſtello e Porto di Maone, e fra due giorni ſe
ne impoſſeſsò: perdita, che ſommamente increbbe al Re Filippo per l'importanza di quel Porto, caduto in mano di chi
ſel terrebbe caro. Come il Garzoni Storico sì accurato metta

nel

nel Libro XIII. la prefa di Minorica nell'Anno 1707. fe non
anche nel precedente, non l'ho faputo intendere. Intanto nel
dì primo d'Agofto fece il fuo folenne ingreffo in Barcellona
la novella Spofa del *Re Carlo III.* con gran tripudio e fefte
de' Catalani.

Anno di CRISTO 1709. Indizione I·II.
Di CLEMENTE XI. Papa 10.
Di GIUSEPPE Imperadore 5.

IL verno di queft'Anno fu de' più rigorofi, che fi fieno mai
provati in Italia, perchè gelò il Po con altri Fiumi, e colle carra fi paffava francamente per l'alveo fuo fortemente agghiacciato. Fin la Laguna di Venezia fi congelò tutta, con
grave incomodo di quella gran Città, a cui su pel ghiaccio fi
dovea portar tutto ciò, che con tanta felicità fi portava in
altri tempi per barca. Si feccarono perciò le Viti, gli Ulivi,
le Noci, ed altri alberi, e nel Genovefato gli Agrumi. Se ne
ftava ciò non oftante tutta l'Armata Cefarea, dolcemente accampata ful Ferrarefe, Bolognefe·e Romagna, godendo un
buono, cioè un indifcreto quartiere d'inverno alle fpefe di que'
poveri Popoli, benedicendo effi Tedefchi il Papa, che non era
finquì condifcefo ad alcuno accomodamento coll' Imperadore;
e dava campo ad effi di deliziarfi in quelle ubertofe campagne.
Erafi portato a Roma il *Marchefe di Priè* Plenipotenziario Cefareo a fine d'indurre il Pontefice ad eleggere non la pericolofa via dell'armi, ma la pacifica del Gabinetto, per venire
ad un accordo. Nè pure il Re Criftianiffimo trafcurò allora di
fpedir colà il *Marefciallo di Teffè* per fomentare gli fpiriti
guerrieri nell'animo di fua Santità, e fraftornare ogni concordia con Cefare, fpendendo largamente promeffe e ficurezze
di poderofi aiuti. Ma quefti aiuti erano lontani, erano anche
dubbiofi; e intanto il fanto Padre avea fulle fpalle il troppo
pefante fardello dell'armamento proprio, che a lui forfe più
di quel che aveffe fatto ad altri, coftava una graviffima fpefa.
Aveva egli anche fatte groffe rimeffe a gli Svizzeri, e ad Avignone, per tirar da quelle parti un buon nerbo di gente. Il
peggio era, che le truppe Cefaree con riderfi delle truppe Pa-
paline, ogni dì più fi ftendevano per la Romagna, e minacciavano di voler paffare, e non già per divozione, fino a Roma

ma ſteſſa. Dalla parte ancora del Regno di Napoli ſi accoſta-
vano milizie a i confini dello Stato Eccleſiaſtico. Trovavaſi perciò in gravi anguſtie il buon Pontefice; dall'una parte l'agitava
la paura di maggiori violenze, e l'amore paterno de'minacciati
e già aggravati ſuoi ſudditi; e dall'altra il timore di mancare
all'uffizio ſuo in cedere alcun de i diritti della ſanta Sede per
gli affari di Parma e Piacenza, e di Comacchio, giacchè anche per le due prime Città era uſcito Manifeſto di Ceſare, che
le pretendeva quaſi membri dello Stato di Milano. S'aggiugneva l'inſiſtere il Miniſtero Ceſareo, che la Santità Sua riconoſ-
ceſſe per Re di Spagna Carlo III. punto di gran dilicatezza,
al cui ſuono ſtrepitavano forte i Miniſtri delle due Corone Criſtianiſſima e Cattolica. Ma finalmente la Paura è una dura
Maeſtra, e il Saggio s'accomoda a i tempi. E però dopo avere il ſanto Padre con pubbliche preghiere implorato lume dal
Cielo, nel dì 15. di Gennaio del preſente Anno ſtabilì l'accordo con Ceſare, promettendo egli di diſarmare, e il Ceſareo
Miniſtro di ritirar da gli Stati della Chieſa le truppe Ceſaree,
e di obbligare il Duca di Modena a non inferire moleſtia alcuna alle Terre della Chieſa. Fu convenuto, che in amichevoli
Congreſſi da tenerſi in Roma fra i Miniſtri Pontifizj e Ceſarei,
ſi eſaminerebbono le pendenze inſorte per gli Stati di Pàrma,
Piacenza, e Comacchio, e ſimilmente le ragioni del Duca di
Modena ſopra Ferrara, per conchiudere ciò, che eſigeſſe la
giuſtizia. Durante il dibattimento di queſte cauſe fu accordato, che l'Imperadore reſtaſſe in poſſeſſo di Comacchio. Segretamente ancora fu convenuto, che Sua Santità riconoſcerebbe
per Re Carlo III. Fece quanta reſiſtenza mai potè il Pontefice; pure in fine s'induſſe ad un sì abborrito paſſo.

A queſto accomodamento non mancò la lode ed approvazione della gente più ſavia, conſiderato il pericolo di mali incomparabilmente maggiori, ſe la Santità ſua non ſi arrendeva.
Ma non l'inteſero coſì le Corti di Francia e Spagna, pretendenti, che il Pontefice doveſſe ſacrificar tutto, e ſofferire l'eccidio de'ſuoi Stati, più toſto che condiſcendere al Regio titolo di Carlo III. Però quantunque Roma faceſſe conoſcere, che
in alcuni tempi erano ſtati riconoſciuti per Re due contendenti, e lo ſteſſo Re Criſtianiſſimo avea nello ſteſſo tempo riconoſciuto per Re della gran Bretagna Giacomo II. e Guglielmo III.
pure a nulla giovò. Vennero ordini, che il Mareſciallo di Teſ-

sè, l'Ambasciatore Cattolico *Duca d'Uceda*, e il *Marchese di*
Monteleone Plenipotenziario del Re *Filippo V.* si partissero da
Roma, con premettere una Protesta di nullità dell'Atto suddetto. Fu ancora licenziato da Madrid il *Nunzio Zondedari*,
vietato a gli Ecclesiastici il commerzio con Roma, e fermato
il corso di tutte le rendite provenienti dalla Spagna alla Daterìa Apostolica : violento configlio, di cui durò poscia l'esecuzione per molti anni appresso. Dirò qui in un fiato, che si diede poi principio nell'Anno seguente in Roma a i congressi pro-
messi per le controversie di sopra accennate di Parma, Piacenza, Comacchio, e Ferrara, intervenendovi il *Marchese di Priè*
con gli Avvocati di Cesare, e del Duca di Modena; ma dopo
una ben lunga discussione delle vicendevoli ragioni, non si venne a decisione alcuna, e restarono le pretensioni nel primiero
vigore, senza che alcuna delle parti cedesse. Si conchiuse bensì, che chi non ha altre armi che ragioni e Carte, per torre
di mano a' potenti qualche Stato occupato, altro non è per
guadagnare che fumo. Era venuto sul fine del precedente Anno a Venezia *Federigo IV.* Re di Danimarca, Principe provveduto di spiriti guerrieri, per godere di quel delizioso Carnevale, e benchè incognito ricevette distinti onori e suntuosi divertimenti da quella sempre magnifica Repubblica. Passò dipoi
a Firenze, dove dal Gran Duca *Cosimo de' Medici* fu accolto
con dimostrazioni di stima, che a taluno parvero eccessi. Si
fermò in quella Corte non poco tempo con aggravio d'esso Sovrano, o per dir meglio de' sudditi suoi, che furono poi obbligati ad una contribuzione per le tante spese fatte in quella
congiuntura. Credevasi, ch'esso Re passerebbe a Roma, per
godere delle rarità di quella impareggiabil Dominante. Forse
non s'accordò il Ceremoniale, e venuta anche nuova, che si
trattava alla gagliarda di Pace fra le Potenze guerreggianti :
verso il fine d'Aprile si mosse di Toscana, per ritornare ne'
suo Stati, e giunto nel dì 25. d'esso Mese a Modena, trovò
qui un accoglimento, qual si conveniva alla sua dignità e merito. Nel dì sei del seguente Maggio cessò di vivere *Luigi*
Mocenigo Doge di Venezia, e fu poi esaltato a quel trono
Giovanni Cornero. Già era perduta la speranza, che *Ferdinan-*
do de' Medici Principe Ereditario di Toscana dopo tanti anni
di sterile matrimonio arricchisse di prole la sua Casa; il perchè
il Gran Duca suo Padre maneggiò e conchiuse l'accasamento

del

del *Cardinale Francesco Maria* suo proprio Fratello con *Leonora Gonzaga* Figlia di *Vincenzo* Duca di Guastalla. Pertanto aven-do questo Principe rinunziata la sacra Porpora, nel principio di Luglio sposò la suddetta Principessa, che nel dì 14. d'esso Mese arrivò a Firenze: rimedio proccurato ben tardi alla cadente insigne Casa de'Medici, essendo già questo Principe pervenuto all'età di cinquant'anni, e debilitato da qualche incomodo della sua sanità.

AVEA nel precedente Anno il Re Cristianissimo *Luigi XIV*. per mezzo de'suoi Emissarj sparsa cotanto per l'Ollanda la sua sincera disposizione alla Pace, che si cominciò a dar orecchio a sì lusinghevol proposta, e se ne trattò seriamente fra i Ministri delle Potenze Collegate. Maggiormente si scaldò questa pratica nel verno e nella primavera dell'Anno presente, nè v'era persona, che non credesse risoluta la Francia di volere ad ogni costo la Pace. Non si può dire in quanta miseria si fosse ridotto quel florido Regno per sì lunga guerra, per sì numerosi eserciti mantenuti in tante parti. Restavano incolte molte campagne per le tante leve di gente; insoffribili gli aggravj; le milizie per gl'infelici avvenimenti de gli anni addietro scorate; superiori di forze i nemici, e già vicini ad aprirsi il varco nella Francia stessa. A questi mali si aggiunse una terribile carestia, per cui fu obbligato il Re con immense spese a proccurar grani forestieri, e a sminuir le gravezze: con che sempre più rimase esausto l'erario suo. Perciò pubblicamente il Re Cristianissimo fece istanza per la Pace; se ne trattò all'Haia; e quanto più miravano i Plenipotenziarj de'Collegati, che i Ministri Franzesi cedevano alle restituzioni richieste, tanto più s'aumentavano le lor dimande e pretensioni. Ciò, che fece tenere per immancabile la Pace, fu l'avere il Re spedito all' Haia lo stesso suo Segretario di Stato *Marchese di Torsy*, il quale benchè si contorcesse, pure veniva accordando ogni punto proposto da i Collegati. Si giunse al dì 28. di Maggio, in cui furono stesi i Preliminari, co'quali essi intendevano di dar la Pace alla Francia. Doveva il *Re Filippo* cedere al Re *Carlo III.* la Monarchia di Spagna; e ricusando, avea da impegnarsi il *Re Luigi XIV.* Avolo suo d'unirsi con gli Alleati, per iscacciarlo di Spagna. Una gran restituzione di Piazze in Fiandra e al Reno, e di tutta l'Alsazia era prescritta, con altre condizioni di gran vantaggio per chiunque avea pretensio-

ni

ni contro la Francia . Sicchè que' gran Politici , a riserva del Era Volg.
Principe Eugenio, fi tenevano oramai in mano la Pace, e Pa- Ann. 1709.
ce tanto vantaggiofa ; ma poco tardarono ad accorgerfi , che
quefto era ftato un tiro di mirabil finezza della Corte di Francia . Se riufciva il tentativo della Pace , di cui veramente abbifognava la Corte e Nazion Franzefe , gran bene era quefto . Se
nò, ferviva l'aver trattato, per guadagnar tempo e premunirfi , e molto più per muovere i Popoli a foftenere il pefo della
guerra, e delle contribuzioni, e a fomminiftrare aiuti , da che
fi facea conofcere nello fteffo tempo la gran premura del Rè
per la Pace , e la foverchia ingordigia de' fuoi nemici .

In fatti dal Re furono rigettati , e poi pubblicati quegli
fteffi Preliminari, che commoffero a vergogna e fdegno la Nazione tutta, amantiffima del Re, e del proprio decoro ; e cagion furono , che i Grandi e Mercatanti a gara portaffero argenti e danari all'erario Reale : con che fi provvide all'urgente bifogno . Rimafti all'incontro gli Alleati colle mani piene
di mofche , maggiormente s'irritarono contro la Francia ; e
giacchè quefta unicamente penfava alla difefa , e il *Marefcial-*
lo di Villars s'era poftato in sì buona forma, che non fi potea
forzare a battaglia : i due prodi generali *Principe Eugenio* e
Duca di Marlboroug, fpinfero l'efercito all'affedio di Tournai.
Dopo ventun giorno di trincea aperta , nel dì 29. di Luglio
quella guernigione cedette la Città , ritirandofi nella Cittadella, che dopo una terribil difefa fi rendè in fine anch'effa nel
dì 3. di Settembre. Trovaronfi pofcia a fronte le due nemiche
Armate . Quantunque il Villars fi foffe ben trincierato , ar-
devano di voglia i Generali de'Collegati di far battaglia campale ; ma prima di venire al gran cimento , fcrivono alcuni ,
che il *Principe Eugenio* s'abboccò ful campo col *Marefciallo*
di Beuflers , per veder pure , fe i Franzefi inclinavano ad accettare i già propofti Preliminari . Trovò, che quefti maggiormente reftrigneva le condizioni , deteftando fpezialmente quella di dovere il Re Criftianiffimo unirfi co i nemici contra del
Nipote *Filippo V.* Però nel dì 11. di Settembre , da che ebbero i Collegati difpofte le cofe per l'affedio di Mons, diedero
all'armi contro l'efercito Franzefe nel Luogo di Malpacquet, *Malpac*
contuttochè il Villars aveffe le fue forze ben afficurate da due
bofchi, e da molte trincee. Fu quefta una delle più oftinate e
fanguinofe battaglie, che occorreffero nella prefente guerra, e

durò più di sei ore . Restò veramente il campo con alquanti
cannoni in potere de' Collegati , essendosi ritirati per quanto
poterono ordinatamente i Franzesi ; ma non lasciò d'essere
dubbiosa la lor vittoria . Se i vincitori guadagnarono bandiere
e stendardi, altrettanto fecero anche i Franzesi . Per la mortalità pretesero i Franzesi, che la loro ascendesse a soli otto mila tra morti e feriti ; laddove secondo la relazion contraria si
vollero estinti de' Franzesi sette mila con cinquecento Ufiziali,
e dieci mila feriti, fra' quali lo stesso Maresciallo di Villars gravemente colpito da palla di fucile nel ginocchio. All'incontro
fu confessato, che almeno sei mila fossero gli uccisi dell'esercito Alleato, e quattordici mila i feriti . Di gente rimasta prigioniera altro non fu detto, se non che la sterminata copia de'
Franzesi lasciati feriti sul campo, fu permesso, che fosse ritirata al campo loro, e contata per prigioniera di guerra . Intervenne a quel terribil conflitto *Giacomo III. Stuardo* Re Cattolico d'Inghilterra, che diede gran pruove d'intrepidezza, e
ne riportò anche alcune lievi ferite . Ciò che servì a maggiormente contestare per vincitori i Collegati, fu l'aver eglino
immediatamente stretta d'assedio la fortissima Città di Mons,
con obbligare quel presidio nel dì 20. d'Ottobre ad uscirne con
tutti gli onori militari.

Poche imprese si fecero nel presente Anno in Italia . Era
disgustato *Vittorio Amedeo* Duca di Savoia della Corte di Vienna, perchè gli contrastava il Vigevanasco, e alcuni Feudi confinanti col Genovesato, benchè a lui accordati ne' patti . Fecero gagliarde istanze gl'Inglesi ed Ollandesi presso *l'Imperador Giuseppe* in suo favore, e le fecero indarno . Perciò non
volle il Duca uscire in campagna . Vi uscì il *Maresciallo di
Daun* co i suoi Tedeschi, e passato il Mon-Cenis, penetrò fino in Savoia, e s'impossessò di Annicy . Ma avendo il *Duca
di Bervich* ben muniti i passaggi, ed accostandosi le nevi, il
Conte di Daun giudicò meglio di tornarsene a cercar buoni
quartieri in Italia . Lentamente ancora procederono al Reno
gli affari della guerra . In Ispagna riuscì al Maresciallo *Conte
di Staremberg* di sottomettere la Città di Belaguer, ma senza
far altro progresso. Perchè regnava la discordia fra i Comandanti Franzesi e Spagnuoli, il Re *Filippo V.* si portò in persona all'Armata, e dopo aver composte le differenze, tentò
di venire a battaglia col nemico esercito ; ma lo Staremberg,

uno

uno de' più cauti Generali del suo tempo, non sentendosi voglia di azzardare tutto in una giornata, non volle dar questo
piacere alla Maestà sua. Ne i confini del Portogallo ebbero maggior fortuna gli Spagnuoli, perchè il *Marchese di Bay* diede
una rotta a i Portoghesi, con prendere varj loro cannoni ed in-
segne, ed impadronirsi di alcune Castella.

Anno di CRISTO 1710. Indizione III.
Di CLEMENTE XI. Papa 11.
Di GIUSEPPE Imperadore 6.

EBBE in quest'Anno il Pontefice *Clemente XI.* varj insulti
alla sua sanità, che fecero dubitar non poco di qualche
pericolo di sua vita.; ma appena egli si rimise in migliore stato, che siccome Principe di grande attività, tornò ad ingolfarsi
nell'uno e nell'altro governo, ben per lui scabroso ne' correnti tempi, sì per cagion de' Riti Cinesi, e della persecuzione
mossa contro il *Cardinale di Tournon*, detenuto come prigione
in Macao, come ancora per la nimicizia dichiarata dal Re Cattolico *Filippo V.* alla Corte di Roma a cagion della ricognizio-
ne del *Re Carlo III.* Contuttociò qualche calma si godeva non
meno in Roma, che nel resto d'Italia, a riserva delle Contribuzioni intimate da i Tedeschi, e di chi sofferì i loro quartieri. Fu anche travagliato da varj malori di sanità con tutta
la sua Famiglia *Vittorio Amedeo* Duca di Savoia, che gl'impe-
dirono l'uscire in campagna, oltre all'averne egli poca voglia
per le già dette controversie colla Corte di Vienna, ostinata in
non voler dare esecuzione al pattuito. Pertanto più tosto apparenza di guerra, che guerra guerreggiata fu nel Piemonte.
S'incamminò bensì il Maresciallo *Conte di Daun* a mezzo Luglio verso la Valle di Barcellonetta col forte dell'Armata Collegata, mostrando di aver delle mire contra di Ambrun e Gui-
lestre; ma avendo trovato a' confini il *Duca di Bervich* assistito da un potente esercito, e apprendendo l'avvicinamento delle nevi a quelle montagne, si ritirò presto alle pianure del Piemonte: il che diede un gran comodo a i Franzesi di spignere
buona parte delle lor soldatesche a i danni del Re *Carlo III.*
in Catalogna, e di riportar due vittorie, siccome diremo. Era
già stato con sentenza del Consiglio Aulico in Vienna dichiarato ribello e decaduto da' suoi Stati *Francesco Pico* Duca della

I 2 Mi-

Era Volg.
Ann. 1710.
Mirandola, ed avendo l'*Imperador Giuseppe* somma necessità di
danaro per l'urgente bisogno delle sue Armate, mise in vendita il Ducato della Mirandola, e Marchesato della Concordia,
dappoichè non potè esso Duca pagar la tassa a lui prescritta,
per ricuperar quello Stato. Molti furono i concorrenti a questo incanto o mercato. *Rinaldo d'Este* Duca di Modena per timore, che gli venisse a' fianchi con quell' acquisto qualche
troppo potente persona, s'affacciò anch'egli, e fu preferito a
gli altri. Più di ducento mila doble costò a lui quel paese, di
cui poscia col consenso de gli Elettori fu investito nell' Anno
seguente da sua Maestà Cesarea. Ma nel dì 28. di Settembre
grande afflizione provò esso Duca di Modena per la morte
della Duchessa *Carlotta Felicita di Brunsvich* sua Consorte, e
Sorella della Regnante *Imperadrice Amalia*.

AVEA nel precedente Anno il Re Cristianissimo *Luigi XIV.*
per far credere alle Potenze Collegate di voler egli abbandonare gl' interessi del Re *Filippo V.* suo Nipote, richiamate di
Spagna le sue milizie. Non atterrito per questo quel generoso
Monarca, tali misure di economia e tali ripieghi prese, che
formò un poderoso esercito di Nazionali e Valloni, alla testa
di cui sul principio di Maggio uscì egli stesso in campagna, ar-
dendo di voglia di far giornata coll'oste dell'emulo Re *Carlo III.* S'era postato nelle vicinanze di Belaguer l'avveduto
Maresciallo *di Staremberg*, finchè gli arrivassero i soccorsi as-
pettati dall' Italia. Arrivati questi, anche il Re Carlo passò
all'Armata, e marciò contra de gli Spagnuoli. Presso ad Al-
menaro nel dì 27. di Luglio seguì un caldo fatto d'armi, in
cui fu astretto il Re Filippo a battere la ritirata con perdita
di varj stendardi e bandiere e di molto bagaglio. Peggio gli sarebbe avvenuto, se la notte sopragiunta non metteva freno a
i vincitori. Dopo l'acquisto di Bolbastro, Huesca, ed altri
Luoghi dell'Aragona, s'inviò il Re Carlo col suo esercito alla
volta di Saragozza, Capitale di quel Regno. Nel dì 20. d'Agosto si trovarono di nuovo a fronte le nemiche Armate in vicinanza di quella Città, e si venne alla seconda battaglia, in cui
rimasero totalmente disfatti gli Spagnuoli con perdere quasi
tutta l'artiglieria, quindici Stendardi, e più di cinquanta bandiere. La fama portò, che due mila fra gli estinti e feriti fossero quei della parte Austriaca vincitrice; e cinque mila i morti, e tre mila i rimasti prigioni dall'altra parte. Se non furono

tan-

Era Volg.
Ann. 1710.

tanti, certo è almeno, che fi trovò fommamente eftenuato l'Armata del Re Filippo, e che dopo sì felice avvenimento il Re Carlo trionfante entrò in Saragozza fra gl'inceffanti plaufi di quel Popolo. S'egli aveffe dipoi feguitato il faggio parere dello Staremberg, il quale infifteva, che s'aveffe ad infeguire il fugitivo Re Filippo ritirato a Vagliadolid, forfe gran piega prendevano le fue fperanze alla Corona di Spagna. Ma prevalfe il fentimento dell'umore gagliardo dell'Inglefe *Stenop*, che fi aveffe a marciare a Madrid. Occupata la Reggia, più facilmente caderebbe il refto.

In quella Real Città fi lafciò vedere il Re Carlo, ma ricevuto fenza gran fegnale d'amore da quel Popolo, e non venne dal cuore quel poco giubilo, che fe ne moftrò. Diede egli con ciò affai tempo al Re Filippo di rinforzarfi di gente, e di provveder la fua Armata di un Generale di primo grido, cioè del *Duca di Vandomo*, che comparve dopo la metà di Settembre a Vagliadolid col *Duca di Noaglies*. Intanto nello fterile territorio di Madrid mancarono le provvifioni per l'Armata del Re Carlo, e nella fteffa Città alzarono forte la tefta i partigiani del Re Filippo. Vennero fpediti potenti rinforzi di gente al Nipote del Re Criftianiffimo, e all'incontro mai non vennero i Portoghefi ad unirfi col Re Carlo, il quale perciò all'accoftarfi del verno determinò di ritirarfi verfo la Catalogna. Con sì mal ordine feguì la ritirata, che il Re Filippo già rientrato in Madrid fi moffe per affalir gl'Inglefi, che marciavano molto feparati da gli Alemanni, e li raggiunfe al groffo Borgo di Briguela, o fia Brihuega. Dato l'affalto a quelle miferabili mura, e mancate le munizioni a gl'Inglefi, furono effi coftretti a renderfi prigionieri in numero di più di tre mila collo fteffo orgogliofo Stenop. Al romore del pericolo de gl'Inglefi con isforzate marcie era accorfo il Marefciallo di Staremberg, e benchè non confapevole della lor difavventura, pure coraggiofamente arrivato a Villa Viziofa nel dì 20. di Dicembre volle attaccar battaglia coll'efercito Gallispano. Il valore dell'una e dell'altra parte fu incredibile, e la notte fola diede fine al macello, con reftare gli Auftriaci padroni del campo, e di molte infegne, ma colla perdita di circa tre mila morti nel conflitto. Maggior fu creduto il numero de gli uccifi dall'altra parte. Nulladimeno diverfamente contarono i Gallispani quefta fanguinofa battaglia, con attribuirfene la vittoria, e fu cantato to perciò il *Te Deum* a Parigi. Ed è la verità, che anche gli Spagnuoli presero molte bandiere, e fecero bottino di molto bagaglio; e che lo Staremberg trovando sì infievolito il suo picciol corpo di gente, e mancante affatto di vettovaglia, fu obbligato a ritirarsi frettolosamente verso l'Aragona, e a lasciar indietro tutto il cannone: il che servì non poco a giustificare la relazion contraria. E percioccchè un' Armata di venti mila Franzesi venuta dal Rossiglione aveva impreso l'assedio di Girona in Catalogna, lo Staremberg abbandonò Saragozza, e quanto aveva acquistato nell'Aragonese, e si ritirò a Barcellona a scrivere compassionevoli lettere a tutti i Collegati per ottener soccorsi. Ed ecco quante varie scene e vicende vide in quest'Anno la Spagna fra le sanguinose dispute de i due competitori Monarchi.

ASPIRAVA pure il Re Cristianissimo alla Pace, e non lasciò di stuzzicar di nuovo gli Ollandesi per mezzo del Pettecun, Residente del Duca d'Holstein all'Haia, adoperato anche nell' Anno precedente per mezzano in così scabroso affare, affinchè dessero orecchio alle proposizioni, per mettere una volta fine al sangue di tanta gente, e alla desolazion de' Regni. Tutto-chè sentissero tuttavia gli Alleati il bruciore d'essere stati burlati nell'Anno addietro dal Gabinetto di Francia, pure s'indussero ad entrar di nuovo in un Congresso, con destinare a tal fine la Città di Gertrudemberga. Gran contrasto fu ivi; saldo il Re Cristianissimo in non voler prendere l'armi contro il Re Nipote; discordi gli Alleati nelle lor pretensioni, perchè gli Angollandi consentivano a rilasciare al Re *Filippo V.* una porzione della Monarchia Spagnuola, laddove il *Conte di Zizendorf* Plenipotenziario Cesareo negava qualsivoglia smembramento della medesima. Per più mesi durò la battaglia di quelle teste Politiche, e in fine tutto andò in fascio, senza potersi in guisa alcuna ottenere nè da gli uni nè da gli altri il loro intento. Giovò nondimeno alla Francia quest'altro tentativo per seminar gelosie e discordia fra le Potenze nemiche: del che seppe ben ella profittare nel tempo avvenire. Imputò intanto ciascuna delle parti all'altra la colpa di lasciar continuare la guerra; e questa in fatti anche nel presente Anno su ben calda in Fiandra, dove alla primavera fu posto l'assedio dal *Duca di Marlboroug* alla Città di Douai. La difesa di quella Piazza fatta dal Tenente Generale *Conte Albergotti* Fiorentino accrebbe

al

al fommo la gloria del fuo nome. Indarno tentò il *Marèfcial-*
lo di Villars di foccorrerla, e però colla più onorevol capitolazione nel dì 26. di Giugno quella Città col Forte della Scarpa
fu ceduta all'armi de'Collegati. Paffarono poi quefti col campo fotto Bettunes, Piazza affai provveduta di fortificazioni regolari, con trovarvi alla difefa il celebre Luogotenente Generale *Vauban*, che la foftenne fino al dì 29. di Agofto, in cui
ne feguì la refa. Quindi fi prefentò l'ofte nemica fotto San
Venanzio, ed Aire. La prima di quefte Piazze fece refiftenza
folamente dodici giorni; ma l'altra per cinquantotto dì fati-
cò gli affedianti con grave lor perdita, e in fine il dì nove di
Novembre fi lafciò vincere. Nè fi dee tacere, che in queft'
Anno fuccederono notabili mutazioni di Miniftri nella Corte
d'Inghilterra, e gran bollore d'animi fi trovò in Londra fra
i due contrarj partiti de'Toris, e de'Vigt. In favore de'primi pubblicamente predicò un Dottore Sacheverel, che maggiormente accefe il fuoco, gran partigiano dell'appellata Chiefa Anglicana. Quefte novità molto pofcia influirono a condurre la *Regina Anna* ne'voleri della Francia, ficcome vedremo. Effendo mancato di vita ful fine di Settembre il *Cardinale Vincenzo Grimani* Veneto, Vicerè di Napoli, fi trovò nelle cedole dell'*Interim* nominato a quell'illuftre carica il *Conte
Carlo Borromeo* Milanefe, che verfo la metà del feguente Mefe comparve in quella Metropoli, e fu appreffo confermato dal
Re *Carlo III.* nel poffeffo di sì nobile impiego.

Anno di CRISTO 1711. Indizione IV.
Di CLEMENTE XI. Papa 12.
Di CARLO VI. Imperadore 1.

FEce la morte in queft' Anno moltiplicar le gramaglie
nell'Europa, perchè nel dì 3. di Febbraio rapì dal Mondo *Francefco Maria de' Medici*, Fratello del Gran *Duca Cofimo*,
e Principe da noi veduto Cardinale ne'precedenti Anni, che
non lafciò alcun frutto del fuo Matrimonio colla Principeffa
Leonora Gonzaga di Guaftalla. Pofcia nel dì 14. di Aprile mancò di vita pel vaiuolo *Luigi Delfino* di Francia, unico Figlio *Dolfino.*
del Re *Luigi XIV.* Principe degno di più lunga vita: con che
il *Duca di Borgogna* fuo primogenito affunfe il titolo di Delfino. Ma ciò, che più fenza paragone mife in moto ed agitazione

zione i penfieri di tutti i Politici intereffati e non intereffati nel
teatro delle correnti guerre, fu l'immatura morte di *Giufeppe Imperadore*, accaduta nel dì 17. del Mefe fuddetto d'Aprile.
Quefto Monarca, che in vivacità di fpirito, in affabilità, e in
altre belle doti fuperò moltiffimi de' fuoi gloriofi Antenati, non
avea ben faputo reggere il fuo fuoco, portato a i piaceri; e
contuttochè l'impareggiabil Augufta fua Conforte *Amalia Guglielmina di Brunsvich* fi ftudiaffe, per quanto potè, di tenerlo
in freno, non reggeva quefto freno all'empito delle fue voglie.
Mancò veramente anch'egli di vaiuolo, ma fu creduto, che
gli ftrapazzi della fua fanità aiutaffero di molto quel male a
levarlo di vita. Niun difcendente mafchio lafciò egli dopo di
sè, ma folamente due Arciducheffe, cioè *Maria Giofeffa*, e
Maria Amalia, che poi paffarono a fecondar le Elettorali Cafe di Baviera e Saffonia. Quefto inafpettato colpo delle umane vicende non fi può dire, quanto fconcertaffe le mifure delle Potenze Collegate contro la Real Cafa di Borbone; perchè
fi penfò ben tofto, e fi fecero tutti gli opportuni negoziati,
per far cadere la Corona Imperiale in tefta del Re *Carlo III.*
fuo Fratello; ma tofto ancora fi conobbe, che quefto paffo
verrebbe ad affodar quella di Spagna ful capo del Re *Filippo V.* Nè pure a gli fteffi Collegati, non che alla Francia, com-
pliva il vedere uniti in una fola perfona l'Imperio, e i Regni di Spagna, e della Cafa d'Auftria. Però fi cominciarono
nuove tele, perfiftendo nondimeno tutti nella determinazione
di continuar più vigorofamente che mai le oftilità contra de i
Franzefi.

PRESE dopo la morte dell'Augufto Figlio l'Imperadrice
Leonora Maddalena le redini del governo, e con replicate Lettere fi diede a tempeftare il Re *Carlo III.* acciocchè lafciata
la troppo pericolofa, anzi difperata imprefa della Spagna;
veniffe alla difefa, e al godimento de' fuoi Stati ereditarj. Tro-

davano pane . Fu prefo il ripiego di lafciar la Regina fua Spofa in Barcellona per pegno del fuo amore, e per ficurezza de
gli sforzi, ch'era per fare nella lor difefa. Scelta pertanto una
parte de i rifugiati Spagnuoli, che feco veniffero, nel Settembre s'imbarcò, e felicemente sbarcò alle fpiagge di Genova,
e fenza perdere tempo s'inviò alla volta di Milano. Alla Cava nel dì 13. di Ottobre fu complimentato da *Vittorio Amedeo*
Duca di Savoia, e un miglio lungi da Pavia da *Rinaldo* Duca di Modena. Arrivata che fu la Maeftà fua a Milano, poco ftette a ricevere la lieta nuova, che nel dì 12. del predetto Mefe di comune confenfo de gli Elettori era ftato proclamato Imperador de i Romani. Le univerfali allegrezze de' Popoli
d'Italia folennizzarono sì applaudita elezione ; il Pontefice de-
ftinò il *Cardinale Imperiale* con titolo di Legato a Latere a riconofcere in lui non meno la Dignità Imperiale, che il titolo
di Re Cattolico. Comparvero ancora a quefto fine a Milano
pompofe Ambafciate delle Repubbliche di Venezia, Genova,
e Lucca. Saputofi poi in Madrid, come fi foffero contenuti
in tal occafione i Principi d'Italia, il Re Filippo ordinò, che
i loro pubblici Rapprefentanti sloggiaffero da' fuoi Regni. Fermoffi in Milano l'Augufto Sovrano, fino al dì 10. di Novembre, in cui fi moffe alla volta dell'Alemagna. Nel dì 12. fu
di nuovo ad inchinarlo il *Duca di Modena* in San Marino di
Bozzolo. Mantova qualche giorno godè della graziofa prefenza di quefto Monarca ; e a i confini dello Stato Veneto gli fecero un fopramodo magnifico accoglimento gli Ambafciatori di
quell' inclita Repubblica ; dopo di che inviatofi egli a dirittura
per la via di Trento e del Tirolo, nel dì 20. giunfe ad Infpruch,
dove prefe ripofo. Fattofi intanto in Francoforte il funtuofo
preparamento per la fua Coronazione, quefta dipoi fi effettuò
nel dì 22. di Dicembre con folenniffima fefta. Portò egli al
Trono Imperiale un compleffo di fode e rare Virtù, quale non
sì facilmente fi truova in altri Regnanti, e cominciò da lì innanzi ad effere chiamato *Carlo VI.* Augufto.

Nulla di notabile operarono in queft' Anno gli Alleati in
Piemonte, e da alcuni ne fu attribuita la cagione al trovarfi
tuttavia mal foddisfatto *Vittorio Amedeo* Duca di Savoia, della Corte di Vienna, che con varie fcufe gli negava il poffeffo
tante volte promeffo del Vigevanafco. Contuttociò quel Sovrano col *Marefciallo Daun* ful principio di Luglio con potente efer-

efercito fi moffe, e valicò i monti, e paffate le Valli di Morienna e Tarantafia, calò nella Savoia, impadronendofi delle Città
di Annicy, Chiambery, ed altre di quella contrada. S'afpettava il *Duca di Bervich*, che quefto torrente s'incamminaffe verfo il Lionefe; e però dopo aver muniti i paffi, fermò il fuo
campo fotto il Forte di Barreaux. Intenzione del Conte di
Daun'era, di affalire i Franzefi in quel fito; ma inforta diffen-
fione di pareri, finì tutta la campagna in fole minaccie contra
de i Franzefi. E perchè l'Armata non avrebbe potuto fuffiftere
pel verno nella Savoia, divifa allora dall'Italia per cagion delle nevi: abbandonati di nuovo que' paefi, fe ne tornarono tutti a cercare ftanza migliore in Lombardia. Qualora i Tedefchi
aveffero tenuto più contento il Sovrano di Savoia, forfe in altra guifa farebbero camminate le faccende in quelle parti. Erano di molto profperate in Ifpagna l'armi del Re *Filippo V.*
col riacquifto della Caftiglia, e dell'Aragona, e coll'avere ri-
ftretti gli Alleati nell'angufto paefe della Catalogna. Ebbe egli
ancora il contento nel Gennaio di queft'Anno di veder fupe-
rata Girona dal *Duca di Noaglies*, che con venti mila Franzefi
ne avea formato l'affedio. Ma niun'altra impresa degna di
offervazione fi fece in quelle parti, fe non che il *Duca di Vandomo* nel Mefe di Dicembre fpedì il Conte di Muret con groffo corpo di gente fotto Cardona. S'impoffefsò quefto Generale
del Borgo, e ritiratafi la guernigione nel Caftello, cominciarono le artiglierie a tormentarlo. Vi fu fpedito dallo Staremberg un buon foccorfo di gente, che rovefciò le trincee de' nemici, ed entrati colà cinquecento uomini fecero prendere al Muret la rifoluzione di ritirarfi. Nè pure in Fiandra alcuno ftre-
pitofo fatto avvenne, altro non effendo riufcito a i Collegati,
che di fottomettere la forte Città di Bouchain, giacchè il *Marefciallo di Villars* non lafciava a i nemici adito per azzuffarfi
feco: cotanto fapea egli l'arte de i buoni accampamenti, per
non venire a battaglia, fe non quando vi trovava i fuoi conti.

PAREA dunque, che fi cominciaffe a raffreddare il bollore di quefta guerra, nè fe ne intendeva allora il perchè; ma
a poco a poco fi venne poi fvelando il miftero. Convien con-
feffarlo: fanno egregiamente i Franzefi combattere con armi
di ferro, ma egualmente ancora valerfi d'armi d'oro, per
efpugnare chi alla lor Potenza refifte. Già dicemmo accaduta
in Londra non lieve mutazione nel Miniftero, ed effere toccata

cata la fuperiorità al partito dei Toris. La *Regina Anna*, che finquì tanto ardore avea moftrato contro la Real Cafa di Borbone, cominciò, per quanto fu creduto, a fentire rialzarfi in fuo cuore la non mai eftinta affezione al proprio fangue Stuardo, ficcome Figlia del fu Cattolico Re *Giacomo II.* Moffa da compaffione verfo l'abbattuto vivente fuo Fratello *Giacomo III.* Re folamente di nome della Gran Bretagna, concepì dei fegreti defiderj, ch'egli diveniffe tale di fatto, e foffe antepofto all'Elettoral Cafa di Brunsvich, a cui già per gli atti pubblici del Parlamento era ftata afficurata la Succeffione del Regno, qualora mancaffe la Regina medefima. All'avveduta Corte del Re Criftianiffimo trafparì qualche barlume del prefente fiftema di quella di Londra; e il *Marefciallo di Tallard* detenuto prigioniere nella Città di Notingam fu creduto, che fuggeriffe buoni lumi per giugnere a guadagnare il cuore d'effa Regina. Segretamente dunque il Re *Luigi XIV.* ebbe maniera di far introdurre per mezzo del *Milord Halei*, che poi divenne *Conte d'Oxford*, e di qualche altra perfona favorita dalla Regina, parole di Pace, fiancheggiate da rilevanti vantaggi in favore della Nazione Inglefe. Se riufciva al Gabinetto Franzefe diftaccare quella Potenza dalla grande Alleanza, ben fi conofceva terminata la memorabil Tragedia della guerra prefente. Guftò la Regina il dolce di quelle propofizioni, e cominciarono ad andare innanzi e indietro fegrete lettere e rifpofte per ifmaltire le difficultà, e ftabilire i principali articoli dell'accomodamento. Di quefte mene fi avvidero bensì gli Ollandefi e la Corte di Vienna, e fi ftudiarono di fermarle; ma fenza profitto alcuno. Troppa impreffione aveano fatto nella *Regina Anna* le offerte della Francia, cioè la ceffione di Gibilterra, e di Porto Maone all'Inghilterra (punto di gran rilievo pel commerzio di quella Nazione), l'Affiento, cioè la vendita de' Mori per fervigio dell'America Spagnuola, che fi accorderebbe per molti anni a gl'Inglefi; la demolizione di Dunquerque; una buona barriera di Piazze per ficurezza de gli Ollandefi; all'Imperador *Carlo VI.* la Fiandra, lo Stato di Milano, Napoli, e.Sardegna. Già divenuto come impoffibile il cavar dalle mani del *Re Filippo V.* la Spagna, reftava quella Monarchia divifa dalla Franzefe: a che dunque confumar più tanto oro e.fangue, fe nulla di più fi potea ottener colla guerra, di quel che ora fi veniva a confeguir colla pace? Pafsò per quefto in

Inghilterra nel Gennaio feguente il *Principe Eugenio* , nè altro
gli venne fatto , che d' indurre la Regina a procedere fenza
fretta e con gran cautela in sì importante affare . Intanto gli
Ollandefi fi videro aftretti a confentire ad un Luogo per dar
principio a i Congreffi , e fu fcelta per quefto la Città di U-
trecht , dove nèl Gennaio feguente aveffero da concorrere i
Plenipotenziarj delle parti intereffate . E tali furono i primi
gagliardi paffi per reftituire la tranquillità all'afflitta Europa .

Anno di CRISTO 1712. Indizione V.
    Di CLEMENTE XI. Papa 13.
    Di CARLO VI. Imperadore 2.

FIN l' Anno precedente era penetrata dall' Ungheria in
Italia la mortalità de' Buoi, flagello , di cui non v' ha
perfona, che non intenda le funeftiffime confeguenze in danno
del genere umano . Ma nel prefente così ampiamente fi dilatò
pel Veronefe , Brefciano, Mantovano, e Stato di Milano, che
fece un orrido fcempio di sì utile anzi neceffario genere di Animali . Anche il Regno di Napoli e lo Stato della Chiefa foffrì
immenfi danni per quefta micidiale Epidemia . Correndo il Mefe di Settembre fu detto, che in effo Regno foffero perite fettanta mila capi di buoi e vacche, e nel folo Cremonefe più di
quattordici mila ; e il male progrediva a gran paffi nelle vicinanze . Nel prefente Anno venne a vifitar l' Italia *Federigo
Augufto*, Principe Reale di Polonia ed Elettorale di Saffonia ,
e ricevette in Modena ogni maggior dimoftrazione di ftima dal
Duca Rinaldo. Di là pafsò a Bologna , dove abiurato il Lute-
ranifmo abbracciò la Religione Cattolica, che fervì pofcia a
lui di gradino, per falire dopo la morte del Padre ful trono
della Polonia, in cui ora gloriofamente fiede . Reftava nelle
Maremme della Tofcana Porto Ercole, tuttavia ubbidiente al
Re *Filippo V.* Pafsò nella primavera un groffo corpo di Cefarei a mettere colà il campo ; e dappoichè fu giunta l' occorrente artiglieria da Napoli, fi cominciò a berfagliare i Forti
della Stella e di San Filippo . Ridotti que' prefidj a renderfi a
difcrezione, anche il Porto cadde in loro mano. Nel Piemonte
gran freddo fi trovò nel Duca di Savoia per le azioni militari,
effendo più che mai malcontento quel Sovrano della Corte Cefarea , che non oftante l' interpofizion premurofa delle Potenze

ze maritime, fempre andò fuggendo l'adempimento delle promeffe fatte di cedergli il Vigevanafco, o di dargli il compenfo
in altre Tèrre. Oltre a ciò nacquero in lui politici riguardi,
da che vide ful tapeto trattati di Pace; e non gli era ignoto,
che in tutte le maniere la Corte d'Inghilterra la voleva. Anzi fi crede, che in quefti tempi il *Conte d'Oxford*, tutto intento a sbrancare alcuno de' Principi dalla grande Alleanza,
coll'inviare a Torino il *Conte di Peterboroug*, s'induftriaffe di
tirar effo Duca ad una pace particolare colla viftofa efibizione
(per quanto fu creduto) del Regno di Sicilia, e reftituzione
di tutti i fuoi Stati. Non difpiacque a quel Sovrano un sì bel
regalo, che feco anche portava il titolo di Re; ma conofcen-
done egli la poca fuffiftenza, quando non vi concorreffe il confenfo di Cefare, il quale non folo da quefto fi farebbe moftra-
·to, ma ancora dalla Pace fi moftrava troppo alieno: ravvisò
tofto la neceffità di ftar forte nella Lega, finchè fi maturaffe-
ro meglio le cofe. Però non volle punto ftaccarfi da i Collegati, e folamente ricusò di ufcire in campagna colle fue truppe.
Vi ufcì co' fuoi Tedefchi il *Marefciallo di Daun*, perchè il *Duca di Bervich* era calato da Monginevra nella Valle d'Oulx;
·ma altro non fece, che difendere i pofti in quella contrada.

INTANTO ful fine di Gennaio nella Città Ollandefe di Utrecht
·s'era aperto il Congreffo, a cui intervennero i Plenipotenziarj
di Francia, Inghilterra, Ollanda, e Savoia. Vi comparvero
·ancora, ma come forzati quei dell'Imperadore, ficcome con-
fapevoli, che la Corte di Londra venduta a Verfaglies, dopo
avere afficurati i proprj vantaggi, più avrebbe promoffi quei
della Real Cafa di Borbone, che dell'Auftriaca. Sulle prime
fe fmifurate apparvero le dimande e pretenfioni della Francia,
più alte ancora e vafte fi fcoprirono quelle de gli Alleati. Gli
fteffi Parlamenti d'Inghilterra andavano poco d'accordo colle
fegrete voglie della Regina, perchè non miravano afficurata
la pubblica tranquillità con tutte le belle efibizioni fatte in loro prò dal Re Criftianiffimo. Allora il Conte d'Oxford mife
in campo due ripieghi, l'uno che dal Re *Luigi XIV.* foffe fatto ufcire di Francia il Pretendente, cioè il Re *Giacomo III.*
Stuardo; e l'altro, che fi provvedeffe in maniera tale, che
non mai in avvenire fi poteffero unir infieme le due Monarchie
di Francia e Spagna. A quefto oggetto fu propofto, che il
·Re *Filippo V.* rinunziaffe ogni fua ragione fopra la Francià in
favo-

favore de' Principi chiamati dopo di lui, e che mancando la
di lui Linea, fuccedeſſe ne' Regni di Spagna la Caſa di Savoia,
ſiccome chiamata ne' Teſtamenti de i precedenti Monarchi.
Difficile troppo ſi trovò queſto ultimo punto, perchè chiaramente dichiarò il Gabinetto di Francia, che ſimili Rinunzie
non potevano mai togliere il diritto naturale di ſucceſſione a'
Principi e Figli chiamati, e che ſarebbono nulle ed invalide:
del che ſi hanno ben da ricordare i Lettori per quello, che
poi avvenne, e potrebbe molto più un giorno avvenire. Contuttociò per ſoddisfare al tempo preſente, ſi vollero sì fatte
rinunzie dal Re *Filippo V.* e da i Principi di Francia per le lor
pretenſioni ſopra la Spagna; e con queſti inorpellamenti ſi ſtu-
diarono le unite Corti di Francia e d'Inghilterra di quetare i
rumori de' Parlamenti, e le loro forti iſtanze, perchè in un
ſolo capo non ſi aveſſero mai ad unire le due Corone. In ricompenſa di queſto grande, ma apparente ſacrifizio, al Re Criſtianiſſimo riuſcì d'indurre la *Regina Anna* ad un Armiſtizio
delle ſue milizie ne' Paeſi baſſi, che per un pezzo ſi tenne
ſegreto. Troppo abbiſognava di queſto preſentaneo rimedio a
gl'interni mali del ſuo Regno quel per altro potentiſſimo e ſempre intrepido Monarca.

13.   PER confeſſione de gli ſteſſi Storici Franzeſi, non nè potea
più la Francia: sì lunga, sì peſante e diſpendioſa era ſtata finquì una sì univerſal guerra, ſoſtenuta quaſi tutta colle proprie
forze. Eſauſto ſi trovava l'erario, divenuti impotenti i Popoli
a pagare gl'inſoffribili aggravj. Tanta gente era perita in aſſedj, battaglie, e malattie delle paſſate campagne, che reſtavano ſenza coltivatori le terre, e mancava la maniera di reclu-
tar le Armate. All'incontro in Fiandra non s'era finquì veduto un sì fiorito e poderoſo eſercito delle nemiche Potenze;
Piazze più non reſtavano, che impediſſero l'ingreſſo delle lor
armi nel cuor della Francia: di maniera che quel nobiliſſimo
Regno ſi mirava alla vigilia d'incredibili calamità. A queſta
infelice ſituazione de' pubblici affari ſi aggiunſero altre lagrimevoli diſavventure della Real proſapia, che avrebbero potuto abbattere qualſiſia animo, ma non già quello di *Luigi XIV.*
Principe ſempre invitto. Ne' primi Meſi del preſente Anno
infermataſi di vaiuolo o di Roſolia *Maria Adelaide* Principeſſa
di Savoia Delfina di Francia paſsò a miglior vita nel dì 12. di
Febbraio. Per l'aſſiſtenza preſtata alla dilettiſſima ſua Conſorte

te anche il *Delfino Luigi*, Principe di mirabil efpettazione, contraffe la ftefla infermità, e nel dì 18. dello ftefso Mefe fi shrigò da quefta vita. Due Principi avea prodotto il loro matrimonio; il primo d'effi, già *Duca di Bretagna*, e poco fa dichiarato Delfino, aggravato dal medefimo vaiuolo, fi vide foccombere alla malignità del male nel dì 8. di Maggio. L'altro Principe, cioè *Luigi Duca d'Angiò*, foggiacque anch'egli alla medefima influenza, accompagnata da violenta febbre; pure Dio il donò a i defiderj e alle orazioni de'fuoi Popoli, ed oggidì pieno di gloria fiede coronato ful Trono de'fuoi Maggiori. Trovavafi *Carlo Duca di Berry* terzo Nipote del Re Luigi ful fiore de'fuoi anni; fu anch'egli rapito dalla morte nel fuddetto Maggio, fenza lafciar difcendenza, benchè accafato con una delle Figlie del *Duca d'Orleans*. Tanta folla di fventure domeftiche, le quali fecero ftraparlare i maligni, quafichè la mano de gli uomini avefse cooperato a sì grave eccidio, fi rovefciò fopra quel gran Re, che non avea conofciuto per tanti anni addietro fe non la felicità, e guftato il piacere di conquiftar Provincie, e di far tremare chiunque s'opponeva a i fuoi voleri. Sotto la mano di Dio convien poi, che s'accorgano di ftare anche i più potenti Monarchi della Terra. Ma quello ftefso Dio, che avea ridotta in sì compaffionevole ftato la Francia, non ne volle permettere il già minacciato e vicino precipizio. Per efferfi vinto il cuore della Regina Inglefe, di qua venne la falute di tanti Popoli, e fi difpofero le cofe al cangiamento per la Pace univerfale.

VENNE il Mefe di Giugno. Effendo ftato già richiamato in Inghilterra il celebre Capitano *Duca di Marlboroug* (tanto poterono le batterie del *Conte d'Oxford*) fu fuftituito al comando dell'armi Inglefi in Fiandra il *Duca di Ormond*, ma con ordini fegreti di nulla operar contro i Franzefi, anzi d'intenderfela con loro. Ben fe ne avvedevano i Collegati: ciò non oftante il *Principe Eugenio* nel Mefe fuddetto animofamente mife l'affedio a Quefnoi, Piazza forte, e nel dì quattro di Luglio obbligò alla refa quella guernigione, confiftente fra fani e malati quafi in tre mila perfone. Ottenne intanto la Regina Anna di ricevere da'Franzefi in oftaggio Dunquerque, e di mettervi fuo prefidio, per demolirne poi le fortificazioni. Avuto quefto pegno in mano, allora ordinò al Duca d'Ormond di pubblicar l'Armiftizio delle truppe Inglefi colla Francia, il
che

che fu efeguito con rabbia ineſtimabile e querele ſenza fine de' Collegati ; e tanto più perchè l'Ormond andò a metterſi in poſſeſſo di Gante e di Bruges . Reſtava tuttavia al *Principe Eugenio* un poſſente eſercito, capace di far qualche bella impreſa, e già la meditava egli, nulla atterrito dall'abbandonamento de gl'Ingleſi . Miſe pertanto l'aſſedio a Landrecy, ma il valente *Mareſciallo di Villars*, le cui forze erano creſciute collo ſcemar dell'altre, improvviſamente nel dì 24. di Luglio ſi ſpinſe addoſſo al *Conte di Albermale*, che ſtaccato dal Principe Eugenio con un picciolo eſercito cuſtodiva le linee di Dexain . Alla piena di tant'armi non potè reſiſtere quel Generale ; andò in rotta tutta la ſua gente ; più furono gli eſtinti nel Fiume Schelda, per eſſerſi rotto il ponte, che i trucidati dal ferro . Dopo queſta vittoria parve un fulmine il Villars ; ricuperò Saint Amand, Mortagua, Marchiones, ed altri Luoghi, dove trovò ricchiſſimi magazzini d'artiglierie, munizioni da guerra, e viveri . Ritiratoſi dall'aſſedio di Landrecy il Principe Eugenio, col cui valore ſolamente in queſt'Anno la fortuna non andò d'accordo, il Villars paſsò all'aſſedio della vigoroſa Città di Douai, e del Forte della Scarpa . Nel termine di venticinque giorni s'impadronì dell'una e dell'altro ; e contuttochè per le pioggie dirotte, che ſopravvennero, finite ſi credeſſero le ſue impreſe ; pure al diſpetto della ſtagione egli continuò le conquiſte col ridurre all'ubbidienza del Re Criſtianiſſimo Queſnoi e Bouchain . Dopo di che carico di palme ſe ne tornò a Parigi . Per tali fatti quanto ſi rialzò il credito dell' armi Franzeſi, altrettanto s'infievolì quello de'Collegati.

Steseſi anche alla Spagna l'Armiſtizio de gl'Ingleſi, e però il *Mareſciallo di Staremberg* rimaſto ſnervato di forze, non potè tentare impreſa alcuna di conſiderazione ; e tanto meno dappoichè un groſſo corpo di gente, finita la campagna in Piemonte, s'inviò a quella volta pel Roſſiglione, comandata dal *Mareſciallo di Bervich*, che non fu pigro a ſoccorrere Girona, aſſediata già da i Ceſarei, introducendovi ſoccorſi di gente, e di munizioni . Si trovò lo Staremberg con sì poche forze, perchè abbandonato da gl'Ingleſi e Portogheſi, che non potè impedire gli avanzamenti de'Franzeſi fino a i contorni di Barcellona ; il che l'obbligò a ritirarſi ne'Luoghi forti, per aſpettare miglior coſtellazione alle coſe ſue . Intanto graviſſimi erano i dibattimenti nelle Conferenze d'Utrecht per le tante pretenſio-

tenfioni de' Principi intereffati in quefta gran guerra . Tutti
chiedevano o reftituzioni o aumento di Stati . Per brighe fuccedute fra i Lacchè de i Plenipotenziarj di Francia e d'Ollanda
inforfero gravi puntigli, che accrebbero le diffenfioni e gli fdegni, ed interruppero i congreffi. Pure col vento in poppa continuava la navigazion de' Franzefi, perchè tutto per loro era
il *Conte d'Oxford* con gli altri Miniftri da lui dipendenti. Ma
ricalcitravano gli Ollandefi, e più fenza paragone la Corte di
Vienna a quanto veniva propofto, per giugnere alla Pace.
Tuttavia i primi allo fcorgere l'Inghilterra affai difpofta a ftabilire una Pace particolare colla Francia, cominciarono a parlar più dolce, con ridurfi in fine, ficcome vedremo, ad entrar
nelle mifure prefe dalla Corte di Londra.

Anno di CRISTO 1713. Indizione VI.
Di CLEMENTE XI. Papa 14.
Di CARLO VI. Imperadore 3.

ANNO felice fu il prefente per la Pace, che cominciò
a fpiegar l'ali per molte parti dell' Europa, e fe tutta
non la pacificò di prefente, difpofe almen le cofe a veder dopo
qualche tempo reftituita dapertutto la pubblica tranquillità.
Dopo il dibattimento di tante contrarie pretenfioni ed oppofizioni, finalmente venne fatto alla Corte di Francia di ftabilir
la Pace coll' Inghilterra, Ollanda, Re di Pruffia, e Duca di Savoia . Nel dì 14. di Marzo aveano già i Plenipotenziarj Inglefi
indotte le Potenze Collegate a convenire nell' Armiftizio d'Italia, e nell'evacuazione della Catalogna dell' armi Alleate. Fu
anche nel dì 26. d' effo Mefe accordato dal *Re Filippo V.* a gl'
Inglefi il defiderato privilegio dell' Affiento, e fatta folenne
rinunzia de' diritti fpettanti ad effo Monarca fulla Francia,
colla ratificazione di tutti gli Stati de' fuoi Regni. Dopo quefti Preliminari nel dì undici di Aprile in Utrecht furono fottofcritti i Capitoli della Pace fra le Corone di Francia e d'Inghilterra; fu riconofciuta la *Regina Anna* per dominante della Gran Bretagna; convalidata la fucceffion della Linea Proteftante in quel Regno; accordata la demolizion delle fortificazioni di Dunquerque, ceduta a gl' Inglefi l' Ifola di Terra nuova nella novella Francia, con altri Luoghi dell'Acadia nell'America Settentrionale. Altre Capitolazioni furono fatte. col Re di

Portogallo , e col Re di Pruſſia , e colle Provincie Unite dell'
Ollanda ; ed altre in fine con *Vittorio Amedeo* Duca di Savoia.
Contenevaſi in queſta, che la Francia reſtituiva ad eſſo Sovrano tutta la Savoia , le Valli di Pragelas , e i Forti di Exiles e
delle Feneſtrelle con altre Valli , e Caſtello Delfino , e il Contado di Nizza, con altri regolamenti per li confini condotti alle
ſommità dell'Alpi . E perciocchè alla Corte d'Inghilterra premeva forte che qualche maggiore ricompenſa ſi deſſe a queſto
Principe, che avea meſſo a repentaglio tutti i ſuoi Stati per ſoſtenere la cauſa comune : tanto ſi adoperò, che il Re Cattolico *Filippo* s'induſſe a cedergli il Regno di Sicilia , e di tal ceſſione ſi fece garante anche il Re Criſtianiſſimo . Fu anche ſti-
pulato , che venendo a mancare la linea del Re Filippo, la
Real Caſa di Savoia ſuccederebbe ne'Regni di Spagna ; e furono approvati gli acquiſti fatti da eſſo Duca nel Monferrato
e Stato di Milano . Nel dì poſcia dieci di Giugno ſolennemente approvò eſſo Re Cattolico in Madrid la ceſſione del ſuddetto Regno di Sicilia in favore delle Linee della Caſa di Savoia,
conſervando ſolamente il diritto della riverſione di quel Regno
alla Corona di Spagna, in caſo che mancaſſero tutte le Linee
ſuddette . Finalmente nel dì tredici di Agoſto in Utrecht fu
ſottoſcritta la Pace fra ſua Maeſtà Cattolica e il prefato Duca
di Savoia, con ratificar la ceſſione della Sicilia , e la ſucceſſione
della Caſa di Savoia ne'Regni di Spagna , caſo mai che mancaſſe la Diſcendenza del Re Filippo V.

IN vigore dunque di tali Atti il Duca *Vittorio Amedeo* nel
dì 22. di Settembre venne ſolennemente riconoſciuto in Torino per Re di Sicilia con varie feſte ed allegrie di quella Corte e Città ; e il Principe di Piemonte *Carlo Emmanuele* preſe
il titolo di Duca di Savoia . Fu allora meſſo in diſputa da i
Politici , ſe di gran vantaggio riuſcirebbe alla Real Caſa di Savoia un sì nobile acquiſto . E non v'ha dubbio, che di ſommo
onore a quel Sovrano fu l'avere aggiunto a' ſuoi titoli il glorioſo di Re, non immaginario, come quello di Cipri , ma ſo-
ſtanziale col dominio di un' Iſola feliciſſima per vari conti , e
la maggiore del Mediterraneo , per cui ſi apriva il campo ad
un rilevante commercio maritimo . Contuttociò ad altri parve,
che ſe ne veniva un grande onore, non corriſpondeſſe la poren-
za e l'autorità , per eſſere troppo ſtaccato quel Regno da gli
Stati del Piemonte ; per l'obbligo di tenervi continuamente
gran

gran guernigione ful timore de'vicini Tedefchi padroni del Re- Era Volg.
gno di Napoli ; giacchè non era un miftero , che l'Augufto Ann. 1713.
Carlo VI. s'ebbe fommamente a male , che fosse a lui tolta
la Sicilia, per darla ad altri . Io quì tralafcio altre loro rifleffioni , per dire , che i Principi ben provveduti di faviezza , cef-
ferebbono d'essere tali, fe per apprenfione delle poffibili even-
tualità, rimaneffero di accettar que'doni, che prefenta loro la
fortuna. Poffono anche dopo un acquifto fuccedere più favorevoli emergenti ; e quando anche avveniffero in contrario ,
ciò che fu fatto fulle prime con prudente rifleffo, non può mai
divenire taccia d'imprudenza. Ora il nuovo Re di Sicilia pensò tofto a portarfi in perfona a prendere il poffeffo di quel
Regno. Fatti funtuofi preparamenti , pafsò egli ful fine di
Settembre colla Regina Moglie, con tutta la fua Corte, e con
molte truppe, a Nizza, e quivi fulla fquadra dell'Ammiraglio
Inglefe *Jennings* imbarcatofi, nel dì tre di Ottobre indirizzò le
vele alla volta di Palermo. Giunto a quel Porto, nel dì dieci
ricevette dal Vicerè *Marchefe de los Balbafes* la confegna delle
Fortezze, e nel dì feguente fra i giulivi fuoni delle campane ,
e gli ftrepitofi delle artiglierie, e fra gli archi trionfali, fi portò alla Cattedrale, dove fu cantato folenne *Te Deum.* Grandi fpefe fece per tal viaggio il Re *Vittorio Amedeo*, e tuttochè
riceveffe un riguardevol dono gratuito da i Siciliani, pure l'utile non uguagliò il danno ; e la fua Camera e il Piemonte fi rifentirono per qualche tempo della felicità del loro Sovrano.
Seguì poi in Palermo nel dì 21. di Dicembre la folenne inau-
gurazione del Re e della Regina. Tre giorni dopo fi fece la lor
Coronazione dall'Arcivefcovo di Palermo , affiftito da alcuni
Vefcovi.

ALLE Paci finquì accennate defiderava ognuno, che fi ac-
comodaffe anche l'Imperador *Carlo VI.* ma s'era troppo inaf-
prita la Corte di Vienna al vedere come abbandonata fe fteffa
da' Collegati , e camminar con vento sì profpero i negoziati
della Francia e Spagna; tolta ad effo Augufto la Sicilia ; e trovarfi egli forzato ad abbandonare la Catalogna , fenza poter
ottenere remiffione alcuna per quegl'infelici Popoli , che rimafero poi facrificati all'ira del Re Cattolico *Filippo V.* Però
l'Augufto Carlo fenza condifcendere ad accordo alcuno colle
due nemiche Corone, reftò folo in ballo , e fi diede a ftudiar
i mezzi , per non lafciarfi foperchiare dalla potenza e fortuna

de' Franzefi , fperando pure di ricavar qualche vantaggio per li Catalani fuddetti. Giacchè s'era convenuto, ch'egli ritiraffe l'armi fue dalla Catalogna, la prima fua cura fu di mettere in falvo l'Imperadrice fua Conforte, lafciata in Barcellona per oftaggio della fua fede a i Catalani. L'Ammiraglio Inglefe *Jennings* colla fua fquadra di navi andò per condurla in Italia. Giornata di troppo gravi cordogli , e d'afpri lamenti fu quella, in cui l'Augufta Principeffa prefe congedo da quel povero Popolo. Di grandi fperanze, di belle promeffe fpefe ella in tale occafione , per calmare l'affanno e lo fdegno de' Cittadini , facendo fpezialmente valere il reftar ivi il *Marefciallo di Staremberg* colle fue truppe, che erano ben poche, e doveano anche fra poco imbarcarfi per venire in Italia . Nel dì 20. di Marzo fciolfe le vele da Barcellona la Flotta Inglefe, e nel dì due d'Aprile sbarcò l'Imperadrice a Genova , dove con fuperbi regali e fommo onore fu accolta da quella Repubblica. Entrò pofcia in Milano nel dì dieci d'effo Mefe, e quivi dopo aver prefo ripofo fino al dì otto del feguente Maggio, ripigliò il viaggio alla volta di Mantova, dove fi fermò per tre giorni, e comparve a complimentarla *Rinaldo d'Efte* Duca di Modena . Invioffi dipoi verfo Lamagna , ricevuta da i Veneziani , e dapertutto, dove pafsò, con infigne magnificenza. Nel dì 22. di Giugno il *Marefciallo di Staremberg* ftabilì una Capitolazione co i Commiffarj del Re Cattolico , per evacuar la Catalogna , e poi ritirate le fue truppe da Barcellona, cominciò ad imbarcarle fopra le navi Inglefi . Gran copia di barche Napoletane furono a quefto effetto fpedite colà, e fi videro poi giugnere effe milizie a Vado nella Riviera di Genova nel dì otto e fedici del Mefe di Luglio, da dove paffarono a riftorarfi nello Stato di Milano . In effi Legni venne ancora gran numero di Spagnuoli, anche delle più illuftri Cafe, che tutto abbandonarono , per non rimanere efpofti a mali peggiori , cioè alla vendetta del fortunato Re *Filippo V*. Non fi può efprimere , in che trafporti di rabbia e di querele proruppeffero i Catalani, al trovarfi in tal maniera lafciati alla difcrezione dello fdegnato Monarca . Andò sì innanzi la lor collera, che prefero la difperata rifoluzion di difenderfi a tutti i patti, benchè abbandonati da ognuno, contro la potenza del Re Cattolico, e fecero per quefto de' mirabili preparamenti. Molto più ne fece la Corte di Madrid , la cui Armata pafsò in queft'Anno a

bloc-

bloccare la stessa Città di Barcellona. A me non occorre dirne di più.

FRA l'altre memorabili Virtù dell'Imperador *Carlo VI.* sempre si distinse quella della Gratitudine. Aveva egli pertanto portato seco dalla Spagna un generoso affetto verso chiunque s'era in quelle parti dichiarato del suo partito, e dimostrollo poi, finchè visse, verso chiunque si rifugiò sotto le sue ali in Italia e Germania, con sostenere migliaia di Spagnuoli esuli, non ostante il gravissimo dispendio dell'Imperiale e Regia Camera sua. Pieno di compassione verso gli abbandonati Catalani, bramava pure di sovvenir loro nella presente congiuntura, ed abbisognava eziandio di pecunia, per sostenere sè stesso contro le superiori forze del Re Cristianissimo, a cui altro nimico non era restato, che il solo Imperadore. O progettassero i suoi Ministri, o ne movesse la Repubblica di Genova le dimande, venne egli alla risoluzione di vendere ad essi Genovesi il Marchesato del Finale, già Feudo de' Marchesi del Carretto, e poi passato in potere de i Re di Spagna. Fu stabilito questo contratto nel dì 20. di Agosto del presente Anno con pagare in varie rate essa Repubblica a sua Maestà Cesarea un milione e ducento mila pezze, ciascuna di valore di cinque lire, o sia di cento soldi moneta di Genova; e con dichiarazione, che continuasse quella Terra colle sue dipendenze ad essere Feudo Imperiale. Non si tardò a darne il possesso a i medesimi Genovesi con fama, che fossero accolti mal volentieri que' nuovi Padroni da i Finalini, e che la Real Corte di Torino si mostrasse malcontenta di tal novità. Avrebbe essa ben esibito molto di più, per ottenere uno Stato tale, non grande al certo, ma di rilevante comodo a' suoi interessi, massimamente dopo l'acquisto della Sicilia. Fu preteso, che l'Imperadore si fosse riservato il diritto di ricuperare quel Marchesato, restituendo la somma del danaro ricevuto; ma di questo non v'ha parola nell'Investitura conceduta ad essa Repubblica. Gioioso in questi tempi il Re Cristianissimo *Luigi XIV.* per esсersi sbrigato da tanti suoi potenti nemici, rivolle tutti i suoi pensieri ad obbligar colla forza l'Imperador *Carlo VI.* ad abbracciar la Pace, giacchè egli solo vi avea ripugnato finquì. Unite dunque le forze sue, spinse il valoroso *Maresciallo di Villars* addosso alla rinomata Fortezza di Landau nell'Alsazia. Dopo una vigorosa difesa fu costretta quella Piazza nel dì 22. di Agosto a rendersi,

derſi, con reſtar prigioniera di guerra la guernigione. Verſo là
metà di Settembre paſsò il medeſimo Mareſciallo il Reno, ed
impreſe l'aſſedio di Friburgo. Il Comandante di quella Piazza
nel dì primo di Novembre ſi ritirò ne' Caſtelli, laſciandola
aperta a i Franzeſi, che intimarono toſto a i Cittadini la con-
tribuzion di un milione, per eſentarſi dal ſacco. Nel dì 16.
d'Ottobre anche le Fortezze ſi renderono a i Franzeſi con tutte le condizioni più onorevoli. Dopo tali acquiſti ſi poſarono
l'armi, e cominciarono ad andare innanzi e indietro propoſizioni di Pace, a cui Ceſare non negò l'orecchio, perchè oramai perſuaſo di non poter ſolo ſoſtenere sì grande impegno.

Benchè gli affari correnti coſpiraſſero a reſtituire la pubblica tranquillità all'Europa, e non ſolamente foſſero ceſſate
in Italia le turbolenze della guerra, ma ſi aſſodaſſe maggiormente la quiete per l'incamminamento di varj Ceſarei Reggimenti verſo la Germania: pure non mancavano affanni a
queſte contrade. Dall'Ungheria e Polonia era paſſata a Vienna la Peſte, con iſtrage non lieve delle perſone, e cominciò
sì fatto orrendo malore a ſtendere l'ali per l'Auſtria, Baviera, ed altre parti della Germania. Attentiſſima ſempre la Veneta Repubblica alla ſanità dell'Italia, e a tener lungi queſto
morbo deſolatore, interruppe toſto ogni commerzio col Settentrione, e ſeco s'unì per li ſuoi Stati il ſommo Pontefice. Ma
non potè fare altrettanto lo Stato di Milano, ed altri Principi:
il che cagionò un grave diſordine nel commerzio per l'Italia.
Volle Dio, che prima di quel che ſi ſperava, ceſſaſſe dipoi
queſto flagello, laonde ceſſarono ancora le preſe precauzioni.
Ebbe in queſt'Anno materia di lutto la Corte di Toſcana per
la morte del Gran Principe *Ferdinando de' Medici*, Figlio del
Gran Duca *Coſimo III.* accaduta nel dì 30. del ſuddetto Meſe
d'Ottobre, ſenza laſciar frutti del ſuo matrimonio colla Principeſſa *Violante Beatrice* Figlia di *Ferdinando* Elettor di Baviera. Di maraviglioſe prerogative d'Ingegno era ornato queſto
Principe. Non foſſe egli mai molti anni addietro ito a guſtare
i divertimenti del Carnevale a Venezia. Fu creduto, ch'egli
ivi procacciaſſe un tarlo alla ſua ſanità, da cui finalmente fu
condotto alla morte. Trovavaſi ſovente infeſtato il Pontefice
Clemente XI. da gl'inſulti dell'aſma, e da altri incomodi di
ſanità; pure ſiccome Principe di rara attività, continuamente

de liti fra quella sacra Corte, e il già Duca di Savoia ora Re di Sicilia, siccome ancora co'Genovesi, e col Regno di Napoli, e massimamente co i Reggenti dell'appellata Monarchia di Sicilia. Il santo Padre, siccome zelantissimo dell'Immunità Ecclesiastica, e de'diritti della santa Sede, fulminava Monitorj, Interdetti, e Scomuniche: con che effetto, lo dirà a suo tempo la Storia della Chiesa.

MA le principali occupazioni dell'indefesso Pontefice furono in questi tempi per un imbroglio succeduto in Francia. Forse non piacendo al *Cardinale di Noaglies* Arcivescovo di Parigi, che il *Re Luigi XIV.* avesse preso per suo nuovo Confessore un certo Religioso, avvertì sua Maestà, che questi avea spacciato in un suo Libro alcune Proposizioni poco sane in difesa de'Riti Cinesi. Nè parlò il Re al Confessore, il quale rispose maravigliarsi, che il Porporato accusasse altrui, quando egli aveva approvato il Libro del Padre Quesnel, intitolato *il Nuovo Testamento &c.* in cui si trovava tanta copia di sentenze Giansenistiche. Rapportò il Re questa risposta al Cardinale; ed egli disse, che l'Opera del Quesnel era stata corretta, confessando nondimeno, che vi restavano tuttavia dieci o dodici Proposizioni, meritevoli di correzione, e ch'egli col celebre Vescovo di Meaux Bossuet, era dietro ad apprestarvi rimedio. Ciò inteso dal Confessore, disse al Re: *Come dieci o dodici Proposizioni di cattivo metallo? Ve n'ha più di cento.* E preso l'impegno di mostrarlo, ricavò da quel Libro cento ed una Proposizioni. Furono poi queste spedite a Roma dal Re, e dappoichè sua Santità n'ebbe fatto fare un rigoroso esame, le condannò tutte nel dì dieci di Settembre del presente Anno colla famosa Bolla *Unigenitus,* che poi riuscì un seminario d'incredibili dissensioni, Appellazioni, ed altri sconcerti nel Regno di Francia, intorno a' quali io rimetto il Lettore a' tanti Libri pubblicati per questo emergente. Continuò ancora in quest' Anno il mal pestilenziale delle bestie bovine, ed assalì varj altri paesi d'Italia. Penetrò nello Stato Ecclesiastico, e nella Calabria, ed entrò anche nel basso Modenese. Non arrivò questo flagello a cessare affatto, se non nell'Anno seguente. Dopo essere dimorato gran tempo in Italia il Principe Reale ed Elettorale di Sassonia, finalmente verso la metà d'Ottobre si partì da Venezia, dove avea ricevuti tutti gli onori e divertimenti possibili, inviandosi verso i suoi Stati.

Anno

Anno di CRISTO 1714. Indizione VII.
Di CLEMENTE XI. Papa 15.
Di CARLO VI. Imperadore 4.

CON tutti i progreffi delle fue armi nell'Anno precedente non rallentò il Re Criftianiffimo *Luigi XIV.* le fue
premure, per dar totalmente la Pace all'Europa, col condurre in effa anche l'Augufto *Carlo VI.* Abbifognava eziandio
l'Imperadore di troncar quefto litigio, perchè troppo pericolofo fcorgeva il voler folo mantener la guerra con chi s'era
potuto foftenere contro tante Potenze unite, ed avea oramai
ottenuto l'intento di ftabilire il Nipote in Ifpagna. Comunicò,
il Re Luigi le fue premure a gli Elettori di Magonza e Palatino; e quefti moffero la Corte di Vienna ad afcoltar le propofizioni della defiderata fcambievole concordia. Fu eletto per
Luogo del Trattato il Palazzo di Raftat, fpettante al Principe
di Baden, e nel dì 26. di Novembre del precedente Anno colà comparvero il *Principe Eugenio* per fua Maeftà Cefarea, e
il *Marefciallo di Villars* per fua Maeftà Criftianiffima. Per due
Mefi frequenti furono le conferenze, e non trovandofi maniera di accordar le pretenfioni, già parea, che s'aveffe a fciogliere in nulla l'abboccamento, con efferfi anche ritirato il Principe Eugenio, per preparar l'armi: quando finalmente fi rag-
gruppò l'affare, e nel dì fei di Marzo fi giunfe a fegnar gli
articoli della Pace, o fia i Preliminari della concordia; perciocchè non fi poterono fmaltire tutte le differenze, e volle l'Imperadore, che anche l'Imperio concorreffe alla ftabilità di un
atto di tanta importanza. Difcefe la Corte di Francia dall'alto di molte fue pretenfioni, perchè ben conofceva vacillanti
gli affari in Londra, effendofi moftrati que' Parlamenti mal foddisfatti della *Regina Anna*, e de' fuoi Miniftri, nè gl'Inglefi
ed Ollandefi avrebbero in fine fofferto, che Cefare reftaffe vittima della Potenza Franzefe. I principali Capitoli d'effa Pace
di Raftar confifterono nella reftituzione di Friburg, del Forte
di Kel, e di altri Luoghi fatta dalla Francia, che ritenne Argentina, Landau, ed altre Piazze, indarno pretefe da Cefare.
Gli Elettori di Baviera e di Colonia furono reftituiti nel poffeffo de' loro Stati. I Regni di Napoli, colle Piazze della Tofcana, e Sardegna, la Fiandra, e lo Stato di Milano, a rifer-

va

va del ceduto al Duca di Savoia, reſtarono in poter dell'Imperadore. Fu poi ſcelta la picciola Città di Bada, o ſia di Baden, poſta ne'gli Svizzeri in vicinanza di Zurigo, per quivi terminar l'altre differenze. A poco ſi riduſſe il riſultato di quell'Aſſemblea; ed avendo l'Imperadore ricevuta la Plenipotenza dalla Dieta di Ratisbona, non laſciò di conchiudere ivi la Pace nel dì cinque di Settembre a nome dell'Imperio, colla conferma di quanto era ſtato ſtabilito in Raſtat.

VIDESI in tale occaſione ciò, che tante volte s'è provato, e ſi proverà, che chi de i Principi minori entra in aderenze co' maggiori nel bollor delle guerre, luſingato d'accreſcere la propria fortuna, s'ha da conſolare in fine, e contare per gran regalo, ſe ottiene la conſervazione del proprio; perchè va a riſchio anche della perdita di tutto, attendendo i Monarchi al proprio vantaggio, e poca cura mettendoſi de gli Aderenti. Perdè il *Duca di Mantova* tutti i ſuoi Stati. Al *Duca di Guaſtalla* dovea pervenire il Ducato di Mantova: ſi trovarono più forti le ragioni di chi n'era entrato in poſſeſſo. Giuſte pretenſioni promoſſe ancora il *Duca di Lorena* ſul Monferrato. Con un pezzo di carta, che promettea l'equivalente, fu pagata la di lui partita. Il *Duca della Mirandola* vide venduto il ſuo Stato al Duca di Modena, e ſè ſteſſo coſtretto a rifugiarſi in Iſpagna a mendicar il pane da quella Real Corte. Fu intimato a *Giacomo III. Stuardo* Re Cattolico d'Inghilterra di uſcire del Regno di Francia, e ricoveratoſi egli nella Lorena, nè pur ivi trovò ſicuro aſilo, con ridurſi in fine a cercare il ripoſo fra le braccia del ſommo Pontefice nella Sede primaria del Cattoliciſmo. S'erano moſtrati liberali i Galliſpani verſo di *Maſſimiliano Duca ed Elettore di Baviera*, ora inveſtendolo de i Paeſi baſſi da loro perduti, ora di Lucemburgo, e d'altri paeſi, ed ora proponendo di farlo Re di Sardegna. In ultimo dovette ringraziar Dio, di aver potuto ricuperare gli aviti ſuoi Stati, ma deſolati, e che per un pezzo ritennero la memoria de gli sfortunati tentativi del loro Sovrano.

A QUESTE metamorfoſi finalmente reſtò ſuggetta anche la Catalogna, da cui fu forzato l'Auguſto *Carlo VI.* di ritirar le ſue armi con ſuo ribrezzo e rammarico indicibile per la compaſſione a que' Popoli, che con tanto vigore e fedeltà aveano ſoſtenuto il partito ſuo. Già nell'Anno addietro avea ſpedito il Re *Filippo V.* l'eſercito ſuo, comandato dal *Duca di Popoli*, a bloccare la Città di Barcellona, dove trovò que' Cittadini molto afforzati di milizia, e rifoluti di fpendere più tofto la vita coll'armi in mano, che di tornare fotto l' offefo Monarca, da cui temeano ogni più acerbo trattamento. Furono memorabili le imprefe da lor fatte in propria difefa, e pafsò il verno fenza veruna apparenza, che una sì feroce e difperata Nazione s'aveffe da rimettere all'ubbidienza. Fama fu, ch' effi Catalani progettaffero fino di darfi più tofto alle Potenze Affricane, che di tornare fotto il giogo Caftigliano. D'uopo anche fu, che il Re Cattolico *Filippo V.* imploraffe l'affiftenza dell'Avolo Re Criftianiffimo. Il *Marefciallo di Bervich* inviato da Parigi a Madrid, per condolerfi della morte di *Maria Lodovica* di Savoia Regina, accaduta nel Febbraio di queft'Anno, ebbe ordine di offerirfi al fervigio di fua Maeftà Cattolica, che volentieri l'accettò per Comandante; e più volentieri ricevette l'efibizione di un groffo rinforzo, anzi per dir meglio di un efercito di milizia Franzefe. Cominciò nel Maggio il formale affedio di Barcellona, e profeguì con calore fino al Luglio, in cui arrivati i Franzefi, maggiormente crebbe il teatro di quella guerra. Alle terribili offefe con incredibil coraggio corrifpofero i difenfori. Gran fangue coftò ogni menomo acquifto di quelle fortificazioni, nè mai quella Cittadinanza trattò di renderfi, fe non quando vide sboccati nella fteffa Città gli aggreffori. Convenne dunque efporre bandiera bianca, e da che fu promeffa l'efenzione dal facco, e la ficurezza della vita, fu confegnata la Città a' voleri del Re Cattolico. Qual foffe il trattamento fatto a que'Cittadini e Popoli, non occorre, che io lo rammenti. L'Ifola di Majorica non per quefto volle fottometterfi, e neceffaria fu la forza a foggiogarla. Reftarono folamente in dominio de gl'Inglefi Gibilterra, e l'Ifola di Minorica, dove è Porto Maone, con averne il Re Cattolico nel folenne Trattato di Pace fra la Maeftà fua, e la *Regina Anna* d'Inghilterra, ftipulato nel dì 13. di Luglio dell'Anno precedente, fottofcritta la ceffione ad effi Inglefi.

Nel dì 28. d'Aprile di queft'Anno pafsò all'altra vita *Don Vincenzo Gonzaga* Duca di Guaftalla in età di ottant'anni, ed ebbe per fucceffore il Principe *Antonio Ferdinando* fuo primogenito. A gravi turbolenze rimafe efpofta *Anna Stuarda* Regina della Gran Bretagna dopo la conclufion della Pace, dichiarandofi mal foddisfatti di lei, e del fuo Miniftero i Parlamenti

per

per li paffati maneggi, e maffimamente perchè fi credette o fi feppe, ch'ella defiderava per fuo Succeffore nel Trono il Re *Giacomo III.* fuo Fratello. Cadde perciò in odio e difprezzo di quella Nazione, e feguirono in Londra varj tumulti e mutazioni. Venne la morte a liberarla da i guai prefenti nel dì 12. d'Agofto; e però pacificamente fu riconofciuto per Re di quel potente Regno *Giorgio Lodovico* Duca di Brunfvich ed Elettore, della cui nobiliffima origine e comune ftipite colla Cafa di Efte ho io affai parlato nelle Antichità Eftenfi. Effendo rimafto vedovo *Filippo V.* Re di Spagna, pensò egli di paffare alle feconde Nozze, e pofe gli occhi fopra la Principeffa *Elifabetta Farnefe*, nata nel dì 25. d'Ottobre del 1690. da *Odoardo Principe* ereditario di Parma. Oltre a molte rare prerogative d'animo e d'ingegno, e fpezialmente di Pietà, portava quefta Principeffa in dote delle forti pretenfioni fopra il Ducato di Parma e di Piacenza, ed anche fopra la Tofcana, ficcome difcendente da *Margherita de' Medici* Figlia di *Cofimo II.* Gran Duca. Stabilitofi dunque il Reale accafamento, per opera fpezialmente dell'*Abbate Alberoni*, Refidente allora in Madrid pel Duca Zio di lei, feguì nel dì 16. di Settembre in Parma il funtuofo fpofalizio di effa Principeffa, avendovi affiftito il *Cardinale Uliffe Gozzadini* Bolognefe, fpedito a quefto effetto dal Papa *Clemente XI.* con titolo di Legato a Latere, e con accompagnamento magnifico di più centinaia di perfone. *Francefco Farnefe* Duca di Parma fuo Zio la fposò a nome di fua Maeftà Cattolica. Fu poi condotta la novella Regina a Seftri di Levante, e quivi prefo l'imbarco, fenza poter foftenere gl'incomodi del mare fdegnato, fece dipoi la maggior parte del viaggio per terra, e pafsò in Ifpagna a felicitare quella Real profapia. Giunfe a Madrid folamente ful fine dell'Anno, e nel viaggio diede gran motivo di parlare alla gente, per aver ella animofamente licenziata ed inviata in Francia la Ducheffa Orfini, che il Re le avea mandato incontro con titolo di fua Dama d'onore. Quali confeguenze portaffe poi quefto Matrimonio, andando innanzi lo vedremo. Dopo avere *Vittorio Amedeo* Re di Sicilia lafciati in quell'Ifola molti belliffimi regolamenti pel governo del nuovo Regno, ed accrefciute le forze tanto di terra, quanto di mare in effe contrade, e dopo avere reftituita la quiete a quelle Terre, dianzi infeftate da gran copia di licenziofi Banditi: tornoffene colla Real

Era Volg.
Ann. 1714. Conforte in Piemonte nell'Ottobre di queſt'Anno, e con gran
ſolennità nel dì primo di Novembre fece la ſua entrata in Torino. Duravano intanto, anzi ogni dì maggiormente ſi accen-
devano le controverſie fra la ſanta Sede e quel Real Sovrano,
ſoſtenitore riſoluto dell'appellata Monarchia di Sicilia. Nel
Novembre di queſt'Anno fece il Santo Padre pubblicar due
formidabili Bolle contro i preteſi diritti di quel Tribunale.
Cagion fu queſta lite, che non pochi Siciliani ſi ritiraſſero a
Roma con aggravio non lieve della Camera Apoſtolica. Graviſſime occupazioni ancora ebbe in queſti tempi il ſommo Pontefice per li torbidi ſuſcitati in Francia dalla Bolla *Unigenitus*,
de'quali a me non appartien di parlare.

Anno di CRISTO 1715. Indizione VIII.
Di CLEMENTE XI. Papa 16.
Di CARLO VI. Imperadore 5.

APPENA aveva incominciato l'Italia a reſpirare da tanti
diſaſtri, dopo l'univerſal Pace de' Monarchi Criſtiani,
ſperando giorni oramai felici, quando la Repubblica Veneta
mirò da lungi cominciato fin l'Anno addietro un fiero temporale, che la minacciava in Levante. Queſto era un gran preparamento di gente e di navi, che facea la Porta Ottomana,
con iſpargere varj preteſti di diſguſto contra d'eſſi Veneziani;
giacchè di queſta mercatanzia ne truova ſempre ne' ſuoi magazzini, chi ha poſſanza e voglia di far guerra ad altrui. E
tanto più ne trovò il Sultano de' Turchi, perchè Principe non
v'ha, che dopo avere ſuo malgrado perduto qualche Stato,
non ſi ſenta agitato da interne convulſioni, cioè da un continuo deſio di ricuperarlo, ſe può. Aveano nelle precedenti guerre i Muſulmani perduto il Regno della Morea, e fattane ceſſione alla Veneta Repubblica. Perchè i Gianizzeri tuttodì mo-
veano ſedizioni, fu creduto da quel Divano, che alle loro in-

Era Volg.
Ann. 1715.

guerra, affinchè il Turco, che altre volte avea finta un'impresa, e ne avea poi fatta un'altra, sapesse, che si vegliava in quella parte contro i suoi tentativi. Ora in quell'angustia di tempo non lasciarono i Veneziani di far tutto l'armamento possibile per accrescere le lor genti d'armi, e le lor forze di mare, e per tutta la Germania si studiarono di ottener leve di gente, non perdonando a spesa e diligenza veruna. Anche il Pontefice *Clemente XI.* commosso dal grave pericolo della Cristianità ricorse all'aiuto del Cielo; prescrisse preghiere e orazioni per tutta l'Italia; somministrò suffidj di danaro a i Veneziani e Maltesi, ed appuntò le sue Galee, per accorrere dove fosse maggiore il bisogno. E perchè parimente veniva minacciata la Polonia, in soccorso di quella inviò dieci mila scudi d'oro. Una anche delle sue prime cure fu di ricorrere a tutti i Monarchi Cattolici, esortandoli colle più efficaci Lettere di concorrere alla difesa de'Fedeli contra del Tiranno di Oriente. Intanto si tirò il sipario, e scoprironsi rivolti i disegni del Sultano Acmet contra de'Veneziani, con aver egli ingiustamente rotta la Tregua stabilita a Carlowitz nel *1699.* e per mare e per terra piombò una formidabile Armata di Turchi sul Peloponneso, o sia sopra la Morea. Videsi allora una ben dolorosa scena, cioè che nello spazio di un Mese la Potenza Ottomana s'impadronì di tutto quanto la Veneta in più anni con tanto dispendio e fatiche avea in quelle contrade acquistato. Corinto, Napoli di Romania, Napoli di Malvasia, Corone, Modone, e l'altre Piazze di quel Regno, tutte caddero in mano de'gl'Infedeli. Fecero alcune buona difesa, ma sì fieri furono gli assalti Turcheschi, che sopra gli ammontati cadaveri de'suoi giunsero que'Barbari a superar le Fortezze. Altre poi fecero poca o niuna difesa, e i Greci stessi congiurati si gittarono in braccio de i Turchi. Provò allora la Repubblica Veneta quello, ch'è accaduto a tanti altri, cioè, che le braccia tradiscono talvolta gli ordini saggi del Capo. S'avvide ella, ma tardi, che alcuni de'suoi Ministri nella Morea non avéano impiegato il pubblico danaro, come doveano, nel tener completi i presidj, e provvedute le Piazze del bisognevole. Quel bel paese, quel felice e caldo clima, non si può dire, quanto inclini gli animi a i piaceri e alla corruttela de'costumi. Senza freno viveano quivi molti de gl'Italiani, e di loro si mostravano poco contenti alcuni di que'Popoli. Tutto concorse

corſe a far perdere sì rapidamente quel delizioſo Regno; la principal cagione nondimeno fu l'eſorbitante forza de' Muſulmani, a cui non s'era potuto provvedere di alcun valevole oſtacolo finquì. Non finì queſt'Anno, che profittando i Turchi dell'amica fortuna, s'impadronirono di altri Luoghi ed Iſole nell'Arcipelago. Parimente i Corſari Affricani, prevalendoſi dello ſcompiglio, in cui ſi trovava l'Italia colle Iſole adiacenti, ne infeſtarono più che mai i lidi, e conduſſero in iſchiavitù aſſaiſſimi Criſtiani.

In queſti medeſimi turbati tempi un'altra guerra apertamente ſi faceva in Sicilia a cagion del Tribunale della Monarchia. Avendo il ſommo Pontefice fulminate le Cenſure contro molti di quegli Ufiziali, e contro altri del Regno Siciliano, e meſſo l'Interdetto a varj Luoghi: il Re *Vittorio Amedeo*, riſoluto di ſoſtenere gli antichi uſi od abuſi, che s'erano per più Secoli mantenuti da i Re ſuoi Anteceſſori, ordinò, che non ſi riſpettaſſero gli ordini di Roma. Chi negò di farlo, trovò pronto il gaſtigo delle prigioni, ò dell'eſilio. Più di quattrocento Eccleſiaſtici, oltre ad altre perſone o volontariamente o per forza uſcirono di quell'Iſola, rifugiandoſi a Roma. Il Pontefice in ſuſſidio loro impiegò più di ſeſſanta mila ſcudi; e tuttochè anche amendue i Monarchi di Francia e Spagna con forti ufizj ſoſteneſſero le pretenſioni del Re Vittorio, pure l'intrepido Papa nel Gennaio e Febbraio del preſente Anno pubblicò due altre Coſtituzioni, colle quali abolì il Tribunale ſuddetto della Monarchia di Sicilia: paſſo, che maggiormente accrebbe gli ſconvolgimenti di quel Regno, e cagionò non lieve affanno al novello Re di quell'Iſola, che abbiſognava di quiete, per ben aſſodarſi in quel dominio. Intanto per male di vaiuolo in età di diciſette anni venne a morte in Torino *Vittorio Amedeo* Duca di Savoia ſuo Primogenito nel dì 22. di Marzo del preſente Anno, della qual perdita fu per lungo tempo inconſolabile il Re ſuo Padre. Perchè gli Strologhi gli aveano predetta la guarigion del Figlio, che non ſi effettuò, ne cadde la colpa ſopra i Medici, che perciò perderono la grazia del Sovrano. Ma Dio gli preſervò il Secondogenito, cioè *Carlo Emmanuele*, oggidì Re di Sardegna, che gareggia nelle Virtù co i più rinomati Principi della Real ſua Caſa. Non er meno affaccendata in queſti tempi la ſacra Corte di Roma p a le oppoſizioni inſorte in Francia contro la Coſtituzione *Unier nitus* ge-

Era Volg.
Ann. 1715.

nitus, e per le controversie de i Riti Cinesi, proibiti a que'
nuovi Cristiani. Intorno a questi punti pubblicò l'indefesso Pontefice altre Costituzioni, dettate dal suo zelo per la purità della dottrina Cattolica.

Si godeva intanto il Re Cristianissimo *Luigi XIV.* il contento di avere assicurata sul capo del Nipote *Filippo V.* la Corona di Spagna, e di avere restituita al suo Regno la desiderata Pace, quando venne Dio a chiamarlo all'altra vita. Era egli giunto all'età di settantasette anni; ne avea regnato settantatrè *70. 1. Sett.* oltre il costume de'suoi Antecessori. Il dì primo di Settembre fu l'ultimo del suo vivere, ed egli con intrepidezza mirabile, con sentimenti di viva Cristiana Pietà, e pentimento de' suoi falli, lasciò a'suoi Discendenti quelle Massime più giuste di governo, ch'egli talvolta in sua vita dimenticò. Nel bollore spezialmente de'suoi anni gli aveano presa la mano l'incontinenza, lo spirito conquistatorio, senza misurarlo talvolta colla Giustizia, e l'ansietà di far tremare ciascuno co i fulmini della sua Potenza. Ciò non ostante, pregi sì rilevanti si raunarono in questo Monarca per la sua gran Mente, per aver nel suo Regno proccurata la gloria delle Lettere, l'accrescimento dell'Arti, e l'utilità del traffico, per la magnificenza delle fabbriche, per aver dilatati ampiamente i confini del suo Regno, e sopra tutto protetta la Religione de i suoi Maggiori, con espurgare dalla gramigna Ugonottica i suoi Stati, senza far caso della perdita di tanti sudditi, di tante Arti, e di tanto oro, in tale occasione asportati: che secondo l'estimazione comune giustamente si meritò il titolo di Grande. A questo rinomatissimo Monarca succedette il Pronipote *Luigi XV.* oggidì glorioso Re di Francia, ma in età troppo tenera, e però incapace di governo, e bisognoso di Tutori. Ebbe maniera *Filippo Duca d'Orleans*, Nipote ex Fratre del Re defunto, e primo Principe del Real sangue, di far annullare dal Parlamento di Parigi il Regio Testamento, e d'assumer egli la tutela del picciolo Re. Trovò questo Principe esausto il Regio erario, incolte molte campagne, impoveriti i Popoli per le tante guerre passate, ingraffati non pochi colla mala amministrazione delle Regie Finanze; e siccome pochi si potevano uguagliare a lui nell'elevatezza della mente, s'applicò tosto a curare e saldare le piaghe del Regno. Ma intorno a ciò a me non conviene di dirne di più. Fece nell'Ottobre di quest'Anno *Giacomo III.*
Stuar-

Stuardo Re Cattolico della Gran Bretagna un tentativo per rimetterfi ful Trono della Scozia, con avere il Pontefice fomminiftrati quegli aiuti, che potè per quell'imprefa. Convien chinar gli occhi davanti a gh occulti difegui di Dio. Cominciò egli con profperità, ma terminò con infelicità un sì importante affare. Dopo efferfi dichiarata in favor de gl'Inglefi la fortuna in una giornata campale, fe ne tornò lo fventurato Principe in Francia a deplorar le fciagure di chi s'era dichiarato del fuo partito.

Anno di CRISTO 1716. Indizione IX.
Di CLEMENTE XI. Papa 17.
Di CARLO VI. Imperadore 6.

IN graviffimi timori ed affanni fi trovò immerfa l'Italia nel prefente Anno, che la divina Provvidenza fece poi rifolvere nel progreffo in fefte ed allegrezze. Divenuta più che mai orgogliofa la Porta Ottomana per le conquifte con tanta facilità fatte nell'Anno precedente, meditava già voli più grandi; e fi feppe col tempo, che avea formati difegni fin fopra la fteffa Roma, effendofi efibito il perfido Marchefe di Langallerie ribello del Re di Francia, di dar mano all'infame imprefa. Per farfi fcala a i danni dell'Italia, determinò il Gran Signore *Acmet*, che l'armi fue paffaffero nell'Ifola di Corfù, pofta in faccia alle eftremità del Regno di Napoli, e fito comodo, per effettuar altre maggiori determinazioni. Quaranta mila tra fanti e cavalli Turchefchi fecero sbarco in quella fortunata, ed allora troppo infelice Ifola, ed imprefero tofto l'affedio della Capitale, fecondati da una fterminata Flotta per mare. Aveano anche i Veneziani alleftita una poderofa Armata navale, ma fcarfeggiavano di gente, perchè le leve per loro fatte in varj Luoghi d'Italia ed Oltramonti, tardavano a comparire. In quefto mentre il Pontefice *Clemente XI.* che aveva già commoffi colle più calde preghiere i Re di Spagna e Portogallo al foccorfo de' Veneti, ebbe ficuri avvifi, che il primo invierebbe fei Vafcelli e cinque Galee alle fue fpefe contra del comune nemico; e il Portoghefe fece fciogliere le vele a fei groffi Vafcelli, e ad altrettanti minori per unirfi alle vele Pontificie. Accrebbe il Pontefice la fua fquadra navale di due Galee e di quattro Vafcelli, co'quali congiunfero ancora i Ca-

vallie-

Era Volg.
Ann. 1716.

valieri di Malta le loro forze, e il Gran Duca *Cofimo III*. unì con effe, quattro Galee, e due la Repubblica di Genova. Impofe il Pontefice una contribuzione al Clero d'Italia; e quanto danaro potè fomminiftrar la Camera Pontificia, e i più facoltofi Cardinali, tutto andò in aiuto de' Veneziani, e in foccorfo dell'Imperador *Carlo VI*. La fperanza appunto maggiore del Santo Padre, dopo la protezione e l'aiuto di Dio, era ripofta nelle forze del piiffimo Augufto. Certo è, che la Maeftà fua con compaffione mirava il terribile fpoglio fatto, e vicino a farfi da' Turchi delle Provincie Venete; mirava anche minacciato il fuo Regno di Napoli da i loro ulteriori progreffi; ma non fapea perciò rifolverfi a fdoderar la fpada contra di loro, per fofpetto, che la Corte di Spagna prevalendofi della congiuntura, in veder impegnate l'armi Imperiali in Ungheria, faceffe qualche folenne beffa a i fuoi Stati d'Italia: Per rimuovere quefto oftacolo fi affaccendò non poco il fommo Pontefice, ed effendogli finalmente riufcito di ricavare dal Re Cattolico un'autentica promeffa di non moleftare alcun de gli Stati poffeduti dall'Imperadore, durante la guerra col Turco: fua Santità fi fece garante e malevadore alla Corte di Vienna della ficurezza de' Cefarei dominj in Italia.

Con quefta fidanza l'Augufto *Carlo VI*. nel dì 25. di Maggio ftretta co' Veneziani una Lega difenfiva ed offenfiva, non tardò più a dichiarar la guerra al Sultano. Un fiorito efercito di gente veterana teneva Cefare tuttavia in piedi, e quefto a poco a poco andò sfilando in Ungheria fino a i confini del dominio Turchefco. Il comando dell'Armata fu dato al celebre *Principe Eugenio di Savoia*, la cui mente, credito, e perizia militare fi contava per un altro efercito. Trovarono i Criftiani un'ofte molto più poderofa di Turchi preparata a i confini, fotto il comando del Primo Vifire, e non folo ben animata alla refiftenza, ma che s'inoltrò fino a Peterварadino, e baldanzofamente intimò a quel prefidio la refa. Furono in que' contorni a vifta le due nemiche Armate nel dì quinto di Agofto, Fefta della Beata Vergine ad Nives; e nel tempo fteffo, che in Roma fi facea una folenne divota Proceffione per implorare il braccio di Dio in favore dell'armi Criftiane, fi venne ad una gran battaglia. Fama fu, che l'efercito Turchefco contaffe cento cinquanta mila combattenti, fra i quali quaranta mila Gianizzeri, e trenta mila Spahì. S'azzuffarono dunque

Era Volg.
Ann. 1716.

nel dì fuddetto le due Armate nemiche, e fi videro i Turchi con ordinanza non più offervata in addietro, e con immenfo vigore effere i primi all'affalto. Sì fiero fu l'urto loro, che piegarono i Reggimenti Cefarei, e non mancò apparenza, che l'efercito Criftiano foffe vicino ad andare in rotta. Ma foftenuto quel primo feroce empito, il prode Principe Eugenio fece con tal ordine avanzar le altre fchiere, che i nemici, dopo aver fatta una lunga e fanguinofa refiftenza, non potendo più reggere alla bravura de gli Alemanni, diedero a gambe. Infigne e compiuta fu quella vittoria. Reftarono i Criftiani padroni del campo, di tutte le tende, di cento ottanta cannoni di bronzo, di circa altrettante infegne, della caffa militare, e della Segreteria del primo Vifire. Del ricco bottino non vi fu foldato alcuno, che non partecipaffe. Afcefe a molte migliaia il numero de' Mufulmani eftinti, poco fu quello de' prigioni. Dal padiglione d'effo primo Vifire, che per le ferite andò a morire il dì feguente a Carlowitz, il vittoriofo Principe Eugenio fcriffe tofto e fpedì la lietiffima nuova all'Augufto Monarca, il qual pofcia mandò a Roma in dono al fommo Pontefice quattro delle più ricche bandiere prefe a' nemici. Non iftette gran tempo a guftarfi del frutto di sì gloriofa vittoria.

S'ERANO già inoltrati di molto gli approcci de' Turchi fotto la Città di Corfù, ed aveano effi fenza rifparmio di fangue fuperate le più delle fortificazioni efteriori. Entro ftava alla difefa il *Conte di Schulemburg*, primo Generale dell'armi Venete, che mirabili pruove diede del fuo faper militare, a cui corrifpondeva con egual valore la guernigion Criftiana, con difputare a palmo a palmo ogni progreffo de' nemici. Contuttociò affai fi prevedeva, che a lungo andare non fi potea foftenere una Piazza, affalita con incredibile fprezzo della morte da gl'Infedeli, e priva di fperanza di foccorfo. Perciocchè s'era ben volta a quelle parti l'Armata navale combinata de' Veneziani e de gli Aufiliarj; ma per la conofcenza delle forze fuperiori de' nemici, non fapevano i più de i Generali indurfi ad azzardare una battaglia, ed ognuno facea conto delle fue belle navi. La mano di Dio vi rimediò. Appena giunfe a gli affediatori di Corfù l'infaufto avvifo della grande fconfitta de' fuoi in Ungheria, che entrato in effi un terror panico, come fe aveffero alle reni il sì lontano vittoriofo Cefareo efercito, fubito prefero la fuga. Lafciarono indietro artiglierie, cavalli,

baga-

bagagli, e munizioni ; folo fi pensò a falvare le vite. Gran dire fu, perchè la Flotta Criftiana in quel grave fcompiglio de
gli atterriti Mufulmani non volaffe ad affalirli , giacchè ficura
ne parea la vittoria . La verità nondimeno fi è , che fi alleftì-
rono bensì i Collegati, per infeguire i fuggitivi ; ma in tempo,
che forta una fiera burafca, convenne penfar più a difendere
sè fteffi dall'ira del mare, che ad offendere altrui . Per lo felice fcioglimento di quefto affedio non fi può dire quanta allegrezza fi diffondeffe pel cuore di tutti gl'Italiani , ben cono-
fceuti, che terribili confeguenze avrebbe portato feco la perdita di un'Ifola forte, sì contigua alle contrade d'Italia. Ricuperarono dipoi i Veneti Butintrò e Santa Maura .

Q u ì nulladimeno non terminò il comune giubilo de i Fedeli . Erano paffati cento feffanta anni , che la Città di Temiswar fofferiva il giogo Turchefco , Città attorniata da paludi, munita di buone fortificazioni, cuftodita da un numerofo
prefidio . A cagion di quelle appellate Palanche difficiliffimo
compariva l'acceffo alla Piazza. Pure nulla potè ritenere l'invitto *Principe Eugenio* dall'imprenderne l'affedio, a cui fu dato principio nel primo dì di Settembre. Nel dì 23. fi prefentò
un efercito Turchefco, per dar foccorfo alla Piazza, ma ritro-
vati ben trincierati gli affedianti , fe ne tornò indietro , fminuito molto di numero. Bifognò impiegare il refto del Mefe
per difporre tutto a fuperar la Palanca, cioè il fito paludofo ,
fortificato da groffiffimi pali, per cui convien paffare alla Città . Se ne impadronirono i Criftani nel dì primo di Ottobre
non fenza fpargimento di molto fangue, e fi diedero poi a berfagliare la Città e il Caftello , cinto da doppia foffa piena di
acqua . Nel dì 13. di effo Mefe , perduta ogni fperanza di
foccorfo, non volle quel prefidio differire la refa, ed ottenne
libera l'ufcita per sè, e per tutti gli abitanti col loro avere :
capitolazione, che fu religiofamente offervata, con efferfi provveduto a quel Popolo un migliaio di carra, per afportar le loro foftanze. Ne ufcirono dodici mila armati, e trovaronfi in
quella Piazza cento trentafei pezzi di cannone, e dieci mortari, con abbondante raccolta di munizioni da guerra . Per sì
gloriofa campagna Roma e tutta l'Italia fi videro tripudianti
di gioia, e dapertutto fi teffevano elogj, all'invincibile Principe
di Savoia , al quale il Pontefice nel dì otto di Novembre fece
prefentare in Giavarino la Spada benedetta in riconofcenza ed

Era Volg.
Ann. 1716. onore del suo incomparabil valore. Coll'acquisto di Temiswar, a cui tenne dietro quello di Panscova, Vipalanca, e Meadia, tutto quel riguardevol Bannato venne in potere di Cesare. Fu in quest'Anno, che calò in Italia incognito *Carlo Alberto* Principe Elettorale di Baviera, cioè il medesimo, che da qui ad alcuni anni noi vedrem poi conseguire la Corona Imperiale. Dopo avere nel Mese di Marzo ricevuto questo Principe in Modena dal Duca *Rinaldo d'Este* ogni dimostrazione di onore, passò a Bologna per visitare la Gran Duchessa *Violante* sua Zia, che s'era apposta portata colà. Andò egli poscia a Roma, dove il Santo Padre colle maggiori finezze l'accolse.

Anno di CRISTO 1717. Indizione X.
Di CLEMENTE XI. Papa 18.
Di CARLO VI. Imperadore 7.

SE nell'Anno precedente s'era mostrata sì avversa la fortuna all'armi Turchesche, sperò ben nell'Anno presente il *Sultano Acmet* di riparare i danni sofferti; al qual fine impiegò tutto il verno e la primavera per adunare un potentissimo esercito, a cui da gran tempo non s'era veduto l'uguale. Dal suo canto anche l'*Augusto Carlo VI.* notabilmente rinforzò le sue Armate in Ungheria, inferiori senza paragone nel numero, ma superiori in disciplina militare e in coraggio ai nemici. Minore non fu la vigilanza della *Repubblica Veneta*, per aumentar le sue forze di mare. Loro somministrò *Papa Clemente XI.* la squadra delle sue Galee, con quelle di *Malta*, e del *Gran Duca*, ed ottenne di nuovo da *Giovanni Re* di Portogallo undici grossi e ben corredati Vascelli. Anche il Re Cattolico *Filippo V.* fece credere d'inviare in soccorso de' Veneziani sedici suoi Vascelli, che poi si scoprirono destinati ad altra impresa. Tardi giunsero ad unirsi gli ausiliarj colla Flotta Veneta, la quale perciò sola fu obbligata a sostener tutto il peso della guerra, e ciò non ostante s'impadronì della Prevesa, di Vanizza, e d'altri Luoghi, già occupati dai Turchi. Nel Maggio e poscia nel Luglio vennero essi Veneti alle mani co i nemici, e si combattè con gran sangue e valore da ambe le parti, senza che la vittoria si dichiarasse per alcuna di esse. Tanto almeno si guadagnò, che l'orgoglio Turchesco calò, e restò precluso ogni adito a gl'Infedeli per far nuove conquiste

ſte contra de'Veneti. Non coſì avvenne alle feliciſſime armi Ceſaree in Ungheria, guidate dall'impareggiabil Generale di queſti tempi, cioè dal *Principe Eugenio* di Savoia. Meditava già il magnanimo Eroe l'aſſedio di Belgrado, Capitale della Servia; però nel dì 15. di Giugno ſollecitata l'unione e marcia del prode Criſtiano eſercito, per prevenire quello de'Turchi, felicemente paſsò il Danubio, e nel dì 19. arrivò ad accamparſi intorno a quella Città, fortiſſima per la ſituazione, e per le fortificazioni ſue, e che ſembrava ineſpugnabile per la giunta di un preſidio, che più ragionevolmente ſi potea chiamare un eſercito. Si formarono Ponti ſul Danubio e ſul Savo; ſi fecero le linee di circonvallazione, e ſi cominciò a diſputar co i nemici tanto nel gran fiume, dove eſſi abbondavano di Galere e Saiche, quanto per terra, facendo quei di dentro impetuoſe ſortite. Solamente nel dì 23. di Luglio cominciarono le artiglierie e i mortari le terribili offeſe contro la Città; e perciocchè le ſue contrade ſono ſtrette, e le caſe mal fabbricate, il fuoco delle Bombe cagionava frequenti gl'incendj.

MA eccoti giugnere lo ſterminato eſercito de'Muſulmani, creduto aſcendere a ducento mila combattenti, ſul principio di Agoſto, e piantare il ſuo campo per gran tratto di paeſe, arrivando dal Danubio quaſi fino al Savo, con occupare in faccia dell'Armata Criſtiana, tutto il piano, e le colline. Era un bel vedere in lontananza diſpoſte le innumerabili loro tende roſſe e verdi con quantità immenſa di gente, cavalli, e carriaggi. In vece di recar terrore a i Criſtiani, quello ſpettacolo accreſceva loro la gioia per la ſperanza di divenir padroni di tutto. S'era ben trincierato l'eſercito Ceſareo, e a riſerva delle ſcaramuccie giornaliere niun movimento faceva quello de' Turchi. Indarno ſi ſperò, che per mancanza di foraggi ſi ritiraſſe quella gran moltitudine di cavalli; e intanto le diſſenterie cominciarono a far guerra alle milizie Criſtiane, talmente che ogni dì le centinaia ſi portavano al ſepolcro. Di ottanta mila guerrieri Alemanni, che dianzi era l'Armata, ſi vide eſſa ridotta a ſeſſanta. Fu in queſto tempo, che non ſolo i faccenti in lontananza, ma non poca parte de gli Ufiziali dell'Oſte Ceſarea, non ſapendo intendere i ſegreti penſieri del Principe Eugenio, o ne condennarono in lor cuore la condotta, o ne prediſſero ſiniſtre conſeguenze. Miravano eſſi l'Imperiale eſercito in quella inazione, poſto fra due fuochi, cioè fra un'Armata

ta

Era Volg.
Ann. 1717. ta nemica in campagna, tanto superiore di forze dall'un lato, e dall'altro una Piazza, che teneva impegnato un gran corpo di truppe Cristiane nell'assedio. Maniera di vincere Belgrado non appariva; intanto ogni dì più veniva scemando l'esercito Cesareo; grande il numero de' malati; troppo pericoloso il tentare una battaglia contra di oste sì poderosa, e ben trincierata, e con avere alle spalle l'esorbitante guernigion di Belgrado, che potea mettere in forse ogni tentativo dall'altra parte. Non erano occulti al generoso Principe questi divisamenti, e le doglianze sotto voce di chi invidiava la sua gloria, o odiava la sua autorità. Lasciava egli dire, e come gran Capitano sapeva le ragioni di così operare. Spacciavano i Turchi per debolezza il sì lungo ozio dell'Armata Cesarea, e si seppe, che già meditavano essi di venirla ad assalire nel suo accampamento, quando all'improvviso si trovò ella assalita e sorpresa fra' suoi forti trincieramenti.

Il dì 16. di Agosto fu destinato dal Principe Eugenio, e secondato da i favori del Cielo, per fiaccare le corna all'orgoglio Ottomano. Nel Cristiano esercito militavano il Principe Elettoral di Baviera *Carlo Alberto*, già ritornato dall'Italia, il Principe *Ferdinando* suo fratello, il Principe *Emmanuello di Portogallo*, il *Conte di Charolois*, il *Principe di Dombes* Franzesi, ed altri Principi di Sassonia, di Anhalt, di Holstein, e di Wirtemberg. La mattina per tempo furono in ordinanza tutte le schiere, e si mossero alla volta del campo infedele. L'essere insorta una folta nebbia, per cui non veduti pervennero i Cristiani fin presso alle nemiche trincee, fu non ingiustamente attribuito alla protezion del Cielo. Attaccossi il terribil conflitto; per cagion dell'oscurità nè gli uni nè gli altri intendevano bene ciò, che fosse vantaggioso o dannoso; quando tornò il sereno, e s'avvidero i Cesarei, che i Turchi usciti da i trincieramenti aveano tagliata la comunicazione fra le due ale della loro Armata. Allora con grande empito si scagliarono i valorosi Cristiani contra di loro; rovesciarono fanti e cavalli; s'impadronirono delle lor batterie. Ve ne restava una di diciotto pezzi, sostenuta da venti mila Gianizzeri, e da dieci mila Spahì. Tutto cedette alla bravura de i Cesarei; i Turchi non pensarono da lì innanzi, che a menar le gambe. Usciti del campo si tornarono a raggrupare; ma vedendo disperato il caso, ripigliarono la fuga. Aveva ordinato il saggio

gio Cesareo Generale sotto rigorose pene, che niuno attendesse a bottinare, promettendo la conservazion di tutto a i soldati, da che fosse terminata con sicurezza l'impresa. Mantenne la parola, e per ischivare il disordine, ordinò, che si facesse partitamente il sacco. Vi si trovò il ben di Dio. Spese incredibili avea fatto il Sultano, per provveder quella grande Armata. A Cesare restarono cento e trenta Cannoni, trenta Mortari, tre mila Bombe, con altra gran copia d'attrecci, di munizioni, di stendardi. Non si seppe, o non curò alcuno di sapere, quanta fosse la perdita de i nemici. Probabilmente fu molta. Chi scrisse uccisi più di venticinque mila Turchi e fatta gran copia di prigioni, prestò troppa fede alla fama, solita ad ingrandire le cose. Solamente sappiamo, essere restati sul campo circa due mila Cesarei, e che ascese a più di tre mila il numero de' feriti. Con questa insigne vittoria spirò entro la Città di Belgrado ogni speranza di soccorso; e però nel dì seguente 17. di Agosto la guernigion Turchesca e gli abitanti dimandarono Capitolazione. Niuna difficoltà si trovò ad accordar loro, quanto richiesero di onore e di comodo; e conseguentemente nel dì 22. ne uscirono venticinque e più mila armati, o capaci di portar l'armi, colle lor famiglie e sostanze. Trovaronsi nella Città e Castello cento settantacinque Cannoni di bronzo, venticinque di ferro, cinquanta Mortari. Sopra le Fregate e Saiche cento e due Cannoni di bronzo, e ottanta quattro di ferro, oltre ad altri restati nell' Isola, senza parlare d'altre munizioni da guerra. Non tardarono i Turchi ad abbandonare Semendria, Ram, Sabatz, ed Orsova, lasciando ancora in que' Luoghi non poca artiglieria. Non mancarono Censori, perchè non mancavano invidiosi ed emuli al glorioso Principe Eugenio, a cagion della battaglia suddetta, quasichè egli avesse esposto ad evidente pericolo di perdersi tutto il nerbo delle forze Cesaree. Avrebbero detto lo stesso di Alessandro Magno, che con meno di gente fece tante prodezze. Nè pure il Principe di Savoia avea bisogno d'imparar da costoro il mestier della guerra.

Tanta felicità dell' armi Cesaree in Ungheria incredibil consolazione recò a chiunque ha interesse nella depressione del comune nemico. Ma questa venne stranamente turbata da un emergente, per cui gran romore fu per tutta l'Europa. All' Abbate *Giulio Alberoni* Piacentino era tenuta la Regina Cattolica

Era Volg.
Ann. 1717.

lica *Elifabetta Farnefe* per la fua affunzione a quel talamo e
Trono : sì deftramente e fortunatamente feppe maneggiarfi alla Corte di Madrid. Compenfava queftò perfonaggio la baffez-
za de' fuoi natali coll' elevazion della mente , pieno di grandi
idee, intraprendente, coftante nell' efecuzion de' fuoi difegni.
L' energia del fuo fpirito , e più la parzialità della Regina,
l' aveano perciò portato alla confidenza e al principal maneggio del Real Gabinetto. A colmarlo d' onore gli mancava la fola Porpora Cardinalizia , e per ottenerla induffe il Re Cattolico a rimettere in priftino tutti i diritti della Pontificia Dateria ,
e il commercio fra la fanta Sede e la Spagna , interrotto da
molti anni. Fece in oltre fperare al Pontefice *Clemente XI.*
un magnifico ftuolo di navi Spagnuole in foccorfo de i Veneti
contra del Turco. In ricompenfa di quefte belle azioni il fan
to Padre promoffe alla facra Porpora l' Alberoni, benchè ne-
facro Conciftoro declamaffe forte contra di lui il Cardinale
Francefco del Giudice, troppo disguftato, perchè cacciato per
opera di lui 'dalle Spagne. Sul principio di queft' Anno vennero avvifi , che il Re Cattolico *Filippo V.* facea grande armamento , con accrefcere le fue forze di terra e di mare . A
qual fine non fi fapea. Si fece credere a Roma, effere le mire
di quel Monarca contra de' Mori, per ricuperare Orano, e far
altri progreffi in Affrica : con che quella Corte ottenne le decime del Clero per tutti i fuoi Regni. Infofpettito nulladimeno il Papa di quefta novità , ne fece doglianze ; ma afficurato
da *Francefco Farnefe* Duca di Parma , e da' Cardinali *Acquaviva* ed *Alberoni*, che niuna novità fi farebbe contra di Cefare, fi quetò. Ma che ? quando pure s' afpettava di giorno in
giorno dal Pontefice , che compariffe la Flotta Spagnuola ne'
mari d' Italia, per paffare in Levante , effa nell' Agofto voltò
le prore alla Sardegna, e s' appigliò all' affedio di Cagliari, Capitale di quell' Ifola. Trovaronfi quivi deboli i prefidj Cefarei,
perchè affidati i Miniftri della parola del Papa, niun timore
concepivano per quella parte, però fattafi poca difefa da quella Città , tutto il refto dell' Ifola fi vide inalberar le infegne

za per gli Stati Auſtriaci . E perciocchè eſſo Re Cattolico preſe
motivo di rompere la guerra dall'eſſere ſtato ne i precedenti
Meſi in Milano fatto prigione Monſignor *Giuſeppe Molines* ,
dichiarato ſupremo Inquiſitor di Spagna , che alla buona , e
ſenza aver cercato alcun paſſaporto da Roma , era paſſato colà , creduto da' Miniſtri Ceſarei per cervello imbrogliatore:
gridavano i Politici , eſſere queſto un mendicato pretefto , perchè tanto prima avea con sì grande armamento la Corte di
Madrid fatto conoſcere il ſuo diſegno di prevalerſi contro
l'Auguſto Monarca della opportunità , mentre l'armi di lui ſi
trovavano impegnate contra del Turco ; nè potere il privato
intereſſe del Molines giuſtificare la pubblica rottura , e che ſi
avea a fare ricorſo al Papa , per rimediare a quella privata
controverſia . I più finalmente prorompevano in indignazioni
contra di un Re Cattolico , quaſichè egli dimentico della ſua
innata Pietà , ſembraſſe eſſere divenuto collegato col Turco ,
e foſſe dietro a fraſtornare la proſperità dell'armi Criſtiane
contra del comune nemico . Andavano poi a finir tutte le eſ-
clamazioni addoſſo al *Cardinale Alberoni* , primo Miniſtro , ſiccome creduto autore di queſto tradimento fatto alla Criſtianità e al ſommo Pontefice . Ma intanto la Sardegna andò , e la
Corte di Spagna più che mai s'invogliò di maggiori progreſſi . Nel Marzo dell'Anno preſente arrivò a Modena ſotto nome di Cavalier di San Giorgio il Cattolico Re Ingleſe *Giacomo III.* Stuardo , eſſendogli convenuto ritirarſi fuori del Regno di Francia . Dopo avere ricevuto le maggiori dimoſtrazioni di ſtima e di affetto dal *Duca Rinaldo d'Eſte* ſuo Zio
materno , paſsò a ricoverarſi ne gli Stati della Santa Sede , e
per albergo ſuo gli fu aſſegnata dal ſommo Pontefice la Città di Urbino.

Anno di CRISTO 1718. Indizione XI.
Di CLEMENTE XI. Papa 19.
Di CARLO VI. Imperadore 8.

PER le inaſpettate novità fatte dal Re Cattolico coll'acquiſto del Regno di Sardegna , s'era vivamente alterata
la Corte di Vienna contra del ſommo Pontefice , dalla cui parola confortato avea l'Auguſto *Carlo VI.* impugnate l'armi a
difeſa della Criſtianità . Anzi traſpariva ne' Miniſtri Ceſarei
Tomo XII. O qual-

qualche fofpetto, che lo fteffo Pontefice camminaffe d'accordo
con gli Spagnuoli sì per le Decime loro concedute, come anche
che per effere nell' Anno 1716. venuto impròvvifamente da
Madrid a Roma *Monfignore Aldrovandi* Bolognefe, Nunzio.
Apoftolico, quafichè foffe ftato fpedito per concertare quanto
dipoi era avvenuto in pregiudizio dell'Imperadore. Aggiugnevano, non effere probabile, che effo Nunzio ignoraffe i difegui.
di quella Corte : e perchè non avvifarne il Gabinetto Pontificio? All' onoratezza del fanto Padre fu ben fenfibile ed infieme ingiuriofo un sì fatto fofpetto . Ora non tardarono a comparire i fegni dello fdegno di Cefare contro la facra Corte di
Roma . Al *Nunzio Apoftolico* di Vienna fu vietato l'acceffo alla Corte, e il trattar di negozj con que' Miniftri . A *Monfignor Vicentini* altro Nunzio in Napoli dal Vicerè fu intimato
l'ufcire di quella Metropoli e del Regno nel termine di ventiquattro ore ; fi preclufe affatto ogni efercizio di quella Nunziatura ; e quel, che maggiormente allarmò, e riempiè di lamenti Roma, fu, che vennero fequeftrate le rendite di tutti
i Benefizj, che varj Cardinali e molti Prelati non Nazionali,
ed abitanti in Roma, godevano nel Regno di Napoli . Nè in
quefta fola tempefta fi trovava il buon Pontefice *Clemente XI.*
Anche in Francia ne' tempi prefenti una brutta piega aveano
prefo gli affari della Coftituzione *Unigenitus* . Fioccavano da
ogni parte le Appellazioni al futuro Concilio, e tutto era permeffo a chi non voleva fottometterfi a i decreti della Santa
Sede . Oltre a ciò, perchè nel precedente Anno *Milord Peterboroug* coll'andare girando per gli Stati della Chiefa, avea fatto forgere fofpetti di macchinar qualche violenza contra del
Cattolico Re Britannico *Giacomo III. Stuardo*, foggiornante in
Urbino, e fu perciò dal *Cardinale Origo* Legato di Bologna
mandato prigione in Forte Urbano : benchè foffe fra poco liberato : pure la Nazione Inglefe fufcitò per tale affronto di
gravi querele contra del fanto Padre . Minacciavano effi, fe
non fi dava loro un'adeguata foddisfazione, di bombardare Ci-
vità Vecchia, e d'inferire altri danni al Littorale Ecclefiaftico, e alla fteffa Roma . Anche dalla parte della Spagna fi moffe un'altra burafca . Avea l'adirato Augufto fatta iftanza al
Pontefice, che fi richiamaffe di Spagna il *Cardinale Alberoni*
a rendere conto de' pretefi perniciofi configli dati al Re Cattolico *Filippo V.* e dell'inganno fatto alla Santa Sede nell'Anno

no addietro. Tali forze non aveva il Pontefice, per tirar di
colà l'Alberoni; e se le avea, non gli parve spediente di ado-
perarle nelle presenti congiunture. Fece nondimeno comparire
il suo sdegno contra di lui. Conosceva esso Porporato di avere
il vento in poppa, e volea prevalersene. Già avea conseguito
il Vescovato di Malega. Poco era questo al suo merito. Si fece nominare dal Re Cattolico al ricco Arcivescovato di Siviglia; ma il santo Padre stette saldo in negargliene le Bolle.
Se ne offese quel Monarca; vietò anch'egli ogni commerzio
colla sua Corte al *Nunzio Apostolico Aldrovandi*, il quale senza licenza del Papa si ritirò in Italia alla Patria sua. Richiamò
per mezzo del *Cardinale Acquaviva* tutti gli Spagnuoli dimoranti in Roma; proibì a' suoi sudditi il cercare alcun Benefizio o Pensione dalla Sede Apostolica con esorbitante danno della Daterìa. Non ci volea meno di *Clemente XI.* cioè di un
Piloto di grande animo, e di non minor saviezza, per navigare in mezzo a tanti scogli, e a sì contrarj venti. Ma egli
confidato in Dio non punto si atterriva, e seguitava con vigore continuo ad applicarsi a gli affari con isperar giorni migliori.

FIN l'Anno addietro tal costernazione era entrata nel Turchesco Divano per la perdita di Belgrado, e per l'apprensione
delle vittoriose armi Cesaree, che cominciò il *Sultano Acmet*
a muovere parola di pace con sua Maestà Cesarea. Il Ministro
del *Re Britannico Giorgio* alla Porta fu incaricato di trattarne.
Vi prestò orecchio l'*Imperador Carlo*, ma suo malgrado; perchè gli stava sul cuore la rottura della guerra dalla parte degli
Spagnuoli, nè si potea credere, che alla loro avidità e fortuna fosse sufficiente preda la Sardegna. Si osservò nondimeno
sul fine dell'Anno presente scemato di molto l'ardore de' Turchi per la progettata Pace, o vogliam dire Tregua; e non per
altro se non per gli avvisi colà giunti d'avere il Re Cattolico
dato all'armi contra dell'Augusto Monarca. Contuttociò da
che seppe il Sultano il magnifico preparamento di forze guerriere fatto in quest'Anno ancora non men da Cesare, che
dalla Veneta Repubblica, per continuare più che mai la guerra: ripigliarono con calore i negoziati della Pace colla mediazione de' Ministri d'Inghilterra e d'Ollanda. Per Luogo del
Congresso fu scelto Passarovitz nella Servia, dove si raunarono i Plenipotenziarj dell'Imperadore, della suddetta Repubbli-

Q 2   ca,

Era Volg.
Ann. 1718. ca, e della Porta. Al compimento di queſto negoziato non ſi potè giugnere ſe non nel dì 27. di Giugno, nel qual giorno furono ſottoſcritti gli Articoli della concordia di Ceſare e de' Veneziani colla Porta Ottomana, conſiſtenti in una Tregua di ventiquattro anni. Reſtò l'Imperadore in poſſeſſo di tutte le conquiſte finquì da lui fatte, cioè della Servia con Belgrado, di Temiswar, di una particella della Valacchia, con altri vantaggi, che a me non occorre di rammentare. A i Veneziani reſtarono Butintrò, la Preveſa, Vonizza, Imoſchi, le Iſole di Cerigo, con altri vantaggi, ma non compenſanti in menoma parte la perdita del bel Regno della Morea. Fino a i noſtri giorni dura l'indignazione de' Criſtiani zelanti contra di chi obbligò l'Auguſto *Carlo VI.* e la *Repubblica Veneta* alla Pace o Tregua ſuddetta. Da gran tempo non s'era veduta più bella apparenza di dare una forte ſcoſſa all'Imperio Ottomano. Avea Ceſare in piedi una fioritiſſima Armata con un Generale incomparabile, colle milizie tutte incoraggite per le precedenti vittorie; laddove i Turchi erano ſpaventati, avviliti, e ſull'orlo di maggior precipizio.

FAMA corſe, che il *Principe Eugenio* aveſſe meditato, non già d'inviarſi alla volta di Coſtantinopoli, ma d'inoltrarſi per quella ſtrada, e poi rivolgerſi verſo Teſſalonica, o ſia Salonichi, per darſi mano co i Veneziani, e tagliar fuori un buon pezzo del paeſe Turcheſco. Se ciò è vero, e ſe queſto foſſe riuſcito, ſi può diſputarne; ma bensì è fuor di dubbio, che dalla moſſa dell'armi Spagnuole provenne la neceſſità di pacificarſi colla Porta, mentre era minacciato d'invaſione tutto il dominio Auſtriaco in Italia. Perchè fu differita per molte ſettimane la pubblicazion della Pace ſuddetta, il Generale de' Veneziani *Schulemburg* ſi portò all'aſſedio di Dolcigno, nido infame di Corſari, nel dì 24. di Luglio. Convenne deſiſtere dalle oſtilità, perchè giunſe l'avviſo della Pace. Ma nel volerſi ritirare i Veneti, furono inſeguiti da i Dulcignotti, e biſognò menar ben le mani. Crebbe in queſti tempi la mormorazione contra del *Cardinale Alberoni*, perchè furono pubblicate alcune Lettere, che ſi diſſero intercette, ſcritte al Principe Ragozzi, ribello e nemico di Ceſare, affinchè foſſe mezzano a ſtabilire una Lega fra il Re Cattolico e il Sultano Acmet, di modo che dalla parte ancora de' Turchi ſi faceſſe guerra all'Imperador de' Romani. Chiunque riputava eſſo Por-

pora-

porato di forte ftomaco, e portato ad ogni maggior rifoluzione, che poteffe influire all'ingrandimento della Corona di Spagna, non ebbe difficultà a tener per certo quel progetto d'alleanza. Ma ad altri parve effo troppo inverifimile, perchè
contrario al pregio della Pietà, che rifplendeva nel Cattolico
Monarca *Filippo V.* e all'ufo lodevole de' gloriofi fuoi Anteceffori, i quali non mai hanno voluto Tregua, non che Lega,
con un nemico del nome Criftiano.

INTANTO profeguiva la Corte di Spagna il fuo grandiofo
armamento, e in Sàrdegna fi facea maffa delle genti, artiglierie, munizioni e navi. Verfo qual parte aveffe a piombare
la preparata tempefla, niun lo poteva prevedere di certo. Chi
credea per li Porti della Tofcana poffeduti da Cefare, chi per
Napoli, e chi per lo Stato di Milano. Spezialmente fi dubitò
dell'ultimo, perchè il *Re Vittorio Amedeo* avea fatto venir di
Sicilia un groffo convoglio di munizioni e truppe; campeggiava anche con molta gente a i confini del Milanefe; e non era
occulto, che paffava fra lui e il Re Cattolico non lieve intrin-
fechezza; s'era anche trattato fra loro un Trattato di Lega.
Ma niun fi trovò più delufo dello fteffo Re di Sicilia, perchè
all'improvvifo s'intefe, che l'Armata navale Spagnuola, alzate l'ancore dalla Sardegna era paffata alla Sicilia fteffa per in-
fignorirfene. Rifveglioffi allora un gran bisbiglio, gridando i
poco parziali della Spagna, vederfi oramai, quanto poffa in
cuore d'alcuni Potenti del fecolo la fmoderata voglia del conquiftare. Non effere gran tempo, che con folenne Pace, e folenni Giuramenti avea la Corte di Spagna ceduta la Sicilia al
Re Vittorio; nulla avere mancato quefto Real Sovrano a i patti; e pure fenza fcrupolo alcuno, e dopo le maggiori dimoftrazioni di amicizia, effere procedute l'armi Spagnuole a fpogliarlo di quel Regno. Se così fi opera (andavano effi dicendo)
dove è più la pubblica fede, e chi ha più da credere a i Regnanti? Fece anche quefta novità fempre più fparlare del Porporato primo Miniftro di Spagna, a cui fi attribuivano tutti
gl'impegni di quella Corte. Tuttavia non mancò effa Corte di
pubblicare un Manifefto, con cui fi ftudiò di dar qualche colore alla prefa rifoluzione fua, intorno a cui non appartiene a
me di profferir giudizio. Ora nel dì ultimo di Giugno pervenuta l'Armata Spagnuola in faccia di Palermo, giacchè non v'era
luogo alla difefa di quella fedeliffima Città, i Magiftrati ne por-
taro-

tarono le chiavi al Generale Spagnuolo, e con inceffanti acclamazioni di gioia fu quivi proclamato il Re *Filippo V.* Erafi
quivi ritirato il Conte *Annibale Maffei* Mirandolefe, Viceré
di quel Regno, con lafciar prefidio nel Caftello, che fra pochi
dì venne in poter de gli Spagnuoli. Rinforzò effo Conte colle
milizie ricavate da Palermo, Cattania, ed Agofta, i prefidj
di Siracufa, Meffina, Trapani, e Melazzo, e fece ricoverare
in Malta le Galee del fuo Padrone. Effendo ritornata in Sardegna la Flotta Spagnuola, per imbarcare il refto delle milizie, con effe sbarcò dipoi in Sicilia il *Marchefe di Leede* Fiammingo, Generale di terra del Re Cattolico, che poi fece maraviglie di condotta e valore in quell'imprefa. Intanto Cattan-
nia col Caftello fu prefa, e bloccata la Città di Meffina, dove dopo effere entrate l'armi Spagnuole, cominciarono le oftilità contra di que' Caftelli. Fu anche meffo il blocco a Melazzo e a Trapani. In fomma pareano difpofte tutte le cofe, per vedere in breve tornata tutta la Sicilia fotto la fignoria del Re Cattolico; e farebbe fucceduto, fe non foffero entrati in ifcena altri Potentati a rompere le mifure della
Spagna.

NON dormiva l'Imperador *Carlo VI.* e molto meno i fuoi
Miniftri di Napoli e Milano, i quali da che cominciò a fcoprirfi il mal animo de gli Spagnuoli, non aveano ceffato di far
gente, e di preparar munizioni, per ben accogliere, chi fi
foffe prefentato nemico. S'erano anche moffe le Potenze Maritime, ficcome garanti della ceffione di Sicilia, ed obbligate
a foftener anche l'Imperadore ne gli acquifti fuoi. A nome
del Re Britannico *Giorgio I.* fece lo Stenop fuo Miniftro a Madrid varie doglianze e protefte, con rapprefentare fopra tutto
l'obbligo e la determinazione dell'Inghilterra di difendere i
fuoi Collegati; al qual fine fi preparava una poderofa fquadra
di Vafcelli. Più alto all'incontro parlò il *Cardinale Alberoni*,
e diede affai a conofcere, che poca impreffione in lui faceano
fomiglianti bravate. Servirono pofcia le altrui minaccie a far
maggiormente affrettare la fpedizione contro la Sicilia colla
fperanza di vederla conquiftata tutta, prima che comparifle-
ro in quelle parti le vele Inglefi. Intanto il Re *Vittorio Amedeo* fi rivolfe tutto all'Imperadore, e alle fuddette Potenze
Maritime. Trattoffi in Londra della maniera di mettere fine
a quefte turbolenze: e perciocchè fi conobbe, non aver forza
effo

effo Re Vittorio per la difefa della Sicilia ; nè l'Imperadore fi fentiva voglia , per far piacere a lui , di fpofar quefto impé-gno ; e maffimamente perchè egli s'era avuto a male , che quell'Ifola , tanto neceffaria alla confervazion del Regno di Napoli, foffe ftata a lui tolta , e data a chi non vi avea fo-pra ragione alcuna : nel dì due d'Agofto fu formato in Lon-dra il Piano d'una Pace da proporfi al Re Cattolico, la quale fe non foffe accettata, tutte quelle Potenze s'impegnavano di adoperare l'eforcifmo della forza, per farla accettare. In que-fta rifoluzione concorfe ancora il Criftianiffimo *Re Luigi XV*. o per dir meglio *Filippo Duca d'Orleans* Reggente di Fran-cia : giacchè la Corte di Madrid avea già cominciato a sfo-derar pretenfioni contro la tutela del picciolo Re, e a dichia-rare inefficaci e nulle le Rinunzie fatte dal Re Filippo a'pro-prj diritti su la Corona di Francia : cofe tutte, che alteraro-no forte effo Duca Reggente , e gli altri Principi del fangue Reale . Portavano le rifoluzioni della propofta concordia fra l'altre cofe, che la Sicilia fi aveffe da cedere a fua Maeftà Ce-farea, e che in ricompenfa di tal ceffione fi doveffe cedere il Regno di Sardegna al Re Vittorio Amedeo : cambio fomma-mente fvantaggiofo , a cui quel Real Sovrano per un pezzo non feppe accomodarfi, ma che in fine configliato dalla Pru-denza, la quale s'ha da conformare alle condizioni de'tempi, per non potere di meno , egli approvò . Trattoffi quivi pari-mente dell'eventual fucceffione de' Ducati di Parma e Piacenza in mancanza di eredi legittimi , per un Figlio della Regina di Spagna *Elifabetta Farnefe*.

INTANTO ful principio d'Agofto cominciò a comparire ne' mari di Napoli la forte fquadra Inglefe, condotta dall'*Ammi-raglio Bing*, che fervendo di fcorta a molti Legni da trafpor-to carichi di milizie Alemanne , fece poi vela alla volta di Meffina . Cercò bene l'*Ammiraglio Caftagnedo* Spagnuolo d'en-trar colle fue navi nel Porto d'effa Meffina ; ma il gran fuoco fatto dal Forte di San Salvatore e della Cittadella , non glielo permife, e furono obbligati i fuoi Legni a ritirarfi con grave danno . Giunta dipoi la Flotta Inglefe nel Molo di Meffina , felicemente fbarcò le truppe, ed allora quelle Fortezze , bat-tute dal Marchefe di Leede , inalberarono lo ftendardo Impe-riale . Circa altri dieci mila foldati Cefarei marciarono da Na-poli verfo Reggio di Calabria, per paffare in Sicilia. Andò po-
fcia scia il Bing in traccia della nemica Armata navale, confiftente in ventifei Navi da guerra, fette Galee, e molti Legni da carico, per fignificare a quell'Ammiraglio le commiffioni della fua Corte: La trovò fchierata in ordinanza di battaglia, nè tardò molto a udire il fifchio delle palle de' lor cannoni, effendo ftati gli Spagnuoli i primi a fparare. Si venne dunque nel dì 15. d'Agofto a battaglia, ma battaglia di poco contrafto, perchè gli Spagnuoli batterono tofto la ritirata. Diedero loro la caccia gl'Inglefi, s'impadronirono di varj loro Vafcelli, altri ne abbruciarono, e fecero di molti prigioni: laonde la Flotta Spagnuola rimafe poco men che disfatta. L'Ammiraglio Caftagnedo fi ritirò a Cattania a farfi curare per le ferite ricevute. Ma quefte disgrazie di mare nulla intiepidirono le azioni di terra del Generale Spagnuolo *Marchefe di Leede*. Ancorchè fi foffe accrefciuto di molto il prefidio della Cittadella di Meffina, pure gli convenne renderli al valore de gli affedianti nel dì 29. di Settembre, infieme col Forte di San Salvatore: con che reftò tutta Meffina in potere de gli Spagnuoli, che paffarono dipoi all'affedio di Melazzo. Effendo poi sbarcato un groffo corpo di Tedefchi in vicinanza di quefta Piazza, i Generali *Carrafa* e *Veterani* nel dì 15. d'Ottobre tentarono di farne sloggiare gli Spagnuoli. Sulle prime favorevole fu loro la fortuna, ma non finì la faccenda, che rimafero sbaragliati. I fugitivi fi ricoverarono in Melazzo, che alzò allora bandiera Imperiale. Il nerbo maggiore de gli Alemanni paffati in Sicilia fi afforzò verfo la Scaletta in vicinanza di Meffina. In tale ftato reftarono gli affari di quell'Ifola fino all'Anno vegnente.

ERA già paffato a miglior vita fin l'Anno 1701. nel dì 16. di Settembre *Giacomo II. Stuardo* Re della Gran Bretagna, che già vedemmo fpogliato del fuo Regno. Nell'Anno prefente a dì fette di Maggio giunfe ancora al fine de' fuoi giorni la Regina fua Conforte *Maria Beatrice Eleonora d'Efte* in San Germano nell'Aia preffo a Parigi, Principeffa, a cui aveano formata una più illuftre Corona le fue infigni Virtù. Al di lei Figlio *Giacomo III.* dimorante in Italia fotto nome del Cavalier di San Giorgio, avea il Pontefice *Clemente XI.* proccurata in Moglie *Clementina Sobiefchi*, Figlia del *Principe Giacomo*, nato da *Giovanni III.* Re di Polonia. Veniva quefta Principeffa in Italia, ma reftò trattenuta in Infpruch per ordine

dine dell'Imperadore, a fine di far conoscere a *Giorgio I.* Re d'Inghilterra, ch'egli non approvava quel matrimonio. Si trovò col tempo il ripiego di lasciarla fuggire travestita, con aver l'Augusto *Carlo VI.* ferrati gli occhi: laonde in Monte Fiascone nell'Anno seguente fu accoppiata col suddetto Re Giacomo dopo il suo ritorno dalla Spagna, di cui parleremo fra poco. Superbi regali fece il santo Padre ad amendue, e fatto lor preparare in Roma un Palazzo con ricchi arredi, ed assegnata loro un'annua pensione di dodici mila scudi, colla lor presenza accrebbe poscia il lustro di Roma.

Anno di CRISTO 1719. Indizione XII.
  Di CLEMENTE XI. Papa 20.
  Di CARLO VI. Imperadore 9.

VIDESI in quest'Anno uno spettacolo forse non mai veduto, cioè le principali Potenze dell'Europa unite in guerra contro la Spagna; e la Spagna sola senza sgomentarsi far fronte a tutti. Avea già il Re *Vittorio Amedeo* nel dì 18. di Ottobre dell'Anno precedente abbracciata la Lega di Cesare, Francia, ed Inghilterra, consentendo al cambio dell'oramai perduta Sicilia colla Sardegna, che pure stava in mano del Re Cattolico. Però questi Potentati cominciarono maggiormente a disporsi per condurre colla forza la Corte di Madrid a quella Pace, che colle amichevoli esortazioni non si potea da essa ottenere. Aveano essi fatto proporre al Re *Filippo V.* le determinazioni prese dalla quadruplice Alleanza; per restituire la quiete all'Europa, ma con poca fortuna a cagion di certe condizioni contrarie a i desiderj e alle speranze del Gabinetto Spagnuolo. Ora quasi nel medesimo tempo tanto il Re Britannico *Giorgio I.* quanto il Cristianissimo Re *Luigi XV.* o sia sotto nome di lui il Reggente *Duca d'Orleans*, dichiararono la guerra alla Spagna. Nel dì nove di Gennaio del presente Anno fu pubblicata in Parigi questa dichiarazione, e in Londra nel dì 28. del precedente Dicembre, il qual giorno all'Inglese vien quasi a cadere in quello della Francia. Sì gli uni, che gli altri Sovrani imputavano tutti questi sconcerti al solo *Cardinale Alberoni*, primo Ministro della Corte di Madrid; e spezialmente di lui si dolse il Ministero della Corte di Francia in un Manifesto, che fu nella stessa occasion divulgato. Ma se queſte Potenze vollero per cagione di queſto Porporato far guerrá alla Spagna , anche il Porporato la facea loro nel medeſimo tempo , e nel cuore de i loro Regni . Manipolò ſollevazioni in Iſcozia , che preſero fuoco . Oltre al *Duca d' Ormond* eſiliato dall'Inghilterra, che s'era ricoverato in Iſpagna , chiamò colà anche il Cavalier di San Giorgio , o ſia il *Re Giacomo III.* il quale nel Febbraio del preſente Anno colla maggior poſſibile ſegretezza ſi partì da Roma , ed ebbe poi la fortuna d'arrivar ſano e ſalvo a Madrid . Seguirono varie commozioni de gli Scozzeſi , e ſe una crudel tempeſta non diſſipava una Flottá moſſa di Spagna con genti ed armi, forſe l'incendio in quelle parti ſi ſarebbe maggiormente aumentato . Fu cagione queſta ſciagura , che pochi Spagnuoli perveniſſero a ſoſtenere la rivoluzion della Scozia , e che in fine perduta la ſperanza di queſto colpo, ed affinchè eſſo Cavalier di San Giorgio non foſſe di oſtacolo alla Pace , ſi congedò queſto Principe dal Re Cattolico , e tornoſſene ben regalato nell'Autunno in Italia , dove, ſiccome abbiamo detto di ſopra, dopo aver ſpoſata la Principeſſa *Clementina Sobieſchi* , paſsò poi con eſſa ad abitare in Roma .

L'ALTRA guerra , che fece l' intrepido *Cardinale Alberoni* alla Francia , fu quella di ſuſcitar le pretenſioni del Re *Filippo V.* intorno alla Reggenza di quel Regno , durante la minorità del Re *Luigi XV.* ſoſtenendola dovuta a sè , come al più proſſimo alla ſucceſſione nel Regno di Francia . Le Rinunzie dalla Maeſtà ſua fatte ſi dicevano invalide e nulle ; e non ſi taceva , che ſe foſſe mancato il picciolo Re , intendeva il Re Cattolico di far valere i ſuoi diritti ſopra la Monarchia Franzeſe . Andavano tali ſtoccate a ferire il cuore di *Filippo d' Orleans* Duca Reggente , e de gli altri Principi della Real Caſa , giacchè ſecondo la Pace di Utrecht , e in vigore de' patti e delle Rinunzie precedenti, la Caſa d'Orleans aveva acquiſtato ogni diritto al Regno con eſcluſione della Linea di Spagna . E perciocchè ſi venne a ſcoprire , che il Principe di Cellimare Ambaſciatore del Re Cattolico in Parigi fabbricava delle mine ſegrete , per muovere ſedizioni e guerra civile in Francia , fu obbligato a ſloggiare . Pubblicoſſi ancora un biglietto dell'Alberoni, comprovante queſte occulte trame , facendo il Duca Reggente valer tutto, per giuſtificare l'intimazion della guerra contro la Spagna , e per far delle amare querele con-

.tra

tra d'esso Cardinale, trattato da nemico della quiete dell'Europa, ed oppressore della Monarchia di Spagna. Ora nell'Aprile del presente Anno cominciò l'esercito Franzese verso la Navarra le ostilità contra de gli Spagnuoli, e dopo aver preso alcuni Forti, mise l'assedio a Fonterabbia, e vi concorsero a sostenerlo per mare alquanti Vascelli Inglesi. Fu ben difesa quella Piazza fino al dì 16. di Maggio, in cui quel presidio con capitolazione onorevole la consegnò a i Franzesi. Passò dipoi il Maresciallo *Duca di Bervich* nel giorno 29. del Mese di Giugno ad assediare San Sebastiano. Per la gagliarda resistenza de' Spagnuoli, solamente nel dì due di Agosto entrarono l'armi Franzesi in quella Città, essendosi ritirata la guarnigione nella Cittadella, che poi nel dì 17. con buoni patti si ritirò anche di là. Fu creduto consiglio del *Cardinale Alberoni* l'aver fatto venire fino a Pamplona il Re Cattolico, per dar calore alle sue armi in quelle parti; ma egli poscia ne i suoi Manifesti più tosto derise questa andata di S. M. Cattolica; e in fatti ad altro essa non servì, che per far udire più presto a quel Monarca la nuova delle perdute sue Piazze. Quel ch'è certo, perchè si temeva, che i Franzesi passassero fino alla stessa Pamplona, quella Real Corte giudicò miglior partito il ritornarsene, ed anche in fretta, a Madrid. Fecero poi essi Franzesi dalla parte del Rossiglione un'invasione nella Catalogna colla presa di alquanti Luoghi. Così passava la guerra di Francia contro gli Spagnuoli; nel qual tempo ancora si rappresentò in Parigi la strepitosa Commedia del Mississipì, di cui, e de gl'imbrogli di *Giovanni Laws* Scozzese, autore di quelle scene, il qual poi nel 1729. terminò in Venezia i suoi giorni, a me non conviene di dirne altro. Quì non finirono le percosse date in quest'Anno alla Spagna. Anche l'Armata de gl'Inglesi nel dì dieci d'Ottobre arrivata al Porto della Città di Vigo, s'impadronì fra poco della medesima, e poi della Cittadella nel dì 21. d'esso Mese.

Più aspra guerra intanto si faceva in Sicilia. Proseguivano quivi gli Spagnuoli il blocco di Melazzo, ed erano pure in quelle vicinanze i Tedeschi con patire grave incomodo sì l'una che l'altra parte. Scarseggiava forte di vettovaglia quella Piazza; ma verso il fine di Gennaio varie Navi Inglesi felicemente approdate a quel Porto, vi recarono tanta copia di vettovaglie, che il presidio si rise da lì innanzi de' nemici.

Non

Non ceſſavano il *Conte Daun* Vicerè di Napoli, e il generoſo Cavaliere *Conte Coloredo*, ultimamente inviato al Governo di Milano per la morte accaduta del *Principe di Levenſtein*, di ammaſſar gente e provviſioni, per iſcacciar dalla Sicilia gli Spagnuoli. Circa cinquecento vele nel dì 23. di Maggio ſi moſſero da Baia, cariche di dieci mila combattenti, di cannoni, mortari, ed altri militari attrecci, e ſcortate da alcuni Vaſcelli Ingleſi. Nel dì 28. del ſeguente Meſe queſto gran Convoglio felicemente sbarcò in Sicilia preſſo Patti. A tale avviſo il Generale Spagnuolo *Marcheſe di Leede* frettoloſamente levò il campo da Melazzo con laſciare in preda a i nemici alcune migliaia di ſacchi di farina, ed altre provviſioni, e ſecento ſoldati infermi, e ſi ritirò verſo Francavilla. Impadronironſi frattanto i Ceſarei dell' Iſola di Lipari. Era il *Marcheſe di Leede* maeſtro di guerra, e gareggiava in lui la prudenza col valore; ſapea riſparmiare il ſangue; far con giudizio i poſtamenti, e alle occorrenze ben aſſalire, e meglio difenderſi. Se non foſſero a lui mancate le forze, difficilmente gl' Imperiali gli avrebbono tolta di mano la Sicilia. All'incontro era arrivato al comando dell'armi Ceſaree in quell' Iſola il Generale *Conte di Mercy*, perſonaggio pien di fuoco guerriero, allievo dell' invitto *Principe Eugenio*, ma non imitatore della di lui prudenza. Uſo ſuo, fu il mandare al macello per qualſivoglia ſua idea le truppe, e di comperar tutto a forza di ſangue: il che col tempo gli tirò addoſſo l'odio di tutto l'eſercito. Nel dì 20. di Giugno andò queſto focoſo Generale ad aſſalire l'oſte nemica, guardata alla fronte dal fiume Roſelino, e riparata da un forte trincieramento. Furioſo fu l'aſſalto, ma con ſì gran vigore lo ſoſtennero i valoroſi Spagnuoli, che il Mercy dopo avere ſacrificati almen quattro mila de' ſuoi, fu forzato a retrocedere, con aver ſolamente tolto alcuni poſti a i nemici. Reſtò egli ſteſſo ferito in quella calda azione. Cercarono le Relazioni di dar qualche buon colore a queſto ſuo infelice sforzo, ma fu creduto, che in Iſpagna ed altrove con ragione ſi cantaſſe il *Te Deum*, come per vera vittoria riportata dal prode lor Generale, benchè ancora dal canto ſuo non poca gente vi periſſe. Se anche gl'Imperiali l'attribuivano a ſè ſteſſi, niuno potè loro impedire un ſì fatto guſto. Provoſſi in queſta ed altre occaſioni, che non pochi Siciliani bravamente ſoſtenevano il partito Spagnuolo.

Ma

MA quanto andavano calando le forze del Re Cattolico in
Sicilia, altrettanto crescevano quelle de gl'Imperiali per li
possenti rinforzi o passati da Reggio, o condotti da Napoli per
mare colà. Con questa superiorità di gente non fu difficile a i
Cesarei di passare sotto Messina, avendo prevenuto con una
marcia gli Spagnuoli, incamminati anch'essi a quella volta.
Da che ebbero preso Castello Gonzaga, e fu da gli Spagnuoli
abbandonato il Forte del Faro, la Città stessa nel dì nove di
Agosto venne alla loro ubbidienza, essendosi ritirata la guernigione nella Cittadella. Insoffribil contribuzione fu imposta a
que' Cittadini, perchè molti di loro aveano impugnata la spada in favor de' gli Spagnuoli. Non tardarono a rendersi i due
Castelli di Matagriffone, e del Castellaccio; con che restò renitente la sola Cittadella, contra di cui si diede principio alle
ostilità. Cagion fu la presa di Messina, che i Siciliani, stati
finquì molto parziali alla Corona di Spagna, presero altro consiglio, e vennero a suggettarsi all'Imperadore; ed intanto il
Marchese di Leede, giacchè conobbe di non potere dar soccorso all'assediata Cittadella, si ritirò infin verso Agosta. Così
gagliarda difesa fece Don Luca Spinola col presidio Spagnuolo
nella Cittadella di Messina, che solamente nel 18. d'Ottobre
giunse ad esporre bandiera bianca, e restò nel dì seguente convenuto, che gli Spagnuoli con tutti gli onori militari ne uscis-
sero liberi, e nello stesso tempo consegnassero anche il Forte
di San Salvatore. Fu allora, che il *Duca di Monteleone* Pignatelli entrato in Messina prese per sua Maestà Cesarea il possesso della carica di Viceré di Sicilia. Si renderono poscia a gl'
Imperiali le Città di Marsala, e di Mazzara con altri Luoghi;
e già comparivano segnali, che il Marchese di Leede pensava
ad evacuar la Sicilia, stante l'aver egli spediti fuori di essa i
suoi equipaggi. Aveva appena il *Conte di Gallas* fatto il suo
ingresso in Napoli, come Viceré di quel Regno, che la morte
venne a trovarlo, ed ebbe fra poco per Successore il *Cardinale di Scrotembach*. Fu in quest'Anno, che *Vittorio Amedeo* Re
di Sardegna chiamò tutti i suoi Vassalli a presentare i titoli
de' loro Feudi, e seguirono poi gravi doglianze di molti, che
ne restarono spogliati. Perchè tuttavia bollivano in Roma le
controversie de' Riti Cinesi, nè bastavano a chiarir cose cotanto lontane le scritture discordi di i contendenti, venne il
saggio Pontefice *Clemente XI.* in determinazione di spedire

colà

colà un nuovo Vicario Apostolico e Visitatore, per prendere le più accertate informazioni in sì importante materia. Fu scelto per sì faticoso impegno Monsignor *Carlo Ambrosio Mezzabarba* nobile Pavese, che colla compagnia di molti Missionarj, e con superbi regali destinati all'Imperador Cinese, si mise in viaggio verso quelle tanto remote contrade. Fece anche il santo Padre nel dì 29. di Novembre una Promozione di dieci egregi personaggi alla sacra Porpora.

FINI' il presente Anno con una scena, che gran romore fece non solamente in Ispagna, ma anche per tutta l'Europa. Primo Ministro del Re Cattolico *Filippo V.* era da qualche Anno divenuto il Cardinale *Giulio Alberoni*, e per mano sua passavano tutti gli affari. Convien fare questa giustizia all'abilità e singolare attività sua, che il Regno di Spagna s'era rimesso in un bel sistema mercè de' suoi regolamenti, ed era giunto a ricuperar quelle forze e quello splendore, che sotto gli ultimi precedenti Re parea eclissato: tanto aveva egli accudito al buon maneggio delle Regie finanze, a rimettere le forze di terra e di mare, ad istituire la Posta per le Indie Occidentali, a fondare una Scuola di Gentiluomini per istruirli nella navigazione, e in ogni affare della Marina, e a levare i molti abusi, che da gran tempo tenevano snervata quella potente Monarchia. Cose anche più grandi meditava egli, per accrescere la popolazion della Spagna, per introdurre il traffico, le manifatture, e la coltura delle terre in quelle contrade, e per fare, che i tesori dell'Indie Occidentali, e le lane preziose di Spagna servissero ad arricchire in vece de gli Stranieri i nazionali Spagnuoli. Buon principio avea anche dato a tali idee con profitto del Regno. Tutte le mire sue in una parola tendevano all'esaltazion di quella gran Monarchia, e tutto si potea promettere dalla sua costanza in ciò, ch'egli intraprendeva. Ma questo Personaggio in più maniere s'era tirata addosso la disavventura d'essere mirato di mal occhio dalle principali Potenze dell'Europa sì pel già operato contra dell'Imperadore, della Francia, dell'Inghilterra, e del Re di Sardegna, e sì pel sospetto, che uomo gravido di sì alte idee non pregiudicasse maggiormente a i loro interessi in avvenire. Si univano perciò le premure di tutti questi Collegati a detronizzare questo poderoso e intraprendente Ministro, nè altra via trovando, si rivolsero a *Francesco Farnese* Duca di Parma, Zio della *Regina*

gina Elisabetta. Gli esibirono il Governo di Milano, ed altri vantaggi, se gli dava l'animo di atterrare l'odiato Cardinale. Trovossi, che il Duca era anch'egli disgustato di lui, perchè non rispediva mai i suoi Corrieri, ed esigeva, che gli affari suoi non arrivassero al Re, se prima non si presentavano a lui, e non ne riceveano la sua approvazione. Non era similmente ignoto al Duca essere poco soddisfatta del Porporato la stessa Regina, per certe imperiose risposte a lei date da esso Ministro. Però animosamente incaricò il Marchese Annibale Scotti suo Ministro in Madrid di rappresentare a dirittura al Re Cattolico i gravissimi danni, ch'erano vicini a risultare a'suoi Regni per cagione di questo Ministro, con dipignerlo per uomo impetuoso, violento, e imprudente, che avea imbarcata la Maestà sua in troppo pericolosi impegni, e potea col tempo far di peggio colla rovina del Regno. Essere nelle congiunture presenti necessaria la Pace, e questa non si avrebbe mai, se non si allontanava un Ministro di consigli e pensieri sì turbolenti, e capace di dar fuoco a tutte le parti del Mondo (del che egli stesso si vantava) senza riflettere alle cattive conseguenze delle troppo ardite risoluzioni. Di queste e d'altre ragioni imbevuto il Conte Scotti, animato ancora da i Ministri di Francia e d'Inghilterra, rivelò alla Regina la sua incumbenza; ed essa, siccome Principessa di gran senno, gli ordinò di parlarne al Re in ora tale, in cui anch'ella mostrerebbe di sopragiugnere, come persona nuova, al colloquio. Così fu fatto; il Ministro diede fuoco alla mina; sopravenne la Regina, che potendo molto nel cuore del Re, accrebbe il fuoco in maniera, che il Re si diede per vinto, oramai persuaso avere gli smisurati disegni del Cardinal Ministro coll'inimicar tante Potenze esposti a troppo gravi danni e pericoli non meno i suoi Regni, che il proprio onore.

Adunque nel dì quinto del Dicembre di quest'Anno dal Segretario di Stato Don Michele Duran fu presentato all'Alberoni un ordine scritto di pugno dello stesso Re, con cui gli si proibiva d'ingerirsi più ne gli affari del Governo; e gli veniva ordinato di non presentarsi al Palazzo, o in alcun altro luogo dinanzi alle loro Maestà, o ad alcun Principe della Casa Reale; e di uscire di Madrid fra otto giorni, e da gli Stati del dominio di sua Maestà nel termine di tre settimane. Si espresse anche il Re d'essere venuto a tal determinazione spezialmente

te

Era Volg.
Ann. 1719. te, per levare un oſtacolo a i Trattati della Pace, da cui dipendeva il pubblico bene. Pertanto nel dì undici del Meſe ſuddetto, ottenuti prima i paſſaporti dal Re, e da gli Ambaſciatori di Francia e d'Inghilterra, ſi partì l'Alberoni da Madrid alla volta dell'Italia, con diſegno di paſſare a Genova. Di rilevanti Scritture e Memorie portava egli ſeco; vi fece rifleſſione alquanto tardi il Gabinetto di Madrid; fu nondimeno a tempo, per iſpedir gente, che della maggior parte il privò. Fu anche occupato in Madrid molto oro, da lui laſciato a un ſuo confidente; ma non caddero già in loro mano quelle groſſe ſomme di danaro, ch'egli da uomo prudente avea tanto prima inviate ne'banchi d'Italia, per valerſene contro le vicende e i balzi preveduti della fortuna in caſo di diſgrazia: ſomme tali, che ſervirono poſcia a lui per vivere con tutto decoro il reſto di ſua vita in queſte contrade. Salvò ancora qualche Carta, che ſervì alla ſua giuſtificazione. Quanto ſi rallegraſſero per la caduta di queſto sì abborrito Miniſtro le Potenze componenti la quadruplice Alleanza, ed anche molti Grandi di Spagna, che prima relegati, furono toſto rimeſſi in libertà, non ſi può abbaſtanza eſprimere. Furono anche fatti per queſto fuochi di gioia in alcuni Luoghi di Spagna. Ed allora fu, che i Miniſtri d'eſſe Potenze e gli Ollandeſi Mediatori, rinforzarono le lor batterie, per indurre il Re Cattolico alla Pace. Di queſta appunto ſi trattò per tutto il ſeguente verno.

Anno di CRISTO 1720. Indizione XIII.
Di CLEMENTE XI. Papa 21.
Di CARLO VI. Imperadore 10.

CONTUTTOCHE' miraſſe il Re Cattolico *Filippo V.* come quaſi ſvanite le ſue ſperanze ſul Regno di Sicilia, e minacciata la ſteſſa Spagna, da mali più gravi, pure l'animo ſuo generoſo non ſapeva accomodarſi al diſpotico volere della quadruplice Alleanza, che ſenza aſcoltar le ragioni ſue, intendeva di dargli la legge, con avere ſteſe nel dì due d'Agoſto dell' Anno 1718. le condizioni d'una Pace univerſale. Fece pertanto nel Gennaio dell'Anno preſente proporre dal ſuo Ambaſciatore *Marcheſe Beretti Landi* a gli Stati Generali altri Articoli, ſecondo i quali avrebbe accettata la Pace propoſta. Sì contrarj parvero questi alle risoluzioni già prese, che in Parigi nel dì 14. d'esso Mese i Ministri di Cesare, e de i Re di Francia, Inghilterra, e Sardegna reclamarono forte, e conchiusero di continuare più ardentemente che mai le ostilità contro la Spagna, se il Re non si arrendeva al Trattato suddetto di Londra. Aveano esse Potenze già prescritto tre Mesi di tempo alla Cattolica Maestà per risolvere; laonde il piissimo Re, desideroso anch'egli di restituir la Pace all'Europa, nel dì 16. del suddetto Gennaio abbracciò interamente il predetto Trattato di Londra con tutte le sue condizioni; e questa sua Real volontà esposta nel dì 17. Febbraio all'Haia, riempiè di consolazione tutti gli amatori della pubblica quiete. Vero è, che il Re Cattolico *Filippo V.* cedette all'*Augusto Carlo VI.* ogni sua pretensione e diritto sopra la Sicilia, coll'annullare ancora il patto della reversione in caso della mancanza di maschi nell'Austriaca Famiglia. Parimente vero è, che cedette al Re *Vittorio Amedeo* il Regno della Sardegna; ma questi Regni non li possedeva esso Re Cattolico prima della presente guerra. All'incontro in favore d'esso Monarca fu stabilito, che venendo a vacare per mancanza di discendenti maschi il Gran Ducato di Toscana, e i Ducati di Parma e Piacenza, in essi succederebbero i Figli maschi legittimi e naturali della Regina *Elisabetta Farnese*, Moglie di sua Maestà Cattolica, escludendone solamente chi di essi e loro discendenti arrivasse ad essere Re di Spagna; con patto nondimeno, che tali Ducati fossero riconosciuti per Feudi Imperiali; e che intanto per maggior sicurezza vi si mandassero presidj di Svizzeri. Parve a molti cosa strana, che i Potentati dell'Europa disponessero con tanto Despotismo de gli Stati altrui, e viventi anche i lor Principi naturali, coll'imporre in oltre ad essi il giogo de' suddetti presidj. Se ne lagnarono spezialmente il sommo Pontefice *Clemente XI.* che allegava tante ragioni della Camera Apostolica sopra Parma e Piacenza; e a questo fine il Santo Padre nel Febbraio di quest'Anno spedì alla Corte di Vienna Monsignore *Alessandro Albani* suo Nipote, con commissione di difendere i diritti della santa Sede. Pretendeva altresì il Gran Duca di Toscana *Cosimo III.* che il dominio Fiorentino non fosse suggetto a Leggi Feudali dell'Imperio, e che a lui stesse ad eleggere il Successore. Gran dibattimento era stato per quello in Firenze, dove que' Ministri pensavano di poter risuscitare il

Tomo XII. Q nome

nome e la Libertà dell'antica Repubblica. Dichiarò pertanto il Gran Duca, che mancando di vita *Don Giovanni Gaſtone* Gran Principe, unico ſuo Figlio maſchio, a lui ſuccederebbe la vedova Elettrice Palatina *Anna Maria Luigia* parimente Figlia ſua. Spedì anche un Miniſtro a tutte le Corti, per reclamare, e rappreſentar le ſue ragioni. Ma dapertutto ſi trovarono orecchie ſorde, e al Gran Duca convenne prendere la legge da gli altri Potentati, i quali con diſporre di quegli Stati ſi crederono di eſeutar l'Italia da altre guerre e diſavventure.

IN vigore dunque della Pace ſuddetta il Ceſareo Generale *Conte di Mercy* avea fatto intendere al *Marcheſe di Leede* Generale Spagnuolo, che conveniva diſporſi ad evacuar la Sicilia; ma perchè il Leede ſi moſtrava tuttavia allo ſcuro del conchiuſo Trattato, nel dì 28. d'Aprile il Mercy ſi moſſe contro il campo Spagnuolo in vicinanza di Palermo. Furono preſi alcuni piccioli Forti, che coprivano le trincee nemiche; ma eſſendo in procinto i Ceſarei nel dì due di Maggio di maggiormente ſvegliare gli addormentati Spagnuoli, marciando in ordinanza contra d'eſſi: tanto dal campo loro, che dalle mura della Città ſi cominciò a gridar *Pace, Pace*. Pertanto nel dì ſei d'eſſo Meſe fra i due Generali coll'intervento dell'Ammiraglio Ingleſe *Bing*, fu ſtabilito e ſottoſcritto l'accordo, cioè pubblicata una ſoſpenſion d'armi, e regolato il traſporto delle truppe Spagnuole fuori della Sicilia. e Sardegna ſulle coſtè della Catalogna. Dopo di che ne' giorni concertati preſero le truppe Imperiali il poſſeſſo della Real Città di Palermo, del Molo, e di Caſtello a Mare fra le inceſſanti acclamazioni di quel Popolo. Anche le Città di Agoſta, e di Siracuſa a ſuo tempo furono conſegnate a gli Ufiziali Ceſarei. Poſcia nel dì 22. di Giugno cominciarono le milizie Spagnuole imbarcate ne' Legni di loro Nazione a ſpiegar le vele verſo Barcellona. Circa cinquecento Siciliani preſero anch'eſſi l'imbarco, per non ſoggiacere ad aſpri trattamenti, o a funeſti proceſſi; e i lor beni furono perciò confiſcati, a cagione del loro operato contro dell'Imperadore. Tornò dunque a rifiorire la quiete in quel Regno. Eſſendo ſtato ſpedito in Sardegna il *Principe d'Ottaiano* di Caſa Medici, ſul principio d'Agoſto preſe il poſſeſſo di quell'Iſola a nome dell'Auguſto Monarca, con rilaſciarla poſcia a i Miniſtri del Re *Vittorio Amedeo*, le cui truppe, da che ne furono ritirate le Spagnuole, entrarono in quelle Piazze. Venne

in-

intanto a fcoppiare in Provenza una calamità, che diffufe il
terrore per tutta l'Italia. La poca avvertenza del governo di
Marfilia lafciò approdare al fuo Porto la Pefte, fecondo il folito portata colà da' paefi Turchefchi. Tanto fi andò tempo-
reggiando a confeffarla tale, che effa prefe piede, e poi fieramente divampò fra quell'infelice Popolo. A sì difguftofo avvifo commoffi i Principi d'Italia, e maffimamente i Littorali
del Mediterraneo, vietarono tofto ogni commerzio colla Provenza; e il Re di Sardegna più de gli altri prefe le più rigorofe precauzioni a i confini de' fuoi Stati, affinchè il micidial malore non valicaffe i confini dell'Alpi. A lui principalmente fi attribuì l'efferne poi rimafta prefervata l'Italia.

FIN l'Anno precedente avea *Rinaldo d'Efte* Duca di Modena ottenuta in ifpofa del *Principe Francefco* fuo Primogenito
Madamigella di Valois *Carlotta Aglae* Figlia di *Filippo* Duca
d'Orleans, Reggente di Francia. Sul principio di Dicembre
fu pubblicato nella Real Corte di Verfaglies quefto Matrimonio, dopo di che fe ne proccurò la difpenfa dal fommo Pontefice. Scelto fu il dì dodici di Febbraio del prefente Anno, giorno penultimo di Carnevale per effettuarlo. Solenniffima riufcì
la funzione nella Real Cappella, effendovi intervenuto il *Re
Luigi XV.* con tutti i Principi e Principeffe del Sangue, e colla più fiorita Nobiltà. A nome del Principe Ereditario di Modena fu effa Principeffa fpofata da *Luigi Duca di Chiatres* fuo
Fratello, oggidì Duca d'Orleans, colla benedizione del *Cardinale di Roano*. Siccome a quefta Principeffa furono accordate le prerogative di Figlia di Francia, e nella di lei perfona
concorreva il pregio d'effere nata da chi in quefti tempi era
l'Arbitro del Regno: così onori infigni ricevette ella in tutto
il fuo viaggio fino a Marfilia, dove non trovò peranche fento-
re alcuno di Pefte. Fu condotta da una fquadra di Galee Franzefi, comandate dal gran Priore fuo Fratello, fino a San Pier
d'Arena. Non lafciò indietro la magnifica Repubblica di Genova dimoftrazione alcuna di ftima per onorar lei, e in lei
il Reggente di Francia. Ricevette dipoi nel fuo paffaggio per
lo Stato di Milano, ogni maggior finezza dal *Conte Colloredo*
Governatore, Cavaliere dotato di fingolar gentilezza e probità, e per quelli di Piacenza e Parma dalla *Corte Farnefe*. Fece finalmente effa Principeffa nel dì 20. di Giugno la fua folenne entrata in Modena con grandiofa folennità, e per più gior-

ni

ni fi continuarono i folazzi e le fefte tanto quì, che in Reggio. Nel Gennaio dell'Anno prefente paſsò il *Cardinale Alberoni* per la Linguadoca e Provenza alla volta del Genovefato;
e fu detto, ch'egli irritato dall'afpro trattamento a lui fatto
nel fuo viaggio, inviaſſe una Lettera al *Duca d'Orleans* Reggente, in cui fi offeriva di fomminiftrargli i mezzi per perdere interamente, e in poco tempo, la Spagna; e che il Reggente inviaſſe queſto foglio al Re Cattolico. Verifimilmente
inventata fu una tal voce da chi gli volea poco bene: che di
queſta mercatanzia abbonda il Mondo, maſſimamente in tempo di difcordie e di guerra. Andò egli a prendere ripofo in
Seftri di Levante, e mentre che ognun fi credea aver da eſſere Roma il termine de'fuoi paſſi, a lui fu prefentata una Lettera del *Cardinal Paolucci* Segretario di Stato, in cui gli veniva vietato di farſi confecrare Vefcovo di Malega, benchè
ne aveſſe ricevute le Bolle, e fuffeguentemente giunfe altro ordine, che non ofaſſe mettere il piè nello Stato Ecclefiaſtico.

Era efacerbato forte l'animo di *Papa Clemente XI.* contra di queſto Porporato, pretendendo fua Santità d'eſſere ſtata
tradita da lui col configliare ed incitar la Corte di Spagna a
muovere l'armi contro l'Imperadore, dappoichè gli era ſtata
data sì efpreſſa parola e promeſſa di non toccarlo durante la
guerra col Turco. Tanto più fi accendeva al rifentimento il
Pontefice, per annientare i fofpetti corfi contro la fincerità e
l'onor fuo, quafichè egli foſſe con doppiezza proceduto d'accordo col Gabinetto di Spagna, per burlare Sua Maeſtà Cefarea. Scriſſe pertanto premurofo Breve al Doge di Genova, in-
caricandolo di afficurarfi della perfona del Cardinale Alberoni,
ad effetto di farlo poi trafportare e cuſtodire in Caſtello Sant'
Angelo. Si mandarono in fatti le guardie a fermarlo in Seſtri;
ma sì gran copia di parziali s'era egli procacciato nell'auge
della fua fortuna in Genova, che da lì a pochi giorni prevalfe
in quel Configlio la rifoluzione di lafciarlo fuggire; ficcome avvenne, avendo poi finto que'Magiſtrati di farlo cercare, dovunque egli non era. Creduto fu, che il Cardinale fi foſſe ritirato preſſo uno de'liberi Vaſſalli nelle Langhe, fuo gran confidente; e forfe fu così, da che egli ful principio fcampò da
Seſtri: ma la verità è, ch'egli fi ricoverò ne gli Svizzeri. Sde-
gnoſſi non poco per queſto avvenimento il fommo Pontefice
contra de'Genovefi, i quali perciò fpedirono uno de'lor Nobili.

bili a Roma per placarlo, e per giuftificare la lor condottà.
Fu dato principio intanto ad una Congregazion di Cardinali,
a fin di formare un rigorofo proceffo contra dell' Alberoni, con
pretenderlo reo di sregolati coftumi, di prepotenze ufate verfo
gli Ecclefiaftici, e d'effere ftato Autore dell' ultima guerra,
con animo di levargli il Cappello, qualora fi poteffero provare fomiglianti reati. Ma non fi perdè d'animo il Porporato.
Scriffe varie fenfate Lettere (date poi alla luce, e meritevoli
d'effere lette) a più d'uno di que' Cardinali, moftrando, ch'
egli non folamente non avea approvato il difegno della guerra fuddetta, ma d'effervifi fortemente oppofto. E giacchè egli
non ebbe difficultà di lafciar correre colle ftampe una rifpofta
datagli dal Padre Daubanton Confeffore del Re, nè pure farà
a me disdetto il ripeterla quì. Cioè efponeva effo Cardinale il
dolore, che proverebbe il Santo Padre, per vederfi delufo in
affare di tanta importanza : al che il Religiofo rifpofe, ch'egli
dovea confolarfi per non avervi colpa, aggiugnendo di più
quefte parole: *Non v'inquietate, Monfignore; forfe il Papa non
ne farà sì disguftato, come voi credete*. Ma il Papa appunto
per tali dicerie vie più gagliardamente fece profeguire l'incominciato proceffo. Avrebbono potuto il Re Cattolico, ed effo
Padre Confeffore, mettere in chiaro la verità o falfità di quanto afferiva il Porporato in fua difcolpa intorno a quefti fatti ; ma non fi sa, che la faviezza di quella Real Corte voleffe
entrare in quefto imbroglio, e decidere. Solamente è noto,
che effo Monarca pafsò a gravi rifentimenti contro la Repubblica di Genova, per aver lafciato ufcir di gabbia quefto perfonaggio, il quale intanto attefe colla penna fua e de' fuoi Avvocati a difenderfi, e ad afpettare in fegreto afilo la mutazion de i venti. Le fue avventure in quefti dì recavano un gran
pafcolo alle pubbliche Gazzette, e alla curiofità de gli sfaccendati Politici.

Era Volg.
Ann. 1721.

Anno di CRISTO 1721. Indizione XIV.
Di INNOCENZO XIII. Papa 1.
Di CARLO VI. Imperadore 11.

FINQUI' avea retto con sommo vigore e plauso la Chiesa
di Dio il Pontefice *Clemente XI.* quando piacque a Dio
di chiamarlo ad un Regno migliore . Aveva egli in tutto il
tempo del suo Pontificato combattuto sempre coll'asma, e con
altri malori di petto, e delle gambe ; e più volte avea fatto
temere imminente il suo passaggio all'altra vita ; ma Iddio
l'avea pur anche preservato al timone della sua Nave in tempi
tanto burascosi per la Cristianità . Appena si riaveva egli da
una infermità, che più ardente che mai tornava a gli affari,
e alle funzioni del suo Ministero non men sacro che politico.
Arrivò in fine il perentorio decreto della sua partenza . Infer-
matosi, fra due giorni con somma esemplarità di divozione,
in età di settanta un anno e quasi otto mesi, placidamente terminò il suo vivere nel dì 19. di Marzo del presente Anno, correndo la Fessa di San Giuseppe . Il Pontificato suo era durato
venti anni e quasi quattro mesi . Aveva egli ne' giorni addietro
ricevuta la consolazione di vedere riaperta in Ispagna la Nunziatura, e ristabilita una buona armonia con quella Real Corte . Tali e tanti pregi personali, e Virtù cospicue s'erano unite in lui, sì riguardevoli e numerose furono le sue belle azioni, che s'accordarono i saggi a riporlo fra i più insigni e rinomati Pontefici della Chiesa di Dio . Quanto più scabrosi erano stati gli affari del governo Ecclesiastico e Secolare ne' giorni
suoi, tanto più servirono questi a fare risplender l'ingegno,
la costanza, la destrezza, e la vigilanza sua . Incorrotti e dati
alla Pietà erano stati fin dalla puerizia i costumi suoi; maggiormente illibati si conservarono sotto il Triregno . Niuno andò
innanzi a lui nell'affabilità ed amorevolezza . Con istrette misure amò il Fratello e i Nipoti, obbligandoli a meritarsi colle fatiche gli onori ; e videsi in fine, che più di lui si mostrarono benefici i susseguenti Pontefici verso la Casa Albani . Loro ancora insegnò la Moderazione, col congedar da Roma la
Moglie del Fratello, la quale si ricordava troppo di aver per
Cognato un Pontefice Romano . Grande fu la sua profusione
verso de' Poveri ; più di dugento mila scudi impiegò in lor sollievo.

lievo. Rinovò il lodevol uso di San Leone il Grande col comporre e recitare nella Basilica Vaticana in occasion delle principali Solennità varie Omelie, che saran vivi testimonj anche presso i posteri della sua sacra Eloquenza. Amatore de' Letterati, promotore delle Lettere e delle bell'Arti, accrebbe il lustro alla Pittura, alla Statuaria, e all'Architettura; introdusse in Roma l'Arte de' Musaici, superiore in eccellenza a gli antichi; e la fabbrica de gli Arazzi, che gareggia co i più fini della Fiandra. Arricchì di Manuscritti Greci e d'altre Lingue Orientali la Vaticana; istituì premj per la gioventù studiosa; ornò d'insigni Fabbriche Roma, ed altri Luoghi dello Stato Ecclesiastico. Che più? fece egli conoscere, quanto potea unita una gran Mente con un'ottima Volontà in un Romano Pontefice. Il di più delle sue gloriose azioni si può raccogliere dalla Vita di lui con elegante stile Latino composta e pubblicata dall' Abbate Pietro Polidori: giacchè all'assunto mio non è permesso di dirne di più.

ENTRARONO in Conclave i Cardinali Elettori, e colà comparve ancora il *Cardinale Alberoni*. Non s'era mai veduta sì piena di gente la Piazza del Vaticano, come quel dì, in cui egli fece la sua entrata nel Conclave. Concorsero poscia nel dì otto di Maggio i voti de' Porporati nella persona del *Cardinale Michel Angelo de' Conti* di nobilissima ed antichissima Famiglia Romana, che avea dato alla Chiesa di Dio altri Romani Pontefici ne' Secoli addietro, il di cui Fratello era Duca di Poli, e il Nipote Duca di Guadagnola. Prese egli il nome d'*Innocenzo XIII.* Indicibile fu il giubilo di Roma tutta al vedere sul Trono Pontifizio dopo tanti anni collocato un lor Cittadino, e non minore fu il plauso di tutta la Cristianità per l'elezione d'un personaggio assai rinomato per la sua Saviezza e Pietà, per la pratica de gli affari Ecclesiastici e Secolari, e per l'inclinazione sua alla beneficenza e Clemenza. Nel dì 18. del suddetto Mese con gran solennità nella Basilica Vaticana ricevette la sacra Corona, e quindi si applicò con attenzione al governo, e pubblicò un Giubileo. Da che mancò di vita il buon *Clemente XI.* siccome dicemmo, uscì de' suoi nascondigli il *Cardinale Giulio Alberoni*, secondo le Costituzioni anch'egli invitato all'elezione del futuro Pontefice, e non meno a lui, che al *Cardinale di Noaglies* fu inviato salvocondotto, affinchè liberamente potessero intervenire al Conclave. Vi andò l'Alberoni,

nascondigli

roni, e terminata la funzione, si fermò come incognito in Roma, e ricusò di uscirne, benchè ammonito. Non tardò il novello Pontefice per conto di questo Porporato a far conoscere
la sua Prudenza congiunta insieme coll'amore della Giustizia,
con dire a i Cardinali deputati nella Congregazione per pro-
cessarlo; che se aveano pruove tali da poterlo condennare, ti-
rassero innanzi, perchè darebbe mano al gastigo. Ma che se
tali pruove mancassero, ordinava, che si mettesse a riposare
quel processo. Così in fatti da lì a qualche tempo avvenne:
laonde l'Alberoni e la sua fortuna in faccia del Mondo in fine
nel 1723. risorse.

DIEDE molto da discorrere in questi tempi un altro personaggio, cioè l'*Abbate Du Bois*, Arcivescovo di Cambrai,
primo Ministro e Favorito del *Duca d'Orleans* Reggente di
Francia, che nel dì 16. di Luglio vènne promosso al Cardinalato. Come per forza fu condotto il Santo Padre a conferire la sacra Porpora ad uomo tale, perchè i di lui costumi tutt'
altro meritavano, che questo sacro distintivo del merito. Tanta nondimeno fu la pressura del Duca Reggente per quello
suo Idolo, che il buon Pontefice, affinchè ne' tempi correnti
colla ripulsa non peggiorassero gli affari della Religione in Francia, e colla speranza di ricavarne vantaggi per essa, s'indusse
a sacrificare ogni riguardo all'intercessione ed impegno di sì
rispettabil Promotore. Chi ebbe a presentare la beretta Cardinalizia a questo nuovo Porporato, eseguì l'ordine del santo Padre di leggergli il catalogo delle azioni della sua vita passata,
siccome ben note alla Santità sua, con poscia dirgli, che il
Pontefice sperava da lì innanzi un uomo nuovo nella sua persona, e che il viver suo corrisponderebbe alla dignità e al santo impiego di Vescovo e Cardinale. La risposta del Du Bois fu,
che il santo Padre nè pur sapeva tutti i trascorsi di lui, ma
che in avvenire tali sarebbono le operazioni sue, che il Mondo s'accorgerebbe d'aver egli con gli abiti esterni cangiati ancora gl'interni. Come egli mantenesse la parola, nol so dir io;
convien chiederlo a gli Storici Franzesi. Certo è, ch'egli divenne allora primo Ministro della Corte di Francia, e che il
piissimo Pontefice ritenne sempre come una spina nel cuore
la memoria di questa sua forzata risoluzione. Poco per altro
godè delle sue fortune il Du-Bois, perchè la morte venne a
terminarle nell'Agosto del 1723. Fece all'incontro il Pontefice

Inno-

Innocenzo XIII. rifplendere la fua gratitudine verfo il defunto
Papa *Clemente XI.* di cui era Creatura, col conferire la fa-
cra Porpora a Don *Aleffandro Albani* , Fratello del *Cardinale*
Annibale Camerlengo.

INTANTO continuavano i timori dell'Italia per la Pefte di
Marfilia, che dopo aver fatta ftrage grande in quella Città,
fecondo il folito quivi andò ceffando. Ma s'era già ftefa per
tutta la Provenza, con penetrar anche nella Linguadoca, e far
gran paura a Lione . Le Città d'Arles , Tolone , Avignone ,
Oranges, ed altre ne rimafero fieramente afflitte. Fortuna fu,
che quefto flagello accadeffe in tempo efente dalle guerre ,
cioè dal paffaporto, per cui effo troppo facilmente fi diffonde
fopra i vicini ; e però tanto la Corte di Francia , che quella
di Torino , e la Repubblica di Genova , con gli altri Potentati , sì faggi regolamenti di forza e di precauzione adoperarono , che di quefto morbo defolatore non participarono l'altre
Provincie entro e fuori d'Italia . Nel dì 17. di Settembre in
Parigi terminò i fuoi giorni in età di fettantafette anni *Mar-*
gherita Luigia Figlia di *Gaftone Duca d'Orleans* , cioè di un
Fratello di *Luigi XIII.* Re di Francia , e Gran Ducheffa di
Tofcana . Noi vedemmo quefta Principeffa maritata nel 1661.
col Gran Duca *Cofimo III. de' Medici*, pofcia per difpareri fra
loro inforti ritirata in Francia , fenza voler più rivedere la
Tofcana . Cefsò per la fua morte un'annua penfione di quaranta mila piàftre , che le pagava il Gran Duca , Principe ,
che in quefti tempi combatteva colla vecchiaia , e fece più
d'una volta temer di fua vita. Gran folennità fu in Roma nel
dì 15. di Novembre pel poffeffo prefo dal fommo Pontefice
della Chiefa Lateranenfe . Di quefta funtuofa funzione gode-
rono anche il Principe ereditario di Modena *Francefco d'Efte*,
e la Principeffa *Carlotta Aglae d'Orleans* fua Conforte, i quali
in queft'Anno andarono girando per le Città più cofpicue d'
Italia . Fu ancora in quefti tempi pubblicato il Matrimonio di
Madamigella di Monpenfier, Sorella d'effa Principeffa di Modena con *Luigi Principe d'Afturias*, primogenito di *Filippo V.*
Re di Spagna ; ficcome ancora gli Sponfali dell'Infanta primogenita di Spagna col Criftianiffimo Re *Luigi XV.* Non avea
queft'ultima Principeffa , che circa quattro anni di età, laonde fu conchiufo di mandarla in Francia, per effere quivi edu-
cata, finchè foffe atta al compimento di quefto Matrimonio.

Era Volg. Nel dì 13. di Giugno seguì un Trattato di Pace e concordia
Ann. 1721. fra il *Re Cattolico*, e *Giorgio I.* Re d'Inghilterra, senza che
espressamente fosse ceduto alla Corona d'Inghilterra il dominio dell'Isola di Minorica e di Gibilterra. Ma a gl'Inglesi
bastò, che tal cessione costasse dalla Pace d'Utrecht, confermata in questo Trattato. Nello stesso giorno ancora si stabilì una Lega difensiva fra le suddette due Potenze, e quella
di Francia.

Anno di CRISTO 1722. Indizione XV.
Di INNOCENZO XIII. Papa 2.
Di CARLO VI. Imperadore 12.

GODEVANSI in questo tempo i frutti della Pace in Italia,
e spezialmente le Città maggiori sfoggiavano in divertimenti e solazzi, se non che durava tuttavia l'apprensione
della Pestilenza, che andava serpeggiando per la Provenza e
Linguadoca, scemandosi nondimeno di giorno in giorno il suo
corso o per mancanza d'essa, o per le buone guardie fatte da'
circonvicini paesi. In Roma e in altre Città da i Ministri di
Francia e Spagna grandi allegrezze si fecero per li Matrimonj del Re Cristianissimo coll'Infante di Spagna, e del Principe
d'Asturias colla Figlia del Duca Reggente. Fu fatto nel dì
nove di Gennaio il cambio di queste Principesse a i confini de'
Regni nell'Isola de'Fagiani; e l'Infanta, tuttochè non peranche Moglie, cominciò a godere il titolo di Regina di Francia. Fece poi essa il suo ingresso in Parigi nel dì primo di
Marzo con quella ammirabil magnificenza, che massimamente nelle funzioni straordinarie suol praticare quella gran Corte. Pensò in questi tempi il Re di Sardegna *Vittorio Amedeo*
di accasare anch'egli l'unico suo Figlio *Carlo Emmanuele* Duca di Savoia, e scelse per consorte di lui *Anna Cristina* Principessa Palatina della linea de' Principi di Sultzbac, Figlia di
Teodoro Conte Palatino del Reno, la quale portò seco in dote
oltre alla bellezza ogni più amabile qualità. Seguì in Germania questo illustre Sposalizio, e nel Mese di Marzo comparve
ella Principessa in Italia, con ricevere per gli Stati della Repubblica di Venezia e di Milano ogni più magnifico trattamento. Giunta a Vercelli, ivi trovò il Re e la Regina di Sardegna, che l'accolsero con tenerezza. Suntuose allegrezze dipoi

poi decorarono il suo arrivo a Torino. Vennero nel Marzo suddetto a Firenze i Principi di Baviera, cioè *Carlo Alberto* Principe Elettorale, il Duca *Ferdinando*, e il Principe *Teodoro* a visitar la Gran Principessa *Violante* loro Zia, Governatrice di Siena; e di là passarono i due primi a Roma, a Napoli, a Venezia, e ad altre Città, con ricevere dapertutto singolari onori, ancorchè secondo l'Etichetta viaggiassero incogniti. Diede fine al suo vivere nel dì 12. d'Agosto dell'Anno presente *Giovanni Cornaro* Doge di Venezia, a cui nella stessa Dignità succedette nel dì 28. d'esso Mese *Sebastiano Mocenigo*. Suntuoso armamento per terra e per mare fece in questi tempi la Porta Ottomana; e perchè insorsero non lievi sospetti nell'Isola di Malta, che quel turbine avesse da scaricarsi colà, il Gran Maestro non ommise diligenza alcuna, per aver ben fortificata e provveduta di tutto il bisognevole quella Città e Fortezze. Chiamò colà ancora i Cavalieri, ed implorò dal sommo Pontefice un convenevol soccorso. Si videro poi rondare per li mari di Sicilia alquanti vascelli Turcheschi, e questi anche tentarono di sbarcar gente nell'Isola del Gozzo; ma ritrovata quivi buona guernigione, il Bassà Comandante si ridusse a chiedere con minaccie al Gran Maestro la restituzione di tutti gli Schiavi Turchi. Ne ricevette per risposta, che questa si farebbe, qualora i Corsari Affricani rendessero gli Schiavi Cristiani, che erano in tanto maggior numero. Se n'andarono que' Barbari, e cessò tutta l'apprensione. In fatti non pensava allora il Gran Signore a Malta, ma bensì alle terribili rivoluzioni della Monarchia Persiana, che in questi tempi maggiormente bolliva per la ribellione del Mireveis. Di esse voleva profittare la Porta, ed altrettanto meditava di fare il celebre Imperadore della Russia *Pietro Alessiowitz*.

NIUN Principe Cattolico v'era stato, che non si fosse compiaciuto affaissimo dell'esaltazione del Cardinal Conti al Trono Pontifizio. Più de gli altri se ne rallegrò il *Re di Portogallo*, giacchè in addietro non solamente era egli stato Nunzio Apostolico a Lisbona, ma anche nel Cardinalato Protettore della sua Corona in Roma. Poco nondimeno stette a nascere non piccolo dissapore fra la Santa Sede, e quel Monarca. Avea il Pontefice, in vigore de' suoi saggi riflessi, richiamato dalla Corte di Portogallo *Monsignor Bichi* Nunzio Apostolico; ma intestossi quel Regnante di non volere permettere, che il

Bichi

Era Volg.
Ann. 1722. Bichi fe n'andaffe, fe prima non veniva decorato della facra
Porpora, per non effere da meno de i tre maggiori Potentati
della Criftianità, dalle Corti de'quali ordinariamente non par-
tono i Nunzj fenza effere alzati al grado Cardinalizio. Parve
al fommo Pontefice sì fatta pretenfione poco giufta, nè andò
éfente da fofpetto di qualche reità lo fteffo per altro innocente Nunzio Bichi, quafichè egli contro le Coftituzioni Apofto-
liche voleffe prevalerfi della protezione di quel Monarca, per
carpire a viva forza un premio, che dovea afpettarfi dall'arbitrio, e dalla prudenza del Pontefice fuo Sovrano. Perciò fi
imbrogliarono fempre più le faccende, e il Papa rifoluto di
confervare la fua Dignità, ftette faldo in richiamare il Bichi,
avendo già inviato colà *Monfignor Firrao*, il quale prefentò il
Breve della fua Nunziatura, fenza prima avvertire, fe il Predeceffore lafciava a lui libero il campo. Coftume fu del Re
di Portogallo, giacchè non poteva coll'angufta eftenfione del
fuo Regno uguagliar le principali Potenze della Criftianità, di
fuperarle colla magnificenza de'fuoi Miniftri. Godea fpezialmente Roma della profufione de'fuoi Tefori, sì perchè l'Am-
bafciator Portoghefe sfoggiava nelle fpefe, e sì ancora perchè
il Re, invogliatofi di avere nel fuo Patriarca dell'Indie un ritratto del fommo Pontefice, fi procacciava con man liberale
ogni dì nuovi Privilegj dalla Santa Sede. Ora fi avvisò l'Am-
bafciator Portoghefe di far paura al Papa, e ito all'udienza,
da che vide di non far breccia nel cuore di fua Santità colle
pretefe ragioni, diede fuoco all'ultima bomba con dire: che
fe gli era negata quella grazia o giuftizia, avea ordine dal Re
di partirfi da Roma. A quefta fparata il faggio Pontefice,
fenza menomo fegno di commozione, altra rifpofta non diede,
fe non *Andate dunque, e ubbidite al voftro Padrone*. Non era
fiuquì intervenuta una Pace ben chiara, che fopiffe tutte le
controverfie vertenti fra l'Imperadore e l'Inghilterra dall'un
canto, e il Re Cattolico dall'altro. Cioè non avea peranche
l'Augufto *Carlo VI.* autenticamente rinunziato alle fue pretenfioni fopra il Regno di Spagna, e nè pure il *Re Filippo V.*
'722
reffo in Cam
bra alle fue fopra i Regni di Napoli, Sicilia, Fiandra, e Stato di
Milano. Per concordare quefti punti s'era convenuto di tenere nel prefente Anno un Congreffo in Cambrai; ma non vi fi
fapea ridurre il Re Cattolico, patendo talvolta i Monarchi
troppo ribrezzo a cedere fin le fperanze, non che il poffeffo

d'ogni

d'ogni anche menomo Stato : sì forte è l'incanto del *Domina-*
mini nel loro cuore . Faceva in questo mentre gran premura
Cefare , per ottener dalla Santa Sede l'Investitura di Sicilia e
di Napoli : al che non s'era faputo indurre Papa *Clemente XI.*
nè finquì il regnante *Innocenzo XIII.* per l'oppofizione , che
vi facea la Corte di Spagna . Prevalfero infine i pareri della
facra Corte in favore d'effo Augusto , giacchè a i diritti di lui
s'aggiugneva il rilevante requifito del Poffeffo . Pertanto nel dì
nove di Giugno dell' Anno prefente , fecondo la norma delle
antiche Bolle fu data all' Imperadore l'Investitura de' Regni
fuddetti : rifoluzione , che quanto piacque alla Corte Cefarea ,
altrettanto probabilmente difpiacque a quella di Spagna.

Anno di CRISTO 1723. Indizione I.
Di INNOCENZO XIII. Papa 3.
Di CARLO VI. Imperadore 13.

ERA già pervenuto all' età di ottantun anno e due mefi
Cofimo III. de' Medici Gran Duca di Tofcana , mercè
della fua Temperanza , perchè nella virilità divenuto troppo
corpolento , abbracciata poi una vita frugale , potè condurre
sì innanzi la carriera del fuo vivere . Ma finalmente convien
pagare il tributo , a cui fon tenuti i mortali tutti . Nel dì 31.
d'Ottobre dell' Anno prefente pafsò egli a miglior vita , con
lafciare un gran defiderio di sè ne' Popoli fuoi : Principe magnifico , Principe gloriofo per l'infigne fua Pietà , pel favio fuo
governo , con cui fempre fece goder la Pace a i fudditi in tante pubbliche turbolenze , e proccurò loro ogni vantaggio , ficcome ancora per la protezion della Giustizia e delle Lettere ,
e per l'altre più riguardevoli doti , che fi ricercano a coftitui-
re i faggi Regnanti . Mirò egli cadente l'illuftre fua Cafa per
gli fterili Matrimonj del fu fuo Fratello Principe *Francefco Ma-*
ria , e del già defunto Gran Principe *Ferdinando* fuo Primogenito , e del vivente *Don Giovanni Gaftone* fuo Secondogenito .
Vide ancora in fua vita efpofti i fuoi Stati all' arbitrio de' Potentati Criftiani , che ne difpofero a lor talento , fenza alcun
riguardo alle ragioni di lui , e della Repubblica Fiorentina ,
che inclinavano a chiamare a quella fucceffione il *Principe di*
Ottaiano , difcendente da un vecchio ramo della Cafa de' Medici . Al Duca Cofimo intanto fuccedette il fuddetto *Don Gio-*
vanni

vanni Gastone, unico germoglio maschile della Casa de' Medici Regnante, la cui sterile Moglie *Anna Maria Francesca*, Figlia di *Giulio Francesco* Duca di *Sassen Lawemburg*, viveva
in Germania separata dal Marito. Mancò parimente di vita
in quest' Anno a dì 12. di Marzo *Anna Cristina di Baviera*
Principessa di Sultzbach, Moglie di *Carlo Emmanuele* Duca di
Savoia, dopo aver dato· alla luce un Principino, che venne
poi rapito dalla morte nel dì undici d'Agosto del 1725. Gran
duolo, che fu per questo nella Real Corte di Torino, e sopra
i Medici s'andò a scaricare il turbine, quasichè per aver fatto cavar sangue al piede della Principessa, l'avessero incammi-
nata all' altro Mondo. Arrivò nell' Aprile di quest' Anno a
Roma *Monsignor Mezzabarba*, già spedito ne gli Anni addietro alla Cina con titolo di Vicario Apostolico, per esaminare
sul fatto i tanto contrastati Riti, che da i Missionarj si per-
mettevano a que' novelli Cristiani. Portò seco alcuni ricchi
regali, inviati da quell' Imperadore al santo Padre, ed insieme in una cassa il cadavero del *Cardinale di Tournon*, già morto in Macao. Perchè restò accidentalmente bruciata una Nave,
su cui venivano assaissimi arredi e curiosità della Cina, Roma
perdè il contento di vedere tant' altre peregrine cose di quel
rinomato Imperio.

GODEVANSI per questi tempi in Italia le dolcezze della Pace
universale, segretamente nondimeno turbate dal tuttavia ondeggiante conflitto de gl'interessi e delle pretensioni de' Potentati. Ad altro non pensava la Corte di Spagna, che a spedire
in Italia l'*Infante Don Carlo*, Primogenito del secondo letto del
Re *Filippo V.* affinchè si trovasse pronto in occasion di vacanza
a raccogliere la Succession della Toscana e di Parma e Piacenza, che ne' Trattati precedenti gli era stata accordata. Ma
perchè non compariva disposto il Re Cattolico alle Rinunzie,
che si esigevano dall' Imperador *Carlo VI.* nè al progettato
Congresso di Cambrai per ultimar le differenze davano mai
principio i Plenipotenziarj di Spagna: pericolo vi fu, che il
suddetto Augusto spignesse in Italia un' Armata per disturbare
i disegni del Gabinetto Spagnuolo. Medesimamente in gran
moto si trovava la Corte di Toscana, siccome quella, che non
sapea digerire la destinazion di un Erede in quegli Stati, fatta
dal volere ed interesse altrui, e molto meno il progetto di metter ivi presidj stranieri, durante la vita de' legittimi Sovrani.

Non

Non era inferiore l'alterazione della Corte Pontifizia per l'affare de i Ducati di Parma e Piacenza, che in difetto de' ma-
fchi della Cafa Farnefe, aveano da ricadere alla Camera Apoftolica ; e pure ne aveano difpofto i Potentati Criftiani in favore de'Figli della Cattolica Regina di Spagna *Elifabetta Farne-*
fe, con anche dichiararli Feudi Imperiali . Non mancò il Pon-
téfice *Innocenzo XIII.* di fcrivere più Brevi e doglianze alle
Corti intereffate in quefta faccenda. Fece anche fare al Congreffo di Cambrai per mezzo dell'Abbate Rota Auditore di
Monfignor Maffei Nunzio Apoftolico nella Corte di Parigi una
folenne Protefta contro la difegnata Inveftitura di quegli Stati.
Ma è un gran pezzo, che la Forza regola il Mondo, ed è da
temere, che lo regolerà anche nell' avvenire. Attendeva in
quefti tempi il magnifico Pontefice ad arricchir di nuove fabbriche il Quirinale per comodo della Corte, mentre la fabbrica del fuo corpo, infeftata da varj incomodi di falute, andava
ogni dì più minacciando rovina. Dopo avere il Gran Maftro
de'Cavalieri di Malta fatto di grandi fpefe per ben guernire
l'Ifola contro i tentativi de' Turchi, e ottenuta promeffa di
foccorfi dal Papa, e da i Re di Spagna e Portogallo, finalmente s'avvide, che a tutt'altro mirava il Gran Signore col fuo
potente armamento. La Perfia lacerata da una terribil ribellione era l'oggetto non men della Porta Ottomana, che di *Pietro*
infigne Imperador della Ruffia, effendofi sì l'una che l'altro
preparati per volgere in lor pro la ftrepitofa rivoluzion di quel
Regno, che in quefti tempi era il più familiar trattenimento
de i Novellifti d'Italia. Nel dì due di Dicembre dell'Anno
prefente da morte improvvifa fu rapito *Filippo Duca d'Orleans*
Reggente, e poi primo Miniftro del Regno di Francia: Principe, che in perfpicacia di mente e prontezza d'ingegno non
ebbe pari. Coll'aver confervata la vita del Re *Luigi XV.* e
fattolo coronare, fmontò ogni calunnia inventata contro la
fua fedeltà ed onore. Colfe il *Duca di Borbone* il buon momento; e portata al Re la nuova della morte d'effo Duca d'Orleans, ottenne d'effere prefo per primo Miniftro.

Anno

Era Volg.
Ann. 1724.

Anno di CRISTO 1724. Indizione II.
Di BENEDETTO XIII. Papa 1.
Di CARLO VI. Imperadore 14.

GRANDE ftrepito per Italia fece nell'Anno prefente l'atto
eroico del Cattolico Re *Filippo V*. Quefto Monarca fin
da' fuoi primi anni imbevuto delle Maffime della più foda Pietà, ch'egli poi fempre accompagnò colle opere; ftanco e fa-
zio delle caduche Corone del Mondo, prefe la rifoluzione di
attendere unicamente al confeguimento di quella Corona, che
non verrà mai meno nel Regno beatiffimo di Dio. Perciò dopo avere fcritta a *Don Luigi* Principe d'Afturias fuo Primogenito una fenfata ed affettuofiffima Lettera, in cui efpreffe i
principali doveri di un faggio Re Criftiano, nel dì 16. di Gennaio folennemente gli rinunziò il governo de i Regni, dichia-
randolo Re. Riferboffi il folo Palazzo e Caftello di Sant' Idel-
fonfo, col Bofco di Balfain, e una penfione annua di cento mila doble per sè e per la Regina fua Moglie *Elifabetta Farnefe*.
Di convenevoli appanaggi provvide gl'Infanti Figli, cioè *Don
Ferdinando*, *Don Carlo*, e *Don Filippo*. Grande animo fi elige
per far fomiglianti facrifizj, maggiore per non fe ne pentire.
Con fomma faviezza e plaufo continuava il fuo Pontificato *Innocenzo XIII*. ed era ben degno di più lunga vita, quando venne Dio a chiamarlo ad una vita migliore. Infermatofi egli ful
principio di Marzo, terminò poi nella fera del dì fette d'effo
Mefe i fuoi giorni con difpiacere univerfale, e maffimamente
del Popolo Romano. Benchè egli foffe modeftiffimo ed umilif-
fimo, pure amava la Magnificenza, e niun più di lui feppe
confervare la Dignità Pontifizia. Maeftofo nel portamento,
fenza mai adirarfi o fcomporfi, con poche parole, ma gravi,
e fempre con Prudenza, rifpondeva, e fbrigava gli affari. In
lui fi mirava un vero Principe Romano, ma di quei della ftam-
pa vecchia. Refta perciò tuttavia una vantaggiofa memoria del
faggio fuo governo: governo bensì breve, ma pieno di moderazione, e che potè in parte fervir d'efempio a i fuoi Succeffori.

APRISSI dipoi il facro Conclave, e non pochi furono i dibattimenti e gl'impegni per provvedere di un nuovo Paftore la
greggia di Crifto. Videfi anche allora, come i configli umani

cedo-

cedono all'occulta Provvidenza, che governa il Mondo, e la Era Volg. Chiesa sua santa; perciocchè caddero tutti i Pretendenti a Ann. 1724. quella suprema Dignità, e andò a terminare inaspettatamente la concorde elezione in chi non pensava al Triregno, nè punto lo desiderava, anzi fece quanta resistenza potè, per non accettarlo, e sarebbe anche fuggito, se avesse potuto. Fu questi il *Cardinale Vincenzo Maria Orsino*, di una delle più illustri e primarie Famiglie Romane, che quattro sommi Pontefici avea dato ne' Secoli addietro alla Chiesa di Dio. Suo Nipote era il Duca di Gravina. Nato egli nel Febbraio del 1649. conservava tuttavia gran vigore di mente e di corpo. Nell'Ordine de' Predicatori aveva egli fatta Professione, ed anche attese a predicare la parola di Dio. In età di ventitrè anni era stato promosso alla sacra Porpora da *Clemente X.* Fu prima Vescovo di Siponto, poi di Cesena, e in questi tempi si trovava Arcivescovo di Benevento. Ciò, che mosse i sacri Elettori ad esaltare quasi in un momento questo personaggio, fu il credito della sua sempre incolpata vita, della sua incomparabil Pietà, e zelo Ecclesiastico, e del suo sapere: doti singolari, delle quali avea dato di grandi pruove in addietro nel suo Pastoral governo. Convenne chiamare il Generale de' Domenicani, riconosciuto sempre da lui per Superiore, acciocchè gli ordinasse in virtù di santa ubbidienza di accettare il Papato. Prese egli il nome di *Benedetto XIII.* in venerazione di *Benedetto XI.* Pontefice di santa vita, e dello stesso Ordine di San Domenico. La sua gratitudine verso tutti i Cardinali concorsi all'elezione sua, maggiormente attestò le qualità dell'ottimo suo cuore; spezialmente stese la beneficenza sua verso i due Cardinali Albani.

CORREANO già molti anni, che il Fisco Imperiale si manteneva in possesso della Città di Comacchio e suo Distretto. Agitata in Roma la controversia di chi ne fosse legittimo Padrone, o la Camera Apostolica, o il Duca di Modena, la cui nobilissima Casa Estense da più Secoli riconosceva quella Città dalle Investiture Cesaree, e non già dalle Pontifizie, tuttavia restava pendente. Fece il saggio Pontefice *Innocenzo XIII.* ogni sforzo, per ricuperarne il Possesso, ben consapevole, di che conseguenza sia; in materia massimamente di Stati, questo vantaggio, ed avea già disposta la Corte Imperiale a sì fatta cessione. Ma non potè esso Papa godere il frutto de' suoi maneg-

gi, perchè rapito troppo prefto della morte. Diede compimento a quefto affare il fuo Succeffore *Benedetto XIII.* nel dì
25. di Novembre dell' Anno prefente, con accordare a Sua
Maeftà Cefarea le Decime Ecclefiaftiche per tutti i fuoi Regni, con rilafciare tutte le rendite percette, e pofcia premiare con un Cappello Cardinalizio il Figlio del Conte di Sinzen-
dorf, primo Miniftro Cefareo, che avea cooperato non poco
all' accordo. Fu dunque conchiufa in Roma fra i *Cardinali
Paolucci* e *Cinfuegos* Plenipotenziarj delle parti la reftituzione
del Poffeffo di Comacchio alla Santa Sede, con efpreffa dichia-
raziou nondimeno: *Poffeffionem Comacli a facra Cæfarea Ma-
jeftate eo dumtaxat Pacto dimitti, ut in eamdem Sedes Apoftolica reftituatur, ut prius, ita fcilicet, ut neque eidem Sedi Apo-
ftolicæ per hanc reftitutionem aliquid novi Juris tributum, neque Imperio, vel Domui Ateftinæ quidquam Juris fublatum effe
cenfeatur; fed facræ Cæfareæ Majeftatis, & Imperii, Domusque
Ateftinæ Jura omnia tam refpectu Poffefforii, quam Petitorii
falva remaneant, neminique ex hoc actu præjudicium ullum ir-
rogatum intelligatur, ufquedum cognitum fuerit, ad quem Co-
maclum pertineat.* Fu poi data efecuzione a quefto Trattato
nel dì 20. di Febbraio dell'Anno feguente. Se ne rallegrò tutta
Roma; non così la Cafa d'Efte. Correndo il dì 25. di Marzo
di queft' Anno arrivò al fine di fua vita in Torino Madama
Reale *Maria Giovanna Batifta* Figlia di *Carlo Amedeo* Duca
di Nemours e d'Aumale, e Madre del Re di Sardegna *Vittorio Amedeo*, in età d'anni ottanta. Non volle ulteriormente
differire quel Real Sovrano il nuovo accafamento del Duca di
Savoia *Carlo Emmanuele* fuo Figlio, e gli fcelfe per Moglie
Poliffena Criftina Figlia di *Ernefto Leopoldo* Langravio di Af-
fia-Rheinfelds Rotemburgo; e venuto il Luglio del prefente Anno fi mife effa in viaggio alla volta d'Italia. Portatofi il Re
Vittorio col Figlio e con tutta la Corte in Savoia, accolfe dopo la metà d'Agofto la Nuora in Tonon, e colla maggior
folennità l'introduffe a fuo tempo in Torino.

Videsi intanto un'impenfata vicenda delle cofe del Mondo
nella Corte di Spagna. Sorprefo da i vaiuoli il Re *Luigi*, dopo aver goduto per poco più di fette Mefi il Regno, terminò
in età di diciofette anni il corfo della fua vita, e fu dalle lagrime d'ognuno onorato il fuo Funerale. Avrebbe fecondo le
Coftituzioni dovuto a lui fuccedere il Principe *Don Ferdinan-*

do suo Fratello, ma trovandosi egli in età non peranche capace di governo, il Real Consiglio supplicò il Re *Filippo V.*
di ripigliar le redini, richiedendo ciò la pubblica necessità.
Volle sua Maestà ascoltare anche il parer de' Teologi, e tro-
vatolo non conforme al sentimento del Consiglio, restò in
grande perplessità. Contuttociò prevalsero le ragioni, che il
richiamarono al Regno; e però nel dì sei di Settembre pubblicò un Decreto, o sia una Protesta di riassumere lo Scettro,
come Re naturale e proprietario, finchè il Principe d'Asturias
Don Ferdinando fosse atto al governo, riserbandosi nulladimeno la facoltà di continuare nel Regno, se così portasse il pubblico bene: siccome dipoi avvenne, avendo egli governato,
finchè visse, con somma saviezza ed attenzione i suoi Regni.
Giacchè il seguente Anno era destinato al solenne Giubileo di
Roma, già intimato alla Cristianità, il fauto Pontefice *Benedetto XIII.* ne fece con tutta divozion l'apertura verso il fine di Dicembre, cioè nella Vigilia del santo Natale. Pubblicò ancora la risoluzione sua di celebrare nella Domenica in
Albis del seguente Anno un Concilio Provinciale nella Basilica Lateranense con invitarvi i Vescovi compresi nella Provin-
çia Romana, e tutti i suggetti a dirittura alla Santa Sede.

Anno di CRISTO 1725. Indizione III.
  Di BENEDETTO XIII. Papa 2.
  Di CARLO VI. Imperadore 15.

CON gran concorso di pellegrini divoti fu celebrato nel
  presente Anno in Roma il solenne Giubileo, e fra gli
altri cospicui personaggi concorse a participar di quelle Indul-
genze la vedova Gran Principessa di Toscana *Violante di Baviera*, la quale se ricevette le maggiori finezze dal sommo Pontefice, e da tutta quella Nobiltà, lasciò anch'ella ivi un'illustre memoria della sua insigne Pietà e Liberalità. Grande occasione fu questo Giubileo al santo Padre *Benedetto XIII.* di
esercitar pienamente le tante sue Virtù, delle quali parleremo
andando innanzi. E siccome egli era indefesso in tutto ciò spezialmente, che riguarda la Religione, così nel dì quindici di
Aprile diede principio nella Basilica Lateranense al Concilio
Provinciale, a cui intervenne gran copia di Cardinali, Vescovi, ed altri Prelati. Vi si fecero bellissimi regolamenti intorno

      S 2   alla

alla Difciplina Ecclefiaftica , effendo ftate prima ben ventilate
le materie in varie Congregazioni de' più affennati Teologi .
Volle il fommo Pontefice, che i Vefcovi non fentiffero il pefo della lor dimora in Roma , con far fomminiftrare loro le
fpefe dalla Camera Apoftolica . Nel dì quinto di Giugno fu
pofto fine a quella facra Affemblea, ammirata e benedetta da
tutto il Popolo Romano , che da tanti Anni indietro non ne
avea mai goduta la maeftà . In quefti medefimi giorni il Campidoglio Romano rinovò un' illuftre cerimonia, non più veduta dopo il tempo di Francefco Petrarca. Cioè dal Senatore e
da i Confervatori del Popolo fu con gran folennità conferita la
Corona d'alloro al Cavalier *Bernardino Perfetti* Sanefe, Poeta
rinomato pel poffeffo delle Scienze migliori , e maffimamente
per la fua impareggiabile facilità ad improvvifare in verfi Italiani, e verfi pieni di fugo, e non di fole frafche . Onorarono
quella funzione parecchi Porporati, e la fuddetta Gran Principeffa di Tofcana . Non trafcurò intanto il buon Pontefice alcun
mezzo per fraftornare i difegni de' Potentati fopra Parma e Piacenza ; ma con poca fortuna , effendo improvvifamente fcop-
piata una Pace ftabilita in Vienna fra l'Imperadore e il Re
Cattolico, fenza che vi s'interponeffero Coronati Mediatori, e
fenza aver cura de gl'intereffi de' Principi Alleati . Come quefta nafceffe, gioverà faperlo.

S'ERA finquì nel Congreffo di Cambrai fatto un gran cambio di parole e ragioni fra i Miniftri delle Corone , per giugnere ad una vera Pace univerfale . Ma una remora troppo
poffente era fempre l'affare di Minorica e Gibilterra, preten-
dendone gli Spagnuoli la reftituzione, benchè ne aveffero fatta
in Utrecht la ceffione , e negandola gl'Inglefi ; di modo che
apparenza non v'era di fcioglere quefto nodo, per cui tutti
gli altri reftavano fofpefi . Avvenne, che il Baron di Ripper-
da Giovanni Guglielmo , uomo ardito Ollandefe, che, come i
razzi, fece dipoi una luminofa , ma affai breve comparfa nel
teatro del Mondo, fegretamente moffe parola in Vienna di una
Pace privata fra l'*Imperador Carlo VI.* e il Re Cattolico *Filippo V.* e quefta non cadde in terra . Premeva a fua Maeftà Cefarea di mettere fine ad ogni pretenfion della Spagna fopra gli
Stati di Napoli, Sicilia, Milano, e Fiandra . Più era vogliofa
la Corte di Spagna di rifparmiare una chiara rinunzia a Gibilterra e Minorica, e di afficurare all'*Infante Don Carlo* la fucceffion

ceſſion della Toſcana e di Parma e Piacenza : al che ſpezialmente porgeva continui impulſi la Regina *Eliſabetta Farneſe*,
intenta al bene de gl'Infanti ſuoi Figli ; e tanto più per udirſi
infeſtata da molti incomodi la ſanità del Gran Duca *Giovanni
Gaſtone de' Medici* . Poſta tale vicendevole diſpoſizione d'animi, non riuſcì difficile lo ſtrignere l'accordo. Fu eſſo ſtipula-
to in Vienna nel dì 30. d'Aprile, e l'impenſata ſua pubblica-
zione ſorpreſe ognuno : tanta era ſtata la ſegretezza del Trattato . La ſoſtanza principale di quegli Articoli conſiſteva nella
Rinunzia fatta da Ceſare a tutti i ſuoi diritti ſulla Corona di
Spagna, con ritenerne il ſolo Titolo, ſua vita durante; e a ſtabilire, ch'eſſa Corona non s'aveſſe mai ad unire con quella di
Francia . All'incontro anche il Re Cattolico *Filippo V.* rinunziava in favore dell'Auguſta Caſa d'Auſtria tutte le ſue ragioni ſopra Napoli, Sicilia, Stato di Milano, e Fiandra, ſiccome anche annullava il patto della reverſione pel Regno di
Sicilia. Un altro importantiſſimo punto ancora ſi vide aſſodato . Nel dì ſei di Dicembre dell'Anno precedente avea l'Imperador *Carlo VI.* formata e pubblicata una Prammatica Sanzione , per cui in difetto di maſchi era chiamata all'intera
Succeſſione di tutti i ſuoi Regni e Stati l'*Arciducheſſa Maria
Tereſa* ſua Primogenita con vincolo di Fideicommiſſo e Mag-
gioraſco : Decreto, che venne poi accettato e confermato da
tutti i Tribunali de' ſuoi dominj . Ora anche il Re Cattolico
accettò la ſteſſa Prammatica Sanzione, obbligandoli d'eſſerne
garante e difenſore . Finalmente fra le parti fu accordato ,
che venendo a mancare la Linea Maſcolina del Gran Duca di
Toſcana , e del Duca di Parma e di Piacenza, ſi devolvereb-
bono i loro Stati colla qualità di Feudi Imperiali all'Infante
Don Carlo Primogenito della Regina di Spagna *Eliſabetta Farneſe*, reſtando il Porto di Livorno Libero ſempre, come ſi trovava in queſti tempi. Seguì parimente una Lega, e un Trattato di commerzio fra i ſuddetti Sovrani . Nel dì ſette di
Giugno di queſt'Anno con altri Atti fu confermata la ſuddetta Concordia, accolta precedentemente con iſdegno da chi ne
era rimaſto eſcluſo; e maſſimamente, perchè Ceſare ſi obbligò
di non opporſi in caſo che la Spagna tentaſſe di ricuperar colla
forza Minorica e Gibilterra. Que' Nobili Spagnuoli, che aveano ſeguitato l'Auguſto Carlo in Germania, e in vigore di queſta Pace ſe ne tornarono in Iſpagna a godere i lor beni liberati
dall'

dall'unghie del Fifco, trovarono pregiudiciale la mutazion del Clima; perchè infermatifi in men d'un anno ceffarono di vivere.

NELLA Primavera dell'Anno prefente diede la Corte di Francia non poco da difcorrere a i Politici. Un' infermità fopragiunta al giovane Re *Luigi XV.* in grande apprenfione ed affanno avea tenuto tutti i fudditi fuoi, amantiffimi fopra gli altri Popoli de i loro Monarchi. Perfettamente fi riebbe la Maeftà fua; ma quefto pericolo fece conofcere al fuo Miniftero la neceffità di non differir maggiormente il proccurare al Re una Conforte, che confervaffe e propagaffe la fua Difcendenza. Dimorava in Parigi l'*Infanta di Spagna*, a lui deftinata in Moglie, che già per tale fperanza godeva il titolo di *Regina*; ma quefta Principeffa avea folamente nel dì 31. di Marzo compiuto l'Anno fettimo dell'età fua, e troppo perciò conveniva afpettare, acciocchè foffe atta alle funzioni del Matrimonio. Fu dunque prefa la rifoluzione di rimandarla con tutto decoro in Ifpagna, nè fi tardò ad efeguirla. Per atto sì inafpettato reftarono talmente amareggiati il Re e la Regina di Spagna, che richiamarono tofto da Parigi i lor Miniftri, e rimandarono anch'effi in Francia *Madama di Beaujolois*, Figlia del fu Duca d'Orleans Réggente, la quale avea da accoppiarfi in Matrimonio coll'*Infante Don Carlo*; e quefta poi s'unì nel viaggio colla Sorella, vedova del defunto Re di Spagna *Luigi*, la qual parimente fe ne tornava a Parigi. Contribuì non poco quefta rottura ad accelerar la Pace fuddetta fra l'Imperadore e il Re Cattolico. Fu allora, che la gente curiofa prefe ad indovinare, qual Principeffa avrebbe la fortuna di falire ful trono di Francia; ma niuno vi colpì. Con iftupore d'ognuno s'intefe dipoi, che il Re, o per dir meglio, il Duca di Borbone primo Miniftro, avea prefcelta la *Principeffa Maria* Figlia di *Stanislao Re di Polonia*, ma di folo nome. Videfi quefta Principeffa nel Mefe di Settembre condotta con gran pompa da Argentina al talamo Reale. Attendendo in quefti tempi il Pontefice *Benedetto XIII.* non meno al Paftoral governo, che all'Economico de' fuoi Stati, pubblicò nel dì quindici d'Ottobre un' utiliffima Bolla intorno all'Annona di Roma, e all'Agricoltura di que' paefi. Non così fu applaudita nel Giugno di queft'Anno la Promozione alla facra Porpora da lui fatta di Monfignor *Niccolò Cofcia*, prevedendo già i più faggi,

che.

che questo personaggio, favorito non poco dall'ottimo Pontefice, si sarebbe col tempo abusato della confidenza e bontà del
santo Padre, il quale non mai dicendo Basta alla gratitudine
sua, volle premiare l'antica servitù di questo suggetto, e
col tempo gli procacciò anche il ricco Arcivescovato di Benevento. S'egli fosse meritevole di tanti favori, ce ne avve-
dremo andando innanzi.

Anno di CRISTO 1726. Indizione IV.
Di BENEDETTO XIII. Papa 3.
Di CARLO VI. Imperadore 16.

DA che fu alzato alla Dignità Pontifizia il Cardinale Orsino, uno spettacolo insolito, che tirava a sè gli occhi
d'ognuno, era la sua maniera di vivere. Non solamente il Pontificato nulla avea sminuito dell'Umiltà, Virtù la più favorita
di *Benedetto XIII.* ma parea, che l'avesse accresciuta. Non
sapeva egli accomodarsi a quella pompa e magnificenza, che
vien creduta un ingrediente necessario, per maggiormente im-
primere ne' Popoli il rispetto dovuto a chi è insieme sommo
Pontefice, e Principe grande. Su i principj bramò egli di uscir
di Palazzo senza guardie, e come povero Religioso in una chiu-
sa carrozza, per andare alle frequenti sue visite delle Chiese e
de gli Spedali, o pure al passeggio. Gli convenne accomodarsi
al ripiego de' più saggi, cioè di portarsi alle sue Divozioni,
accompagnato da un semplice Cappellano con poche guardie,
recitando egli nel viaggio la Corona ed altre Orazioni. Cassò
nondimeno, come creduta da lui superflua, la Compagnia delle Lancie spezzate. Chi entrava nella Camera sua, penava a
trovarvi un Romano Pontefice, perchè non v'erano addobbi,
o tapezzerie, ma solamente sedie di paglia, ed Immagini di
carta con un Crocefisso. Andava talvolta a pranzo nel Refet-
torio de' Padri Domenicani della Minerva, come un d'essi, altra distinzion non ammettendo di cibo o di sedia, se non che
stava solo ad una delle tavole. Al Generale d'essi Religiosi,
che egli riguardò sempre come suo Superiore, non isdegnava
di baciar la mano. Non volle più, che gli Ecclesiastici venendo alla sua udienza, gli s'inginocchiassero davanti. Intervenne
talvolta al Coro co i Canonici in San Pietro, o pure nel Coro
de'

de' Religiofi , fenz' altra diſtinzione , che di federe nel primo luogo ſotto picciolo baldacchino.

LUNGO ſarebbe il regiſtrare i tanti atti dell'Umiltà sì radicata in lui, che ſembravano forſe ecceſſi a gli occhi di chi era avvezzo a mirar la maeſtà e ſplendidezza de'ſuoi Anteceſſori, ma non già a gli occhi di Dio. Eminente ancora ſi facea conoſcere in queſto Pontefice il ſuo ſtaccamento da i legami del Sangue , e dell'Intereſſe . Amava molto il Duca di Gravina ſuo Nipote , e qualche poco anche il di lui Fratello Mondillo ; ma troppo abborriva il Nepotiſmo . Niun d'eſſi volle egli a Palazzo, molto meno gli ammiſe a parte alcuna del Governo ; tuttochè per giudizio de'ſaggi meglio foſſe ſtato per la Santità ſua il valerſi del primo, cioè di un degno e virtuoſo Signore, che d'altre perſone , alzate a gli onori , le quali unicamente curando i proprj vantaggi , traſcurarono affatto l'onore e la gloria del loro Benefattore . Solamente promoſſe all'Arciveſcovato di Capoa il Nipote minore ; e queſto non per ſuo genio, ma per le tante batterie di chi favoriva la Caſa Orſina , e ſterte poi forte contro tant' altre uſate per impetrargli il Cardinalato. Amantiſſimo della Povertà il Santo Padre non per altro cercava il danaro, che per diffonderlo ſopra i Poveri, o per eſercitar la ſua Liberalità e Gratitudine . Al Cattolico Re d'Inghilterra *Giacomo III. Stuardo* accrebbe l'appanaggio, e donò tutti i magnifici mobili del Pontefice Predeceſſore , aſcendenti al valore di trenta mila ſcudi . Per far limoſine avrebbe venduto, le aveſſe potuto, fino i Palagi ; e intanto egli dedito alle Penitenze e a i digiuni, non volendo, che una povera menſa, convertiva in ſovvenimento de gl'infermi e biſognoſi tutti i regali e le rendite particolari, che a lui provvenivano . Faceva egli nel medeſimo tempo l'ufizio di Veſcovo e Parroco , conferendo la Creſima e gli Ordini al Clero, benedicendo Chieſe ed Altari, aſſiſtendo a i divini Ufizj e al Confeſſionale, viſitando non ſolamente i Cardinali infermi, ma talvolta ancora povera gente, e comunicando di ſua mano la Famiglia del Palazzo . Queſte erano le delizie dell'indefeſſo e piiſſimo Succeſſore di San Pietro , non laſciando egli perciò di accudire al buon governo Politico de'ſuoi Stati, e alla difeſa ed aumento della Religione.

ABITAVA da gran tempo in Roma il ſuddetto *Re Giacomo*,

favo-

favorito da i Pontefici ed onorato da ognuno per l'alta qualità del suo grado. L'aveva Iddio anche arricchito di due Figliuoli, Principi di grande espettazione. Ma erano sopravenute in addietro dissensioni fra lui e la Regina sua Consorte *Clementina Sobieschi*, a cagione delle quali questa piissima Principessa s'era ritirata nel Monistero di Santa Cecilia, pretendendo che il Marito avesse da licenziar dalla sua Corte alcune persone, per giusti sospetti da essa non approvate. S'erano interposti i più attivi e manierosi Porporati, e Principi e Principesse, per la riunione d'essi, ma con sempre inutili sforzi. Lo stesso Pontefice *Benedetto XIII.* non avea mancato d'impiegare i suoi più caldi ufizj a questo fine; negava anche l'udienza al Re, persuaso, che la ragione fosse dal canto della Regina. Ora quando la gente credea rinata fra loro la pace, giacchè era seguito un abboccamento di questi Reali Consorti, all'improvviso si vide partir da Roma nel Mese d'Ottobre il Re co i Figli, e passar ad abitare in Bologna, dove prese un Palazzo a pigione. Però la compassion d'ognuno si rivolse verso l'afflitta Regina sua Moglie, e il Papa cominciò a negare al Re la rata della pensione a lui accordata. Motivi all'incontro di somma allegrezza ebbe in questi tempi la Real Corte di Torino, per aver la Duchessa Moglie di *Carlo Emmanuele* Duca di Savoia, e Nuora del Re *Vittorio Amedeo*, dato alla luce nel dì 26. di Giugno un Principe, che oggidì col nome di *Vittorio Amedeo Maria*, Primogenito del Re suo Padre, gareggia mercè delle sue nobili qualità co'più illustri suoi Antenati. All'incontro fu in quest'Anno la nobilissima Città di Palermo, Capitale della Sicilia, un teatro di calamità. Nel principio della notte del dì primo di Settembre si udì quivi nell'aria un mormorio terribile e continuo, che durato per un quarto d'ora cagionò uno spavento universale, atresò che il Cielo era sereno, senza vento, e senz'apparenza alcuna di tempo cattivo. Furono anche vedute in aria due Travi di fuoco, che andarono poi a sommergersi in mare. Erano le quattro ore della notte, quando un orribil Tremuoto per lo spazio di due Pater noster a salti fece traballare tutta la Città. Fu scritto, che la quarta parte d'essa fu rovesciata a terra. File intere di Case e Botteghe si videro ridotte ad un mucchio di sassi; assaissime altre rimasero sommamente danneggiate, e minaccianti rovina. Spezialmente ne patì il Palazzo Reale, di cui molte parti caddero,

talmente che reſtò per un tempo inabitabile. La Cattedrale,
ed alcuna altra Chieſa, gran danno ne ſoffrirono; e dalle rovine di quella Città furono tratte ben tre mila perſone o morte
o ferite. Corſe per l'Italia la Relazione di sì funeſto ſpettacolo, che metteva orrore in chiunque la leggeva; ma perſone
ſaggie di Palermo a me confeſſarono, aver la fama accreſciu-
to di troppo le terribili conſeguenze di quel Tremuoto, ed eſſere ſtato minore di quel, che ſi diceva, l'eccidio. Intento
ſempre l'Auguſto Monarca _Carlo VI._ al bene e vantaggio de'
ſuoi ſudditi d'Italia, proccurò in queſt'Anno coll'interpoſizio-
ne della Porta Ottomana la Pace e libertà del Commerzio fra
i ſuoi Stati, e il Bey o Dey di Tuniſi, e la Reggenza di quella Città. Gli Articoli ne furono conchiuſi nel dì 23. di Settembre. Altrettanto ancora ottenne egli dalla Reggenza di Tripoli, di modo che le Navi di ſua bandiera doveano in avvenire andar ſicure da gl'inſulti di que' Corſari. Con qual fedeltà poi eſſi Barbari, troppo avvezzi al meſtiere infame della
Pirateria, eſeguiſſero ſomiglianti Trattati, lo ſanno i poveri
Criſtiani. Sempre larà [non ſi può tacere] vergogna de i
Potentati della Criſtianità sì Cattolici che Proteſtanti, il vedere, che in vece di unir le loro forze, per iſchiantar, come potrebbono, que' nidi di ſcellerati Corſari, vanno di tanto in tanto a mendicar da eſſi con preghiere e regali, per non
dire con tributi la loro amiſtà, che poſcia alle pruove ſi
truova ſovente inclinare alla perfidia. Tante vite d'uomini,
tanti milioni s'impiegano da i Criſtiani per far guerra fra loro: perchè non volgere quell'armi contro i nemici del nome Criſtiano, turbatori continui della quiete e del commerzio del Mediterraneo? Di più non ne dico, perchè ſo, che
parlo al vento.

Anno di CRISTO 1727. Indizione V.
Di BENEDETTO XIII. Papa 4.
Di CARLO VI. Imperadore 17.

Erà Volg.
Ann. 1727.

GIUNSE al fine di sua nel dì 26. di Febbraio dell' Anno presente *Francesco Farnese* Duca di Parma e Piacenza, nato nel dì 19. di Maggio del 1678. Principe, che avea acquistato il credito di rara Virtù, e di molta prudenza nel governo de' suoi Popoli. Ancorchè per essere difettoso di lingua, ammettesse pochi all'udienza sua, pure non meno per sè, che per via di onorati Ministri, accudì sempre all'amministrazion della Giustizia, e mantenne la quiete ne' suoi Stati, avendogli servito non poco a conservarlo immune da' guai fra i pubblici torbidi la parzialità e riguardo, che aveano per lui le Corti d'Europa, a cagione della generosa Regina di Spagna *Elisabetta* sua Nipote *ex fratre*, e Figlia della Duchessa *Dorotea* sua propria Moglie. A lui succedette nel Ducato il Principe *Antonio* suo Fratello, nato nel dì 29. di Novembre del 1679. A questo Principe [giacchè il Fratello Duca avea perduta la speranza di ricavar successione dal Matrimonio suo] più volte s'era progettato di dargli Moglie, affinchè egli tentasse di tenere in piedi la vacillante sua nobil Casa; ma sempre in fumo si sciolse ogni Trattato, per non accordarsi i Fratelli nell'appanaggio, ch'egli pretendeva necessario al suo decoro nella mutazion dello Stato. Così i poco avveduti Principi d'Italia, per volere ristretta nella sola Linea Regnante la propagazione del loro Sangue, e col non proccurare, che una Linea Cadetta possa ammogliandosi supplire i difetti eventuali della propria, han lasciato venir meno la nobilissima lor prosapia con danno gravissimo anche de' Popoli loro sudditi. Erano assai cresciuti gli anni addosso al Duca Antonio, aveva egli anche ereditata la grassezza del Padre: pure tutti i suoi Ministri, e del pari la Corte di Roma, l'affrettarono tosto a scegliersi una Consorte, abile a rendere frutti. Fu dunque da lui prescelta la Principessa *Enrichetta d'Este* Figlia terzogenita di *Rinaldo* Duca di Modena, avendo anche questo Principe sacrificato ogni riguardo verso le Figlie maggiori, per la premura di veder conservata la riguardevol Casa Farnese. Ducento mila Scudi Romani furono accordati in dote a questa Principessa, e sul

T 2   fine

Era Volg.
Ann. 1727.
fine di Luglio si pubblicò esso Matrimonio, con ottenere la
necessaria Dispensa da Roma per la troppo stretta parentela.
Ognun si credeva, che grande interesse avesse il Duca Antonio
di unirsi senza perdere tempo colla diseguata Sposa; pure con
ammirazione e dolor di tutti si vide differita questa funzione
fino al Febbraio del susseguente Anno.

AL *Marchese di Ormea*, Ministro di rara abilità di *Vittorio
Amedeo* Re di Sardegna, riuscì in quest'Anno di superar tutte
le difficultà, che finquì aveano impedito l'accordo delle differenze vertenti fra la sua Corte e quella di Roma. Il buon Pontefice *Benedetto XIII.* nel cui cuore non allignavano se non
pensieri e desiderj di Pace, non solamente condiscese a riconoscere per Re di Sardegna esso Sovrano, ma eziandio gli accordò non poche grazie e diritti, contrastati in addietro da i
suoi due Predecessori. Era poi gran tempo, che questo Papa
ardeva di voglia di portarsi a Benevento, parte per consecrar
ivi una Chiesa fabbricata in onore di San Filippo Neri, alla
cui intercessione si protestava egli debitor della vita, allorchè
restò seppellito sotto le rovine del Tremuoto di quella Città;
e parte per consolare colla sua presenza il Popolo Beneventano,
per cui egli conservò sempre un amore, che andava anche a gli
eccessi; e tanto più perchè riteneva tuttavia quell'Arcivescovato. Per quanto si affaticassero i Porporati, per attraversare
questo suo dispendioso disegno, non vi fu ragione, che potesse
distornarlo dalla presa risoluzione. Dopo aver dunque fatto un
Decreto, che in caso di sua morte il sacro Collegio tenesse il
Conclave in Roma, nel Marzo di quest'Anno si mise in viaggio a quella volta con picciolo accompagnamento di gente, ma
con gran copia di sacri ornamenti e regali per le Chiese di Benevento, e gran somma di danaro per riposarlo in seno de' Poveri. Due Corsari informati del suo viaggio, sbarcarono a Santa Felicita; ma il colpo andò fallito, e si sfogò poscia il lor
furore sopra que' poveri abitanti. Giunse a Benevento il Santo Padre nel dì primo d'Aprile. Gran concorso di Popoli fu a
vederlo, ed ossequiarlo; e siccome egli di nulla più si compia-
ceva, che delle funzioni Episcopali, così impiegò ivi il suo
tempo in consecrar Chiese ed Altari, in predicare, in ammi-
nistrare Sacramenti, in servire i Poveri alla mensa, e in altri
piissimi impieghi del genio suo Religioso. Nel dì 12. di Maggio fece poi partenza di colà, e pervenuto a San Germano

nel

nel dì 18. quivi con gran folennità confecrò la Chiefa Maggiore. Fu in Monte Cafino, dove, come fe foffe ftato femplice Religiofo, gareggiò coll'efemplarità e Pietà di que' Monaci, affiftendo anch'egli al Coro nella mezza notte. Gran confolazione fi provò in Roma all'arrivo della Santità fua in quella Capitale, fucceduto nel dì 28. del Mefe fuddetto.

MIRAVANSI intanto gli affari de' Potentati Criftiani in un fegreto ondeggiamento. Difguftata era la Corte di Spagna con quella di Francia per la Principeffa rimandata a Madrid. Più grave ancora fi conofceva la difcordia fua con quella d'Inghilterra a cagion di Minorica e Gibilterra. Un altro affare fturbò la buona armonia fra Cefare e gli Anglollandi. Imperciocchè l'Intereffe, cioè il primo mobile del Gabinetto de' Regnanti, avea fervito a i Configlieri Cefarei per indurre l'Augufto *Carlo VI.* ad iftituire, o pure ad approvare una grandiofa Compagnia di Commerzio in Oftenda: il qual progetto fe foffe andato innanzi, minacciava un colpo mortale al Commerzio dell' Inghilterra ed Ollanda. Pretendeano quelle Potenze un sì fatto iftituto contrario a i patti delle precedenti Leghe, tacciando anche d'ingratitudine fua Maeftà Cefarea, che aiutata da tanti sforzi di gente e danaro d'effe Maritime Potenze per recuperar la Fiandra, fi voleffe poi valere della medefima conquifta in fommo loro danno e fvantaggio. Ma i Miniftri di Vienna, ficcome partecipi delle rugiade, provenienti da Oftenda, teneano faldo il buon Imperadore nel foftegno di quella Compagnia. Se n'ebbe ben egli col tempo a pentire. Per opporfi dunque al profeguimento di quella Compagnia, fi formò in Hannover nel 1725. una Lega fra la Francia, Inghilterra, e Pruffia, a cui pofcia fi accoftarono anche gli Ollandefi. S'era all'incontro l'Augufto Carlo maggiormente ftretto col Re di Spagna. Aveano in quefti tempi gl'Inglefi con una fquadra de' lor Vafcelli fequeftrata in Porto Bello la Flotta, che dovea portare i tefori in Ifpagna. Da tale oftilità commoffi gli Spagnuoli, oltre all'efferfi impadroniti del ricchiffimo Vafcello Inglefe, chiamato Principe Federigo, andarono a mettere nel Febbraio di queft'Anno l'affedio a Gibilterra. Gran vigore moftrarono gli offenfori, ma molto più i difenfori: laonde perchè non appariva apparenza di fottomettere quella Piazza, e perchè intanto furono fottofcritti in Parigi alcuni Preliminari di aggiuftamento fra i Potentati Criftiani, al che fpezialmente s'era

Era Volg.
Ann. 1727.
s'erano affaticati i Ministri del Papa, e più de gli altri *Monsignor Grimaldi* Nunzio Pontifizio in Vienna : quell'assedio dopo
alcuni Mesi inutilmente spesi terminò in nulla. Venne intanto
nel dì 22. di Giugno a mancar di vita, colpito da improvviso
accidente verso Osnabruk nel passare ad Hannover *Giorgio I.*
Re della gran Bretagna, e a lui succedette in quel Regno, concordemente ricevuto da que' Parlamenti, *Giorgio I I.* Principe
di Galles, suo Primogenito.

STAVA attento ad ogni spirar d'aura in quelle parti il Cattolico Re *Giacomo III. Stuardo*; e verisimilmente isperanzito,
che avesse in Inghilterra per la morte di quel Regnante da
succedere qualche cangiamento in suo favore, all'improvviso
si partì da Bologna, e passò in Lorena, con ridursi poscia ad
Avignone. Scandagliati ch'egli ebbe gli affari dell'Inghilterra,
trovò preclusa ogni speranza a i propri; e però quivi fermò i
suoi passi. Aveva egli lasciati in Bologna i due Principi suoi
Figli; e giacchè in fine s'era ridotto ad allontanare dal suo
servigio il Lord Eys, e sua Moglie: la Regina *Clementina Sobiefchi*, configliata dal Papa e da i più saggi Porporati, alla
metà del Mese di Luglio sen venne a quella Città, dove abbracciò i Figli con tal tenerezza, che trasse le lagrime da gli
occhi di tutti gli astanti. Fermossi ella dipoi in essa Città,
attendendo continuamente alle sue divozioni, giacchè per le
visite e per li divertimenti non era fatto il suo cuore. Passava
questa santa Principessa le giornate intere in orazione davanti
il Santissimo Sacramento. Nel Novembre di quest'Anno venne
in Italia il *Principe Clemente* Elettor di Colonia, Fratello dell'
Elettor di Baviera, e della Gran Principessa di Toscana *Violante*, con animo di farsi consecrare Arcivescovo dal Pontefice
Benedetto XIII. Per cagion dell'etichetta Romana non trovava
la di lui Dignità i suoi conti nel portarli fino a Roma. L'umi-
lissimo Santo Padre, tuttochè dissuaso da i sostenitori del decoro Pontificio, pure non ebbe difficultà di passar egli a Viterbo,
per ivi consecrare quel Principe. Riuscì maestosa la funzione,
e corsero suntuosi regali dall'una e dall'altra parte; ma senza
paragone superiori furono quei dell'Elettore, perchè consistenti in sei Candelieri d'oro arricchiti di pietre preziose; in
una Croce d'oro; in una Corona di grosse perle Orientali, i
cui Pater Noster erano di smeraldi incastrati in oro; in una
Croce di diamanti di gran valore; e in una Cambiale di ven-

tiquat-.

tiquattro mila Scudi per le fpefe del viaggio del Santo Padre.
Altri prefenti toccarono alla Famiglia Pontifizia. Pafsò dipoi
elfo Elettore colla Principeffa Violante a Napoli, per vedere le
rarità di quella Metropoli, e di là venne dipoi ad ammirar le
impareggiabili di Roma. Due Padri Carmelitani Scalzi avea lo
fteffo Pontefice, o pure il fuo Predeceffore, inviati ne gli Anni addietro alla Cina con ricchi donativi e Lettere all'Imperadore di quel vafto Imperio. Riportarono effi nel prefente Anno due Rifpofte di quel Regnante al Papa, accompagnate da
una bella lifta di Donativi, confiftenti nelle cofe più rare e fti-
mate di que' paefi.

Con fommo difpiacere in tanto udiva il buon Pontefice le
rifoluzioni prefe dall'Imperadore di concedere Parma e Piacenza all' *Infante Don Carlo*, come Feudi Imperiali, in grave pregiudizio de i diritti della Santa Sede, che per più di due Secoli avea goduto pubblicamente il fovrano dominio e poffeffo di
quegli Stati. Intimò pertanto al nuovo Duca *Antonio Farnefe*
di prenderne fecondo il folito l'Inveftitura dalla Chiefa Romana. Ma ritrovoffi quefto Principe in un duro imbroglio, perchè nello fteffo tempo anche da Vienna gli veniva ordinato di
preftare omaggio per effo Ducato a Cefare, da cui fi pretendea di dargli l'Inveftitura. Fu poi cagione quefto vicendevole ftrettoio, che il Duca non la prefe da alcuno. Fece perciò
varie protefte la Corte di Roma; e all'incontro più forte che
mai feguitò l'Imperadore a foftener quegli Stati, come membri del Ducato di Milano. E perciocchè nell'Anno 1720. avea
Papa Clemente X. fatto efporre al pubblico due Libri, conte-
nenti le ragioni della Chiefa Romana fopra Parma e Piacenza:
in queft' Anno parimente comparve alla luce un groffo Volu-
me, che comprendea le oppofte ragioni dell'Imperio fopra
quelle Città, dove oltre al vederfi rivangati i principj del
dominio Pontifizio nelle medefime, fi venne anche a fcoprire,
che i Duchi *Ottavio*, ed *Aleffandro Farnefi* aveano riconofciuto fopra Piacenza i diritti dell'Imperio, e del Re di Spagna,
Padrone allora di Milano. Non baftò al faggio Imperadore
Carlo VI. di aver procacciata a i fuoi fudditi di Napoli, Sicilia, e Triefte una fpezie d'amicizia o Tregua co i Corfari di
Tripoli e Tunifi. Rinforzò egli i fuoi maneggi per iftabilire
un fimile accordo col Dey e Reggenza d'Algieri, cioè co i più
poderofi e dannofi Corfari del Mediterraneo, valendofi dell'in-
ter-

terposizione della Porta Ottomana amica. Si fecero coloro tirar ben bene gli orecchi prima di cedere, perchè pretendeano
che l'Imperadore facesse anch'egli desistere dall'andare in
corso i Maltesi. Se ne scusò Cesare, con dire di non aver padronanza sopra quell'Isola, e molto meno sopra de' Cavalieri
Gerosolimitani. Finalmente nel dì otto di Marzo dell'Anno
presente si stipulò in Costantinopoli l'Accordo suddetto, per
cui spezialmente gran festa ne fece la Città di Napoli, benchè prevedessero i saggi, che poco capitale potea farsi d'una
Pace con gente perfida, e troppo ghiotta di quell'infame mestiere. Cominciarono in fatti a verificarsi nell'Anno seguente
queste predizioni.

MA nel dì 7. di Novembre si cangiò in pianto tutta l'allegrezza de'Napoletani. Perciocchè dopo avere il Vesuvio gittato per due giorni delle continue fiumane di bitume infocato,
verso la sera del dì suddetto con orribili tenebre s'oscurò il
Cielo, e dopo un terribile strepito di tuoni e fulmini, cadde
per lo spazio di quattro ore una sì straordinaria pioggia, che
recò gravissimi danni e sconcerti a quella Città e al suo territorio. Quasi non vi fu Casa, che non restasse inondata da sì
esorbitante copia d'acqua, con lasciar tutte le Cantine e luoghi sotterranei ripieni d'acqua e di fango; e non se ne andò
esente Chiesa alcuna. Dalla montagna scendevano furiosi i
torrenti, che atterrarono gran numero di case e botteghe, seco menando gli alberi divelti dal suolo, e i mobili della povera gente. Gli Acquedotti e canali tutti rimasero riempiuti
di terra. Immenso ancora fu il danno, che ne patì la Città
d'Aversa colle Terre di Giuliano, Piamura, Paretta, ed altre.
Se abbondano di delizie quelle contrade, a dure pensioni ancora son elleno suggette. Gloriosa memoria lasciò in quest'
Anno lo zelantissimo Pontefice *Benedetto XIII.* con una sua Bolla del dì 12. d'Agosto, in cui severamente proibì per tutti i
suoi Stati il già introdotto ed affittato Lotto di Genova, Napoli, e Milano, gran voragine delle sostanze de' mortali poco
saggi, e troppo corrivi; e ciò per avere la Santità sua cono-
sciuti gli enormi disordini, che ne provvenivano per le tante
superstizioni, frodi, rubamenti, vendite dell'onestà, e impo-
verimento delle Famiglie. E perchè ciò non ostante, alcuni
poco curanti delle pene spirituali e temporali, osarono poscia
di continuar quello Giuoco, contra d'essi procedè la Giustizia,

con-

condennandoli al remo , nè poterono ottenere remiſſione dal
Papa, riſoluto di voler liberare i ſuoi Popoli da ſanguiſuga cotanto maligna . La borſa Pontificia ne patì , ma crebbe la gloria di queſto ſanto Pontefice .

Anno di CRISTO 1728. Indizione VI.
  Di BENEDETTO XIII. Papa 5.
  Di CARLO VI. Imperadore 18.

FINALMENTE nel dì quinto di Febbraio dell'Anno preſente
con molta ſolennità in Modena ſeguì lo Spoſalizio della
Principeſſa *Enrichetta d'Eſte* con *Antonio Farneſe* Duca di Parma , di cui fu Mandatario il Principe Ereditario di Modena
Franceſco Fratello d'eſſa. Dopo molti nobili divertimenti s'inviò la novella Ducheſſa nel dì ſettimo alla volta di Parma ,
dove trovò preparate ſuntuoſe feſte pel ſuo ricevimento. Chiarito ormai il Re Cattolico *Giacomo III.* della tranquillità , che
ſi godeva in Inghilterra , e non eſſervi apparenza, che alcun
vento propizio ſi ſvegliaſſe in ſuo favore, ſul principio del Gennaio di queſt'Anno ſi reſtituì a Bologna. Videſi allora la ſoſpirata riunione di lui colla Regina *Clementina* ſua Conſorte,
la cui incomparabil Pietà e Divozione non meno ſtupore , che
tenerezza cagionava in tutto quel Popolo . E ben ebbe la Città di Bologna motivi di grande allegrezza in queſti tempi ,
per avere il Sommo-Pontefice *Benedetto XIII.* nel dì 30. di
Aprile pubblicato per uno de'Cardinali riſerbati in petto Monſignor *Proſpero Lambertini* Arciveſcovo di Teodoſia , Veſcovo
d'Ancona, Segretario della Congregazion del Concilio, e Pro-
motor della Fede , di nobile ed antica Famiglia Bologneſe,
Prelato d'inſigne ſapere, ſpezialmente ne'ſacri Canoni, e nell'
Erudizione Eccleſiaſtica . Nel qual tempo ancora fu promoſſo
alla ſacra Porpora il Padre *Vincenzo Lodovico Gotti* , parimente
Bologneſe, eletto già Patriarca di Geruſalemme, e Teologo rinomato per varj ſuoi Libri dati alla luce. Noi vedremo andando innanzi portato il primo d'eſſi dal raro ſuo merito alla Cattedra di San Pietro.

DURAVA tuttavia la ſpinoſa pendenza fra la Corte Pontifizia e quella di Lisbona , per la pretenſione moſſa da quel Re
di voler promoſſo alla Dignità Cardinalizia il Nunzio Apoſtolico *Bichi*, prima che egli ſi partiſſe da Lisbona, e ne'preſenti

tempi maggiormente fi vide incalzato il Santo Padre da i Miniftri Portoghefi su quefto punto. A tante preffure di quel Re, ftranamente forte in ogni fuo impegno, avrebbe facilmente condifcefo il buon Pontefice, ficcome quegli, che cercava la Pace con tutti. Ma coftituita fopra quefto affare una Congregazion di Cardinali, alla tefta de' quali era il *Cardinal Coradini* uomo di gran petto, fu rifoluto di non compiacere quel Monarca, perchè niuno metteva in difputa, che il Principe poffa; quando e come vuole, richiamare i fuoi Miniftri dalle Corti altrui; nè fi dovea permettere un efempio di tanta prepotenza in pregiudizio dell'avvenire. A tal determinazione il manfueto Pontefice fi accomodò, ed attefe più che mai a dar nuovi Santi alla Chiefa di Dio, e ad efercitarfi nelle confuete fue azioni Paftorali. Ma fe n'ebbe forte a dolere il Popolo Romano, perchè tanto il *Cardinal Pereira*, che l'Ambafciatore di quel Re, e i Prelati Portoghefi, anzi qualfivoglia perfona di quella Nazione, ebbero ordine di levarfi da Roma, e da tutto lo Stato Ecclefiaftico, e di tornarfene in Portogallo. Il che fu efeguito, feccandofi con ciò una ricca fontana d'oro, che fcorrea per tutta Roma. Parve poco quefto allo fdegnato Re. Comandò, che ufciffe de'fuoi Stati *Monfignor Firrao*, da lui non mai riconofciuto per Nunzio, nè volle lafciar partire *Monfignor Bichi*, tuttochè chiamato coll'intimazion delle Cenfure in cafo di difubbidienza, e defiderofo di ubbidire. Oltre a ciò nel Mefe di Luglio vietò a chiccheffia de i fuoi Sudditi il mettere piede nello Stato Ecclefiaftico, il cercar Dignità o Benefizj della Santa Sede, il mandare o portar danaro a Roma: con che reftò affatto chiufa la Nunziatura e Dateria per li fuoi Stati. Finalmente cacciò dal fuo Regno ogni Italiano fuddito del Papa, con proibizione, che alcun d'effi non entraffe ne' fuoi territorj. Altro ripiego non ebbe la Corte Romana, per tentare un rimedio a quefta turbolenza, che di raccomandarfi all'interpofizione del piiffimo Re Cattolico *Filippo V.* ftante la buona armonia di quella Corte colla Portoghefe a cagion del doppio Matrimonio ftabilito fra loro.

IN mezzo nondimeno a sì fatti imbrogli Dio fece godere un' indicibil confolazione per altra parte al fauro Pontefice. Siccome uomo di Pace non avea ommeffo ufizio o diligenza alcuna in addietro, per vincere l'animo del *Cardinal di Noaglies* Arcivefcovo di Parigi, finquì pertinace in non volere

accet-

accettare la Bolla *Unigenitus*. Finalmente cotanto poterono
in cuore di quel Porporato le amorose esortazioni del buon
Pontefice, e il concetto della di lui Santità, e l'aver questi
dichiarato, che la dottrina d'essa Bolla non contrariava a quella di Santo Agostino : che il Cardinale s'indusse ad abbracciar-
la. Per l'allegrezza di questa nuova, e di una Lettera tutta
sommessa di quel Porporato, non potè il santo Padre contene-
re le lagrime, e non finì l'Anno, ch'egli annunziò nel sacro
Concistoro questo trionfo della Chiesa, per cui il Noaglies fu
ristabilito in tutti i suoi diritti e preminenze. Due nobili Bolle, e molte Provvisioni pubblicò nell'Anno presente l'indefesso
Pontefice pel buon regolamento della Giustizia, a fin di troncare il troppo pernicioso allungamento delle liti, e levare molti altri abusi del Foro, de gli Avvocati, Proccuratori, Notai,
ed Archivj : regolamenti, i quali sarebbe da desiderare, che
si stendessero ad ogni altro paese, e quel che più importa, che
si osservassero ; perciocchè ordinariamente non mancano buone
Leggi, ma ne manca l'osservanza, e chi abbia zelo per questo. Da molti anni si trovavano in grande scompiglio i Tribunali Ecclesiastici della Sicilia a cagion di quella appellata Monarchia, abolita da Papa *Clemente XI*. Facea continue istanze
l'Imperador *Carlo VI*. che si mettesse fine a questo litigio ;
e il Santo Padre amantissimo della Concordia con ognuno, vi
condiscese con pubblicare nel dì 30. d'Agosto una Bolla e Con-
còrdia, che risecò gli abusi introdotti in quel Regno, e prescrisse la maniera di trattar quivi e definir le cause Ecclesiastiche in avvenire.

COMPARVERO in questi tempi i Potentati Cristiani dell'Europa tutti vogliosi di stabilire una Pace universale. La sola
Spagna quella era, che teneva questo gran bene pendente
per le sue pretensioni contro gl'Inglesi, e per alcune difficultà nell'effettuare quanto era stato accordato all'*Infante Don
Carlo*, spettante alla successione in Italia della Toscana e di
Parma e Piacenza. Non la sapeva intendere il Gran Duca
Giovanni Gastone, che vivente lui s'avesse a mettere presidio
straniero ne' suoi dominj, e ricalcitrava forte. Ma da che
furono accordati i Preliminari della Pace, l'Augusto *Carlo VI*.
nel dì 13. d'Aprile rilasciò ordini vigorosi, comandando a i
Popoli della Toscana di ricevere è riconoscere il suddetto *Don
Carlo* per Principe Ereditario, e di prestargli quella sommes-

sione

Era Volg.
Ann. 1728.
fione ed ubbidienza, che occorreva, fenza pregiudizio del vi-. vente Gran Duca, affinchè finendo la linea mafculina de i Gran Duchi, foffe ficuro il Real Principe di prenderne il pieno defiderato poffeffo, caffando intanto la difpofizione fatta di quegli Stati dal Gran Duca *Cofimo III.* in favore della Vedova *Elettrice Palatina* fua Figlia. In vigore dunque di tali premure fi aprì dipoi un Congreffo de' Plenipotenziarj di tutte le Potenze in Soiffons, per ifmaltire ogni altro punto concernente la progettata Pace, avendo il *Cardinale di Fleury*, primo Miniftro del Re di Francia, defiderato quel Luogo vicino a Parigi per teatro di sì importante affare, a fine di potervi intervenire anch'egli in perfona, e recare più poffente influffo alla concordia. Il bello fu, che que' Miniftri più fi lafciavano vedere alle Conferenze in Parigi, che in Soiffons, per minore incomodo del Cardinale, Direttor d'ogni rifoluzione. Fu in quefti tempi dall' Imperadore dichiarata Meffina Porto Franco con fommo giubilo di quegli abitanti. E nel dì 26. di Agofto diede fine al fuo vivere *Anna Maria* Regina di Sardegna, Figlia di *Filippo* Duca *d'Orleans*, cioè del Fratello di *Lodovico XIV.* Re di Francia, e Moglie del Re *Vittorio Amedeo*, in età di cinquantanove anni. Aveva ella vedute due fue Figlie Regine di Francia e di Spagna.

Anno di CRISTO 1729. Indizione VII.
Di BENEDETTO XIII. Papa 6.
Di CARLO VI. Imperadore 19.

L'ATTENZIONE di tutta l'Italia, anzi di tutta l'Europa, fu in queft' Anno rivolta al Congreffo di Soiffons, che dovea decidere della pubblica tranquillità, e ftabilir la fucceffione dell' *Infante Don Carlo* nella Tofcana e in Parma e Piacenza. Ma fi venne fcoprendo, che Soiffons era una fantafima di Congreffo, e che il vero Laboratorio, dove fi lambiccavano le rifoluzioni Politiche per la Pace, ftava nel Gabinetto di Francia, e molto più in quello del Re Cattolico. Videfi queft' ultimo Monarca con tutta la fua Corte incamminato a Badajos, dove a i confini del Portogallo fi fece il cambio delle Principeffe d'Afturias e del Brafile: nella quale occafione indicibil fu la pompa e la funtuofità, delle fefte. Ciò fatto, la Corte Cattolica ,, tirandofi dietro gli Ambafciatori ed Inviati de'

Era Volg.
Ann. 1729.

de' Principi, pafsò a Siviglia, a Cadice, e ad altri Luoghi, trattenendofi in quelle parti per tutto l'Anno prefente con gravi doglianze della Città di Madrid. E intanto, mentre ognun fi afpettava il lieto avvifo della Pace, altro non fi mirava, che preparamenti di Guerra: sì grandiofo era l'armamento di Vafcelli Spagnuoli, e l'accrefcimento delle truppe in quel Regno, talmente che da un dì all'altro fembrava imminente un nuovo affedio di Gibilterra. Non faceva di meno dal canto fuo *Giorgio II.* Re della Gran Bretagna, coll'adunare una potente e difpendiofa Flotta, non fenza richiami di quella fazione del Parlamento, che non intendeva le fegrete ruote del Miniftero, nè qual forza abbia per ottener buona Pace l'effere in iftato di far gagliarda Guerra. Quafi per tutto il prefente Anno fi andarono mafticando ne' Gabinetti le vicendevoli pretenfioni, nè Anno mai fu, in cui tante faccende aveffero i Corrieri, come nel prefente. Andò pofcia a terminar quefto conflitto di tefte politiche principalmente in gloria e vantaggio della Corona di Spagna, che per lungo tempo diede non folo la corda alle altre Potenze, ma anche in fine la legge alle medefime, con ritardare più e più Mefi la diftribuzion della Flotta dell'Indie, felicemente giunta in Ifpagna, in cui tanto intereffe aveano i Mercatanti d'Italia e d'altre Nazioni. Finalmente nel dì nove di Novembre venne fottofcritto in Siviglia un Trattato di Pace e Lega difenfiva fra i Re di Francia, Spagna, ed Inghilterra, in cui feffeguentemente nel dì 21. d'effo Mefe concorfero anche le Provincie Unite. Allorchè faltò fuori quefta Concordia, inarcarono le ciglia gli sfaccendati Politici al vedere, che non fi parlava dell'Imperadore; e che la Spagna dianzi Collegata con effo, s'era gittata nel partito della Lega d'Hannover. Tanto romore s'era fatto da gl'Inglefi, affinchè il Re Cattolico chiaramente cedeffe le fue ragioni e diritti fopra Minorica e Gibilterra; pure nulla fi potè ottenere di quefto: il che nondimeno non ritenne il Re d'Inghilterra dall'abbracciar quell'accordo, giacchè in vigor della pace di Utrecht, tali acquifti erano autorizzati in favor de gl'Inglefi, e il Re Cattolico accettava in effo accordo le precedenti Paci. Tralafciando io gli altri punti, folamente dirò, efferfi ivi ftabilito, che per afficurare la fucceffione dell'Infante Don Carlo in Tofcana, Parma, e Piacenza, fi aveffero da introdurre non più Svizzeri, ma fei mila foldati Spagnuoli in Livorno, Porto

Fer-

Ferraio, Parma, e Piacenza, con patto che tali truppe giu-
raffero fedeltà a i Regnanti Gran Duca, e Duca di Parma e
Piacenza, e con obbligarfi la Francia e l'Inghilterra di dar
tutta la mano per l'effettuazione di quefto Articolo, tacitamente facendo conofcere di voler ciò efeguire anche contro
la volontà di Cefare. Ed ecco il motivo, per cui la Corte Cefarea ricusò di entrare nel Trattato fuddetto di Siviglia, giacchè nelle precedenti Capitolazioni era ftabilito, che le guernigioni fuddette foffero di Svizzeri, e non d'altra Nazione parziale. Probabilmente ancora provò il Conte di Koningfegg
Plenipotenziario Cefareo in Ifpagna della ripugnanza a concorrere in quell'accordo, perchè non vide riconofciuti quegli Stati per Feudi Imperiali, come portavano i precedenti Patti.
Certamente non fi legge in effo Trattato parola, che indichi
fuggezione all'Imperial Dominio. Nè fi dee tacere, che appunto per quefto la Corte di Roma tentò di prevalerfi di tal
congiuntura, per far valere le fue ragioni fopra Parma e Piacenza, fenza nondimeno efferfi finora offervato, ch'ella abbia
guadagnato terreno. Ora il Miniftero di Vienna reftò non poco amareggiato, perchè il Re Cattolico aveffe dimenticato
così prefto l'obbligata fua fede nel Trattato di Vienna del 1725.
con alterare in condizioni così importanti il tenore d'effa, e
declamava contro quefta sì facile infrazione de'pubblici Trattati e Giuramenti. Per confeguente ricusò quella Corte di aderire al Trattato di Siviglia; ma non lafciarono per quefto i
Collegati contrarj d'Hannover di far tutte le difpofizioni, per
condurre in Italia Don Carlo, ad onta ancora dell'Imperadore; maneggiandofi intanto, perchè il Gran Duca *Gian-Gaftone*,
ed *Antonio Farnefe* Duca di Parma, accettaffero di buona voglia
le guernigioni Spagnuole.

Non poterono nè pure in quest'Anno i Cardinali ritenere
il fommo Pontefice *Benedetto XIII.* ch'egli nella Primavera
non ritornaffe a Benevento, per far ivi le funzioni della Settimana fanta e di Pafqua. L'amore d'effo Santo Padre verfo
quella Città, anzi verfo tutti i Beneventani paffava all'efor-
bitanza; e tanta copia di quella gente s'era introdotta in Roma, fempre intenta alla caccia di pofti, di grazie, e di Benefizj, che lieve non era la mormorazione per quefto. Reftituiffi
dipoi nel dì dieci di Giugno la Santità fua a Roma, ed attefe
per tutto il refto dell'Anno alle folite funzioni Ecclefiaftiche,

e alle

e alle confuete opere di Pietà, e a canonizzàr Santi. Da Bologna parimente ritornarono a Roma i Cattolici Re e Regina
d'Inghilterra in buon accordo, ed ivi fiffarono di nuovo il loro foggiorno. In effa Roma, in Genova, ed altre Città, dove
fi trovavano Miniftri pubblici della Corte di Francia, fontuofe
fefte fi videro folennizzate per la tanto defiderata e già compiuta nafcita di un Delfino, accaduta nel dì quarto di Settembre
dell'Anno prefente : Principe, che oggidì fiorifce, e grande
efpettazione dà a i fuoi Popoli per la felicità del fuo talento.
Si fecero in tal congiuntura quafi diffi pazzie di tripudj ed allegrezze per tutto quel Regno, e fino i più poveri paefi sfog-
giarono in dimoftrazioni di giubilo : tanto è l'amore inveterato
di que' Popoli verfo i loro Monarchi. Sopra tutto in Roma il
Cardinale di Polignac fi tirò dietro l'ammirazione d'ognuno
per la magnificenza delle fefte e delle invenzioni, colle quali
celebrò la nafcita di quefto Principino. Troppo era portato alla beneficenza e alle grazie il generofo e difintereffato animo
del Pontefice *Benedetto XIII.* Di quefta fua nobile, ma talvolta non affai regolata inclinazione fapeva anche profittare
qualche fuo Miniftro, non fenza lamenti de gli zelanti, che
miravano efaufto l'erario Pontifizio, e accrefciuti gli aggravj
alla Camera Apoftolica, in guifa tale che fi rendevano oramai fuperiori le fpefe alle rendite annue della medefima. Non
era quefto un infolito malore. Anche fotto altri precedenti
Papi, o per neceffità occorrenti, o per capricci e fabbriche de'
Regnanti, o per l'avidità de' non mai contenti Nipoti, fovente sbilanciavano i conti in pregiudizio della medefima Camera. Al difordine de' debiti fatti fi rimediava col facile ripiego di crear nuovi Luoghi di Monti e Vacabili : con che vennero crefcendo i tanti milioni di debiti, de' quali anche oggidì
fi truova effa Camera gravata. Ne' tempi del Nepotifmo niuno ardiva di aprir bocca; ma fotto sì umile Pontefice animofamente i Miniftri Camerali vollero nel Mefe di Aprile rapprefentar lo ftato delle cofe, affinchè dal di lui buon cuore
non fi aggiugneffero nuove piaghe alle precedenti. Gli fecero
dunque conofcere, che prima del fuo Pontificato l'entrata annua della Camera per Appalti, Dogane, Dateria, Cancelle-
ria, Brevi, Spogli, ed altre rendite, afcendeva a due milioni, fettecento fedici mila, e feicento cinquanta Scudi, dico Scudi 2716650. Le fpefe annue, computando i frutti
de'

de' Monti, Vacabili, Prefidj, Galere, Guardie, mantenimento del facro Palazzo, de' Nunzj, Provifionati &c. folevano afcendere a due milioni, quattrocento trentanove mila, e trecento
otto Scudi, dico Scudi 2439308. laonde la Camera reftava annualmente in avanzo di Scudi 277342. Ma avendo effo Pontefice abolito un aggravio fulla carne, e il Lotto di Genova,
creati due mila Luoghi di Monti, accordate non poche efenzioni, e diminuzioni ne gli Appalti, [fatti fenza le folite folennità] affegnati o accrefciuti falarj a i Prefetti delle Congregazioni, Legati, Tribunali, Prelati, ed altre perfone, con
altre fpefe, ch'io tralafcio: veniva la Camera a fpendere più
de' tempi addietro Scudi trecento ottantrè mila, e fecento ot-
tantafei, dico Scudi 383686. e però reftava in uno sbilancio
di circa Scudi cento venti mila per anno. Però fi fcorgeva la
neceffità di moderar le fpefe, e di ordinare un più fedele maneggio de gli effetti Camerali, tacitamente infinuando le truf-
ferie di chi fi abufava della facilità del Papa; poichè altrimenti facendo, conveniva imporre nuove gabelle, dal che era sì
alieno il pietofo cuore del Pontefice; o pur fi vedrebbe incagliato il pagamento de' frutti de' Monti: il che farebbe una
forgente d'innumerabili lamenti e mormorazioni, fcreditereb-
be di troppo la Camera, e fommamente intorbiderebbe il pubblico commerzio. Qual buon effetto produceffe quefta rimo-
ftranza, converrà chiederlo a gl' intendenti Romani: io non
ne fo dire di più.

Occorse in queft' Anno nel dì 12. d'Agofto un terribil Fe-
nomeno nel Ferrarefe di là da Po. Dopo le vent' ore cominciò
ad apparire fopra la Terra di Trecenta ed altre Ville contigue il Cielo tutto ricoperto di folte nubi nere e verdi con alquante ftrifcie come di fuoco in mezzo ad effe. Dopo la caduta di una gragnuola, due contrarj venti impetuofiffimi fi levarono, che fpinfero le nuvole a terra, e fecero come notte,
ufcendone fuoco, che fi attaccò a qualche cafa e fenile, e ca-
gionando un fumo denfo e roffigno, che riempiè di tenebre e
d'orrore tutto quel tratto di paefe per dodici miglia fino a
Caftel Guglielmo. Il principal danno provenne dalla furia im-
petuofa del vento, che atterrò in Trecenta circa cento ventotto cafe, colla morte di molte perfone; portò via il tetto e le
fineftre della Parrochiale; troncò il Campanile d'un Oratorio,
e fece altri lagrimevoli danni. Per la campagna fi videro portati

tati via per aria i tetti di molti fenili, e fino uomini, carra, e
buoi, trovati per iftrada o al pafcolo, alzati da terra, e furiofamente trafportati ben lungi. Immenfa fu la quantità de
gli alberi d'ogni forta, che rimafero fvelti dalle radici, o tron-
cati all'altezza d'un uomo, e fpinti fuori del loro fito. Di quefta funeftiffima, e non mai più provata fciagura, participarono le Ville di Cenefelli, di Maffa di fopra, e d'altri Luoghi
di que' contorni, i cui miferi abitanti fi crederono giunti alla
fine del Mondo. Trovoffi in quefti tempi il Gran Duca di Tofcana in gravi imbrogli a cagion del Trattato di Siviglia, perchè pulfato dall'una parte dalla Spagna e da gli Alleati di Hannover, per ammettere le guarnigioni di *Don Carlo* nelle fue
Piazze, e dall'altra battuto da contrarie Maffime, e pretenfioni della Corte Imperiale. Nel dì 19. d'Aprile dell'Anno prefente per impenfato accidente mancò di vita *Antonio Ferdinan-*
do Gonzaga Duca di Guaftalla e Principe di Bozzolo fenza prole, e a lui fuccedette *Giufeppe Maria* fuo Fratello, benchè
poco atto al governo.

Anno di CRISTO 1730. Indizione VIII.
  Di CLEMENTE XII. Papa 1.
  Di CARLO VI. Imperadore 20.

PER tutto quefto Anno ftette l'Italia in un molefto combattimento fra timori di guerra, e fperanze di pace.
Non fapea digerire l'Augufto *Carlo VI.* che dopo avere la
Spagna, e tutti gli altri Alleati d'Hannover ne' folenni precedenti Trattati riconofciuto per Feudi Imperiali la Tofcana,
Parma e Piacenza, e ftabilita la qualità de' prefidj, aveffero
poi nel Trattato di Siviglia difpofto altrimenti di quegli Stati
fenza il confenfo della Cefarea Maeftà fua. Non già ch'egli
negaffe, o intendeffe d'impedire la fucceffione dell' *Infante Don*
Carlo in que' Ducati; ma perchè pretendeva di ammettervelo
nella maniera prefcritta concordemente dalla quadruplice Alleanza. E perciocchè crefcevano le difpofizioni del Re Cattolico *Filippo V.* e delle Potenze Maritime, per introdurre effo
Infante in Tofcana, fi cominciò a vedere un contrario apparato dalla parte dell'Imperadore, per opporfi a tal difegno. In
fatti ecco a poco a poco calare in Italia circa trenta mila Alemanni, che fi ftefero per tutto lo Stato di Milano e di Man-

Tomo XII.   X   tova

tova con aggravio confiderabile di que' paefi. Ne fu deftinato Generale il *Conte di Mercy*. Alcune ancora migliaia d'effi paffarono ad accamparfi nel Ducato di Maffa e nella Lunigiana, per effere alla portata di faltare in Tofcana, qualora fi tentaffe lo sbarco delle truppe Spagnuole. Non lafciò indietro diligenza alcuna il Gran Duca *Gian-Gaftone*, per efimere i fuoi Stati dall'ingreffo dell'armi ftraniere; e perchè l'Imperadore con pretendere di non effere più tenuto ad offervare gl'infranti primieri Trattati, fece vigorofe iftanze, affinchè effo Gran Duca prendeffe da lui l'Inveftitura di Siena, bifognò accomodarfi, benchè con ripugnanza a tal pretenfione. A fommoffa eziandio della Corte di Vienna, effo Gran Duca dichiarò al Miniftro di Spagna di non poter acconfentire all'ingreffo delle truppe Spagnuole ne'fuoi Stati. Non fapevano intendere i Politici, come il folo Imperadore prendeffe a far fronte a tante Corone Collegate, maffimamente trovandofi egli fenza Flotte per foftener Napoli e Sicilia. Ma o fia, che la Corte di Vienna fi faceffe forte ful genio del *Cardinale di Fleury*, primo Miniftro di Francia, inclinato non poco alla Pace; o pure, che fperaffe col màneggio de' Miniftri nelle Corti, e nella forza de' fuoi guerrieri apparati, di ridurre gli Alleati a condizioni più convenevoli all'Imperial fua Dignità: certo è, ch'effo Augufto animofamente procedè nel fuo impegno; fpinfe non poche truppe ne'Regni ancora di Napoli e Sicilia; fece quivi, e nello Stato di Milano ogni poffibil preparamento di fortificazioni e munizioni per difefa ed offefa, come fe foffe la vigilia d'una indifpenfabil guerra. Pafsò nondimeno tutto il prefente Anno fenza che fi fguainaffero le fpade, ma con batticuore di ognuno per quefta fluttuazione di cofe.

GIUNSE intanto alla meta de'fuoi giorni il buon Pontefice *Benedetto XIII.* Il dì 21. di Febbraio quel fu, che il fece paffare ad una vita migliore nell'Anno ottantuno di fua età, dopo un Pontificato di cinque anni, otto mefi, e ventitrè giorni. Tali Virtù erano concorfe nella perfona di quefto Capo vifibile della Chiefa di Dio, che era riguardato qual Santo, e tale fi può piamente credere, ch'egli comparisse a gli occhi di Dio. Pari non ebbe la fomma fua Umiltà, più ftimando egli d'effer povero Religiofo, che tutta la gloria e maeftà del Romano Pontificato. Nulla cercò egli per li fuoi Parenti, ftaccatiffimo troppo dalla carne e dal fangue. Infieme col mirabil

di-

difintereffe fuo accoppiava egli non lieve gradimento di donativi, ma unicamente per efercitare l'ineffabil fua Carità verfo
de' Poverelli. Per quefti aveva una fingolar tenerezza, e fu
veduto anche abbracciarli, confiderando in effi quel Dio, di
cui egli ferbava in terra le veci. Le fue Penitenze, i fuoi digiuni, la fua anche ecceffiva applicazione alle funzioni Ecclefiaftiche, il fuo zelo per la Religione, e tant'altre belle doti e
Virtù, gli fabbricarono una Corona, che non verrà mai meno.
E perciocchè fingolare fu fempre la fua Pietà, la fua probità,
la fua rettitudine, fi videro anche Relazioni di Grazie concedute da Dio per interceffion di quefto fanto Pontefice tanto in
vita, che dopo fua morte. Solamente in lui fi defiderò quell'
accortezza, ch'è neceffaria al buon Governo Politico ed Economico de gli Stati, sì per fapere fcieglíere faggi ed incorrotti Miniftri, e sì per guardarfi dalle frodi e infidie de' cattivi.
Quefto folo mancò alla compiuta gloria del fuo Pontificato,
effendofi trovati i Miniftri della fua maggior Confidenza, che
ftranamente fi abufarono dell'autorità loro compartita, e con
ingannevoli infinuazioni corruppero non di rado le fante intenzioni di lui, attendendo non già all'onore dell'innocente Santo Padre, ma folamente alla propria utilità, e per vie anche
fordidiffime. Nè già è credibile, che i buoni difapprovaffero la
beneficenza di quefto Pontefice verfo le Chiefe del Regno di
Napoli, ch'egli a norma del fanto Pontefice Innocenzo XII.
efentò da gli Spogli; e molto meno l'aver egli proibito il Lotto di Genova, cioè una gran propina della borfa Pontifizia; nè
l'aver vietato, l'imporre penfioni alle Chiefe aventi Cure di
anime, tuttochè poi ceffaffero con lui così lodevoli Coftituzioni; e nè pure altre fimili fue beneficenze. Quello, che non fi
potè fofferire, fu l'avere gli avvoltoi Beneventani intaccata in
varie biafimevoli maniere la Camera Apoftolica, vendute le
Grazie, e favori, contro il chiaro divieto delle facre Ordi-
nanze, e defraudata in troppe occafioni la retta mente del buon
Pontefice, il quale, benchè talvolta avvertito de' loro eceffi,
tentò bene di provvedervi, ma indarno, non effendo mancati
mai artifizj a que' cattivi ftrumenti per far comparire calunnie
le vere accufe.

ORA appena fi feppe avere il buon Pontefice fpirata l'anima, che fi follevò non poca plebe contra de gli odiati Beneventani, incitata, come fu creduto, da mano più alta, allor-

chè vide due Familiari del *Cardinal Coscia* condotti alle pubbliche carceri. Saputosi, che lo stesso Porporato, cioè chi maggiormente avea fatta vendemia sotto il passato Governo con assassinio della Giustizia e delle Leggi più sacrosante, s'era ritirato in un Palagio, corse colà, e minaciollo d'incendio. Ebbe maniera il Coscia di salvarsi, e andò a ritirarsi in Caserta presso di quel Principe. Furono trasportate in Castello Sant' Angelo le di lui argenterie, supellettili e scritture. Accordatogli poscia un Salvocondotto, tornò egli a Roma, e per timore del Popolo nascosamente entrò in Conclave, dove non gli mancarono attestati dello sprezzo universale di lui. Non pochi furono i Beneventani, che colla fuga si sottrassero all'ira del Popolo, e alle ricerche della Giustizia. Si accinse dipoi il sacro Collegio a provveder la Chiesa di Dio d'un nuovo Pastore. Per più di quattro mesi durò la dissensione e il combattimento fra que' Porporati, e videsi con ammirazione di tutti, che oltre alla Fazione Imperiale, e a quella de' Franzesi e Spagnuoli, saltò su ancora la non mai più intesa Fazione de' Savoiardi, Capo di cui era il *Cardinale Alessandro Albani*. Sarebbe da desiderare, che quivi non altro tenessero davanti a gli occhi i sacri Elettori, se non il maggior servigio di Dio, e della Chiesa, e che restasse bandito dal Conclave ogni riguardo od interesse particolare. Per cagion di questo nel maggior auge abbattuti si trovarono i Cardinali *Imperiale*, *Ruffo*, *Corradini*, e *Davia*, che pur erano dignissimi del Triregno. Si trovò sulle prime scavalcato per l'opposizione de' Cesarei anche il *Cardinale Lorenzo Corsini*, di ricca e riguardevol Casa Fiorentina; ma raggruppatosi in fine il negoziato per lui, fu nel dì 12. di Luglio concordemente promosso al sommo Pontificato. Pervenuto all'età di settantanove anni, non lasciava egli d'essere robusto di mente e di corpo: Porporato veterano, ne' pubblici affari, di vita esemplare, e ben fornito di Massime Principesche. Prese egli il nome di *Clemente XII.* in venerazione del gran *Clemente XI.* suo Promotore. Nè tardò egli a far conoscere l'indignazione sua contra del *Cardinale Coscia*, privandolo di voce attiva e passiva, e vietandogli l'intervenire alle Congregazioni. Altri Prelati e Ministri del precedente Pontificato furono o carcerati o chiamati a i conti, come prevaricatori e rei d'avere tradito un Pontefice di tanta integrità, e recato non lieve danno alla Camera Apostolica. Deputò egli

per

per queſto una Congregazione de' più ſaggi e zelanti Cardinaḷi, con ampia autorità di procedere contra di sì fatti tras-greſſori ad eſempio ancora de'poſteri. Vietò al ſuddetto Cardinale di uſcire dello Stato Eccleſiaſtico, e gl'interdiſſe l'eſercizio di tutte le funzioni Arciveſcovili in Benevento, con inſinuargli eziandio di rinunziar quella inſigne Mitra, di cui s'era egli moſtrato sì poco degno. Per queſta ſeverità, e per tanto amore alla Giuſtizia, gran credito ſulle prime s'acquiſtò il novello Pontefice, ſe non che ebbe maniera il Coſcia di ottenere la protezion della Corte di Vienna, che col tempo impedì, ch'egli non foſſe punito a miſura de i ſuoi demeriti.

FRA i più illuſtri Principi, che s'abbia mai avuto la Real Caſa di Savoia, veniva in queſti tempi conceduto il primo luogo a *Vittorio Amedeo* Re di Sardegna, ſiccome quegli, che portando unita inſieme una Mente maraviglioſa, con un raro Valore, e una corriſpondente Fortuna, avea cotanto dilatati i confini de'ſuoi Stati, e portata una Corona e un Regno nella ſua nobiliſſima Famiglia. S'era queſto generoſo Principe, pieno ſempre di grandi idee, ma regolate da una ſingolar Prudenza, tutto dato alla Pace, a far fiorire il commerzio ed ogni Arte nel ſuo dominio, a fortificare le ſue Piazze, ad accreſcere le forze militari, e gl'Ingegneri, e maſſimamente a fabbricare con grandi ſpeſe la quaſi ineſpugnabil Fortezza della Brunetta; e ad abbellire ed accreſcere di abitazioni Torino. Con un Corpo di Leggi avea preſcritto un ſaggio Regolamento alla buona amminiſtrazione della Giuſtizia ne'ſuoi Tribunali, e a molti punti riguardanti il bene de'ſudditi ſuoi. Aveva anche ultimamente atteſo a far fiorire le Lettere col fondare un' inſigne Univerſità, a cui chiamò de i rinomati Profeſſori di tutte le Scienze: nella qual congiuntura con iſtupore d'ognuno levò le Scuole a i Padri della Compagnia di Gesù, e a gli altri Regolari ancora in tutti i ſuoi Stati di qua dal Mare, per iſtabilire una conneſſione e corriſpondenza di Studj fra la Univerſità di Torino, e le Scuole inferiori con un migliore inſegnamento, per tutti i ſuoi Stati d'Italia. Mentre egli era intento ad altre glorioſe azioni, eccolo nel preſente Anno determinarne una, che ben può dirſi la più Eroica e mirabile, che poſſa fare un Regnante. Era queſto ſempre memorabil Sòvrano giunto all' età di ſeſſantaquattro anni, e provava già più d'un incomodo

nella

nella fua fanità per le tante paffate applicazioni della fua mente . Sul principio di Settembre fatto chiamare *Carlo Emma-*
nuele Principe di Piemonte, unico fuo Figlio, a lui fpiegò la
rifoluzione di rinunziargli la Corona , e il fupremo Governo
de'fuoi Stati ; perchè intenzion fua era di ripofare oramai, e
di liberarfi da tutti gl'imbarazzi, per prepararfi pofatamente
alla grand'opera dell'Eternità. Reftò forprefo il giovane Figlio
a quefta propofizione, e per quanto feppe, con gittarfi anche
in ginocchioni, il pregò , quando pure voleffe sgravarfi d'un
pefo, di cui era più la Maeftà fua, che effo Figlio capace, di
dichiararlo folamente fuo Luogotenente Generale, con ritenere
la Sovranità, e il diritto di ripigliar le redini , quando trovaffe
ciò più utile al bifogno de'fudditi. *No* [replicò il Re] *verifi-*
milmente io potrei talvolta difapprovare quel che facefte: però
o tutto, o nulla. Io non vo' penfarvi in avvenire.

CONVENNE cedere alla paterna determinazione e volontà .
E però nel dì terzo del fuddetto Mefe, convocati al Palazzo di
Rivoli i Miniftri, e molta Nobiltà, dopo aver detto, ch'egli
fi fentiva indebolito dall'età, e dalle cure difficili di tanti anni del fuo Governo, rinunziava il Trono al Principe fuo Figlio
amatiffimo, colla foddisfazion di rimettere la fua autorità in
mano di chi era egualmente degno d'effa, che atto ad eferci-
tarla . Aver egli fcelto Sciambery per luogo del fuo ripofo ; e
perciò ordinare a tutti, che da lì innanzi ubbidiffero al Figlio,
come a lor legittimo Sovrano. Di quefta Rinunzia feguirono gli
Atti autentici, e nel giorno appreffo Vittorio Amedeo non più
Re, benchè ognuno continuaffe anche da lì innanzi a dargli il
titolo di Re : andò a fiffare il fuo foggiorno nel Caftello di
Sciambery, con quella fteffa ilarità d'animo, con cui altri fa-
lifcono ful Trono . Un gran dire fu per quefta novità . Chi
immaginò prefa tal rifoluzione da lui , perchè aveffe dianzi
contratto de gl'impegni con gli Alleati di Hannover, e che vedendo crefciute coranto con pericolo fuo l'armi di Cefare nello
Stato di Milano, trovaffe quefta maniera di difimpegnar la fua
fede. Sognarono altri ciò procedutto dall'aver egli fpofata nel
dì dodici del precedente Agofto la Vedova Conteffa di San Sebaftiano della nobil Cafa di Cumiana , Dama di cinquant'anni, per avere chi affettuofamente affifteffe al governo della fua
fanità, e non per altro motivo ; ed affinchè un tal Matrimonio
non poteffe per le precedenze alterar la buona armonia colla

Real

Real Principessa sua Nuora, aver egli deposta la Corona. Tutte immaginazioni arbitrarie ed insussistenti di gente sfaccendata : quasichè alle supposte difficultà non avesse saputo un
Sovrano di tanta comprensione facilmente trovare ripiego, e
ritenere tuttavia lo Scettro in mano. La verità fu, che motivi più alti mossero quel magnanimo Principe a spogliarsi della
temporale caduca Corona, per attendere con più agio all'acquisto di un'eterna ; e tanto più perchè certi interni sintomi
gli facevano apprendere non molto lungo il resto del suo vivere. Passò dipoi a Torino colla Corte il nuovo Re *Carlo Emmanuele*, e ricevette il giuramento di fedeltà da chi dovea pre-
starlo. Convien confessarlo : incredibil fu il giubilo o palese o
segreto di que'Popoli per tal mutazione di cose, perchè il Re
Vittorio Amedeo pareva poco amato da molti, ed era temuto
da tutti ; laddove il Figlio, Principe di somma moderazione,
e di maniere affatto amabili, facea sperare un più dolce e non
men giusto Governo in avvenire.

A QUESTE scene dell' Italia un'altra ancora se n'aggiunse,
che grande strepito fece su i principj, e maggiore andando innanzi. Più Secoli erano, che la Repubblica di Genova signo-
reggiava la riguardevol Isola e Regno della Corsica. Si contavano varie sollevazioni o ribellioni di que'feroci e vendicativi
Popoli ne'tempi addietro, quetate nondimeno o dalla Prudenza, e dalla forza de'medesimi Genovesi. Ma nella Primavera
dell'Anno presente da piccioli principj nacque una sedizione
in quelle contrade, pretendendo essi Popoli d'essere maltrattati
da i Governatori della Republica. Uniti i malcontenti coi Capi de'Banditi andarono ad assediar là Bastia ; ma sì buone parole e promesse furono adoperate, che si ritirarono, con restar
nondimeno in armi circa venti mila persone, le quali maggiormente si accesero alla ribellione, perchè s'avvidero di non
corrispondere i fatti alle promesse. Non mancavano a quegli
ammutinati motivi di giuste doglianze, che cadevano nondimeno la maggior parte contra de'Governatori, intenti a far
fruttare il lor ministero alle spese della Giustizia e de'sudditi.
Pretendevano lesi i lor Privilegj, divenuto tirannico il Governo Genovese, e sfoderarono una lista di molte imposte ed aggravj finora sofferti, che intendevano di non più sofferire da
indi avanti. Nel Consiglio di Genova fu udito il parere di Girolamo Veneroso, il quale sostenne, che a guarir quella pia-

ga

ga s'aveſſero da adoperar lenitivi, e non ferro e fuoco; e però i ſaggi, ſapendo quanto quel Gentiluomo nel ſuo ſavio Governo ſi foſſe cattivato gli animi de'Corſi, giudicarono bene
di appoggiare a lui queſta cura. Ma frutto non ſe ne ricavò,
perchè ſenza ſaputa ſua attrappolato un Capo de'ſedizioſi fu
privato di vita: il che maggiormente incitò in que' Popoli le
fiamme dell'ire. E tanto più perchè prevalſe poi in Genova
il partito de' Giovani, a' quali parve, che l'uſo dell'armi e
del gaſtigo con più ſicurezza ridurrebbe al dovere i ſedizioſi.
Se n'ebbero ben a pentire. Circa cinque mila ſoldati furono
dipoi ſpediti da i Genoveſi in Corſica, creduti baſtante rinforzo a gli altri preſidj, per iſmorzare quell'incendio. Nella Primavera di queſt'Anno la picciola Città di Norcia, patria di
San Benedetto, ſituata nell'Umbria, per un terribil Tremuoto reſtò quaſi interamente ſmantellata e diſtrutta. A riſerva
di due Conventi, e del Palazzo della Città, l'altre fabbriche
andarono per terra, con teſtar ſeppellite ſotto le rovine più
centinaia di que'miſeri abitanti. Si riduſſero i rimaſti in vita
a vivere nella campagna, e graviſſimo danno ne riſentirono
anche le Terre e i Villaggi circonvicini.

Anno di CRISTO 1731. Indizione IX.
    Di CLEMENTE XII. Papa 2.
    Di CARLO VI. Imperadore 21.

NON mancarono faccende in queſt'Anno al ſommo Pontefice Clemente XII. Nulla valſero le forti inſinuazioni
ſatte fare dalla Santità Sua al Cardinal Coſcia di rinunziare
l'Arciveſcovato di Benevento. Egli con tutta la mala grazia
negò queſta ſoddisfazione al Santo Padre; e però continuarono i proceſſi contra di lui nella Congregazion de' Cardinali,
appellata de Nonnullis. Fu carcerato Monſignor Veſcovo di Tar-
ga di lui Fratello, con altri Beneventani, gente miſchiata ne
gli abuſi accaduti ſotto il precedente Governo. Il Cardinal
Fini venne privato di voce attiva e paſſiva in ogni Congregazione. Fu dipoi intimata al Coſcia la reſtituzione di ducento
mila ſcudi alla Camera Apoſtolica, e alla Teſoreria: ſomma
indebitamente da lui percetta. Queſta fu la più ſenſibile ſtoc-
cata all'intereſſato cuore di quel Porporato, e la ſordida avidità ſua, che l'avea conſigliato a fare in tante illecite maniere
                                                          quell'

quell'ingiufto bottino, gli fuggerì ancora il ripiego per confer- Era Volg
varlo. Portato il buon Pontefice dalla fua natural Clemenza, Ann. 1731.
non avea mai voluto condifcendere ad affegnare una ftanza
in Caftello Sant'Angelo a quefto Porporato. Però trovandofi
egli in libertà, feppe con falfi fuppofti ottenere dal *Cardina-*
le Cinfuegos Miniftro dell'Imperadore un Paffaporto, e pofcia
fe ne fuggì nel dì 31. di Marzo, e traveftito ora da Cavaliere, ora da Abbate, ed ora da Frate, arrivò felicemente fin
preffo a Napoli, con implorare la protezione del Vicerè *Con-*
te d'Harrach. Da Vienna, ove fu fpedito corriere, venne poi
la permiffione, ch'egli poteffe dimorare dovunque gli piaceffe
nel Regno. Sveglioffi in cuore del fanto Padre un vivo rifentimento per quefta fuga, prefa con difpregio de gli ordini e
divieti precedenti; e però nel dì dodici di Maggio fu pubblicato un Monitorio, con cui al Cofcia s'intimava, che non
tornando a Roma entro lo fpazio di quel Mefe, refterebbe
privo di tutti i fuoi Benefizj; e fe continuaffe in quella capar-
bietà e difubbidienza fino al primo di Agofto, verrebbe degradato dalla Dignità di Cardinale. Furono poi nel dì 28. di
Maggio fulminate le Scomuniche, gl'Interdetti, ed altre pene contra di lui, che intanto facea volar dapertutto de i Manifefti in fua difefa, pretendendofi indebitamente aggravato
dalla Congregazione fuddetta. Chiamò poi in fuo aiuto una
forte gotta, fpalleggiata dall'atteftato veridico de'Medici, acciocchè gli ferviffe di fcufa, fe entro i termini prefcritti non
compariva in Roma. Fu in quefta occafione, che il Pontefice
fpedì a i Principi Cattolici copia del Proceffo formato contro
del Cofcia, dove erano ben caratterizzate le fue ribalderie;
ma Proceffo, che fu poi proceffato da molti, perchè dopo
l'efferfi rilevati tanti capi di reato, e dopo tanti tuoni, fi vide
tuttavia la Porpora ornare un Perfonaggio, che le avea recato
sì gran difonore. Vedremo nondimeno, che non mancarono
gaftighi alle colpe fue.

DIETRO ad un altro affare fi fcaldò medefimamente lo zelo
di quefto Pontefice. Cioè nel dì otto di Gennaio in una Allocu-
zione fatta a i Cardinali nel Conciftoro fegreto fcoprì il Santo Padre l'intenzion fua di difapprovare l'Accordo già conchiufo fra il fuo Predeceffore, e *Vittorio Amedeo* Re di Sardegna.
A molti capi fi ftendeva quella Concordia, riguardanti l'Immunità Ecclefiaftica, la Nomina a varie Chiefe e Benefizj, e

Tomo XII. Y l'efer-

l'efercizio della Giurisdizione de' Vefcovi. Si aggiugneva la controverfia per diverfi Feudi pofti nel Piemonte e Monferrato,
e fpezialmente Cortanze, Cortanzone, Cifterna, e Montàfia,
fopra i quali intendeva il Re di efercitare Sovranità, laddove
il Pontefice pretendeva appartenere a' diritti della fanta Sede,
come Feudi Ecclefiaftici. Citati i nobili Vaffalli di que' Luoghi
a preftare il giuramento di fedeltà al Re, aveano ubbidito.
Roma all'incontro tali Atti dichiarò nulli, e intimò le Cenfure ed altre pene a chi per effi Feudi riconofceffe la Regia
Camera di Torino. In una parola, s'imbrogliò forte l'armonia fra le due Corti, e Scritture di qua e di là ufcirono, e le
Controverfie durarono fino al princıpio dell'Anno 1742. ficcome vedremo. A me non occorre dirne di più; ficcome nè
pure d'altre rilevanti liti, che in quefti fteffi giorni ebbe la
Santa Sede con gli Avvocati e col Parlamento di Parigi. Ma
ciò, che maggiormente tenne in efercizio la vigilanza d'effo
fommo Pontefice in quefti tempi, fu Parma e Piacenza. Quando fi fperava, che *Antonio Farnefe* Duca di quella Città aveffe dal Matrimonio fuo da ricavar frutti, per li quali fi
manteneffe la Principefca fua Cafa, e reftaffero fraftornati e delufi
i conti già fatti fu quei Ducati da i primi Potentati dell'Europa: eccoti l'ineforabil morte nel dì 20. di Gennaio del prefente Anno troncar lo ftame di fua vita, ed eftinguer infieme tutta la Linea mafcolina della Cafa Farnefe, che tanto fplendore
avea recato in addietro all'Italia. La perdita fua fu compianta dall'univerfale de' fuoi fudditi, perchè già provato Principe
amorevole, fplendido, e di rara bontà, anzi di tale bontà, che
fe più in lungo aveffe condotto il fuo vivere, fu creduto, che
il fuo Patrimonio farebbe ito foffopra: sì inclinato era egli alle
fpefe, e alla beneficenza. Maggiore fu il duolo, perchè già fi
prevedeva la gran difavventura di que' paefi, che perduto il
proprio Principe, correano pericolo di diventare Provincia.
Nel Teftamento fatto da effo Duca ne gli ultimi periodi di
fua vita, lafciò erede il ventre pregnante della Ducheffa *Enrichetta d'Efte* fua Moglie, e in difetto di Figli l'*Infante Don
Carlo*.

AVEA già il *Conte Daun* Governator di Milano, all'udire
l'infermità del Duca, ammanito un Corpo di truppe per in-
trodurlo in Parma e Piacenza; e però accaduta che fù la morte di lui, il Generale *Conte Carlo Stampa*, come Plenipoten-

ziario

ziario Cefareo in Italia, nel dì 23. del fuddetto Gennaio venne a prendere il poffeffo di quegli Stati *fotto gli aufpicj dell' Impe-radore a nome del fuddetto Infante di Spagna* , fenza metterfi faftidio de gli Stendardi Pontifizj, che fi videro inalberati per la Città . In tal congiuntura non mancò il Pontefice a' fuoi doveri, per foftenere i diritti della Chiefa fopra Parma e Piacenza. Scriffe Lettere forti a Vienna, Parigi, e Madrid. Perchè la Corte di Vienna fofteneva il cominciato impegno, richiamò da Vienna il *Cardinal Grimaldi* . Fu fpedito a Parma il Canonico Ringhiera , che ne prefe il poffeffo colle giuridiche formalità a nome del Papa ; e infieme *Monfignor Oddi* Commiffario Apoftolico, a cui non reftarono vietati molti atti di padronanza in quella Città. Parimente in Roma fi fecero le dovute Protefte contro qualfivoglia attentato fatto o da farfi dall'Imperadore e dalla Spagna per conto di que' Ducati. Reftavano intanto incagliati gli affari per la pretefa gravidanza della Ducheffa Enrichetta. Se ne moftrava sì perfuafo, chi la defiderava, che avrebbe per effa fcommeffo quanto avea di foftanze . Dopo alquanti Mefi vifitata quella Principeffa da Medici e Mammane, fi videro atteftati corroborati dal Giuramento, che quel Monte avea da partorire . Ridevano all' incontro altri di oppofto partito , ancorchè miraffero preparato il funtuofo letto , dove con tutte le formalità dovea feguire il parto, con effer anche deftinati i Miniftri, che aveano in tal congiuntura da imparare il meftier delle Donne . Ma venuto il Settembre , e difingannata la Ducheffa , onoratamente effa in fine proteftò di non effere gravida . Stante nondimeno l'incertezza di quell'avvenimento , in Vienna s'erano fatti non pochi Negoziati fra i Miniftri dell' Imperadore, quei del Re Cattolico, e quei del Re della Gran Bretagna, per iftabilire una buona concordia. Quefta in fatti reftò conchiufa nel dì 22. di Luglio fra le fuddette Potenze, con avere l'Augufto *Carlo VI.* non folamente confermata la fucceffione dell' *Infante Don Carlo* ne' Ducati di Tofcana, Parma, e Piacenza, ma eziandio condifcefo, che fi poteffero introdurre fei mila Spagnuoli, parte in Livorno e Porto Ferraio, e parte nelle fuddette due Città : conformandofi nel refto al Trattato della Quadruplice Alleanza del dì due d'Agofto del 1718. e alla Pace di Vienna del dì fette di Giugno del 1725. A quefta nuova refpirò l'Italia, ftata finora in apprenfione di

Y 2   nuo-

nuove guerre. Fu poi prefo dal Generale Conte Stampa un'
altra volta il poffeffo formale de' Ducati di Parma e Piacenza
a nome del Real Infante, e nel dì 29. dì Dicembre el'arto da
que' Popoli il Giuramento di fedeltà e d'omaggio. Ma nel dì
feguente Monfignor Commiffario Oddi per parte del fommo
Pontefice fece una contraria folenne Protefta in Parma; e così
andavano balleggiando quefti Miniftri, nel mentre che l'Infante Don Carlo fi preparava per venire in Italia, anzi s'era
già meffo in viaggio; e parte delle milizie Spagnuole pervenuta a Livorno avea prefo quartiere in quella Città. Quanto
al Gran Duca *Gian-Gaftone de' Medici*, e alla Vedova Palatina *Anna Maria Luigia*, nel dì 21. di Settembre dichiararono
di accettare il Trattato di Vienna del dì 22. di Luglio dell'Anno prefente. Prima ancora di quefto tempo, cioè nel dì 25.
di Luglio aveano ftabilita una Convenzione colla Corte di Madrid, in cui fu convenuto, che il Reale Infante Don Carlo
non folamente fuccederebbe ne gli Stati di Tofcana, ma anche
in tutti gli Allodiali, Mobili, Giuspatronati, ed altri diritti
della Cafa de' Medici. Per Tutori d'effo Principe a cagion della fua minorità furono da Cefare deputati il fuddetto Gran
Duca per la Tofcana, e la Ducheffa Vedova *Dorotea Sofia*,
Avola materna di lui, per Parma e Piacenza.

Si cominciarono a fcorgere di buon'ora de i rincrefcimen-
ti per l'eletto foggiorno di Sciambery nel fu Re di Sardegna
Vittorio Amedeo. Non vedeva egli più chi andaffe a corteg-
giarlo, o a chiedere grazie; e il piacere di comandare, provato in addietro fopra tanti Popoli, fi riftrigneva nella fola
fua domeftica Famiglia. Quefto abbandonamento, quefta fo-
litudine facevano guerra continua, e cagionavano malinconia
ad un Principe, avvezzo fempre a grandi affari; e a lui parea
gran difgrazia il vedere confinati i fuoi vafti penfieri nell'angufto recinto, cioè in un angolo della Savoia. Aggiungafi,
che ful principio di queft'Anno egli fu prefo da un accidente capitale, per cui gli rimafe fempre qualche fenfibil impedimento alla lingua, e gli fopragiunfe poi anche una qualche
confufione d'idee. Andò allora il Re *Carlo Emmanuele* a vederlo, per teftimoniargli il fuo filiale affetto, e vi tornò anche nella State colla Regina fua Moglie. Verfo poi la fine di
Agofto, attribuendo il Re Vittorio il fuo poco buono ftato
all'aria troppo fottile di Sciambery, volle ritornare in Pie-
mon-

monte , e andò a piantar la sua Corte a Moncalieri in vicinanza di tre miglia da Torino . Nulla sospettava sulle prime di lui il Re Carlo Emmanuele ; ma da che si avvide, ch'egli contro il concertato ambiva dell'autorità nel Governo, ordinò , che si tenessero gli occhi aperti addosso a lui . E tanto più dovette quella Corte allarmarsi, quando fosse vero, quanto allora si disse, cioè avere esso Re Vittorio Amedeo minacciato, che farebbe anche tagliare il capo ad uno de' primi e più confidenti Ministri del Re Figlio ; e che crebbero poscia i sospetti di qualche meditata mutazione , da che egli parlando col Conte del Borgo, gli fece istanza dell'Atto della sua Rinunzia, fatto nel precedente Anno , che con tutta sommessione gli fu negato . Aggiugnevano , che da lì a poco tempo egli scrivesse un biglietto al Governatore della Cittadella di Torino con avvisarlo dell'ora, in cui egli intendeva di andare a spasso entro d'essa Cittadella : o pure, ch'egli effettivamente si portasse in persona alla Porta segreta, per entrarvi, ma con trovar il Governatore, che se ne scusò, con dire di non aver ordine dal Real Sovrano di riceverlo . Tutti questi fatti contemporaneamente si divolgarono, ma senza fondamento. La verità si è, che avendo il Re Vittorio dopo il suo ritorno in Piemonte dato segni non equivoci di volere aver parte all'autorità del Governo, il Re Carlo Emmanuelle fu in caso di far vegliare su i di lui discorsi ; e tanto più da che seppe , che il Re Padre parlava con diverse persone dell'Atto dell'abdicazione, come di un Atto, che fosse in sua balìa di rivocare .

In questo tempo essendo assai cresciute le indisposizioni del Re Vittorio, e la di lui mente, anche per l'accidente patito, molto indebolita , con qualche risalto alle volte di riscaldamento, e di agitazione di spirito, onde venivano poi empiti di collera : s'ebbe luogo a temere qualche novità sconvenevole e pericolosa. Vedeva il Re Figlio con ciò esposta ad un grave cimento non solamente la Real sua Dignità , ma anche il suo Onore medesimo, e il Bene dello Stato; e però sperimentati prima in vano più mezzi e spedienti per calmare lo spirito del Padre, e ricondurlo a pensieri più proprj e convenienti : chiamò a sè i più saggi Ministri di Toga e di Spada, ed esposto il presente sistema, con protestarsi nondimeno pronto a sacrificare ogni sua particolar convenienza , qualora avesse

potu-

potuto farlo, falva la fua eftimazione, il bene de'Sudditi, e la quiete de gli Stati, richiefe il loro configlio. Ben pefato ogni riguardo, concorfe il parere d'ognuno in credere neceffario un rimedio; a fin di evitare tutte le delicate e difaftrofe confeguenze, che prudentemente fi temevano come imminenti; e però fu concordemente determinato di afficurarfi della Perfona d'effo Re Vittorio. Nella notte adunque del dì 28. di Settembre, venendo il dì 29. da varj corpi di truppe, che l'uno non fapea dell'altro, fi vide attorniato il Caftello di Moncalieri, e fu improvvifamente intimato al Re Vittorio Amedeo di entrare in una preparata carrozza. Gli convenne cedere, e fu condotto nel vafto e deliziofo Palazzo di Rivoli, fituato in un colle di molto falutevol aria, ma fotto le guardie, con raccomandare alle medefime di rifpondere folamente con un profondo inchino a quante interrogazioni faceffe loro il Principe commeffo alla loro cuftodia. La di lui Moglie Conteffa di San Sebaftiano, già divenuta Marchefa di Spigno, nello fteffo tempo fu condotta al Caftello di Ceva; ma perchè fece iftanza il Principe di riaverla, non gli negò il Re quefta confolazione. Del refto al fignorile trattamento d'effo Principe fu pienamente provveduto; tolta a lui fu la fola libertà. Chiunque poi conofceva, di che buone vifcere foffe il Re *Carlo Emmanuele*, e quanta Virtù regnaffe nell'animo fuo, facilmente comprefe, che forti e giufti motivi il doveano avere indotto ad un paffo tale con tutta la ripugnanza del fuo fempre coftante filiale affetto. Quelle fteffe Guardie, che ful principio il teneano d'occhio, con faggio configlio e per fuo bene gli furono pofte, affinchè offervaffero, che la gagliarda paffione nol conduceffe ad infierire contro fè fteffo. Ceffato il bollore, cefsò anche la vicinanza d'effe Guardie, ed era data licenza alle perfone faggie e difcrete di vifitarlo e parlargli. E perciocchè fece iftanza d'effere rimeffo in Moncalieri, perchè l'aria di Rivoli era troppo fottile, fu ricondotto colà.

DURAVANO in quefti tempi le controverfie della Sacra Corte di Roma col Re di Portogallo, cotanto alterato, perchè il Nunzio Apoftolico *Monfignor Bichi* era ftato richiamato, fenza prima decorarlo colla Porpora Cardinalizia. Softenne il fommo Pontefice il decoro della fua Dignità con efigere, che il Prelato ufciffe di Portogallo; e in fatti egli pafsò a Madrid, e gran tempo vi fi fermò. Venne pofcia in queft'Anno a Firenze,

renze, e non pafsò oltre . Finalmente nel dì 24. di Settembre
·fatta dal Santo Padre una Promozione di Cardinali, fu in effa
compreffo il Bichi ; nè folo il Bichi, ma anche *Monfignor Fir-*
rao fucceduto a lui in quella Nunziatura : laonde fi trattò dipoi con più facilità di rimettere la buona armonia fra la fanta
Sede e il Re fuddetto . Sempre più andava in queflo mentre
crefcendo la ribellione de'Corfi, e volavano per tutte le Corti le loro doglianze per gli aggravj, che pretendeano fatti ad
effi dalla Repubblica di Genova . A fine di fmorzar queflo incendio , ricorfero i Genovefi alla protezione dell'Imperadore
Carlo VI. e ne ottennero un rinforzo di otto mila foldati Alemanni, comandati dal Generale Wachtendonck. Pafsò la metà
di quefta gente in Corfica , e fece tofto sloggiare i fediziofi dal
blocco della Baftia. Ma da che verfo la metà d'Agofto s'inoltrò per cacciare da altri fiti i Corfi, trovò in due battaglie
gente , che non conofceva paura . Perirono in que'combattimenti moltiffimi de'Tedefchi, di maniera che fu neceffario il
far trafportare colà il refto de'loro compagni . Seguirono fuffeguentemente altre zuffe ora favorevoli ora contrarie a' malcontenti ; ma fpezialmente un'imbofcata da loro tefa a gli Alemanni nel fine d'Ottobre, nel paffare che facevano a San Pellegrino, coftò ben caro ad effi Tedefchi, perchè furono obbligati a ritirarfi dal campo di battaglia , con perdita di più di
mille perfone tra morti e feriti . Nel-dì 30. di Maggio terminò
la carriera de' fuoi giorni *Violante Beatrice di Baviera* , Gran
Principeffa di Tofcana, Vedova del fu Gran Principe *Ferdinan-*
do de'Medici . Era effa il ritratto della gentilezza , venerata
da ognuno , e però dalle comuni lagrime fi vide onorato il fuo
Funerale. Gran compaffione prima d'allora fi fvegliò in cuore
di tutti per gli orrendi effetti d'un fieriffimo Tremuoto , che
avendo cominciato nel Febbraio a farfi fentire nel Regno di
Napoli, infierì poi con varie altre più violenti fcoffe , e tenne
gran tempo in una cofternazione continua le Provincie di Puglia, Terra di Lavoro, Bafilicata, e Calabria citeriore , e in
alcuni Luoghi lafciò una dolorofa cataftrofe di rovine . Più di
ogni altro ne provò immenfi danni la Città di Foggia , perchè
tutta fu convertita in un monte di pietre , e più di tre mila
perfone rimafero feppellite fotto le diroccate cafe . Non reftò
pur uno de' facri Templi e Chioftri in piedi ; e Frati, Monache, ed altri abitanti, ch'ebbero la fortuna di fcampare , andarono

darono raminghi per quelle defolate campagne cercando, e difficilmente trovando un tozzo di pane, per mantenerfi in vita.
Si videro in tal congiuntura l'acque alzarfi ne' pozzi, ed ufcirne con allagar le vigne. Barletta, Bari, ed altre Città furono
a parte di quefto fpaventevol flagello; e perchè in Napoli i
Borghi di Chiaia e Loreto rifentirono non lieve danno, buona parte del Popolo, e maffimamente la Nobiltà col Vicerè fi
ritirò alla campagna. Ma il piiffimo *Cardinale Pignatelli* Arcivefcovo non volle muoverfi dal fuo Palazzo, e attefe ad animar la Plebe, e ad eccitar la mifericordia di Dio con pubbliche Proceffioni e preghiere.

Anno di CRISTO 1732. Indizione X.
Di CLEMENTE XII. Papa 3.
Di CARLO VI. Imperadore 22.

QUASI morirono di fete in queft' Anno i Novellifti bra-
mofi di grandi avvenimenti. Fioriva la Pace, che ftendendo la ferenità fopra tutta l'Europa, non d'altro era feconda, che di privati divertimenti e allegrezze. Di quefte fpezialmente abbondò la Tofcana; perciocchè finalmente fciolti
tutti i nodi, l'Infante di Spagna *Don Carlo* fi mife in viaggio
per venire a far la fua comparfa nel teatro d'Italia. Imbar-
coffi egli ad Antibo nel dì 23. del precedente Dicembre fulle
Galee di Spagna, unite con quelle del Gran Duca; ma appena ebbe falpato, che fi alzò una violenta burafca, che difperfe tutta la Flotta, e danneggiò forte non pochi di que' Legni. Ad onta nondimeno dell' infuriato elemento la Capitana
di Spagna nel dì 27. approdò a Livorno, e vi fbarcò l'Infante. Magnifico fopramodo fu l' accoglimento fatto a quefto
Real Principe da quella Città, che poi folennizzò ne' feguenti
giorni il fuo arrivo con funtuofe Macchine di fuochi, conviti, mufiche, illuminazioni, ed altre fefte. Gareggiò con gli
altri l'Univerfità de gli Ebrei, per atteftare anch'effa a quefto
novello Sole il fuo giubilo ed offequio; e fioccavano dapertutto le Relazioni di sì grandiofe folennità. Dopo il ripofo di più
d'un Mefi in Livorno pafsò finalmente quefto Principe a Firenze, ove fece il fuo fplendido ingreffo nel dì nove di Marzo, ricevuto colle maggiori dimoftrazioni di ftima e d'affetto
dal gran Duca *Gian-Gaftone*, e dall' *Elettrice Vedova* di lui Sorella.

rella. In quella Capitale ancora nulla si risparmiò di magnificenza, ne gli Archi trionfali, ne' fuochi d'artifizio, e in altre
feste ed allegrie, contento ognuno di vedere con tanta felicità rifiorire nell'Infante la già cadente schiatta de' Principi Medicei. Fu egli riconosciuto non solo come Duca di Parma e
Piacenza, ma ancora come Gran Principe, e Principe ereditario della Toscana. Avea già nel dì 29. dello scorso Dicembre
la Duchessa vedova di Parma *Dorotea*, come Contutrice, preso il possesso de' Ducati di Parma e Piacenza a nome del medesimo Infante dalle mani del Generale *Conte Stampa* Plenipotenziario dell'Imperadore. Solenne era stata quella funzione,
e i Magistrati e Deputati delle Comunità in tal congiuntura
prestarono ad esso Principe il Giuramento di fedeltà, come a
Vassallo dell'Imperadore, e del Romano Imperio. Dopo di che
esso Generale consegnò alla Duchessa le chiavi della Città, e
ordinò tosto alle truppe Cesaree di ritirarsi, e di lasciare liberi
affatto quegli Stati al nuovo Signore, facendo conoscere a tutti
la lealtà dell'Augusto Sovrano in eseguire i già stabiliti Trattati ed impegni. Non tralasciò il Commissario Apostolico Monsignor *Jacopo Oddi* nel seguente dì 30. di Dicembre di pubblicare una grave Protesta contro tutti quegli Atti, per preserva-
re nella miglior possibile maniera le Ragioni della santa Sede.

FERMATOSI il Reale Infante a goder le delizie di Firenze
fino al principio di Settembre, finalmente determinò di consolare colla sua sospirata presenza anche i Popoli di Parma e
Piacenza. Nel dì sei d'esso Mese si mosse egli da Firenze, e
nel dì otto entrò nello Stato di Modena, e passando fuori di
questa Città, fu salutato con una Salva Reale dalle artiglierie
della medesima e della Cittadella. Avea il Duca *Rinaldo d'Este*
avuta l'attenzione di fargli inaffiare le strade per tutto il suo
dominio, a fin di guardarlo da gli incomodi della straordinaria
polve di quell'asciutta stagione. Fu egli dipoi a complimen-
tarlo colla sua Corte un miglio lungi da Modena, dove seguirono abbracciamenti, ed ogni maggior finezza di complimenti
e d'affetto. Nel dì nove tutta fu in gala la Città di Parma pel
festoso ingresso del giovinetto Duca, grande il concorso e lo
sfoggio della Nobiltà e de' Popoli; e nelle nobili feste, che si
fecero dipoi, si conobbe quanto tutti applaudissero all'acquisto
di un Principe sì inclinato alla Pietà e alla Clemenza, e gra-
zioso in tutte le sue maniere, ma con aver portato seco l'al-

tura del Cerimoniale Spagnuolo. A tante allegrezze per la venuta in Italia di queſto generoſo rampollo della Real Caſa di
Spagna, ſe ne aggiunſe un' altra, riguardante la felicità dell'
armi del Cattolico *Re Filippo V.* ſuo Padre. Fra i penſieri
di quel Monarca il primo ed inceſſante era quello di ricuperare, per quanto aveſſe potuto, tutti gli antichi dominj ſpettanti alla Monarchia de'ſuoi Predeceſſori. Una riguardevole unione ed armamento di Vaſcelli di linea, e di Legni da traſporto avea egli fatto nella Primavera di queſt'Anno, e preparati
all'imbarco ſi trovavano su i lidi parecchi Reggimenti di truppe veterane. Perchè era ignoto qual mira aveſſe l'alleſtimen-
to di Flotta sì numeroſa nel Mediterraneo, con geloſia ed occhi aperti ſtavano i Vicerè di Napoli e di Sicilia; e tuttochè
l'Imperadore veniſſe aſſicurato della coſtante amicizia d'eſſo Re
Cattolico, pure non ceſſavano l'ombre, e furono perciò ben
munite le principali Piazze dei Regni ſuddetti.

LEVO' finalmente l'ancore quella poderoſa Flotta, comandata dal Capitan Generale *Conte di Montemar*, e guidata da
proſperi venti, improvviſamente nel dì 28. di Giugno andò ad
ammainar le vele davanti ad Orano nelle coſte dell'Affrica,
Piazza lontana cento cinquanta miglia da Algieri, trecento da
Ceuta. Fin dall'Anno 1509. dal celebre *Cardinale Ximenes*
tolta fu eſſa a i Mori, e ſottopoſta da lì innanzi alla Corona
di Spagna, finchè nell'Anno 1708. trovandoſi involto in tante guerre il Re Cattolico, dopo un aſſedio di ſei Meſi gli Algerini ne ritornarono padroni. Ora sbarcati che furono felicemente gli Spagnuoli, nel dì 30. mentre attendevano ad alzare un Fortino ſulla Marina, eccoti piombare addoſſo al loro
campo più di venti mila Mori, Arabi, e Turchi, ed attaccare una fiera zuffa. Si diſtinſe allora il conſueto valore delle
milizie Spagnuole; furono con molta ſtrage riſpinti quegl'Infedeli, e tagliata loro la comunicazione colla Fortezza. Nel dì
ſeguente mentre in ordine di battaglia ſi mette in marcia l'eſercito Criſtiano, per diſporre l'aſſedio di quella Piazza, con am-
mirazion d'ognuno la truovano abbandonata; nè eſſa ſola, ma
ancora il creduto ineſpugnabile Caſtello di Santa Croce, con
quattro altri Forti all'intorno. Poco fu il bottino per li ſoldati, perchè il meglio di quegli abitanti avea fatto l'ale. In poter nondimeno de'Criſtiani vennero cento trentotto Cannoni,
ottantatrè de'quali erano di bronzo, oltre a molte munizioni

da

da bocca e da guerra. Per quefta gloriofa e felice imprefa dell' armi Spagnuole, tanto in Roma, che in altre parti d'Italia, fi fecero molte allegrezze e rendimenti di grazie a Dio. Ma che? Non tardarono molto gli Algerini a tentare il riacquifto di quella Piazza, e con groffiffimo efercito vennero ad affediare nello fteffo tempo Orano, e il Forte di Santa Croce. Governatore di Orano era ftato lafciato il *Marchefe di Santa Croce Marzenado*, Cavaliere di raro valore, e Maeftro nell'Arte della Guerra, come anche apparifce da i fuoi Libri dati alla luce. Softenne egli vigorofamente i pofti contro gli sforzi de' nemici; con fuo grave pericolo, e fomma bravura de i fuoi portò foccorfo di viveri e di munizioni al Forte fuddetto, che fi trovava in rifchio di renderfi per la penuria. Ma continuando i Mufulmani il lor giuoco, appena fu sbarcato nel dì 20. di Novembre un riguardevol Convoglio di venticinque Navi da trafporto con buona fcorta partito da Barcellona, che nel dì feguente il Marchefe con otto mila combattenti andò ad affalire i nemici, benchè forti di circa quaranta mila perfone. Durò il fanguinofo combattimento per fei ore; refiftenza ftraordinaria fecero i Barbari; ma in fine cedendo alla bravura de gli Spagnuoli, fi diedero alla fuga, lafciando il campo, e le artiglierie in man de' Criftiani. Infigne e completa fu la vittoria, fe non che reftò funeftata dalla morte del valorofo Marchefe di Santa Croce, compianta pofcia da ognuno. Per quanto corfe la voce, non fi trovò il fuo corpo, e un pezzo durò la fperanza, ch'ei foffe vivo e prigione; ma in fine certiffima comparve la perdita di lui.

QUESTO fu l'unico avvenimento dell'Anno prefente, che fece ftrepito in Italia. Poichè per conto di Roma, quivi fi continuò a formare il Proceffo del *Cardinale Cofcia*, ma con gran fegreto, quando ne' tempi addietro s'erano fparpagliati dapertutto i fuoi reati. Temendo il Cofcia, che paffati i termini delle citazioni, in contumacia fi fcaricaffe fopra di lui il terribil decreto della perdita della Porpora, giudicò meglio di tornarfene a Roma per far le fue difefe: al qual fine feco conduffe da Napoli due Avvocati, provveduti d'ogni requifito per iftare a fronte de' più forbiti Romani. Prefe l'alloggio nel Convento di Santa Praffede, e gli fu intimato fotto rigorofe pene di non ufcirne, fe non per rifpondere alle interrogazioni della Congregazione, le quali durarono per tutto queft'Anno,

fen-

senza mai devenire a decifione alcuna. Mancò nell'Anno prefente chi nella Vigilia di San Pietro pagaffe alla Camera Apoftolica il Cenfo per li Ducati di Parma e Piacenza, perlochè il Fifcale della fanta Sede fece pubblica Protefta in difefa de i diritti Pontifizj. Avea il buon Pontefice *Benedetto XIII.* ficcome dicemmo, vietato il Lotto di Genova, perchè forgente d'infiniti difordini, coll'aver fino impofta la fcomunica a i Ricevitori, e Giocatori. Col gaftigo pubblicamente dato a chi avea trasgredito il bando, niun più ofava di gittare con tanta facilità e fciocchezza il fuo danaro, e di efporfi anche al pericolo di pagar le pene. Non fenza maraviglia delle perfone fi vide in quefti tempi riforto in Roma effo Lotto, e caffata la falutevole di lui Coftituzione; e tanto più fe ne ftupì la gente, perchè tolta la Scomunica contro chi giocaffe al Lotto di Roma, quefta fi lafciò fuffiftere contro chi dello Stato Ecclefiaftico giocaffe fuori d'effo Stato al medefimo Giuoco. Dovettero aver delle buone ragioni di far quefta mutazione, benchè tanto pregiudiziale al Pubblico. Di tal provento fi sa, che il Pontefice fi fervì in far Limofine, e belle fabbriche in ornamento di Roma. Pubblicò egli in quelt'Anno una lodevol Coftituzione, che toglieva varj abufi del Conclave, ne moderava le fpefe ecceffive, e conteneva altri utili regolamenti. Dopo penofa malattia di molti giorni pafsò all'altra vita nel dì 21. di Maggio di queft'Anno *Sebaftiano* [appellato da alcuni Alvife] *Mocenigo* Doge di Venezia, a cui nel dì primo di Giugno fu fuftituito in quella Dignità *Carlo Ruzzini*, perfonaggio, che ne' Magiftrati e nelle molte Ambafcerie avea trattato in addietro i più importanti affari della Repubblica.

ANDARONO intanto crefcendo varj infulti alla fanità del già Re di Sardegna *Vittorio Amedeo*, che gli annunziavano imminente il fine de' fuoi giorni. Moftrò quefto Principe qualche defiderio di vedere il Re fuo Figlio, il quale non avea men premura pel medefimo oggetto. Ma nel tempo che fi ftava ponderando, fe quefto abboccamento conveniffe, giunfe avvifo, effere il Re Vittorio peggiorato cotanto, che già fi trovava a gli eftremi. Per quefto rifleffo, e per altri motivi addotti dalla Regina, che in tale ftato il fuo incontro, lungi dal produrre alcun buono effetto, avrebbe potuto affrettar la morte all'infermo Padre, e nuocere anche alla fanità del Figlio, di già alterata per così disguftofe circoftanze : altro non fi fece.

ce . Il dì 31. d'Ottobre fu poi quello , che sbrigò da questo
Mondo esso Principe Vittorio Amedeo ; pervenuto già all'età
di sessanta sei anni e mezzo ; ed egli ne prese il congedo con
sentimenti di vera Pietà ed eroica costanza . Celebre sempre durerà nelle Storie, e nella memoria de' Posteri il nome di questo insigne Sovrano per la somma acutezza e vivacità della
mente, pel suo valore, fortezza, e saggia condotta in mezzo
alle turbolenze dell' Europa, e a i pericolosi impegni, a' quali
egli s'espose ; per l'accrescimento d'una Corona , e di non
pochi altri Stati alla sua Real Famiglia, e per tante altre gloriose azioni, tali certo, che andò innanzi a i suoi più rinomati Antecessori , ed incredibile fu la stima , che di lui ebbero
tutti i Potentati d'Europa . Nel fervore della sua gioventù la
incontinenza gli avea tolta la mano ; ma da che si fuggì da
lui, chi l'avea fatto prevaricare, colla pubblica emendazione
purgò gli scandali passati, e si vedea mischiato col Popolo accostarsi alla sacra Mensa . Non mancò mai di custodire la Principesca gravità , e pure niun più di lui si dispensò dalle formalità, con aver egli saputo essere Re, e insieme Popolare : tanta era la sua disinvoltura . Parvero, è vero, disastrosi gli ultimi periodi del suo vivere ; ma egli se ne servì per meglio prepararsi a comparire davanti a Dio, e a saldare quaggiù i conti colla divina Giustizia, con portar seco la contentezza d'aver
lasciato un Figlio capace di ben regnare al pari di lui, un Re
pieno di moderazione, di saviezza, di coraggio, e di tante altre belle doti ornato, che il rendono amabile a tutti i Sudditi
suoi . Solenni esequie furono poi fatte al defunto Principe ,
la cui Moglie si ritirò in un Convento di Religiose a Carignano .

Poco felicemente passavano in questi tempi gli affari de'
Genovesi per l'ostinata ribellione de' Corsi, nulla avendo finora giovato a mettere in dovere quella feroce gente le migliaia
di Tedeschi sotto il comando del Generale Wachtendonck . Per
le morti e diserzioni s'erano queste sminuite di molto ; e però
la Repubblica senza atterrirsi per le esorbitanti spese, nuove
preghiere e nuovi tesori impiegò, per ottenere dall' Imperador
Carlo VI. altre forze, valevoli a finir quella pugna . Un altro
dunque più poderoso corpo di truppe Alemanne, alla cui testa
era il Principe Luigi di Wirtemberg, trasportato fu in Corsica,
ma con ordini nondimeno segreti del saggio Augusto di vincere
non

ſenza mai devenire a deciſione alcuna. Mancò nell'Anno preſente chi nella Vigilia di San Pietro pagaſſe alla Camera Apoſtolica il Cenſo per li Ducati di Parma e Piacenza, perlochè
il Fiſcale della ſanta Sede fece pubblica Proteſta in difeſa de i
diritti Pontifizj. Avea il buon Pontefice *Benedetto XIII.* ſiccome dicemmo, vietato il Lotto di Genova, perchè ſorgente
d'infiniti diſordini, coll'aver fino impoſta la ſcomunica a i Ricevitori, e Giocatori. Col gaſtigo pubblicamente dato a chi
avea traſgredito il bando, niun più oſava di gittare con tanta facilità e ſciocchezza il ſuo danaro, e di eſporſi anche al
pericolo di pagar le pene. Non ſenza maraviglia delle perſone ſi vide in queſti tempi riſorto in Roma eſſo Lotto, e caſ-
ſata la ſalutevole di lui Coſtituzione; e tanto più ſe ne ſtupì
la gente, perchè tolta la Scomunica contro chi giocaſſe al
Lotto di Roma, queſta ſi laſciò ſuſſiſtere contro chi dello Stato Eccleſiaſtico giocaſſe fuori d'eſſo Stato al medeſimo Giuoco.
Dovettero aver delle buone ragioni di far queſta mutazione,
benchè tanto pregiudiziale al Pubblico. Di tal provento ſi ſa,
che il Pontefice ſi ſervì in far Limoſine, e belle fabbriche in
ornamento di Roma. Pubblicò egli in queſt'Anno una lodevol
Coſtituzione, che toglieva varj abuſi del Conclave, ne moderava le ſpeſe eccceſſive, e conteneva altri utili regolamenti.
Dopo penoſa malattia di molti giorni paſsò all'altra vita nel
dì 21. di Maggio di queſt'Anno *Sebaſtiano* [appellato da alcuni Alviſe] *Mocenigo* Doge di Venezia, a cui nel dì primo
di Giugno fu ſuſtituito in quella Dignità *Carlo Ruzzini*, perſonaggio, che ne' Magiſtrati e nelle molte Ambaſcerie avea
trattato in addietro i più importanti affari della Repubblica.

ANDARONO intanto creſcendo varj inſulti alla ſanità del già
Re di Sardegna *Vittorio Amedeo*, che gli annunziavano imminente il fine de' ſuoi giorni. Moſtrò queſto Principe qualche
deſiderio di vedere il Re ſuo Figlio, il quale non avea men
premura pel medeſimo oggetto. Ma nel tempo che ſi ſtava
ponderando, ſe queſto abboccamento conveniſſe, giunſe avviſo, eſſere il Re Vittorio peggiorato cotanto, che già ſi trovava a gli eſtremi. Per queſto rifleſſo, e per altri motivi addotti
dalla Regina, che in tale ſtato il ſuo incontro, lungi dal produrre alcun buono effetto, avrebbe potuto affrettar la morte
all'infermo Padre, e nuocere anche alla ſanità del Figlio, di
già alterata per coſì diguſtoſe circoſtanze : altro non ſi fece.

ce. Il dì 31. d'Ottobre fu poi quello, che sbrigò da questo Era Volg. Mondo esso Principe Vittorio Amedeo; pervenuto già all'età Ann. 1732. di sessanta sei anni e mezzo; ed egli ne prese il congedo con sentimenti di vera Pietà ed eroica costanza. Celebre sempre durerà nelle Storie, e nella memoria de' Posteri il nome di questo insigne Sovrano per la somma acutezza e vivacità della mente, pel suo valore, fortezza, e saggia condotta in mezzo alle turbolenze dell'Europa, e a i pericolosi impegni, a' quali egli s'espose; per l'accrescimento d'una Corona, e di non pochi altri Stati alla sua Real Famiglia, e per tante altre gloriose azioni, tali certo, che andò innanzi a i suoi più rinomati Antecessori, ed incredibile fu la stima, che di lui ebbero tutti i Potentati d'Europa. Nel fervore della sua gioventù la incontinenza gli avea tolta la mano; ma da che si fuggì da lui, chi l'avea fatto prevaricare, colla pubblica emendazione purgò gli scandali passati, e si vedea mischiato col Popolo accostarsi alla sacra Mensa. Non mancò mai di custodire la Principesca gravità, e pure niun più di lui si dispensò dalle formalità, con aver egli saputo essere Re, e insieme Popolare: tanta era la sua disinvoltura. Parvero, è vero, disastrosi gli ultimi periodi del suo vivere; ma egli se ne servì per meglio prepararsi a comparire davanti a Dio, e a saldare quaggiù i conti colla divina Giustizia, con portar seco la contentezza d'aver lasciato un Figlio capace di ben regnare al pari di lui, un Re pieno di moderazione, di saviezza, di coraggio, e di tante altre belle doti ornato, che il rendono amabile a tutti i Sudditi suoi. Solenni esequie furono poi fatte al defunto Principe, la cui Moglie si ritirò in un Convento di Religiose a Carignano.

Poco felicemente passavano in questi tempi gli affari de' Genovesi per l'ostinata ribellione de' Corsi, nulla avendo finora giovato a mettere in dovere quella feroce gente le migliaia di Tedeschi sotto il comando del Generale *Wachtendonck*. Per le morti e diserzioni s'erano queste sminuite di molto; e però la Repubblica senza atterrirsi per le esorbitanti spese, nuove preghiere e nuovi tesori impiegò, per ottenere dall'Imperador *Carlo VI*. altre forze, valevoli a finir quella pugna. Un altro dunque più poderoso corpo di truppe Alemanne, alla cui testa era il *Principe Luigi di Wirtemberg*, trasportato fu in Corsica, ma con ordini nondimeno segreti del saggio Augusto di vincere

non

non già col ferro, ma bensì colla dolcezza e colla clemenza quella brava Nazione : giacchè alla Corte Cefarea doveano fembrare degni di compaffione, e non affatto ingiufti i rifentimenti e le querele, che aveano pofte l'armi in mano ad effi Popoli. Propofe in fatti quel Principe un'Amneftia, e perdono generale a i Corfi, ed infieme un accomodamento, con impegnare per mallevadore e garante della concordia lo fteffo Cefare. Allora fu, che i due principali Capi de'ribelli, cioè Luigi Giafferi, e Andrea Ciaccaldi, ed altri lor Generali, entrarono in negoziato col Principe e co'Miniftri della Repubblica, e confeguentemente reftò conchiufa la Pace, coll'avere i Corfi confeguito onorevoli condizioni e vantaggi. Se ne tornarono pofcia a poco a poco in Lombardia l'armi Cefaree, ed ognun contava per terminate quelle tragiche fcene ; quando iti i Capi di effi Corfi, per umiliarfi al Governo di Genova, furono all'improvvifo cacciati nelle carceri, per difegno formato in Genova [non già da i vecchi e faggi Senatori] di dare in effi un efemplar gaftigo a terrore de'pofteri. Per quefta mancanza di fede non fi può dire quanto reftaffero amareggiati i Corfi, e quante doglianze ne faceffe in Genova e alla Corte Cefarea il Principe di wirtemberg. Vennero perciò preffanti ordini di Sua Maeftà Cefarea a i Genovefi di rimettere in libertà quegli uomini; e tuttochè i Miniftri della Repubblica adduceffero ragioni e pruove, ch'effi per aver contravenuto a i recenti patti, non meritavano la protezione di fua Maeftà Cefarea, pure ftette faldo l'Imperadore in lor favore, di maniera che in fine dopo molti Mefi di prigionia, ricuperarono la libertà. Cagion fu quefto inafpettato colpo, che continuarono come prima, anzi più di prima, i Corfi a non fi fidare de'Genovefi ; e ben ebbe a pentirfene la Repubblica, perchè vedremo riforgere la ribellione, che coftò dipoi tanti altri tefori a quella ricca Città, e fece fpargere tanto fangue di nuovo ad ambe le parti. Erafi dilatata la peftilenza de'Buoi nell'Alemagna, e ne gli Svizzeri. Pafsò nell'Anno prefente anche ne gli Stati della Repubblica di Venezia, e fi andava arrampicando eziandio nel Ferrarefe e nella Romagna. La divina Clemenza le tagliò il corfo e cefsò sì deplorabil flagello. Fiera penfione è quella, a cui fi trova fuggetto il deliziofo Regno di Napoli per cagione de'frequenti Tremuoti. Anche nel dì 29. di Novembre dell'Anno prefente, fpaventofo fu quello, che fi provò nella stessa

stessa Capitale, dove rimasero sfracelate sotto le rovine delle case alcune centinaia di persone. Poche fabbriche si contarono, che non ricevessero danno, e si fece questo ascendere a qualche milione di ducati. Peggio avvenne alle Provincie di Terra di Lavoro, e dell'una e dell'altra Calabria. Ariano, Avellino, Apici, Mirabello; e più di trenta Villaggi, furono per la maggior parte rovesciati a terra. Videsi una lunga lista d'altri Luoghi sommamente partecipi di sì grande sciagura, e de' periti in tale occasione. Da perniciosi raffreddori fu parimente infestata l'Italia, che portarono al sepolcro gran copia di persone, anche d'alta sfera. Si stese questo malore contagioso per la Francia, Alemagna, ed Inghilterra.

Anno di CRISTO 1733. Indizione XI.
Di CLEMENTE XII. Papa 4.
Di CARLO VI. Imperadore 23.

TRovossi nell'Anno presente agitata da parecchi imbrogli la sacra Corte di Roma. Parve più volte come ridotta a fine la concordia col Re di Portogallo, ma saltavano sempre in campo nuove pretensioni di quel Monarca; e trovandosi egli inflessibile ne' suoi voleri, bisognava continuar la battaglia, e il negoziato con lui, e col Re Cattolico mediatore. Nè pure finquì s'era trovato ripiego alle dissensioni colla Corte di Torino, e però sopra quelle pendenze si vide in questi tempi una guerra di Scritture, prodotte dall'una parte e dall'altra. Ma ciò, che più afflisse l'animo del Pontefice *Clemente XII.* era la prepotenza de' Franzesi, i quali nell'Anno addietro cominciarono, e continuarono anche per qualche Mese del presente, a bloccare con molti corpi di milizie il Contado d'Avignone: novità, che cagionava grave penuria ed altri danni a quegli abitanti. Il pretesto o motivo di tal violenza era, perchè in quel Contado si rifugiavano alcuni contrabandieri, e vi si era vietata l'introduzione di non so quali manifatture Franzesi, ed ivi si fabbricavano tele dipinte, e Drapperie vietate in Francia: il che non si volea sofferire; se con giustizia, altri lo deciderà. La forza e il bisogno indusse *Monsignor Buondelmonti* Vicelegato ad un aggiustamento; e perchè questo non fu approvato da Roma, continuarono le calamità in quelle contrade. Altro spinoso affare spuntò in questi tempi, cioè la pretenſione dell'*Infante Don Carlo* Duca di Parma ſopra il Ducato di Caſtro e Ronciglione, tolti, ſiccome già vedemmo, da *Papa Innocenzo X.* alla Caſa Farneſe. Per avere eſſo Infante fatto pubblicare non ſolo in Parma, ma anche in Caſtro un Decreto, che proibiva a gli abitanti d'eſſo Caſtro e Ronciglione, di riconoſcere altro Padrone che lui, non fu lieve l'agitazione della Corte Pontifizia, ſiccome quella che non poteva ricorrere in queſto biſogno alla Spagna e Francia troppo intereſſate in favor dell'Infante. Duravano in oltre tuttavia in Parigi le novità fatte da quegli Avvocati e dal Parlamento in pregiudizio dell'autorità del Romano Pontefice. Finalmente dopo tanti dibattimenti ſi venne in queſt'Anno a dì nove di Maggio alla Deciſion della Cauſa del *Cardinale Niccolò Coſcia*. A cagion delle ſue ruberie, frodi, eſtorſioni, falſità di Reſcritti, ed altri abuſi del ſuo Miniſtero, e della fiducia in lui poſta dall'ottimo Papa *Benedetto XIII.* reſtò egli condennato nella relegazione pel corſo di dieci anni in Caſtello Sant'Angelo; privato di tutti i Benefizj e Penſioni; incorſo nella Scomunica Maggiore, da cui non poteſſe eſſere aſſoluto ſe non dal Papa, eccetto che *in articulo mortis*. Fu obbligato in oltre al pagamento di cento mila Ducati di Regno, e alla reſtituzione d'altre ſomme da lui indebitamente percette, e tolta al medeſimo la voce attiva e paſſiva nell'elezione d'un nuovo Pontefice. Si vide egli dunque rinchiuſo nel ſuddetto Caſtello, e dopo aver promeſſo di pagare in certo tempo trenta mila ſeudi, fece venir Lettere di ſuo Fratello, al quale egli aveva acquiſtato varie Terre, e il titolo di Duca in Regno di Napoli, aſſerenti la gran povertà ed impotenza della ſua Caſa a pagare un ſoldo. Altro che queſto non ci volea, per dar meglio a conoſcere, che eccellenti perſonaggi foſſero i Fratelli Coſcia, a' quali nondimeno la Corte Ceſarea giunſe ad accordar la ſua protezione con gravi doglianze della Pontifizia. Trattoſſi in Roma nell'Anno preſente de gli omicidi volontarj, ſe in avvenire aveſſero a godere l'aſilo nelle Chieſe.

STAVA pure a cuore all'Imperador *Carlo VI.* ſì per l'onore de' ſuoi Miniſtri, che per la quiete d'Italia, che la Pace data dal Principe *Luigi di Wirtemberg* alla Corſica prendeſſe buone radici; e perciò nel dì 16. di Marzo con ſolenne Decreto confermò la Capitolazione accordata a que' Popoli dalla Repubblica di Genova. Ma non paſsò il Settembre, che ſi trovarono in quell' Ifola non pochi difapprovatori delle condizioni della concordia; e fparfefi voce da altri, che non era mai da fidarfi de' Genovefi, da che dopo l'Amneftia e i Giuramenti aveano meffo in carcere i lor Capi, a rimettere i quali in libertà non v'era voluto meno dell' onnipotenza e coftanza dell' Imperadore: oltre all'aver dovuto altri de' principali ufcir dell' Ifola, come efiliati dalla lor Patria. Perciò in alcune parti della Corfica, dove più che in altre durava quefto cattivo fermento, riforfero nuovi malcontenti, e fi diede all'armi, con crefcere dipoi maggiormente la follevazione, ficcome andremo vedendo. E tanto più fi animò quella gente a tumultuare, fenza rifpettare l'interpofta autorità di Cefare per lo recente aggiuftamento, perchè improvvifamente fi trovò involto nell' Anno prefente lo fteffo Augufto Monarca in una deplorabil guerra, che niuno fi afpettava in mezzo alla Pace, poco fa ftabilita. Mifera è ben la condizion de' mortali, fottopofta all' Ambizione, a i capricci, e a tante altre paffioni de' Regnanti, i quali niun ribrezzo pruovano a rendere infelici i proprj ed altrui paefi, col muovere sì facilmente guerra, cioè un flagello, di cui chi per fua difavventura è partecipe, fa quanto ne fia enorme il pefo, quanto lagrimevoli gli effetti. Mancò di vita nel primo dì di Febbraio di queft' Anno *Federigo Augufto* Re di Polonia ed Elettor di Saffonia, con lafciare fra l'altre fue gloriofe azioni fpezialmente memorabile il fuo nome, per aver abbracciata la Religion Cattolica, e trafmeffala nel fuo generofo Figlio *Federigo Augufto*, che fuccedette a lui nell' Elettorato. Effendofi trattato dell' Elezione di un nuovo Re di Polonia, al Criftianiffimo *Luigi XV.* parve quefto il tempo propizio, per rimettere fu quel Trono il Suocero fuo, cioè il Principe *Stanislao Leszczinskci*, ne gli Anni addietro di fatti, ed ora di folo nome Re di Polonia. Pafsò incognito con una fquadra di Legni Franzefi effo Principe in quelle contrade, e la fua prefenza affaiffimo giovò per difporre que' Magnati all' elezione di lui. Fu dunque di nuovo nel dì 12. di Settembre proclamato Re col voto concorde di quafi tutti que' Palatini, reftando nulladimeno in piedi una fazione contraria, che altri difegni covava in petto.

All' Augufto *Carlo VI.* non poteva piacere, che la Corona di quel Regno paffaffe in capo ad un Principe attaccato per tanti legami alla Francia. Altre mire aveva parimente *Anna*

Era Volg.
Ann. 1733. Imperadrice della gran Ruffia; e però fi accordarono di promuovere a quel Regno il giovane *Federigo Augufto* Elettore
di Saffonia, Figlio del Re defunto. Altro non fece l'Imperador de'Romani, che d'inviare a i confini della Polonia, fenza
nondimeno entrarvi, nè commettere violenza alcuna, un'Armata fotto colore di proteggere la Libertà de'Polacchi nell'
elezione del loro Capo. S'era ciò praticato altre volte in fimile congiuntura. Ma i Ruffiani di fatto con forze gagliarde s'introduffero in quel Regno: il che animò fpezialmente i Palatini di Lituania a dichiarare Re di Polonia nel quinto giorno
di Ottobre il fuddetto Elettor di Saffonia, le cui armi da lì a
non molto accorfero anch'effe per foftener quello fcettro in
mano del loro Sovrano. Ed ecco darfi principio in que'vafti
paefi ad una terribil guerra civile, che fi tirò dietro nell'Anno feguente il memorabile affedio di Danzica, dove s'era rifugiato il Re *Stanislao*, con efferfi egli in fine fottratto felicemente dalle mani de'fuoi avverfarj, e con aver lafciato libero il campo e il Trono all'Emulo fuo, appellato da lì innanzi *Augufto III.* Re di Polonia, anche oggidì gloriofamente
Regnante. A me non occorre di dire di più intorno a quelle
ftrepitofe fcene, perchè a sè mi chiama l'Italia. Non fi farebbono mai figurato gl'Italiani, che del sì lontano fuoco della Polonia aveffero anch'effi a divenir partecipi; e pure non
fu così. Appena vide la Corte di Francia contrariati i difegni
fuoi in favore del Re Stanislao dalle Potenze Cefarea e Ruffiana, che ne meditò rifentimenti e vendette. Troppo lontana
da i tiri de'fuoi cannoni fi trovava la Ruffia; più vicini e confinanti erano gli Stati dell'Augufto *Carlo VI.* e però fu prefa
la rifoluzione di muovere guerra a lui, tuttochè giufto non fem-
braffe a molti faggi il titolo di quefta rottura, perchè niun atto di violenza aveano efercitato l'armi di Cefare nelle diffenfioni de'Polacchi. A maggiormente incoraggire i Franzefi,
per muovere guerra nella congiuntura prefente, fervì non poco il fapere, che troppo difficilmente farebbono entrati in ballo gl'Inglefi ed Ollandefi a favore dell'Imperadore, ficcome
Popoli tuttavia fegretamente irritati pel tentativo fatto dalla
Corte di Vienna ne gli Anni addietro di formare e fomentare la Compagnia d'Oftenda in grave lor pregiudizio. Ora non
sì tofto fu fubodorato lo fdegno della Francia contro della Maeftà Cefarea, che corfero a foffiar nell'incendio, o pure furono
chia-

chiamati ad accrefcerlo, il Re Cattolico *Filippo V.* e il Re di Sardegna *Carlo Emmanuele*. Per quante rinunzie aveffe fatto il primo in favore dell'Augufta Cafa d'Auftria de i Regni e Stati d'Italia, non fi dovea quella Corte credere obbligata a mantenerle. Saltarono anche fuori titoli e pretefti di difgufto contra di Cefare, per certe foddisfazioni negate all' *Infante Don Carlo* Duca di Parma. Quanto pofcia al Re di Sardegna, chiamavafi egli indebitamente gravato dalla Corte Cefarea, per non aver mai potuto ottenere Vigevano, Città, che pure fecondo i patti gli dovea effer ceduta.

Varj dunque fegreti maneggi fi andarono facendo, e feguì un Trattato fra la Francia e Spagna, i cui Articoli non fi fono mai ben faputi; e un altro ne conchiufe il Re di Sardegna col Re Criftianiffimo, anch'effo finora occulto. Il bello fu, che la Corte di Vienna placidamente intanto dormiva, nè s'immaginava, che il religiofo ed amico *Cardinale di Fleury*, primo Miniftro di Francia, poteffe trovare in fuo cuore giufti motivi per rompere i legami della Pace. S'ingroffavano non folamente al Reno, ma anche in Provenza e Delfinato le milizie Franzefi.: nulla importava : fi credeano tutti movimenti da burla, per tenere unicamente in efercizio le truppe. Molto meno diffidava la Corte Cefarea del Re di Sardegna, ftante l'amichevol corrifpondenza, che paffava fra loro, e l'aver anche poco fa effo Re chiefta ed ottenuta dall'Imperadore l'Inveftitura de'fuoi Stati in Italia. Vero è, che fi offervava il Re Sardo accrefcere le fue truppe, e far altri preparamenti di guerra ; ma il tutto veniva fuppofto tendere alla difefa propria e dello Stato di Milano, cafo mai che i Franzefi penfaffero a qualche tentativo contro l'Italia. Tanto maggiormente fi confermarono in quella credenza i Miniftri Cefarei, perchè il Re di Sardegna trovandofi fprovveduto di grano per li prefenti bifogni fuoi, e de gli afpettati Franzefi, ne ottenne alquante migliaia di facchi, e varj arnefi da guerra, dal *Conte Daun* Governatore di Milano, perfuafo, che foffe in fervigio dell'Imperadore ciò, che poco dopo venne a fcoprirfi contra di lui. In quefto letargo non era già il *Conte Generale Filippi*, Ambafciatore dell'Augufto Monarca a Torino, che offervava i mifteriofi movimenti de'Miniftri di Francia e Spagna in quella Corte, e la vicinanza all'Italia delle truppe Franzefi, e andava fcrivendo a Vienna, che quefto

tem.

temporale avea da fcoppiare in danno dello Stato di Milano .
Anche il *Conte Orazio Guicciardi* Inviato Cefareo in Genova
con lettere fopra lettere informava la fua Corte del poderofo
armamento, che per mare e per terra faceva nello fteffo tempo il Re Cattolico , tenendo per fermo deftinate quell'armi
a'danni dell'Italia. Tali avvifi in Vienna paffavano per ridi-
coli fpauracchi di chi non fapea ben pefare le circoftanze de'
correnti affari . Reftò in fine delufo anche il fuddetto Generale Filippi ; perciocchè un dì ito a trovare il *Marchefe d'Ormea*, infigne ed accortiffimo Miniftro del Re di Sardegna, a
nome della fua Corte gli dimandò conto della Lega fatta dal
fuo Real Sovrano co i *Re di Francia e di Spagna* , perchè di
quefta s'aveano buoni avvifi in Vienna. Rifpofe il Marehefe,
fe avea difficultà di mettere in carta sì fatta dimanda . No ,
rifpofe l'altro ; e la fcriffe. Sotto quelle parole aggiunfe l'Ormea di proprio pugno : *Quefta Lega non è vera ;* e fi fotto-
fcriffe. Interrogato da lì a qualche tempo , come aveffe ofato
di fcrivere così, rifpofe : perchè niuna Lega avea contratto il
fuo Re colla *Spagna* , e tale era la verità. Spedito a Vienna
quefto biglietto, maggiormente impreffionò que'Miniftri, che
nulla v'era da temere in Italia ; e però nè quella Corte, nè
il Governator di Milano prefero le precauzioni opportune .

Ora mentre fe ne ftavano i difattenti Tedefchi in così
bella Eftafi, verfo la metà di Ottobre, ecco per cinque diverfi
cammini calare in Italia una forte Armata di Franzefi fotto il
comando del vecchio *Marefciallo di Villars* . Poco fi fermò quefta in Torino od altri Luoghi del Piemonte , ed unita colle
fchiere del Re di Sardegna, dichiarato Generaliffimo, a gran
paffi, e a dirittura marciò verfo lo Stato di Milano, dove entrò nel dì 26. del Mefe fuddetto. Si credeva l'Imperadore di
avere un buon corpo di truppe in quel paefe ; i ruoli e le paghe ne faceano ampia fede ; ma per difgrazia non corrifpon-
devano i fatti. Il perchè forprefo da quefto inafpettato nembo il *Conte Daun* Governatore di Milano, frettolofamente provvide di vettovaglia e di altre cofe bifognevoli per una gagliarda difefa il Caftello d'effa Metropoli, ma con mancargli quello, che più importava . Solamente poco più di mille e quattrocento armati vi furono introdotti : prefidio quafi nè pur
baftante a guernire in un giorno tutti i fiti e le fortificazioni
di quella vafta Piazza. Dopo aver egli fpedito ottocento fanti
di

di rinforzo a Novara, immaginandofi, che i nemici farebbono
alto prima fotto quella Città, fi ritirò pofcia a Mantova col
fuo meglio, ed appreffo prefe le pofte per Vienna, non so fe
per difcolpare sè fteffo, ma certamente per rapprefentare all'
Augufto Padrone lo ftato delle cofe della Lombardia, ftato troppo titubante per le forze tanto fuperiori dell'efercito Gallo-
Sardo. Divifofi quefto in più Corpi, per far più imprefe nello
fteffo tempo, nel dì 27. d'Ottobre, vide venirfi incontro le
chiavi della Città di Vigevano, e nel dì 31. Pavia aprì anch'
effa le Porte a' Franzefi con efserfi prima ritirato lo fmilzo
prefidio de' Tedefchi. Invioffi dipoi il Re di Sardegna col
Marchefe d'Ormea, e col Corpo maggiore delle truppe collegate alla volta di Milano, i cui Deputati, appena ebbe egli
pafsato sopra un Ponte il Ticino, comparvero a prefentargli
le chiavi, con pregare la Maeftà Sua di confermare i lor privilegj, e di prefervare gli abitanti da ogni violenza. Furono
ricevuti con tutto amore, rimandati con ficurezze di buon trattamento. Nella notte del dì tre di Novembre precedente alla
Fefta folenne di San Carlo, con quiete e buona difciplina entrarono i Gallo-Sardi in Milano, e giuntovi nella mattina feguente anche il Generaliffimo Re di Sardegna *Carlo Emmanuele*,
feco avendo tutta l'Ufizialità ed altro groffo numero di truppe,
fu accolto colle maggiori dimoftrazioni d'onore da quella Nobiltà e Popolo. Fermatofi alquanto nel Palazzo Ducale, pafsò
dipoi alla Metropolitana, dove fu cantato folenne *Te Deum*.
Celebroffi la fefta del Santo colla medefima tranquillità, che
ne' tempi di Pace. Non tardò il Re a far provare la fua beneficenza a que' Cittadini, con levare o tutta, o in parte la
Diaria, cioè il pagamento di tre mila Lire di quella moneta
per giorno, e una Gabella sopra il Sale. Deputato intanto all'
affedio del Caftello di Milano il Tenente Generale di *Coigny*,
diede tofto principio ad alzar terra; ficcome all'incontro fi difpofe a far buona difefa il Caftellano, cioè il Marchefe Marefciallo *Annibale Vifconti*.

NEL mentre che varie brigate marciarono per bloccare
Novara e Tortona, la Città di Lodi nel dì fette di Novembre
fu occupata da i Franzefi, e colà portoffi anche il Re colle
forze maggiori dell'Armata. Dopo aver gittato un Ponte full'
Adda pafsò di là, e parte marciò di qua alla volta di Pizzighettone; nel qual giorno arrivò anche il *Marefciallo di Vil-*
lars

lars con quindici altri mila combattenti, e un groſſo treno di artiglieria . Incredibili ſpeſe avea fatto in addietro l'Imperador *Carlo VI.* per formare d'eſſo Pizzighettone una Piazza fortiſſima , e davano ad intendere gl'Ingegneri , ch'eſſa era ineſpugnabile . Dalla parte di qua dell'Adda , cioè al mezzo giorno aveano piantato eſſi Ingegneri un Forte guernito di molte militari fortificazioni; ma ſenza ben avvertire , che preſo queſto , ſerviva eſſo mirabilmente per offendere la Piazza poſta nell'altra riva . Fu dunque riſoluto dal Villars di fare il maggiore sforzo contra del medeſimo Forte , ſotto cui in fatti nella notte del dì 17. di Novembre , venendo il dì 18. fu aperta la trincea, e lo ſteſſo ſi fece nel medeſimo tempo dall'altra parte ſotto la Piazza , per tener divertiti gli aſſediati . In queſte anguſtie e diſavventure il principal penſiero de'Comandanti Ceſarei era quello di provvedere e ſoſtener Mantova , come chiave dell'Italia . Salva queſta , ſperavano alla primavera forze tali da reprimere il corſo de'vittorioſi Gallo-Sardi . Però non ſentirono ribrezzo alcuno a ritirar da Cremona il preſidio, laſciandola eſpoſta a i nemici, che poi ſe ne impadronirono nel dì 16. del Meſe ſuddetto. Solamente cento cinquanta uomini reſtarono alla guardia del Caſtello , ſenza obbligo al ſicuro di difenderlo per lungo tempo , ſiccome avvenne . Con tal vigore proſeguirono i Franzeſi le offeſe contro il Forte di qua dall'Adda , animati ſempre dal Re di Sardegna, il quale tre volte ogni dì viſitava gli attacchi e le batterie, che dopo aver eſſi a coſto di molto ſangue preſo il cammin coperto, e formata la breccia, videro gli aſſediati nel dì 28. di Novembre eſporre bandiera bianca. Si ſtentò ad accordar le Capitólazioni , e due volte fu ſpedito al *Principe di Darmſtat* Governatore di Mantova per queſto; e perciocchè premeva forte a gli Alemanni di ſalvare il preſidio di Pizzighettone, giacchè oſtinandoſi nella difeſa ſarebbe rimaſto prigioniere di guerra, conſentirono alla reſa non ſolamente del Forte , ma anche della Piazza, con aver ottenuto le più onorevoli condizioni per la lor truppa . Sicchè nel dì otto di Dicembre venne con gran facilità in poter de'Franzeſi Pizzighettone, Fortezza, che ſe foſſe ſtata fornita di maggior nerbo di difenſori, avrebbe potuto durar gran tempo contro gli sforzi nemici. Cento cannoni di bronzo ſi trovarono in quelle due Fortezze . Atteſero dipoi i Franzeſi ad occupare i Forti di Trezzo, e Lecco,

co, che non fecero difefa. La fece bensì il Forte di Fuentes;
ma non v'effendo più che feffanta foldati di guernigione, e gio-
cando forte le artiglierie nemiche, furono anch'effi coftretti a
renderfi prigionieri.

SBRIGATI da quelle parti il Re di Sardegna e il Marefciallo
di Villars, accudirono all'affedio del fortiffimo Caftello di Milano. Alla metà di Dicembre cento Cannoni e quaranta Mortari cominciarono un'infernale finfonia, e fenza rifparmio di
fangue fi avanzarono le linee verfo le mura. Maravigliofa fu
la difefa, che ne fece il *Marefciallo Vifconte*, confiderata la
picciolezza del prefidio. Fu detto, che quattordici mila cannonate e tre mila Bombe s'impiegaffero da' Franzefi in quell'
imprefa, e che più di mille e fettecento de' lor foldati vi periffero oltre a i feriti. Ma in fine convenne cedere per motivo fpezialmente di falvare ciò, che reftò illefo di quella guernigione, e nel dì 30. di Dicembre vennero fottofcritte le Capitolazioni, in vigor delle quali nel dì due di Gennaio dell'Anno feguente con tutti gli onori della milizia gli Alemanni lafciarono libero quel Caftello a gli affedianti, e fe n'andarono
a rinforzar Mantova. Convien confeffarla: parve collegato il
Cielo coll'armi Gallo-Sarde, perchè da gran tempo non s'era
provato un verno sì dolce ed afciutto: il che troppo favorevole riufcì alle imprefe loro. Se altrimenti foffe fucceduto, avrebbono i fanghi e le rotte ftrade probabilmente o troppo difficultato, o fors'anche fturbato affatto l'affedio di Pizzighettone e
del Caftello di Milano. Ebbe anche a dire il Villars, che qualora aveffe potuto indovinare una ftagion sì piacevole, avrebbe cominciato le oftilità dall'affedio di Mantova. Non pafsò
l'Anno prefente, che anche il Caftello di Cremona venne all'
ubbidienza de' Collegati. Mentre quefta danza fi faceva in
Lombardia, ecco fcendere un altro temporale dalle parti di
Spagna. Erafi collegato il Re Cattolico *Filippo V.* colla Francia, e le condizioni de' lor negoziati fi raccolfero folamente
da gli effetti, che poi fi videro. Potente Flotta per mare avea
preparato quel Monarca, in cui s'imbarcò gran copia di Reggimenti, e nel dì 30. di Novembre avendo fpiegate le vele,
benchè patiffe burafca nel Golfo di Lione, pure arrivò a quello della Spezia ful Genovefato, e quivi sbarcata la gente, s'inviò la maggior parte d'effa alla volta della Tofcana. Più di
quattro mila cavalli fpediti per la Linguadoca, da Antibo furono

rono trafportati anch'effi per mare alla Riviera di Levante de' Genovefi.

SCORGEVA ognuno minacciato da quefto turbine il Regno di Napoli. Inviato il *Duca di Caftro Pignano* con un corpo di truppe al Forte dell'Aulla, prefidiato da' Tedefchi nella Lunigiana, per aprirfi la comunicazione fra la Tofcana e il Parmigiano, fe ne impadronì egli nel dì 24. di Dicembre, con far prigionieri cento e trenta uomini di quel prefidio. Vennero in quefti giorni a vifitare il Real Infante *Don Carlo*, il *Marefciallo di Villars*, il *Conte di Montemar*, Capitan Generale dell'Armata Spagnuola, e il *Duca di Liria*, per concertare le imprefe dell'Anno feguente. Calarono anche in Lombardia alcuni Reggimenti Spagnuoli, che prefero ripofo ful Parmigiano: Fu in quefti tempi, ch'effo Infante Duca di Parma venne dichiarato Generaliffimo dell'Armata Spagnuola in Italia; e perciocchè egli era già pervenuto all'età di diciotto anni fenza poter ottenere dalla Corte di Vienna d'effere difpenfato da i Tutori [quefto fu ancora uno de' capi delle doglianze del Re Cattolico] di fua autorità, e feguitando l'efempio d'altri Duchi di Parma fuoi Anteceffori, dichiarò fe ftefso Maggiore, e prefe il governo de gli Stati, con ringraziare il Gran Duca di Tofcana *Gian-Gaftone*, e la *Ducheffa Dorotea* Avola fua, della cura, che come Contutori aveano finora prefo di lui. Nè in Italia folamente fi provò il pefo della guerra nel prefente Anno. Maffa grande di combattenti avea fatto la Francia in Alfazia, e fpedito colà per Generale il *Principe di Contì*. Verfo la metà di Settembre egli pafsò il Reno, e mife l'affedio al Forte di Kehl, che ful fine d'effo Mefe fu obbligato alla refa. Siccome a quefti improvvifi affalti non era punto preparata la Corte di Vienna, così la fortuna accompagnò dapertutto l'armi Franzefi. Godeva intanto Roma una deliziofa Pace, e il Pontefice *Clemente XII.* che al pari de' fuoi Anteceffori ambiva di lafciar qualche infigne memoria di fe ftefso nella mirabil Città di Roma, prefe in queft'Anno la rifoluzione grandiofa di fabbricar la facciata della Bafilica Lateranenfe. Però ful principio di Dicembre con molta folennità fu pofta la prima pietra de' fondamenti di sì magnifico edifizio. Trovoffi fortopofta in queft'Anno ad un lagrimevol accidente la Città d'Ancona. Svegliatofi un tempeftofo vento nella notte del Lunedì quindici di Settembre venendo il Martedì, fece inorridir

tutti

tutti quegli abitanti, che fi figurarono Tremuoto in Terra e
Mare. Più Legni, che erano in Porto, fi ruppero colla morte
di molte perfone; furono portate via le tegole delle cafe e i
çamini da fuoco, rovinate varie Cafe, e Conventi; fommamente reftò danneggiata la gran fabbrica del nuovo Lazzaretto, rovefciata dalla parte del Molo, e nella campagna fradica-
ti alberi, e portati via i fenili. Tutto era pianti ed urli allora
in quella povera Città, e fcorfe quefto impetuofo turbine fino
a Macerata e Loreto.

Anno di CRISTO 1734. Indizione XII.
Di CLEMENTE XII. Papa 5.
Di CARLO VI. Imperadore 24.

FU QUEST'Anno un di quelli, che in grande abbondanza
provvide le pubbliche Gazzette e Storie di novità, e fatti
ftrepitofi riguardanti maffimamente l'Italia. Da me non ne
afpetti il Lettore, che un compendiofo racconto. Erano in
armi contro dell'Augufto *Carlo VI.* Franzefi, Spagnuoli, e il
Re di Sardegna. Fece la Spagna conofcere al Mondo, quanta
foffe la fua Potenza, da che la Francia le avea dato un Re,
e Re che vegliava a' proprj intereffi. Imperciocchè infigne fu
l'armamento fuo per mare, continui i trafporti di gente, di
attrecci militari, e di dànaro per terra e per mare, a fine d'
imprendere la conquifta de i Regni di Napoli e di Sicilia. Maggiori fi videro gli sforzi della Francia per continuare la guerra al Reno, e in Lombardia; e il bello fu, che non folamente nelle Corti, ma anche ne' pubblici Manifefti, facea quel Gabinetto rimbombar dapertutto la fcrupolofa intenzione fua in
quefti sì gagliardi movimenti d'armi, che era non già [guardi
Dio] di acquiftare un palmo di terreno, mà bensì di farfi
rendere ragione da Cefare, per aver egli fpalleggiato l'*Elettor
di Saffonia* al confeguimento della Corona di Polonia, e cooperato alla depreffione del *Re Stanislao*. Se mai per forte con
sì belle fparate fi figuraffe il Gabinetto Franzefe di gittar polve
ne gli occhi agl'Inglefi ed Ollandefi, affinchè non iftendeffero
il braccio alla difefa dell'Augufta Cafa d'Auftria: non erano sì
poco accorte quelle Potenze, che non fapeffero il vero fignifi-
cato di sì magnifiche e difintereffate protefte. Pure non entrarono effe Potenze in verun impégno, per foftener Cefare con-

Tomo XII.   B b   tro

tro tanti nemici, benchè pregate e follecitate dalla Corte di
Vienna: ed unica cagione ne fu lo fdegno non peranche ceffato, per avere l'Augufto Monarca dopo tanti benefizj a lui com-
partiti voluto piantare in detrimento loro la Compagnia di O-
ftenda, tuttochè quefta foffe poi abolita. S'avvide allora il buon
Imperadore, quanto l'aveffero in addietro tradito i fuoi troppo ingordi Configlieri e Miniftri; e convenne a lui di far penitenza de' mali configli altrui con portar quafi folo tutto il
pefo di quefta nuova guerra. Perchè è ben vero, che gli riufcì
d'indurre i Circoli dell'Imperio a dichiararla guerra dell'Imperio; ma non è ignoto, qual capitale fi poffa fare di que'foccorfi troppo ftentati e non mai concordi. Oltre di che gli Elettori di Baviera, Colonia, e Palatino, non confentirono a tal
dichiarazione, e fe ne ftettero neutrali; anzi il primo fece un
confiderabile armamento con voce di mirare alla propria difefa, ma armamento tale, che tenne fempre in gran diffidenza
e fuggezione la Corte Cefarea, e la obbligò a guardare con affai gente i fuoi confini, perchè perfuafa, che il folo oro della Francia manteneva in piedi l'Armata Bavarefe, afcendente a venticinque e forfe più mila perfone. Ora in quefto verno attefe vigorofamente Cefare a battere la caffa per refiftere a' fuoi nemici non meno in Lombardia, che al Reno, dove fmifurate forze s'andavano raunando da i Franzefi.

In quefto mentre le due reftanti Piazze dello Stato di Milano, cioè Novara e Tortona, venivano o bloccate o berfa-
gliate dall'armi de'Collegati. Ma nel dì nove di Gennaio fu
portata a Milano la nuova, che Novara comprendendo feco
la Fortezza d'Arona avea capitolata la refa con andarfene liberi que'prefidj alla volta di Mantova. Allora fu che fi determinò di convertire in affedio il blocco di Tortona e del fuo
Caftello, che era in credito di Fortezza capace di ftancare un
efercito. Nel dì 12. del fuddetto Gennaio al difpetto della fred-
da ftagione fu aperta la trinciera fotto quella Città, da cui
effendofi nel dì 26. ritirato il Governatore Conte Palfi, lafciò
campo a i Franzefi d'impoffeffarfene nel dì 28. Non corrifpo-
fe all'efpettazion della gente il prefidio di quel Caftello, ancorchè foffe compofto di due mila Alemanni, perciocchè appena cominciarono il terribile lor giuoco feffantadue pezzi di
Cannone, e quattordici Mortari da bombe, che quel Comandante dimandò di capitolare, e ne ufcì nel dì nove di Febbraio

con

con tutti gli onori militari. Ad altro, siccome dissi, non pensavano in questi tempi gli Ufiziali Cesarei nel brutto frangente
di sì impensata guerra, che di salvar la gente, per poter sal-
vare Mantova. Tutto intanto andò lo Stato di Milano: dopo
di che presero riposo le affaticate e molto sminuite truppe de
gli Alleati. Arrivò il Febbraio, e nè pure s'era veduto calare
in Italia corpo alcuno di Tedeschi; solamente s'intendeva,
che nel Tirolo, e a Trento, e Roveredo, andava ogni dì crescendo il numero de' combattenti Austriaci, e che per Capitan Generale della loro Armata veniva il Maresciallo *Conte*
di Mercy. Con sei mila persone arrivò finalmente questo Generale sul fine di quel Mese a Mantova per conoscere sul fatto lo stato delle cose, e poi se ne tornò a Roveredo, per affrettare il passaggio dell'altre incamminate milizie. Ma con
esso veterano e valoroso Comandante parve, che s'accompa-
gnasse anche la mala fortuna, e seco passasse in Italia. Fu
egli sorpreso da una grave flussione a gli occhi, ed altri dissero da un colpo di apoplessia, per cui di tanto in tanto restava come cieco. Progettossi in Vienna di richiamarlo, ma
perchè sempre se ne sperò miglioramento, continuò egli nel
comando.

Trovandosi troppo vicino a questo incendio *Rinaldo d'Este*
Duca di Modena, cominciò anch'egli a provarne le perniciose conseguenze. Sul principio dell'Anno presente ecco stendersi
le truppe Spagnuole per li suoi Stati, e prendere quartiere nelle Città di Carpi e Correggio, nelle Terre di San Felice e Finale, e in altri Luoghi. Perchè s'erano precedentemente ritirati dalla Mirandola gli Alemanni, esso Duca di Modena avea
tosto bensì guernita quella sua Città col proprio presidio. Ma
non tardò il *Duca di Liria* Generale Spagnuolo nel dì 15. di
Gennaio a comparire colà colle sue milizie, con chiedere di
entrarvi; al che non fu fatta resistenza, giacchè promise di
lasciare intatta la Sovranità e il Governo del Duca di Modena, Principe risoluto di mantenere la neutralità in mezzo a
queste gare. S'andava intanto ogni dì più ingrossando sul Mantovano l'Armata Cesarea, talmente che secondo le spampa-
nate de' Gazzettieri si decantava ascendesse a sessanta e più mila persone, bella gente tutta, e vogliosa di menar le mani.
Per impedir loro l'inoltrarsi verso lo Stato di Milano, il Generalissimo Re di Sardegna *Carlo Emmanuele* spedì il nerbo

delle

delle fue truppe a poftarfi alle rive del Fiume Oglio, e la maggior parte de' Franzefi venne a cuftodire le rive del Po nel
Mantovano di qua, ftendendofi da Guaftalla fino a San Benedetto, a Revere, ed anche ad una parte del Ferrarefe. All'
incontro nelle rive di là da Po fi fortificarono i Tedefchi a
Governolo, Oftiglia, e ne' reftanti Luoghi dell'Oglio. Si ftettero guatando con occhio bieco per alquante fettimane le due
nemiche Armate, ftudiando tutto dì il Generale Conte di Mercy la maniera di paffare il Po; e dopo molte finte gli venne
fatto di paffarlo, dove e quando men fe l'afpettavano i Franzefi. Nella notte feguente al primo dì di Maggio, feco menando barche fopra delle carra, fpinfe egli fopra alcune d'effe
il General di Battaglia *Conte di Ligneville* Lorenefe pel Po con
una man d'armati alla riva oppofta in faccia alla Chiefa di San
Giacomo, un miglio in circa diftante da San Benedetto. Ar-
rampicaronfi su gli argini quegli armati, e vi prefero pofto;
nel qual mentre le fentinelle Franzefi fparando fparfero l'avvifo di quefta forprefa. Ma il Mercy con incredibil diligenza
fatto formare il Ponte, non perdè tempo a fpignere nuove
truppe di qua, in maniera che quando fopragiunfero le brigate Franzefi, vedendo effe già paffata tutta l'ofte Cefarea, ad
altro non penfarono che a metterfi in falvo.

GRANDE in fatti fu lo fcompiglio de' Franzefi, troppo fparpagliati dietro alla grande ftela de gli argini del Po; laonde
corfa la voce del paffaggio fuddetto, ciafcun corpo d'effi colla
maggior fretta poffibile prefe la ftrada del Parmigiano, lafciando indietro non pochi viveri, munizioni, e parte ancora del
bagaglio. Paffò quefto terrore al Finale, a San Felice, e alla
Mirandola, dove erano entrati effi Franzefi, dappoichè l'aveano abbandonata gli Spagnuoli; e tutte quelle fchiere, unitefi
poi con quelle di Guaftalla, marciarono alla Sacca, Luogo del
Parmigiano ful Po. Formato quivi un Ponte per mantener la
comunicazione coll'Oltrepò, con alte foffe e trincee fi afforzarono; e da Parma fino a quel Luogo dietro al fiume appellato Parma tirarono una Linea, guernendola di gran gente e
cannoni, ed afpettando di vedere, che rifoluzion prendeffero
gli Auftriaci. Con buona difciplina dopo avere ripigliato il
poffeffo della Mirandola, fen vennero quefti ful territorio di
Reggio; impadronironfi anche di Guaftalla e Novellara, e andarono ad alzar le tende nelle Ville del Parmigiano. Era ito

frat-

frattanto il *General Mercy* a Padova, per ifperanza di riportare da quegli Efculapi la guarigion della fua vifta; e fenza di lui
nulla fi potea intraprendere di grande . Parve a gli altri Comandanti Cefarei viltà il lafciare tanto in ozio il fiorito loro
efercito, e però fi avvifarono di cacciare i Franzefi dalla Terra di Colorno . Sul principio di Giugno con un groffo diftaccamento fi portarono colà ; difperata difefa fece quel prefidio ,
ficchè tutti coloro o perderono la vita, o reftarono prigionieri.
Ma fenza paragone vi fpefero gl'Imperiali più fangue , effendovi rimafto uccifo il fuddetto troppo ardito Generale di Ligneville con altri Ufiziali, e molta loro gente . Videfi poi faccheg-
giata quella povera Terra , fenza perdonare nè a i Luoghi facri , nè alle delizie del Palazzo e Giardino de i Duchi di Parma , le quali furono ivi per la maggior parte difperfe od at-
terrate . Non riportò lode il Principe *Luigi di Wirtemberg*,
Comandante allora pro interim dell'Armata Cefarea , perchè
non s'inoltraffe con tutte le forze a fine di ftrignere i Franzefi
a Sacca. A lui baftò di mettere in Colorno due Reggimenti .
Ma nel dì quinto di Giugno effendofi moffo il valorofo Re di
Sardegna con affai brigate fue, e de'Franzefi, a quella volta ,
feguì una calda zuffa con vicendevole mortalità di gente ; pure fi trovarono obbligati i Tedefchi di abbandonare quel fito ,
oramai, ma troppo tardi, pentiti di avere comperato sì caro
un acquifto, che niun frutto, e folamente molto danno loro
produffe.

Da che fu ritornato da Padova il *Marefciallo di Mercy* ,
non v'era chi non credeffe imminente qualche gran fatto d'armi; ma con iftupore d'ognuno egli fi ritirò a San Martino del
Marchefe Eftenfe a digerir la bile ; e ciò perchè odiato dalla
maggior parte de gli Ufiziali , come macellaio delle truppe,
non avea trovato in effi l'ubbidienza dovuta . Se andaffero bene con quefti contratempi gli affari dell'Imperadore , fel può
immaginare ciafcuno . Placato in fine dopo molti giorni effo
Marefciallo, fe ne tornò al campo, ed allora determinò di venire a giornata co i nemici. Sarebbe ftato da defiderare, che
egli in sì pericolofo cimento foffe ftato meglio fervito da' fuoi
occhi, e che le mifure da lui prefe foffero ftate, quali conven-
gono a i più accorti Generali d'Armate . Parve a non pochi mal
conceputo difegno l'aver egli [giacchè troppo difficile era l'affalire il campo contrario nelle Linee ben fortificate del Fiume
Par-

Parma] prefo un giro al mezzogiorno della Città di Parma, con intenzione di azzuffarfi all'Occidente., dove di fortificazio- ne erano privi i Franzefi ; ma fenza far cafo di lafciare efpo- fto un fianco del fuo efercito alle artiglierie della Città, e del potere la guernigion d'effa Città tagliargli la ritirata in cafo di disgrazie. Ma egli era portato da una ferma credenza di fconfiggere i nemici ; e il vero è, che penfava di trovare i Franzefi nell'accampamento loro dietro alla Parma, e non già nel fito, dove fuccedette dipoi il terribil conflitto. All'Arma- ta Gallo-Sarda non fi trovava più il *Marefciallo di Villars*, perchè la fua foverchia età gli avea sì fattamente infiacchita la memoria, che ora dato un ordine, da lì a poco dimentico del primo, ne fpediva un altro in contrario. Laonde richiama- to alla Corte, s'inviò nel dì 27. di Maggio alla volta di To- rino, dove forprefo da malattia diede fine a i fuoi giorni, ma non già alla gloria d'effere ftato uno de' più fperti e rinomati Condottieri d'Armata de'giorni fuoi. Anche il Generaliffimo *Carlo Emmanuele* Re di Sardegna avea dato una fcorfa a To- rino, per vifitar la Regina caduta inferma. Ora effendo refta- to al comando dell'efercito Gallo-Sardo i due Marefcialli di *Coigny* e di *Broglio*, o fia che le fpie portaffero avvifo de' movimenti de gl'Imperiali, o pure foffe accidente : moffero eglino il campo, per venire anch'effi al Mezzo giorno, ve- rifimilmente per coprire la Città di Parma da ogni attentato.

ALL'improvvifo dunque nella mattina del dì 29. di Giugno, fefta de' Santi Pietro e Paolo, fi fcontrarono le due nemiche Armate fulla ftrada Maeftra, o vogliam dire Via Claudia, ftendendofi i Franzefi dalla Città fino per un miglio al Luogo detto la Crocetta, ben difefi da gli alti foffi della medefima ftrada. Ancorchè fi trovaffe il Mercy inferiore di gente, per aver lafciato molti ftaccamenti indietro alla cuftodia de' paffi, e tutta la fanteria non foffe peranche giunta, pure attaccò fu- riofamente la battaglia con iftrage non lieve de'nemici. Coftò anche gran fangue l'efpugnazione d'una Caffina ; ma il peg- gio fu, ch'egli fteffo col troppo efporfi alle palle de gli avver- farj, ne reftò sì malamente colpito, che ful campo fpirò l'ul- timo fiato. Non fi fa, fe il fuo Funerale foffe poi accompa- gnato dalle lagrime d'alcuno. Arrivata la fanteria tutta, creb- be maggiormente il fuoco, le morti, e le ferite da ambe le parti, fenza nondimeno, che l'una paffaffe ne'confini dell'al- tra.

tra. A cagione di tanti foffi ed alberi poco o nulla potè operare la copiofa Cavalleria Tedefca; e i foli fucili, e i piccioli
cannoni da campagna, ma non mai le fciable e baionette, fecero l'orribil giuoco. Da molti fu creduto, che il Principe
Luigi di Wirtemberg, rimafto Comandante in capo dopo la
morte del Mercy, non fapeffe qual regolamento aveffe prefo
il defunto Generale, e però penfaffe più alla difefa, che all'
offefa. Ed altri immaginarono, che fe foffe fopravivuto il
Mercy, egli avrebbe o riportata vittoria, o facrificata la maggior parte delle fue truppe. La conclufione fu, che quefto fanguinofo combattimento durò fino alla notte, la qual pofe fine
al vicendevol macello; ed amendue le Armate rimafero ne'loro campi a confiderare e compiagnere le loro perdite per tanti Ufiziali e foldati o uccifi o feriti, fenza fapere qual deftino
foffe toccato alla parte contraria. Non afpetti alcuno da me
d'intendere a quante migliaia afcendeffe il danno dell'una o
dell'altra Armata, infegnando la fperienza, che ognuno fi ftu-
dia d'ingrandire il numero de'nemici, e di fminuire quello de'
proprj. Calcolarono alcuni, che almen dieci mila perfone tra
gli uni e gli altri reftaffero freddi ful campo. Quel che è certo, ciafcuna delle parti nella notte al trovare tanta copia di
morti e feriti, fi credette vinta; e fi fa, che i Comandanti
Franzefi tenuto Configlio meditavano già di ritirarfi a i trincieramenti della Sacca, e a decampare da'contorni di Parma;
quando verfo la mezza notte giunfe loro la grata nuova,
che i Tedefchi levato il campo erano in viaggio per tornarfene verfo il Reggiano. Snervati cotanto di gente fi trovarono effi Cefarei, e privi di vettovaglie e foraggi, e in vicinanza d'effa Città nemica, che loro fu neceffario di retrocedere. Era ferito anche lo fteffo Principe di Wirtemberg.

VIDESI in quefti tempi Parma tutta piena di Gallo-Sardi
feriti, e una proceffione continua per due giorni fulla Via
Claudia di feriti Tedefchi, non curati da alcuno, de'quali
parte ancora nel viaggio andava mancando di vita: fpettacolo compaffionevole ed orrido a chi contemplava in effi l'umana miferia, e i frutti amari dell'Ambizion de'Regnanti. Sul
fine della battaglia per le pofte, e con grave pericolo di cadere in man de'Cefarei, il Re di Sardegna pervenne al campo. Fu creduto migliore configlio il non infeguire i fugitivi
nemici, e nel dì feguente s'inviò buona parte dell'efercito Gal-

lo-

lo-Sardo verſo Guaſtalla per isloggiarne i Tedeſchi. V'era dentro un preſidio di mille e ducento perſone; e per diſattenzione
de'Comandanti Ceſarei niuno avviſo fu loro inviato della ſuc-
ceduta cataſtrofe; laonde trovandoſi quella gente ſprovveduta
d'artiglierie, di munizioni e di viveri, fu obbligata a renderſi
prigioniera. Giunſe intanto l'eſercito Tedeſco a paſſare il Fiume Secchia, dopo aver laſciate funeſte memorie di ruberie
per dovunque paſsò; e a fin di mantenere la comunicazione
colla Mirandola e col Mantovano, ſi diede toſto ad afforzarſi
ſu gli argini d'eſſo Fiume; ſiccome parimente fecero i Franzeſi nella parte di là, con aver poſto il Re di Sardegna il quartier generale a San Benedetto. Avea nella precedente Primavera il *Mareſciallo di Villars* penſato a ſtendere la ſua giurisdizione anche ne gli Stati di Modena, ſì per aſſicurarſi di queſta Città, e della ſua Cittadella, come anche per iſtendere le
contribuzioni in queſto paeſe: meſtiere favorito da i Monarchi
della Terra, e praticato tanto più indiſcretamente da eſſi, quanto più ſon potenti e ricchi, ſenza diſtinguere paeſi neutrali ed
innocenti da nemici. Nel dì 15. d'Aprile comparve a Modena il Marcbeſe di Pezè, Ufiziale Franzeſi di gran credito ed
eloquenza, che fece la dimanda d'eſſa Cittadella in depoſito a
nome del Re Cattolico. Per quante eſibizioni faceſſe il *Duca
Rinaldo* di ſicurezze, ch'egli guarderebbe quella Fortezza ſenza darla a i nemici de gli Alleati, ſaldo ſtette il Pezè in eſigere, e non men di lui il Duca in negare ſì fatta ceſſione.
Andoſſene perciò ſenza aver nulla guadagnato quell'Ufiziale,
e il Duca a cagion di queſto guernì di qualche migliaio di ſue
milizie la Cittadella predetta. Ma da che dopo la battaglia
di Parma ſi trovarono ſì infievoliti i Ceſarei, ſpedì il Duca
al Campo Gallo-Sardo l'Abbate Domenico Giacobazzi, oggidì
Conſigliere di Stato e Segretario Ducale, ben perſuaſo di non
poter più reſiſtere alla tempeſta, e deſideroſo di ſalvare quel
più che potea nell'imminente naufragio. Diſpoſte poſcia il
meglio che fu poſſibile le coſe, nel dì 14. di Luglio ſi ritirò
il Duca con tutta la ſua Famiglia a Bologna. Il Principe Ereditario *Franceſco* ſuo Figlio, e la Principeſſa Conſorte s'erano
molto prima portati a Genova, e di là poi col tempo paſſarono
amendue a Parigi.

ENTRARONO nel dì 13. i Franzeſi in Reggio, e nel dì 20.
del Meſe ſuddetto comparve alle porte di Modena il *Marcbe-*
ſe

fe di Maillebois Tenente Generale di Sua Maeſtà Criſtianiſſima con buon diſtaccamento d'armati, che accordò alla Città e ſue dipendenze un' oneſta Capitolazione, reſtando intatta la Giuriſdizione, Dominio, e Rendite del Duca, con altri patti in favore del Popolo : patti di carta, che non durarono poi ſe non pochi giorni. Che intollerabili aggravj, che eſorbitanti contribuzioni imponeſſero poſcia i Franzeſi a gli Stati ſuddetti, non occorre, ch'io lo ricordi, dopo averne aſſai parlato nelle Antichità Eſtenſi. Divennero in oltre eſſi Stati il teatro della guerra, tenendo i Ceſarei la Mirandola, e tutto il baſſo Modeneſe, e i Franzeſi Modena, Reggio, Correggio, e Carpi. Il Fiume Secchia era quello, che dividea le Armate, le quali andarono godendo un dolce ozio fino alla metà di Settembre, ma ſenza laſciarne godere un bricciolo a i poveri abitanti. Al comando dell'armi Imperiali era intanto ſtato inviato da Vienna il Mareſciallo *Conte Giuſeppe di Koningſegg*, Signore di gran ſenno, che toſto determinò di ſvegliare gli addormentati nemici. Trovavaſi in queſto tempo attendato a Quiſtello il Mareſciallo Franzeſe *Conte di Broglio* con parte dell'eſercito, guardando i paſſi della Secchia. Con isforzate marcie, e con gran ſilenzio ſull'Alba del dì 15. d'eſſo Settembre ecco comparire il nerbo maggiore de gli Alemanni, valicar la poca acqua del Fiume, ſorprendere i pichetti avanzati, e poi dare improvviſamente addoſſo al campo Franzeſe. Non ebbero tempo colti nel ſonno i ſoldati di prendere l'armi, non che di ordinar le ſchiere. Solamente ſi penſò alle gambe. Fuggì in camicia il Mareſciallo di Broglio ; e il Signore di Caraman ſuo Nipote, Colonnello e Brigadiere d'eſſa Armata, eſſendoſi oppoſto per facilitare al Zio la ritirata, reſtò con altri Ufiziali prigioniero. Andò a ſacco tutto il campo, tende, bagagli, armi, munizioni, e le argenterie de' maggiori Ufiziali. Era molto ſplendida e copioſa quella del Conte di Broglio, la cui Segreteria reſtò anch'eſſa in mano de' vincitori. Per queſta diſavventura fu da lì innanzi eſſo Mareſciallo, benchè perſonaggio di gran merito e mente, guardato di mal occhio alla Corte di Francia, e col tempo ſi vide cadere. Rimaſero per tale irruzione tagliati fuori molti corpi di Franzeſi, che ſi renderono prigioni ; altri ne furono preſi a letto nel campo, tal che fu creduto, che tra morti e prigioni vi perdeſſero i Franzeſi da tre e forſe più mila perſone. Maggiore ſenza paragone ſarebbe ſtata la perdita

loro, fe non fi foffero sbandati i Tedefchi dietro al ricco fpoglio del campo, e non aveffero trovato, allorchè prefero ad
infeguire i nemici, varie Foffe e Canali, cuftoditi da qualche
truppa Franzefe, che ritardarono di troppo i lor paffi. Ebbe
tempo il Re di Sardegna di ritirarfi colla fua gente da San
Benedetto, conducendo feco cannoni e bagaglio, pizzicato
nondimeno per viaggio. Solamente due Battaglioni reftati in
quel Moniftero con altri Franzefi capitati colà, dopo avere
ottenuti patti onefti, fi renderono a gl'Imperiali.

RIDOTTO in fine con gran fretta tutto l'efercito Gallo-Sardo a Guaftalla fuori di quella Città, e fra i due Argini del Po
e del Croftolo vecchio, fi diede con gran fretta a formare alti
e forti triencieramenti; nel qual tempo furono anche abbandonati Carpi e Correggio da i prefidj Franzefi, che fi ritirarono al groffo della loro Armata. A quella volta del pari traffe
tutto il Cefareo efercito, e poco fi ftette a vedere un altro
fpaventevole fatto d'armi. Molto fu poi difputato, fe a quefto nuovo conflitto fi veuiffe per accidente, o pure per rifoluta volontà del *Marefciallo di Koningfegg.* Giudicarono alcuni,
che per una fcaramuccia inforta fra groffe nemiche partite, a
poco a poco andaffe crefcendo l'impegno, tanto che in fine
tutte le due Armate entrarono in ballo. Pretefero altri, che
il Koningfegg, troppa fede preftando al Principe di wirtemberg, afferente, come cofa certa, che la Cavalleria Gallo-Sarda era paffata oltre Po a cercar foraggi, determinaffe di tentar la fortuna. Perfona di credito mi afficurò, non altra intenzione avere avuto il Generale Cefareo, che di riconofcere
il campo nemico; ma che inoltratifi due o tre fuoi Reggimenti vennero alle mani con un corpo di Franzefi: laonde la battaglia divenne a poco a poco univerfale. Ufciti perciò de'loro trincieramenti i Franzefi in ordinanza di battaglia, nella
mattina del dì 19. di Settembre fi azzuffarono i due poffenti
eferciti; e fulle prime due bei Reggimenti di Corazze Cefaree
caduti in un'imbofcata, rimafero quafi disfatti. Al primo avvifo il Re Sardo, che fi trovava di là da Po, corfe a rinforzar
l'Armata colla fua Cavalleria, e fempre colla fpada alla mano in compagnia de' due Marefcialli di Coigny e di Broglio,
attefe a dar gli ordini opportuni, trovandofi coraggiofamente
in mezzo a i maggiori pericoli. Giocarono in quefto conflitto
terribilmente le artiglierie d'ambe le parti, facendo fquarci

gran-

grandi nelle fchiere oppofte; le fciable e baionette non iftettero punto in ozio; e però fanguinofa oltremodo riufcì la pugna. Parve, che il Principe *Luigi di Wirtemberg* andaffe cercando la morte: tanto arditamente fi fpinfe egli addoffo a' nemici; e in fatti reftò uccifo ful campo. Ora piegarono i Franzefi, ed ora i Tedefchi; ma in fine chiarito il Koningfegg, che non fi potea rompere l'ofte contraria, prefe il partito di far fonare a raccolta, e di ritirarfi colla migliore ordinanza, che fu poffibile. Si diffe, che i Franzefi l'infeguiffero per un tratto di ftrada, ma non è certo. A quanto montaffe la perdita dell'una e dell'altra parte, refta tuttavia da faperfi. Indubitata cofa è, che vi perì gran gente con molti infigni Ufiziali di prima riga e fubalterni, e maggior fu la copia de' feriti, la quale afcefe a migliaia. Si attribuirono i Gallo-Sardi la vittoria, e non fenza ragione, perchè reftarono padroni del campo, di quattro Stendardi, e di qualche pezzo di cannone, e i Savoiardi riportarono in trionfo un paio di timballi. Ebbe l'avvertenza il Marefciallo Cefareo nello fteffo bollore del poco profpero conflitto di fpedir ordine, perchè fi formaffe, o fi armaffe gagliardamente il Ponte di comunicazione col Mantovano ful Po, e fu ben fervito. Nè fi dee tacere, che il *Marchefe di Maillebois*, durante la battaglia fuddetta, con tre mila cavalli di là dal Po corfe per forprendere Borgoforte, ed impedire la comunicazione del Ponte; ma non fu a tempo, anzi ben ricevuto, non penfò che a tornarfene indietro.

VENNE ne' feguenti giorni a notizia de' Franzefi, altro non trovarfi nella Mirandola, che lo fcarfo prefidio di trecento Alemanni con poca artiglieria. Parve quefto il tempo d'impadronirfene. Scelto per tale imprefa il fuddetto Tenente Generale Maillebois, uomo di grande ardire ed attività, comparve fotto quella Piazza con fei mila combattenti, con otto groffi pezzi d'artiglieria cavati da Modena, e con altri cannoni; e fenza riguardi e cerimonie alzò tofto una batteria ful cammino coperto. Effendo poi corfa voce, che dieci mila Tedefchi venivano a fargli una vifita, con tutti i fuoi arnefi fu prefto a ritirarfi. Ma fcopertafi falfa quefta voce, egli più che mai vogliofo e ifperanzito di quell'acquifto, tornò fotto alla Piazza, e con tutto vigore rinovò le offefe. Fatta la breccia, fi preparava già a fcendere nella foffa, quando venne a

fape-

fapere, che il Koningfegg fegretamente avea fatto sfilare alquante migliaia de' fuoi a quella volta, e formato un Ponte ful Po a quefto effetto; però da faggio Comandante nel dì 12. d'Ottobre sloggiò, e tal fu la fretta, che lafciò indietro tutta l'artiglieria. Niun'altra confiderabile imprefa fu fatta nel refto dell'Anno, fe non che oftinatofi il Conte di Koningfegg di ftare colla fua gente in campagna tra il Po e l'Oglio, gran tormento diede all'ofte Gallo-Sarda, obbligata a gravi patimenti, alloggiando e dormendo i poveri foldati non più fulla terra, ma su i fanghi e nell'acqua. Non foffrì il Re di Sardegna, che più duraffe tanto affanno delle milizie, e decampato che ebbe le riduffe a' quartieri di verno, ma sì mal concie, che entrata fra loro un'Epidemia ne' feguenti Mefi sbrigò da i guai del Mondo una parte d'effi, e non folo effi, ma chiunque de' Medici, Chirurghi, e Cappellani affifterono ad effi: come pur troppo fi provò nella Città di Modena. La ritirata loro aprì il campo a i Cefarei per paffar l'Oglio, ed impadronirfi di Bozzolo, Viadana, Cafalmaggiore, ed altri Luoghi. E al Principe di Saffonia *Hildburgaufen* riufcì con finti Cannoni di legno di far paura al Comandante di Sabbioneta, che non ebbe difficultà di renderla a patti onorevoli. Con tali imprefe terminò nell'Anno prefente la campagna in Lombardia.

Ci chiama ora un'altra memorabile fcena, parimente fpettante a queft'Anno, e all'Italia. Siccome accennammo, era già ftata prefa nel Gabinetto di Spagna la rifoluzion di valerfi del tempo propizio, in cui fi trovavano impegnate l'armi di Cefare al Reno e in Lombardia, per la conquifta de i Regni di Napoli e Sicilia. Ognun vedea, che le mire de gli Spagnuoli con tanti Legni in mare, con tanta Cavalleria e Fanteria, già pervenuta in Tofcana, e che andava ogni dì più crefcendo, tendevano a paffar colà. Maggiormente ancora fe ne avvide il *Conte Don Giulio Vifconti*, Vicerè allora di Napoli, il quale bensì per tempo fi accinfe a far la poffibile difefa, con fortificare fpezialmente Gaeta e Capoa, e provvederle di gente, e di tutto il bifognevole; ma per trovarfi con forze troppo fmilze a sì pericolofo cimento, con replicate lettere facea iftanza di foccorfi alla Corte di Vienna. Ne ricevè molte fperanze; a riferva nondimeno di alquante reclute e d'altre poche milizie, che dal Litorale Auftriaco e dalla Sicilia

cilia per mare andarono capitando colà, fi fciolfero tutte in
fumo l'altre promeffe. Il quartier Generale dell'efercito Spagnuolo fotto la direzione del *Conte di Montemar* nel Gennaio
di queft'Anno era in Siena. A quella volta fi molfe da Parma anche il Reale *Infante Don Carlo*, ed effendo nel dì quinto di Febbraio paffato in vicinanza di Modena, falutato con
falva Reale dalla Cittadella, arrivò poi nel dì dieci felicemente a Firenze. Portò egli feco gli arredi più preziofi de'.
Palazzi Farnefi di Parma e Piacenza, ben prevedendo, che gli
fi preparava un più magnifico alloggio in altre parti. Anche il
Duca di Liria raccolte le truppe Spagnuole, ch'erano fparfe
ne gli Stati del Duca di Modena, e abbandonata la Mirandola, andò ad unirfi all'efercito ful Sanefe. Da che ful fine di
Febbraio fi fu meffo alla tefta di sì bella e poderofa Armata
effo Reale Infante, tutti fi moffero alla volta di Roma, e nel
dì quindici paffarono fopra un preparato Ponte il Tevere.
Nello fteffo tempo per mare capitò a Città vecchia la numerofa Flotta di Spagna, ed otto Navi d'effa veleggiando oltre,
nel dì 20. s'impoffeffarono delle Ifole di Procida ed Ifchia. Furono fparfi per Napoli e pel Regno Manifefti, che promette-
vano per parte dell'Infante diminuzion d'aggravj, e privilegj
e perdono a chi in addietro avea tenuto il partito Imperiale
contro la Corona di Spagna.

STAVANO intanto fpeculando i Satrapi della Politica, fe gli
Spagnuoli troverebbero oppofizioni a i confini. Niuna ne trovarono, e però avendo effi declinata Capoa, e paffato il Volturno, giunfero a Sant'Angelo di Rocca Canina. Era ftata
fu quefto difputa fra i due Generali, *Carrafa* Italiano, e *Traun*
Tedefco. Pretendeva l'un d'effi, cioè il primo, che tornaffe
più il conto a fguernire le Piazze di prefidj, e raccolta tutta la
gente d'armi Alemanna, doverfi formare un'Armata, che andaffe a fronte della nemica, per tentare una battaglia. Succeden-
do quefta felicemente, pareva in falvo il Regno. All'incontro
col difendere i foli Luoghi forti, Napoli era perduta; e chi ha
la Capitale, in breve ha il refto. Softeneva per lo contrario il
Conte Traun il tener divife le foldatefche nelle Fortezze; perchè venendo i promeffi foccorfi di venti mila armati dalla Germania, Napoli fi farebbe facilmente ricuperata. Prevalfe queft'
ultimo fentimento, e fu la rovina de'Cefarei, che niun rinforzo
riceverono, e perderono tutto. Dopo la difgrazia fu chiamato
à Vien-

Era Volg.
Ann. 1734. a Vienna il Generale Carrafa, fedele ed onoratiffimo Signore, imputato di non avere ben fervito l'Augufto Padrone. Andò egli, ma non gli fu permeffo d'entrare in Vienna, nè di parlare a Sua Maeftà Cefarea. Per altro portò egli feco le chiare fue giuftificazioni. Fu detto, che l'Imperadore con fua Lettera gli aveffe ordinato di raunar la gente, e di venire ad'un fatto d'armi, e che altra Lettera del Configlio di guerra fopragiugneffe con ordine tutto contrario. Aveva il Conte *Don Giulio Vifconti* Vicerè preventivamente inviata a Roma la Moglie col meglio de' fuoi mobili, e a Gaeta le Scritture più importanti; ed egli fteffo dipoi prefe la ftrada di Avellino e Barletta, per non effere fpettatore della inevitabil rivoluzion di Napoli, che tutta era in ifcompiglio, e che fcriffe a Vienna le fcufe e difcolpe della fua fedeltà, fe fprovveduta di chi la foteneffe, era forzata a cedere ad un Principe, che fi accoftava con efercito sì potente per terra e per mare. Giunto pertanto nel dì nove d'Aprile il Reale Infante coll'ofte fua a Maddalori, lungi quattordici miglia da Napoli, vennero i Deputati ed eletti di quella Real Città ad inchinarlo, e a prefentargli le chiavi, coprendofi come Grandi di Spagna, fecondo il Privilegio di quella Metropoli. Nel feguente giorno dieci fu fpedito un diftaccamento di tre mila Spagnuoli, che pacificamente entrarono in Napoli, e l'Infante paffò alla Città di Averfa, fiffando ivi il fuo quartiere, finattantochè fi foffero ridotte all'ubbidienza le Fortezze della Capitale. Contra di quefte, preparati che furono tutti gli arnefi, fi diede principio alle oftilità. Nel dì 25. fi arrendè il Caftello Sant'Ermo con reftare prigioniera la guernigione Tedefca di fecento venti perfone. Due giorni prima anche l'altra di Baia, dopo aver fentite alquante cannonate, fi rendè a difcrezione. Confifteva in fecento feffanta foldati. Il Caftello dell'Uovo durò fino al dì terzo di Maggio, in cui quel prefidio, efpofta bandiera bianca, reftò al pari de gli altri prigioniero. Altrettanto fece nel dì fefto d'effo Mefe Caftel Nuovo.

DAPPOICHE' fu libera da gli Auftriaci la Città di Napoli, vi fece il fuo folenne ingreffo nel dì dieci di Maggio l'Infante Reale *Don Carlo* fra le inceffanti allegrie ed acclamazioni di quel gran Popolo. Nobili fuochi di gioia nelle fere feguenti atteftarono la contentezza d'ognuno, ben prevedendo, che quefto amabil Principe, così ornato di Pietà, e tanto inclinato alla
Cle-

Clemenza, avea da portar quella Corona in capo. In fatti nel dì quindici d'esso Maggio giunse Corriere di Spagna col De- creto, in cui il Cattolico Monarca *Filippo V.* dichiarava que- sto suo Figlio Re dell'una e dell'altra Sicilia: avviso, che fe- ce raddoppiar le feste ed allegrezze di un Popolo, non avvezzo da più di ducento anni ad avere Re proprio. Tutti i saggi ri- conobbero, quale indicibil vantaggio sia l'aver Corte, e Re, o Principe proprio. Trovavansi in Bari già adunati circa sette mila soldati Cesarei. Perchè voce si sparse, che sei mila Croa- ti aveano da venire ad unirsi a questa picciola Armata, il Ca- pitan Generale Spagnuolo, cioè il *Conte di Montemar*, a fin di prevenire il loro arrivo, col meglio dell'esercito suo, fa- cendolo marciare a grandi giornate, corse anch'egli a quelle parti. Nel dì 27. di Maggio trovò egli quella gente in vici- nanza di Bitonto in ordine di battaglia, e tosto attaccò la zuffa con essi. Ma quella non fu zuffa, perchè subito si disordinaro- no, e diedero alle gambe gl'Italiani, che erano i più, e furo- no seguitati da gli Alemanni. La maggior parte restò presa, e gli altri si salvarono in Bari. Non si potè poi cavar di testa alla gente, che il *Principe di Belmonte* Marchese di San Vin- cenzo, Comandante di quel Corpo di truppe, non avesse pri- ma acconciati i suoi affari con gli Spagnuoli, giacchè da lì a non molto fu osservato ben visto e favorito da loro. Anche gli abitanti di Lecce mossa sollevazione presero quanti Tedes- chi si trovarono in quella contrada. In riconoscenza de' rilevan- ti servigi, prestati al nuovo Re di Napoli, fu il Conte di Mon- temar dichiarato Duca di Bitonto, e Comandante de' Castelli di Napoli con pensione annua di cinquanta mila Ducati. Im- padronironsi poscia gli Spagnuoli di Brindisi e di Pescara, con restar prigioni di guerra que' presidj. Ma ciò, che più stava loro a cuore, era la Città di Gaeta, Piazza di gran polso, e ben provveduta di gente, viveri, e munizioni per la difesa. Nel dì 31. di Luglio si portò per mare colà il giovine Re *Don Carlo*, ed allora l'esercito aprì la trinciera. A tale assedio comparve anche *Carlo Odoardo* Principe di Galles, Primoge- nito del Cattolico Re *Giacomo III. Stuardo*, che fu accolto dal Re di Napoli con dimostrazioni di distinta stima ed amo- re. Ma quella forte Piazza con istupore d'ognuno non resi- stè che pochi giorni alle batterie nemiche, e nel dì sette di Agosto la guernigione Tedesca cedette il posto alla Spagnuola.

Per-

Perchè quegli abitanti ricufarono di venire ad un accordo col Generale dell'Artiglieria, videro trafportate a Napoli tutte le lor Campane, effendone reftate folamente alcune picciole in due o tre Conventi. Bella Legge, che è quefta, di punir le innocenti Chiefe con sì barbaro fpoglio. Ciò fatto, fi fecero tutte le difpofizioni neceffarie, per paffare alla conquifta della Sicilia.

Nel dì 25. d'effo Mefe d'Agofto effendofi imbarcato il Capitan Generale Conte di Montemar, mife alla vela il gran Convoglio, numerofo di circa trecento Tartane, cinque Galee, cinque Navi da guerra, due Palandre, e molti altri Legni minori. In vicinanza di Palermo approdò felicemente ful fine del Mefe quella Flotta; laonde il Senato di quella Metropoli, ficcome privo di difenfori, non tardò a far colà la fua comparfa, per atteftare l'offequio di quel Popolo alla Real Famiglia di Spagna. Addobbi infigni, ftrepitofe acclamazioni folennizzarono nel dì due di Settembre l'ingreffo in Palermo del fuddetto Montemar, già dichiarato Vicerè di Sicilia. Pafsò egli dipoi col forte dell'Armata a Meffina, i cui Cittadini aveano già ottenuta licenza di renderfi, giacchè il *Principe di Lobcovitz* Comandante avea ritirati i prefidj da i Caftelli di Matagriffone, Caftellazzo, e Taormina, per difendere il folo Caftello di Gonzaga e la Cittadella. Ma poco ftette a renderfi effo Caftello di Gonzaga con quattrocento uomini, che rimafero prigionieri; però tutto lo sforzo degli Spagnuoli fi rivolfe contro la fola Cittadella, difefa con indicibil valore da quella guernigione. Trapani, e Siracufa furono nello fteffo tempo affediate. Altro più non reftava nel Regno di Napoli, che la Città di Capoa, ricufante di fottometterfi all'armi di Spagna. Entro v'era il General Cefareo *Conte Traun*, che fi foftenne fempre con gran vigore, e fovente fi lafciava vedere a i nemici con delle fortite. Una d'effe fece ben dello ftrepito, perchè effendofi per le pioggie ingroffato il fiume Volturno, e rimafti tagliati fuori circa mille Spagnuoli, perchè fenza comunicazione col loro campo: il Traun ufcito con quafi tutta la guernigione, e con de' piccioli cannoni coperti fopra delle carra, parte ne ftefe morti ful fuolo, altri ne fece prigionieri. Ma in fine niuna fperanza rimanendo di foccorfo, e volendo effo Generale falvare il prefidio, capitolò la refa di quella Città e Caftello nel dì 22. d'Ottobre, le in termine di fei giorni non

gli

gli veniva aiuto, o non foſſe ſeguito qualche armiſtizio, con altre condizioni. Però venuto il termine, furono ſcortati que-gli Alemanni fino a Manfredonia e Bari, per eſſere traſportati a Trieſte. Ed ecco tutto il Regno di Napoli all' ubbidienza del *Re Carlo*, a cui nel preſente Anno ſi videro di tanto in tanto arrivar nuovi rinforzi di gente, munizioni, e danaro. Fra tanti ſoldati fatti prigionieri ne i Regni di Napoli e Sicilia, la maggior parte de gli Italiani, ed anche molti Tedeſchi, ſi arrolarono nell' eſercito Spagnuolo. Ma perciocchè eſſi Alemanni, toſto che ſe la vedevano bella, deſertavano, fu preſo il partito d' inviarne una parte de gli arrolati, e il reſto de' prigioni in Iſpagna. Di là poi furono traſportati in Affrica nella Piazza d' Orano, dove trovarono un gran foſſo da paſſare, ſe più veniva lor voglia di diſertare.

MAGGIÒRMENTE ſi riacceſe in queſt' Anno la ribellion de' Corſi, dove quella brava gente già impadronitaſi di Corte, ſul fine di Febbraio diede una rotta al preſidio Genoveſe uſcito della Baſtia, e nel dì 29. di Marzo ſconfiſſe un altro Corpo d' eſſi Genoveſi. Continuarono poi pel reſto dell' Anno le ſollevazioni e le azioni militari con varia fortuna in quell' Iſola. Roma vide in queſti tempi per la protezion di Vienna, e per lo ſborſo di trenta mila ſcudi, alquanto migliorata la condizione del *Cardinal Coſcia*, che reſtò liberato dalle Cenſure già promulgate contra di lui, ma non già dalla prigionia di Caſtello Sant' Angelo. Un inſigne regalo fece il Pontefice *Clemente XII.* al Campidoglio con ordinare il traſporto colà della bella raccolta di Statue antiche fatta dal Cardinale *Aleſſandro Albani*, ed acquiſtata dalla Santità ſua col prezzo di ſeſſantaſei mila Scudi. Ma nel dì ſei di Maggio ſi trovò tutta in conquaſſo eſſa Città di Roma, per eſſerſi verſo il mezzo dì attaccato il fuoco ad un caſtello di legnami ſulle ſponde del Tevere, dirimpetto al quartiere di Ripetta, e alla Piazza dell' Oca. Spirava un gagliardo vento, che di mano in mano andò portando le fiamme a gli altri caſtelli circonvicini, e ad alcuni pochi Magazzini di Legna, e alle Caſe di quaſi tutta quell' Iſola; di maniera che circa quattro mila perſone rimaſero ſenza abitazione, e vi perderono i loro mobili. Per troncare il corſo a ſì ſpaventoſo incendio, fu di meſtieri traſportar colà alcuni Cannoni da Caſtello Sant' Angelo, che atterrando varie caſe, non permiſero al Fuoco di maggiormente in-

inoltrare i fuoi paffi. Guai fe penetrava a gli altri Magazzini di fieno e di legna. Incredibile fu il danno, non minore lo fpavento. Fece il benefico Papa diftribuir tofto due mila Scudi a quella povera gente. Nell'Anno prefente, ficcome vedemmo, provò l'Augufta Cafa d'Auftria in Italia tante percoffe, e nè pure in Germania potè efentarfi da altre difavventure per la troppa fuperiorità dell'armi Franzefi. In quefto bifogno di Cefare l'oramai vecchio Principe *Eugenio di Savoia* ripigliò l'usbergo, e pafsò con quelle forze, che potè raunare, a foftener le linee di Erlingen. Quand'ecco due poffenti eferciti Franzefi, l'uno condotto da i Marefcialli e Duchi di *Bervich* e *Noaglies*, e l'altro dal Marchefe d'*Asfeld*, che quafi il prefero in mezzo. Gran lode riportò il Principe per la fteffa fua ritirata, fatta da Maeftro di guerra, perchè feppe mettere in falvo le artiglierie e bagagli, e moftrando di voler cimentarfi, faggiamente fi riduffe in falvo fenza alcun cimento con tutti i fuoi. Fu poi affediata l'importante Fortezza di Filisburgo da i Franzefi, e con sì fatti trincieramenti circonvallata, che ritornato il Principe con ofte poderofa per darle foccorfo, altro non potè fare, che effere come fpettatore della refa d'effa nel dì 21. di Luglio. Gran gente coftò a i Franzefi l'acquifto di quella Piazza, e fra gli altri molti Uffiziali vi lafciò la vita il fuddetto *Duca di Bervich* della Real Cafa Stuarda, uno de'più grandi e rinomati Condottieri d'Armate de'giorni fuoi. Una palla di cannone privò la Francia di sì accreditato Generale. Niun'altra confiderabile impresa feguì pofcia nell'Anno prefente in quelle parti, nulla avendo voluto azzardare il Principe Eugenio, a cagion de gl'infaufti fucceffi dell'Armi Cefaree in Italia. E tal fine con tante vicende ebbe l'Anno prefente, in cui con occhio tranquillo ftettero Inglefi ed Ollandefi mirando i deliquj dell'Augufta Cafa d'Auftria, quaficchè nulla importaffe loro il fempre maggiore ingrandimento della Real Cafa di Borbone. Col tempo fe n'ebbero a pentire.

Anno di CRISTO 1735. Indizione XIII.
Di CLEMENTE XII. Papa 6.
Di CARLO VI. Imperadore 25.

GRAN cordoglio provò in queſt'Anno *Carlo Emmanuele* Re di Sardegna, per avergli la morte rapita nel dì tredici di Gennaio la Real ſua Conſorte, cioè *Poliſſena Criſtina d'Haſſia Rhinfels Rotemburgo*, Principeſſa amabiliſſima, e dotata di rare Virtù, giunta all'Anno venteſimo nono della ſua età, con laſciar dopo di sè due Principini, e due Principeſſe. Ebbe biſogno il Re di tutta la ſua Virtù per conſolarſi nella perdita di una Conſorte di merito tanto ſingolare. A ſimile funeſto colpo ſoggiacque nel dì 18. del ſuddetto Gennaio in Roma anche la Principeſſa *Maria Clementina*, Figlia di *Giacomo Sobieſchi*, Principe Reale di Polonia, e Moglie di *Giacomo III. Stuardo* Re Cattolico della Gran Bretagna, da lui ſpoſata nel Settembre del 1719. in Montefiaſcone. Tali furono le Eroiche Virtù, e maſſimamente l'inarrivabil Pietà di queſta Principeſſa, che vivente fu da ognuno riguardata qual Santa, e meritò poi, che le ſue inſigni azioni foſſero tramandate a i poſteri come un eſemplare delle Principeſſe Eroine. Arricchì di due Figli il Real Conſorte, cioè di *Carlo Odoardo* Principe di Galles, nato nel dì 31. di Dicembre del 1720. e di *Arrigo Benedetto* Duca di Yorch, nato nel dì ſei di Marzo del 1725. Suntuoſiſſimo Funerale, qual ſi conveniva ad una Regina, le fu fatto per ordine del ſommo Pontefice *Clemente XII.* nella Chieſa de' Santi Apoſtoli. Portato il cadavero ſuo nella Baſilica-Vaticana, diſegnò eſſo Santo Padre di ergerle un Mauſoleo non inferiore a quello della *Regina di Svezia Criſtina*. Attendeva in queſti tempi il magnanimo Pontefice ad accreſcere gli ornamenti di Roma colla gran facciata della Baſilica Lateranenſe, e con abbellire in forma ſommamente maeſtoſa la Fontana di Trevi. Nello ſteſſo tempo erano occupate le rendite ſue in provvedere d'un inſigne Lazzaretto la Città d'Ancona. Ereſſe parimente un magnifico Seminario nella Dioceſi di Biſignano, affinchè ſerviſſe all'educazione de' Giovani Greci. Buone ſomme ancora di danaro ſpedì al *Cardinale Alberoni* Legato di Ravenna, affinchè divertiſſe i due Fiumi Ronco e Montone, che minacciavano per l'altezza de' loro letti l'eccidio a quell'antichiſſima Città.

MA-

MARAVIGLIE di valore e di prudenza avea fatte finqu`i il *Principe di Lobcovitz* in sostenere l'assediata Cittadella di Messina, e più ne avrebbe fatto, se non gli fossero venuti meno i viveri e le munizioni. Costretto dunque non dalla forza dell'armi, ma dalla propria penuria, finalmente nel dì 22. di Febbraio espose bandiera bianca, ottenne onorevoli condizioni, e lasciò poi solamente nel fine di Marzo in potere de gli Spagnuoli quell'importante Fortezza. Maggior fu la resistenza, che fece pel suo vantaggioso sito, e per la valorosa condotta del Generale Marchese Roma, la Città di Siracusa; ma bersagliata per mare e per terra da bombe ed artiglierie, nel dì 16. di Giugno anch'essa, con patti simili a quei di Messina, si diede per vinta. Vi restava l'unica Fortezza di Trapani, tuttavia difesa da gli Alemanni. Non passò il dì 21. dello stesso Giugno, che anch'essa piegò il collo all'armi vincitrici di Spagna; di maniera che tutta l'Isola e Regno della Sicilia restò pacificamente suggetta al giovane Re *Don Carlo*. S'era già fin dal Mese di Febbraio messo in viaggio per terra questo grazioso Regnante alla volta dello Stretto per passare colà, e prendere in Palermo, secondo l'antico Rituale, la Corona delle due Sicilie. Arrivato a Messina, vi fece il suo pubblico ingresso nel dì nove di Marzo, accolto con somma allegrezza da quel Popolo. Dopo molti giorni di riposo, imbarcato pervenne felicemente nel dì 18. di Maggio a Palermo. Destinato il dì terzo di Luglio, giorno di Domenica per l'Incoronazione di Sua Maestà, con indicibil magnificenza fu eseguita quella funzione. Dopo di che, scortato da numerosa Flotta, egli se ne tornò per mare alla sua residenza di Napoli, dove felicemente arrivò nel dì dodici del suddetto Luglio. Per tre giorni furono fatte insigni feste in quella gran Città con bellissime macchine, e ricchissime illuminazioni, facendo a gara ognuno per comprovare il suo giubilo al Reale Sovrano. Avea molto prima d'ora conosciuto il Capitan Generale *Duca di Montemar*, che non occorrevano più tante truppe nel Regno di Napoli, e perciò nel Febbraio di quest'Anno si mosse con alquante migliaia d'esse, e valicato il Tevere passò in Toscana. Sua intenzione era di levare a i Tedeschi le Fortezze poste nel Littorale di essa Toscana. Nuovi rinforzi gli arrivarono di Spagna, laonde nell'Aprile diede principio alle ostilità contra di Orbitello, e nel dì sedici a tempestare coll'artiglie-

tiglieria il Forte di San Filippo. Perchè cadde una bomba
nel magazzino della polve di quefto Forte, il prefidio ne ca.
pitolò la refa, e reftò prigioniere, dopo aver foftenuto per
ventinove giorni le offefe de i nemici. Altrettanto fece dipoi
Porto Ercole. Perchè premure maggiori chiamavano effo Duca di Montemar in Lombardia, follecitamente per la via di
Fiorenzuola iftradò egli le fue milizie alla volta di Bologna,
avendo lafciato folamente un corpo di gente al blocco d'Orbitello, Piazza, che fi arrendè pofcia ful principio del Mefe di Luglio.

CORREVA il fine di Maggio, quando pafsò pel Modenefe
queft' Armata Spagnuola, che fi faceva afcendere a venti mila
perfone di varie Nazioni, e s'inviò verfo il Mantovano di qua
da Po, per cominciar la campagna unitamente co' Franzefi e
Savoiardi. Era già pervenuto a Milano nel dì 22. di Marzo
Adriano Maurizio di Noaglies, Marefciallo di Francia, in cui
gareggiava la felicità della mente colla bontà del cuore, la
generofità colla fplendidezza, per comandare all'efercito Franzefe. Si tennero varj configli di guerra fra i Generali Alleati, e venuto che fu a Cremona nel dì dieci di Maggio *Carlo Emmanuele* Re di Sardegna, Generaliffimo dell' efercito,
furono regolate le operazioni, che fi doveano fare nell' Anno prefente. Paffato dipoi il Re a Guaftalla, fi diede ogni-
no a fare gli occorrenti preparamenti di artiglierie, barche,
viveri, e munizioni. Ritornato parimente era da Vienna il
Marefciallo *Conte di Koningfegg* al comando dell' ofte Cefarea, e già arrivati a Mantova alcuni nuovi Reggimenti Tedefchi, e molte reclute. Contuttociò non fi contavano nell'
efercito fuo fe non ventiquattro mila foldati: laddove quel de'
Collegati era afcendente a quafi due terzi di più. Divifo quefto in tre Corpi, che poteano chiamarfi tre poderofi eferciti,
marciò ful fine di Maggio verfo il Mantovano. Dappoichè il
Noaglies prefe Gonzaga, facendo prigione quel prefidio, tutte
le forze de gli Alleati marciarono per paffare il Po e il Fiume
Oglio. Furono i lor movimenti prevenuti dal Koningfegg, che
ritirò da San Benedetto, da Revere, e da gli altri Luoghi i prefidj, e lafciò agio a gli Spagnuoli di paffare nel dì 13. Giugno oltre Po ad Oftiglia, che nello fteffo tempo con Governolo reftò
abbandonata da' Tedefchi. Avendo i Franzefi valicato il Po a
Sacchetta, e il Re di Sardegna l'Oglio a Canneto, il Koningfegg,
che

Era Volg.
Ann. 1735. che non voleva essere tolto in mezzo da queste tre Armate, con lodatissima provvidenza andò rinculando, e dopo aver lasciati in Mantova sei mila bravi combattenti, e mandati innanzi i bagagli, i malati, e molti Cannoni ed attrecci, s'inviò verso il Veronese. A misura che i nemici s'inoltravano, anch' egli proseguiva le sue marcie, finchè gittato un Ponte sull'Adige a Buffolengo, benchè alquanto infestato da gli Spagnuoli nella retroguardia, condusse a salvamento tutta la sua gente sul Trentino, e parte ne fece sfilare verso il Tirolo.

ALTRO dunque più non restava in Lombardia a i Tedeschi, se non Mantova e la Mirandola, e mentre tutti si aspettavano di veder l'assedio dell'una e dell'altra, Mantova restò solamente bloccata in gran lontananza, e il *Duca di Montemar* verso la metà di Luglio si accinse all'espugnazione della Mirandola. Dentro v'era un valoroso Comandante, cioè il Barone Stenz, che quantunque si trovasse con soli novecento soldati in una Città e Fortezza, che ne esigeva tre mila, pure si preparò ad una gagliarda difesa. Non prima del dì 27. di Luglio fu aperta la trinciera sotto questa Piazza; e proseguirono poi le offese col passo delle tartarughe, a cagion d'alcuni Fortini alzati all'intorno, che impedivano gli approcci de'nemici. Bombe ed artiglierie fecero per tutto il seguente Agosto grande strepito e danno, senza però che si sgomentassero punto i difensori; e tuttochè fosse formata la breccia, e col mezzo d'una mina, e d'un assalto preso anche uno di que' Fortini, pure sarebbe costato molto più tempo e sangue a gli Spagnuoli quell'assedio, se il valoroso Comandante della Città non avesse provata la fatalità delle Piazze Tedesche, ordinariamente mal provvedute del bisognevole per sostenersi lungo tempo contro a i nemici. S'era egli ridotto con sole trentasei palle da cannone, e con tre o quattro barili di polveraccia; già erano consumate le vettovaglie. Però dopo avere per più d'un Mese fatta una gloriosa resistenza, nel dì 31. di Agosto con esporre bandiera bianca si mostrò disposto a rendersi. Restò prigioniera di guerra la guernigione di secento uomini. Sbrigato da questa faccenda il Duca di Montemar, tutto si diede a sollecitar l'assedio di Mantova, il cui blocco veramente venne più stretto. Si stesero i Franzesi dietro la riva del Lago di Garda per impedire, che da quella parte non isboccassero i Tedeschi; giacchè l'Armata loro s'andava ogni dì più ingrossando

do

do nel Trentino e Tirolo.. Ma ancorchè il Montemar faceſſe
venir dalla Toſcana gran copia d'artiglierie , di barche ſulle
carra , e di aſſaiſſime munizioni ed attrecci , per imprendere
una volta l'aſſedio ſuddetto di Mantova [perciocchè, ſecondo
la comune opinione, ſi credea, che quella Città conquiſtata doveſſe reſtare aſſegnata a gli Spagnuoli] pure non ſi vedeva riſoluzione alcuna in queſto affare dalla parte de' Franzeſi , che
aveano in piedi certi ſegreti negoziati ; nè da quella del Re
di Sardegna, a cui non potea piacere, che gli Spagnuoli dila-
taſſero tanto l'ali in Lombardia. Tenuto fu un congreſſo fra
il Generaliſſimo di Savoia, Duca di Noaglies, ed eſſo Montemar nel dì 22. di Settembre, in cui fece il Generale Spagnuolo delle doglianze per tanto ritardo, e ſi ſeppe, ch'egli in quella congiuntura ſi lagnò col Noaglies, per aver egli laſciato fuggire da Goito il Mareſciallo di Koningſegg ſenza inſeguirlo ,
come potea ; al che riſpoſe il Mareſciallo Franzeſe : *Signor Conte , Signor Conte : Goito non è Bitonto ; e il Koningſegg non
è il Principe di Belmonte*. In ſomma tutto dì ſi parlava d'aſſe-
diar Mantova, e Mantova non ſi vide mai aſſediata, benchè
molto riſtretta da gli Spagnuoli, facendo ſolamente de i gran
movimenti i Collegati verſo il Lago di Garda , e verſo l'Adige , per impedire il paſſo all'Armata Ceſarea , che creſciuta
di forze minacciava di calare di bel nuovo in Italia.

SEMBRAVA intanto a gl' Intendenti , che tanta indulgenza
de' Franzeſi verſo Mantova , Città di cui le morti e malattie
aveano ridotto quaſi a nulla il preſidio Tedeſco, indicaſſe qualche occulto miſtero . E queſto in fatti ſi venne a ſvelare nel
dì 16. di Novembre, perchè il Mareſciallo *Duca di Noaglies*
ſpedì al *Generale Kevenheller*, a cui era appoggiato il comando dell'eſercito Imperiale, l'avviſo di una ſoſpenſion d'armi
tra la Francia e l'Imperadore. Tale inaſpettata nuova non ſi
può eſprimere quanto riempieſſe non men di ſtupore, che di
conſolazione e di allegrezza tutti i Popoli, che ſoggiacevano al
peſo della preſente guerra, cioè di milizie deſolatrici de' paeſi,
dove paſſano, o s'annidano. Onde aveſſe origine queſta vigilia
della ſoſpirata Pace, fra qualche tempo ſi venne poi a ſapere.
Motivo di ſogghignare ſul principio di queſta guerra avea dato a gl'intendenti la Corte di Francia con quella pubblica ſpa-
rata di non pretendere l'acquiſto di un palmo di terreno nel
muovere l'armi contra l'Auguſto *Carlo VI*. poichè altro non

inten-

intendeva essa, che di riportare una soddisfazione alle sue giuste querele contro chi avea fatto cader di capo al Re *Stanislao* la Corona della Polonia. Troppo eroica in vero sarebbe
stata così insolita moderazione della Corte di Francia in mezzo
alla felicità delle sue armi. La soddisfazione dunque da lei richiesta fu la seguente. Era stata la Francia costretta nelle precedenti Paci alla restituzion de i Ducati di Lorena e Bar ; ma
non cessò ella da lì innanzi di amoreggiare que' bei Stati, sì
comodi al non mai abbastanza ingrandito Regno Franzese. Ora
il *Cardinale di Fleury*, primo Ministro del Re Cristianissimo
Luigi XV. che per tutta la presente guerra tenne sempre filo
di Lettere con un Ministro Cesareo in Vienna, o pure con un
suo Emissario segreto, che trattava col Ministero Imperiale,
sempre spargendo semi di Pace: allorchè vide l'Augusto Monarca stanco, e in qualche disordine gli affari di lui, propose
per ultimar questa guerra la cession de i Ducati della Lorena
e di Bar alla Francia, mediante un equivalente da darsi all'
Altezza Reale di *Francesco Stefano* Duca allora e possessore di
quegli Stati. L'equivalente era il Gran Ducato di Toscana.
Irragionevole non parve all' Augusto Monarca la proposizio-
ne, e venuto segretamente a Vienna con Plenipotenza il *Signor de la Baume*, nel dì terzo d'Ottobre furono sottoscritti
i Preliminari della Pace, e portati a Versaglies per la ratificazione.

RESTO' in essi accordato, che il *Re Stanislao* goderebbe sua
vita natural durante il Ducato di Bar, e poi quello ancora di
Lorena dopo la morte del vivente Gran Duca di Toscana, e
che il dominio di essi Ducati s'incorporerebbe poscia colla Corona di Francia. Che il Duca di Lorena succederebbe nella
Toscana dopo la morte d'esso Gran Duca *Gian-Gastone de'
Medici*, e intanto si metterebbero presidj stranieri in quelle
Piazze. Fu riserbato ad esso Duca Francesco il Titolo colle
rendite della Lorena, finchè divenisse assoluto Padrone della
Toscana. Che la Francia garantirebbe la Prammatica Sanzio-
ne dell'Imperadore, il quale riconoscerebbe per Re delle due
Sicilie l'Infante Reale *Don Carlo*. Che a *Carlo Emmanuele* Re
di Sardegna Cesare cederebbe due Città a sua elezione nello
Stato di Milano, cioè o Novara, o Tortona, o Vigevano, e
all'incontro si restituirebbe all'Imperadore il rimanente dello
Stato di Milano. In oltre il compenso delle due Città. da ce-
dersi

derfi al Rè di Sardegna , fi darebbono a Sua Maeſtà Ceſarea Era Volg.
quelle di Piacenza e Parma con gli anneſſi Stati della Caſa Far- Ann. 1735.
nele. Tralaſcio gli altri Articoli di que' Preliminari, per ſolamente dire , che il ſuddetto ſegreto negoziato cagion fu, che
in queſta Campagna nè al Reno , nè in Lombardia ſi fecero
azioni militari degne di memoria ; e che gran tempo e fatica
vi volle , per indurre il Duca di Lorena alla ceſſione de' ſuoi
antichi Ducati , e all' abbandono di que' ſuoi amatiſſimi Popoli . Acconſentì egli in fine a queſto ſacrifizio , perchè Ceſare
già gli deſtinava un ingrandimento di gran lunga maggiore ,
ſiccome vedremo fra poco . Per queſta impenſata concordia ,
tirato che fu il ſipario , ſecondo i particolari riguardi chi ſi
rallegrò, e chi ſi rattriſtò . Non ne eſultò già il Re di Sardegna , perchè comune voce fu , che la Francia nella Lega gli
aveſſe promeſſa la metà dello Stato di Milano , e queſto già
prima era ſtato conquiſtato. Tuttavia moſtrò quel ſavio Regnante con buona maniera di accomodarſi a i voleri di chi dava la legge , ed eleſſe poi in ſua parte Novara e Tortona. Ma
allorchè giunſe a Madrid queſta inaſpettata nuova, chi ſa dire le graviſſime doglianze , nelle quali proruppe quella Real
Corte contra de' Franzeſi? Li trattarono da aperti mancatori
di parola , mentre non ſolamente niuno accreſcimento laſcia-
vano alla Spagna in Lombardia ; ma le toglievano anche l'acquiſtato cioè Parma e Piacenza ; ed in oltre aveano comperata la Lorena non con altro prezzo , che colla roba altrui , cioè
colla Toſcana , già ceduta co' precedenti Trattati alla Corona
di Spagna . Pretendeva all' incontro il *Cardinal di Fleury* di
aver fatte giuſte le parti , perchè reſtavano all' Infante Don
Carlo i Regni di Napoli e Sicilia , i quali incomparabilmente
valevano più de i Ducati della Toſcana e di Parma e Piacenza.
Imperciocchè quantunque colle ſue ſole forze ſi foſſero gli Spagnuoli impadroniti di que' due Regni : pure principalmente ſe
ne doveva aſcrivere l'acquiſto a gli eſerciti di Francia , e a tante ſpeſe fatte dal Re Criſtianiſſimo ; per tenere impegnate l'armi di Ceſare al Reno e in Lombardia , ſenza che queſte poteſſero accorrere alla difeſa di Napoli e Sicilia . E ſe l'Imperadore ſacrificava le ſue Ragioni ſopra que' due Regni , a lui
già ceduti dalla Spagna , e indebitamente poi ritolti : ragion
voleva , che in qualche maniera foſſe compenſato del ſuo ſacrifizio ..

Tomo XII.   E e   In-

INTORNO a ciò lasciamoli noi disputare. Quel che è certo, restò di sasso il Generale Spagnuolo *Duca di Montemar*, allorchè intese questa novità; e tanto più perchè il *Duca di Noaglies* gli fece sapere, che pensasse alla propria sicurezza, giacchè egli avea ordine di non prestargli assistenza alcuna. Poco in fatti si stette ad udire, che i Tedeschi calavano a furia dalla parte di Padova e Trentino, e quasi volavano alla volta di Mantova. In sì brutto frangente il Montemar ad altro non pensò, che a salvarsi. Mosse in fretta le sue genti dall'Adige, lasciando indietro molti viveri e foraggi, e si ridusse di qua da Po. Ma eccoti giugnere a quello stesso Fiume i Cesarei; ed egli allora dopo aver messi circa settecento uomini nella Mirandola, e spedito un distaccamento a Parma, tanto più affrettò i passi per arrivare a Bologna, credendo di trovar ivi un sicuro asilo, per essere Stato Pontifizio. La disgrazia portò, che qualche centinaio d'Usseri nel dì 27. di Novembre cominciò a comparire in vicinanza di quella Città. Non volle cimentarsi con quella canaglia il Generale Spagnuolo, ed animati i suoi a marciare con sollecitudine, prese la strada di Pianoro e di Scaricalasino, per ridursi in Toscana. Aveva egli in quel dì invitata ad un solenne convito molta Nobiltà Bolognese dell'uno e dell'altro sesso; e già si mettevano tutti a tavola, quando gli arrivò l'avviso, che s'appressava il nemico. Alzossi egli allora bruscamente, e immaginando, che tutto l'esercito Cesareo avesse fatto l'ali, prese congedo da quella nobil brigata, esortandoli a continuare il pranzo. Ma dal di lui esempio atterriti tutti, con grande scompiglio si ritirarono alla Città, lasciando che gli Spagnuoli facessero altrettanto verso la Montagna. Furono quelli inseguiti alla coda da gli Usseri, che per buon pezzo di cammino andarono predando bagagli, e imprigionando chi poco speditamente de' pedoni menava le gambe. Essendo rimasto fuori di Bologna lo Spedale d'essi Spagnuoli, dove si trovavano circa mille e cinquecento malati, fu sequestrato. Non si potè poi impedire a i medesimi Usseri l'entrare nella stessa Città, e il far ivi prigionieri quanti Spagnuoli poterono scoprire, che non erano stati a tempo di seguitare l'improvvisa e frettolosa marcia dell'esercito. Di questa violenza acremente si dolse il Legato Pontifizio; ma non per questo essa cessò. Grande strepito in somma fece questa curiosa metamorfosi di cose, e il mirare senza colpo di spada

i vin-

i vincitori in pochi dì comparir come vinti. Pervenuto dunque il Duca di Montemar in Toscana, quivi si diede a fortificare alcuni passi, con inviare nulladimeno parte della sua gente verso il Sanese, a fine di potersi occorrendo ritirare alla
volta del Regno di Napoli.

In tale stato erano le cose d'Italia, non restando nemicizia
se non fra Spagnuoli e Tedeschi, quando il *Duca di Noaglies*
si mosse per abboccarsi con esso *Duca di Montemar*, e per con-
certar seco le maniere più dolci di dar fine, se era possibile,
a questa pugna. In passando da Bologna fece una visita a *Rinaldo d'Este* Duca di Modena, che intrepidamente finquì avea
sofferto l'esilio da' suoi Stati, e gli diede cortesi speranze, che
goderebbe anch'egli in breve i frutti dell'intavolata Pace. Ancorchè il Montemar non avesse istruzione alcuna dalla sua Corte, pure alla persuasione del saggio Noaglies sottoscrisse una
sospension d'armi per due Mesi fra gli Spagnuoli e Tedeschi:
risoluzione, che fu poi accettata anche dalla Corte di Madrid.
Aveano ben preveduto i Ministri dell'Imperadore e del Re di
Francia, che gran fatica avrebbe durato il Re Cattolico *Filippo V.* ad inghiottire l'amara pillola di una Pace, manipo-
lata senza di lui, e in danno di lui; ed insieme aveano divi-
sato un potente mezzo per condurre quel Monarca ad approvare i Preliminari suddetti, o almeno a non contrastarne l'esecuzione. Si videro perciò senza complimento o licenza alcuna, improvvisamente inoltrarsi e stendersi circa trenta mila
Alemanni sotto il comando del Maresciallo *Conte di Kevenhuller* per gli Stati della Chiesa Romana, cioè pel Ferrarese,
Bolognese, e Romagna, con giugnere alcuni d'essi fin nella
Marca e nell'Umbria, circondando in tal guisa gran parte
della Toscana, per fare intendere a gli Spagnuoli, che se ne-
gassero di consentir per amore all'accordo, l'esorcismo della
forza ve li potrebbe indurre. Toccò all'innocente Stato Ecclesiastico di pagar tutte le spese di questo bel ripiego, perchè
obbligato a somministrar foraggi, viveri, ed anche rilevanti
contribuzioni di danaro. Intanto rigorosissimi ordini fioccarono
da Roma, che nulla si desse a questi incivili ospiti; e il *Cardinale Mosca* Legato di Ferrara, che si ostinò gran tempo ad
eseguirli *ad literam*, cagion fu di un incredibil danno a gl'infelici Ferraresi, perchè i Tedeschi viveano a discrezione nelle lor
Ville. I savj Bolognesi all'incontro, e il *Cardinale Alberoni* Le-

gato di Ravenna, che intendeano a dovere le cifre di quelle
Lettere, non tardarono ad accordarfi con gli Alemanni, mercè
d'un regolamento, che minorò non poco l'aggravio a'loro paefi.
Voce corfe in quefti tempi, che il Duca di Montemar confapevole del poco piacere provato dal Re di Sardegna per la concordia fuddetta, facefle penetrare a quel Sovrano delle vantag-
giofe propofizioni per trarlo ad una Lega col Re Cattolico, e
che effo Re gli rifpondefle di avere abbaftanza imparato a non
entrare in alleanza con Principi, che foffero più potenti di lui.
Si può tenere per fermo, che i fabbricatori di novelle inventa-
rono ancor quefta, giacchè niun d'elli gode il privilegio d'entrar ne'Gabinetti de i Regnanti; e la Corte di Torino nè prima nè poi moftrò d'effere perfuafa della Maffima fuddetta.
Continuò ancora nell'Anno prefente la ribellione de'Corfi; e
perchè i Miniftri della Repubblica di Genova efiftenti in Corfica fecero un armiftizio con quella gente, fu difapprovata dal
Senato la loro rifoluzione. Giugnevano di tanto in tanto rinforzi di munizioni ed armi ai follevati, che faceva dubitare, che
fotto mano qualche gran Potenza foffiafle in quel fuoco. Inte-
fefi parimente, che que'Popoli pareano determinati di reggerfi
a Repubblica, ed anche aveano ftefe le Leggi di quefto nuovo
Governo, ma fenza averne dimandata licenza a'Genovefi. Dopo avere Papa *Clemente XII.* difficultato, per quanto potè, al
Reale Infante di Spagna *Don Luigi*, a cagion della fua fanciul-
lefca età, l'Arcivefcovato di Toledo, fu in fine obbligato ad ac-
cordargliene le rendite, e nel dì *19.* di Dicembre di queft'Anno
il creò anche Cardinale, tornandofi a vedere l'ufo od abufo de'
Secoli da noi chiamati barbarici. Non potea effere più bella in
queft'Anno l'apparenza de'raccolti del grano, quando all'improvvifo fopragiunfe un Vento bruciatore, che feccò le non
peranche mature fpiche, e infieme le fperanze de' mietitori.
Però al flagello della Guerra fi aggiunfe quello di una sì terribil Careftia, che non v'era memoria di una fomigliante a quefta. Il peggio fu, che la maggior parte delle Provincie più fertili dell'Italia foggiacquero anch'effe a quefto difaftro. Guai
fe non v'erano grani vecchi in riferbo, che convenne far venire da lontani paefi con gravi fpefe: farebbe venuta meno per
le ftrade innumerabile povera gente.

Anno

Anno di CRISTO 1736. Indizione XIV.
Di CLEMENTE XII. Papa 7.
Di CARLO VI. Imperadore 26.

IL primo frutto, che si provò della Pace conchiusa fra l'Imperadore e il Re Cristianissimo, spuntò nell'Imperiale Città di Vienna. Giacchè Dio avea dato all'Augusto *Carlo VI.* un Figlio maschio, e poi sel ritolse, pensò esso Monarca di provvedere al mantenimento della nobilissima sua Casa coll' unico ripiego, che restava, cioè di provvedere di un degno Marito l'Arciduchessa *Maria Teresa* sua Figlia Primogenita, già destinata alla successione della Monarchia Austriaca in difetto di Maschi. Grande era l'affetto d'esso Imperadore verso di *Francesco Stefano* Duca di Lorena, sì per le vantaggiose sue qualità di mente e di cuore, come ancora pel sangue Austriaco, che gli circolava nelle vene. Questo Principe fu scelto per Marito d'essa Arciduchessa. Era egli in età di ventisette Anni, perchè nato nel dì otto di Dicembre del 1708. e l'Arciduchessa era già entrata nell'Anno diciottesimo, siccome nata nel dì 13. di Maggio del 1717. Con tutta magnificenza ed inesplicabile allegria nel dì 12. di Febbraio seguì il Maritaggio di questi Principi Reali colla benedizione di Monsignore *Domenico Passionei* Nunzio Apostolico; e continuarono dipoi per molti giorni le feste e i divertimenti, gareggiando ognuno in applaudire ad un Matrimonio, che prometteva ogni maggior felicità a que'Popoli, e dovea far rivivere ne' lor discendenti l'Augusta Casa d'Austria degna dell'immortalità. Ma l'Imperial Corte ebbe da lì a non molto tempo motivo di molta tristezza per la perdita, che fece del Principe *Francesco Eugenio* di Savoia, Eroe sempre memorabile de'nostri tempi. Nel dì 21. d'Aprile terminò egli i suoi giorni in età di settanta due anni: Principe, che per le militari azioni si meritò il titolo d'*Invincibile*, e d'essere tenuto pel più prode Capitano, che s'abbia in questo Secolo avuto l'Europa; Principe; dissi, riguardato qual Padre da tutte le Cesaree milizie, sicure, che l'andare sotto di lui ad una battaglia, lo stesso era, che vincere, o almeno non essere vinto; Principe di somma saviezza, di rara splendidezza, per cui fece insigni fabbriche, ed impiegò sempre gran copia di artefici di varie

pro-

profeſſioni; ed accoppiando colla gravità la corteſia, nello ſteſſo tempo ſi conciliava la ſtima e l'amore di tutti. L'intero. catalogo di tutte l'altre ſue belle doti e Virtù ſi dee raccogliere dalla funebre Orazione, in onor ſuo compoſta dal ſuddetto Nunzio, ora Cardinale Paſſionei, e da più d'una Storia di chi preſe ad illuſtrare *ex profeſſo* la Vita e le glorioſe geſta di lui. Quale ſi conveniva ad un Principe di sì chiaro nome, e cotanto benemerito della Caſa d'Auſtria, fu il Funerale, che per ordine dell'Auguſto *Carlo VI.* gli venne fatto in Vienna.

ERA già ſtabilita la concordia fra i due primi Monarchi della Criſtianità, contuttociò ſi penò forte in Italia a provarne gli effetti. Non ſapeva digerire il Re Cattolico *Filippo V.* preliminari, che privavano il Re di Napoli e Sicilia ſuo Figlio del Ducato della Toſcana, e ſpezialmente di Piacenza e Parma, Città predilette della Regina *Eliſabetta Farneſe* ſua Conſorte. Conveniva nondimeno cedere, perchè così deſiderava la Corte di Francia, e così comandava la forza dell'armi Ceſaree, dalle quali ſi mirava come attorniata la Toſcana; ma di far la ceſſione ed approvarla non ſe ne ſentiva eſſo Re di Spagna la voglia. Perciò andarono innanzi e indietro Corrieri, e ſempre venivano nuove difficultà da Madrid; e guerra non era in Italia, ma continuavano in eſſa i mali tutti della guerra. Imperciocchè ne gli Stati della Chieſa s'erano innicchiati con tante ſoldateſche i Generali Ceſarei, nè per quanto ſi raccomandaſſe con calde Lettere il Pontefice *Clemente XII.* alle Corti di Vienna e Parigi, appariva diſpoſizione alcuna di liberar que'paeſi dall'inſoffribile lor peſo. Nella Toſcana ſtava ſaldo l'eſercito Spagnuolo, ſiccome ancora ne gli Stati di Milano e di Modena ſi ripoſavano le Armate di Francia e di Sardegna alle ſpeſe de gl'infelici Popoli, ſpolpati oramai da tante contribuzioni ed aggravj. Dal Mareſciallo *Duca di Noaglies* fu ſpedito in Toſcana il Tenente Generale *Signor di Lautrec*, perſonaggio di gran ſaviezza e diſinvoltura, per concertare col *Duca di Montemar* il ritiro dell'armi Spagnuole da quelle Piazze, e da Parma e Piacenza; ma ſiccome il Montemar non riceveva dalla ſua Corte, ſe non ordini imbrogliati e nulla concludenti, così nè pur egli ſapeva riſpondere alle premure de'Franzeſi, ſe non con obbliganti parole, ſcompagnate nondimeno da'fatti. Venne l'Aprile, in cui i Franzeſi laſciaſciarono affatto libero a gl' Imperiali il Ducato di Mantova; e perchè dovettero intervenir delle minaccie, a gli undici di eſſo Meſe gli Spagnuoli ſi ritirarono dalla Mirandola, dopo averne eſtratte le tante munizioni da lor preparate pel ſoſpirato aſſedio di Mantova, laſciandovi entrare quattrocento Tedeſchi colà condotti dal Generale Ceſareo *Conte di Wattendonk*, il quale reſtituì ivi nell' eſercizio del dominio il Duca di Modena. Conoſcendo del pari eſſi Spagnuoli, che nè pur poteano ſoſtenere Parma e Piacenza, ſi diedero per tempo ad evacuar quelle due Città, aſportandone non dirò tutti i prezioſi mobili, arredi, pitture, Libreria, e Gallerie della Caſa Farneſe, ma fino i chiodi de' Palazzi, non ſenza lagrime di que' Popoli, che reſtavano non ſolamente privi de' proprj Principi, ma anche ſpogliati di tanti ornamenti della lor Patria. Oltre a ciò inviarono alla volta di Genova tutti i Cannoni di loro ragione, e vi unirono ancora gli altri, che erano anticamente delle ſteſſe Città o pure de' Farneſi. Riſaputoſi ciò da i Tedeſchi, ſul fine d' Aprile il Generale *Conte di Kevenhuller* ſpinſe in fretta colà il ſuo Reggimento con trecento Uſſeri, che arrivarono a tempo per fermar quelle artiglierie e ſequeſtrarle, pretendendole doti delle Fortezze di Parma e Piacenza: intorno a che fu dipoi lunga lite, ma col perderla gli Spagmuoli.

ORA affinchè non appariſſe, che il Re Cattolico cedeſſe in guiſa alcuna gli Stati ſuddetti all' Imperadore, o ne approvaſſe la ceſſione, i ſuoi Miniſtri, aſſolute che ebbero dal Giuramento preſtato al Reale Infante quelle Comunità, prima che arrivaſſero i Tedeſchi, abbandonarono Parma e Piacenza e gli altri Luoghi, de' quali nel dì tre di Maggio fu preſo il poſſeſſo dal *Principe di Lobcovitz* Generale Ceſareo. Avea finquì *Rinaldo d' Eſte* Duca di Modena coraggioſamente ſoſtenuto il ſuo volontario eſilio in Bologna, nel mentre che gl' innocenti ſuoi Popoli ſi trovavano eſorbitantemente aggravati da' Franzeſi, ſenza alcun titolo inſignoriti di queſti Stati. Non volle più ritardare il magnanimo Re Criſtianiſſimo a queſto Principe il ritorno nel ſuo Ducato; e però per ordine del *Duca di Noaglies* nel dì 23. di Maggio laſciarono i Franzeſi libera la Città e Cittadella di Modena, e ne' giorni ſeguenti anche Reggio e gli altri Luoghi d' eſſo Sovrano. Pertanto nel dì 24. d' eſſo Meſe ſe ne tornò il Duca di Modena alla ſua Capita-

Era Volg.
Ann. 1736. pitale, dove fu accolto con sì ftrepitofe acclamazioni del Popolo, teftimoniante dopo tanti guai il giubilo fuo in rivedere
il Principe proprio, ch'egli fteffo andato a dirittura al Duo-
mo, per pagare all'Altiffimo il tributo de'ringraziamenti, non
potè ritenere le lagrime al riconofcere l'inveterato amore de'
Sudditi fuoi. Intanto fi riduffe addoffo all'infelice Stato di
Milano tutto il pefo delle milizie Franzefi; nè via appariva,
che gli Spagnuoli fi voleffero fnidare dalla Tofcana, nè i Tedefchi da gli Stati della Chiefa, effendo effi pervenuti fino a
Macerata e a Foligno. Solamente fi offervò, che il *Duca di
Montemar* cominciò ad alleggerirfi delle tante fue milizie, in-
viandone parte per terra verfo il Regno di Napoli, e parte
per mare in Catalogna. Similmente nel Mefe di Luglio s'in-
camminarono alla volta della Germania alcuni de'Reggimenti
Cefarei, che opprimevano il Ferrarefe, Bolognefe, e la Romagna. Ma non per quefto mai fi vedeva data l'ultima mano alla Pace per le differenti pretenfioni de'Principi. Il *Re di
Sardegna* oltre al Novarefe e Tortonefe, efigeva cinquantafet-
te Feudi nelle Langhe. Nel Mefe d'Agofto venne la commiffione di foddisfarlo, il che fece fciogliere l'incanto; perciocchè nel dì 26. d'effo Mefe i Gallo-Sardi rilafciarono a gl'Imperiali il poffeffo di Cremona, e nel dì 28. quello di Pizzighettone. Nel dì fette di Settembre entrati che furono due Reggimenti Cefarei nella Città di Milano, finalmente da quel Caftello fi ritirò la guernigion Franzefe e Piemontefe, lafciando-
lo in potere d'effi Imperiali. Già erano ftati confegnati i Forti di Lecco, Trezzo, e Fuentes, e Lodi. Pofcia nel dì nove
entrarono gli Alemanni nelle Fortezze d'Arona e Domodofce-
la, e finalmente nel dì undici in Pavia: con che reftò evacua-
to tutto lo Stato di Milano dalle truppe Gallo-Sarde. Videfi
anche libero lo Stato della Chiefa dalle milizie Alemanne.

MA per conto della Tofcana, benchè gran parte de gli Spagnuoli foffe marciata a Levante e Ponente, pure niuna apparenza v'era, che il *Duca di Montemar* voleffe dimettere Pifa
e Livorno. Sulla fperanza d'entrare in quelle Città, o per far
paura a gli Spagnuoli, inviò il *Generale Kevenhuller* un corpo
di truppe Cefaree in Lunigiana, e ful Lucchefe. Ad altro quefto non fervì, che ad aggravar quelle contrade, ed accoftandofi il verno, fu egli anche obbligato a richiamarle in Lombardia, fenza aver meffo il piede in Tofcana. Duravano tuttavia

Era Volg.
Ann. 1736.

tavia le difcrepanze della Corte di Vienna col Re delle due
Sicilie, ed anche còl Re Cattolico; perciocchè avea ben l'Imperadore inviata la fua libera ceffione de i Regni di Napoli
e Sicilia; ma il Reale Infante nella ceffion fua della Tofcana,
Parma, e Piacenza voleva riferbarfi tutti gli Allodiali della
Cafa Medicea e Farnefe. Similmente pretendeva il Re Cattolico, che venendo a mancare in Tofcana la Linea Mafcolina
del Duca di Lorena, doveffero quegli Stati pervenire alla Spagna: laddove effo Duca intendeva di ottenerli liberi, e fenza
vincolo alcuno, come erano gli Stati di Lorena, da lui ceduti
alla Francia. Per cagione di quefti nodi arrivò il fine di Dicembre, fenza che foffero ammeffe nelle Piazze della Tofcana
l'armi Cefaree. Riufcì anche faftidiofo al Pontefice *Clemente XII.* l'Anno prefente. La fanta Sede, tanto venerata in
addietro, e rifpettata da tutti i Principi Cattolici, provò un di-
verfo trattamento ne' tempi correnti, perchè pareano congiu-
rate le Potenze a far da Padrone ne gli Stati della Chiefa, fenza il dovuto riguardo alla fublime Dignità e Sovranità Pontifizia. Già s'è veduto quanti malanni fofferiffero fenza alcun loro
demerito per tanti Mefi dalle truppe Cefaree le Legazioni di
Bologna, Ferrara e Ravenna, le cui Comunità benchè dal benefico Papa foffero in sì dura oppreffione fovvenute con gran
copia di danaro, pure rimafero eftenuate e cariche di debiti per
l'eforbitante pefo di tante contribuzioni.

DA disavventure d'altra forte non andò efente nè pure la
fteffa Roma. Quivi s'erano poftati non pochi Ingagiatori-Spa-
gnuoli, che fenza fàputa, non che fenza confenfo del vecchio
Papa, per diritto, o per rovefcio arrolavano gente. Chi sa
quel meftiere, facilmente concepirà, che non pochi difordini
ed avanìe occorfero; perchè molti ingannati, e fenza fapere
qual impegno prendeffero, o per propria balordaggine, o per
altrui malizia, fi ritrovavano venduti. Ora i padri deplorava-
no i figli perduti, ora le mogli i mariti; e fcoperto in fine,
onde veniffe il male, i Trafteverini nel dì 13. di Marzo improvvifamente attruppati in numero di cinque o fei mila perfone,
corfero alle cafe di quegli Ingagiatori, e dopo aver liberati a
furia gl'ingagiati, s'avviarono al Palazzo Farnefe, dove ruppero tutte le fineftre, e gittarono a terra l'armi dell' *Infante
Don Carlo*. Al primo avvifo di quefto difordine comandò tofto il *Governator di Roma*, che gli Svizzeri, le Corazze, e i

Era Volg.
Ann. 1736.

Birri accorreſſero al riparo. Furono queſti dalla furia di quella gente riſpinti, nè ſi potè impedire, che non paſſaſſe la shri-
gliata Plebe al Palazzo del Re Cattolico in Piazza di Spagna',
dove ucciſe un Uffiziale, e ſeguirono altre morti e ferite. Ma
nella Domenica delle Palme ſi riacceſe la ſedizione, perchè
uniti i Traſteverini co i Borghigiani andarono per isforzar le
Guardie meſſe a i Ponti. Il più ardito d'eſſi fu ſteſo morto a
terra, perlocchè infuriati i ſeguaci ſuperarono il paſſo, e miſero in fuga i ſoldati. Anche i Montigiani da un'altra parte
ſi moſſero, e ſeguirono ferite di chi per accidente ſi trovò paſſar per le ſtrade. Volle Dio, che non poterono giugnere di
nuovo al Palazzo di Spagna, dove erano preparati cento cinquanta fucilieri, e quattro Cannoni carichi a cartoccio: gran
male ne ſeguiva. Per rimediare a queſto ſconcerto, furono la
ſera inviati il *Principe di Santa Croce* fedele Auſtriaco, e il
Marcheſe Creſcenzi uno de'Conſervatori, a parlamentare co i
ſollevati, i quali richieſero la libertà a gl'ingagiati del loro
Rione, e la liberazion di alcuni già carcerati per cagion della
ſollevazione, e il perdono generale a tutti. Ottennero quanto
deſideravano, e dappoichè videro loro mantenuta la parola,
andarono poi tutti lieti gridando, *Viva il Papa*. Si pubblicò poſcia un rigoroſo Editto contro gl'Ingagiatori; e perchè
coſtoro non ceſſavano di fare il ſolito giuoco, ſeguirono alcune altre conteſe, delle quali a me non occorre di far menzione.

Un diſordine ne tirò dietro un altro. Per la nuova del tentativo fatto in Roma contra de gli Spagnuoli, ſi fermarono
ſu quel di Velletri circa tre mila ſoldati di quella Nazione, che
erano in viaggio alla volta di Napoli; e mancando loro i foraggi, ſi diedero a tagliare i grani in erba. Per queſta cagione nel dì 22. d'Aprile ſi miſe in armi tutto quel Popolo, riſoluto non ſolo di vietare il paſſaggio per la loro Città a quelle milizie, ma di forzarle a partirſi, e ſi venne alle brutte.
Accorſe colà il *Cardinal Franceſco Barberino*, ma non potè
calmare il tumulto. Per queſto in Roma ſi accrebbe la guernigion de'ſoldati. Volarono intanto Corrieri a Napoli e a Madrid, e ſi trattò in Roma col *Cardinale Acquaviva* delle ſod-
disfazioni richieſte per l'inſulto de'Traſteverini. Perchè non
furono, quali ſi eſigevano, eſſo Porporato coll'altro di *Bellu-*
ga ſi ritirò da Roma; fece levar l'armi di Spagna e di Napoli
da

da·i Palazzi, e ordinò a tutti i Napoletani e Spagnuoli di ufcire della Città nel termine di dieci giorni. Da Napoli fu fatto
ufcire il Nunzio del Papa . Anche in Madrid grave rifentimento fu fatto con obbligar quella Corte il Nunzio Apoftolico
a marciare fuori del Regno, con chiudere la Nunziatura, e
proibire ogni ricorfo alla Dateria, gaftigando in tal maniera
l'innocente Pontefice per eccefli non fuoi, e a'quali non aveano mancato i fuoi Miniftri di appreftar quel rimedio, che fu
poffibile. Peggio ancora avvenne. Nel dì fettimo di Maggio
entrate le milizie Spagnuole in Velletri, piantarono in più luoghi le forche, carcerarono gran copia di perfone, e commife-
ro poi mille infolenze e violenze contra di quel Popolo, il
quale fu forzato a pagare otto mila fcudi, per efimerfi dal·
facco. Una truppa eziandio di Granatieri Spagnuoli paffata ad
Oftia, incendiò le capanne di que' Salinari, faccheggiò le offi-
cine; ed altri intimarono alla Città di Paleftrina il pagamento di quindici mila Scudi pel gran reato di aver chiufe le porte ad alcuni pochi Spagnuoli, che volevano entrarvi. Altri
affanni ancora provò il Papa dalla parte de'Tedefchi, per effere ftato carcerato un Ufiziale Cefareo; ed altri dalla Corte
di Francia, il cui Ambafciatore fi ritirò da Roma per cagion
della nomina di un Vefcovo fatta dal Re Stanislào, e non accettata dal Papa. Bollivano parimente le note controverfie colla Corte di Savoia . In fomma fembrava, che ognun de' Potentati con abufo della fua Potenza fi faceffe lecito d'infultare
il fommo Pontefice con tutto il fuo retto operare : alle quali
offefe egli nondimeno altre armi non oppofe, che quelle della
manfuetudine e della pazienza . In mezzo nulladimeno a tali
burafche fi offervò, effere ftato dichiarato Vicerè di Sicilia il
Principe *Don Bartolomeo Corfini* Nipote di fua Santità, perfonaggio dotato di fingolar faviezza : il che fece maravigliare
più d'uno.

· ANCHE la Corfica in quefti tempi apprettò alla pubblica curiofità una Commedia, che diede molto da difcorrere. Duravano più che mai le turbolenze in quell' Ifola con grave difpendio della Repubblica di Genova ; quando nell' Aprile condotto da una nave Inglefe procedente da Tunifi, colà sbarcò ·
un perfonaggio incognito, feco conducendo dieci Cannoni, e
molte provvifioni da guerra, ed anche danaro. Fu accolto da'
follevati con gran gioia ed onore, e prefo per loro Capo, an-

zi nel dì quindici d'esso Mese fu onorato col titolo di Re di
Corsica : cosa, che non si può negare, benchè altri dicessero
solamente di Vicerè, perchè si pretendea, che fosse stato inviato colà da qualche Potenza, che aspirasse al dominio di
quell'Isola. Sul principio non era conosciuto, chi fosse questo
sì ardito e fortunato Campione, ma si venne poi scoprendo,
e i Genovesi con un lor Manifesto il dipinsero co i più neri co-
lori di uomo senza Religione, di un truffatore, di un Alchimi-
sta, e come il più infame de'viventi, e pubblicarono ancora
contra di lui una grossa taglia. La verità si è, che costui era
Teodoro Antonio Barone di Newoff, nato suddito del Re di
Prussia, e di Casa Nobile, che da Venturiere dopo aver fatto
di molti viaggi per le Corti d'Europa, ora in lieta, ora in
trista fortuna, avea in fine saputo cogliere nella rete varj Mercatanti, affinchè l'assistessero in questa impresa, con promettere loro mari e monti, assiso che fosse sul maestoso Trono
della Corsica. Prese egli con vigore quel Governo, creò Conti
e Marchesi con gran liberalità ; istituì un Ordine Militare di
Cavalieri appellati della Liberazione, e ne aspettava ognuno
delle meraviglie. Ma non finì l'Anno, che parve finita anche
la fortuna di questo Comico Regnante ; e divulgossi, che dopo
aver egli cominciato ad esercitare un'autorità troppo dispoti-
ca, arrivando a punire chi non eseguiva a puntino gli ordini
suoi, la Nazion de'Corsi non tardò a convertire l'amore in
odio, e poscia in dispregio, perchè mai non comparivano que'
tanti soccorsi, che sulle prime aveva egli promesso. Pertanto
temendo egli della vita, segretamente imbarcatosi nel dì 12.
di Novembre, comparve a Livorno, travestito da Frate, ed
appena sbarcato prese le poste, senza sapersi per qual parte.
La verità nondimeno fu, non essere stata fuga la sua, perchè egli prima di partirsi, nel dì quarto di Novembre pubblicò un Editto, con cui costituì i Ministri del governo durante la sua lontananza. Andò egli per proccurar nuovi rinforzi
a quella Nazione.

ERA, siccome dicemmo, restato vedovo *Carlo Emmanuele*
Re di Sardegna, e volendo passare alle terze nozze, intavolò
il nuovo suo matrimonio colla Principessa *Elisabetta Teresa*, Sorella di *Francesco Stefano* Duca di Lorena, in cui concorrevano, oltre all'insigne Nobiltà, le più rare doti d'animo e di
corpo. Era nata nel dì quindici d'Ottobre del 1711. dal Du-

Era Volg.
Ana. 1736.

ca *Leopoldo Giuseppe*, e dalla Ducheſſa *Eliſabetta Carlotta d'Orleans*, Sorella del già *Filippo Duca d'Orleans* Reggente di Francia. Fu pubblicato in Vienna queſto Maritaggio, e ſi andarono diſponendo le parti per effettuarlo colla convenevol magnificenza. Nell'Anno preſente la mortalità de'Buoi cominciò a
ſerpeggiare pel Piemonte, Novareſe, Lodigiano, e Cremoneſe: il che di ſommo danno riuſcì a quelle contrade, e di grande ſpavento a gli altri paeſi, che tutti ſi miſero in guardia
per eſentarſi da sì terribile eccidio. Provoſſi in varie parti del
Regno di Napoli, e dello Stato Eccleſiaſtico lo ſteſſo flagello.
Riſonavano intanto per Italia le prodezze dell'armi Ruſſiane
contra de'Turchi, perchè dall'un canto s'impadronirono dell'
importante Fortezza d'Aſof, e dall'altro penetrarono anche
nella Crimea, dove laſciarono una funeſta memoria a que'Tartari, aſſaſſini in addietro della Ruſſia e Polonia. Gran gloria
per queſto venne all'Imperadrice Ruſſiana, ſe non che i progreſſi ſuoi cagion furono, che la Porta Ottomana, pacificata
con lo Scach Nadir, o ſia Tamas Kulican, Re della Perſia,
faceſſe uno ſtraordinario armamento, e dichiaraſſe la guerra
contra di lei. Era Collegato d'eſſa Imperadrice *Anna* l'Auguſto *Carlo VI.* e comincioſſi per tempo a ſcorgere, ch'egli
era per impugnare la ſpada in difeſa di lei; al qual fine tutte
le milizie Alemanne cavate d'Italia, ed altre della Germania
sfilarono verſo la baſſa Ungheria a i confini de'Turchi. Non
meno il Miniſtro di Francia, che quei delle Potenze Maritime molto ſi adoperarono, per diſtorre ſua Maeſtà Ceſarea da
queſto impegno; ma non ne ricavarono ſe non dubbioſe riſpoſte, perchè l'Imperadore avea fatto eſporre a Coſtantinopoli
varie doglianze e minaccie, ed aſpettava, ſe faceſſero frutto.
Era ne gli anni addietro nata in Inghilterra una Setta appellata de' *Liberi Muratori*, conſiſtente nell'union di varie perſone, e queſte ordinariamente nobili, ricche, o di qualche merito particolare, inclinate a ſolazzarſi in maniera diverſa dal
volgo. Con ſolennità venivano ammeſſi i nuovi Fratelli a queſto iſtituto, e loro ſi dava giuramento di non rivelare i ſegreti
della Società. Raunavanſi coſtoro di tanto in tanto in una caſa eletta per loro congreſſo, chiamata la Loggia, dove paſſavano il tempo in lieti ragionamenti, e in delizioſi conviti, con-
diti per lo più da ſinfonìe muſicali. Veriſimilmente aveano eſſi
preſo il modello di sì fatte converſazioni da gli antichi Epicu-
rei,

Era Volg.
Ann. 1736.
rei, i quali per atteſtato di Cicerone e di Numenio con ſomma giovialità e concordia paſſavano l'ore in ſomiglianti ridotti.
D'Inghilterra fece paſſaggio in Francia e in Germania queſto
rito, e in Parigi fu creduto, che ſi contaſſero ſedici Loggie,
alle quali erano aſcritti perſonaggi della primaria Nobiltà. Allorchè ſi trattò di creare il Gran Maſtro, più brogli ſi fecero
ivi, che in Polonia per l'elezione d'un nuovo Re. Si tenne
per certo, che anche in alcuna Città d'Italia penetraſſe e prendeſſe piede la medeſima novità. Contuttochè proteſtaſſero coſtoro, eſſere preſcritto dalle loro Leggi, di non parlare di Religione, nè del pubblico Governo in quelle combricole, e foſſe
fuor di dubbio, che non vi ſi ammetteva il feſſo femineo, nè
ragionamento di coſe oſcene, nè v'era ſentore d'altra ſorta di
libidine: nondimeno i Sovrani, e molto più i ſacri Paſtori ſtavano in continuo batticuore, che ſotto il ſegreto di tali Adu-
nanze, renduto impenetrabile pel preſo giuramento, ſi covaſ-
ſe qualche magagna, pericoloſa e forſe pregiudiziale alla pubblica quiete e a i buoni coſtumi. Però il Sommo Pontefice Clemente XII. nell'Anno preſente ſtimò ſuo debito di proibire,
e di ſottoporre alle Cenſure la Setta de'Liberi Muratori. Anche in Francia l'autorità Regia s'interpoſe per diſſipar queſte
nuvole, che in fatti da lì a non molto tempo ſi riduſſero in
nulla, almeno in quelle parti e in Italia. Fu poi cagione un
tal divieto e rovina, che più non credendoſi tenuti al ſegreto
i membri d'eſſa Repubblica, dopo il piacere d'aver dato lungo
tempo la corda alla pubblica curioſità, rompeſſero gli argini,
e divolgaſſero anche con pubblici Libri, tutto il Siſtema e Ri-
tuale di quella novità. Trovoſſi, terminare eſſa in un'invenzione di darſi bel tempo con riti ridicoloſi, ma ſoſtenuti con
gran gravità; nè altra maggior deformità vi comparve, ſe non
quella del giuramento del ſegreto preſo ſul Vangelo per occul-
tar coſì fatte inezie. Ridicola coſa anche fu, che in una Città
della Germania dall'ignoranza e ſemplicità venne ſpacciato, e
fatto credere al Popolo, autore della medeſima Setta chi ſcrive le preſenti Memorie.

Anno

Anno di CRISTO 1737. Indizione XV.
Di CLEMENTE XII. Papa 8.
Di CARLO VI. Imperadore 27.

ALLA per fine spuntò nell'Anno presente la tanto sospirata iride di Pace in Italia con allegrezza inespicabile di tutti i Popoli; e quantunque tal serenità non fosse esente da qualche nebbia per le non mai quiete pretensioni de i Potentati, pure cessando affatto lo strepito dell'armi in queste parti, giusto motivo ebbe ciascuno di rallegrarsene. Finquì ostinatamente erano persistite in Livorno e Pisa le guernigioni Spagnuole, senza voler cedere alle truppe Tedesche, disposte secondo i Preliminari a prenderne possesso a nome del *Duca di Lorena*. Fu detto, che seguisse in Pontremoli il cambio delle cessioni fatte da sua Maestà Cesarea a i Regni di Napoli e Sicilia, e dal Re delle due Sicilie a i Ducati di Toscana, Parma, e Piacenza. Può dubitarsene, da che si seppe, che il Re Cattolico *Filippo V.* non volle in quest'Anno sottoscrivere essi Preliminari, ed è certo, che *Carlo* Re di Napoli e Sicilia si riservò certe pretensioni, che avrebbero potuto intorbidar la concordia. Comunque fosse, il Generale Spagnuolo *Duca di Montemar* sul principio di quest'Anno, giunta che fu a Livorno una buona quantità di Legni, in quelli imbarcò il presidio di essa Città, ed altre fanterie Spagnuole inviò verso le Fortezze della Maremma di Siena; dopo di che senza far cessione alcuna di Livorno, nel dì nove di Gennaio abbandonò quella Città, dove restò la sola guernigione del Gran Duca *Gian-Gastone*. Lasciarono gli Spagnuoli nella Toscana la memoria di molti aggravj inferiti a quegli Stati. Pertanto da lì ad alquanti giorni entrato in Toscana il Generale Tedesco *Wattendonck* con alcuni Reggimenti Cesarei, prese a nome del Duca di Lorena possesso di Livorno, con prestare giuramento di fedeltà al Gran Duca, le cui milizie insieme colle Tedesche cominciarono a montare la guardia. Distribuì eziandio alcune di quelle soldatesche in Siena, Pisa, e Porto Ferraio, le quali osservarono miglior disciplina, che le precedenti. Pochi Mesi passarono, che il presidio Spagnuolo d'Orbitello abbisognando di legna per uso proprio, e per le fortificazioni, ne fece richiesta al Gran Duca. Perchè risposta non veniva, un grosso

distac-

diftaccamento d'effi Spagnuoli pafsò a tagliare ful Sanefe circa mille e fecento alberi. Ne furono fatte doglianze, ed avrebbe quefta violenza potuto cagionar delle nuove rotture, fe la
Corte di Vienna, o fia il Duca di Lorena, non fi foffero ora
trovati ne' gravi impegni, de' quali fra poco parleremo. Colla
pazienza fi fopì quel difordine.

Intanto anguftiato dal male d'orina, e da altri incomodi
di corpo il Gran Duca *Gian-Gaftone de' Medici* fi ridufse a gli
eftremi di fua vita, e nel dì nove di Luglio con fegni di molta
Pietà reftò liberato da i penfieri ed affanni del Mondo. Era
Principe di gran mente, di fomma affabilità, e di una volontà tutto inclinata al pubblico bene; e quantunque la fua poca fanità il teneffe per lo più riftretto in camera o in letto,
pure valendofi di faggi ed onorati Miniftri, mantenne fempre
un' efatta Giuftizia, e in vece di accrefcere i pefi a' fuoi fudditi, più tofto cercò di fminuirli. Liberale verfo la gente di
merito, protettore delle Lettere, e fommamente Caritativo
verfo i Poveri, tal memoria lafciò di sè, che chiunque avea
parlato di lui vivente, ebbe poi a compiangerlo morto. In
lui finì la Linea mafchile dell'infigne Regnante Cafa de' Medici, con difavventura inefplicabile dell'Italia, che feguitava
a perdere i fuoi Principi naturali; ma fenza paragone riufcì
più fenfibile a i Popoli della Tofcana, i quali indarno s'erano
lufingati di poter tornare a Repubblica; nè folamente reftarono fenza i Principi Medicei, che tanta gloria e rifpetto aveano finquì procacciato a Firenze e alla Tofcana, ma venivano
a reftar fottopofti ad un Sovrano, certamente benigniffimo e
generofo, pure obbligato da' fuoi intereffi a fare la refidenza
fua fuori d'Italia. Gran fortuna è l'avere i Principi proprj.
L'averli anche difettofi, meglio è regolarmente, che il non
averne alcuno, giacchè lo fteffo è che l'averli lontani, mentre fuori de gli Stati ridotti in Provincia, volano le rendite,
e dee il Popolo foggiacere a' Governatori, i quali non fempre
feco portano l'amore a' paefi, dove non han da fare le radici. Dopo la morte di quefto Principe con tutta quiete il *Principe di Craon*, e gli altri Miniftri Lorenefi, prefero il poffeffo
della Tofcana a nome di S. A. Reale *Francefco Stefano* Duca di
Lorena, Genero dell'Imperadore, che fu proclamato Gran
Duca. Profittò ben la Francia di quefto avvenimento, perchè le cefsò l'obbligo di pagare ad effo Duca di Lorena quattro

Era Volg.
Ann. 1737.

tro milioni e mezzo di Francia, finchè egli foſſe entrato in poſſeſſo della Toſcana. La vedova Elettrice Palatina *Anna Maria Luigia de' Medici*, Sorella del defunto Gran Duca Gian-Gaſtone, preſe anch'ella il poſſeſſo de' mobili & Allodiali della Caſa paterna, aſcendenti ad un valſente incredibile; nè ſolamente ne gli eſiſtenti nella Toſcana, ma anche in Roma, nello Stato Eccleſiaſtico, e in altri paeſi. Tuttavia non tardò a ſaltar fuori una ſcintilla, che i ſaggi ben previdero potere un dì produrre qualche incendio. Cioè *Carlo* Re di Napoli e di Sicilia preſe lo ſcorruccio per la morte d'eſſo Gran Duca, ed inſieme il titolo di Ereditario de gli Allodiali della Caſa de' Medici, ſiccome Principe già adottato dalla medeſima per Figlio; ed altrettanto fece anche il Cattolico Re *Filippo V.* ſuo Padre. A tal pretenſione non s'era trovato finora ripiego. Furono fatte per queſto Proteſte giuridiche tanto in Firenze, che in Roma. Alla vedova Elettrice fu eſibito molto di autorità nel Governo, premendo al novello Gran Duca di tenerſi amica queſta Principeſſa, Donna tanto ricca, e di mirabil talento e ſaviezza. Ma ſe ne ſcuſò ella per cagion della ſua avanzata età.

Ebbe compimento in queſt' Anno il Maritaggio di *Carlo Emmanuele* Re di Sardegna colla Principeſſa *Eliſabetta Tereſa* Sorella del ſuddetto Duca di Lorena. La funzione fu fatta in Luneville, dove il *Principe di Carignano* ſoſtenne le veci del Re: dopo di che ſi miſe in viaggio eſſa novella Regina alla volta della Savoia. Nell'ultimo giorno di Marzo pervenne eſſa a Ponte Beauvoiſin ſu i confini, ed eſſendoſi già portato colà il Re con tutta la Corte, e con accompagnamento magnifico di Guardie e milizie, fu ad incontrarla, conducendola poi a Sciambery, dove preſero per una ſettimana ripoſo. Nella ſera del dì 22. d'Aprile fecero i Reali Spoſi il magnifico loro ingreſſo in Torino fra la gran folla de' ſudditi e foreſtieri, accorſi a quelle feſte, e fra l'ale della fanteria e cavalleria, mentre intanto le artiglierie facevano un inceſſante plauſo alle loro Maeſtà. Non quella ſola ſera ſi videro illuminate le ſtrade di Torino, ma anche nelle ſeguenti; nè mancarono fuochi artifiziati, ed altri ſuntuoſi divertimenti in sì lieta congiuntura. Paſſava in queſti tempi non lieve diſputa fra eſſo Re di Sardegna, e la Corte di Vienna, giacchè egli pretendeva la Terra di Serravalle per diſtretto di Tortona:

laddove i Cefarei la teneano per dominio ftaccato da quella Città. Continuavano intanto i maneggi della facra Corte di Roma con quella di Madrid, Portogallo, Napoli, e Savoia per le contioverfie vertenti con effe. Rallegroffi dipoi quella gran Città al vedere nel Marzo di queft'Anno ritornati colà i *Cardinali Acquaviva* e *Belluga* con indizio di fperata riconciliazione. Per trattarne venne a Roma, come Mediatore, il *Cardinale Spinelli* Arcivefcovo di Napoli, perfonaggio di gran credito e di obbliganti maniere; e vi comparve ancora *Monfignor Galliani* Gran Limofiniere del Re delle due Sicilie, per efporre le pretenfioni di quel Monarca. Finalmente nel dì 27. di Settembre fi vide qualche apparenza di aggiuftamento fra la fanta Sede e i Re di Spagna e di Napoli; il che recò incredibil confolazione a Roma: quantunque in quefli ultimi tempi non fuccedeffe mai difcordia e concordia alcuna, in cui non ifcapitaffe fempre la Corte Pontifizia. Non finirono per quefto le pretenfioni, nè fi riaprirono peranche le Nunziature di Madrid, e di Napoli. Contuttociò la Dateria cominciò a far le fue fpedizioni. Per le differenze di Portogallo e di Savoia, ripiego alcuno finora non fi trovò.

AVEANO i tanti faccheggi fatti da i Tartari della Ruffia, col condurne fchiavi migliaia d'uomini, commoffa in fine a rifentimento *Anna Imperadrice* d'effa Ruffia, non folo contra di que' mafnadieri, ma contra gli fteffi Turchi, i quali con tutte le querele e protefte de' Ruffiani mai non vollero apportarvi rimedio. Due fuoi valenti Generali con due poffenti Armate nel precedente Anno aveano data una buona lezione a quegl'Infedeli; il *Lafcì* col prendere la Fortezza di Afof, e il *Munich* con una terribil invafione nella Crimea. Fece per quefto il Sultano de' Turchi, già pacificato co' Perfiani, un gagliardo armamento contro i Ruffiani; e quantunque s'interponeffe l'Augufto *Carlo VI.* per trattar di pace, non ne riportò che belle parole, infiftendo fempre i Turchi nella reftituzione d'Afof. Lega difenfiva era fra effo Imperadore e la Ruffia; e però non volendo Cefare lafciar foperchiare da i Mufulmani l'Imperadrice fuddetta, avea fpedito a i confini dell' Ungheria la maggior parte delle fue forze, e dichiarato Generaliffimo d'effe *Francefco Stefano Duca di Lorena*, divenuto in queft'anno Gran Duca di Tofcana. La direzion dell'armi Cefaree fu data al *Generale Seckendorf*, Proteftante di profeffione,

fione, con doglianza del fommo Pontefice, il quale non mancò
di promettere fuffidj di danaro a Cefare per quefta guerra .
Un bel principio fi diede ad effa colla prefa della Città di Niffa, per cui furono cantati più *Te Deum*. Ma non pafsò molto,
che fi videro andare a precipizio tutti gli affari dell'Imperadore in quelle parti. Comandava il Seckendorf ad una fiori-
tiffima Armata, capace di grandi imprefe, avendola alcuni
fatta afcendere fino ad ottanta mila valorofi combattenti.
Quel Generale in vece di tener unite tante forze, e di affe-
diar daddovero la forte Piazza di Widin, o pure di tentar l'acquifto della Boffina, fpartì in varj corpi e diftaccamenti l'efercito fuo, e niun d'effi riportò fe non percoffe e difonore, tuttochè i Mufulmani fulle prime fi trovaffero più d'un poco
fmilzi di forze in quelle parti. Il Principe d'Hildburgaufen
inviato con poche migliaia d'armati fotto Banialuca Capitale
della Boffina, tutti perdè i fuoi attrecci, e gran gente, e rin-
graziò la fortuna d'efferfi potuto falvar colla fuga. Nella
Croazia verfo Vaccup, e fotto Widin, furono battuti gl'Imperiali, e Niffa venne ricuperata dai Turchi. Si perdè il Seckendorf intorno ad Ufitza, cioè una bicocca, e la prefe:
quefta unica fua prodezza. I Turchi la ricuperarono poi
nell'Anno feguente. Andarono lamenti a Vienna, laonde richiamato egli alla Corte, lafciò il comando al Generale *Filippi;* ed effendo ftato pofto in carcere, fu contra di lui dato
principio ad un proceffo. Non iftimarono veramente i faggi,
che quefto perfonaggio aveffe punto mancato alla fede e all'
onore. Il fuo delitto, fecondo il fentimento d'altri, fu quello di non faper fare il Condottier d'Armate: meftiere forfe il
più difficile di tutti; benchè non mancaffe chi l'efentava da
quefto difetto.

CERTAMENTE non avea più la Corte Cefarea un *Carlo* Duca *di Lorena*, un *Principe Eugenio*, nè un Marefciallo di *Staremberg*, nè i *Caprara*, nè i *Veterani*, nè altri fimili perfonaggi di gran mente e favia condotta, che fapeffero dirigere un
efercito a'danni del nemico, e difenderfi alle occorrenze. Per
altro facendo conofcere la fperienza, che talvolta le belle Armate Cefaree combattono col bifogno: il Seckendorf adduffe
ancor quefto per fua difcolpa, certo effendo, che a cagion della mancanza de'viveri per più giorni, quell'efercito fi mantenne come potè in vita colle pannocchie del Frumentone, o

Era Volg.
Ann. 1737. fia Grano Turco, maturo in quel paefe, o pur con fole pru-
gne, trovate per avventura in que'bofchi. Non mancò gente, che fi figurò, effere mancata la benedizione di Dio all'
Armi dell' Imperadore in quefta guerra, perchè fecondo il
Trattato di Paff
erowitz la Tregua di fua Maeftà Cefarea col-
la Porta Ottomana durava ancora, nè terminava fe non nell'
Anno 1742. pretendendo perciò i Turchi, che Cefare non
foffe in libertà dopo effo Trattato di collegarfi colla Ruffia a
danno loro, nè gli foffe lecito di romperla contra d'effi. A
me non tocca di entrare in sì fatto efame, e molto meno di
ftendere le ottufe mie pupille ne'Gabinetti della Divinità; baftandomi di riferire gli sfortunati avvenimenti di quefta campagna contra de gl'Infedeli nella Servia, Boffina, Moldavia,
Valacchia, ed altri Luoghi; e che per le tante malattie fi trovò al finire dell' Anno quafi della metà fcemata la dianzi sì
poffente Armata Imperiale. Nè fi dee tacere, che allora più
che mai fi fciolfero le lingue e maledizioni de' Criftiani contra del Conte di Bonneval Franzefe, già uno de'Generali dell'·
Imperadore; il quale, privo per altro di Religione, avea abbracciata quella de' Turchi. Entrato coftui al fervigio della
Porta col nome di Bafsà Ofmanno, tutto s'era dato ad iftruire i Turchi della difciplina militare de' Criftiani; e fu creduto, che i documenti fuoi influiffero non poco a' fortunati
fucceffi dell'Armi Turchefche sì dell'Anno prefente, che de
i due fuffeguenti. Dicevafi, che quefto infame Rinegato foffe
il braccio dritto del Primo Vifire. Se la fortuna non fi foffe
dichiarata in favore de'Turchi, [giacchè in quefto medefimo
tempo in Nimirow nella Polonia trattavano di Pace i Plenipotenziarj Cefarei, Ruffiani, e Turchi] fi potea fperare qualche pronta concordia con vantaggio dell'Armi Criftiane. Intanto d'altro paffo procederono le due Armate dell'Imperadrice della Ruffia contra de'Mufulmani. Perciocchè il Generale
Conte di Munich nel dì 13. di Luglio s'impadronì della riguardevol Città di Oczakow fituata al mare, con grande mortalità e prigionia di Turchi, con acquifto di molta artiglieria,
e di un ricco bottino. Seppe anche difenderla da effi Turchi,
accorfi ad affediarla. Parimente il *Generale Lafcì* tornò di nuovo a fare un'irruzione nella Crimea, dove incendiò gran copia di que'Villaggi, prefe un'infinità di buoi, e lafciò dapertutto memorie del furor militare in vendetta de gl'immenfi.

danni

danni e mali recati per tanti anni addietro da que' Tartari
alla Ruffia.

Fu il prefente Anno l'ultimo della vita di *Rinaldo d'Efte*
Duca di Modena, che nato nel dì 25. d'Aprile dell'Anno 1655.
e creato Duca nel 1694. avea con fomma faviezza finquì governato i fuoi Popoli. Nel dì 26. d'Ottobre fpirò egli l'anima. Perchè nelle Antichità Eftenfi io efpofi tutto quel di lodevole, che fi offervò in quefto Principe [e fu ben molto] io
mi difpenfo ora dal ripeterlo, baftandomi dire, che per l'elevatezza della mente, per la Pietà, e pel faper tenere le redini di un Governo, fi meritò il concetto d'uno de' più faggi
Principi di quefti tempi. Lafciò dopo di sè un Figlio unico,
cioè *Francefco* Principe Ereditario, nato nel dì 2. di Luglio
del 1698. e tre Principeffe, cioè *Benedetta Ernefta*, *Amalia
Giofeffa*, ed *Enrichetta* Ducheffa Vedova di Parma. Sul principio delle ultime turbolenze, nelle quali fi trovarono involti
anche gli Stati della Cafa d'Efte, s'era portato il fuddetto
Principe Francefco a Genova colla Principeffa fua Conforte
Carlotta Aglae del Real Sangue di Francia, Figlia di *Filippo
Duca d'Orleans*, già Reggente di quel Regno. Nell'Anno 1735.
paffarono amendue a Parigi, per impetrar follievo a gl'innocenti Popoli de' loro Ducati dal Criftianiffimo Re *Luigi XV.* e
per vegliare a gl'intereffi proprj, e del Duca Rinaldo Padre
e Suocero. Venuto l'Autunno, fi portò effo Principe a vifitar
le Città della Fiandra, ed Ollanda, ricevendo dapertutto di-
ftinti onori, e di là pafsò in Inghilterra, dove gli furono compartite le maggiori finezze dal Re *Giorgio II.* che in quefto
Principe confiderò trasfufo il fangue di que' gloriofi Antenati,
da' quali era difcefa anche la Real Cafa di Brunsvich. Finalmente nella Primavera dell'Anno prefente fe n'andò a Vienna per inchinare il gloriofo Augufto *Carlo VI.* da cui, e dall'
Imperadrice Vedova *Amalia* fua Zia materna, e da tutta
quella Corte, fu graziofamente accolto. Effendofi accefa in
quefto tempo la guerra in Ungheria, s'invogliò anch' egli di
quell'onorato meftiere, e tenendo compagnia a *Francefco Duca di Lorena* e Gran Duca di Tofcana, e al Principe *Carlo* di
lui Fratello, intervenne alle azioni della fopradetta fventura-
ta campagna. Nel tornarfene egli a Vienna, intefe la morte
del Duca Rinaldo fuo Padre, e però congedatofi dalle Augufte
Maeftà, s'inviò verfo l'Italia, e nel dì quattro di Dicembre
feli-

felicemente giunfe a Modena , ricevuto con giubilo da' fuoi
fudditi, che attefa la di lui molta intelligenza, e fpezialmente l'amorevol fuo cuore, concepirono per tempo viva fperanza
d'ottimo governo, fecondo l'ufo de'fuoi Maggiori, tutti buoni e benefici Principi . Aveva egli già procreati due Principi
viventi, cioè *Ercole Rinaldo* fuo Primogenito, nato nel dì 22.
di Novembre dell'Anno 1727. ed un altro venuto alla luce
nel dì 29. di Settembre del 1736. in Parigi, a cui pofcia nel
folenne Battefimo fu pofto il nome di *Benedetto Filippo Armando* , e viene oggidì chiamato il Principe d'Efte ; e quattro
Principeffe , cioè *Maria Terefa Felicita* , *Matilde* , *Fortunata
Maria*, ed *Elifabetta*.

Piu' che mai continuò in quefti tempi la ribellion della
Corfica, con trovarfi bloccate da que' Popoli le cinque o fei
Fortezze , che fole reftavano in potere della Repubblica di
Genova . Correvano tutto dì voci incerte di quegli affari ,
negando alcuni, e pretendendo altri, che duraffe in quell'Ifola l'autorità del *Baron Teodoro*, e che da lui fi riconofceffero
i foccorfi, che andavano giugnendo a que' follevati, con voce
ancora, ch'egli ritornerebbe in breve al comando. La verità
fu , che effo era paffato in Ollanda , dove prevalendo le iftanze de' fuoi creditori, per qualche tempo fi ripofò nelle carceri, e reftò pofcia liberato. Tale era la fua attività ed eloquenza, che impegnò altri Mercatanti a concorrere ne' fuoi difegni , e fi difpofe a rivedere la Corfica . Ora i Genovefi per
defiderio di mettere fine a quella cancrena , fi avvifarono in
quefti tempi di ricorrere al patrocinio del Re Criftianiffimo,
affinchè il fuo nome e la potenza dell'armi fue metteffe in dovere quella sì alterata Nazione. Penetrato il lor difegno, non
tralafciarono i Corfi di rapprefentare a Verfaglies , quanti aggravj aveano finora fofferto dal Governo de' Genovefi . Ciò,
che ne avveniffe, lo vedremo all'Anno feguente . Nel prefente ful Piacentino e Lodigiano feguitò l'Epidemia de'Buoi con
terrore di tutti i vicini. Anche il Monte Vefuvio nel dì 19.
di Maggio fi diede a vomitar fiamme, pietre, e bitume, che
raffreddato era fimile alla fchiuma di ferro. Per dodici miglia
fino al mare correndo la fiumana d'effo bitume , cagionò la
rovina di molti Villaggi, Conventi, Chiefe, e Cafe. Le Città
d'Ariano, Avellino, Nola, Ottaiano, Palma , e Sarno, e la
Torre del Greco, fommamente patirono, e ne fuggirono tutti

gli

gli abitanti . Alcun Luogo vi reftò coperto dalla cenere alta
[fe pure è credibile] quafi venti palmi . Orazioni pubbliche
fi fecero per quefto in Napoli , Città che fi trovò ben piena
di fpavento , ma altro incomodo non foffrì , che quello della
caduta cenere . Merita anche memoria per iftruzione de' pofteri una delle pazzie di quefti tempi , cioè il già introdotto
Lotto di Genova , che fi dilatò in Milano , Venezia , Napoli ,
Firenze , Roma , ed altri paefi . Diffi pazzia , non già de' Principi , che con quefta invenzione moftravano la loro induftria
in faper cavare dalle genti fenza lancetta il fangue ; ma de'
Popoli , che per l'avidità di confeguire un gran premio , s'im-
poverivano , dando una volontaria contribuzione a gli accorti
Regnanti , con ifcorgerfi in fine , che di pochi era il vantaggio ,
la perdita d'infiniti . Nella fola Roma danarofa , in cui ful
principio ebbe gran voga effo Lotto , e fi faceano più Eftra-
zioni in un Anno , fi calcolò , che in ciafcuno de' primi Anni
fi giocaffe un milione di fcudi Romani . Per lo più nè pur la
metà ritornava in borfa de' giocatori . Il gran guadagno reftava parte a i Conduttori del Giuoco , e parte al fommo Ponteſi-
ce , che di quefto danaro fi ferviva per continuar le magnifiche
Fabbriche da lui intraprefe .

Anno di CRISTO 1738. Indizione I.
  Di CLEMENTE XII. Papa 9.
  Di CARLO VI. Imperadore 28.

COMINCIAVANO a pefar gli anni addoffo al Pontefice Clemente XII. Era anche caduto infermo di maniera , che
più d'una volta fi dubitò di fua vita , ed alcuni Porporati aveano già dato principio a i fegreti lor maneggi : il che rifaputo
dal Papa , cagion fu di qualche rifentimento . Quefti avvifi della mortalità , e il defiderio del fanto Padre di lafciare la Sedia
Apoftolica in pace con tutte le Potenze Cattoliche , il rendè
più follecito ad accordarfi colle Corti di Spagna e di Portogallo . Nel dì 20. del precedente Dicembre aveva egli promoffo
alla Porpora Monfignor *Tommafo Almeida* Patriarca di Lisbona ; fervì quefto paffo a placare in buona parte , fe non in tutto , l'animo di *Giovanni V.* Re Portoghefe : Principe inflessibile in ogni fua pretenfione e dimanda ; il che fece aprir la Dateria per quel Regno , e in Lisbona fu fplendidamente accolto
il

il Nunzio Pontifizio. Altrettanto avvenne in Ifpagna. Per le differenze colla Corte di Napoli, tuttochè reclamaffero i Miniftri Cefarei, pure fua Santità nel Maggio condifcefe ad accordare l'Inveftiture delle due Sicilie all'Infante Reale *Don Carlo di Borbone*. Inforfe in quefti tempi un imbroglio fra effo Pontefice, e la Reggenza del Ducato di Tofcana, a cagion di Carpegna, Scavolino, e Montefeltro, Stati pretefi per ragioni antiche dalla Repubblica Fiorentina, effendo in fatti paffate le milizie Lorenefi a prenderne il poffeffo. Meffofi l'affare in difputa, perchè la Corte di Vienna abbifognava in quefti tempi de i foccerfi del Papa per la guerra Turchefca, fi venne poi fmorzando la lite, e reftò libera quella contrada dall'armi del Gran Duca. Era già gran tempo, che fi trattava dell'accafamento del fuddetto Re delle due Sicilie, e perciocchè ragioni politiche non permifero, che a lui foffe accordata in Moglie la feconda Arciducheffa Figlia del regnante Augufto, reftò poi conchiufo il fuo Maritaggio colla Real Principeffa *Maria Amalia* Figlia di *Federigo Augufto* Re di Polonia ed Elettor di Saffonia, appena giunta all'età di quattordici anni. Nel dì 19. di Maggio a nome d'effo Re fu fpofata effa Principeffa dal Fratello *Federigo Crifiano*, Principe Reale ed Elettorale, e nel dì 24. d'effo Mefe, accompagnata dal medefimo, imprefe il fuo viaggio alla volta d'Italia. Con Corte numerofa venne fino a Palma Nuova confine dello Stato Veneto *Don Gaetano Boncompagno* Duca di Sora, fcelto dal Re per Maggiordomo maggiore della novella Regina, e direttore del fuo viaggio per Italia : Principe per le fue Virtù meritevole d'ogni maggiore impiego. Nel dì 29. del Mefe fuddetto arrivata a i confini della Repubblica effa Principeffa, ivi trovò il Veneto Ambafciatore colle Guardie deftinate alla Maeftà fua, e le fi prefentò parimente il Duca di Sora con tutta la Corte a lei deftinata.

Fu allora, che propriamente s'avvide quefta graziofa Principeffa d'effere Regina : sì magnifico e fplendido fu l'accoglimento fattole per dovunque pafsò dalla Veneta generofità. Invogliatafi all'improvvifo di dare un'occhiata alla mirabil Città di Venezia, dopo avere per altra via incamminato il fuo gran feguito ed equipaggio a Padova, effa nel dì due di Giugno imbarcatafi col Real Fratello, col Duca di Sora, e con pochi altri Cavalieri e Dame, fu condotta pel Canale della Giudecca in faccia alla Piazza di San Marco, e fatto un giro

pel

pel Canal grande fra il rimbombo delle artiglierie andò vedendo e ammirando i fuperbi Palazzi, e l'altre grandiofe Fabbriche di quella Dominante . Finalmente alle due ore della
notte feguente fece l'ingreffo nella Città di Padova, dove fpezialmente trovò un trattamento Reale . Colà s'era portato
Francefco III. d'Efte Duca di Modena colle Principeffe *Benedetta* ed *Amalia* Sorelle fue, per inchinare la Regina loro Cugina, da cui pofcia riceverono ogni maggior finezza d'amore
e di ftima. A i confini del Ferrarefe fi prefentò alla Maeftà fua
il *Cardinale Mofca* fpedito dal fommo Pontefice con titolo di
Legato a Latere a complimentarla, e fervirla fino a Ferrara,
dove con folenne apparato di quella Città entrò, partendone
poi nel dì fefto di Giugno. Per tutto lo Stato Ecclefiaftico trovò gara fra le Città in farle onore, ficcome anch'ella dapertutto lafciò belle memorie della fua rara gentilezza e liberalità. Pafsò dipoi per Loreto, e nel giorno 19. del fuddetto Mefe arrivò a Portello, cioè a i confini del Regno . Quivi trovò
il Re Conforte, che l'introduffe in un vafto e Real Padiglione
co i vicendevoli complimenti ed abbracciamenti . Nel dì 22.
d'effo Giugno fecero le loro Maeftà l'entrata in Napoli fra le
giulive acclamazioni di quell'immenfo Popolo , fra gli archi
trionfali, e fra le ftupende macchine ed illuminazioni , che furono poi coronate da altre funtuofiffime fefte , continuate ne'
feguenti giorni . Poco fu quefto in paragone del dì due di Luglio, in cui feguì il folenne ingreffo de' Regj Spofi in effa Città di Napoli , la quale da tanti anni difavvezza dal vedere i
fuoi Regnanti, in quefta occafione diede uno fpettacolo d'indicibile magnificenza ed allegrezza, dalla cui maggior defcrizione io mi difpenfo . Allora fu , che il Re *Don Carlo* ifti-
tuì l'Ordine de i Cavalieri di San Gennaro, e di effo decorò
i principali Baroni di Napoli e Sicilia, e alcuni Grandi Spagnuoli .

Con tutti i maneggi finora fatti fra l'Imperador *Carlo VI.*
e il Criftianiffimo Re *Luigi XV.* non s'era peranche giunto a
ftabilire un Trattato difinitivo di Pace . A quefto fi diede l'ultima mano in Vienna nel dì 18. di Novembre fra i fuddetti
due Monarchi , e fu fottofcritto da i Plenipotenziarj non folo
d'effi, ma anche da quei del Re Cattolico *Filippo V.* di *Don
Carlo* Re delle due Sicilie , e del Re di Sardegna *Carlo Emmanuele*. Rimafero con poca mutazione confermati i precedenti

il Nunzio Pontifizio. Altrettanto avvenne in Ispagna. Per le differenze colla Corte di Napoli, tuttochè reclamassero i Ministri Cesarei, pure sua Santità nel Maggio condiscese ad accordare l'Investiture delle due Sicilie all'Infante Reale *Don Carlo di Borbone*. Insorse in questi tempi un imbroglio fra esso Pontefice, e la Reggenza del Ducato di Toscana, a cagion di Carpegna, Scavolino, e Montefeltro, Stati pretesi per ragioni antiche dalla Repubblica Fiorentina, essendo in fatti passate le milizie Lorenesi a prenderne il possesso. Messosi l'affare in disputa, perchè la Corte di Vienna abbisognava in questi tempi de i soccorsi del Papa per la guerra Turchesca, si venne poi smorzando la lite, e restò libera quella contrada dall'armi del Gran Duca. Era già gran tempo, che si trattava dell'accasamento del suddetto Re delle due Sicilie, e perciocchè ragioni politiche non permisero, che a lui fosse accordata in Moglie la seconda Arciduchessa Figlia del regnante Augusto, restò poi conchiuso il suo Maritaggio colla Real Principessa *Maria Amalia* Figlia di *Federigo Augusto* Re di Polonia ed Elettor di Sassonia, appena giunta all'età di quattordici anni. Nel dì 19. di Maggio a nome d'esso Re fu sposata essa Principessa dal Fratello *Federigo Cristiano*, Principe Reale ed Elettorale, e nel dì 24. d'esso Mese, accompagnata dal medesimo, imprese il suo viaggio alla volta d'Italia. Con Corte numerosa venne fino a Palma Nuova confine dello Stato Veneto *Don Gaetano Boncompagno* Duca di Sora, scelto dal Re per Maggiordomo maggiore della novella Regina, e direttore del suo viaggio per Italia: Principe per le sue Virtù meritevole d'ogni maggiore impiego. Nel dì 29. del Mese suddetto arrivata a i confini della Repubblica essa Principessa, ivi trovò il Veneto Ambasciatore colle Guardie destinate alla Maestà sua, e le si presentò parimente il Duca di Sora con tutta la Corte a lei destinata.

Fu allora, che propriamente s'avvide questa graziosa Principessa d'essere Regina: sì magnifico e splendido fu l'accoglimento fattole per dovunque passò dalla Veneta generosità. Invogliatasi all'improvviso di dare un'occhiata alla mirabil Città di Venezia, dopo avere per altra via incamminato il suo gran seguito ed equipaggio a Padova, essa nel dì due di Giugno imbarcatasi col Real Fratello, col Duca di Sora, e con pochi altri Cavalieri e Dame, fu condotta pel Canale della Giudecca in faccia alla Piazza di San Marco, e fatto un giro

pel

pel Canal grande fra il rimbombo delle artiglierie andò vedendo e ammirando i superbi Palazzi, e l'altre grandiose Fabbriche di quella Dominante. Finalmente alle due ore della notte seguente fece l'ingresso nella Città di Padova, dove spezialmente trovò un trattamento Reale. Colà s'era portato *Francesco III. d'Este* Duca di Modena colle Principesse *Benedetta* ed *Amalia* Sorelle sue, per inchinare la Regina loro Cugina, da cui poscia riceverono ogni' maggior finezza d'amore e di stima. A i confini del Ferrarese si presentò alla Maestà sua il *Cardinale Mosca* spedito dal sommo Pontefice con titolo di Legato a Latere a complimentarla, e servirla finò a Ferrara, dove con solenne apparato di quella Città entrò, partendone poi nel dì sesto di Giugno. Per tutto lo Stato Ecclesiastico trovò gara fra le Città in farle onore, siccome anch'ella dapertutto lasciò belle memorie della sua rara gentilezza e liberalità. Passò dipoi per Loreto, e nel giorno 19. del suddetto Mese arrivò a Portello, cioè a i confini del Regno. Quivi trovò il Re Consorte, che l'introdusse in un vasto e Real Padiglione co i vicendevoli complimenti ed abbracciamenti. Nel dì 22. d'esso Giugno fecero le loro Maestà l'entrata in Napoli fra le giulive acclamazioni di quell'immenso Popolo, fra gli archi trionfali, e fra le stupende macchine ed illuminazioni, che furono poi coronate da altre suntuosissime feste, continuate ne' seguenti giorni. Poco fu questo in paragone del dì due di Luglio, in cui seguì il solenne ingresso de' Regj Sposi in essa Città di Napoli, la quale da tanti anni disavvezza dal vedere i suoi Regnanti, in questa occasione diede uno spettacolo d'indicibile magnificenza ed allegrezza, dalla cui maggior descrizione io mi dispenso. Allora fu, che il Re *Don Carlo* istituì l'Ordine de i Cavalieri di San Gennaro, e di esso decorò i principali Baroni di Napoli e Sicilia, e alcuni Grandi Spagnuoli.

Con tutti i maneggi finora fatti fra l'Imperador *Carlo VI.* e il Cristianissimo Re *Luigi XV.* non s'era peranche giunto a stabilire un Trattato difinitivo di Pace. A questo si diede l'ultima mano in Vienna nel dì 18. di Novembre fra i suddetti due Monarchi, e fu sottoscritto da i Plenipotenziarj non solo d'essi, mà anche da quei del Re Cattolico *Filippo V.* di *Don Carlo* Re delle due Sicilie, e del Re di Sardegna *Carlo Emmanuele*. Rimasero con poca mutazione confermati i precedenti

Tomo XII.   H h   Trat-

Era Volg.
Ann. 1738.
Trattati di Pace, e la Francia nominatamente accettò e pro-
mife di garantire la Prammatica Sanzione formata dall'Augufto Regnante. Vi fu regolato tutto quello, che apparteneva
in Italia alla ceffione de' Regni di Napoli e Sicilia, e delle
Piazze maritime della Tofcana pel fuddetto Reale Infante;
e della Tofcana pel Duca di Lorena; e di Parma e Piacenza
per l'Imperadore; e di Tortona e Novara, e delle Langhe pel
Re di Sardegna. Qual foffe il giubilo di tutta l'Italia all'avvifo di quefta concordia, non fi può abbaftanza.efprimere, lufingandofi ognuno di godere per gran tempo i frutti e le delizie della tanto defiderata Pace, che oramai fembrava con
uno ftabile chiodo fiffata. Non fi godeva già in quefti tempi
un egual fereno nell'Imperial Corte di Vienna, perchè anche
nell'Anno prefente niuna felicità, anzi parecchi difaftri provarono in Ungheria l'armi Cefaree. Quantunque ancora in
queft'Anno paffaffe al comando di quell'efercito il *Duca di
Lorena*, con aver feco per principal direttore delle azioni militari il faggio e valorofo *Conte di Koningfegg*: pure ebbero
effi a fronte il gran Vifire con forze di lunga mano fuperiori
alle Criftiane. Le frequenti fcorrerie Turchefche per la Servia,
e un poffente armamento di Saiche nel Danubio, portarono il
terrore fino alla Città di Belgrado, da dove fi ritirarono in
gran copia i beneftanti. Per l'Ungheria fuperiore di là dal
Real Fiume marciò il Koningfegg, e nel dì tre di Luglio a
Cornia venne alle mani con un corpo di venti e più mila Mufulmani, e lo fconfiffe. Quefta vittoria agevolò la prefa del
Forte di Meadia nel dì nove d'effo Mefe, dove fu accordata
buona capitolazione al prefidio Turchefco.

GIA' s'incamminava l'ofte Cefarea al foccorfo di Orfova
affediata da i nemici, quando giunfe la lieta nuova, ch'effi a
precipizio s'erano dati alla fuga, lafciando nel campo, tende,
bagagli, munizioni, ed artiglierie. Tanto più allora inanimi-
ti i Criftiani penfavano già di continuare il viaggio a quella
volta; ma eccoti avvifo, che il Vifire avea trafmeffo un rinforzo di venti mila uomini a i ritiratifi da Orfova. Non fi offervò allora la confueta intrepidezza de' coraggiofi Alemanni;
nè più fi penfò ad Orfova. Accortifi gl'Infedeli della lor difpofizione, s'inoltrarono fino a Meadia, dove feguì un fanguinofo conflitto. I due Reggimenti Vafquez e Marulli, compofti
d'Italiani, fecero delle maraviglie di coraggio con vergogna
de'

de' Tedefchi, i quai pure fono in credito di tanta fortezza.
Ritiraronfi i Criftiani con permettere a' Turchi di ricuperare
i Forti d'effa Meadia. Pofto di nuovo l'affedio da effi Infedeli
ad Orfova, fu quella Piazza coftretta alla refa con grave pregiudizio della vicina Città di Belgrado, fotto alla quale andò
ad accamparfi il Marefciallo di Koningfegg. Si contò per regalo della fortuna, che i Turchi non faceffero maggiori progreffi; e febben anche Semendria e Vilapanca furono fottomef-
fe, pure poco appreffo fi videro abbandonate da effi. Non
avea il Koningfegg più di quaranta mila guerrieri Tedefchi,
laddove il gran Vifire ne conduceva cento venti mila. Ma in
altri tempi trenta o quaranta mila Alemanni baftavano a far
delle grandi prodezze contro le groffe armate degli Ottomani.
O foffe dunque, che l'iniquo Bafsà Bonneval aveffe ben addot-
trinate le milizie Turchefche, o altra cagione: certo è, che
quefta campagna riufcì non men deplorabile della precedente
per li Criftiani, e convenne alzare il guardo al Trono del Dio
degli eferciti, i cui giufti giudizj fon coperti da troppe tenebre. Nè i Ruffiani ebbero miglior mercato. Furono effi coftretti a far faltare tutte le fortificazioni di Oczokow, e a ritirar-
fene. Prefero bensì nella Crimea la Fortezza di Precope, ma
poi dopo averne demolite le fortificazioni e fpianate le linee,
e recati graviffimi danni a quelle contrade, fe ne tornarono indietro. Fu da effi tentato il paffaggio del Niefter, ma fenza
poter ottenere l'intento. Comparve in quefti tempi alla Corte
di Coftantinopoli, e vi fu ricevuto con diftinto onore Giufeppe
Figlio del fu Principe Ragotzki, il quale dimentico delle grazie a lui compartite in addietro dal clementiffimo Augufto, fe
ne fuggì alla Porta, per ravvivar le fue pretenfioni fopra la
Tranfilvania; e fece credere al Gran Signore di avere in quella Provincia e in Ungheria un'infinità di feguaci.

N e' pure in queft'Anno fi feppe cofa credere de gli affari
della Corfica, perchè tuttodì a buon mercato fi fpacciavano
bugie. Efaltavano alcuni la gran copia di foccorfi dati a' Corfi
non meno di gente, che di munizioni, artiglierie, ed armi:
foccorfi, dico, i quali fi diceano inviati colà dal Baron Teodoro, e che altri attribuiva ad una Potenza, la quale fegretamente teneffe mano a quella ribellione, additando con ciò la
Corte di Spagna, o pure di Napoli. Negavano altri quefte
nuove, e fofteneano ecliffata affatto la fortuna dell'efimero Re

Teo-

Teodoro. Sul principio dell'Anno fu fparfa voce, che quefto
Venturiere da Orano foffe di nuovo sbarcato in Corfica ; e fi
vedevano progetti lodevoliffimi pubblicati fotto fuo nome, per
far fiorire il commerzio di quell' Ifola colla erezion di varie
Saline, con attendere alle Miniere, con fabbricar Cannoni, e
Mulini di polve da fuoco, e con incoraggir l' Agricoltura,
e la Pefca. Ma non fi verificò il di lui arrivo. Fu bensì vero, che nel dì quinto di Febbraio sbarcarono alla Baftia, Capitale di quel Regno, tre mila uomini di truppe Franzefi, fotto il comando del Conte di Boiffieux. Aveano i Genovefi implorato il patrocinio della Francia in quefto loro troppo lungo
e difpendiofo difaftro ; fe pure non fu la Corte di Francia,
che attenta ad ogni foglia, che fi muova in Europa, per fofpetto, che gli Spagnuoli un dì non fi prevaleffero di quella
follevazione per impadronirfi della Corfica, efibì alla Repubblica le fue forze, per terminar quella pugna. Certo è, che
colà furono trafportate le fuddette milizie, non già con animo
d'infierire contro quella valorofa Nazione, a cui non mancavano delle buone ragioni, ma per iftudiar la via di pacificar-
la coll' efibizione di onefte condizioni. In fatti fe ne trattò ;
fi rimifero i Corfi riverentemente alla Giuftizia e faviezza del
Re Criftianiffimo ; diedero anche de gli oftaggi ; e per quefto fi fece paufa alle oftilità, ma fenza che feguiffe accordo
alcuno.

VENUTO il Settembre fi tornò a fpacciare come avvenimento indubitato, che il Baron Teodoro con tre Vafcelli di
bandiera ftraniera era nel dì 13. d'effo Mefe giunto in Corfica a Porto Vecchio, con fare intendere a i follevati la provvifion delle artiglierie, armi, e munizioni da lui condotte fu
que' navigli ; e che perciò di nuovo fi foffe fatta un' unione
univerfale de' Corfi, per mantenergli l'ubbidienza. Si vide anche la lifta di tutto il fuo carico, e fu afficurato, che nel dì
16. del fuddetto Settembre fcefe a terra fra i Viva di un gran
concorfo di Popolo ; ma che pofcia nel dì 15. di Ottobre s'era
ritirato a Porto Longone, o pure in Sardegna ; e ciò perchè
furono intimoriti i Corfi da una Lettera circolare del General
Franzefe, che minacciava loro l'indignazione del Re Criftianiffimo, fe più ubbidivano al Barone fuddetto. Aggiunfero,
ch' egli era dipoi approdato a Napoli, dove d' ordine della
Corte fu catturato, e in appreffo fatto ufcire del Regno.

Non

Non so io dire, se vere o finte fossero tutte queste particolarità. Se un giorno qualche fedele e ben informato Scrittore ci darà la Storia di tante scene di quella Tragedia, può sperarsi, che rimarrà allora dilucidato il vero dalle molte ciarle sparse per l'Europa di quell'emergente; tale certamente, che facea dello strepito dapertutto. Fermossi per alcuni Mesi il Principe Real di Polonia e Sassonia *Federigo Cristiano* in Napoli, godendo le delizie di quella gran Città, Corte, e territorio, ma infastidito alquanto per la rigorosa Etichetta Spagnuola, che non gli permetteva nè pur di trovarsi a tavola colla Regina Sorella. Dopo aver questo Principe lasciato in quella Corte e Città illustri memorie della sua munificenza e gentilezza, arrivò a Roma nel dì 18. di Novembre, e prese alloggio nel Palazzo del *Cardinale Annibale Albani* Camerlengo. Potè allora quella gran Città conoscere in lui una rara Pietà, costumi angelici, pregio di tutta la Real numerosa Figliolanza del Re di Polonia [e perciò grande onore del Cattolicismo] siccome ancora l'avvenenza del suo volto, e molto più l'altre belle doti dell'animo suo. Altro alla perfezione di questo Principe non mancava, se non robustezza maggiore nelle gambe. Nulla aveano servito a lui per questo i Bagni d'Ischia. I divertimenti di questo generoso Principe erano il commerzio de' Letterati, e la visita di tutte le Chiese, Antichità, Gallerie, e cose più rare di Roma.

Anno di CRISTO 1739. Indizione II.
Di CLEMENTE XII. Papa 10.
Di CARLO VI. Imperadore 29.

SUL principio di quest'Anno furono rivolti gli occhi de i curiosi alla comparsa in Italia di *Francesco Duca di Lorena* e Gran Duca di Toscana, il quale coll'Arciduchessa *Maria Teresa* sua Consorte, e col *Principe Carlo di Lorena* suo Fratello, e con Corte ed equipaggio splendido nel dì 28. del precedente Dicembre era giunto a i confini del Veneto dominio, dove gli fu fatto un solenne e magnifico accoglimento per parte della Repubblica. Desideravano questi Principi di consolare colla graziosa lor presenza i nuovi Sudditi della Toscana, e insieme di riconoscere, in che consistesse il cambio da essi fatto della Lorena. Ma perciocchè in questi tempi s'era

forte

Era Volg.
Ann. 1739.

forte dilatata la Peſte per l'Ungheria, Croazia, ed altre Provincie, che tutte aveano libero commerzio coll'Auſtria ed altri paeſi ſottopoſti in Germania a Sua Maeſtà Imperiale : la
Veneta Repubblica avea ſeveramente bandite tutte quelle contrade, nè permetteva commerzio di chi procedeva dalla Germania, per venire in Italia, impiegando quel rigore, che in
altri tempi è ſtato l'antemurale della ſalute ſua, e delle Provincie Italiane. Grande ſtima ed oſſequio profeſſava il ſaggio
Senato Veneto a quegl' illuſtri Principi, ma più eziandio gli
ſtava a cuore la pubblica ſicurezza in tempi tanto pericoloſi.
Però non altrimenti accordò loro il paſſaggio per li ſuoi Stati,
che colla condizione di fare una diſcreta contumacia. Loro
perciò fu aſſegnato ſul Veroneſe il Palazzo del Conte Michele
Burri, dove per qualche giorno ſi ripoſarono. Ma perchè s'in-
faſtidirono in breve di quella nobil prigione, fece il Gran Duca iſtanza a Venezia, affinchè gli ſi abbreviaſſero i giorni della
contumacia ; e non venendo riſpoſte concludenti, impazienta-
taſi quella nobiliſſima brigata, nel dì undici di Gennaio preſe
da ſè ſteſſa la licenza d'andarſene, e paſsò a Mantova. Nel dì
14. arrivarono queſti generoſi Principi a Modena, accolti colle
maggiori dimoſtrazioni di ſtima e di onore dal Duca Franceſco III. e dalle Principeſſe ſue Sorelle, e quì ſi fermarono godendo de' divertimenti loro preparati fino al dì 17. in cui ſi
moſſero alla volta di Bologna, e di là continuarono il viaggio
fino a Firenze. Il dì 20. di Gennaio fu quello, in cui fecero
il ſolenne loro ingreſſo in eſſa Città fra la gran calca del Popolo, e della copioſa foreſteria, fra le inceſſanti acclamazioni di
que'ſudditi, che con archi trionfali, inſigni illuminazioni, ed
apparati maeſtoſi, e col Giuoco ancora del Calcio, eſpreſſero
il loro giubilo verſo Dominanti pieni di tanta Clemenza e gentilezza. Poſcia nel dì primo di Marzo ſi portarono a Piſa, e
di là a Livorno, nelle quali due Città ebbero motivo di am-
mirare i nobiliſſimi e ſuntuoſiſſimi ſpettacoli e divertimenti,
ſpezialmente nell'ultima preparati a gara ed eſeguiti in loro
onore da' Toſcani, Ingleſi, Franzeſi, Ollandeſi, Giudei, ed
altre Nazioni. Videro anche Siena, portando poſcia con loro
un alto concetto di ſì belle, delizioſe, e grandioſe Città, ſimili
alle quali certamente non le potea moſtrare il per altro riguardevole Ducato della Lorena.

Dopo aver dato buon ſeſto a gli affari economici e militari
della

della Toscana, la Gran Ducheſſa *Maria Tereſa* ſul fine d'Aprile, deſideroſa di veder Milano, ſi miſe in viaggio, e nel dì 29. arrivò a Reggio, dove in occaſion della Fiera ſi trovava la Corte Eſtenſe; ed ivi non ſolo godè, ma anche ammirò una delle più ſplendide è ſingolari Opere in Muſica, che ſi faceſſero allora in Italia: tanta era l'abilità de' Cantanti, e la vaghezza delle Scene. Avea preſo il Gran Duca *Franceſco* ſuo Conſorte la riſoluzione di paſſar per mare a Genova, e di là trasferirſi a Torino, a fin di viſitare la *Regina di Sardegna* ſua Sorella. Ma ito per imbarcarſi a Livorno, trovò cotanto in collera il mare, che mutato penſiero, e preſe le poſte per terra, all'improvviſo raggiunſe in Reggio la Real ſua Conſorte. Se n' andarono poſcia nel primo dì di Maggio alla volta di Milano; ma il Gran Duca col *Principe Carlo* da Piacenza s'inviò verſo Torino, dove giunto nel dì tre, ricevette ogni maggior finezza da quella magnifica Corte. Comparvero poi anche quelli due Principi nel dì ſei a Milano, e dopo qualche giorno ſe ne tornarono tutti in Lamagna, avendo laſciato dapertutto viva memoria della ſomma lor benignità ed amabili coſtumi. Andava in queſti tempi ſempre più il Pontefice *Clemente XII.* ſentendo il peſo de gli Anni, di modo che ſi trovava bene ſpeſſo per la debolezza confinato in letto, e ſopra tutto perdè l'uſo della viſta. Contuttociò continuando il vigor della ſua mente, non tralaſciava punto di accudire non meno al Secolare, che all'Eccleſiaſtico governo. Anche in letto teneva Conciſtoro, ed aſcoltava le varie Congregazioni. Dopo parecchi Meſi di ſoggiorno in Roma, finalmente ſe ne partì il Real Principe di Saſſonia *Federigo*, portando ſeco la gloria di una ſingolar Pietà, e di avere eſercitata sì gran Liberalità e Corteſia verſo grandi e piccioli, che di lui durerà in queſte parti una ben lunga memoria. Venuto per la Toſcana, giunſe nel dì 21. di Novembre a Modena, dove ſi fermò per tre giorni a goder delle coſe più rare di queſta Corte, e dipoi paſsò a Milano, con animo di quindi portarſi a Venezia per li divertimenti del ſeguente Carnevale.

Sul fine del precedente Anno, e ne' primi Meſi del preſente, corſero di nuovo falſe voci, che il Baron Teodoro foſſe ſbarcato in Corſica, e vi ſi tratteneſſe incognito; e la curioſità d'ognuno era attenta ad oſſervare, qual frutto produceſſero i maneggi del Conte di Boiſſieux Comandante delle

trup-

truppe Franzesi in quell'Isola , per pacificare i sollevati . Pareano disposti i Corsi ad abbracciar l'accordo esibito loro con alcune vantaggiose condizioni; ma una sola non ne sapeano digerire, cioè quella di dover consegnare tutte le lor armi; perchè non fidandosi de' Genovesi, troppo duro e pericoloso sembrava ad essi il privarsi di que' mezzi , che soli poteano far eseguire la proposta Capitolazione, caso mai che a questa si mancasse . Ricalcitrando dunque essi a sì fatta concordia, si mise in testa il Boissieux di parlare d'altro tenore, ed inviò un distaccamento di truppe al Borgo di Biguglia , per costrignere colla forza quegli abitanti a ricevere la legge . Era il dì 13. di Dicembre del 1738. si venne alle mani, e vi restarono uccisi e prigioni non pochi Franzesi , che talun fece ascendere a centinaia, il che fu creduto una falsa esaggerazione. Questo fatto dall'un canto riaccese il fuoco ne' Corsi , e dall'altro eccitò lo sdegno della Corte di Francia contra d'essi, perchè il Re , udito l'affare, giudicò essere questo non più impegno de' Genovesi, ma della sua Corona. Perciò diede ordine, che passasse colà con un buon rinforzo di truppe il *Marchese di Maillebois* Tenente Generale atto a farsi ubbidire ; poichè quanto al *Conte di Boissieux*, egli per infermità lasciò in questi tempi la vita nella Bastia . Intanto le Gazzette spacciavano a più non posso nuove, cioè che il Baron Teodoro si trovava in Corsica ; che a *Don Filippo* Infante di Spagna era destinato il dominio di quell'Isola , e tanto più perchè s'intese stabilito il Matrimonio di questo Principe con Madama *Luigia Lisabetta di Francia* , Primogenita del Re Cristianissimo *Luigi XV.* Matrimonio, dissi, che fu poi compiuto e solennizzato in Versaglies nel dì 26. d'Agosto dell'Anno presente. Teodoro dovea essere Vicerè di esso Infante, sua vita natural durante . Sogni tutti della sfaccendata gente erano questi, nè in quelle Regie Corti apparve mai pensiero di voler pregiudicare ai diritti della Repubblica di Genova.

La verità si è, che il Marchese di Maillebois sbarcò in Corsica con delle nuove truppe ; e siccome personaggio di grande attività, pubblicò tosto un Proclama, ordinando a tutti i Corsi di deporre l'armi, e di rimettersi alla Clemenza di sua Maestà Cristianissima in pena d'essere trattati da ribelli. Perchè i sollevati risposero con un Manifesto , modesto sì, ma che finiva in dire : *Melius est mori in bello , quam videre mala gentis nostræ:*

stre : quel Comandante spedì in Provenza ad imbarcare altre milizie. Ora da che si vide in buon arnese, venuto il Mese di Giugno, uscì in campagna con tutte le sue forze. Il terrore marciava avanti di lui; e però non tardarono gli abitanti delle Pievi di Aregno, Pino, Sant'Andrea, Lavatoggio, ed altre, ch'io tralascio, a rendersi a i di lui voleri. Anzi i principali Capi de'sollevati andarono a trattare con esso Maillebois, protestandosi pronti di sottomettersi a gli ordini venerati del Re Cristianissimo, con isperanza, che Sua Maestà si degnerebbe di proteggerli, e di rendere loro buona giustizia. Pertanto non finì l'Anno presente, che tutti que' Popoli, a riserva di pochi ostinati, depositate in mano de' Franzesi le loro armi, accettarono il perdono, e si mostrarono ubbidienti, invasati intanto da una dolce lusinga di non dover più tornare sotto i Genovesi, ma che tutto quel mercato fosse per dar loro un Principe della Real Casa di Borbone. Tale era anche la comune immaginazione de gli speculatori de i Gabinetti Principeschi. Nè faceano caso essi dell'osservare, che per consiglio del Maillebois i primarj Capi della ribellione uscivano di Corsica, e si ricoveravano in Toscana, Napoli, e Stato Ecclesiastico. Intanto i Franzesi si ridussero a quartieri d'inverno, e la maggior parte d'essi provò fiere malattie, e all'incontro il Maillebois senza misericordia facea impiccar tutti coloro, che fossero colti con armi da fuoco, o continuassero nella sedizione.

SENTE ribrezzo la penna mia, ora ch'io sono per accennare la lagrimevol campagna fatta dall'armi Cristiane nella Servia ed Ungheria nell'Anno presente. Nulla avea ommesso l'*Imperador Carlo VI.* per formare un' Armata capace di ricuperar la gloria perduta ne' due precedenti Anni, e di reprimere gli sforzi de gli orgogliosi Ottomani, i quali per li passati prosperosi avvenimenti aveano alzata forte la testa, e si rideano di chi loro parlava di Pace. Non mancò il Pontefice *Clemente XII.* di spedirgli un dono di cento mila scudi, e il Duca di Modena *Francesco III.* gl'inviò due battaglioni di ottocento uomini l'uno. Un gran corpo di valorose milizie Bavaresi e Sassone, ed altre d'altri Principi della Germania, erano marciate per tempo alla volta di Belgrado. I più discreti calcolavano quell'esercito almeno di settanta mila combattenti; e si sa qual bravura alligni in petto alla Nazion Tedesca.

fca. Trattoffi di fcegliere il fupremo Comandante di sì fiorità Armata, e fu propofto il Marefciallo *Conte Oliviere Wallis*, come creduto il migliore de gli altri anche per teftimonianza del fu Marefciallo di Staremberg. Fama corfe, che a tal elezione ripugnaffe l' ottimo e giudiziofo Augufto Monarca, per le relazioni più volte a lui date, che quefto Generale foffe uomo impetuofo e beftiale, e che aveffe il fegreto di faifi poco amare da gli altri: del che aveva egli lafciato anche in Italia e in Sicilia più d'una memoria. Ma il buon Imperadore, ficcome quegli, che ordinariamente giudicava meglio de gli altri, ma poi fi arrendeva al parere de i più, credendo, che a tante tefte aveffe da cedere il fentimento d' un folo, fi lafciò indurre a concedere al Wallis il fupremo comando dell' armi in quefta campagna. Andò effo Generale a metterfi alla tefta di quell'efercito, e trovò che il Gran Vifire veniva con un' Armata afcendente a feffanta mila Turchi; ma che andava ogni dì più crefcendo per altri rinforzi di gente, che fopravenivano.

TROVAVASI il Wallis col groffo dell' efercito fuo a Zwerbrufck, quattro Leghe diftante da Belgrado; quando intefe, che un corpo di Turchi era ito a poftarfi nel vantaggiofo pofto di Crotska, tre Leghe lungi dal fuo campo; e tofto lo fconfigliato Generale, dopo aver tirato nel fuo parere il Configlio di guerra, prefe la rifoluzione di andarli ad affalire nel dì 22. di Luglio, Fefta di Santa Maria Maddalena, vogliofo di fcacciarli da quel pofto, prima che vi fi trincieraffero. Diffi, fconfigliato, perchè preftata troppa fede alla fola relazione d'una fpia doppia, non cercò prima di chiarirfi, fe fi trovaffe in Crotska non già un diftaccamento, ma bensì tutta l'Armata de' Mufulmani col Gran Vifire, e già in parte trincierata; e perchè avea bensì ordinato al Generale Neuperg di paffare il Danubio, e di venire ad unirfi feco col fuo corpo confiftente in circa quindici mila foldati; ma poi fenza volerlo afpettare a cagion dell'emulazione, che era fra loro, attaccò la mifchia. Quel che è più, perchè volle affalire i nemici ben poftati fra' bofchi, e con iftrade sì ftrette ed intralciate, che non fi potè formare, fe non una lieve linea, e quefta efpofta alla mofchetteria de' nemici, i quali la battevano per fianco, allorchè volle inoltrarfi o retrocedere. Oltre a ciò marciò innanzi il Wallis con foli quatordici Reggimenti di Cavalleria,

e diè diciotto compagnie di Granatieri, senza essere secondato dalla fanteria, che tardi poscia arrivò. Che ne avvenne dunque? Restò quasi interamente disfatto da i Turchi quel corpo. Sopragiunta la fanteria per sostenere la ritirata di chi era restato in vita, si trovò anch' essa impegnata nel sanguinoso combattimento. Male passò anche per questi; ed ostinatosi il Maresciallo nella speranza di rompere i nemici, allorchè giunse il Neuberg colle sue milizie, continuò la battaglia fino alla notte, che pose fine al macello. Quanta gente perdessero i Turchi, non si potè sapere: fu creduto che molta. Ma seppesi bene, che l'Armata Cesarea vi ricevette una terribil percossa, perdè il campo della battaglia, e restò sì estenuata e confusa, che nel dì seguente si ritirò di là dal Danubio, lasciando Belgrado esposto all' assedio, a cui tosto si accinsero i Turchi. Voce comune fu, che almeno sei mila fossero i Tedeschi uccisi, e forse altrettanti i feriti. Che maggiore nondimeno fosse la perdita, si potè arguire da quanto poscia avvenne. Vedesi allora, che differenza fra un saggio ed accorto Generale, ed un altro di tempra diversa, che non sa temporeggiare occorrendo, nè conosce qual sia il tempo, e quale il sito per assalire i nemici. Il *Principe Eugenio*, benchè posto fra Belgrado, Città allora de' Turchi, e fra la poderosa oste d'essi Musulmani, quando conobbe il tempo, riportò un'insigne vittoria. Il Wallis, tuttochè avesse alle spalle Belgrado, ubbidiente a lui, e potesse fermarsi nelle Linee d'esso Principe Eugenio, e schivare il pericoloso cimento: pure senza essere forzato, volò a cercare la rovina non men dell' esercito Cesareo, che della propria riputazione; e si sa, che in vedere sì gran flagello, esclamò: *Non ci farà una palla anche per me?* Che in questa battaglia stesse a' fianchi del Gran Visire l' infame Conte di Bonneval, fu comunemente creduto; e a lui attribuito l'uso delle Baionette nella fanteria Turchesca, e alle sue lezioni l'avere con tant'ordine e bravura combattuto que' Barbari.

PURE quì non finì la catena delle disavventure. Strinsero tosto i Turchi la Città di Belgrado, e cominciarono col cannone e colle bombe a tempestarla. O sia, che il *Marchese di Villanuova* Ambasciatore del Re di Francia, spedito da Costantinopoli al Gran Visire col giornaliere assegno di cento cinquanta piastre fattogli dal Gran Signore, movesse tosto parola di Pace, o che in altra maniera procedesse l'affare: fuor di dubbio

bio

bio è, ch'egli ne fu mediatore. Andò il Conte di Neuperg nel campo Turchesco a trattarne; non ebbe la libertà di uscir, quando volle; ma giacchè avea plenipotenza dal Wallis, strinse in pochi giorni la concordia, cedendo a gli Ottomani la Servia tutta con Belgrado, le cui fortificazioni si avessero a demolire; ed in oltre ad essi rilasciando Orsova, e la Valacchia Imperiale. Appresso si vide l'inaspettata scena, che senza aspettare risposta e ratificazione alcuna dalla Corte Cesarea, su ben tosto consegnata a gl'Infedeli una Porta di Belgrado. Persone trovatesi in quella brutta danza sostenevano, non essere rimasto sì sfasciato l'esercito Cesareo, che non avesse potuto impedire un sì gran precipizio di cose; e che quella Pace fu un imbroglio straordinario, di cui non s'intesero giammai i misterj, ma si provarono ben le triste conseguenze. A rendere maggiormente deplorabile la presente catastrofe di cose, si aggiugne, che il felice esercito dell' Imperadrice Russiana di circa ottanta mila persone, comandato dal Generale *Conte di Munich*, passato per Polonia, valicò il Niester; diede nel dì 28. d'Agosto una memorabil rotta a i Turchi e Tartari; s'impadronì della rinomata Fortezza di Coczim; entrò vittorioso nel dì 14. di Settembre in Jassi Capitale della Moldavia, di modo che sì quella Provincia, come la Valacchia, restavano sottratte al giogo de' Turchi. Un poco di tempo, che avesse aspettato il Wallis, si trovava astretto il Gran Visire ad accorrere contro i vincitori Russiani, ed unendosi allora l'armi Cesaree colle Russiane, poteano sperar maggiori progressi contro il comune Nemico. Cagion fu la Tregua stipolata fra Cesare e la Porta, che l'Ambasciator Franzese Marchese di Villanuova nel dì 18. di Settembre inducesse anche il Plenipotenziario della Russia alla Pace, con restare Asof smantellato affatto, e restituito tutto l'occupato a i Turchi in Europa. Portato che fu a Vienna l'avviso di sì gran nembo di sciagure, non si può dire, quanto se ne affliggesse l'Augusto *Carlo VI.* sì per la scemata riputazion delle sue armi, come per la perdita di sì importante Piazza, e per la maniera di questo avvenimento. Diede anche nelle smanie tutto il Popolo di Vienna contra del Wallis, e del Neuperg, talmente che la vita loro non sarebbe stata in salvo, se fossero capitati allora colà. Proruppero eziandio in voci ingiuriose contro il *Marchese di Villanuova* Ambasciatore di Francia, come di Ministro

stro venduto alla Porta, quasichè egli in tale occasione avesse
affasfinati gli affari dell'Imperadore; per le quali dicerie si ri-
sentì non poco l'altro Ambasciator Franzese di Vienna. Delle
azioni ancora de i suddetti due Generali sì altamente rimase
disgustato l'Imperial Ministero, che spedì subito ordine in Ungheria pel loro arresto, e che fosse formato il processo de' lor
mancamenti. Anzi pubblicò essa Corte un Manifesto, dove espose tutte le disubbidienze e la mala condotta d'amendue, la
quale avea necessitato l'Augusto Monarca ad accettare una sì
vergognosa Tregua, giacchè la troppo affrettata consegna di
Belgrado troncava il passo ad ogni altra risoluzione. Non si
può già senza sdegno rammentar così dolorosa Tragedia; se
non che debito nostro è di chinare il capo davanti a gli occulti giudizj di Dio.

PICCIOLO Stato in Italia è San Marino, situato dieci miglia
lungi da Rimini fra gli Stati della Chiesa e della Toscana.
Consiste esso in un Borgo con forte Rocca, situato sopra la
sommità d'un monte, con cinque o sei Castella o Comunità
da esso dipendenti; ma ornato d'una invidiabil prerogativa,
perchè quel Popolo indipendente da ogni Principe, si governa
a Republica sotto la protezione del Romano Pontefice, il quale nondimeno vi conserva qualche diritto di Sovranità. Diede
nell'Anno presente quella Republica un buon pascolo a i Novellisti per una impensata mutazione ivi succeduta. Era tuttavia Legato di Ravenna il *Cardinale Giulio Alberoni*. Rappresentò egli a Roma, trovarsi malcontenti que' Popoli della propria Libertà, perchè il governo era caduto in Oligarchia,
cioè che venivano essi tiranneggiati da alcuni pochi prepotenti, e però sospirar essi di suggettarsi al soave e ben regolato
governo della Chiesa Romana, ed averne molti di loro fatte
replicate istanze al medesimo Cardinale. Le saggie risposte
della sacra Corte furono, che esso Porporato, sussistendo l'op-
pressione e il desiderio suddetto de'Sanmarinesi, si portasse a'
confini del loro paese, e quivi aspettasse coloro, che volontariamente venissero ad implorar la sua Protezione; e qualora
la maggiore e più sana parte del Popolo di San Marino si trovasse volonterosa di passare sotto l'immediato dominio della
Santa Sede, ne stendesse un Atto autentico, e andasse a prendere il possesso, con facoltà di regolar ivi il Governo, e di
confermar tutti i lor privilegj a quella gente. Bastò questo al
Car.

Cardinale, perchè senza tante cerimonie, e senza fermarsi alle formalità de i confini, si portasse improvvisamente a San Marino, dove chiamò ancora ducento soldati Riminesi, e tutta la Sbirraglia della Romagna, e si fece dare il possesso della Rocca, che si trovò sprovveduta di tutto. Poscia nel dì 25. di Ottobre ad una Messa solenne chiamò i pubblici Rappresentanti del Borgo, o sia della Città, e dell'altre Comunità a prestare 'il Giuramento di fedeltà alla Santa Sede. I più giurarono, ma molti ancora pubblicamente ricusarono di farlo, ed altri se n'erano fuggiti, per non acconsentire a questo sacrifizio. Ciò non ostante, prese il Cardinale giuridicamente il possesso, vi pose un Governatore, e diede buone regole pel governo in avvenire. Ma poco stettero a giugnere al Santo Padre i richiami e le querele de i Sanmarinesi, con rappresentare alla Santità sua essere proceduta quella dedizione, non dalla libera. elezione del Popolo, ma parte dalle lusinghe, e parte dalle minaccie, in una parola dalla prepotenza e violenza del Cardinale, che gli avea sorpresi con genti armate, ed avea fatto carcerar varie persone, e saccheggiar quattro o cinque case de i renitenti alla dedizione, con pretendere ancora nata la persecuzione del Legato da alcune sue private passioni, ed impegni.

Nell' animo giusto del Pontefice, e de i più saggi ed accreditati Cardinali, fece grande impressione questo ricorso e doglianza; e tanto più perchè il Legato Alberoni non aveva eseguiti gli ordini a lui prescritti nelle Lettere del *Cardinal Firrao* Segretario di Stato, nè si conformavano colla verità molte delle cose da lui rappresentate al Papa, come con sua Lettera esso Segretario di Stato significò al medesimo Alberoni nel dì 14. di Novembre. Perciò il Santo Padre alieno da ogni prepotenza, e da ogni anche menoma ombra d'usurpazione, non approvò l'operato finquì. Tuttavia perchè non pochi de'Sanmarinesi veramente di cuore bramavano di sottoporsi alla santa Sede, deputò Commissario Apostolico Monsignor *Enrico Enriquez*, Governatore di Macerata, personaggio cospicuo pel sapere, per la prudenza, e per la sua nota integrità, [che oggidì Nunzio Pontifizio alla Real Corte di Spagna, va accrescendo il capitale del suo merito] con ordine di portaisi a San Marino, di prendere i voti liberi di quella gente, e di annullar gli Atti precedenti, qualora si trovassero contrarj alla ret-

ta

ta intenzione della Santità sua , e di prescrivere poscia per
bene d'esso Popolo un saggio regolamento, a fine di esentarlo
spezialmente dalla soperchieria di chi in ogni Governo, senza
essere Principe, tende a dar legge a tutti gli altri . Intanto i
Sanmarinesi, da che fu partito di là il *Cardinale Alberoni*, pubblicarono un Manifesto, dove si vide esposto, come ingiusto e
violento tutto il procedere di questo Porporato, la cui penna
non istette in ozio , e proccurò di ribattere le ragioni e i lamenti di quel Popolo . Grande strepito faceano parimente in
questi tempi per l'Italia , anzi per l'Universo , le mirabili
azioni dello *Scach Nadir* , o sia di *Tamas Kulichan* Sofì della
Persia, che non contento di avere ricuperata la Provincia di
Candahar , e prese l'altre di Cabul e Lahor , portò l'armi
vittoriose fino al cuore del vastissimo Imperio del Gran Mogol,
o sia dell'Indostan, con dare una terribile sconfitta a gl'In-
diani nel dì 22. di Febbraio , con occupare la stessa Capitale
Delhi, ed impadronirsi, oltre ad altre ricchezze, del famoso
gioiellato Trono di quel Monarca, cioè di un Principe avvi-
lito qual Sardanapalo nella voragine de' piaceri . Ma se è vero, che sulla buona fede portatosi a lui lo stesso Mogol, fosse
ritenuto prigione, e che esso Kulichan facesse in Delhi un macello di ducento mila persone, questo rinomato Eroe, questo
nuovo Tamerlano, denigrò di troppo con tal tradimento e con
tanta crudeltà la propria gloria .

Anno di CRISTO 1740. Indizione III.
 Di BENEDETTO XIV. Papa I.
 Di CARLO VI. Imperadore 29.

ESERCITÒ in quest'Anno la Morte la sua potenza sopra
 alcune delle più riguardevoli Principesche teste della Cristianità . Il primo a farne la pruova fu il sommo Pontefice
Clemente XII. già pervenuto all'età di anni ottantotto . Pel
peso di tanti anni s'era da molto tempo infievolita la sua sanità, gli occhi più non gli servivano, e costretto a vivere per
lo più in letto , quivi impiegava il residuo delle forze della
mente e del suo buon volere nella continuazion del Governo ,
aiutato in ciò dal *Cardinale Corsini* suo Nipote , e dal gottoso
Cardinale Firrao Segretario di Stato . Ebbe egli il tempo di
ricevere le informazioni spedite da *Monsignor Enriquez* Com-
missa-

AEra Volg. miſſario Apoſtolico intorno a gli affari di San Marino; dalle
Ann. 1740. quali riſultava, che avendo eſſo Prelato eſplorata la libera intenzione del Conſiglio di quella Città e del Clero e de' Capi
delle Communità, la maggior parte s'era trovata coſtante nel
deſiderio dell'antica ſua Libertà. Il perchè egli ſecondo la facoltà a lui data, avea rimeſſo que' Popoli in poſſeſſo di tutti
i lor Privilegj, caſſando gli Atti del *Cardinale Alberoni*. Coro-
nò il buon Pontefice il fine del ſuo governo, col confermare
quella determinazione, ricevuta in appreſſo con gran plauſo
dentro e fuori d'Italia da ognuno; ma non già da eſſo Cardinale Alberoni, il quale formò toſto, ma pubblicò poi dopo
qualche anno, un Manifeſto in difeſa propria, di cui ſommamente ſi dolſe la Corte di Roma, per aver egli intaccato il
Miniſtero, e meſſe in luce ſenza licenza le Lettere a lui ſcritte dal Segretario di Stato. Ora il decrepito Pontefice nel dì
ſeſto di Febbraio paſſò a miglior vita, dopo aver governata la
Chieſa di Dio nove Anni e mezzo con lode di molta prudenza, zelo e giuſtizia, glorioſo per avere ornata Roma di magnifici edifizj, eretto uno Spedale per li Fanciulli eſpoſti, fabbricato l'inſigne Palazzo della Conſulta, arricchito il Campidoglio d'una impareggiabile copia di rare Statue, e d'altre Antichità, e la Biblioteca Vaticana di prezioſi Manuſcritti Orientali, portati in Italia da *Monſignor Aſſemani* primo Cuſtode
della medeſima, e per aver proccurato a Ravenna, e ad Ancona molti comodi ed ornamenti. Non ſi ſa, che la già ricchiſ-
ſima Caſa ſua profittaſſe con arti improprie, nè con eſorbitan-
za della di lui fortuna, avendo il Pontefice anche in ciò fatto comparire la moderazione ſua, e ſchivato ogni ecceſſo del
Nepotiſmo.

Nel dì 18. di Febbraio ſi chiuſero nel Conclave i ſacri
Elettori, e cominciarono i lor maneggi colle conſuete diſcre-
panze delle Fazioni. Abbondavano certamente in quella inſigne adunanza perſonaggi digniſſimi del Triregno; pure con
iſtupore d'ognuno non ſi venne per meſi e meſi ad accordo alcuno, talmente che durò la lor prigionia per ſei Meſi continui:
dilazione, di cui da gran tempo non s'era veduta la ſimile.
Sa Iddio, quando vuole, ſconcertar le miſure e gl'imbrogli de
gli uomini, e chiaramente in queſta congiuntura li ſconcertò,
perchè alzò al Pontificato, chi n'era ſommamente meritevole,
ma non era ſtato propoſto in addietro, nè punto aſpirava a sì

gran

gran Dignità. Andavano a vele gonfie la Fazione Corfina e i
Cardinali Franzefi e Spagnuoli in favore del *Cardinale Pompeo*
Aldrovandi Bolognefe , perfona , che in acutezza e prontezza
di mente, e nella fcienza de gli arcani della Politica avea niuno, o pochi pari. Tuttavia al *Cardinale Annibale Albani* Camerlengo , Capo della Fazione de gli Zelanti , parve , che a
quefto degno fuggetto mancaffe alcuna delle doti , che fi efigono in chi ha da effere infieme Principe grande , e quel, che
più importa, ottimo Pontefice. Però feppe egli così ben intral-
ciar le cofe, che non fi giunfe mai a i voti fufficienti per l'elezione dell' Aldrovandi, il quale da che vide preclufa a sè fteffo la ftrada per falire più alto , generofamente fi adoperò perchè l'elezione cadeffe in uno de gli altri due ben degni Porporati della Patria fua, cioè ne' Cardinali *Vincenzo Lodovico Gotti* , e *Profpero Lambertini* . Improvvifamente adunque , come
eccitati dalla voce di Dio, nel dì 16. d'Agofto inclinarono gli
animi concordi del facro Collegio nella perfona d'effo Cardinale
Lambertini, che era ben lontano da i defiderj di quefto pefo ed
onore , e nel dì fuffeguente ne fecero la folenne elezione , poi
canonizzata dal plaufo univerfale di chiunque conofceva il fingolar merito perfonale di lui.

PRESE egli il nome di *Benedetto XIV.* per venerazione al
fanto Pontefice, da cui era ftato decorato della facra Porpora .
Era egli nato in Bologna di Cafa antichiffima e Senatoria nel
dì 31. di Marzo del 1675. e però giunto all' età di feffanta-
cinque anni. Dopo aver fatti i principali fuoi ftudj in Roma,
ed efercitate con gran lode varie Cariche nella Prelatura , fu
nel 1728. dichiarato Cardinale da Papa *Benedetto XIII.* pofcia
promoffo al Vefcovato d'Ancona, e finalmente creato Arcivefcovo di Bologna . Dovendo il Romano Pontefice effere Maeftro nella Chiefa di Dio, non fi potea fcegliere a sì alto Miniftero perfona più propria di lui per la fua gran perizia de' Canoni, e dell' Erudizione Ecclefiaftica, di cui già avea dato illuftri pruove con quattro Tomi *de Servorum Dei Beatificatione,*
e *de Sanctorum Canonizatione* , e colle *Iftruzioni* fue Paftorali
intorno alle Fefte della Chiefa, e al Sacrifizio della Meffa , e
con un' altra utiliffima *Raccolta di Decifioni ed Editti* , fpettanti alla Difciplina Ecclefiaftica, da' quali fi raccoglie, quanto ampia fia la fua Letteratura, e ardente il fuo Zelo, talmente che da più e più Secoli non era ftata provveduta la Chiefa

Era Volg.
Ann. 1740. di Dio di un Pontefice sì dotto e pratico del Paſtorale Governo. A queſti pregi ſi aggiugneva quello de' ſuoi coſtumi, fin
dalla ſua prima età incorrotti, la delicatezza della coſcienza,
ed una coſtante profeſſione e pratica della vera Pietà. Miravaſi
anche in lui una rara vivacità di ſpirito; e quantunque egli
foſſe impaſtato di un nitro, che facilmente prendeva fuoco,
pure queſto fuoco non durava che momenti, perchè toſto
ſmorzato dalla ſua imperante Virtù. Ora il novello Pontefice
nella ſera dello ſteſſo dì 16. d'Agoſto pubblicamente paſsò alla viſita della Baſilica Vaticana, per quivi venerare il ſantiſſi-
mo Sacramento, e fare orazione alla ſacra tomba de i Principi de gli Apoſtoli. Fu quivi, che l'immenſo Popolo, accor-
ſo a vedere il ſoſpirato Paſtore, atteſtò con vive acclamazioni il ſuo giubilo. Seguì poi nel dì 25. d'eſſo Meſe la funzion
ſolenne della ſua Coronazione; dopo di che ſi applicò egli vi-
goroſamente al Governo, avendo ſcelto per Segretario di Stato il Cardinale Valenti Gonzaga, Prodatario il Cardinale Aldrovandi, Prefetto dell'Indice il Cardinale Querini Veſcovo
di Breſcia, Segretario de' Memoriali Monſignor Giuſeppe Li-
vizzani, e confermato Segretario de i Brevi il Cardinale Paſſionei.

MANCO' eziandio di vita nel dì 31. di Maggio Federigo Guglielmo Re di Pruſſia, a cui ſuccedette il Primogenito, cioè
Federigo III. Principe di ſpiriti ſommamente guerrieri, del che
poco ſtaremo a vedere gli effetti. Similmente terminò i ſuoi
giorni nella notte del dì 28. di Ottobre Anna Ivvanovva Imperadrice della Gran Ruſſia, glorioſa per le ſue impreſe contra de' Tartari e de' Turchi, dichiarando ſuo Succeſſore il fanciullo Principe Giovanni, nato dalla Principeſſa Anna ſua Nipote, e dal Principe Antonio Ulrico di Brunsvich e Luneburg-
go. Ma fra le morti, che ſommamente intereſſarono l'Italia,
anzi l'Europa tutta, quella fu dell'Imperadore Carlo VI. Era
egli pervenuto all'età di cinquantacinque anni e pochi giorni, età florida, accompagnata da una competente ſanità. Deſiderava ognuno e ſperava, che Dio lungamente laſciaſſe in
vita queſt'ottimo Auguſto, perchè mancante in lui la diſcendenza maſchile della glorioſiſſima Caſa d'Auſtria, che per più
di quattro Secoli con tanta lode avea governato l'Imperio
Romano, ben ſi prevedeva, che la non mai quieta nè ſazia
Ambizione de' Potentati avrebbe aperta la porta a un ſemi-
nario

nario di liti e di guai. Prognosticavasi ancora, che poco sarebbe rispettata la Prammatica Sanzione, da lui saggiamente stabilita, e creduta antidoto valevole a risparmiare i temuti mali. Ma altrimenti dispose la divina Provvidenza, i cui occulti giudizj tanto più son da adorare, quanto meno ne intendiamo le cifre. Sorpreso questo Monarca nel dì quindici di Ottobre da dolori nelle viscere, da gagliardo vomito, e da febbre, andò in pochi dì peggiorando, e però dopo aver data con tenerezza alle Figlie Arciduchesse la paterna benedizione, e presi con somma divozione i Sacramenti della Chiesa, coraggiosamente incontrò la separazione dalla vita presente, accaduta nella notte precedente al dì 20. del Mese suddetto. Era desiderabile, che un' egual costanza d'animo per altro conto si fosse trovata in questo insigne Augusto; giacchè non si dee tacere quello, che il Padre Agostino da Lugano Cappuccino, rinomato fra i sacri Oratori, ed ora Vescovo di Como, confessò nella funebre Orazione del Monarca medesimo. Cioè, che portatosi *Monsignor Paolucci* Nunzio Apostolico, oggidì Cardinale, a complimentare la Maestà sua Cesarea nel dì lui giorno Natalizio, e ad augurarie lunga serie d'anni, il buon Imperadore gli rispose, quello essere l'ultimo della sua vita. Interrogato del perchè, replicò di non poter sopravivere alla gran perdita fatta di Belgrado, antemurale della Cristianità. Passò dunque ad un miglior paese *Carlo VI.* Imperador de' Romani, a tessere il cui grandioso elogio non ebbero, nè han bisogno alcuno le penne di chieder aiuto dall'adulazione: tanta era la sua Pietà, capitale ereditario dell'Augusta sua Casa; tanta la Saviezza, per cui non trascorse mai in quelle debolezze, alle quali è sottoposto chi più siede in alto; tanta la Clemenza e Bontà dell'Animo suo, che solamente si rallegrava in far grazie, in beneficar le persone degne, e in sovvenire a i poveri, e solamente ripugnanza provava a i gastighi. Non m'inoltrerò io maggiormente nelle sue vere lodi, e chiuderò in una parola il suo ritratto, con dire, ch'egli fu un esemplare de' Principi savj e buoni; e se cosa alcuna in lui non si approvò, fu qualche eccesso della stessa sua Bontà, costume quasi trasfuso in lui per eredità da' suoi benignissimi Antenati.

Lascio' egli Erede universale di tutti i suoi Regni e Stati l'Arciduchessa *Maria Teresa* Primogenita sua, Moglie di *Francesco Stefano* Duca di Lorena, e Gran Duca di Toscana: Prin-

Carlo VI.

cipes-

cipeſſa , che ſiccome per la beltà potea competere colle più belle del ſuo ſeſſo , coſì per l'elevatezza della mente , per la ſaviezza de'ſuoi configli, ed anche per forza generoſa di petto , gareggiava co i primi dell'altro ſeſſo . Toſto fu ella riconoſciuta da i ſudditi per Regina d' Ungheria e Boemia , ed Erede di tutti gli Stati e dominj dell'inclita Caſa d' Auſtria . Diede ella principio in grazioſe maniere al ſuo governo col rimettere in libertà i Generali Seckendorf, Wallis, e Neuperg, e coll'iſminuire d' alquanti aggravj i ſuoi Popoli. Dichiarò ancora Correggente dell'Auſtriaca Monarchia il Gran Duca ſuo Conſorte, colle quali azioni, e con altre tutte lodevoli, confermò ne'Sudditi ſuoi la ſperanza di provare come rinato nella Figlia l'impareggiabil Auguſto *Carlo VI.* Ma che ? poco durò queſto bel ſereno. Nel dì tre di Novembre fu pubblicato in Monaco da *Carlo Alberto Elettore di Baviera* una Proteſta preſervatrice delle ſue ragioni ſopra gli Stati della Caſa d'Auſtria ; nè egli volle riconoſcere per Regina ed Erede di eſſi Stati la Gran Ducheſſa ſuddetta. Si fondavano le pretenſioni d'eſſo Elettore ſopra il Teſtamento di *Ferdinando I.* Imperadore, in cui ſecondo la Copia eſiſtente in Monaco ſi leggeva, che la Primogenita dello ſteſſo Auguſto ſuccederebbe ne i due Regni d' Ungheria e Boemia , *caſo che non vi foſſero Eredi Maſchi de i tre Fratelli* della medeſima . Da eſſa Primogenita; cioè da *Anna d'Auſtria* diſcendeva l'Elettore ſteſſo . Perchè egli ſempre ricusò di approvare la Prammatica Sanzione , ſi ſtudiò l'Imperador Carlo VI. vivente per mezzo della Corte di Francia, di calmare ſì fatta pretenſione , con far conoſcere difettoſa quella Copia di Teſtamento, tuttochè autenticata da un recente Notaio, perchè nell'Originale d'eſſo Teſtamento non ſi leggeva quella parola *Maſchi*, ma ſolamente *in caſo che più non vi foſſero Legitimi Eredi de i tre ſuoi Fratelli*, o ſimili parole Tedeſche , le quali atterravano tutto l'edifizio formato dalla Corte di Baviera. Eſſendo poi paſſato all'altra vita eſſo Auguſto, la Regina , a fin di chiarire l'Elettore e il Pubblico tutto di queſta verità, pregò i Miniſtri di tutti i Sovrani, che ſi trovavano in Vienna, e maſſimamente quel di Baviera, di raunarſi un dì in caſa del Vicecancelliere Conte di Sintzendorf, per eſaminare il Protocollo ed Originale del ſopra enunziato Teſtamento. Tutti l'ebbero ſotto gli occhi, ed attentamente oſſervandolo, trovarono tale eſſere l'eſpreſſione del

Teſta-

Teſtatòre Ferdinando Auguſto, quale ſi ſoſteneva in Vienna. E perciocchè il Miniſtro Bavareſe non contento d'aver come gli altri ben conſiderata la verità di quelle parole, portò anch' eſſo Protocollo ad una fineſtra, per oſſervar meglio contro la luce, ſe alcuna raſchiatura o frode aveſſe alterato il primario carattere, nè vi trovò alterazione alcuna: non potè ritenerſi il Vice-Cancelliere dalla collera, e dal prorompere contra di lui in riſentimenti per tanta diffidenza. Ma che queſto ripiego nulla ſerviſſe a diſtorre l'Elettore dal propoſito ſuo, non andrà molto, che ce ne accorgeremo, giacchè fondava egli la pretenſion ſua anche ſopra il contratto di Matrimonio della ſuddetta *Anna d'Auſtria* col Duca Alberto di Baviera, e ſopra altre parole del Teſtamento ſteſſo di Ferdinando I. Auguſto. Un'altra pretenſione parimente moveva la Corte di Baviera, e queſta aſſai fondata e plauſibile: cioè un credito di alcuni milioni a lei dovuti, fin quando l'armi Bavareſi concorſero a liberar la Boemia dall'uſurpatore Palatino del Reno; per li quali era ſtata promeſſa un'adeguata ricompenſa. Reſtava tuttavia atteſa queſta partita, nè gli Auſtriaci erano mai giunti a darne la piena ſoddisfazione.

VIDESI intanto la Francia, ſiccome garante della Prammatica Sanzione, abbondare delle più dolci eſpreſſioni d'amicizia verſo la nuova Regina di Ungheria, benchè ſtentaſſe molto a riconoſcerla per tale. Ma nello ſteſſo tempo facea preparamento di milizie e d'armi, ed altrettanto facevano dal canto loro gli Spagnuoli, e il Re delle due Sicilie. Ciò, che poi ſorpreſe ognuno, fu il vedere *Federigo III.* Re novello di Pruſſia, nel ~Federigo~ mentre che profeſſava un gagliardo attaccamento a gl'intereſſi della Regina *Maria Tereſa*, entrare improvviſamente, prima che terminaſſe l'Anno, colle ſue armi nella Sleſia, cominciando egli primo il ballo, e dando principio a quelle rivoluzioni, che già ſi conoſcevano inevitabili, perchè deſiderava e ſperava più d'uno di profittare del deliquio patito dall'Auguſta Caſa d'Auſtria. Di queſto mi riſerbo io di parlare all'Anno ſeguente. Gli affari della Corſica in queſt'Anno ſomminiſtrarono motivi di molte ſpeculazioni a i curioſi. All'udire i Franzeſi, tutta l'Iſola era già ſottomeſſa a gli ordini loro; ma non appariva pure un barlume, che ne foſſe rilaſciato il poſſeſſo e dominio intero alla Repubblica di Genova, nè che i Franzeſi penſaſſero a ritirarſene; anzi aſpettavano eſſi un rinforzo

forzo di nuove truppe, perchè le malattie aveano di troppo
estenuate le lor forze. All'incontro si trovavano dei corpi di
malcontenti, tuttavia sollevati; e chiaramente si scorgeva;
che la sola forza riteneva gli altri sottomessi in dovere, prevedendosi, che dalla parteza de'Franzesi altro non si poteva
aspettare, che il risorgimento de'segreti mali umori in quella
Nazion feroce. Fra i Ministri dell'Imperadore e del Re Cristianissimo in Parigi tenute furono varie conferenze, per rimettere la tranquillità nella Corsica, ma non se ne videro mai
gli effetti. Intanto da quell'Isola prese commiato il Barone
di Prolt, Nipote del fu Re Teodoro, che sinquì s'era con
gran pericolo di cadere in man de'Franzesi trattenuto fra i
sollevati nelle montagne. La sua partenza rinvigorì non poco
le speranze de'Genovesi.

Dopo essersi per più Mesi fermato in Venezia il Real Principe di Polonia *Federigo*, e dopo aver goduto de gl'insigni divertimenti a lui dati da quella magnifica Repubblica in più
funzioni: finalmente nel fine di Maggio prese la via della
Germania per ritornarsene in Sassonia, con lasciare anche a
quella Dominante gloriose memorie della sua gentilezza e munificenza. Fu in questi tempi, che la Real Corte di Napoli,
tutta intesa a rimettere e far fiorire il Commerzio in quel Regno, si avvisò di permettere a gli Ebrei, già cacciati a'tempi
di Carlo V. Augusto, il ritorno colà, e di poter fissar ivi l'abitazione. A questo fine furono loro conceduti ampiissimi Privilegj ed esenzioni, tali nondimeno, che cagionarono stupore, anzi ribrezzo ne'Cristiani, perchè fu loro accordato di
non portar segno alcuno, di abitar dovunque volessero, di usar
bastone e spada, e di poter acquistar Stabili, e infino Feudi,
con gravissime pene a chi li molestasse. Però da varie parti
dell'Europa cominciarono a comparir colà uomini di essa Nazione, vantandosi di volere e poter essi supplire ciò, che i Napoletani potrebbono fare, ma pare che non sappiano fare da
sè stessi. Se quella Corte vide ed accettò volentieri questi bal-
danzosi forestieri, d'altro umore fu bene il Popolo, e massimamente gli Ecclesiastici di quella sì popolata Città, che non
si poteano astenere dal declamare contro d'essi anche pubblicamente. Il Padre Pepe Gesuita, uomo di molta santità, e in
gran concetto presso la Corte stessa, non rifinò mai di detesta-
re dal pulpito l'introduzione di questa gente. Giunse anche
un

un Cappuccino a tanta arditezza di dire al Re, che la Maestà sua non avrebbe mai successione maschile, finchè non licenziasse gl'introdotti Ebrei. Ma col tempo si vide cessare, e per altro mezzo questo ondeggiamento. Cioè tali segreti insulti andò facendo quello scapestrato Popolo all'odiata Nazione Giudaica, che niun di costoro osava di aprir pubbliche botteghe. Giunse la plebe fino a minacciar loro un totale esterminio, se per avventura non succedeva la consueta liquefazione del Sangue di San Gennaro, perchè questo creduto gran male si sarebbe attribuito al demerito di Ospiti tali, segreti odiatori del Cristianesimo. In somma tanto crebbe col tempo il timore ne' medesimi Giudei, che a poco a poco andarono sfumando da Napoli; e se alcuno ve ne resta, è perchè poco ha da perdere, e sa sottrarsi alla conoscenza del Popolo. Riuscì per lo contrario di molta soddisfazione a' Regnicoli un Trattato di Pace, e Navigazione, stabilito in Costantinopoli dal *Re Don Carlo* colla Porta Ottomana nel dì sette d'Aprile per mezzo del Cavalier Finocchietti suo Plenipotenziario, per cui si aprì la libertà del Commerzio fra i Turchi e i Regni di Napoli e Sicilia, e cessò ogni ostilità fra essi, con isperanza ancora, che il Gran Signore impegnerebbe in un Trattato simile le Reggenze di Algieri, Tunisi, e Tripoli. Di sè, e non del Sovrano, attento al bene de' suoi Popoli, s'ebbe a dolere chi non profittò di così bella apertura a i guadagni. Fu poi dichiarato Ambasciatore il Principe di Francavilla, per passare alla Porta, con superbi regali da presentarsi al Gran Signore.

Anno di CRISTO 1741. Indizione IV.
   Di BENEDETTO XIV. Papa 2.
   Vacante l'Imperio.

ALLE speranze concepute dalla Corte e dal Popolo Romano intorno al novello Pontefice *Benedetto XIV.* si videro ben presto corrispondere i fatti. Trovossi, che seco su quell'augusto Trono era passata la consueta sua giovialità, affabilità e cortesia, e il costante abborrimento alla sostenutezza e al fasto. Molto più si scoprì, aver egli accettata quella pubblica Dignità, non gia per vantaggio proprio, o della sua nobil Casa, ma unicamente per proccurare il ben della Chie-
                                                                                    sa,

Era Volg.
Ann. 1741. fa, per giovare alla Camera Apoftolica, e per quanto foffe
possibile al Pubblico tutto. Pochi poterono uguagliarfi a quefto buon Pontefice nel Difintereffe, e nella Liberalità. Ciò,
che a lui perveniva o di rendite proprie, o di regali, gli ufciva tofto dalle mani. I Poveri fpezialmente participavano di
quefte rugiade, e faccheggiavano il fuo privato erario. Un
folo Nipote ex fratre aveva egli, cioè *Don Egano Lambertini*
Senator Bolognefe. Gli ordinò di non venire a Roma, fe non
quando l'aveffe chiamato; e poi fempre fi dimenticò di chiamarlo. Anzi all'offervare la tanta fua munificenza verfo de gli
altri, folamente riftretta verfo d'effo fuo Nipote, parve a non
pochi, che l'animo fuo per troppo abborrire gli eccelli de gli
antichi Nepotifmi, cadeffe poi nel contrario eccello, o fia difetto. Per varj bifogni o inconvenienti de' tempi paffati trovò
egli la Camera Apoftolica aggravata da una gran foma di milioni di fcudi, e de' frutti corrifpondenti, e di molte fpefe fu-
perflue. Impoffibile conobbe la cura di sì gran male : pure fi
applicò per quanto potè a procacciarne il follievo, cominciando da sè fteffo col riformare la propria tavola, e il proprio
veftire e trattamento, e non ammettendo fe non il pura-
mente neceffario. Giacchè era mancato di vita, durante il
Conclave, il *Cardinale Ottoboni*, conferì effo Pontefice la carica di Vicecancelliere al *Cardinal Rufo*, che generofamente
rilafciò in benefizio della Camera la maggior parte del foldo
anneffo alla medefima. Sì pingue era in addietro la paga delle milizie Pontifizie, che ogni femplice foldato potea dirfi pagato da Ufiziale, e così a proporzion gli Ufiziali fteffi. Dal
Santo Padre fu riformato il falario non men de gli uni che de
gli altri ; e de' foldati ne rifparmiò cinquecento, non già caf-
fandoli fenza mifericordia, ma ordinando, che mancando effi
di vita non fi reclutaffero. Trovò anche maniera di liberar la
Camera Apoftolica da varie penfioni addoffate alla medefima
da i Pontefici, troppo liberali della roba altrui. In una parola, tanto fi adoperò, ch'effa Camera ripigliò gran vigore,
e dove in addietro sbilanciava nelle fpefe, cominciò a fperar
de gli avanzi.

MAGGIOR premura ancora ebbe il vigilantiffimo Pontefice
per la Riforma della Prelatura e del Clero, facendo fapere ad
ognuno, che non promoverebbe a gli Ufizj ed impieghi, fe
non chi fel meritaffe coll'atteftato della vita ben coftumata e

con-

conveniente a persone Ecclesiastiche, e coll'applicazione a gli studj. A questo fine furono poscia dalla Santità sua istituite quattro diverse Accademie, nelle quali spezialmente si eserci-tassero i Prelati esistenti in Roma in compagnia de' più cospi-cui Letterati di quella gran Metropoli, dovendovisi trattare de' Canoni e Concilj, della Storia Ecclesiastica, della Storia ed Erudizione Romana, e. de i Riti sacri della Chiesa. Propose in oltre il Santo Padre di riformare il Lusso massimamente della Nobiltà Romana, sì per esentare le illustri Case da dis-pendj, talvolta superiori alle rendite loro, con far debiti, al pagamento de' quali si trovava poi o molta difficultà, o pure impotenza; come ancora per ritener nello Stato il tanto da-naro, che n'esce, per soddisfar le pazze voglie della Moda. Si tennero su questo varie Conferenze, e si videro saggi pro-getti proposti da i Conservatori della Città. Ma chi lo cre-derebbe? tanti ostacoli, tante riflessioni in contrario scappa-rono fuori, sopra tutto per opera di chi profitta della balor-daggine de gl'Italiani, che sì bel disegno rimase arenato. Isti-tuì ancora una Congregazione di cinque Porporati, per esa-minar la vita e i costumi de i destinati alla Dignità Episcopa-le. Di questo passo procedeva lo zelantissimo Pontefice *Bene-detto XIV.* con acorescere il suo merito presso Dio e presso gli Uomini. Inviò egli intanto col carattere di Nunzio stra-ordinario alla Dieta dell'elezione del nuovo Imperadore *Mon-signor Doria*, Figlio del Principe Doria, dichiarato Arcivesco-vo di Calcedonia, che con suntuoso equipaggio s'incamminò alla volta della Germania.

Siccome pur troppo aveano preveduto i saggi, comincia-rono a provarsi le perniciose conseguenze della morte del buon Imperador *Carlo VI.* Sul fine dell'Anno precedente il giovi-ne *Federigo III.* Re di Prussia, senza far precedere dimanda o sfida alcuna, con venticinque mila soldati e buon treno di artiglieria era corso ad impadronirsi di alcuni Luoghi della Slesia Austriaca, non già, diceva egli, per alcuna mala inten-zione sua contro la Corte di Vienna, nè per inquietare l'Im-perio, ma solamente per sostenere i suoi diritti sopra alcuni Ducati e Territorj di quella Provincia, la più ricca e fruttuo-sa, che si avesse in Germania l'Augusta Casa d'Austria. Sus-seguentemente dipoi pubblicò un Manifesto, in cui dedusse i fondamenti di quelle sue pretensioni, dichiarando nullo un Trattato di concordia, conchiuso nel 1686. fra la Corte di Vienna e quella di Brandeburgo. Intanto perchè non si aspettava nella Slesia una sì fatta tempesta, nè vi si trovava preparamento alcuno per resistere, nel dì tre di Gennaio dell'Anno presente, non fu difficile al Prussiano d'entrare in Breslavia, Capitale di quella Provincia, e di occupare altri Luoghi, nè pur pretesi nel suo Manifesto; dopo di che ridusse le sue milizie al riposo. Ancorchè per questo inaspettato colpo si trovasse più d'un poco confusa la Corte di Vienna, pure adunato che ebbe un corpo di circa venti mila veterani soldati, lo spinse in Islesia sotto il comando del Maresciallo *Conte di Neuperg*, con ordine di tentare una battaglia. S'inoltrò questo Generale fino a Millovitz in poca distanza da Brieg, ed ivi incontratosi col grosso dell'Armata Prussiana, nel dì dieci d'Aprile dell'Anno presente venne con essa alle mani. Sei ore continue durò l'atroce combattimento, in cui riuscì alla Cavalleria Austriaca di rovesciar la Prussiana; e si vide anche più d'una volta piegar l'ala sinistra d'essi Prussiani; ma in fine trovandosi di lunga mano superiori le forze nemiche, e in maggior copia le loro artiglierie, che fecero di brutti squarci nelle schiere Austriache, fu obbligato il Neuperg a ritirarsi, e a lasciare il campo di battaglia a i Prussiani, che riportarono bensì vittoria, ma a costo di moltissimo loro sangue. V'era in persona lo stesso Re di Prussia, che diede gran segni d'intrepidezza, e di bel regolamento ne' movimenti delle sue armi. Dopo di che nel dì quattro di Maggio egli s'impadronì di Brieg, una delle più belle Città della Slesia. Succederono poscia varj negoziati per l'amichevole via di qualche aggiustamento, e se fossero stati ben accolti per tempo i consigli dell'Inghilterra ed Ollanda, avrebbe probabilmente la Regina, col sacrifizio di una parte della Slesia, potuto conservar l'altra, ed acquetar le pretensioni del Re Prussiano. Ma siccome Principessa di gran coraggio, e troppo renitente ad acconsentire, che restasse vulnerata la Prammatica Sanzione, più tosto volle esporsi a perdere tutta quella bella Provincia, che spontaneamente cederne una porzione. Inesplicabil allegrezza intanto avea provato la Corte di Vienna per un Arciduchino, partorito dalla suddetta Regina nel dì 13. di Mar-

zo,

Era Volg.
Ann. 1741.

zo, cui furono pofti i nomi di *Giufeppe Benedetto*. Per quefto
dono del Cielo folenni fefte furono fatte.

Intanto ecco alzarfi dalla parte di Ponente un più nero
e minacciofo temporale. Già *Carlo Alberto* Elettor di Baviera
aveva in pronto un efercito di circa trenta mila combattenti,
e ful fine di Agofto improvvifamente andò ad impoffeffarfi dell'
importante Città di Paffavia, con promettere di non intorbidar quivi il dominio civile del *Cardinale di Lamberg* Vefcovo
efemplariffimo, e Principe benigniffimo di quella Città. Ma
un nulla fu quefto. Finquì non oftante il grande apparato di
guerra, che fi faceva in Francia, non altro s'udiva, che intenzioni di quella Corte di foftenere la Prammatica Sanzione,
di cui effa non dimenticava d'effere Garante. Ma verfo la metà d'Agofto ecco con tre Corpi, o per dir meglio con tre eferciti i Franzefi valicato il Reno entrar nelle Terre dell'Imperio, con far correre voce per mezzo de'fuoi Miniftri nelle Corti, che quefto sì gagliardo movimento d'armi non era per
diftorfi da gl'impegni della Garantia fuddetta, ma bensì a folo oggetto di afficurar la quiete della Germania, e la libera
elezione d'un Imperadore. Quefte ed altre fimili protefte del
Gabinetto di Francia, non fi fapeano digerire da gl'intendenti
in Germania, i quali gridavano effere vergognofa cofa lo fpac-
cio di effe, quando chiaramente ognuno fcorgea, che le Armate Franzefi unicamente tendevano a dar la legge al Corpo
Germanico, e a forzare chiunque s'opponeffe alla promozione dell'Elettor di Baviera alla Corona Imperiale, e ad unirfi
con effo Principe contro la Regina d'Ungheria. Imperciochè,
diceano effi: non è più un miftero il dirfi nella Corte di Francia, effere venuto il tempo di abbaffare una volta la Cafa di
Auftria, quella Cafa, che finquì avea fatto il poffibil argine
al maggiore accrefcimento della non mai fazia Potenza Franzefe. E però doverfi trafportare lo Scettro Cefareo in altro Principe, che per la debolezza delle fue forze non ofaffe nè poteffe
contraftare a i voleri della Francia; e che per ifnervare l'Auftriaca Regina, d'uopo era fpogliarla del Regno della Boemia,
dappoichè il Re di Pruffia avea fatto lo fteffo della Slefia. A
quefto fine fi vide non folamente pofto in dubbio, ma anche
negato alla Regina il Voto della Boemia nell'elezione del futuro Imperadore, fenza che valeffero le ragioni e protefte della medefima. Favorevoli ancora a i difegni della Francia fi tro-

varo-

fondamenti di quelle fue pretenfioni, dichiarando nullo un Trattato di concordia, conchiufo nel 1686. fra la Corte di Vienna e quella di Brandeburgo. Intanto perchè non fi afpettava nella Slefia una sì fatta tempefta, nè vi fi trovava preparamento alcuno per refiftere, nel dì tre di Gennaio dell'Anno prefente, non fu difficile al Pruffiano d'entrare in Breslavia, Capitale di quella Provincia, e di occupare altri Luoghi, nè pur pretefi nel fuo Manifefto; dopo di che riduffe le fue milizie al ripofo. Ancorchè per quefto inafpettato colpo fi trovaffe più d'un poco confufa la Corte di Vienna, pure adunato che ebbe un corpo di circa venti mila veterani foldati, lo fpinfe in Islefia fotto il comando del Marefciallo *Conte di Neuperg*, con ordine di tentare una battaglia. S'inoltrò quefto Generale fino a Millovitz in poca diftanza da Brieg, ed ivi incontratofi col groffo dell'Armata Pruffiana, nel dì dieci d'Aprile dell'Anno prefente venne con effa alle mani. Sei ore continue durò l'atroce combattimento, in cui riufcì alla Cavalleria Auftriaca di rovefciar la Pruffiana; e fi vide anche più d'una volta piegar l'ala finiftra d'effi Pruffiani; ma in fine trovandofi di lunga mano fuperiori le forze nemiche, e in maggior copia le loro artiglierie, che fecero di brutti fquarci nelle fchiere Auftriache, fu obbligato il Neuperg a ritirarfi, e a lafciare il campo di battaglia a i Pruffiani, che riportarono bensì vittoria, ma a cofto di moltiffimo loro fangue. V'era in perfona lo fteffo Re di Pruffia, che diede gran fegni d'intrepidezza, e di bel regolamento ne'movimenti delle fue armi. Dopo di che nel dì quattro di Maggio egli s'impadronì di Brieg, una delle più belle Città della Slefia. Succederono pofcia varj negoziati per l'amichevole via di qualche aggiuftamento, e fe foffero ftati ben accolti per tempo i configli dell'Inghilterra ed Ollanda, avrebbe probabilmente la Regina, col facrifizio di una parte della Slefia, potuto confervar l'altra, ed acquetar le pretenfioni del Re Pruffiano. Ma ficcome Principeffa di gran coraggio, e troppo renitente ad acconfentire, che reftaffe vulnerata la Prammatica Sanzione, più tofto volle efporfi a perdere tutta quella bella Provincia, che fpontaneamente cederne una porzione. Inefplicabil allegrezza intanto avea provato la Corte di Vienna per un Arciduchino, partorito dalla fuddetta Regina nel dì 13. di Mar-

zo,

Era Volg.
Ann. 1741.

zo', cui furono poſti i nomi di *Giuſeppe Benedetto* . Per queſto
dono del Cielo ſolenni feſte furono fatte .

INTANTO ecco alzarſi dalla parte di Ponente un più nero.
e minaccioſo temporale . Già *Carlo Alberto* Elettor di Baviera
aveva in pronto un eſercito di circa trenta mila combattenti,
e ſul fine di Agoſto improvviſamente andò ad impoſſeſſarſi dell'
importante Città di Paſſavia , con promettere di non intorbidar quivi il dominio civile del *Cardinale di Lamberg* Veſcovo
eſemplariſſimo , e Principe benigniſſimo di quella Città . Ma
un nulla fu queſto . Finquì non oſtante il grande apparato di
guerra , che ſi faceva in Francia , non altro s'udiva , che intenzioni di quella Corte di ſoſtenere la Prammatica Sanzione ,
di cui eſſa non dimenticava d'eſſere Garante . Ma verſo la metà d'Agoſto ecco con tre Corpi, o per dir meglio con tre eſerciti i Franzeſi valicato il Reno entrar nelle Terre dell'Imperio, con far correre voce per mezzo de' ſuoi Miniſtri nelle Corti, che queſto sì gagliardo movimento d'armi non era per
diſtorſi da gl'impegni della Garantia ſuddetta , ma bensì a ſolo oggetto di aſſicurar la quiete della Germania , e la libera
elezione d'un Imperadore . Queſte ed altre ſimili proteſte del
Gabinetto di Francia, non ſi ſapeano digerire da gl'intendenti
in Germania , i quali gridavano eſſere vergognoſa coſa lo ſpac-
cio di eſſe , quando chiaramente ognuno ſcorgea , che le Armate Franzeſi unicamente tendevano a dar la legge al Corpo
Germanico , e a forzare chiunque s'opponeſſe alla promozione dell'Elettor di Baviera alla Corona Imperiale , e ad unirſi
con eſſo Principe contro la Regina d'Ungheria . Imperciochè,
diceano eſſi : non è più un miſtero il dirſi nella Corte di Francia , eſſere venuto il tempo di abbaſſare una volta la Caſa di
Auſtria, quella Caſa , che finquì avea fatto il poſſibil argine
al maggiore accreſcimento della non mai ſazia Potenza Franzeſe . E però doverſi traſportare lo Scettro Ceſareo in altro Principe, che per la debolezza delle ſue forze non oſaſſe nè poteſſe
contraſtare a i voleri della Francia; e che per iſnervare l'Auſtriaca Regina, d'uopo era ſpogliarla del Regno della Boemia,
dappoichè il Re di Pruſſia avea fatto lo ſteſſo della Sleſia . A
queſto fine ſi vide non ſolamente poſto in dubbio, ma anche
negato alla Regina il Voto della Boemia nell' elezione del futuro Imperadore, ſenza che valeſſero le ragioni e proteſte della medeſima. Favorevoli ancora a i diſegni della Francia ſi tro-

varono gli Elettori Palatino e di Colonia; nè molto stette lo stesso *Federigo Augusto* Re di Polonia, ed Elettor di Sassonia, a prendere l'armi, e ad unirsi co'Bavaresi e Franzesi contro la Regina. Dal Re Cristianissimo fu dichiarato General Comandante delle sue milizie l'Elettor di Baviera, con protestare, che queste non altro erano, che ausiliarie di esso Elettore, per sostenere i legittimi diritti della di lui Casa, giacchè non negava la Corte di Francia d'aver ben accettata e garantita la Prammatica Sanzione Austriaca, ma aggiugneva, che questo s'avea da intendere senza pregiudizio delle ragioni altrui. Dicevano alcuni, non saper, nè pur la gente dozzinale, capire queste raffinate precisioni del Gabinetto Franzese; perchè le parea, che l'aver giurato di mantener l'unione de gli Stati della Casa d'Austria, lo stesso fosse, che promettere di non impegnar l'armi per discioglierla; nè passar differenza fra chi s'obbliga di non uccidere uno, e poi presta il pugnale, o porge in altra maniera aiuto ad un altro per levargli la vita. Gridavano perciò, bandita la buona fede da quel Gabinetto, e a nulla più servire le pubbliche Paci, quando con tanta facilità si faceano nascere apparenti ragioni e scuse di romperle. Per quello ch'io ho inteso da buona parte, ripugnò forte il Cardinale di Fleury primo Ministro all'imbarco della Francia in questa guerra, perchè assai conosceva le Leggi dell'onore e del Giusto; ma da un tale Fanaticismo fu preso allora tutto il Consiglio del Re Cristianissimo, che gridando ognuno all'armi per così favorevol occasione di deprimere l'emula Casa d'Austria, e insieme il Romano Imperio, forzato fu esso Cardinale di cedere alla piena, e di cominciar questa nuova Tragedia.

ORA da che si trovò l'Elettor di Baviera rinforzato da venti, altri dissero trenta mila Franzesi, più non indugiò ad entrare sul fine di Settembre nell'Austria con impadronirsi di Lintz, Eens, Steir, ed altri Luoghi, dove si fece prestare omaggio da que' Popoli. Avea proposto il Duca di Bellisle nel Consiglio di Versaglies, che si mandasse in Baviera una potente Armata, con cui s'andasse a dirittura a Vienna; ma il Cardinale di Fleury non l'intese così, e mandò poco. Tale nondimeno per questo fu la costernazione nella Città di Vienna, che ognuno a momenti s'aspettava d'essere ivi stretto da un assedio, e ne uscì gran copia di benestanti col meglio

de'

de' loro effetti. Da molto tempo si tratteneva la Regina col Gran Duca Conforte in Presburgo, dove avea ricevuta la Corona del Regno di Ungheria. Cagion fu il movimento de i Gallo-Bavari, ch' essa immantenente facesse portar colà da Vienna il tenero Arciduchino, co' più preziosi mobili della Corte, Archivi, e Biblioteca Imperiale. Con un sì patetico discorso rappresentò poscia a i Magnati Ungheri il bisogno de' loro soccorsi, e la fidanza sua nel loro appoggio e fedeltà, che trasse le lagrime da gli occhi d'ognuno, e tutti giurarono la di lei difesa; e detto fatto, raunarono un esercito di trenta-mila armati, con promessa di più rilevanti aiuti. Costò nondimeno ben caro ad essa Regnante l'acquisto della Corona Ungarica, e dell'affetto di que' Popoli, perchè le convenne comperarlo coll'accordar loro varj privilegi, e la libertà di cofcienza, non senza grave discapito della Religione Cattolica in quelle parti. Mirabili fortificazioni intanto si fecero in Vienna; copiose provvisioni e munizioni vi s'introdussero; ed oltre ad un forte presidio di truppe regolate, prese l'armi tutta quella Cittadinanza, risoluta di spendere le vite in difesa della Patria, e dell'amatissima loro Regnante. Ma o sia, che l'Elettor Bavaro riflettesse alle troppe difficultà di superare una sì forte e ben guernita Città, al che gran tempo e fatica si esigerebbe; o più tosto ch'egli pensasse non all'Austria, ma al Regno della Boemia, dove spezialmente terminavano i desiderj e le speranze sue: certo è, ch'egli dopo la metà d'Ottobre s'inviò a quella volta colla maggior parte delle sue truppe e delle Franzesi, che andavano sempre più crescendo. Trovavasi allora la Boemia sprovveduta affatto di forze per resistere a questo torrente. Contuttociò non mancò il Principe di Lobkowitz di raccogliere quelle poche truppe che potè, ed avendole unite con un distaccamento inviatogli dal Conte di Neuperg, si appigliò alla difesa della sola Città di Praga, dove formò de i magazzini superiori anche al bisogno suo.

Di cento e due altre Città [che così quivi si chiamano anche i Borghi e le Terre grosse di quel Regno] poche altre v'erano capaci di far buona resistenza. Verso la metà di Novembre comparve la possente Armata Gallo-Bavara sotto Praga, e fatta inutilmente la chiamata al Comandanta Marescialo di campo Oglivi, si dispose alle ostilità. Non mancavano ragioni e pretensioni al Re di Polonia ed Elettor di Saffonia

Fe-

Era Volg.
Ann. 1741.
Federigo Augusto III. nell' Eredità della Casa d'Austria; e giacchè vide Prussiani e Bavaresi tutti rivolti a prenderne chi una parte, e chi un' altra, non volle più stare a segno, ed accordatosi coll' Elettor di Baviera, entrò anch' egli nella danza, e spedì molti Reggimenti suoi, e un grosso treno di artiglieria all' assedio di Praga. Di vastissimo giro, come ognun sa, è quella Città, perchè composta di tre Città. A ben difenderla si richiedeva un' Armata intera; e questa mancava; perchè era ben giunto il Gran Duca *Francesco* col Principe *Carlo di Lorena* suo Fratello a Tabor, menando seco un buon esercito, ma non tale da potersi cimentare col troppo superiore de' nemici. Servì più tosto l' avvicinamento d' essi Austriaci, per affrettar le operazioni de gli Alleati. In fatti nella notte del dì 25. venendo il dì 26. di Novembre, ordinò l' Elettor Bavaro un assalto generale a Praga; i Sassoni spezialmente si segnalarono in quella sanguinosa azione. Presa fu la Città, ma così buon ordine avea dato l' Elettore, ch' essa restò esente dal sacco. Ben tre mila furono i prigionieri. Dopo l' acquisto della Capitale si fece l' Elettor Bavaro proclamare Re di Boemia nel dì nove di Dicembre, e citò gli Stati di quel Regno a prestargli l' omaggio. Convien confessarlo: tra perchè non pochi erano quivi mal soddisfatti del passato governo, e secondo la vana speranza de' Popoli, si lusingavano molti altri di mutare in meglio il loro stato col cangiamento del Principe, e tanto più perchè non dimenticò l' Elettore di spendere largamente le carezze e le speranze a quella gente: apertamente, ma i più in lor cuore accettarono con gioia questo novello Sovrano. Per la caduta di Praga si ritirò ben in fretta il Gran Duca coll' esercito Cesareo alla volta della Moravia; ma anche colà passarono i Prussiani, e riuscì loro d' impadronirsi d' Olmutz, Capitale d' essa Provincia.

MENTRE era la Regina d' Ungheria attorniata e lacerata da tanti nemici in Germania, un altro minaccioso nembo si preparava contra di lei in Italia. Avea bensì il Cattolico Re *Filippo V.* accettata la Prammatica Sanzione Austriaca; pure appena tolto su di vita l' Imperador *Carlo VI.* che si diede fuoco nella Corte di Spagna a forti pretensioni non sopra qualche parte della Monarchia Austriaca, ma sopra di tutta. Era, come ognun sa, l' Augusto *Carlo V.* padrone anche di tutti gli Stati Austriaci della Germania, e de' Paesi bassi. Ne fece egli

egli una ceffione a *Ferdinando I.* fuo Fratello, ma fi pretendeva, che mancando la difcendenza mafchile d'effo Ferdinando, tutti gli Stati doveffero tornare alla Linea Auftriaca di
Spagna. Su quefti fondamenti, che a me non tocca di efami-
nare, il Re Cattolico, ficcome difcendente per via di femmi-
ne dal fuddetto *Carlo V.* afpirava al dominio dello Stato di
Milano, e di Parma e Piacenza, giacchè non era da penfare
a gli Stati della Germania, troppo lontani e in parte afferrati
da altri Pretenfori. Vero è, che parve avere quel Monarca
pofta in obblio la folenne Rinunzia da lui fatta nel Trattato
di Londra dell' Anno 1718. a tutti gli Stati d'Italia e Fiandra poffeduti dall' Imperadore; ma per mala forte, torto o ragione che s'abbiano i Principi, ordinariamente le loro liti non
ammettono o non truovano alcun Tribunale, che le decida,
fuorchè quello dell'armi. Diedefi dunque la Spagna a formare un poffente armamento, e ordinò all'Infante *Don Carlo* Re
delle due Sicilie di fare altrettanto. Ecco pertanto cominciar
a giugnere verfo la metà di Novembre ad Orbitello, e a gli
altri Porti di Tofcana, fpettanti ad effo Re Don Carlo, varj
imbarchi di truppe, munizioni, ed artiglierie provenienti da
Barcellona e da Napoli. Parimente ad effo Orbitello arrivò
nel dì nove di Decembre il *Duca di Montemar*, deftinato Generale dell'armi di Spagna in Italia; e da che nel Regno di
Napoli fu fatta una maffa di circa dodici mila foldati, fu chiefto alla Corte di Roma il paffaggio per gli Stati della Chiefa.
Gran gelofia ed apprenfione diedero alla Tofcana sì fatti movimenti; e come fe fi afpettaffe a momenti un'invafione da
quella parte, fi prefero le poffibili precauzioni per la difefa di
Livorno, e d'altri Luoghi. Ma perciocchè premeva alla Francia, che non foffe inquietata la Tofcana, ficcome paefe per-
mutato nella Lorena, e garantito dal Re Criftianianiffimo, ben
prevedendo effa, che l'acquifto d'effa Lorena rimarrebbe efpofto a pretenfioni, qualora foffe occupato da altri il Ducato
della Tofcana: perciò fu fotto mano fatto intendere al Gran
Duca, Duca di Lorena, che non temeffe fconcerti a quegli
Stati; e quefta promeffa fi vide religiofamente mantenuta dipoi dalla Corte di Francia. Per confeguente le fperanze de' Napolifpani fi rivolfero tutte a gli Stati della Lombardia.

Non iftava intanto in ozio la Corte di Vienna, cercando
chi la falvaffe dal naufragio di sì gran tempefta. Fu fpedito

in

Federigo Augusto III. nell' Eredità della Casa d'Austria; e giacchè vide Prussiani e Bavaresi tutti rivolti a prenderne chi una
parte, e chi un'altra, non volle più stare a segno, ed accordatosi coll' Elettor di Baviera, entrò anch' egli nella danza,
e spedì molti Reggimenti suoi, e un grosso treno di artiglieria
all' assedio di Praga. Di vastissimo giro, come ognun sa, è
quella Città, perchè composta di tre Città. A ben difenderla
si richiedeva un' Armata intera; e questa mancava; perchè era
ben giunto il Gran Duca *Francesco* col Principe *Carlo di Lorena* suo Fratello a Tabor, menando seco un buon esercito, ma
non tale da poterli cimentare col troppo superiore de'nemici.
Servì più tosto l'avvicinamento d'essi Austriaci, per affrettar
le operazioni de gli Alleati. In fatti nella notte del dì 25. venendo il dì 26. di Novembre, ordinò l'Elettor Bavaro un assalto generale a Praga; i Sassoni spezialmente si segnalarono
in quella sanguinosa azione. Presa fu la Città, ma così buon
ordine avea dato l'Elettore, ch' essa restò esente dal sacco.
Ben tre mila furono i prigionieri. Dopo l'acquisto della Capitale si fece l'Elettor Bavaro proclamare Re di Boemia nel
dì nove di Dicembre, e citò gli Stati di quel Regno a prestargli l'omaggio. Convien confessarlo: tra perchè non pochi erano quivi mal soddisfatti del passato governo, e secondo la vana speranza de'Popoli, si lusingavano molti altri di mutare in
meglio il loro stato col cangiamento del Principe, e tanto più
perchè non dimenticò l'Elettore di spendere largamente le
carezze e le speranze a quella gente: apertamente, ma i più
in lor cuore accettarono con gioia questo novello Sovrano. Per
la caduta di Praga si ritirò ben in fretta il Gran Duca coll'
esercito Cesareo alla volta della Moravia; ma anche colà passarono i Prussiani, e riuscì loro d'impadronirsi d'Olmutz, Capitale d'essa Provincia.

Mentre era la Regina d'Ungheria attorniata e lacerata
da tanti nemici in Germania, un altro minaccioso nembo si
preparava contra di lei in Italia. Avea bensì il Cattolico Re
Filippo V. accettata la Prammatica Sanzione Austriaca; pure
appena tolto fu di vita l'Imperador *Carlo VI.* che si diede
fuoco nella Corte di Spagna a forti pretensioni non sopra qualche parte della Monarchia Austriaca, ma sopra di tutta. Era,
come ognun sa, l'Augusto *Carlo V.* padrone anche di tutti
gli Stati Austriaci della Germania, e de'Paesi bassi. Ne fece
egli

egli una ceſſione a *Ferdinando I.* ſuo Fratello, ma ſi pretendeva, che mancando la diſcendenza maſchile d'eſſo Ferdinando, tutti gli Stati doveſſero tornare alla Linea Auſtriaca di
Spagna. Su queſti fondamenti, che a me non tocca di eſaminare, il Re Cattolico, ſiccome diſcendente per via di femmi-
ne dal ſuddetto *Carlo V.* aſpirava al dominio dello Stato di
Milano, e di Parma e Piacenza, giacchè non era da penſare
a gli Stati della Germania, troppo lontani e in parte afferrati
da altri Pretenſori. Vero è, che parve avere quel Monarca
poſta in obblio la ſolenne Rinunzia da lui fatta nel Trattato
di Londra dell'Anno 1718. a tutti gli Stati d'Italia e Fiandra poſſeduti dall'Imperadore; ma per mala ſorte, torto o ragione che s'abbiano i Principi, ordinariamente le loro liti non
ammettono o non truovano alcun Tribunale, che le decida,
fuorchè quello dell'armi. Diedeſi dunque la Spagna a formare un poſſente armamento, e ordinò all'Infante *Don Carlo* Re
delle due Sicilie di fare altrettanto. Ecco pertanto cominciar
a giugner verſo la metà di Novembre ad Orbitello, e a gli
altri Porti di Toſcana, ſpettanti ad eſſo Re Don Carlo, varj
imbarchi di truppe, munizioni, ed artiglierie provenienti da
Barcellona e da Napoli. Parimente ad eſſo Orbitello arrivò
nel dì nove di Dicembre il *Duca di Montemar*, deſtinato Generale dell'armi di Spagna in Italia; e da che nel Regno di
Napoli fu fatta una maſſa di circa dodici mila ſoldati, fu chieſto alla Corte di Roma il paſſaggio per gli Stati della Chieſa.
Gran geloſia ed apprenſione diedero alla Toſcana sì fatti movimenti; e come ſe ſi aſpettaſſe a momenti un'invaſione da
quella parte, ſi preſero le poſſibili precauzioni per la difeſa di
Livorno, e d'altri Luoghi. Ma perciocchè premeva alla Francia, che non foſſe inquietata la Toſcana, ſiccome paeſe per-
mutato nella Lorena, e garantito dal Re Criſtianianiſſimo, ben
prevedendo eſſa, che l'acquiſto d'eſſa Lorena rimarrebbe eſ-
poſto a pretenſioni, qualora foſſe occupato da altri il Ducato
della Toſcana: perciò fu ſotto mano fatto intendere al Gran
Duca, Duca di Lorena, che non temeſſe ſconcerti a quegli
Stati; e queſta promeſſa ſi vide religioſamente mantenuta dipoi dalla Corte di Francia. Per conſeguente le ſperanze de' Napoliſpani ſi rivolſero tutte a gli Stati della Lombardia.

Non iſtava intanto in ozio la Corte di Vienna, cercando
chi la ſalvaſſe dal naufragio di sì gran tempeſta. Fu ſpedito
in

in Ollanda , e a Londra il Principe Winceslao di Listenstein ; per muovere quelle Potenze in aiuto suo, con far valere i tanti motivi di non lasciar crescere di soverchio la già sì aumentata possanza della Real Casa di Borbone , e di non permettere l'abbassamento dell'Augusta Casa d'Austria , dalla cui conservazione e forza principalmente dipendeva la Libertà e salute della Germania, e delle stesse Potenze Maritime. Trovossi nel Re Giorgio II. e ne' Parlamenti d'Inghilterra tutta la più desiderabil disposizione di sostenere secondo gli obblighi precedenti la Prammatica Sanzione, e d'imprendere la guerra contra de'Franzesi, distruttori della medesima. Non furono così favorevoli le riposte de gli Ollandesi , perchè troppo rincresceva a quella Nazione di rinunziare a i rilevanti profitti del Commerzio, finora mantenuto con Franzesi e Spagnuoli . Fu anche creduto, che non mancassero in quelle Provincie de i Pensionarj della Francia ; ed altro perciò non si potè ottenere, se non che le Provincie unite puntualmente soddisfarebbono a gli obblighi e patti della loro Lega, col somministrare venti mila combattenti in soccorso della Regina , venendo il caso della guerra . Quanto all'Italia, cominciò per tempo la Corte di Vienna i suoi negoziati con Carlo Emmanuele Re di Sardegna, siccome Sovrano potente, e più de gli altri interessato ne' tentativi , che i Re di Spagna e delle due Sicilie meditavano di fare in essa Italia. Perciocchè per conto della Repubblica di Venezia ben presto si scoprì, che secondo le saggie sue Massime faceva ella bensì un considerabil aumento di truppe nelle sue Città di Terra ferma , ma coll'unico disegno di tenersi neutrale; giacchè forze non le mancavano per fare rispettare la sua indifferenza e neutralità . Avea sulle prime il Re di Sardegna fatto indagare i sentimenti della Corte di Madrid in riguardo alla persona e forze sue nella presente rottura . La ritrovò così persuasa della propria potenza , che non si credea nè bisognosa dell'aiuto altrui per conquistare lo Stato di Milano, nè assai apprensiva dell'opposizione, che potesse farle il Re Sardo, forse perchè s'immaginava col mezzo de gli amici Franzesi di ritenerlo dall'imprendere un contrario impegno. Solamente dunque gli esibì un tenue bricciolo dello Stato di Milano, con promessa di ricompensarlo a misura del suo soccorso, e della felicità de' meditati progressi. Questa ed altre ambigue risposte congiunte alla conoscenza del pericolo,

a cui

a cui refterebbe efpofta la Real Cafa di Savoia, quando cadeffe in mano de gli Spagnuoli lo Stato di Milano, cagion furono, ch'effo Re di Sardegna prendeffe altro cammino. Riflet-
teva egli, che il Re Cattolico, avea bensì nel Trattato del dì
13. d'Agofto del 1713. approvata la ceffione fatta dall'Imperadore al Duca *Vittorio Amedeo* fuo Padre del Monferrato,
Aleffandria, ed altre porzioni del Milanefe, ed in oltre ceduto
nelle forme più obbliganti il Regno di Sicilia al medefimo
Duca; e pure da lì a non molto tentò di fpogliarlo d'effo Regno; poterfi perciò temere un pari trattamento per gli Stati della Lombardia paffati in dominio della Cafa di Savoia.
Applicoffi dunque il Re *Carlo Emmanuele* a maneggiare gli
affari fuoi colla Regina d'Ungheria, e col Re Britannico, e
a fortificar le fue Piazze, e ad accrefcere le fue genti d'armi, per avere in pronto una poffente Armata al bifogno, bar-
cheggiando intanto, finchè veniffe il tempo di ftrignere qualche partito.

DURANTE l'Anno prefente il Pontefice *Benedetto XIV.* il
cui cuore non ad altro inclinava, che alla pace con tutti i
Potentati Cattolici, ficcome Padre amantiffimo d'ognuno, determinò di mettere fine alle differenze inforte fotto i fuoi Prè-
deceffori, e durate per lo fpazio di trent'anni fra la Santa Sede, e le Corone di Spagna, Portogallo, due Sicilie e Sardegna.
S'èrano già fmaltite fotto il precedente Pontefice molte delle
principali difficultà, nè altro mancava, che la conchiufion de
gli accordi. Al di lui buon volere e faviezza non fu difficile
il dar l'ultima mano a quefti Trattati sì nel prefente, che nel
fuffeguente Anno; così che tornò la buona armonia con tutti,
e le Nunziature fi riaprirono, e la Dateria riaffunfe le fue
fpedizioni. Intenta eziandio la Santità fua al follievo della
povera gente, nel Marzo di queft'Anno introduffe l'ufo della Carta bollata per li Contratti e Scritture, che fi aveffero
a produrre in giudizio, ficcome aggravio ridondante fopra i
foli Beneftanti, con ifgravare nel medefimo tempo il Popolo
da varj altri impofti fopra l'olio, fete crude, buoi, ed altri
animali. Ma perciocchè non mancarono perfone, le quali contro la retta intenzione di lui ampliando quefto aggravio della
Carta bollata, ne convertivano buona parte in lor prò con gravi lamenti del Pubblico: il Santo Padre, provveduto di buona

Tomo XII.   M m   men-

Era Volg. mente per non lasciarsi ingannare da' Ministri, coraggiosamen-
Ann. 1741. te da lì a due anni abolì esso aggravio, e ne riportò somma
lode da tutti. Nel dì 17. di Giugno dell' Anno presente diede
fine al suo vivere il Doge di Venezia *Luigi Pisani*, stimatissi-
mo per le sublimi e rare sue doti. Fu poi sustituito in essa Dignità nel dì 30. del suddetto Mese il Cavaliere e Proccuratore
Pietro Grimani, personaggio di gran saviezza, chiarissimo per
le sue cospicue Ambascerie, e veterano ne' maneggi e nelle Cariche di quella saggia Repubblica. Infierì parimente la Morte contro una giovane Principessa degna di lunghissima vita.
Questa fu *Elisabetta Teresa*, Sorella di *Francesco* Duca di Lorena, e Regnante Gran Duca di Toscana, e Moglie di *Carlo*
Emmanuele Re di Sardegna. Era essa giunta all' età di ventinove anni, mesi otto, e giorni diciotto. Avea nel dì 21. del
sopradetto Giugno dato alla luce un Principino, appellato poi
Duca di Chablais con somma consolazione di quella Corte.
Ma si convertirono fra poco le allegrezze in pianti, perchè
sorpresa essa Regina dalla febbre Migliarina, pericolosa per le
partorienti, nel dì tre di Luglio rendè l'anima al suo Crea-
tore. Non si può assai esprimere, quanta grazia avesse questa Principessa, per farsi amare non solo dal Real Consorte,
ma da tutti, nè quanta fosse la sua Pietà e Carità verso de'
Poveri. La maggior parte del suo appanaggio s'impiegava in
Limosine, e mancandole talvolta il danaro, ella impegnava
alcuna delle sue gioie: del che informato il Re, le riscoteva,
e graziosamente gliele facea riportare. In somma universale
fu il cordoglio per questa perdita, e dolce memoria restò di
tante sue Virtù; siccome ancora restarono due Principi e una
Principessa, frutti viventi del suo Matrimonio.

DA gran tempo era stabilito l'accasamento del Principe
Ereditario di Modena *Ercole Rinaldo d'Este*, Figlio del regnante Duca *Francesco III.* colla Principessa *Maria Teresa Ci-*
bò, che per la morte di *Don Alderano* Duca di Massa e di
Carrara suo Padre era divenuta Signora di quel Ducato. Per
la non ancor abile età del Principe s'era differita finquì l'esecuzione di questo Maritaggio; ma finalmente se gli diede compimento nel Settembre dell' Anno presente; sicchè sul fine di
esso Mese fu condotta essa Principessa con suntuoso accompagnamento da *Don Carlo Filiberto d'Este*, Marchese di San
Martino, e Principe del Sacro Romano Imperio, alla volta
di

di Saffuolo, dove fi trovava il Duca e la Ducheffa *Carlotta*
Aglae d'Orleans, i quali andarono ad incontrarla a Gorzano,
e folennizzarono dipoi con molte fefte la fua venuta. Stavano
intanto i curiofi afpettando di vedere dopo tante dicerie e lu-
narj, qual efito o deftino foffero per avere gli affari della Corfica, tuttavia fluttuante, e non mai pacificata. Perchè le truppe Franzefi aveano quivi prefo sì lungo ripofo, fognarono i
Novellifti, che la Repubblica di Genova foffe in trattato di
vendere quell'Ifola alla Francia, o di permutarla con qualche
altro Stato, o di darla all'Infante di Spagna *Don Filippo* Genero del Re Criftianiffimo. La vanità di sì fatte immaginazioni in fine fi fcoprì. Non terminò l'Anno prefente, che la
Corte di Francia, entrata in impegni di maggior confeguenza, richiamò il *Marchefe di Maillebois* colle fue truppe in
Provenza: laonde la Corfica, accorrendo ogni dì nuovi banditi, e fciolta dal rifpetto e timore de'Franzefi, tornò a poco a poco al folito giuoco della ribellione, con ifdegno e pentimento dei Genovefi, che tanto aveano fpefo in proccurar dei
Medici a quella cancrena. Con tali fucceffi arrivò il fine dell'
Anno prefente; Anno, che con tanti preparamenti di guerra
prometteva calamità di lunga mano maggiori al feguente; ed
Anno, in cui oltre alle rivoluzioni dell'Auftria, Boemia, e Slefia, altre fe ne videro nella Gran Ruffia, alla quale ancora
fu dichiarata la guerra da gli Svezzefi collegati colla Porta
Ottomana; ma con tornare effa guerra folamente in ifvan-
taggio della Svezia medefima, non affiftita poi da i Turchi,
nè capace di far fronte alle fuperiori forze della Ruffia.

Era Volg.
Ann. 1742.

Anno di CRISTO 1742. Indizione V.
Di BENEDETTO XIV. Papa 3.
Di CARLO VII. Imperadore 1.

PIu' d'un Anno correva, che restava vacante il seggio
Imperiale, non tanto per li diversi interessi ed inclina-
zioni de gli Elettori, quanto per la disputa insorta intorno al
Voto della Boemia, il quale veniva contrastato o negato da
chi o per amore o per forza seguitava le istruzioni della Francia, per essere caduto quel Regno in Donna, cioè nella Regina d'Ungheria *Maria Teresa d'Austria*. Ma da che *Carlo
Alberto* Duca ed Elettor di Baviera si fu impadronito di Praga Capitale d'essa Boemia, e nel dì 19. del precedente Dicembre si fece prestare omaggio da i Deputati Ecclesiastici e Secolari delle Città Boeme, forzate finquì alla sua ubbidienza:
si procedè finalmente nella Città di Francoforte all'elezione
di un nuovo Imperadore nel dì 24. di Gennaio dell'Anno presente. Concorsero i voti de gli Elettori nella persona del suddetto Elettore di Baviera, che da lì innanzi fu intitolato *Carlo VII. Augusto*. Contro di tale elezione la Regina d'Ungheria
non lasciò di far le occorrenti Proteste. Comparve poscia in
quella Città il novello Imperadore nel dì 31. del Mese suddetto, accolto con incredibil magnificenza, e nel dì 12. di Febbraio seguì la suntuosa funzione dell'incoronamento suo. Suf-
seguentemente nel dì otto di Marzo con gran solennità fu coronata Imperadrice de'Romani l'Augusta *Maria Amalia* d'Austria Consorte del nuovo Imperadore. Non si potea vedere
in più bell'auge l'Elettoral Casa di Baviera, giunta dopo più
Secoli a riavere il Diadema Imperiale, divenuta padrona del
Regno di Boemia, e di parte dell'Austria, ed assistita dalla
potentissima Corte di Francia. O prima d'ora, o in queste
circostanze, si trovò in tal costernazione la Corte Austriaca
per sentirsi sola e abbandonata in questa gran tempesta, e
dopo aver perduto tanto, in pericolo ancora di perdere molto più, se non anche tutto: che nel suo Consiglio persona vi
fu, che stimò bene di persuader la Pace anche col sacrifizio
della Boemia. Fu questa una stoccata al cuore della Regina.
Altro Consigliere poi si fabbricò un buon luogo nella grazia
della

della Maeftà fua per l'avvenire coll'animare il di lei coraggio,
e conchiudere, che s'avea a fare ogni poffibil refiftenza, con-
fidando nella protezione di Dio per la buona caufa, e col
moftrare, a quali vicende fia fottopofta la fortuna anche de'
più potenti. In fatti fi alleftì un buon armamento, fi ufcì
in campagna, e molto non tardò a venir calando cotanta felicità del Bavaro Augufto. Imperocchè avendo la Regina ammanite molte forze, co'vecchi fuoi Reggimenti, e colla giunta di gran gente accorfa dall'Ungheria : ful principio del prefente Anno il Gran Duca *Francefco* fuo Conforte col General
Comandante Conte di *Kevenuller*, Governatore di Vienna,
dopo avere ricuperato le Città di Stair, ed Eens, andò a mettere l'affedio alla Città di Lintz. Nello fteffo tempo s'impadronirono gli Auftriaci di Scarding, e nel dì 16. o pure 17. di
Gennaio diedero una rotta ad un groffo corpo di Bavarefi condotto fotto quella Piazza dal Marefciallo Bavarefe *Conte Ter-
ringh*. La Città di Lintz, benchè fornita d'un prefidio confiftente in più di fette mila Gallo-Bavari, pure nel dì 23. dello
fteffo Mefe fi arrendè con patti onorevoli, effendo reftata libera la guernigione, ma con patto di non prendere per un Anno
l'armi contro la Regina d'Ungheria : patto, che fu poi per
alcune ragioni mal offervato. Ciò fatto, furiofamente entrarono gli Auftriaci nella Baviera. Braunau, e Paffavia furono co-
ftrette ad arrenderfi : il terrore fi ftefe fino a Monaco Capitale d'effa Baviera, la quale mancando di fortificazioni e di gente, che la poteffe foftenere, nel dì 13. di Febbraio con condizioni molto onefte venne in potere degli Auftriaci. Ed ecco quafi, a riferva d'Ingolftad, e di Straubinga, la Baviera
fottomeffa alla Regina d'Ungheria, ed efpofta alla defolazione portata dall'armi vincitrici, cioè i poveri Popoli condan-
nati a far penitenza de gli alti difegni del loro Sovrano. Mancò intanto di vita in Vienna l'Augufta Imperadrice *Amalia
Guglielmina* di Brunfvich, Vedova dell'Imperador Giufeppe.
Il giorno 10. d'Aprile fu quello, che la conduffe a godere in
Cielo il premio dell'infigne fua Saviezza e Pietà, di cui anche
refta in effa Città un perenne monumento nel religiofiffimo
Moniftero delle Salefiane da effa fondato e dotato, e la di lei
Vita data alla luce per decoro della Cattolica Religione.
COMINCIARONO in quefti tempi ad udirfi in armi Ungheri,
Panduri, Tolpafci, Anacchi, Ulani, Valacchi, Licani, Croa-
ti,

ti, Varasdini, ed altri nomi strani, genti di terribil aspetto, con abiti barbarici, ed armi diverse, parte di loro mal disciplinata, atte nondimeno tutte a menar le mani, e spezialmente professanti una gran divozione al bottino. Parve in tal occasione, che ne' passati tempi non avesse conosciuto l'Augusta Casa d'Austria di posseder tante miniere d'armati, essendosi ella per lo più servita delle sole valorose milizie Tedesche, e di qualche Reggimento d'Usseri e Croati. Seppe ben la saggia Regina d'Ungheria prevalersi di tutte le forze de' suoi vasti Stati, e con che vantaggio lo vedremo andando innanzi. Continuò dipoi la guerra non meno in Boemia, che in Baviera fra i Gallo-Bavari e gli Austriaci, nel qual tempo ancora proseguirono le ostilità fra questi ultimi e il Re di Prussia nella Slesia. Da che l'esercito della Regina d'Ungheria si trovò sommamente ingrossato sotto il comando del Principe *Carlo di Lorena*, assistito dal Maresciallo *Conte di Koningsegg*, e dal *Principe di Lichtenstein*, i Prussiani giudicarono meglio di ritirarsi da Olmutz con tal fretta, che lasciarono indietro gran quantità di viveri e molti cannoni: con che ritornò tutta la Moravia all'ubbidienza della legittima sua Sovrana. Trovaronsi poi a fronte nel dì 17. di Maggio le due nemiche Armate, Austriaca e Prussiana; e il Principe di Lorena, che ardeva di voglia di azzardare una battaglia, soddisfece al suo appetito nel Luogo di Czaglau. Alla Cavalleria Austriaca riuscì di far piegare la Prussiana; ma perchè si perdè a saccheggiare un Villaggio, rimasta la fanteria sprovveduta di chi la sostenesse contro le forze maggiori Prussiane, bisognò battere la ritirata, e lasciare il campo in potere de' nemici. Secondo il solito, tanto l'una che l'altra parte cantò maggiori i vantaggi. A udire gli Austriaci, vennero quattordici stendardi, due bandiere, e mille prigionieri in loro mani, e la Cavalleria nemica restò disfatta. Gli altri all'incontro vantarono presi quattordici Cannoni con alcuni Stendardi, e fecero ascendere la mortalità, prigionia, e diserzion de gli Austriaci a molte migliaia. Da lì innanzi si cominciò ad osservare una inazione fra quelle due Armate, finchè si venne a scoprire il mistero; e fu perchè nel dì undici di Giugno riuscì al *Lord Indfort* Ministro del Britannico Re *Giorgio II.* di stabilir la Pace fra la Regina d'Ungheria e il Re di Prussia, a cui restò ceduta la maggior parte della grande e ricca Provincia della Slesia; es-

fendofi·ridotta a quefto facrifizio la Regina per li configli della Corte d'Inghilterra, e per la brama di sbrigarfi da sì potente nemico. Quefto accordo conchiufo in Breslavia, ficcome fconcertò non poco la Corte di Francia, e del Bavaro Imperadore *Carlo VII.* così fervì ad effa Regina per riforgere ad
accudir con più vigore alla refiftenza contro gli altri fuoi poderofi avverfarj. Per quefta privata Pace, che riufcì cotanto
fruttuofa a *Federigo* Re di Pruffia, anche *Federigo Augufto* Re
di Polonia ed Elettor di Saffonia faviamente prefe la rifoluzione di pacificarfi colla fteffa Regina : al che non trovò difficultà veruna.

SBRIGATE in quefta maniera da quel duro impegno l'armi
Auftriache, fi rivolfero alla Boemia, e andarono in cerca de'
Franzefi. Trovavanfi in quelle parti con grandi forze i *Marefcialli di Bellisle*, e di *Broglio*. Effendo nondimeno fuperiori quelle della Regina, furono aftretti a cedere varj Luoghi,
e finalmente fi ridufffero alla difefa della vafta Città di Praga.
Colà in fatti comparve il Principe *Carlo di Lorena* ful principio di Luglio col Marefciallo *Conte di Koningfegg*, e con un'
Armata di più di feffanta mila combattenti. Circa venti mila
erano i Franzefi, parte poftati nella Città, e parte di fuori
fotto il Cannone della Piazza; ma apparenza di foccorfo non
v'era, nè fi fidavano que' Generali della copiofa Cittadinanza,
in cui cuore era già riforto l'affetto verfo la Cafa d'Auftria,
maffimamente dopo aver provato que' nuovi ofpiti fecondo il
folito troppo pefanti. Defiderò il Bellisle d'abboccarfi o col
Principe di Lorena, o col Koningfegg, e fu compiaciuto da
queft' ultimo. Si fciolfe la lor conferenza in fumo, perchè
avrebbono i Franzefi lafciata Praga, purchè fe ne poteffero
andar tutti liberi co i loro bagagli, laddove pretefe il Marefciallo Auftriaco di volerli prigionieri di guerra. Se tanta durezza foffe poi lodata, nol so dire. Certo è, che i Franzefi
ftimolati dal punto d'onore, fi foftennero per più mefi, ed
avvennero accidenti, per li quali fu convertito l'affedio in
blocco. Ne ufcì co i Figli il Marefciallo di Broglio, e felicemente fi falvò. Tornati pofcia gli Auftriaci a ftrignere quella Città, prefe il Marefciallo di Bellisle così ben le fue mifure, che nel dì 17. di Dicembre con circa dieci mila uomini, bagaglio, e cannoni da campagna fe ne ritirò, e guada-
gnate due marcie pervenne in falvo ad Egra, benchè pizzicato

cato per tutto il viaggio da gli Uſſeri e Croati. Perdè egli in quella ritirata almeno tre mila perſone o ucciſe, o diſertate, o morte di freddo, e quaſi tutta l'artiglieria, i bagagli, e fino i propri equipaggi. Ciò non oſtante ſe gli Auſtriaci vollero mettere il piede in Praga, furono obbligati ad accordare una Capitolazione onorevole allo ſmilzo preſidio rimaſto in eſſa Città; accordando in fine ciò, che ſul principio avrebbero potuto con loro vantaggio concedere, e che avrebbe riſparmiato un gran ſangue ſparſo ſotto la Città medeſima.

Non provarono già un'egual proſperità nella Baviera l'armi della Regina d'Ungheria. L'aſſedio e bombardamento della Città di Straubinga nel Meſe d'Aprile a nulla giovò per forzare alla reſa quella Fortezza. Perchè ſi ſapea, che i Franzeſi comandati dal *Conte d'Arcourt* venivano con iſchiere numeroſe ad unirſi col Generale Bavareſe *Conte di Seckendorf*, e giunſe a Monaco una falſa voce, che già s'appreſſavano a quella Città: il *Generale Stens* nel dì 29. del Meſe ſuddetto precipitoſamente ſi ritirò da eſſa Città di Monaco colla guernigione Auſtriaca di quattro mila perſone, laſciandovi un ſolo picciolo corpo di gente. Allora i Cittadini ſi miſero in armi, e i villani inſeguirono e moleſtarono non poco la ritirata d'eſſi. Scoperta poi la falſità della voce, ed irritati gli Auſtriaci, ad altro non penſarono, che a rientrare in eſſa Città. Vi trovarono quel Popolo riſoluto alla difeſa, e fu miſericordia di Dio, che non veniſſero all'aſſalto, perchè a queſto avrebbe tenuto dietro uno ſpaventevole ſacco. Accordò il *Mareſciallo di Kevenuller* nel dì ſei di Maggio una nuova Capitolazione a quegli abitanti, gli affari de' quali nondimeno molto peggiorarono da lì innanzi, finchè ſul principio di Ottobre giunſe la loro redenzione. Avea il Seckendorf ricuperata la Città di Landshut, dopo di che s'incamminò alla volta di Monaco. Quivi non l'aſpettarono gli Auſtriaci, perchè molto inferiori di forze a i Gallo-Bavari, e ne aſportarono quanto mai poterono con danno graviſſimo di quell'infelice Popolo, il quale diede in traſporti d'allegrezza al vedere nel dì ſette del Meſe ſuddetto rientrare in quella Città le milizie dell'Auguſto loro Duca ed Imperadore *Carlo VII.* Ripigliarono poſcia i Bavareſi Bourgauſen, e Braunau; laonde tutta la Baviera tornò prima che terminaſſe l'Anno all'ubbidienza del ſuo Sovrano. Fu poi condotto in Baviera un poderoſo rinforzo di truppe dal *Mareſciallo di Bro-*

glio,

glio, e continuarono le oftilità, ma fenza alcun' altra imprefa di grado. Intanto quello sfortunato-paefe era il teatro delle calamità, perchè divorato da amici e nemici. Fu anche fuperiore alla 'credenza il numero de' Franzefi o morti di malattie, o uccifi, o fatti prigionieri nella Boemia e Baviera. Facevanfi in quefti tempi de i gran maneggi in Inghilterra ed Ollanda, per muovere quelle Potenze alla difefa della Regina d'Ungheria. La mutazion del Miniftero in Londra cagion fu; che il Re Britannico, e quella potente Nazione fi difponeffero ad entrare in ballo, tanto più perchè fi fentivano irritati dal vedere la fomma franchezza de'Franzefi in rimettere contro i patti le fortificazioni di Dunquerque. Perciò fi cominciarono i preparamenti della guerra in Fiandra per l'Anno feguente; ma non fi potè altro ottener da gli Ollandefi, fe non che darebbono il loro contingente di venti mila foldati, a cui erano tenuti in vigor delle Leghe precedenti. Non men di loro, anzi più vigorofamente fi mifero in arnefe anche i Franzefi per far buon giuoco in quelle parti.

Vegniamo oramai all'Italia, condennata anch' effa a fofferire i perniciofi influffi delle gare ambiziofe de'Regnanti. Da che fu fatta gran maffa di Spagnuoli ad Orbitello, e nell'altre Piazze de' prefidj, fotto il comando del *Duca di Montemar*, fi mife quefta in marcia, ed entrata di Febbraio nello Stato Ecclefiaftico, andò a prendere ripofo in Foligno, e con lentezza mirabile arrivò poi finalmente fino a Pefaro. A quella volta ancora s'inviarono dipoi le milizie Napoletane, fpedite dal Re delle due Sicilie, per unirfi con quelle del Re fuo Padre. Ne era Generale il *Duca di Caftropignano*. Intanto ful Genovefato andarono sbarcando altre milizie procedenti dalla Spagna, e maggior numero ancora fe ne afpettava. Per quanto fi feppe, le idee della Corte del Re Cattolico erano, che il primo più poffente corpo di gente veniffe alla volta di Bologna, e l'altro dal Genovefato verfo Parma. Grande armamento in quefti tempi avea fatto anche *Carlo Emmanuele* Re di Sardegna; ma fenza penetrarfi qual rifoluzione foffe egli per prendere, fe non che i più prevedevano, che andrebbono le fue forze unite con quelle della Regina d'Ungheria, sì perchè così portavano gl'intereffi fuoi, non piacendogli la vicinanza degli Spagnuoli, come ancora perchè potea fperar maggiore ricompenfa da effa Regina. Recò maraviglia

ad alcuni l'aver questo Real Sovrano pubblicati due Manifesti, ne'quali erano rapportate le sue pretensioni sopra lo Stato di Milano, siccome Discendente dall'*Infanta Catterina Fi-*
glia di *Filippo II.* Re di Spagna. E pure passava questo Sovra-
vrano di concerto in ciò colla Corte di Vienna, con cui finalmente si venne a scoprire, ch'egli avea stabilito nel dì primo di Febbraio un *Trattato provvisionale*, per difendere la
Lombardia dall'occupazione dell'armi straniere. In tale Trattato comparve la rara avvedutezza del *Marchese d'Ormea* suo
primo Ministro, perchè restò esso Re di Sardegna colle mani
sciolte, cioè in libertà di ritirarsi, quando a lui piacesse colla
sola intimazione di un Mese innanzi, dall'Alleanza della Regina. Animato si trovò egli spezialmente a tale impegno dalla
sicurezza datagli dal *Cardinale di Fleury* primo Ministro di
Francia, che il Re Cristianissimo *Luigi XV.* non intendeva di
spalleggiar l'armi del Re Cattolico *Filippo V.* per conto dell'
Italia. Svelaronsi solamente nel Mese di Marzo questi arcani;
e il Re Sardo, da che ebbe ritirato dalla Savoia gli Archivi,
e tutto ciò, che era di maggior rilievo, cominciò a far marciare parte delle sue truppe alla volta di Piacenza. Verso la
metà del medesimo Mese anche il Maresciallo *Otto Ferdinando Conte di Traun* Governator di Milano spedì a Modena a
rappresentare al Duca *Francesco III. d'Este* la necessità, in cui
il mettevano i movimenti de'nemici Spagnuoli, di avanzarsi
con varj Reggimenti ne'Principati di Correggio e Carpi. La
licenza non si potè negare a chi se la potea prendere anche
senza richiederla. Perciò vennero a postarsi gli Austriaci in
quelle parti, tirando un cordone verso la Secchia, e penetran-
do anche nel Reggiano.

. Trovossi in un grave labirinto in questi tempi il Duca di
Modena, giacchè si miravano due nemiche Armate venir l'una
da Levante, e l'altra da Ponente, con tutte le apparenze,
che egli e i suoi Stati rimarrebbono esposti a deplorabili traversie, e forse diverrebbero il teatro della guerra, perchè
ognun brama di far, se può mai, questa danza in casa altrui;
e più rispetto si porterebbe a gli Stati della Chiesa, che a i
suoi. Ognun sa, in casi di tanta angustia, quanto sia pericoloso il partito della neutralità per chi ha poche forze, giacchè
senza farsi merito nè coll'una nè coll'altra parte de i contendenti, si soggiace alla disgrazia d'essere divorato da amendue;

e a

e a peggio ancora, fe avvien che l'un de gli eferciti prevaglia, troppo facilmente fufcitandofi fofpetti e ragioni per prevalerfi in fuo pro de gli Stati e delle Piazze altrui. Perfuafo dunque effo Duca, che col tenerfi neutrale non fi facea punto merito con alcun di effi, e verifimilmente gli avrebbe avuti nemici tutti e due: fi appigliò alla rifoluzione di abbracciar uno d'effi partiti. L'offequio ed affetto, ch'egli profeffava all'Augufta Cafa d'Auftria, e al Gran Duca di Tofcana, il configliavano ad unirfi con loro; ma troppo pericolofo era per un Vaffallo dell'Imperio il prendere l'armi contro dell'Imperador *Carlo VII.* nemico delle fuddette Potenze, e l'aderire alla Regina d'Ungheria, la quale in vece d'inviar nuove genti alla difefa dell'Italia, avea richiamata di là da'monti una parte di quelle, che quì fi trovavano, ed avea in oltre confeffato ad un fuo Miniftro venuto in Italia, di non poterfi impegnare a foftener quefti Stati; e tanto anche fece intendere al Papa, e a i Veneziani per loro governo. Manteneva il Duca buona corrifpondenza colla Corte di Torino; ma quefta il più che potè gli tenne occulto il Trattato di Lega conchiufa con quella di Vienna. Oltre a ciò nè pur comportavano gl'intereffi della propria Cafa al Duca d'aver per nemici l'Imperadore e la Spagna, ftante l'efferfi fcoperto, che la Cafa di Baviera nudriva delle pretenfioni fopra la Mirandola e fuo Ducato, e il faperfi, che *Don Francefco Pico*, già Duca d'effa Mirandola, protetto da gli Spagnuoli ne confervava dell'altre; e che fopra la Contea di Novellara, e fopra il Ducato di Maffa fi erano fvegliate liti, mal fondate fenza dubbio, ma che nel Tribunale Cefareo, fe foffe ftato nemico, avrebbono forfe avuta buona fortuna. Il perchè moffo il Duca di Modena da tali rifleffioni, cercò più tofto di aderire alla parte de'più poffenti Potentati della Criftianità, cioè dell'Imperadore, e de i Re di Francia e Spagna. Aveva egli per fua difefa in armi un bel Reggimento di Svizzeri, e un altro d'Italiani, che era intervenuto alla battaglia di Croftka nella Servia, in tutto tre mila foldati. In oltre avea quattro mila de'fuoi Miliziotti Reggimentati, difciplinati, ben veftiti, ed armati, e circa quattrocento Cavalli fra Corazze e Dragoni: fuffidio non lieve, uniti che foffero ad una giufta Armata, oltre alla Cittadella di Modena, e alla Fortezza della Mirandola.

Fu ben accolta in Madrid la propofizione del Duca di entrar

trar feco in Lega; ma mentre, fi andava maneggiando in tanta lontananza quefto affare, non fi sa come, ne trapellò l'orditura a i Miniftri della Regina d'Ungheria, o pure del Re di Sardegna. Verfo il fine di Marzo erafi avanzato, ficcome dicemmo, effo Re Sardo fino a Piacenza, facendo intanto sfilare le fue truppe alla volta di Parma, ed ivi avea tenuto Configlio di guerra col Marefciallo *Conte di Traun* Governator di Milano; giacchè l'Armata Napolifpana s'era inoltrata fino a Rimini. Si venne ancora intendendo, che il groffo corpo di Spagnuoli sbarcato in più volte ful Genovefato, fenza più penfare a far irruzione dalla parte del Parmigiano, s'era come amico incamminato per la Tofcana a fine di accoppiarfi coll' altro maggiore de i Duchi di *Montemar* e *Caftropignano*. Non fenza maraviglia delle perfone fece quella gente un gran giro. Se foffe calata pel Giogo a Bologna, e colà foffe pervenuto il Montemar, nulla era più facile, che il paffar fino ful Parmigiano, e il prevalerfi poi delle buone difpofizioni del Duca di Modena, ed unirfi feco. Effendo giunto a Parma nel dì 30. d'Aprile il Re di Sardegna, portoffi parimente effo Duca di Modena nel dì due di Maggio con tutta la Corte al deliziofo fuo Palazzo di Rivalta, tre miglia lungi da Reggio. Colà fu ad abboccarfi feco nel dì fei d'effo Mefe il *Marchefe d'Ormea*, primo Miniftro del Re di Sardegna, che tofto sfoderò una copia informe del Trattato, pretefo intavolato dal Duca colla Corte di Spagna. Onoratamente confefsò il Duca d'aver fatto de i maneggi a Madrid, ma che nulla s'era conchiufo, nè fapea, fe fi conchiuderebbe: e quefta era la verità. Calde iftanze fece l'Ormea, per indurlo alla neutralità; ma perchè il Duca ben previde, che accordando quefto primo punto, pafferebbe la pretenfione a richiedere in pegno una almeno delle fue Piazze per ficurezza di fua fede, non volle confentire, e prefe tempo a penfarvi. Per molti giorni pofcia fi andò difputando, effendo paffato il Duca a Saffuolo con tutta la fua Famiglia: nel qual mentre il *Duca di Montemar*, che per più fettimane s'era fermato coll'efercito fuo in Forlì a divertirfi con un'Opera in Mufica, finalmente fi moffe alla volta di Bologna. Fama correa, che i Napolifpani afcendeffero a quarantacinque mila perfone: erano ben molto meno, ancorchè il Montemar aveffe ricevuto il poderofo rinforzo di fanti e cavalli, paffati amichevolmente per la Tofcana. Pa-

rea

rea questa nondimeno un' Armata da far gran fatti, se non
che la diserzione, da cui non va esente alcuno de gli eserciti,
si trovò stupenda in essa, fuggendo spezialmente quegli Alemanni, che furono presi nell'apparente battaglia di Bitonto,
e in altre azioni, allorchè fu conquistato il Regno di Napoli
dall' Infante *Don Carlo*. Giorno non v'era, in cui qualche
centinaio d' essi Napolispani non disertasse, attribuendone alcuni la cagione all'aver lasciata cotanto in ozio quella gente, ed altri all'aspro trattamento de gli Ufiziali, giacchè non
si può credere per difetto di paghe, perchè se ne scarseggiavano gli Ufiziali, al semplice soldato non mancava mai l'occorrente soldo.

Dopo la metà di Maggio comparvero sul Bolognese le truppe Napolispane, e a poco a poco vennero nel dì 20. a postarsi
alla Samoggia, e nel dì 29. si stesero fino a Castelfranco. Certa cosa è, che se il Montemar si fosse inoltrato di buon' ora
fino al Panaro, siccome allora superiore di forze, avrebbe potuto occupar que' siti, e stendersi a coprir Modena, e passar
anche verso Parma, stante l'avere sul principio dell'Anno per
mezzo del *Conte Senatore Zambeccari* chiesto ed ottenuto dal
Duca di Modena il passaggio. Parve dunque, ch'egli non per
altro fosse venuto in quelle vicinanze, se non per burlare esso
Duca di Modena, il quale intanto si andava schermendo dal
prendere risoluzione alcuna sulla speranza, che lo stesso Montemar passasse a difendere i suoi Stati: del che non gli mancarono delle lusinghevoli promesse dalla parte del medesimo
Generale Spagnuolo. Diede agio questa inazion de i Napolispani al Maresciallo *Conte di Traun* di ben postarsi alle rive
inferiori del Panaro con dieci mila Tedeschi, e similmente a
Carlo Emmanuele Re di Sardegna, passato nel dì 19. di Maggio sotto le mura di Modena, di andare anch'egli a fortificarsi alle rive superiori d' esso Fiume. Di giorno in giorno
s'ingrossarono le sue milizie fino a venti mila persone, giacchè gli era convenuto lasciare un' altra parte delle sue truppe alla guardia di Nizza e Villafranca, e a i varj confini del
Piemonte, per opporsi a i disegni d'un' altra Armata di Spagnuoli, che s'andava formando in Provenza contro i suoi Stati, e che dovea essere comandata dall'Infante *Don Filippo*, già
pervenuto ad Antibo. Nel dì 17. di Maggio presero pacificamente i Savoiardi il possesso della Città di Reggio, da cui prece-
den-

dentemente avea il Duca di Modena ritirate le truppe regolate,
Durava intanto una specie, ma assai dubbiosa, di calma fra
esso Duca, dimorante in Sassuolo, e gli Austriaco-Sardi, aspettando questi, che giugnessero al loro campo Cannoni, Mortari e Bombe, per poter parlare dipoi con altro linguaggio.
Non aveva il Duca finquì conchiuso accordo alcuno colla Corte di Spagna, e nè pure ricavato da essa un menomo danaro
per fare quell'armamento, come ne dubitavano gli Austriaco-
Sardi: pure non sapea indursi a cedere volontariamente le
Fortezze di Modena e della Mirandola, richieste da gli Alleati, perchè quanto si trovò egli sempre deluso dal *Duca di Montemar*, largo promettitore di ciò, che non osava d'intraprendere, altrettanto abborriva di non comparire alla Corte di Spagna qual Principe di doppio cuore, perchè quivi si sarebbe infallibilmente creduto un concerto co i Collegati la forza, che
gli avesse fatto cedere quelle Piazze.

PRESE egli dunque il partito di abbandonar tutto alla discrezione di chi gli era addosso coll'armi, e dopo aver messi
quattro mila uomini di presidio nella Cittadella di Modena, e
tre mila in quella della Mirandola, nel dì sei di Giugno colla
Duchessa Consorte, e colle due Principesse Sorelle, lasciati i
Figli colla Nuora in Sassuolo, che poi col tempo si riunirono
con lui, prese la via del Ferrarese, e andò a ritirarsi a Crespino, e di là passò poi al Cataio de gli Obizzi sul Padovano,
e finalmente si ridusse a Venezia, portando seco il coraggio,
costante compagno delle sue traversie. Perchè aveva egli lasciato ogni potere ad una Giunta di suoi Cavalieri e Ministri
in Modena, furono spediti Deputati al Re di Sardegna, e dopo avere ottenuta la promessa d'ogni miglior trattamento, nel
dì otto di Giugno aprirono le porte della Città a circa mille e
cinquecento Savoiardi, che ne presero quietamente il possesso,
con provar da lì innanzi, quanta fosse la Moderazione e Clemenza del Re di Sardegna, quanta la rettitudine de' suoi Ministri, e la disciplina de' suoi soldati. Comandante in Modena
fu destinato il *Conte Commendatore Cumiana*, Cavaliere, che
non lasciava andarsi innanzi alcuno nella Prudenza, e sapea
l'arte di farsi amare e stimare da ognuno. Nel dì 12. di Giugno fu dato principio alle ostilità contro la Cittadella di Modena, alzando terra dalla parte del Mezzodì fuori della Città
i Savoiardi, e i Tedeschi da quella di Settentrione. Perchè gli
asse-

affediati fecero una vigorofa fortita, neceffario fu il rinforzare il campo con molta gente. Erette due diverfe batterie di Mortari nel dì feguente cominciarono a tempeftare effa Cittadella con Bombe di dì e di notte, e feguitò quefto flagello fin per tutto il dì 27. Non avea il *Duca Francefco* avuto tempo di provvedere effa Cittadella di cafe matte e di ripari contro le Bombe; e però in breve fi trovò fconcertata la maggior parte di que' cafamenti, non reftando luogo alcuno di ripofo e ficurezza alla guernigione. Effendofi nel dì 28. alzate anche due Batterie di Cannoni contra d'effa Fortezza, il *Cavaliere del Nero* Genovefe, e Comandante della medefima, nel giorno appreffo capitolò la refa, reftando prigioniere di guerra il prefidio. Ufcì poi nel dì quinto di Luglio un Editto del Re Sardo, in cui dichiarò non effere intenzione della Regina di Ungheria, nè fua, pendente la dimora delle loro truppe ne gli Stati di Modena, e durante l'affenza del Duca, di attribuirfi verun Gius di permanente Sovranità e Dominio in effi Stati, ma quella fola autorità, che in sì fatta fituazion di cofe veniva dal diritto della Guerra, a tal comune loro difefa permeffa. Furono occupate tutte le rendite Ducali, e tolte l'armi a tutti gli abitanti tanto della Città che forenfi.

MENTRE fi facea quefta terribil finfonìa fotto la Cittadella di Modena, fi ftava più d'uno afpettando qualche prodezza del Generale Spagnuolo *Duca di Montemar*, che colle fue genti era poftato a Caftelfranco, ficcome quegli, che era decantato per Conquiftatore di Regni. Ma per difavventura non fece egli mai movimento alcuno per attaccare gli Auftriaco-Sardi al Panaro, tuttochè fparfi in una linea di molte miglia su quelle rive, e benchè dalla parte di Spilamberto e Vignola non aveffe argini quel Fiume. Crebbe anche maggiormente lo ftupore ne gl'intendenti, perchè almèn quattro mila combattenti Alleati erano impegnati nelle trincee fotto la Cittadella, e nella fera quattro altri mila venivano dal Panaro a rilevar quefti altri; laonde il campo d'effi reftava alleggierito di otto mila perfone. E pure con tutta pace ftette il Montemar contando le bombe e cannonate de'nemici, fparate non contra di lui, e fpettatore tranquillo delle fventure del Duca di Modena; di modo che alcuni giunfero a fofpettare intelligenza del medefimo col Rè di Sardegna, o che un fegreto ordine del *Cardinale di Fleury* aveffe pofto freno alla fua bravura [tutte
insuf-

infusfistenti immaginazioni] ed altri in fine fi fecero a credere;
ch' egli foffe folamente un valorofo Generale, allorchè avea
che fare con gente incapace di refiftere, o aveffe accordo con
lui di non refiftere. Crebbero molto più le maraviglie, perchè
nella notte del dì 18. di Giugno effo Montemar levò il campo
da Caftelfranco, ed inviandofi con tutti i fuoi a San Giovanni
e a Cento, mandò i malati ne' Borghi di Ferrara. Poteva impadronirfi del Finale, dove falfo è, che fi trovaffero fortificati
i nemici, come egli pofcia volle far credere. Giunto bensì al
Bondeno nella notte de i 26. di Giugno, e quivi pofto e fortificato un Ponte ful Panaro, fpedì di qua dieci o dodici mila
de' fuoi. Non v'era perfona, che non s'afpettaffe, ch'egli
imprendeffe la difefa della Mirandola, e che anzi v'entraffe,
giacchè il Cavalier Martinoni ivi Comandante gli avea chiefto
foccorfo, e l'avea invitato a venire. Ma nulla di quefto avvenne, fenza che mai s'intendeffe, perchè egli faceffe quella
fcena di marciar colà e di paffare il Panaro, per poi nulla operare. Vi fu anche di più. All' avvifo della di lui marcia, il Re
di Sardegna e il Conte di Traun, fpedirono la maggior parte
della lor Cavalleria al Finale, per vegliare a' di lui andamenti.
Trovavafi quefto corpo di gente fenza Fanteria, e fenza artiglierie; e pure con tutte le forze dell' efercito fuo il Montemar in tanta vicinanza non pensò mai a moleftarlo, non che
a forprenderlo: condotta, che maggiormente eccitò le dicerie
contro il di lui onore.

Con tutto fuo comodo s'era intanto trattenuta in ripofo
a Modena l' Armata Auftriaco-Sarda fenza apprenfione alcuna
del Montemar, quando nel dì nove di Luglio fi mife in viaggio alla volta della Mirandola; dove giunta, diede principio
nel dì 13. a gli approcci, ben corrifpofta dalle artiglierie della
Città. Ma da che anche le batterie de' Cannoni e de' Mortari cominciarono a fulminar quella Piazza, e feguì in effa l'incendio di molte cafe: la guernigione, già chiarita, che niun
penfava a foccorrerla, nel dì 22. del Mefe fuddetto dimandò
di capitolare; reftando prigioniere, finchè il Duca di Modena
s'induceffe a cedere anche le Fortezze di Montalfonfo, di Se-
ftola, e della Veruccola a gli Alleati, con promeffa di reftituir-
le alla Pace; e quefte poi furono cedute. Pertanto con breve
peripezia fi vide fpogliato di tutti i fuoi Stati il Duca di Modena, il quale in mezzo a sì pericolofi imbrogli provò tante contrarie

trarie fatalità, che niun potrebbe immaginarfele, ma ch'egli
coraggiofamente fopportò. Videfi appreffo deftinato Ammini-
ftrator Generale d'effi Stati per le due Corone il *Conte Beltra-*
me Criftiani, il quale tante pruove diede dipoi della fua onoratezza, attività e prudenza, che fapendo accoppiar infieme
il buon fervigio de' fuoi Sovrani coll' amorevolezza verfo de i
Popoli, meritò poi d'effere creato Gran Cancelliere della Lombardia Auftriaca, e di riportar le lodi d'ognuno, dovunque
fi ftefe la fua autorità. Finquì era ftato il *Duca di Montemar*
placido offervatore del deftino della Mirandola, come fe a lui
nulla importaffero i progreffi de'fuoi nemici. Certamente non
fu di fua gloria l'efferfi portato al Bondeno, ed aver paffato
il Panaro folamente per mirare anche la caduta d'effa Fortezza fotto gli occhi fuoi. Da più perfone ben informate fi fofteneva, che l'efercito fuo non oftante la diferzione fofferta nu-
merava tuttavia circa trenta mila combattenti, ed erano in
viaggio quattro mila Napoletani per unirfi con lui. Si ftrigne-
vano nelle fpalle gli Ufiziali dell'Armata fteffa di lui al mirar
tanta inazione, con tali forze, e sì buona fituazione. Ora appena feppe egli la refa d'effa Fortezza, che finalmente determinò di fare un premeditato bel colpo : colpo nondimeno,
che parve a molti poco onorevole al nome Spagnuolo. Cioè
prefe la marcia coll'efercito fuo verfo il Ferrarefe e Ravenna-
te con fretta tale, che non minore fi offerva in chi è rimafto
fconfitto, lafciando indietro carriaggi e munizioni non poche.
Ma non furono pigri gli Auftriaco-Sardi a muoverfi anch'effi,
e venuti per Caftello San Giovanni a Bologna, s'avviarono per
la Strada Maeftra nella Romagna, fperando di raggiugnere i
fugitivi Napolifpani. Quefti per buona ventura aveano avuto
gambe migliori, e pervenuti nel dì 31. di Luglio a Rimino,
quivi fi diedero a fare un gran guafto, cioè a fortificarfi con
trincieramenti, fpianate, e tagli d'alberi in grave defolazione
di quel Popolo. Pareva oramai inevitabile qualche gran fatto
d'armi in quelle ftrettezze, effendo pervenuti colà anche gli
Alleati, vogliofi di far pruova dell'armi loro; quando nel dì
10. d'Agofto il Generale di Montemar fece ben moftra di afpettar con piè fermo i nemici, anzi di voler venire a battaglia;
ma all'improvvifo decampò anche di là, ritirandofi follecitamente a Pefaro e Fano, dove precedentemente erano ftate premeffe le artiglierie e bagagli.

Era Volg.
Ann. 1742.

CHIUNQUE nelle precedenti guerre avea mirato il *Principe Eugenio* con soli trenta mila armati tenersi forte contro l'esercito Gallispano, quasi il doppio numeroso di gente, al vedere la tanto diversa condotta di quest'altro Generale, non sapea trattenersi dallo stupore, o dalla censura. E non è già, che fossero sì infievolite le di lui forze, giacchè la maggior diserzione fu in quella sua precipitosa ritirata, e ciò non ostante egli stesso si vantò poscia, in tempo che i Napoletani s'erano separati da lui, di aver lasciata al *Conte di Gages* suo Successore un'Armata di diciotto mila combattenti, atti ad ogni maggiore impresa, ma che tali per disgrazia non erano stati in addietro. Strana cosa fu, ch'egli allegasse per motivo di quest'altra ritirata ciò, che, siccome diremo, avvenne in Napoli solamente nel dì 19. d'esso Mese. Andò egli dunque dopo varie frettolose marcie a intanarsi nella Valle di Spoleti, dove gli sembrò d'essere in sicuro, stante l'avviso che i Collegati aveano risoluto di lasciarlo in pace. Tenuto in fatti consiglio dal Re di Sardegna e dal Maresciallo Conte di Traun, prevalse il parere del primo di non passare di là da Rimino, e di non più inseguire chi combatteva colle sole gambe. In oltre pel singolare rispetto ed affetto, ch'esso Re Sardo professava al sommo Pontefice *Benedetto XIV.* gli premeva di non maggiormente essere d'aggravio a gli Stati della Chiesa: motivo, che l'avea anche trattenuto in addietro dal passare colà dal Modenese. Quel nondimeno, che vie più preponderava nell'animo suo, era il bisogno de'proprj Stati, che il richiamava colà per guardarsi dalle minaccie di un altro esercito Spagnuolo. Sicchè da lì a non molto si videro ritornare al Panaro su quel di Modena le schiere e squadre Austriaco-Sarde. Nel dì 31. d'Agosto arrivò a Reggio il Re di Sardegna, e vi si fermò sino al dì sei di Settembre, in cui venutegli nuove disgustose di Piemonte, sollecitamente s'inviò alla volta di Torino, dove sfilava intanto la maggior parte delle sue milizie. Lasciò pochi suoi Reggimenti nel Modenese sotto il comando del *Conte di Aspremont*, il quale unitamente col Conte Traun s'andò fortificando in varj siti di qua dal Panaro, e massimamente a Buonporto.

IN questi medesimi tempi accadde una novità in Napoli, per cui gran romore e tumulto fu in quella Capitale. Nel dì 19. d'Agosto comparvero a vista di quel Porto sei Navi da

guer-

guerra Inglesi di sessanta Cannoni, quattro Fregate, un Bru-
lotto, e tre Galeotte da Bombe. Corse a furia il Popolo ad
osservar quella squadra, e la Corte entrata in apprensione,
spedì nel giorno seguente il Consolo Inglese al Comandante di
essi Legni, per esplorare la di lui intenzione. La risposta fu,
che se il Re non cessava di assistere i nemici della Regina,
egli teneva ordine di devastare quella Città colle bombe; e
che lasciava tempo di due ore a sua Maestà per risolvere. Indi cavato fuori l'orologio, cominciò a contarne i momenti.
Niuno mai in addietro avea pensato a provvedere il Porto e
la spiaggia di Napoli di ripari per somigliante minaccia; e nè
pur si trovava nel Castello del Porto provvisione di polve da
fuoco. Però senza perdersi in molte discussioni quella Corte,
nel breve suddetto spazio di tempo accettò la Neutralità, e
spedì Lettere mostrate al Comandante Inglese, colle quali richiamava il *Duca di Castropignano* colle sue truppe nel Regno.
Ciò ottenuto, senza commettere alcuna ostilità fece vela la
squadra Inglese verso Ponente. Il pericolo presente servì appresso di ammaestramento, per alzare fortini e bastioni, muniti di artiglierie, di maniera da non paventar da lì innanzi,
chi tentasse di accostarsi con palandre e galeotte per salutar
colle bombe quella Metropoli. Restò poi eseguito l'ordine Regio, e le milizie Napoletane staccatesi dalle Spagnuole tornarono a i quartieri nelle loro contrade: con che si ridusse l'esercito Spagnuolo, siccome dicemmo, a circa diciotto mila persone, che poi prese quartiere parte in Perugia e parte in Assisi
e Foligno. Fu in questo medesimo tempo, che la Corte di Spagna, avvedutasi un poco troppo tardi d'avere raccomandata
la fortuna e l'onore delle sue armi ad un Generale, che sì male corrispondeva alle sue speranze, richiamò in Ispagna il *Du-*
ca di Montemar, e adirata contra di lui, comandò che non si
avvicinasse alla Corte per venti Leghe. Fece questo passo sva-
nire le immaginazioni de' suoi parziali, persuasi in addietro,
ch'egli tenesse ordini di non azzardar battaglia e di salvar la
gente, facendola solamente ben menar le gambe, per schivar
gl'impegni. Andò egli, e durò non poco la sua disgrazia alla
Corte. Ma perchè egli non mancava di amici e di merito per
altre sue belle doti, col tempo fu rimesso in grazia. Videsi un
Manifesto suo, con cui si studiò di giustificar le azioni sue in
questa campagna; ma nulla sarebbe più facile, che il far co-

nosce-

noscere l'insussistenza delle sue scuse, e massimamente se uscis-
sero alla luce i biglietti da lui scritti al Duca di Modena,
e alla Mirandola in queste emergenze. Restò dunque al comando dell'esercito Spagnuolo il Tenente Generale *Don Giovanni di Gages* Fiammingo, che pel valore, per l'avvedutezza, e per la scienza militare potea servir di maestro a
gli altri. Nel dì 14. di Settembre, in cui s'inviò il Montemar verso la Spagna, il Gages in tre colonne mosse l'esercito
suo alla volta di Fano, siccome consapevole del rilevante smembramento dell'Armata Austriaco-Sarda; e alla metà di Ottobre arrivò a postar le sue genti alla Certosa di Bologna, e in
quelle vicinanze, con alzare trinceramenti ed altri ripari da
difesa. Accòrsero anche gli Austriaco-Sardi alle rive del Panaro, e misero alquanti armati in Vignola e Spilamberto. Si
stettero poi fino al fine dell'Anno guatando da lontano le due
Armate, e il Maresciallo di Traun mise il suo quartier generale a Carpi.

U n' altra guerra intanto ebbe il Re di Sardegna, per cui
fu obbligato a restituirsi in Piemonte. Fu comunemente creduto, ch'esso Real Sovrano non avesse tralasciato sì nel principio che nel proseguimento di questa guerra, di far varie proposizioni di partaggio della Lombardia alla Corte di Spagna
per mezzo del *Cardinale di Fleury*, che sempre si mostrò ben
affetto verso di lui. Tali progetti riguardavano egualmente i
vantaggi della Real Casa di Savoia, e dell'Infante *Don Filippo*,
a cui si cercava un riguardevole stabilimento in essa Lombardia, e massimamente in Parma e Piacenza, Città predilette
della Regina *Elisabetta Farnese* sua Madre. Fu del pari creduto, che la Corte del Re Cattolico non aderisse a cedere parte
delle meditate conquiste, perchè avida di tutto, ed assai persuasa di poter colle sue forze conseguir tutto. Quali poi fossero i sinceri desiderj della Corte di Francia nelle dispute di
questi due pretendenti, non si potè penetrare, se non che fu
giudicato da molti, ch'essa acconsentisse bensì a qualche acquisto in Lombardia pel suddetto Infante Don Filippo, ma non
già sì pingue, che alterasse l'equilibrio dell'Italia, e potesse un dì
nuocere alla Francia stessa, ben prevedendosi, che non durerebbe
per sempre la buona armonia fra quella Corte e quella di Spagna.
L'aver dunque la Spagna dato a conoscer il suo genio trop-

po vafto, fece immaginare a gl'interpreti de'Gabinetti, che
perciò il Cardinale niun foccorfo di gente voleffe fommini-
ftrarle contra del Re di Sardegna, tuttochè effo Porporato ricavaffe dall'erario Spagnuolo groffiffime menfali fomme di danaro, per divertire la Regina d'Ungheria dalla difefa de gli
Stati d'Italia. Si oppofe ancora per quanto potè effo Cardinale alla venuta in Provenza dell' *Infante Don Filippo*, tuttochè Genero del Re Criftianiffimo *Luigi XV.* ma non potè impedire, che la Regina di Spagna non l'inviaffe colà di buon'
ora ad afpettar l'unione di un corpo di truppe, afcendente a
più di quindici mila Spagnuoli, che parte per mare, parte per
terra andò arrivando ad Antibo e ad altri Luoghi della Provenza. Più tentativi fece quefta Armata nel Luglio ed Agofto, ora per paffare il Varo, ora per penetrare nella Valle
di Demont; ma sì buoni ripari avea fatto il Re di Sardegna,
e sì poffenti guardie avea meffo nel Contado di Nizza, che
indarno fi provarono gli Spagnuoli di paffare colà; e tanto
più vana riufcì ogni loro fperanza, perchè l'Ammiraglio Inglefe Matteus con poderofa Flotta fi trovava in que' Mari e
contorni, per foftenere le milizie Savoiarde. Nella fteffa maniera andarono in fumo le lor minaccie contro la Valle di Demont, e in altre sboccature verfo l'Italia. O fia che le trovate refiftenze faceffero cangiar difegno, o pure che le vere
mire fin da principio non foffero verfo quelle parti: in fine
ful principio di Settembre l'efercito Spagnuolo comandato dall'
Infante, che fotto di sè avea il Generale *Conte di Glimes*,
Governatore della Catalogna, entrò nella Savoia, e nel dì dieci d'effo Mefe s'impadronì della Capitale, cioè di Sciambery,
con citare i Popoli a rendergli omaggio, e con intimar gravi
contribuzioni.

: L'Avviso di tale invafione quel fu, che follecitò *Carlo Emmanuele* Re di Sardegna a renderfi in Piemonte, e ad affrettare il ritorno colà di buona parte delle fue truppe, dimorate
per tanto tempo ful Modonefe. Appena ebbe egli unite le
convenevoli forze, che nel fuo Configlio efpofe la rifoluzione
da lui formata di fnidar dalla Savoia i nemici. I più de'fuoi
Ufiziali arringarono in contrario, adducendo la mancanza de'
magazzini e foraggi in quella Provincia, e il pericolo delle
nevi per quelle alte Montagne. Ma l'animofo Sovrano ebbe

una

una ragion più poffente dell'altre, cioè il fuo coraggio e la fua volontà; e perciò verfo la metà d'Ottobre marciò l'efercito fuo per più parti alla volta della Savoia. Non fi fentì voglia l'Infante Don Filippo di afpettarli, perchè non arrivava il nerbo della fua gente a quindici mila perfone. Ritiroffi pertanto in facrato, cioè fotto il Forte di Barreau nel territorio di Francia, lafciando abbandonata tutta la Savoia al fuo Sovrano. Pervenne il Re fino a Monmegliano, e quivi il rifpetto da lui profeffato al Re Criftianiffimo e a gli Stati della Francia, fermò il corfo a i paffi delle fue truppe, e ad ogni altra imprefa. Ciò fatto attefe egli a riordinar le cofe di quel Ducato, a mettere in armi tutti que'fudditi, fomminiftrando loro fucili, giacchè erano ftati difarmati da gli Spagnuoli; e a rinforzar varj fiti e Forti, per opporfi ad ulteriori tentativi de'nemici. Venne il Dicembre, e venne anche rinforzato il campo Spagnuolo da un buon corpo di truppe, con prenderne il comando il *Marchefe de la Mina*, giacchè il *Conte di Glimes* era ftato richiamato in Ifpagna. Allorchè gli Spagnuoli fi videro affai forti, rientrarono nella Savoia, e fi ritrovarono le nemiche Armate alla vigilia di un fatto d'armi. Forfe non l'avrebbe fchivato il Re di Sardegna; ma chiarito, che quand'anche la vittoria fi foffe dichiarata per lui, non poteano le milizie fue fuffiftere nel verno in un paefe fprovveduto affatto di grani e di foraggio, determinò più tofto di ricondurfi in Piemonte ful fine dell'Anno. S'avverò allora, quanto gli aveano predetto i fuoi Ufiziali, cioè, che l'Alpi dividenti l'Italia dalla Savoia gli farebbono guerra. S'erano in fatti caricate di nevi; e pur convenne paffarle, ma con graviffimi difagi, e con perdita di molta gente perfeguitata da i nemici, e di varj attrecci ed artiglierie, e vie più di cavalli, muli, e carriaggi; laonde fe fu molta la gloria d'avere fcacciati i nemici dalla Savoia, reftò effa ben contrapefata dal molto danno di quella o forzata o volontaria ritirata. Solamente nel dì tre del feguente Gennaio arrivò il Re a Torino col Principe di Carignano; e intanto gli Spagnuoli tornarono in pieno poffeffo della Savoia, fenza che que'Popoli faceffero refiftenza alcuna; moftrando la fperienza, che per quanto i Sudditi amino il loro Principe, pure anche più d'effo amano fè fteffi. Soggiacque nell'Anno prefente la Città di Livorno

ad

ad una deplorabil calamità, per avere il Tremuoto verſo la
metà di Febbraio cominciato a ſcuotere le caſe di quegli abitanti. Altre ſimili ſcoſſe ſi fecero poſcia udire ſul fine d'eſſo
Meſe con tale indiſcretezza, che varie Chieſe ne patirono rovina, e moltiſſime caſe ne rimaſero sì deſolate, o colle mura
sì ſmoſſe, che i padroni d'eſſe ſalvatiſi nella campagna o nelle navi, più non ſi attentavano a riabitarle. Fu in queſt'Anno, che il ſommo Pontefice *Benedetto XIV.* tuttochè non poco agitato e diſtratto per l'aggravio inferito a' ſuoi Stati da
tante milizie ſtraniere, che quivi, come in caſa propria giravano o fiſſavano anche il lor ſoggiorno: pure intento ſempre al Paſtoral Governo, pubblicò nel Meſe d'Agoſto una ri-
ſentita Bolla contra di chi non ubbidiva a i Decreti della ſanta Sede intorno a certi riti Cineſi già vietati, e ciò non oſtante permeſſi da alcuni Miſſionarj a que' novelli Criſtiani. Tali
pene intimò, e tali ripieghi preſcriſſe, che ſi potè promettere da lì innanzi un' eſatta oſſervanza delle Coſtituzioni Apo-
ſtoliche.

Anno di CRISTO 1743. Indizione VI.
Di BENEDETTO XIV. Papa 4.
Di CARLO VII. Imperadore 2.

TOCCO' al territorio di Modena di aprire in queſt'Anno
il teatro delle azioni militari con una non lieve battaglia. Sapea il *Conte di Gages*, che gli Auſtriaci e Sardi reſtavano diviſi in più corpi e Luoghi; e che i principali poſti da
loro guerniti di gente, erano il Finale e Buonporto, amendue
ſul Panaro; e però penſò alla maniera di ſorprendere uno de'
loro quartieri. Poco dopo il principio di Febbraio, affinchè
non ſi penetraſſe il ſuo diſegno, finſe un conſiderabil furto a lui
fatto, e naſcoſo il ladro in Bologna. Pertanto fece iſtanza al
Cardinale Legato, che ſi chiudeſſero le Porte della Città, e ſi
laſciaſſe entrar gente, ma non uſcirne alcuno. Fermoſſi egli
nella ſteſſa Città con alquanti Ufiziali, affaccendati in traccia
del pretefo ladro. Sull' alba del ſeguente giorno due di Febbraio s'inviò la picciola Armata ſua alla volta di San Giovanni e di Crevalcuore, e nel dì ſeguente paſſato il Panaro fra
Solara e Campoſanto, quivi ſtabilì ed aſſicurò un ponte. Nulla di ciò, ch'egli ſperava, gli venne fatto; perchè la notte
ſteſſa,

Era Volg.
Ann. 1743. fteffa, in cui da Bologna fi moffe l'efercito fuo, perfona nobile parziale della Regina d'Ungheria, mandò giù dalle mura
di quella Città Lettera d'avvifo di quanto manipolavano gli
Spagnuoli, a chi frettolofamente la portò a Carpi al Marefciallo *Conte di Traun*. Furono perciò a tempo fpediti gli ordini alle truppe efiftenti nel Finale di ritirarfi, ed altri ne andarono a Parma, ed altri fiti, dove fi trovavano milizie Au-
ftriaco-Sarde. Raunate che furono tutte, il Marefciallo unitofi
col *Conte di Afpremont* Generale delle Savoiarde, nel dopo
pranzo del dì otto del fuddetto Febbraio andò in traccia del
Gages, che ritiratofi a Campofanto, e coperto dall'un canto
dalle rive del Panaro, dall'altro s'era afforzato nella Paroc-
chiale e in varie cafe di quel contorno. Correva allora un freddo atrociffimo, e al bel fereno erano ftati per più notti i poveri foldati in armi e in guardia. Venne il tempo di menar le
mani, e fi attaccò la fanguinofa zuffa, che per effere allora
il Plenilunio, durò fino alle tre ore della notte, in cui gli Spagnuoli dopo avere fpogliati i fuoi morti, e mandati innanzi i
feriti, fi ritirarono di là dal Panaro, e ruppero il Ponte; pofcia follecitamente fi reftituirono al loro campo fotto Bologna;
giacchè il Marefciallo di Traun non giudicò bene di permettere ad altri, che a gli Ufferi, d'infeguirli di là dal Fiume;
e forfe non potè di più perchè fenza ponte. Secondo il folito
delle battaglie, che reftano indecife, ciafcuna delle parti fi ar-
tribuì la vittoria, e non mancò ragione sì a gli uni, che a gli
altri di cantare il *Te Deum*.

CERTO è, che gli Auftriaco-Sardi rimafero padroni del campo di battaglia, e coftrinfero gli avverfarj a ritirarfi, e che il
Marefciallo di Traun, benchè malconcio dalla gotta, fece maraviglie di fua perfona, e che gli furono uccifi fotto due cavalli, e tutta anche la notte ftette a cavallo d'un altro. Del
pari è certo, che gli Spagnuoli o per inavvertenza, o per non
potere inviare l'avvifo, o pure per coprire la loro ritirata,
lafciarono indietro in una Caffina un Battaglione di Guadala-
xara, che fece bella difefa, ma in fine fu obbligato a renderfi prigioniere di guerra. Confifteva in più di trecento foldati, e circa ventotto Ufiziali con tre bandiere, oltre a quafi
cento altri prigioni. Gli effetti poi moftrarono, che la peggio
era toccata a gli Spagnuoli. Contuttociò è fuor di dubbio,
che il Generale *Conte di Gages* fi trovava inferiore di forze,

per

per aver dovuto lafciare circa due mila perfone di là dal Fiume a cuftodire la tefta del Ponte, per fofpetto che i nemici
fpediffero genti a quella volta. Nulladimeno ful principio riufcì alla Cavalleria Spagnuola di rovefciar la Cavalleria Tedefca dell' ala finiftra, e di metterla in fuga; e fe il Duca di
Atrifco in vece di perderfi ad infeguirla verfo la Mirandola,
foffe ritornato più prefto al campo contro la nemica fanteria,
comune fentimento fu, che l'Armata Auftriaco-Sarda rima-
neva disfatta. Otto furono gli ftendardi, e due i timbali prefi
da gli Spagnuoli. Ebbero prigionieri il Governatore di Modena
Commendatore Cumiana, e i Tenenti Generali *Conte Ciceri* e
Peisber, che furono rilafciati fulla parola, l'ultimo de' quali
fopraviffe poco alle fue ferite. Prefero in oltre ventidue altri
Ufiziali, e circa ducento foldati. Quanto a.i morti e feriti
ognuna delle parti efaggerò il danno de' nemici, facendoli afcendere fino a quattro mila, ed anche più, con pofcia fminuire il
proprio. Fu nondimeno creduto, che reftaffe molto indebolita
l'Armata Spagnuola, e che abbondando effa d'Ufiziali molto
più che quella de gli Alleati, più ancora ne periffero, o reftaffero feriti; e che fe non furono maggiori i vantaggi riportati da effa, forfe ne fu maggiore la gloria, perchè fin la fua
ritirata meritò plaufo, ficcome fatta con tal ordine e fegretez-
za, che non fe ne avvidero i nemici, fe non allorchè mirarono
attaccate le fiamme al Ponte ful Panaro. Secondo i conti de
gli Auftriaco-Sardi non arrivò a due mila il numero de i loro
morti, feriti, e rimafti prigioni. Nè fi dee tacere, che il
Conte di Afpremont favio e valorofo Comandante Generale delle milizie Savoiarde, talmente fi chiamò offefo per una Lettera a lui moftrata, in cui fi prediceva, che le truppe del Re di
Sardegna, venendo un conflitto, fi unirebbono con gli Spagnuoli, che non guardò mifure nell'efporfi a i pericoli. Per una
palla, che il colpì nelle reni e pafsò alle parti inferiori, fu
portato a Modena, dove dopo effere ftato per più giorni fra i
confini della vita e della morte, finalmente nel dì 27. di Febbraio pagò il tributo della natura, compianto non poco per
le fue degne qualità. Funefta memoria della battaglia di Campofanto reftò in quella Villa, e nelle circonvicine, perchè nel
dì feguente, dappoichè gli Auftriaco-Sardi fi videro liberi da
gli Spagnuoli, vollero compenfarfi del bottino, che non aveano potuto fare addoffo a i nemici, con dare il facco a gl'inno-

centi abitanti di effe Ville. Per quefta crudeltà fu detto, che moftraffe gran difpiacere il Marefciallo di Traun, Cavaliere di buone vifcere, contro il cui volere certamente quefto avvenne; ma fenza potere fcufare la poca precauzione fua in prevedere ed impedire gli eccefli della militare avidità. Avvifato nondimeno del difordine, fpedì tofto guardie alle Chiefe, e il meglio che potè, provvide al refto.

ERASI ben ritirato dopo la battaglia fuddetta il Conte di Gages ne' trincieramenti fuoi preffo Bologna, e gli aveva anche accrefciuti, facendo vifta di voler quivi, come prima fiffare la permanenza fua. Non andò molto, che fi conobbe, quanto gli foffe coftato quel combattimento, effendofi ridotta l' Armata fua, per quanto fu creduto, a poco più di otto o dieci mila perfone. Sperava egli de i rinforzi da Napoli; ma per quante premure ed ordini veniffero dalla Corte di Madrid, che pure fembrava difpotica nelle due Sicilie, il Miniftero del Re *Don Carlo*, attefo l' impegno della neutralità concordata con gl' Inglefi, e il timore della lor Flotta fignoreggiante nel Mediterraneo, fempre ricusò d' inviar foccorfi al Gages, a riferva di qualche partita, che fotto mano trapelava colà. All' incontro dalla Germania era calata gente ad ingroffare l' efercito Auftriaco, e già il Marefciallo di Traun avea fpedito ful Bolognefe e Ferrarefe circa dodici mila armati, che minacciavano di paffare anche in Romagna per impedire a gli Spagnuoli il trafporto de' viveri e foraggi da quella Provincia. Pertanto il timore di reftar troppo anguftiato, fece prendere al Gages la rifoluzione di mandare innanzi le artiglierie e i malati, ed egli poi nel dì 26. di Marzo levato il campo marciò alla volta di Rimino, e quivi fi fece forte col favore di quella vantaggiofa fituazione. Da che *Francefco III. d'Efte* Duca di Modena fi portò a Venezia dopo l' occupazion de' fuoi Stati colla Ducheffa e Figli, s'era ivi fempre trattenuto fulla fperanza, che i maneggi fuoi, o la fortuna dell' armi faceffero tornare il fereno a' proprj affari. Nulla di quefto avvenne; ma la generofa Corte di Spagna non volle già abbandonato un Principe' non per altro abbattuto, fe non per l' aderenza fua alla Corona Spagnuola, e per non aver voluto accordar co i nemici di effa. Gli conferì dunque il Cattolico *Re Filippo V.* la Carica di Generaliffimo delle fue armi in Italia, con falario convenevole ad un pari fuo. Giudicò anche bene la Ducheffa fua Conforte

forte *Carlotta Aglae d'Orleans* di paſſare a Parigi colla *Princi-peſſa Felicita* ſua primogenita, per implorare il patrocinio del Re Criſtianiſſimo *Luigi XV.* nel naufragio della ſua Caſa. Nel dì 4. di Maggio arrivò queſta Principeſſa a Rimino, accolta dall'eſercito Spagnuolo con ogni dimoſtrazione di ſtima, e paſ-ſata per la Toſcana al Golfo della Specia, e quindi a Geno-va, ſulle Galere di quella Repubblica fu poi traſportata in Fran-cia, giacchè l'Ammiraglio Matteus le fece riſpondere, che una Principeſſa della ſua naſcita e del ſuo grado non avea biſogno di paſſaporto, e ſi recherebbe a ſommo onore di poterla ſer-vire egli ſteſſo. Alla ſteſſa Città di Rimino pervenne nel dì nove d'eſſo Meſe anche il Duca di Modena, incontrato dal Generale Gages, e da tutta l'Ufizialità, e quivi fra il rim-bombo delle artiglierie preſe il poſſeſſo della carica ſua. In-tanto il *Mareſciallo di Traun* richiamò a quartieri ſul Mode-neſe l'eſercito Auſtriaco; e ſe i curioſi, che non ſapeano in-tendere, perch' egli non marciaſſe a Rimino per isloggiar di là gli Spagnuoli, ne aveſſero chieſta la ragione a lui, ſiccome General prudente, loro l'avrebbe ſaputo rendere.

Nel Luglio di queſt'Anno arrivarono al Porto di Genova quattordici Saiche Catalane e Maiorchine, cariche d'artiglierie e munizioni di guerra, deſtinate per Orbitello, da inviarſi po-ſcia al campo Spagnuolo. Trovoſſi per queſto in grave impe-gno il Senato Genoveſe, perchè l'Ammiraglio Britannico dopo avere inviati alquanti Vaſcelli a bloccar quelle Saiche, fece proteſtare a i Genoveſi, che ſe permetteſſero lo sbarco di que' bronzi, s'intenderebbe rotta con loro ogni neutralità. Indar-no reclamarono eſſi, che nel Porto loro era libero ad ognuno l'acceſſo. Dopo molte diſpute convenne capitolare, e fu con-cordato che que' Cannoni e munizioni ſi condurrebbono a Bo-nifazio in Corſica, ed ivi ſi cuſtodirebbono fino alla pace. In eſſa Corſica moſtravano tuttavia gran renitenza que' Popoli a rimetterſi ſotto il dominio della Repubblica di Genova. Non vi ſi parlava più del Barone di Newoff, Re di pochi giorni, quando coſtui ſopra una Nave Ingleſe di ſettanta cannoni nel Febbraio di queſt'Anno giunſe a Livorno, e paſsò dipoi alla Corſica. Verſo la ſpiaggia di Balagna chiamò egli alcuni de' Deputati di quelle Comunità, per intendere i lor ſentimenti, con far delle belle ſparate di ſoccorſi e d'intelligenze con de i Potentati. Ma avendo quella gente aſſai conoſciuto, queſte eſ-

fere

Era Volg. fere parole, e non fatti, il mandarono in fanta pace, ricufan-
Ann. 1743. do un Re venuto a sfamarfi alle fpefe loro, e non già ad aiu-
tarli. Tornoffene quefto venturiere in Ollanda ed Inghilterra
a cercar migliore fortuna, nè più fi parlò di lui. Avea finquì
Carlo Emmanuele Re di Sardegna mantenuta buona corrifpondenza colla Corte di Francia, moftrandofi fempre difpofto a
ritirar le fue armi dalla difefa della Regina d'Ungheria, e di
abbracciar la neutralità, o di far altri paffi, giacchè nel Trattato provvifionale s'era riferbata la facoltà di poter rinunziare alla prefa Alleanza, qualora la Corte di Spagna gli faceffe
godere qualche rilevante vantaggio. Era il Cardinale *Andrea
Ercole di Fleury*, primo Miniftro di Francia, il mediatore di
quefto affare. Ma venne a morte quel degno Porporato nel dì
29. di Gennaio dell'Anno prefente, e fecondo le vicende del
Mondo l'alta riputazione di lui guadagnata in vita per le fue
dolci maniere, per la prudenza nel governo, e per molte altre
fue belle doti e Virtù, calò non poco dopo la fua morte. Attribuirono alla di lui condotta i Franzefi tutte le calamità loro
avvenute in Boemia e Baviera; e lagnaronfi di lui, per non
avere in tempo di pace alleggierito abbaftanza il Regno d'aggravj; aggiugnendo in oltre, ch'egli fapeva accumulare, ma
non pofcia fpendere a tempo, per far riufcire i difegni utili alla Monarchia Franzefe; e ch'egli avea tenuto finquì in
un letargo il Re Criftianiffimo, fenza lafciargli far ufo del fuo
fpirito, pieno di generofità, e capace d'ogni bella imprefa.

O SIA, che la Corte di Spagna non confentiffe mai a partito, che proponeffe il Re di Sardegna, o che quefti fi ferviffe
delle efibizioni della Spagna per fare miglior mercato con altri: certo è, ch'egli nello ftefso tempo fu in negoziato colla
Corte di Vienna e di Londra. Poco profittava egli colla prima. Più condifcendente provò egli il Re Britannico *Giorgio II.*
con rapprefentargli, che non conveniva a' proprj intereffi il
continuare in quefta guerra fenza ficurezza di qualche frutto
e ricompenfa; aver egli perduto le rendite della Savoia; reftar
efpofti a maggiori pericoli tutti i fuoi Stati; ed effere enormi
le fpefe, ch'egli facea, e perchè? per falvare la Regina, i cui
Stati nulla finora aveano patito. Adoperoffi dunque il Re Inglefe, per indurre la Corte di Vienna ad un Trattato, che fer-
maffe il Re di Sardegna nell'unione colla Cafa d'Auftria, mercè di un adeguato compenfo alle perdite e fpefe, ch'egli avea
fatte,

faite, ed era per fare. Non sapea il Ministero di Vienna arrendersi; ma giacchè la Corte di Torino facea giocare il non
occulto suo maneggio colle Corti di Francia e di Madrid; e
s'ebbe paura, che fra loro seguisse qualche accordo, a cui avrebbe tenuto dietro la perdita di tutto lo Stato di Milano; perciò finalmente condiscese la Regina ad assicurarsi di quel Reale Sovrano. Adunque nel dì 13. di Settembre nella Città di
Worms, o sia Vormazia, restò conchiuso un Trattato di Lega
fra la Regina d'Ungheria, e i Re d'Inghilterra, e di Sardegna, e ciò in tempo che si credea, e si spacciava come sicura l'alleanza d'esso Re Sardo colle Corti di Francia e Spagna.
Ancorchè questo Trattato di Worms non fosse pubblicato, pure ne trapelarono alcune particolarità, ed altre vennero alla
luce per gli effetti, che ne seguirono appresso. Cioè fu accordato nel nono Articolo di cedere al Re di Sardegna il Vigevanasco, e tutto il territorio posto alla riva Occidentale del Lago Maggiore, abbracciando Arona, e tutta la riva meridiona-
le del Ticino, che scorre sino alle Porte di Pavia, e la Città di Piacenza col suo territorio di qua dal Po sino al fiume
Nura, restando alla Regina il Piacentino di là da Po, e quello ch'è di qua dalla Nura. Fu detto, che nel Consiglio del Re
di Sardegna alcun fosse di parere, che non si avesse a prendere il possesso di tali acquisti, se non finita la guerra, e che prevalesse il parere di chi consigliava l'anteporre il certo presente
all'incerto futuro.

Per questo Trattato parve, che la Corte di Francia restasse non poco irritata contra del Re Sardo; e certamente dopo
esser ella stata finquì renitente a dar braccio all'armi Spagnuole per far conquiste in Italia, si vide all'improvviso cangiare
registro, con accordare all'Infante *Don Filippo* alquante migliaia delle sue truppe. Ora perchè il Re di Sardegna avea
sì ben guerniti e fortificati i passi, che dalla Savoia conducono
in Piemonte, oltre alle Fortezze, che assicurano quel varco:
determinarono gli Spagnuoli di tentare qualch'altro passaggio;
e lasciati in Savoia circa quattro mila soldati di presidio, passarono a Brianzone verso la Valle di Castel Delfino. Conosciu-
ti i lor disegni, sul fine di Settembre unì il Re Sardo l'esercito suo nel Marchesato di Saluzzo, e postosi alla testa d'esso,
marciò per opporsi a i tentavi de' nemici. Calarono i Gallispani ne' primi giorni d'Ottobre pel Colle dell'Agnello, per

San

San Veran , e per altri fiti, e quantunque s'impadroniffero del Villaggio e Forte di Pont, pure ebbero fempre a fronte i Savoiardi , che in più d'un Luogo li rifpinfero , e diedero lor delle buffe . Pertanto da che s'avvidero, effere troppo pericolofo, fe non impoffibile, l'inoltrarfi, e tanto più perchè cominciò a fioccar la neve in quelle montagne , batterono nel dì nove del fuddetto Mefe la ritirata, paffando di nuovo nel territorio di Francia, ma con grave loro difagio , e con lafciare indietro dodici cannoni da campagna , che vennero in potere de'Savoiardi , e colla perdita di molta gente, la quale o non volle o non potè per cagion della neve tener loro dietro, oltre la perdita di alcune centinaia di muli, e di una parte del bagaglio . Tornoffene indietro anche il Re *Carlo Emmanuele* coll'efercito fuo, il quale non andò efente da molti patimenti per l'orridezza della ftagione, feco nondimeno riportando la gloria di aver bravamente refpinti i nemici . Furono cantati *Te Deum* non folamente in Torino, ma anche in Modena per così felice imprefa. Perchè la Regina d'Ungheria ebbe bifogno di uno fperto Generale in Germania, richiamò colà il Marefciallo *Conte di Traun* Governatore di Milano. Lafciò egli in quefte parti grata memoria del fuo difcreto ed onorato procedere, della fua moderazione ed affabilità, del fuo difintereffe , e di molta Carità verfo i Poveri, ficcome ancora della difciplina, ch'egli fece offervare alle milizie fue, fempre acquartierate in Carpi, Correggio, e Luoghi circonvicini. Nel dì 12. di Settembre arrivò a rilevarlo il Principe *Criftiano di Lobkowitz* , dichiarato Capitan Generale e Governatore dello Stato di Milano. Era preceduta una finiftra voce, che in compagnia di lui veniffe la fierezza e la barbarie. La fmentì egli ben tofto, fattofi conofcere Signore di buona legge, e di molta amorevolezza in quefte parti. A lui non poco debbono gli Stati di Modena, perchè regolandofi con maffime diverfe da quelle del Traun, deliberò di liberarle dal pefo delle Auftriache milizie, per paffare a Rimino, con difegno di cacciar di là gli Spagnuoli, i quali fenza rifchio alcuno teneano viva nel cuore d'Italia la guerra.

In fatti ful principio di Ottobre fi moffe effo Principe a quella volta con tutte le fue forze. A riferva di alquanti cannoni e di molte munizioni, che fpedite dalla Spagna erano in viaggio, sbarcate già in vicinanza di Civita Vecchia [pel quale le sbarco fecero gl'Inglesi doglianze e minaccie al sommo Pontefice] niun rinforzo di gente era mai giunto al campo Spagnuolo. Però il *Duca di Modena*, e il *Conte Gages*, attesa l'inferiorità delle forze, non vollero aspettar la visita de gli Austriaci, e passati alla Cattolica, andarono poi a far alto a Pesaro, nella qual Città si afforzarono, stendendo la lor gente fino a Fano e Sinigaglia. Formarono ancora varj trincieramenti al fiume Foglia con varie batterie di cannoni. Fermossi il Principe di Lobcowitz a Forlì, e parte della sua gente si portò a Rimino, Città ben perseguitata dalle disgrazie in questi tempi. Perchè la sua Cavalleria in quelle strette campagne non poteva operare, parve ch'egli non pensasse a maggiori progressi. Seguirono dunque delle scaramuccie solamente fra i Micheletti e gli Usseri; e perciocchè questi ultimi con varie schiere di Croati e Schiavoni in numero di circa quattro mila persone s'erano postati alla Cattolica, il Duca di Modena, con uno staccamento de' suoi combattenti per una parte, il General Gages per un'altra, e il Generale Conte Mariani per mare in varie barche, ne' primi giorni di Novembre s'inviarono con isperanza di sorprenderli. Ma un temporale in mare spinse le barche a Sinigaglia, e il Gages sbagliò la strada; laonde il solo Duca co' suoi arrivò colà, e indarno aspettò i compagni. Avvisati intanto gli Austriaci del disegno de gli Spagnuoli, con gran fretta si salvarono a Rimino, inseguiti poi per molto di strada da i Micheletti. Fermaronsi poi pel restante dell'Anno in que' postamenti le due nemiche Armate, per aspettare stagion più propria per le azioni militari. Ebbero anche apprensione gli Austriaci dell'accidente che segue.

GRANDE strepito, maggior timore cagionò in quest'Anno per Italia e per tutti i Littorali del Mediterraneo ed Adriatico la Peste, ch'era entrata, ed aveva preso piede in Messina. Colà approdò nel dì 20. di Marzo un Pinco Genovese vegnente da Missolongi di Levante, e carico di lana e frumento. Esibì il Padrone d'esso una patente falsificata, come s'egli procedesse da Brindisi. Gli fu prescritta la contumacia di molti giorni, nel qual tempo egli morì, e fu occultamente trafugata qualche mercatanzia nella Città. Insorto poi sospetto, che in quel Pinco si annidasse la Peste, fu esso con tutto il suo carico dato alle fiamme. Ma già il malore era penetrato nella Città; e cominciò a mancar di vita chi avea commerziato
con

con que' traditori. Secondo il peſſimo coſtume de' Popoli, che troppo abborrimento pruovano a confeſſarſi aſſaliti da queſto orribil male, ſi andarono luſingando i Meſſineſi, che per tutt' altro foſſero avvenute quelle morti ; e però non vi poſero quel gagliardo riparo, che occorreva in sì brutto frangente, eſſendoſi permeſſe Proceſſioni ed unioni del Popolo nelle Chieſe, cioè il veicolo più proprio per dilatare il male. Ora appena ebbe ſentore del ſoſpetto di Peſte in quella Città Don *Bartolomeo Corfini* Vicerè di Sicilia, che ne dimandò informazione; e ſi trovarono i più de' Medici Meſſineſi, che atteſtarono, quella non eſſere vera Peſte, ma un male Epidemico, ancorchè compariſſero abbaſtanza i Buboni; ſe con lode o vitupero dell' Arte loro, non occorre, ch' io lo dica. Ma il ſaggio Vicerè non fidandoſi di quella Relazione, inviò tre Medici da Palermo alla viſita di quegl' infermi, e tutti allora conchiuſero, trattarſi di quella vera Peſtilenza, che ſpopola le Città. Fu dunque ſul fine di Maggio dato all' armi, riſtretta Meſſina con un cordone di milizie; e perchè il male era paſſato di qua dallo Stretto, ed aveva infetta la Città di Reggio, ed alcuni altri Luoghi della Calabria, la Corte di Napoli anch' eſſa preſe di buone precauzioni, per preſervare il reſto del Regno. Bandi rigoroſiſſimi uſcirono per tutta l' Italia, e ſi arrivò ne' Littorali del Mediterraneo a tanta crudeltà di non voler concedere menomo sbarco a molti poveri Meſſineſi, che s' erano ſalvati in barche per Mare, quaſichè non ſi poteſſe aſſegnar loro qualche ſito da far la contumacia, ſenza laſciarli morir di fame. Non vorrebbono in ſimil caſo eſſere trattati così quegl' inumani. Gran parte poi del Popolo di Meſſina in poco più di tre Meſi perì, nè ſolo di Peſte, ma anche di fame, eſſendoſi trovata la Città ſprovveduta di grano; e quantunque foſſero loro ſpediti di tanto in tanto de i ſoccorſi per ordine del Re e del Vicerè di Sicilia, pure non baſtarono al biſogno. Tal diſcordia poi paſſa fra due Relazioni, che or ora accennerò intorno al ruolo de gli eſtinti in quella Città e Contado, che meglio ho creduto di non attenermi ad alcuna d' eſſe.

MARAVIGLIA fu, che eſſendo in campagna le Armate, cioè gente, che non vuole legge, ſi ſalvaſſe l' Italia da queſto eccidio. Anche per l' Anno ſeguente ſi continuarono i rigori delle guardie e contumacie, coſichè terminò in fine col male anche la paura. Se tali diligenze aveſſero uſate i noſtri Maggiori,

non

non avrebbe in altri tempi fatta cotantà ftrage con dilatarfi la
Pefte. Nè pure in avvenire pafserà da i paefi de' Turchi' efso
male, o pafsando non fi dilaterà, ogni qualvolta fi ofserviño
le buone regole inventate per prefervarfi. Quefta funeftiffima
Tragedia, o fia l'efatta Relazione della Pefte fuddetta, fi truova data alle ftampe in Palermo dal Canonico Don Francefco
Tefta, con tutti gli Editti in tal congiuntura emanati. Un'altra afsai curiofa e molto utile Relazione di quella Tragedia
in verfi sdruccioli ho io avuto fotto gli occhi, fatta dall'Abbate Enea Melani Religiofo Gerofolimitano, che di tutto era
ben informato. Fu efsa ftampata in Venezia nel 1747. Oltre
a ciò fi patì in queft'Anno l'influfso de' Raffreddori per gli Stati della Chiefa, di Venezia, e Tofcana, che trafsero al fepolcro molte migliaia di perfone. Mancò parimente di vita *Maria Anna Luifa de' Medici*, Figlia di *Cofimo III*. Gran Duca di
Tofcana, e Vedova di *Gian-Guglielmo Elettor Palatino*, a cui
non avea data prole: Principefsa di gran Pietà e Saviezza. Era
nata nel dì undici d'Agofto del 1667. Fatti molti riguardevoli
legati, lafciò erede de gli ftabili, mobili, e gioie della fua Cafa il Duca di Lorena, cioè *Francefco Stefano*, già divenuto
Gran Duca di Tofcana. Le protefte fatte contra di tal difpofizione dal Re delle due Sicilie *Don Carlo*, non ebbero certamente la forza, che feco portò il pofsefso. Giunfe ben a tempo quefta ricca eredità al Gran Duca, per valerfi de' molti preziofi arredi, argenti e gioie in aiuto della Regina d'Ungheria
fua Conforte, lagnandofi indarno in lor cuore i Fiorentini al
vedere trafportati altrove i tefori ed ornamenti della loro Città. Nel dì nove di Settembre fece il fommo Pontefice *Benedetto XIV*. la tanto fofpirata Promozione di ventifette Cardinali, perfone tutte di merito, tre de' quali fi rifervò in petto. Quanto alla Germania, dove più che in altri paefi fu bollente la guerra, appena fpuntò la Primavera, che la Regina
d'Ungheria; dopo avere fpedita una potente Armata contro
la Baviera, pafsò col Gran Duca Conforte e Correggente in
Boemia, e nel dì dodici di Maggio folennemente ricevette in
Praga la Corona di quel Regno. Nel dì nove d'efso Mefe all'
Armata Auftriaca, comandata dal Principe *Carlo di Lorena*,
e dal *Marefciallo di Kevenhuller* venne fatto di dare una rotta a i Gallo-Bavari; poftati alle rive del fiume Inn, con fare
molti prigionieri, e coll'acquifto di quattro cannoni e di varj

Stendardi . Dodo di che il vittorioſo eſercito ſi ſpinſe addoſſo·
alla Città di Dingelfing , che abbandonata da' Franzeſi , non
ſi ſa, ſe per aver eſſi poſto il fuoco a i magazzini , o pure per
barbarie de' Croati, reſtò quaſi tutta preda delle fiamme . Anche la Città di Landau venne in loro potere , e fu attribuito
un ſimile incendio d'eſſa a i Franzeſi , che le diedero anche il
ſacco prima d'andarſene . Ritiraronſi in fretta parimente da
Deckendorf , e da Landſut . Perchè parea , ch'eſſi Franzeſi
faceſſero peggio de gli ſteſſi nemici , non ſi può dire , quanto
odio concepirono contra di loro i Bavareſi . Arrivavano già le
ſcorrerie de' nemici in vicinanza di Monaco , e però l'Imperador Carlo VII. che nel dì 17. d'Aprile era tornato in quella
ſua Capitale , non trovandoſi ivi ſicuro , nel dì otto di Giugno
per la ſeconda volta ſe ne ritirò , riducendoſi coll'Imperiale Famiglia ad Auguſta . Altrettanto andava facendo il Mareſciallo Franzeſe Conte di Broglio , il quale ſi riduſſe in ſalvo ſotto
il cannone d'Ingolſtat , e poſcia ſi ſtaccò anche di là all'approſ-
ſimarſi de gli Auſtriaci , ed abbandonò fino Donawert . Nel dì
nove del Meſe ſuddetto rientrarono eſſi Auſtriaci in Monaco ,
e in poco tempo ſi renderono padroni di quaſi tutta la Baviera, e dell'alto Palatinato , con acquiſto di gran copia d'artiglierie; laonde l'Imperadore ſi riduſſe poſcia in Francoforte . Furono poi cagione queſti roveſci di fortuna , che il Gabinetto
del Re Criſtianiſſimo giudicaſſe a propoſito di far proporre alla
Regina d'Ungheria delle propoſizioni di Pace . Pareano queſte
aſſai diſcrete, perchè ſi facea contentare la Corte di Baviera
di un ritaglio della Monarchia Auſtriaca , per quanto fu detto,
cioè nella Briſcovia ; e il Re di Pruſſia d'una porzione della
Sleſia . Ma il buon vento , che allora correa in favor della Regina , e gonfiava le vele di ſperanze maggiori , ed eſſendo di
pochi il ſaperſi moderare nella proſpera fortuna : non le laſciò
accettare la propoſta concordia , allegando eſſa ſempre di non
poter permettere , che ſi ſciogließe il vincolo della Prammatica Sanzione, aſſodato coll'approvazione e giuramento di tante altre Potenze . Se n'ebbe forſe a pentire col tempo.

Nel preſente Anno, e nel dì 27. di Giugno ſeguì una ſan-
guinoſa battaglia a Dettingen fra l'eſercito Franzeſe , guidato dal Mareſciallo Duca di Noaglies , e l'Ingleſe ed Annove-
riano, in cui ſi trovava lo ſteſſo Re della Gran Bretagna Giorgio II. Amendue le parti gareggiarono in iſpacciar maggiori

i rii riportati vantaggi, giacchè non fu conflitto decisivo. Certo è, che gl'Inglesi rimasero padroni del campo di battaglia, e contarono non pochi stendardi e bandiere prese. Vennero intanto sottomosse da gli Austriaci la Fortezza di Braunau in Baviera, e Friedberg, e Reichental, i presidj de i quali Luoghi si renderono prigionieri di guerra. Nel dì 20. di Luglio la Fortezza di Straubingen con capitolazioni oneste si rendè al Tenente Maresciallo Austriaco *Barone di Berenclau*. Sostenne la Città d'Egra, unicamente restata in Boemia in poter de' Franzesi, un lunghissimo assedio; ma finalmente nel dì sette di Settembre quel presidio si diede per vinto e prigioniere dell'armi della Regina d'Ungheria: con che la Boemia interamente tornò alla quiete primiera. Grande materia di discorsi fu in quest' Anno il veder tutti i Franzesi ritirarsi precipitosamente dalla Baviera verso il Reno, e valicarlo con passare in Alsazia. Parve, che quella sì valorosa Nazione, allorchè troppo si allontana da' confini del suo Regno, o non conservi la consueta sua bravura, o non sia accompagnata dalla fortuna. Trasse anche al Reno l'esercito del Principe Carlo: esercito di gran possa, e seguirono poi varj tentativi per passarlo, con altre azioni, dal racconto delle quali io mi dispenso. Solamente come punto di grande importanza merita menzione la resa della Città e Fortezza d'Ingolstat, accaduta dopo pochi giorni di assedio nel dì nove di Settembre a gli Austriaci: Piazza la più considerabile della Baviera. Si conobbe nondimeno, che v'intervenne qualche segreto concerto, perchè non altro fu permesso alla Regina d'Ungheria, che di estrarne l'artiglierie e gli attrecci e le munizioni da guerra. Colà s'era ricoverato il meglio dell'Imperador Bavarese, e a tutto fu portato sommo rispetto. Cento settanta cinque furono i Cannoni, trentuno i Mortari, che asportati di colà andarono a reclutare i magazzini della Regina d'Ungheria, la cui gloria crebbe di molto nell'Anno presente. Trattarono in questi tempi i Genovesi con tal serietà e dolcezza gli affari della Corsica, esibendo a que'Popoli ragionevoli condizioni di vantaggio e sicurezza, che riuscì loro in fine di smorzare un incendio di sì lunga durata, e che era loro costato parecchi milioni.

Anno

Anno di CRISTO 1744. Indizione VII.
Di BENEDETTO XIV. Papa 5.
Di CARLO VII. Imperadore 3.

PER tutto il verno del prefente Anno andarono calando
dalla Germania copiofe reclute, ed anche alcuni Reggimenti, che paſſavano ad ingroſſare l'Armata del *Principe di
Lobcowitz*, acquartierata a Cefena, Forlì, e Rimino, cono-
fcendoſi abbaſtanza, altro non meditarſi, chè di procedere
innanzi per cacciar gli Spagnuoli da Pefaro, e da gli altri Luoghi da loro occupati. All'incontro in tale ſtato era l'Armata
Spagnuola, che quand'anche la forza non la faceſſe sloggiare, ſarebbe eſſa obbligata a ritirarſi a cagion della mancanza
de' foraggi per terra, e perchè giravano per que' lidi alcuni
Legni Ingleſi, che ne impedivano il traſporto per mare. Inviarono gli Spagnuoli varj diſtaccamenti pel Ducato d'Urbino,
o per precautarſi dall'eſſere aſſaliti da quella parte, o per far
credere di voler eglino aſſalire. Ma finalmente il Principe di
Lobcowitz ſul principio di Marzo diede la marcia al poderoſo ſuo eſercito, riſoluto di venire a battaglia, ſe gli Spagnuoli
intendevano di aſpettarlo di piè fermo. Nol vollero già eſſi
aſpettare, per ordine, come eſſi diceano, venuto da Madrid;
però ſul fare del giorno del dì ſette, ſenza ſuono di trombe
o tamburi, e con reſtar ſempre chiuſe le Porte di Pefaro, s'avviarono alla volta di Sinigaglia. Non mantenne il Conte di
Gages la promeſſa fatta al Veſcovo di Fano di non disfare il
Ponte del Metauro. Alle più valoroſe truppe, e alle Guardie
del Duca di Modena, fu laſciato l'onore della retroguardia.
Nel dì nove arrivò ad infeſtarli un groſſo Corpo d'Uſſeri e Croati, guidati dal Conte Soro, co' quali convenne venire alle mani, e durò queſta perſecuzione anche ne' dì ſeguenti, con danno d'amendue le parti. Mentre andava innanzi il nerbo dell'
Armata, la Retroguardia, che avea preſo ripoſo a Loreto, nel
dì 13. d'eſſo Marzo ſotto le mura di quella Città ſi vide aſſalita da cinque mila Auſtriaci, e il conflitto durò per dieci ore,
con ritirarſi in fine il diſtaccamento Auſtriaco. Nel proſeguire
il viaggio a Recanati gli Spagnuoli furono ſalutati dal Cannone di due Navi Ingleſi, che ucciſero il Mareſciallo di campo
Brieſchi, Comandante delle Guardie Vallone, con due altri Uſiziali.

ziali. Nel dì 16. fu di nuovo affalita la Retroguardia fuddetta,
e fi combattè fino alle vent' ore con vicendevole mortalità.
Finalmente nel dì 18. due ore avanti giorno l'efercito Spagnuolo, lafciati molti fuochi nel campo, s'iftradò verfo il Fiume Tronto, confine del Regno di Napoli, e nel mezzo giorno
fopra un preparato Ponte di bàrche cominciò a paffarlo, e da
quella riva non fi moffero il Duca di Modena e il Conte di Gages, fe non dopo averli veduti tutti in falvo. Andarono poi
effi a prendere ripofo per quattro giorni a Giulia Nuova, e pofcia furono ripartite le truppe in varj quartieri, ma dopo aver
patita una grave diferzione nel viaggio. Stavano effe in Pefcara, Atri, Chieti, Città della Penna, e Città di Sant'Angelo;
nel qual tempo anche gli Auftriaci fi accantonarono fra Recanati, Macerata, Fermo, Afcoli, e Tolentino. Se il Principe
di Lobcowitz aveffe trovata ne'fuoi fubordinati Generali maggiore ubbidienza ed amore, di peggio farebbe avvenuto alla
precipitofa ritirata del campo nemico.

ALL' offervare quefta brutta apparenza di cofe, non tardò
l'Infante *Don Carlo* Re delle due Sicilie, nel dì 25. di Marzo
a muoverfi da Napoli, ed accorrere in perfona anch'egli nelle
vicinanze dell'Abbruzzo con quindici mila de'fuoi combattenti, unendofi con gli Spagnuoli; non già con animo di rinunziare alla neutralità, ma folamente di guardare il fuo Regno da
gl'infulti de'nemici, cafo che quefti foffero i primi a fare delle oftilità. La Regina fua Confohte per maggior ficurezza fu
inviata a Gaeta, non oftante le preghiere in contrario della
appellata Fedeliffima Città di Napoli. Non fi può negare:
giudicò il *Principe di Lobcowitz* non difficile la conquifta del
Regno di Napoli. Conduceva egli una poderofa Armata, a
cui di tanto in tanto arrivavano nuovi rinforzi di gente e di
munizioni. Nel Regno fteffo non mancavano de i ben affetti
all'Augufta Cafa d'Auftria, che fegretamente faceano fperar
delle rivoluzioni alla Corte di Vienna. Però venne l'ordine ad
effo Principe d'inoltrarfi. Nel fine d'Aprile un corpo d'Auftriaci, valicato il Tronto, penetrò nell'Abbruzzo, e trovò gente, che l'accolfe di buon cuore. Ma il Lobcowitz ful rifleffo,
che facendo anche progreffi da quella parte, reftavano da fuperar le montagne, e che tuttavia egli fi troverebbe lontano
dal cuore e centro del Regno: determinò più tofto di prendere un cammino più facile per le vicinanze di Roma e di Monte

te Rotondo: cammino appunto eletto da gli conquiſtatori del
Regno di Napoli. Levato dunque il campo dá Macerata, e
da' circonvicini Luoghi, s'avviò verſo la metà di Maggio a
quella volta. Per lo contrario l'Infante Re appena ebbe penetrato il di 'lui diſegno, che retroceſſe a San Germano, e
alle ſue forze s'andarono ad unire quelle dell'eſercito Spagnuolo. Nè ſolamente pensò alla difeſa de'proprj confini, ma eziandio, giacchè ſtimava che l'aveſſero i nemici diſobbligato dalla promeſſa neutralità co i tentativi fatti nell'Abbruzzo, ſpinſe alcuni groſſi diſtaccamenti nello Stato Eccleſiaſtico a Cepe-
rano, Froſinone, e Vico Varo, ſino a giugnere co' ſuoi picchetti al Tevere. Nel dì 24. del Meſe ſuddetto, giunto a Roma il Principe di Lobcowitz, ebbe una benigna udienza dal
Papa, e chiamò poi quella giornata dì di trionfo, ſtante il
gran plauſo e i viva ſonori di quella Plebe. Ben regalato ſe ne
andò a Monte Rotondo; di là poi paſsò a Fraſcati, Marino,
Caſtel Gandolfo, ed Albano. Intanto entrata anche tutta l'Armata Napoliſpana nello Stato Eccleſiaſtico, ſi diviſe in tre corpi, poſtandoſi il Re ad Anagni con uno, il Duca di Modena
con un altro a Valmonte, e il Generale di Gages a Monte Fortino. Tutti finalmente ſi riduſſero a Velletri, giacchè ſi ſcoprì
invogliato l'eſercito Auſtriaco di penetrare per colà nel Regno
di Napoli. Non ſi potea dar pace il Pontefice Benedetto XIV.
al mirare divenuti teatro della guerra i paeſi della Chieſa con
tanto aggravio e deſolazione de' ſudditi ſuoi. L'unica ſperanza
di vedere in breve terminato queſto flagello, era ripoſta in una
giornata campale, che decideſſe della fortuna dell'armi. Ma
non faceano gli Spagnuoli queſti conti, baſtando loro di tenere a bada gli avverſarj, tanto che non metteſſero piede nel Regno: perchè ben prevedevano, che queſto ſarebbe ſtato un vin-
cerli ſenza battaglia. Sul principio di Giugno arrivati gli Auſtriaci al Monte della Faiola, ed occupato quel ſito, che do-
minava il Convento de'Cappuccini di Velletri, quivi cominciarono ad alzar batterie, per incomodare i Napoliſpani eſiſtenti nella Città, i quali tenevano aperto alle ſpalle il commerzio
col Regno, da cui continuamente ricevevano le biſognevoli
provviſioni. A Nemi era il quartier generale del Lobcowitz.
Perchè in queſti tempi era reſtata poca gente alla cuſtodia dell'
Abbruzzo, riuſcì al Colonnello Auſtriaco Conte Soro con un
diſtaccamento di truppe di entrare nelle Città dell'Aquila, di

Te-

Teramo, e Penna. S'ebbero bene a pentire col tempo quegli
sconsigliati abitanti di avere accolti que' nuovi ospiti con tanta festa, e d'aver prese anche, se pur fu vero, l'armi in loro
favore. Videsi poi sparso per varj Luoghi del Regno un Manifesto della Regina d'Ungheria, contenente le ragioni d'aver
mossa quella guerra, coll'animare i Popoli alla ribellione. In
esso furono toccati certi tasti, che dispiacquero alla sacra Corte di Roma, ed essendosene ella doluta, protestò poi la Regina di non aver avuta parte in esso Manifesto.

Stavano dunque a fronte, separate da una Valle profonda, le due nemiche Armate, cercando cadauna di ben fortificare i suoi posti, e di occupar quelli de' nemici. Spezialmente nella Faiola, e in Monte Spino si afforzarono gli Austriaci,
e i Napolispani nel Monte de' Cappuccini. Fioccavano le cannonate dall'una parte e dall'altra. Ma nella notte antecedente al dì 17. di Giugno, avendo il Conte di Gages da alcuni
disertori ricavato nome della guardia, ed appresa la situazion
de gli Austriaci alla Faiola, sito onde era forte incomodata la
Regia Armata, con grosso corpo di gente si portò all'assalto
di quel posto medesimo, e se ne impadronì, con far prigioni,
oltre a gli uccisi, il Generale di battaglia Baron Pestaluzzi, il
Colonnello e Tenente Colonnello del Reggimento Pallavicini,
ed altri Ufiziali con ducento sessanta soldati; e gli servì poi
quel sito per inquietar frequentemente gli Austriaci nel loro
campo. Fu cagione questa positura di cose, cotanto penosa al
territorio Romano, che il Pontefice *Benedetto XIV.* per sicurezza e quiete di Roma chiamasse colà alcune migliaia de' miliziotti di varie sue Città. Durò poi la vicendevole sinfonia
delle cannonate e bombe sotto Velletri con poco danno dell'
una e dell'altra parte fino al dì dieci d'Agosto; quando il Principe di Lobcowitz, animato dalle notizie prese da un Villano
di Nemi, e da alcuni disertori, determinò di tentare una strepitosa impresa. Il disegno suo era d'impadronirsi di Velletri,
e di sorprendere ivi il Re delle due Sicilie, il Duca di Modena, ed altri primarj Ufiziali della nemica Armata. Nella notte adunque precedente al dì undici del Mese suddetto fece marciare alla sordina due corpi di gente, l'uno di quattro mila
soldati, e l'altro di due mila per diverse vie. Il primo era comandato da i Tenenti Generali Broun, e Linden, e da i Generali di battaglia Novati e Dolon, e questi fecero un giro ver-

 ſo la ſiniſtra dell'accampamento Napoliſpano, ed arrivati ſul
far del giorno al ſito, dove erano poſtati i tre Reggimenti di
Cavalleria, della Regina, Sagunto e Borbon, con alcune brigate
di fanteria, le quali quantunque prive di trinceramenti non
ſi aſpettavano una viſita sì fatta, e tranquillamente dormiva-
no : diedero loro addoſſo, con attaccar nello ſteſſo tempo il
fuoco alle tende. Molti vi reſtarono ucciſi, altri rimaſero prigionieri; chi ebbe buone gambe, e fu a tempo, ſi ſalvò. A
gli abbandonati cavalli furono tagliati i garretti, e per conſeguente tolta la maniera di più ſervire e vivere. La ſola brigata de' valoroſi Irlandeſi fece teſta, finchè potè; ma ſopra-
fatta dalle forze maggiori, dopo grave danno, cercò di ſalvarſi
in Velletri. Dietro a i fugitivi per quella medeſima Porta entrarono gli Auſtriaci nella Città, e ſi diedero ad incendiar varie caſe per accreſcere il terrore. Preſero l'armi i poveri Vel-
letrani, per difendere ognuno le abitazioni proprie, ed alquanti vi laſciarono la vita. Avviſato per tempo il Re di queſta
ſorpreſa, balzò dal letto, e veſtito in fretta ſi ritirò al poſto
de' Cappuccini, ed era ſolamente in apprenſione pel Duca di
Modena, e per l'Ambaſciatore di Francia. Ma anche il Duca di Modena, e l'Ambaſciatore ebbero alcuni momenti favorevoli per tener dietro a ſua Maeſtà fra le archibugiate de'
nemici. Entrò il General Novati nel Palazzo del Duca; furono preſi, e condotti via tutti i ſuoi cavalli. Dubbio non c'è,
che ſe gli Auſtriaci aveſſero atteſo a perſeguitare i Napoliſpani, e ſe foſſe giunto a tempo l'altro corpo di gente, che
dovea raggiugnerli, reſtava la Città di Velletri in loro potere. Ma ſecondo il ſolito più voglioſi i ſoldati di bottinare,
che di combattere, ſi perderono attorno a gli equipaggi de gli
Ufiziali, e alle ſoſtanze de' Cittadini, con far veramente un
buon bottino, ſpezialmente dove abitava l'Ambaſciatore di
Francia, e i Duchi di Caſtropignano e d'Atriſco. Ciò diede
campo ad eſſi Napoliſpani di rincorarſi, e di accorrere alla
difeſa; e particolarmente con furore s'inoltrarono le Guardie
Vallone per la lunga ſtrada di Velletri contra de' nemici. Sor-
preſero il General Novati, che s'era perduto a ſcartabellare
le ſcritture del Duca di Modena, e cuſtodiva le di lui argenterie, che veriſimilmente doveano eſſere il premio delle ſue
fatiche, e il fecero prigione. Sopravenuto poi un rinforzo del
Conte di Gages, talmente furono incalzati gli Auſtriaci, che
chi

chi non rimafe o ucciſo o prigione, fu forzato a ſalvarſi fuori di Velletri, e di laſciar libera la Città.

MENTRE ſi facea queſta ſanguinòſa danza in Velletri, il Principe di Lobcowitz con altri nove mila ſoldati dovea portarſi all'aſſalto de i poſti della collina fortificati da' nemici. Tardò troppo. Tuttavia gli riuſcì di occupar qualche ſito del Monte-Artemiſio. Ma coſì inceſſante fu il fuoco de gli Spagnuoli, che quanti s'avanzavano, rotolavano ucciſi al fondo della valle, di maniera che dopo un oſtinato conflitto di alcune ore, furono forzati anche quegli Auſtriaci a battere la ritirata, e ad abbandonare gli occupati poſti. Terminata la ſcena, ognuna delle parti eſaltò a diſmiſura la perdita dell'altra. I più ſaggi crederono, che tra' morti e prigioni de' Napoliſpani vi reſtaſſero almen due mila perſone, fra le quali di prigionieri ſi contarono circa ottanta Uſiziali, e fra gli altri il General Conte Mariani, ſorpreſo colla gotta in letto. Vi perderono anche, chi diſſe nove, e chi dodici bandiere della brigata d'Irlanda. Dalla banda de gli Auſtriaci rimaſero prigioni oltre al Generale Novati, diciotto altri Uſiziali, e molti ſoldati colti in Velletri; e quantunque ſpacciaſſero d'aver laſciati mòrti ſul campo ſolamente circa cinquecento uomini, pure gli altri fecero aſcendere la lor perdita a più di due mila perſone. La verità ſi è, che ſe mancò la felicità, non mancò già la gloria di queſto tentativo al Principe di Lobcowitz, perchè in ſimili caſi nè ſi poſſono prevedere tutti gli accidenti, nè a tutto provvedere. Ma certo è altreſì, che maggior fu la gloria de' Napoliſpani, i quali in ſì terribil improvviſata, e con tanto avanzamento de' nemici, non ſolamente ſi ſeppero ſoſtenere, ma anche roveſciarono valoroſamente le loro ſchiere, ſuperando una tempeſta, che fece grande ſtrepito entro e fuori d'Italia. Dopo queſto fatto reſtate le due Armate ne' conſueti loro poſti, continuarono a ſalutarſi co i reciprochi ſpari d'artiglierie ſenza vantaggio de gli uni e de gli altri. Atteſe intanto l'Infante Re Don Carlo a rimontare la ſua Cavalleria: al che concorſero tutti i Vaſſalli del Regno di Napoli, ed anche quei di Sicilia. Varj diſtaccamenti ſpediti dal Re in Abbruzzo ne fecero in quelli tempi ſloggiare il Colonnello Soro co' ſuoi partitanti, e tornare all'ubbidienza della Maeſtà ſua le già occupate Città. Il rigore uſato contra di quegli abitanti dal Comandante Napoletano, fu detto, che veniſſe deteſtato dalla

Corte stessa, e tanto più da chi senza parzialità pesava le azio-, ni de gli uomini.

PER tutto il Settembre, e per quasi tutto l'Ottobre stette-ro in quella positura ed inazione le due nemiche Armate sotto Velletri, quando si cominciò a scorgere, che il Principe di Lobcowitz meditava di decampare, e di ritirarsi alla volta del Tevere, giacchè inviava innanzi verso Città vecchia i suoi malati, e parte delle artiglierie, munizioni, e bagagli. Certamente durante la State non erano cessati di giugnere nuovi rinforzi di gente al suo campo; ma di gran lunga sem-pre maggiore si trovava il numero di coloro, che cadevano in-fermi, e andavano anche mancando di vita. I caldi di quel paese non si confacevano colle complessioni Tedesche, avvez-ze a i freddi; e l'aria delle vicine Paludi Pontine stendeva fin colà i perniciosi suoi influssi, di modo che quanto si trovò in in esso Ottobre infievolito l'esercito suo, altrettanto si vide di-sperato il caso di vincere la pugna, e di obbligare i Napoli-spani a retrocedere. Non è già, che restasse esente da gravis-simi guai anche l'oste Napolispana, stante la continua diser-zione, ch'essa patì, maggior di quella de gli avversarj, e la gran quantità de'suoi malati, e la difficultà di ricevere i vive-ri, che bisognava condurre con pericolo ben da lontano, es-sendosi spezialmente per qualche tempo trovata in somme an-gustie per mancanza d'acqua da abbeverar uomini e cavalli. Pure tanta fu la costanza del Re e di tutti i suoi, che sofferi-rono più tosto ogni disagio, che darla vinta a i vicini nemici. Pertanto sull'Alba del dì primo di Novembre il Principe di Lobcowitz levò il campo, e in ordine di battaglia s'inviò ver-so Ponte Molle, per cui, e per un Ponte di barche già forma-to a fin di far passare le artiglierie, nel dì seguente ridusse di qua dal Tevere le genti sue. Perchè da Roma uscirono alcune centinaia di persone arrolate dal *Cardinale Acquaviva*, che in-festarono il loro passaggio, se ne vendicò poscia il Principe con dare il sacco ad alcune innocenti Ville. Nello stesso dì primo di Novembre anche l'Armata Napolispana, trovandosi liberata da'ceppi di tanta durata, con giubilo inesplicabile si mosse da Velletri per tener dietro a i nemici, procedendo nondimeno con tanta lentezza, che ben si conobbe non aver voglia di ci-mentarsi con loro, siccome quella che contava per sufficiente vittoria il vederli slontanare da quelle contrade. Nel dì due,

fra-

framezzate dal Tevere, i cui Ponti erano ftati rotti, fi fermarono in faccia le due Armate, falutandofi folamente l'una
e l'altra con varie cannonate. Quivi fi trovava coll'ofte fua
il Re delle due Sicilie *Don Carlo*, e fofpirando la confolazione
di vedere il Pontefice *Benedetto XIV.* e di baciargli il piede,
concertò pel dì feguente l'entrata fua in Roma. Colà portoffi
la Maeftà fua, accompagnata dal *Duca di Modena*, dal *Conte
di Gages*, dal *Duca di Caftropignano*, e da numerofa altra Ufizialità, e fra il rimbombo delle artiglierie di Caftello Sant'
Angelo, le quali gran difpetto e mormorazione cagionarono
nel campo Tedefco, fu ricevuto con tenero affetto dal Santo
Padre, e per un'ora continua durò il loro abboccamento.
CONFESSO' dipoi in una delle fue dotte Paftorali il buon Pontefice, che fra l'altre cofe il Re gli fece iftanza di minorare
il foverchio numero delle Fefte di precetto [grazia già accordata da fua Santità a varie Chiefe di Spagna] attefo il detrimento, che ne veniva a i Poveri, a gli Artifti, e a i Lavoratori della campagna. Congedatofi il Re da fua Santità, pafsò
dipoi a venerar nella Vaticana Bafilica il Sepolcro de i Santi
Apoftoli, e a vifitar le più rare cofe del vaftiffimo Palazzo Pontifizio, dove trovò infigni regali preparatigli dal Santo Padre,
ficcome ancora un lautiffimo pranzo per sè, e per tutto il fuo
gran feguito. Nell'inviarfi fuori di Roma vifitò anche la Bafilica Lateranenfe, lafciando da per tutto contrafegni della fua
gran Pietà, affabilità, e munificenza. Anche il Duca di Modena ricevette dipoi una benigniffima e lunga udienza dal Pontefice; e laddove il Re s'era incamminato per paffare a Velletri e a Gaeta, egli fe ne tornò la fera al campo. Pafsò dipoi il
vittoriofo Re a Napoli, accolto da quel gran Popolo con inceffanti acclamazioni, figillo della fedeltà ed amore verfo di lui
moftrato in sì pericolofa congiuntura. Vedefi data alla luce la
defcrizione del rinomato Affedio di Velletri, compofta con elegante ftile Latino dal Signor Caftruccio Buonamici, Ufiziale
militare del fuddetto Re delle due Sicilie.
S'ANDO' ritirando l'efercito Auftriaco fu quel di Viterbo,
e pofcia fu quel di Perugia, infeguito, ma da lungi, dal Napolifpano, che quantunque fuperiore di forze, mai non volle
e non osò moleftarlo. E perciocchè il Conte di Gages arrivato
a Foligno, ferrò il cammino conducente nella Marca: il Lobcowitz, fe volle venir di qua dall'Apennino, altro fpediente

non

non ebbe, che di prendere la via del Furlo, per cui paſſando
con grave incomodo delle ſue genti, andò poi a diſtribuirle a
quartieri in Rimino, Peſaro, Ceſena, Forlì, ed Urbino. Fu
poſto il quartier generale in Ímola. Vicendevolmente il Conte di Gages ritiratoſi da Aſſiſi, Foligno ed altri Luoghi, ſtabilì il ſuo quartiere in Viterbo, e miſe a ripoſar la ſua Armata in que' contorni, ſtendendola fin quaſi a Civita Vecchia.
E tale fu il fine di queſta ſpedizione pel meditato acquiſto di
Napoli, che diede occaſione al tribunale de' Politici ſfaccen-
dati di profferir varie deciſioni. Proruppero i parziali del Re
delle due Sicilie in encomj e plauſi per la ſavia condotta di lui,
e de' ſuoi Generali, da che avea tenuto lungi da' ſuoi confini il
potente nemico eſercito, e tiratolo nelle anguſtie di Velletri,
con averlo obbligato a ſtar ivi per tanto tempo racchiuſo. Per
lo contrario i ben affetti alla Regina d'Ungheria ſi laſciarono
ſcappar di bocca qualche diſapprovazione dell'operato dal Comandante Generale Auſtriaco, non ſapendo intendere, perchè
egli aveſſe preſa la riſtrettiſſima ſtrada di Velletri, e ſi foſſe
oſtinato in quella ſituazione, ſenza eleggere più toſto, o prima o dappoi, la via di Sora, od altra per entrare nel Regno,
dove non era fuor di ſperanza qualche mutazione, ed una
battaglia potea decidere di tutto. Ma è troppo avvezza la
gente a miſurar le lodi e il biaſimo delle impreſe dal ſolo eſi-
to loro, quaſichè il fine infelice di un'azione faccia, che il
ſaggio non l'abbia con tutta prudenza ſul principio intrapre-
ſa. Diſgrazia, e non colpa è ordinariamente l'avvenimento
ſiniſtro delle riſoluzioni formate da chi è provveduto di ſenno. Intanto la miſera Città di Velletri reſpirò dal peſo di tàn-
ti armati; ma non reſtò già eſente da altri mali, perchè per
gli ſtenti paſſati, e pel fetore di tanti cadaveri malamente
ſeppelliti, ſorſe una maligna epidemia in quel Popolo. Spedì
il Pontefice per farne lo ſpurgo, ed anche aiuto di pecunia;
ma non laſciò per queſto d'eſſere ben deplorabile la lor fortuna. Mentre ſi facea la guerra finquì accennata nel Levante dell'Italia, un'altra più fiera, che divampò, e ſi dilatò
in queſto medeſimo Anno nelle parti di Ponente, traſſe a ſè
gli occhi di tutti. Avendo finalmente la Corte di Spagna ottenuto, che il Re Criſtianiſſimo ſeconderebbe con forze gagliarde i ſuoi tentativi contro gli Stati del Re di Sardegna, ſi
videro in moto alla metà di Febbraio gli Spagnuoli, per tornare

Era Volg.
Ann. 1744.

mare dalla Savoia in Provenza. Quivi si accoppiarono poscia
l'Infante *Don Filippo*, e il *Principe di Conty*, supremo Comandante dell'armi Franzesi; e per tempo ognun si avvide,
essere le loro mire dalla parte maritima di Nizza e Villafranca. Contro tanti nemici solo si trovava il Re di Sardegna
Carlo Emmanuele, a cui fu in questi tempi dato l'attual possesso di Piacenza, di Vigevano, e dell'altro paese a lui accordato nella Lega di Vormazia; ma nulla perciò egli sgomentato si studiò di ben munire di genti e ripari il paese suo posto al mare.

PRIMA nondimeno, che si desse fiato alle trombe in terra,
avvenne una gran battaglia in mare fra l'Ammiraglio Inglese
Matteus, e la Flotta Franzese e Spagnuola, che s'erano unite
in Tolone. Queste ultime la Fama amplificatrice delle cose
le faceva ascendere fino a sessanta Vascelli di linea. Erano ben
molto meno. Stava il Matteus co' suoi Legni nell'Isole di Jeres, attento ai movimenti de' suoi avversarj, quando giuntogli l'avviso nel dì 22. di Febbraio, che usciti di Tolone aveano messo alla vela, passò tosto ad assalire la vanguardia condotta dalle Navi Spagnuole. Atrocissimo fu il combattimento
verso Capo Cercelli; l'orribile ed incessante strepito di tante
artiglierie sparse il terrore per tutte le coste della Provenza,
e corsero infinite persone sull'alture delle montagne ad essere
spettatrici di quella scena Infernale. Per confessione de gli stessi
nemici fece maraviglie di valore l'Armata navale di Spagna,
comandata dall'*Ammiraglio Navarro*; e tanto più perchè il Signor di *Court* Comandante della Franzese, o non entrò mai
veramente in battaglia, o se v'entrò, poco tardò a ritirarli,
per non vedere sconciati i suoi Legni. Che per altro fu creduto, che se i Franzesi avessero meglio soddisfatto al loro dovere, probabilmente potea riuscir quel conflitto con isvantaggio de gl'Inglesi, stante il non essere accorso a tempo in aiuto
del Matteus il Vice-Ammiraglio Lestock, che fu poi processato
per questo. La notte pose fine a tanto furore; ma nel dì seguente
si tornò alle vicendevoli offese, quando il Mare, stato anche
nel dì innanzi assai burascoso, accresciuta la collera, separò
affatto le nemiche Armate, spignendole un fierissimo vento
amendue alla volta d'Occidente. Perderono gli Spagnuoli un
Vascello di sessantasei pezzi di cannone, e di novecento uomini d'equipaggio, caduto in man de gl'Inglesi sì maltrattato,

to,

to, che dopo averne eſſi eſtratto il Capitano con ducento uomini rimaſti in vita, giudicarono meglio di darlo alle fiamme.
Grande fu la copia de' morti e feriti d'eſſi Spagnuoli: rimaſero anche i lor Vaſcelli talmente ſconcertati, che ridotti a
Barcellona ed Alicante, non ſi ſentirono più voglia di tornare in corſo. Forſe non fu minore il numero de' morti e feriti dalla parte de gl'Ingleſi, i quali anche per l'inſorta tempeſta patirono aſſaiſſimo, e ſi riduſſero a Porto Maone. I ſoli
Franzeſi ebbero ſalve ed illeſe le lor navi e genti; ſe con loro
onore, da molti ſi dubitò. Perchè lo ſteſſo *Ammiraglio Mat-*
teus non fece di più, fu anch'egli richiamato a Londra, e lot-
topoſto a un lungo e rigoroſo proceſſo.

INTANTO avea il Re di Sardegna fatti gagliardi preparamenti di genti e fortificazioni al Fiume Varo, giacchè l'eſercito terreſtre de' Galliſpani minacciava un' irruzione da quella
parte. Alle sboccature parimente di quel fiume ſtavano an-
corate alquante Navi Ingleſi, per impedire il paſſaggio colle
loro artiglierie. A nulla ſervirono que' tanti ripari, perchè ſenza difficultà nel dì due d'Aprile comparve di qua dal Varo la
fanteria Spagnuola; al quale avviſo i Cittadini di Nizza, mercè della facoltà loro data dal Real Sovrano, affinchè non ri-
maneſſero eſpoſti a guai maggiori, andarono a preſentar le
chiavi di quella Città all' *Infante Don Filippo.* Ripoſte avea le
principali ſue ſperanze il Re Sardo ne' trincieramenti fatti da'
ſuoi Ingegneri a Villafranca, e Montalbano, che certamente
parvero inacceſſibili, maſſimamente perchè alla guardia d'eſſi
vegliavano molte migliaia delle ſue migliori truppe. Ma o ſia,
che interveniſſe qualche ſtratagemma, per cui l'Armata Gal-
liſpana, aſcendente, per quanto fu creduto, a quaranta mila
combattenti, ſi apriſſe ſenza gran fatica il varco a quel for-
tiſſimo accampamento, con arrivare inaſpettatamente addoſſo
al *Marcheſe di Suſa*, e menarlo via prigione; o pure, che a
forza di furioſi aſſalti ſi ſuperaſſero tutti quegli oſtacoli: certo è, che nel dì 20. d'Aprile eſſi Galliſpani v'entrarono. Gran
reſiſtenza fecero i Savoiardi; più d'una volta riſpinſero le ſchiere nemiche, e gran ſangue fu ſparſo, e fatti de' prigioni dall'
una e dall'altra parte. Si ſoſtennero eſſi Savoiardi in alcuni
ſiti fino alla notte, in cui il General Comandante *Sinſan*, dopo aver poſto preſidio nel Caſtello di Villafranca, e nel Forte
di Montalbano, andò ad imbarcare circa quattro mila de' ſuoi

colle

Era Volg.
Ann. 1744.

éolle artiglierie, che potè falvare, in molti Legni preparati nel Porto di Villafranca, e pafsò ad Oneglia. Non afpetti alcuno da me il conto de'morti, feriti e prigioni dall'una e dall' altra parte, e de'cannoni, bandiere, e ftendardi prefi, perchè so, che non amano di comperar bugie : che di bugie appunto abbondano le Relazioni de i fatti d'armi a mifura delle differenti paffioni. Poco poi tardarono Montalbano, e il Caftello di Villafranca a fottometterfi a i Gallifpani. Attefe allora il Re di Sardegna a ben premunire i paffi delle montagne di Tenda, affinchè lafciaffero i nemici il penfiero di penetrar per quelle parti in Piemonte; e fi diede a provveder di tutto l'occorrente i Forti fuoi nella Valle di Demont e Cuneo, prevedendofi abbaftanza, che gli avverfarj farebbono per tentare di nuovo da quella parte una calata ne'fuoi Stati.

Fu nel dì fei di Giugno, che arrivato un groffo diftaccamento di Spagnuoli ad Oneglia, trovò abbandonata quella Terra dalle milizie Savoiarde, e da buona parte di quegli abitanti, che tutti fi riduffero col più delle loro foftanze all'alto della montagna. Penfavano intanto i Gallifpani a voli maggiori, e in fatti avendo ripaffato il Varo, cominciarono dal Colle dell' Agnello e da altri fiti circa il dì 20. di Luglio a calar verfo la Valle, dove trovarono delle forti Barricate a i paffi, foftenute con vigore per qualche tempo da i Savoiardi, ma poi abbandonate. S'impadronirono effi Spagnuoli di un ben fortificato Ridotto a Monte Cavallo, e pofcia di Caftel Delfino; e quindi per la Valle paffarono alle vicinanze di Demont. Grandi fpefe avea fatto il Re di Sardegna per ivi formare una ben regolata Fortezza; ma non era giunto a perfezionarla. Trovavafi egli fteffo alla tefta della fua Armata in quelle parti, per opporfi a gli avanzamenti de'nemici, co'quali giornalmente accadevano ora favorevoli, ora finiftri incontri. Portò la fventura, che una palla infocata gittata da'Gallifpani in Demont attaccaffe il fuoco a quelle fafcinate, o pure al Magazzino della Miccia, e che fi dilataffe l'incendio ne gli altri. Accorfero a tal vifta i Gallifpani, ed ebbero quel Forte colla guernigione prigioniera nel dì 17. d'Agofto: dopo di che effendofi ritirato il Re Sardo col fuo efercito a Saluzzo, eglino paffarono nella pianura, e fi diedero a ftrignere la Città e Fortezza di Cuneo. Sotto di quefta Piazza, mirabilmente difefa dal concorfo di due fiumi, avea patito deliquio altre volte la bravura de'Franzefi,

Era Volg.
Ann. 1744.

zesi, ed era venuta meno la lor perizia ne gli assedj: il che commosse la curiosità di ognuno, per indovinare, qual esito avrebbe quella impresa. Dalla parte sola, per cui si può far forza contra di Cuneo, avea il Re di Sardegna fatto ergere tre Fortini o Ridotti, che coprivano la Piazza. Entro v'erano sei mila parte Svizzeri e parte Piemontesi di presidio sotto il comando del valoroso *Barone di Leutron*, risoluti di far buona difesa. Non valevano men di loro i Cittadini, che prese animosamente l'armi, fecero poi di tanto in tanto delle vigorose sortite con danno de'nemici. Finalmente si videro in armi tutti i Popoli di quelle Valli e Montagne, ben affezionati al loro Sovrano. Colà accorsero ancora alcune migliaia di Valdesi; e il Marchese d'Ormea, sottrattosi in tal occasione al Gabinetto, messosi alla testa delle milizie del Mondovì col Figlio Marchese Ferrerio, tutti si diedero ad infestare i nemici, ad impedire il trasporto de' viveri, foraggi, e munizioni al campo loro, con far sovente de' buoni bottini, e rovesciar le misure de gli assedianti. Giunse intanto al Re da Milano un rinforzo di Varadini, e il Reggimento Clerici col Conte *Gian-Luca Pallavicino* Tenente Maresciallo Cesareo, Comandante di quelle Truppe.

SOLAMENTE nella notte precedente al dì 13. di Settembre aprirono i Gallispani la trincea sotto di Cuneo, e cominciarono a far giocare le batterie, e a molestar gravemente la Piazza colle Bombe; ma se questa pativa, non patirono meno gli assedianti, perchè spesso assaliti con somma intrepidezza da que' Cittadini e presidiarj. Continuarono poi gli approcci e le offese fino al dì 30. di Settembre, in cui il Re di Sardegna mosse l'esercito suo in ordinanza di battaglia verso le nemiche trincee. O sia, ch'egli solamente intendesse di avvicinarsi, e postarsi in maniera da poter incomodare il campo nemico; o pure che avesse veramente risoluto, siccome animoso Signore, di tentare il soccorso della Piazza: la verità si è, che si venne ad un generale combattimento. Fu detto, che un Ufiziale ubbriaco portasse l'ordine, ma ordine non dato dal Re, all'ala sinistra di assalire i posti avanzati de gli assedianti, e che entrata essa in azione, s'impegnò nel fuoco il restante delle schiere. Dalle ore dicinove fino alla notte durò l'ostinato conflitto con molto sangue dall'una e dall'altra parte, ma incomparabilmente più da quella de gli assalitori, perchè esposti alle artiglierie

cari-

caricate a mitraglia ò a cartoccio. Tuttochè per ordine del Rè si sonasse la ritirata, la sola notte fece fine all'ire, ed allora si riduffe l'esercito Sardo ad un sito distante un miglio e mezzo di là. Fu detto, che la Cavalleria nemica uscita da i ripari l'infeguiffe; ma lo scuro della notte, e l'aver trovato un bosco di Cavalli di Frisia, impedì loro il progresso. A quanto ascendesse il danno dalla parte de' Piemontesi, non si potè sapere; se non che conto fu fatto, che circa trecento fossero tra morti e feriti i suoi Ufiziali. Da lì a pochi giorni si scoprì, essere state le mire del Re di Sardegna nel precedente sanguinoso conflitto quelle d'introdurre soccorso in Cuneo. Ma ciò, che allora non gli venne fatto, accadde poi felicemente nella notte precedente al dì otto di Ottobre, in cui dalla parte del fiume Stura passò senza ostacoli nella Piazza un migliaio de' suoi soldati, con molti buoi ed altre provvisioni e danaro. Era intanto sminuita non poco l'Armata Gallispana per la mortalità e diserzion delle truppe; di gravi patimenti avea sofferto sì per le dirotte pioggie, e per li torrenti, che aveano impedito il trasporto de' viveri e foraggi per la Valle di Demont, come ancora per l'incessante infestazione de' paesani, che faceano continuamente prigioni e prede. Si scorse in fine, ch' essa non era in forze, come si decantava, perchè non potè mai tenere corpi valevoli a i Fiumi, che formassero un'intiera circonvallazione alla Piazza. Però dopo circa quaranta giorni di trincéa aperta, e dopo cagionata gran rovina di case in Cuneo, ma senza aver mai fatto acquisto di alcuna nè pur delle fortificazioni esteriori: nella notte precedente al dì 22. di Ottobre, abbruciato il loro campo, i Gallispani colla testa bassa, e con gran fretta si levarono di sotto a quella Fortezza, incamminandosi alla volta di Demont. Uno sprone ancora a i lor passi era il timore delle nevi, che li cogliessero di qua dall'Alpi con pericolo di perire uomini e giumenti per mancanza del bisognevole. Lasciarono indietro più di mille e cinquecento malati; ed inseguiti da varj distaccamenti di fanti e cavalli, e travagliati da i montanari, sofferirono altre non lievi perdite e danni. Fermaronsi in Demont cinque o sei mila Spagnuoli non tanto per coprire la ritirata del resto dell'esercito e delle artiglierie, quanto ancora per minar le fortificazioni della Fortezza, ben prevedendo di non poterfi quivi mantenere nel verno. Essendosi poi avanzato il General Piemontese tefe *Sinfan* verfo quelle parti con un maggior nerbo di milizie verfo la metà di Novembre, gli Spagnuoli fe ne andarono, dopo aver fatto faltare alcune parti di quel Forte, e la cafa del Governatore. Arrivarono a tempo alcuni Savoiardi per falvare ciò, che non era peranche faltato in aria, e s'impadronirono di alquanti pezzi di cannone rimafti indietro : nel qual mentre gli Spagnuoli come fugitivi provarono immenfi difagi, e perdita di perfone a cagion delle nevi, del rigorofo freddo, e della mancanza di vettovaglia. Così reftò libera tutta la Valle; e il Re di Sardegna, avendo compenfata l'infelice perdita delle Piazze maritime colla felicità di queft'altra imprefa, pien d'onore fi reftituì a Torino.

La Corte di Francia dichiarò in queft'Anno la Guerra alla Regina d'Ungheria per la caritativa intenzione, come fi diceva, di coftrignerla alla Pace coll'*Imperador Carlo VII.* e la dichiarò anche all'Inghilterra, difponendo tutto per invadere la Fiandra, con che fempre più s'andò dilatando il fuoco divorator dell'Europa. Per quanti sforzi faceffero i Miniftri di Vienna e di Londra per tirare in queito impegno le Provincie Unite, o vogliam dire gli Ollandefi, nulla di più nè pur ora poterono ottenere, fe non che l'Ollanda contribuerebbe il fuo contingente di venti mila armati a tenor delle Leghe. Troppo loro premeva di confervare la libertà del commerzio colla Francia e Spagna; ed altre fegrete ruote ancora concorrevano a muovere que' Popoli più tofto all'amore di una tal quai quiete e neutralità, che ad un'aperta guerra. Non tardarono i Franzefi ad impoffeffarfi di Coutray, Menin, ed altri Luoghi. Pofcia nel dì 18. di Giugno aprirono la trincea fotto l'importante Città d'Ipri, e con più di cento cannoni e quaranta mortari talmente l'andarono berfagliando, che nel dì 29. d'effo Mefe vi entrarono, dopo aver conceduta libera l'ufcita a quella guernigione. Erano principalmente animati i Franzefi dalla prefenza dello fteffo Re Criftianiffimo *Luigi XV.* che non guardò a fatiche in quefta campagna. Intanto il Principe *Carlo di Lorena*, Comandante dell'efercito Auftriaco al Renó, altro non iftudiava, che la maniera di paffar quel Fiume, per portare la guerra addoffo a gli Stati della Francia. Sul fine di Giugno riufcì al Generale *Berenklau* di valicar effo Fiume con dieci mila perfone in vicinanza di Magonza, e nel dì primo di Luglio altrettanto fu fatto dallo fteffo Principe Carlo col groffo dell'

dell'efercito fuo, che arditamente poi procedendo mife piede
nell'Alfazia in faccia de'nemici. Gran confufione fu allora in
quella fertile Provincia, che cominciò ad effere lacerata in parte da i Franzefi difenfori, e fenza paragone più da i feroci Auftriaci, che colle fcorrerie, e coll'imporre gravi contribuzioni, feppero ben prevalerfi del loro vantaggio, e tennero nello fteffo tempo bloccato Forte Luigi. Perchè l'Armata Franzefe ful principio d'Agofto fi andò dilatando verfo Argentina,
non lieve cofternazione inforfe in quella fteffa sì forte Città.
Il terribile fcompiglio dell'Alfazia cagion fu, che lo fteffo Re
Criftianiffimo fi moveffe con grandi forze da' Paefi baffi per
accorrere colà; ma caduto infermo in Metz verfo la metà di
Agofto, fece dubitar di fua vita. Dio il prefervò, e a poco
a poco fi rimife nello ftato primiero di falute. Un teatro di
miferie era intanto divenuta l'Alfazia, e fembrava, che l'efercito Auftriaco in quel bello afcendente meditaffe e fperaffe avanzamenti maggiori; quando giunfe la nuova d'una metamorfofi, che forprefe ognuno; cioè la Lega dell'Imperador *Carlo VII.* col Re di Pruffia *Carlo Federigo III.* coll'Elettor Palatino *Carlo di Sultzbac*, e col *Lantgravio d'Haffia Caffel*
contro la Regina d'Ungheria: Lega maneggiata, e felicemente conchiufa dall'induftria e pecunia Franzefe. Stupiffi ognuno, come effo Pruffiano dopo una Pace di tanto fuo vantaggio,
e sì recente, ftabilita colla Regina *Maria Terefa*, di nuovo
contra di lei sfoderaffe la fpada. Diede egli con un fuo Manifefto quel colore, che potè a quefta fua novità, allegando
l'occupazion della Baviera, e l'indebita guerra fatta da effa
Regina all'Augufto Capo dell'Imperio, alla cui difefa come
Elettore egli fi fentiva obbligato: quafichè quefto Capo non
foffe ftato il primo a muovere contra d'effa Regina la guerra;
ed effo Re Pruffiano, allorchè giurò la Pace, non fapeffe, che
ardeva quella guerra fra l'Imperadore e la Regina. Però la
Corte di Vienna proruppe in gravi querele contra di quel Re,
chiamandolo Principe di niuna fede, di niuna Religione; e la
Regina d'Ungheria corfe a Presburgo, per commuovere tutta
l'Ungheria in foccorfo fuo; e non vi corfe indarno.

RIMASERO per quefta inafpettata tempefta fconcertate affatto le mifure del Gabinetto Auftriaco, e fu obbligato il *Principe Carlo di Lorena* di ripaffare il Reno coll'efercito fuo per
correre alla difefa della Boemia, verfo la quale erano già in

moto dalla Slefia l'armi del Re di Pruffia. Nel dì 23. d'Agofto con bella ordinanza imprefe effo Principe il paffaggio di
quel Fiume, e felicemente in due giorni riduffe l'Armata all'
altra riva. Da i Franzefi, che l'infeguivano, riportò egli qualche danno con rimanere uccifi o prigioni molti de' fuoi, danno
no nondimeno inferiore all'efpettazion della gente, che giudicò non aver faputo i Franzefi profittar di sì favorevol occafione per nuocergli; anzi fu creduto, che il *Marefciallo Duca
di Noaglies* per quefta pretefa difattenzione foffe richiamato
alla Corte. Non dovettero certamente mancare a quel faggio
Signore delle buone giuftificazioni. Il bello poi fu, che l'Armata Franzefe, avendo anch'effa ripaffato il Reno, in vece
di tener dietro al Principe di Lorena, per fraftornare il fuo
cammino alla volta della Boemia, rivolfe i paffi verfo la Brisgovia per anfietà di far fua la fortiffima Piazza di Friburgo.
Intanto giacchè fi trovò la Boemia non preparata a così impetuofo temporale, la Régale Città di Praga nel dì 16. di Settembre tornò in potere del Re Pruffiano, con reftar prigioniera di guerra la guernigione, confiftente in circa dieci mila perfone, parte truppe regolate e parte milizie del paefe: Anche
la Città di Budweis corfe la medefima fortuna. Arrivato poi
che fu nella Boemia il poderofo efercito Auftriaco, più formi-
midabile fi rendè, perchè feco s'uniron venti mila Saffoni,
attefo che *Federigo Augufto III.* Re di Polonia ed Elettor di
Saffonia, avea in fine conofciuta la neceffità di far argine alla fmifurata avidità del Re di Pruffia; e vi s'era anche aggiunto, per quanto fu creduto, un altro impulfo, cioè una ricompenfa promeffa dalla Regina d'Ungheria. Allora cominciarono a mutar faccia in quelle parti gli affari. Budweis e
Tabor tornarono all'ubbidienza della Real Sovrana; e la fteffa Città di Praga fu nel dì 25. di Novembre precipitofamente
abbandonata da i Pruffiani: nuova, che riempiè di giubilo
Vienna. Ritiroffi pofcia il Re di Pruffia colle fue forze nella
Slefia, dove penetrarono anche gli Auftriaci, unendofi tutti
a maggiormente defolare quel prima sì doviziofo paefe. Mentre con tal felicità procedevano l'armi della Regina in quelle
parti, feppe l'Imperador *Carlo VII.* ben profittare della debolezza, in cui erano reftati i prefidj Auftriaci ne' fuoi Stati
della Baviera, da che il Principe di Lorena pafsò in Boemia.
Spinfe egli colà la fua Armata fotto il comando del Marefciallo

lo *Conte di Seckendorf*, che niuna fatica durò a ricuperar Monaco ed altri Luoghi, abbandonati da gli Auftriaci; ed effo Augufto dipoi nel dì 22. d'Ottobre ebbe la confolazione di rientrar nella fua Capitale fra i plaufi dell'amante Popolo fuo. Fu in quefto mentre fatto dall'efercito Franzefe l'affedio della Città di Friburgo nella Brisgovia: Città, che parea inefpugnabile, tante erano le fue fortificazioni, oltre all'effere munita di due Caftelli; ma non già tale alla perizia e rifoluzion de' Franzefi, a' quali, niuna Piazza fuol fare lunga refiftenza, quando non fia foccorfa da poffente Armata di fuori. Lo fteffo Re Criftianiffimo colà giunto in perfona non volle riveder Parigi, fe prima non vide quell'importante Fortezza fottomeffa all'armi fue. La prefenza di quefto Monarca animava la gente a facrificar le fue vite, e gran fangue in fatti coftò quell'imprefa a' Franzefi. Ma in fine il Comandante Auftriaco capitolò la refa della Città con ritirare nel dì fette di Novembre la guernigione ne' Caftelli, i quali poi fi arrenderono anch'effi nel dì 25. d'effo Mefe, reftandone prigioni i difenfori. Con quefte sì varie vicende ebbe fine l'Anno prefente; ne' cui ultimi giorni fi folennizzò in Verfaglies alla prefenza delle Maeftà Criftianiffime il maritaggio della Principeffa *Felicita d'Efte*, Figlia primogenita di *Françefco III.* Duca di Modena con *Luigi di Borbon* Duca di Penthièvre della Real Cafa di Francia, Grande Ammiraglio di quel Regno. Merita ancora d'effere qui riferita una gloriofa azione del Regnante Pontefice *Benedetto XIV.* Per bifogni della Criftianità [maffimamente nel Secolo XVI.] effendo ftati contratti dalla Camera Apoftolica de i groffi debiti, avea effa obbligati gli Ordini Monaftici, e i Canonici Regolari in Italia a pagarne annualmente i frutti: aggravio affai pefante a i Monifteri, che avea anche fminuito non poco il loro fplendore. Portato da un indefeffo amore alla beneficenza il Santo Padre, aprì loro il campo per redimerfi da quefto pefo, con permettere loro di pagare il capitale d'effi debiti, e di liberarfi da i frutti. Di quefta grazia i più ne profittarono, con decretar anche perenni memorie a così amorevol Benefattore, il quale nello fteffo tempo fgravò la Camera da i debiti corrifpondenti. Fra gli altri la Congregazion Cafinenfe in atteftato della fua gratitudine, fatta fare in marmo la Statua di Sua Santità, la collocò nell'Atrio della Bafilica di Monte Cafino fra l'altre di molti Pontefici, tutti benemeriti dell'Ordine di San Benedetto.

Anno

Anno di CRISTO 1745. Indizione VIII.
Di BENEDETTO XIV. Papa 6.
Di FRANCESCO I. Imperadore 1.

EBBE principio quest'Anno colla morte d'uno de' principali Attori della tuttavia durante Tragedia. Era suggetto
a gravi insulti di podagra e chiragra l'*Imperador Carlo VII.*
Duca ed Elettor di Baviera. Stavasene egli nella ricuperata
Città di Monaco, godendo la contentezza di vederfi rimeffo
in poffeffo di buona parte de'suoi Stati; quando più fieramente che mai affalito nel dì 17. di Gennaio da questo malore,
che gli pafsò al petto, pofcia nel dì 20. con fomma raffegna-
zione pafsò all'altra vita. Era nato nel dì fei d'Agofto del 1697.
Principe, a cui non mancarono già riguardevoli doti, ma mancò la fortuna, che nè pure s'era moftrata molto propizia al fu
Duca fuo Padre. Gli alti fuoi voli ad altro non fervirono, che
al precipizio proprio, e de'fuoi fudditi, condotti per cagione
di lui ad inefplicabili guai. Accrebbe certamente decoro a sè
fteffo, e alla Cafa propria coll'acquifto dell'Imperial Corona;
ma poco godè egli di quefto fplendore in vita, nè potè traman-
darlo dopo di sè a' Difcendenti fuoi. Lafciò effo Augufto tre
Principeffe Figlie e un folo Figlio, cioè *Maffimiliano Giufeppe*
Principe Elettorale, nato nel dì 28. Marzo del 1727. ch'egli
prima di morire dichiarò fuori di Minorità. Ora quefto Principe conobbe tofto d'effere rimafto erede del Principato avito,
ma infieme delle difavventure del Padre, perchè tuttavia la
principal fua Fortezza, cioè Ingolftat ed altre minori Piazze,
erano in mano della Regina d'Ungheria. Oltre a ciò alquanti giorni dopo la morte dell'Augufto Padre peggiorarono gl'
intereffi fuoi, perchè l'Armata Auftriaca s'impadronì d'Am-
berga, e di tutto il Palatinato fuperiore. Il peggio fu, che
già fi alleftiva un gran rinforzo di gente, per invadere di nuovo la Capitale della Baviera, o per coftringere quefto Principe
a prendere mifure diverfe dalle paterne.

TROVAVASI il giovinetto Elettore in un affannofo labirinto,
dall'una parte fpinto dalle efibizioni e promeffe del Miniftero
Franzefe per continuare nel precedente impiego; e dall'altra
combattuto da i configli della vedova Imperadrice fua Madre
Maria Amalia d'Auftria, dalla Corte di Saffonia, e dal Marefciallo

Era Volg.
Ann. 1745.

sciallo di Seckendorf, che gli persuadevano per più utile e sicuro ripiego l'accomodare gl'interessi suoi colla Regina d'Ungheria. A queste ultime amichevoli insinuazioni sul principio d'Aprile si aggiunse il terrore dell'armi; perciocchè entrato l'esercito Austriaco con furore nella Baviera, furono obbligati i Bavaresi e Franzesi ad abbandonare Straubing, Landau, Dingelfingen, Kelheim, Wilzhoffen, ed altri Luoghi dell'Elettorato. Gran costernazione fu in Monaco stesso, e l'Elettore se ne partì alla metà del Mese suddetto, chiamato da i Franzesi a Manheim. Ma egli si fermò in Augusta a stretti colloquj col Conte Coloredo, e con altri parziali della Casa d'Austria; e quivi in fine le persuasioni di chi gli proponeva l'accordo colla Regina, prevalsero sopra l'altre de' Ministri aderenti alla Francia, i quali restarono esclusi da i Trattati. Rinunziò dunque l'Elettore alla Lega colla Francia; accettò l'Armistizio e la Neutralità, con che restassero in poter della Regina le Fortezze d'Ingolstat, Scarding, Straubingen; e Braunau, fino all'elezion d'un Imperadore; ed antepose la quiete e liberazion presente de' suoi Stati alle incerte speranze di conseguir molto più coll'andare in esilio, e continuare sotto la protezion de' Franzesi. Intorno a questa sua risoluzione e ad altre condizioni di que' Preliminari di Pace, sottoscritti in Fussen nel dì 22. d'Aprile, varj furono i sentimenti de' Politici: noi li lasceremo masticare le lor sottili riflessioni. Per sì fatta mutazion di cose furono costrette le truppe Franzesi, Palatine, ed Hassiane a ritirarsi più che in fretta, e con grave lor danno, dalla Baviera, e da' suoi contorni, perchè sempre insultate dalle milizie Austriache.

FREQUENTI intanto erano i maneggi de gli Elettori, per dare un nuovo Capo all'Imperio, e sul principio di Giugno fu intimata in Francoforte la Dieta per l'elezione. Affinchè essa seguisse con piena Libertà, giudicarono bene i Franzesi di spedire un grosso esercito comandato dal *Principe di Conty* al Meno nelle vicinanze d'essa Città di Francoforte. Tanta carità de' Franzesi verso i loro interessi non la sapeano intendere i Principi e Circoli dell'Imperio, e molto meno volle sofferir questa violenza la Corte di Vienna. Trovavasi verso quelle parti un esercito Austriaco, ma non di tal nerbo, da poter intimare la ritirata a i Franzesi. Il saggio Maresciallo *Conte di Traun*, giacchè era tornata la quiete nella Baviera, ebbe l'incum-

cumbenza di provvedere a questo bisogno, e poscia ebbe anche
la gloria di felicemente eseguirne il progetto. Con un altro
gran corpo d'Armata prese egli un giro per le montagne, e
Luoghi disastrosi, e presso il fine di Giugno arrivò ad unirsi
coll'altro esercito comandato dal *Conte Batthyani*. A questa
Armata combinata sul principio di Luglio comparve anche il
Gran Duca di Toscana *Francesco Stefano di Lorena*, e poco
si stette a vedere scomparire dalle rive del Meno, e ritirarsi
al Reno l'oste Franzese. Restò con ciò liberata la Città di
Francoforte da quell'intollerabil aggravio, e tanto più, perchè il Gran Duca condusse anch'egli l'esercito suo ad Heidel-
berga, lasciando in piena libertà i Ministri Deputati all'elezione del futuro Imperadore. Essendo poi giunto lul fine d'Agosto a Francoforte l'*Elettore di Magonza*, si continuarono le
Conferenze di quella Dieta; e giacchè non fu questa volta disdetto alla Regina d'Ungheria il Voto della Boemia, e l'Elettor di Baviera nell'accordo con essa Regina avea impegnato il
suo in favore della medesima: nel dì 13. di Settembre, ancorchè mancassero i Voti del Re di Prussia, e del Palatino,
seguì l'Elezione di *Francesco Stefano* Duca di Lorena, Gran
Duca di Toscana, Marito e Correggente della stessa Regina
Maria Teresa, in Re de'Romani, che assunse il titolo d'Imperadore Eletto. Mossesi da Vienna questa Regnante non tanto per godere anch'essa in persona di veder la Coronazione
dell'Augusto Consorte, e rimesso lo Scettro Cesareo nella sua
potentissima Casa, quanto ancora per convalidare un patto
voluto da gli Elettori, cioè ch'essa Regina si obbligasse di assistere colle sue forze il nuovo Augusto in tutte le sue risoluzioni e bisogni. Fece il suo magnifico ingresso in Francoforte
l'*Imperadore Francesco I.* nel dì 21. di Settembre, e seguì poi
nel dì quattro di Ottobre la di lui solenne Coronazione con indicibil festa e concorso d'innumerabil gente. Si aspettava ognuno, che secondo lo stile anche alla Regina di lui Consorte fosse conferita l'Imperial Corona. Per più d'un riguardo se ne
astenne la saggia Principessa, più di quell'onore a lei premendo il conservare i proprj diritti, e l'amore de'suoi Ungheri e
Boemi, e il poter sedere da lì innanzi in carrozza al fianco
dell'Augusto Marito. Accettò nondimeno il titolo d'*Imperadrice*, e non lasciò di far risplendere in tal congiuntura la mirabil sua Munificenza, essendosi creduto da molti, che ascen-

desse

deſſe a qualche milione il prezzo delle gioie e de' regali, da eſſa diſtribuiti a gli Elettori, Miniſtri, Generali delle milizie, Soldati, ed altra gente, tanto che ne ſtupì ognuno. Si reſtituirono poſcia le Imperiali loro Maeſtà a Vienna, e vi fecero il giulivo loro ingreſſo nel dì 27. d' Ottobre.

Continuava intanto la guerra dell' Imperadrice ſuddetta col Re di Pruſſia, le cui armi occupavano la Sleſia. Nel dì otto del Gennaio dell' Anno preſente in Varſavia fra la ſuddetta Auguſta Regina, il Re d' Inghilterra, e il Re di Polonia, come Elettor di Saſſonia, e gli Ollandeſi, fu ſtabilita una Lega difenſiva, per cui ſi obbligò eſſo Elettore di contribuire trenta mila armati per la difeſa del Regno d' Ungheria, con prometttergli annualmente le Potenze Maritime cento cinquanta mila lire Sterline per queſto. E giacchè il Re Pruſſiano s'era meſſo ſotto i piedi il precedente Trattato di Pace, atteſe indefeſſamente la Corte di Vienna ad unire un poderoſo eſercito contra di lui, luſingandoſi di poter profittare di queſta rottura, per ricuperare la ſommamente importante Provincia della Sleſia dalle mani di chi avea mancato alla fede. Altri conti faceva il Re di Pruſſia, le cui truppe a maraviglia agguerrite, forti, e ſpedite ne' combattimenti, hanno in queſti ultimi tempi conſeguito un gran credito nelle azioni militari. All'apertura della campagna il Principe *Carlo di Lorena* marciò animoſamente co i Saſſoni in traccia della nemica Armata. Seguirono varj incontri, finchè nel dì quattro di Giugno preſſo Striegau e Friedberg, eſſo Principe, forſe contro ſua voglia, venne ad una giornata campale con eſſo Re. Toccò una gran rotta a gli Auſtriaco-Saſſoni, non avendo il Principe aſſai per tempo avvertita la ſvantaggioſa ſituazione ſua, per cui non potea paſſare la ſua cavalleria, e la vantaggioſa dell' eſercito Pruſſiano. Confeſſarono i vinti la perdita di nove mila perſone fra ucciſi, feriti e prigioni. Preteſero all' incontro i vincitori Pruſſiani, che de' loro avverſarj quattro mila reſtaſſero eſtinti nel campo, ſette mila foſſero i prigioni, fra' quali ducento gli Ufiziali, coll'acquiſto di ſeſſanta Cannoni, trentaſei Bandiere, ed otto paia di Timbali, oltre le ſpoglie del campo. Furono perciò obbligati gli Auſtriaci e Saſſoni a ritirarſi con grave diſagio nella Boemia, per attendere alla difeſa, e furono colà inſeguiti da i nemici. Ritiroſſi poſcia nel Settembre da eſſa Boe-

mia il Re di Pruffia, e con un Manifefto, e coll'avvicinamento delle fue truppe, cominciò a minacciar la Saffonia. L'infeguì in quefta ritirata il Principe di Lorena, e nel dì 30. d'effo
Mefe a Prausnitz in Boemia andò coll'efercito fuo ad affalirlo.
Ebbe anche quefta volta la fortuna contraria, e lafciò in mano de'nemici la vittoria, con perdita forfe di tre mila perfone,
di trenta pezzi di cannone, e di molte infegne. Ma nè pure
il Pruffiano potè gloriarfi molto di quella giornata, perchè
anch' egli perdè non folo affai gente, ma anche la maggior
parte del bagaglio proprio, e de'fuoi Ufiziali: ftante l'avere
il Generale Trench co i fuoi Ungheri attefo nel bollore della
battaglia a ciò, che più gli premeva, cioè a quel ricco bottino, e a far prigioniere chiunque ne aveva la guardia. Fu creduto, che fe effi Ungheri fenza perderfi nel faccheggio, aveffero fecondato il valor de gli Auftriaci, con menar effi anche
le mani, ed affalir per fianco i nemici, come era il concerto,
farebbe andata in ifconfitta l'Armata Pruffiana.

ORA effendofi inoltrato il Re di Pruffia ne'confini della
Saffonia, nel dì 23. di Novembre fi affrettò di prevenir l'unione de gli Auftriaci co i Saffoni, e gli riufcì di dare una rotta
ad alquanti Reggimenti della Saffonia colla morte di circa due
mila d'effi, e colla prigionia d'altrettanti. Si tirò dietro quefta vittoria un terribile fconvolgimento di cofe. Imperciocchè
l'Elettor Saffone Re di Polonia prefe le precauzioni di ritirarfi
colla Real Famiglia, e co' fuoi più preziofi arredi in Boemia,
e non finì il Mefe, che le truppe Pruffiane entrarono in Mers-
burg, e Lipfia; e il Re loro nello fteffo tempo con altro corpo di gente s'impadronì di Gorlitz. Inorridì ognuno all'udir
le fmifurate contribuzioni di due milioni e mezzo di Fiorini,
intimate al Popolo di Lipfia, da compartirfi poi fopra tutto
l'Elettorato di Saffonia, con dar tempo di fole poche ore al
pagamento. Convenne contribuire quanto di danaro, gioie,
ed argenterie, fi potè unire in quel brutto frangente, e dare
buone ficurtà mercantili pel refiduo. Anche nel dì 15. di Dicembre feguì un altro fatto d'armi fra i Pruffiani, e gli Au-
ftriaco-Saffoni colla peggio de gli ultimi; dopo di che furono
aperte le porte di Dreida al Re di Pruffia. Per cotanta felicità
del Re nemico conobbero in fine tanto *Federigo Augufto III.*
Re di Polonia, quanto l'Imperadrice *Maria Terefa*, la necef-

sità di trattar di Pace. Da Vienna dunque con Plenipotenza
volò il Ministro d'Inghilterra a trovare *Carlo Federigo III.* Re
di Prussia, e a maneggiar l'accordo. O sia che l'Imperadrice
della Russia minacciasse il Prussiano, o pure che altri riguardi
movessero esso Re: certo è, che nel dì 25. di Dicembre seguì
la Pace fra quelle tre Potenze, uniformandosi al precedente
Trattato di Breslavia, con altri patti, ch'io tralascio. Riti-
raronsi perciò da lì a non molto l'armi Prussiane dalla Sassonia;
e siccome il Re Elettore se ne tornò al godimento de'suoi Stati,
così l'Imperadrice sbrigata da sì fiero e fortunato avversario,
potè attendere con più vigor da lì innanzi a sostenere gli affari
suoi in Italia.

GRAN guerra fu eziandio in Fiandra nell'Anno presente.
Sul fine d'Aprile il valoroso *Conte di Sassonia* Maresciallo di
Francia con potente esercito si portò all'assedio di Tournai.
V'era dentro un presidio di nove mila Alleati, che prometteva gran cose, e certamente non mancò al suo dovere. Lo
stesso Re Cristianissimo *Luigi XV.* col Figlio Delfino volle ancora in quest'Anno incoraggir quell'impresa colla presenza
sua, e ben molto giovò. Imperciocchè nel dì undici di Maggio il giovine *Duca di Cumberland*, secondogenito di *Giorgio II.* Re della Gran Bretagna, Comandante supremo dell'
Armata de'Collegati in Fiandra, assistito dal saggio Maresciallo *Conte di Koningsegg* [i cui consigli non furono questa volta attesi] andò con tutte le sue forze ad assalire i Franzesi a
Fontenay. Nove ore durò l'aspro combattimento, in cui l'esercito Collegato superò alcuni trinceramenti, e fece anche piegare i nemici; ma sopragiunte le Guardie del Re, cangiò
aspetto la battaglia, e furono essi Alleati costretti a ritirarsi
con disordine ad Ath, con restare i Franzesi padroni del campo, di molte bandiere, stendardi, e cannoni, e con fare circa
due mila prigioni. Che comperassero i Franzesi ben caro questa vittoria, si argomentò dall'aver essi contato fra morti e
feriti quattrocento cinquanta de'loro Ufiziali. Nel dì 23. di
Maggio la guernigione di Tournay cedè la Città a gli assedianti, e si ritirò nella Cittadella, dove con far più prodezze
si sostenne fino al dì 20. di Giugno. Le furono accordati patti
di buona guerra, a riserva di non potere per tutto il presente
Anno militare contro i Franzesi. Era esso presidio ridotto a

sei

sei mila perfone. Andò poi rondando l'accorto Marefciallo di
Saffonia per alquanti giorni, fenza prevederfi, dove doveva
piombare ; quando improvvifamente fpedì un corpo de' fuoi,
i quali dopo aver data una rotta a fei mila Inglefi, che marciavano alla volta di Gant, colla fcalata s'impadronirono nel
dì undici di Luglio della ftefsa vafta Città di Gant, e nel dì fedici anche del Caftello. Copiofi magazzini di farine, biada,
bifcotto, fieno, ed abiti da foldati, fi trovarono in quella Città, e furono di buon cuore occupati da i Franzefi. Nel dì 21.
di Luglio entrarono l'armi Galliche anche in poffeffo di Oude-
narde, Grammont, Aloft, e pofcia di Dendermonda : dopo di
che paffarono fotto Oftenda, e verfo la metà d'Agofto ne imprefero l'affedio e le offefe.

CHIUNQUE fapea, quanta gente, e che fmifurato tempo coftaffe il vincere quell' importante Piazza nelle vecchie guerre
di Fiandra, ftimava di mirare anche oggidì le ftefse maraviglie di oftinata difefa. Ma non fon più que' tempi, e le circoftanze ora fono ben diverfe. Il prendere le Piazze anche
più forti è divenuto un meftier facile all' ingegno, e valore
dell' armi Franzefi. Oftenda nel dì 23. del fuddetto Mefe di
Agofto con iftupore d'ognuno capitolò la refa, e quel prefidio ottenne onorevoli condizioni. Avendo con quefta fegnala-
ta imprefa il Re Criftianiffimo coronata la fua campagna, carico di palme fe ne' tornò a Parigi e a Verfaglies. Anche Neu-
port, Fortezza di gran confeguenza nel dì quinto di Settembre
venne in potere de' Franzefi, ed altrettanto fece Ath nel dì
otto di Ottobre. Un gran dire dapertutto era al mirare; con
che favorevol vento procedeffero in Fiandra le Armate Franzefi, e qual tracollo veniffe ivi a gl'intereffi dell'Imperadrice
Maria Terefa. E pure quì non fi fermò l'applicazione del Gabinetto di Francia. Sul principio di Agofto affiftito qualche
poco da effi Franzefi il Cattolico Principe di Galles *Carlo Odoardo*, Figlio di *Giacomo III. Stuardo*, Re d'Inghilterra, già
chiamato nel precedente Anno in Francia, ebbe la fortuna di
paffare fopra una Fregata con alcuni fuoi aderenti, e buona
copia d'armi e danaro in Ifcozia, dove fu accolto con fefta
da molti di que'Popoli, che non tardarono a follevarfi, e a
riconofcere per loro Signore il Re di lui Padre. Prefe tofto tal
piede quell'incendio, che *Giorgio II.* Re d'Inghilterra, non

tan-

tanto per opporſi a i progreſſi di queſto Principe , quanto ancora per ſoſpetti, che non ſi trovaſſe qualche rivoluzione nel
cuore del Regno , richiamò a Londra parte delle ſue truppe
eſiſtenti in Fiandra , e fece anche iſtanza a gli Ollandeſi del
ſuſſidio di ſei mila ſoldati, al quale erano tenuti ſecondo i patti , e biſognò inviarli . Contribuì non poco tal avvenimento a
facilitar le conquiſte de' Franzeſi ne' Paeſi baſſi . Non mi ferme-
rò io punto a deſcrivere quegli avvenimenti , perchè oramai
mi chiama l' Italia a rammentare i ſuoi .

FERMOSSI per tutto il verno dell'Anno preſente col quartier
generale Auſtriaco in Imola il *Principe di Lobcowitz* , e ſi ſten-
devano le ſue truppe per tutta la Romagna . Nello ſteſſo tempo il Generale Spagnuolo *Conte di Gages* faceva ripoſar le ſue
milizie ſu quel di Viterbo , e ne' contorni, lagnandoſi indarno
gl' innocenti Popoli dello Stato Eccleſiaſtico di sì fatto aggravio . Diverſo nondimeno era il danno loro inferito da queſte
Armate ; perchè gli Auſtriaci non contenti de' naturali, eſigevano anche eſorbitanti Contribuzioni in danaro dalle Legazioni di Bologna, Ferrara, e Romagna . Paſſati i primi giorni di
Marzo, giacchè il *Conte di Gages* era ſtato rinforzato da molti
ſquadroni ſpediti dal`a Spagna, e da un buon corpo di Napole-
tani , con eſſere in viaggio altre ſchiere , per unirſi con lui,
miſe in moto l'Armata ſua alla volta di Perugia , e quindi per
tre diverſe ſtrade valicò l'Apennino , e nel dì 18. cominciarono
quelle truppe a comparire a Peſaro . Credevaſi, che gli Auſtriaci poſtati a Rimino foſſero per far teſta ; ma non ſi tardò molto a vedere l'inviamento de' loro Spedali alla volta del
Ferrareſe , per di là paſſare a Mantova ; e da che i Napoliſpani s'inoltrarono verſo Fano , il *Principe di Lobcowitz* , incendiati i proprj magazzini , cominciò a battere la ritirata
verſo Ceſena , Forlì , e Faenza . Parea , che i Napoliſpani
aveſſero l' ali ; non l' ebbero meno gli Auſtriaci ; talmente che
arrivato il Principe ſuddetto nel dì quinto di Aprile a Bologna coll' Armata, non le diede ripoſo, e feceia marciare alla volta della Samoggia . Ma da che cominciarono i nemici
a comparire di qua da Bologna, egli poſtò nel dì decimo di
eſſo Meſe tutto l' eſercito ſuo di qua dal Panaro ſul Modeneſe.

ARRIVATO che fu da Venezia a Bologna anche *Franceſco III.*
d'Eſte Duca di Modena , Generaliſſimo dell' Armata Napoli-
ſpa-

fpana , s'inviò quefta in ordinanza di battaglia verfo il fuddetto Panaro , e nel dì 13. d'Aprile nelle vicinanze di Spilamberto lo pafsò, benchè foffe accorfo colà il *Principe di Lobco-*
witz con apparenza di voler dare battaglia . Ma fenza aver
fatto alcuna prodezza , fi vide la fera tutto l'efercito Auftriaco paffar lungo le mura di Modena : efercito , che fervì di
fcufa al Generale , s'altro non cercava , che di ritirarfi ; perchè comparve fmilzo più d'un poco a gli occhi de' molti fpet-
tatori . Venne il Lobcowitz ad accamparfi fra la Cittadella di
Modena , e il Fiume Secchia , mentre i Napolifpani andarono
a piantare le tende al Montale , e ne' Luoghi circonvicini fino a Formigine , quattro miglia lungi dalla Città . Si figurarono molti , che il penfier loro foffe di entrare in Modena ,
e già il Lobcowitz avea aggiunto al Ponte alto un altro Ponte di barche , per falvarfi di là dal Fiume , qualora tentaffero
i nemici di affalirlo in quel pofto : faggia rifoluzione, perchè
paffato di là non paventava di loro ; e quand' eglino aveffero
in altri fiti fuperato il Fiume , egli fe ne farebbe tornato in
ficuro da queft'altra parte . Ma altri erano i difegni de' Napolifpani . Correvano allora i giorni fanti , e vennero quelli ancora di Pafqua : con che divozione li paffaffero i Modenefi ,
non fentendo altro , che la defolazione del loro paefe per le due
vicine Armate , facilmente fi può immaginare . Ed ecco, che
nella notte precedente il dì 22. d'Aprile i Gallifpani alla fordina levarono il campo , e per la ftrada di Gorzano s'avviarono alla volta delle montagne di San Pellegrino . Un' impenfata fiera difavventura arrivò ad effe truppe nel paffare per
colà in Garfagnana , perchè colte da un'improvvifa neve , che
principiò a fioccare , e trovandofi fenza foraggi e biade in que'
monti , fecero orridi patimenti ; feguì non lieve diferzione di
gente ; e più di cinquecento cavalli e muli lafciarono l'offa fu
quelle balze . Calati poi nella Garfagnana i Gallifpani , sì improvvifamente arrivarono addoffo alla Fortezza di Montalfonfo , che quel Comandante Auftriaco forprefo fenza vettovaglia , fi arrendè tofto col prefidio prigioniere di guerra ; ed
avendo poi fatto altrettanto quello della Verucola , tornò tutta quella Provincia all'ubbidienza del Duca di Modena fuo legittimo Sovrano . Speravano i Garfagnini un trattamento da
amici dalle truppe Spagnuole , e provarono tutto il contrario.

Pafsò

Passò da lì a poco quell'Armata sul Lucchese, e stesesi fino a Massa, dando assai a conoscere, ch'essa era per volgersi verso il Genovesato, a fine di unirsi coll'altra Armata de'Gallispani, che s'andava adunando nella Riviera Occidentale di Genova. S'avvide per tempo di questo loro disegno il Generale Austriaco Principe di Lobcowitz; e però anch'egli nel dì 23. d'Aprile sollecitamente alzò il campo da'contorni di Modena, e s'avviò alla volta di Reggio, e di là poi andò a mettere il suo quartiere a Parma, con ispedire varj distaccamenti in Lunigiana, a fine d'impedire o frastornare il passaggio de'nemici nel territorio di Genova. In fatti, allorchè nel dì nove di Maggio si misero i Napolispani a passare la Magra, ne riportarono una buona percossa: dopo di che arrivarono in fine dopo tante faticose marcie a prendere riposo nelle vicinanze di Genova.

Si venne a poco a poco da lì innanzi svelando un arcano, che avea dato molto da pensare e da discorrere ne'giorni addietro. Molto tempo era, che la Repubblica di Genova andava facendo un grande armamento di Nazionali, di Corsi, e di qualunque disertore, che capitava in quelle parti. Chi credea con danaro proprio d'essi Genovesi, e chi colla borsa di Spagna. Tanto gl'Inglesi, padroni per la potente lor Flotta del Mediterraneo, quanto *Carlo Emmanuele* Re di Sardegna, se ne allarmarono, ed inviarono Ministri a chiedere il perchè si facesse quella massa di gente. Altra risposta non riceverono, se non che trovandosi da ogni parte attorniati da Armate gli Stati di quella Repubblica, il Senato per propria difesa e sicurezza avea messe insieme quell'armi. Ma i saggi, che penetravano nel midollo delle cose, sospettarono di buon'ora la vera cagione di tal novità. Non fu sì segreto il Trattato di Worms, fatto dal Re di Sardegna colle Corti di Londra e di Vienna, che non traspirasse accordato al medesimo Re l'acquisto ancora del Finale, già appellato di Spagna. Del che si maravigliarono non pochi; perciocchè dallo Strumento della vendita d'esso Finale fatta dall'Imperador *Carlo VI.* a i Genovesi, non apparisse alcuna restrizione, se non che quel Marchesato restasse Feudo Imperiale. Ma il Re di Sardegna volle in tal congiuntura, che si avesse riguardo alle antiche pretensioni e ragioni della sua Real Casa su quel Feudo. Dovettero ben trovarsi

varfi imbrogliati i Miniftri della Regina per accordar quefto
punto, ftante l' Evizione promeffa dall' Augufto Carlo nella
vendita; e pure convenne accordarlo. Sommamente reftarono
irritati per quefto i Genovefi contra del Re di Sardegna, e,
non fu perciò difficile alle Corti di Francia, Spagna, e Napoli di manipolare un Trattato di aderenza d' effa Repubblica
all'armi loro, mercè della promeffa di afficurarla del dominio
e godimento di quello Stato, allorchè fi tratterebbe di Pace.
Altri vantaggi ancora le efibirono a tenor delle conquifte,
che fi meditavano nella prefente guerra. Entrarono pertanto
i Genovefi nell'impegno, ed afpettarono a cavarfi la mafche-
ra, allorchè gli Spagnuoli fi avanzarono verfo i loro confini.
Di gran confeguenza fu per li Gallifpani l'accrefcimento di
quefti nuovi Alleati, che fi dichiararono Aufiliarj della Spagna, perchè oltre al riguardevol rinforzo delle lor genti, fi
venne ad aprire una larga porta pel Genovefato all'armi di
effi Gallifpani, quando probabilmente non avrebbero effi faputo trovarne un'altra sì facile per calare in Lombardia.
  G I A' dalla Savoia era paffato colle fue genti in Provenza
il Reale Infante *Don Filippo*, e quivi avea ricevuto un buon
fuffidio d'altri fanti e cavalli, a lui fpediti dal Re fuo Genitore: nel qual tempo ancora non ceffavano di andar giugnendo a Nizza e Villafranca Sciabecchi Spagnuoli, portanti artiglierie, attrecci, e munizioni, fenza chiederne paffaporto a i
nemici Inglefi, i quali fembravano chiudere gli occhi a que'
trafporti, ma verifimilmente non li poteano impedire, anzi
andavano facendo prede di tanto in tanto. Era anche in marcia
un corpo di non fo quante migliaia di fanteria e cavalleria
Franzefe, fotto il comando del Marefciallo *Marchefe di Maillebois*, per venire ad unirfi con effo Infante. Andò poi come
potè il meglio l'Armata Spagnuola progredendo per le dila-
ftrofe ftrade della Riviera di Ponente alla volta di Savona. Fu
richiamato in quefto tempo alla Corte di Vienna il *Principe
di Lobcowitz*, per valerfi di lui nell'importante guerra di Boemia. Ora l'efercito Auftriaco informato, che il corpo de gli
Spagnuoli comandato dal *Duca di Modena*, e rinforzato da due
mila cavalli e tre mila fanti, ftaccati dall' Armata dell'Infante, s'era inoltrato fino alla Bocchetta, dopo la metà di Giugno per opporfi al loro avanzamento, entrò nel Genovefato,

im-

impadronendofi di Novi. Anche il Re di Sardegna, a cui la morte nel dì 29. di Maggio avea tolto il *Marchefe d'Ormea*, Gran Cancelliere, ed infigne primo Miniftro fuo, mandò le fue milizie ad accamparfi ne' fiti, per dove potea l'Infante *Don Filippo* tentare il paffaggio in Lombardia. Fermaronfi gli Auftriaci in Novi fino al principio di Luglio, quando il *Duca di Modena* unito al *General Gages* marciò a quella volta con tutte le forze dell'ofte Napolifpana, e gli obbligò a ritirarfi a Rivalta, e nelle vicinanze di Tortona. Nello fteffo tempo anche l'Infante coll'efercito Gallifpano, moffofi da Savona, e paffato l'Apennino, arrivò a Spigno, e pel Cairo venne ad impadronirfi della Città d'Acqui nel Monferrato, con fare retrocedere i Savoiardi. Parimente con altro corpo di gente il Marefciallo di Maillebois calò per la Valle di Bormida: laonde fu obbligato il General Piemontefe Sinfan a ritirarfi da Gareffio a Bagnafco, per coprire il Forte di Ceva. Alla metà di Luglio allorchè s'intefe in piena marcia l'efercito Napolifpano alla volta di Capriata, e il Gallifpano procedere verfo Aleffandria, il *Conte di Schulemburgo*, General Comandante dell'armi Auftriache, riduffe le fue truppe, [colle quali fi unì anche la maggior parte de' Savoiardi] a Montecaftello e a Baffignana, formando quivi un accampamento fommamente vantaggiofo pel fito difefo dal Po e dal Tanaro, e infieme dalla Città di Aleffandria, con cui tenea quel campo una continua comunicazione. Venne circa il dì 23. di Luglio ad unitfi il Reale Infante coll'efercito comandato dal Duca di Modena, e paffarono poi tutti ad accamparfi tra il Bofco e Rivalta, ftendendofi fino a Voghera. Intanto fu data commiffione al *Marchefe Gian-Francefco Brignole*, General Comandante delle truppe Genovefi di far l'affedio del vecchio Caftello di Serravalle, e fi attefe alle occorrenti difpofizioni del bifognevole, per imprendere quello di Tortona e della fua Cittadella.

SOLAMENTE nel dì quindici d'Agofto parte dell'efercito Collegato di Spagna fi prefentò fotto effa Tortona; e perchè quella Città è priva di fortificazioni, il Comandante Savoiardo dopo aver foftenuto per alquanti giorni il fuoco de'nemici, l'abbandonò, ritirando nella Cittadella, o fia nel Caftello, il fuo prefidio. Alzaronfi pofcia batterie di cannoni e mortari per berfagliar quella fortezza, e nel dì 23. fi diede principio alla

E:a Volg.
Ann. 1745.
varfi imbrogliati i Miniftri della Regina per accordar quefto
punto , ftante l' Evizione promeffa dall' Augufto Carlo nella
vendita ; e pure convenne accordarlo. Sommamente reftarono
irritati per quefto i Genovefi contra del Re di Sardegna , e
non fu perciò difficile alle Corti di Francia , Spagna , e Napoli di manipolare un Trattato di aderenza d'effa Repubblica
all'armi loro, mercè della promeffa di afficurarla del dominio
e godimento di quello Stato, allorchè fi tratterebbe di Pace .
Altri vantaggi ancora le efibirono a tenor delle conquifte ,
che fi meditavano nella prefente guerra . Entrarono pertanto
i Genovefi nell'impegno, ed afpettarono a cavarfi la mafche-
ra, allorchè gli Spagnuoli fi avanzarono verfo i loro confini.
Di gran confeguenza fu per li Gallifpani l' accrefcimento di
quefti nuovi Alleati , che fi dichiararono Aufiliarj della Spagna , perchè oltre al riguardevol rinforzo delle lor genti, fi
venne ad aprire una larga porta pel Genovefato all'armi di
effi Gallifpani , quando probabilmente non avrebbero effi faputo trovarne un'altra sì facile per calare in Lombardia .
  GIA' dalla Savoia era paffato colle fue genti in Provenza
il Reale Infante *Don Filippo*, e quivi avea ricevuto un buon
fuffidio d'altri fanti e cavalli, a lui fpediti dal Re fuo Genitore : nel qual tempo ancora non ceffavano di andar giugnendo a Nizza e Villafranca Sciabecchi Spagnuoli , portanti artiglierie, attrecci , e munizioni , fenza chiederne paffaporto a i
nemici Inglefi , i quali fembravano chiudere gli occhi a que'
trafporti , ma verifimilmente non li poteano impedire , anzi
andavano facendo prede di tanto in tanto . Era anche in marcia
cia un corpo di non fo quante migliaia di fanteria e cavalleria
Franzefe, fotto il comando del Marefciallo *Marchefe di Maillebois*, per venire ad unirfi con effo Infante . Andò poi come
potè il meglio l'Armata Spagnuola progredendo per le difaftrofe ftrade della Riviera di Ponente alla volta di Savona. Fu
richiamato in quefto tempo alla Corte di Vienna il *Principe
di Lobcowitz*, per valerfi di lui nell'importante guerra di Boemia . Ora l'efercito Auftriaco informato, che il corpo de gli
Spagnuoli comandato dal *Duca di Modena*, e rinforzato da due
mila cavalli e tre mila fanti, ftaccati dall' Armata dell'Infante, s'era inoltrato fino alla Bocchetta, dopo la metà di Giugno, per opporfi al loro avanzamento, entrò nel Genovefato,
im-

impadronendosi di Novi. Anche il Re di Sardegna, a cui la morte nel dì 29. di Maggio avea tolto il *Marchese d'Ormea*, Gran Cancelliere, ed insigne primo Ministro suo, mandò le sue milizie ad accamparsi ne' siti, per dove potea l'Infante *Don Filippo* tentare il passaggio in Lombardia. Fermaronsi gli Austriaci in Novi sino al principio di Luglio, quando il *Duca di Modena* unito al *General Gages* marciò a quella volta con tutte le forze dell'oste Napolispana, e gli obbligò a ritirarsi a Rivalta, e nelle vicinanze di Tortona. Nello stesso tempo anche l'Infante coll'esercito Gallispano, mossosi da Savona, e passato l'Apennino, arrivò a Spigno, e pel Cairo venne ad impadronirsi della Città d'Acqui nel Monferrato, con fare retrocedere i Savoiardi. Parimente con altro corpo di gente il Maresciallo di Maillebois calò per la Valle di Bormida: laonde fu obbligato il General Piemontese Sinsan a ritirarsi da Garessio a Bagnasco, per coprire il Forte di Ceva. Alla metà di Luglio allorchè s'intese in piena marcia l'esercito Napolispano alla volta di Capriata, e il Gallispano procedere verso Alessandria, il *Conte di Schulemburgo*, General Comandante dell'armi Austriache, ridusse le sue truppe, [colle quali si unì anche la maggior parte de' Savoiardi] a Montecastello e a Bassignana, formando quivi un accampamento sommamente vantaggioso pel lito difeso dal Po e dal Tanaro, e insieme dalla Città di Alessandria, con cui tenea quel campo una continua comunicazione. Venne circa il dì 23. di Luglio ad unirsi il Reale Infante coll'esercito comandato dal Duca di Modena, e passarono poi tutti ad accamparsi tra il Bosco e Rivalta, stendendosi sino a Voghera. Intanto fu data commissione al *Marchese Gian-Francesco Brignole*, General Comandante delle truppe Genovesi di far l'assedio del vecchio Castello di Serravalle, e si attese alle occorrenti disposizioni del bisognevole, per imprendere quello di Tortona e della sua Cittadella.

SOLAMENTE nel dì quindici d'Agosto parte dell'esercito Collegato di Spagna si presentò sotto essa Tortona; e perchè quella Città è priva di fortificazioni, il Comandante Savoiardo dopo aver sostenuto per alquanti giorni il fuoco de'nemici, l'abbandonò, ritirando nella Cittadella, o sia nel Castello, il suo presidio. Alzaronsi poscia batterie di cannoni e mortari per bersagliar quella fortezza, e nel dì 23. si diede principio alla

lor finfonia. Comune credenza era, che quel Caftello farebbe
lunga difefa, ftante la fituazione fua fopra un monte o colle ,
per non poter effere battuto, fe non da un lato, cioè dal de-
clivo Settentrionale della fteffa collina. Ma attaccatofi fuoco
nelle fafcinate delle fortificazioni efteriori, quella guernigione
nel dì tre di Settembre capitolò la refa, con obbligarfi di non
fervire per un anno contra de gli Alleati della Spagna. S'era
già ful principio d'Agofto renduto Serravalle all'armi Collegate, con reftar prigioniero di guerra quel tenue prefidio. Cominciarono allora i Genovefi a raccogliere il frutto della loro
aderenza alla Spagna, perchè fu conceduto ad effi il poffeffo
e governo non folamente di quel Caftello, ma anche del Mar-
chefato d'Oneglia. Sbrigatofi dall'impedimento di Tortona il
Real Infante *Don Filippo*, fu follecito a fpedire il Duca di
Vieville con un groffo diftaccamento di cavalleria e fanteria e
con cannoni all'acquifto di Piacenza. In quella Città non reftava fe non il prefidio di circa trecento uomini, avendo conofciuto il Re di Sardegna di non poterla fofteneré. Perchè quel
Comandante ricusò di aprir le Porte, gli Spagnuoli impazien-
ti, avendo recato feco delle fcale, improvvifamente diedero
la fcalata alle mura verfo Po, e vi entrarono nel dì cinque di
Settembre. Ritiroffi la guernigione nel Caftello, lafciando efpofta la Cittadinanza al pericolo di un facco. La protezione
d'*Elifabetta Farnefe* Regina di Spagna, quella fu, che li falvò
da quefto flagello; ed accorfa la Nobiltà con far portare come-
ftibili alle truppe, acquetò tofto il romore. Volle il Comandante Piemontefe del Caftello, prima di renderfi, l'onore di
effere falutato con molte cannonate, e pofcia nel dì 13. d'effo
Mefe fi rendè a difcrezione. Que'prefidiarj, che non erano nè
Savoiardi, nè Tedefchi, ma Italiani quafi tutti, fi liberarono
dalla prigionia con prendere partito nell'Armata di Spagna.
Ciò fatto, nel dì 16. comparve a Parma un diftaccamento di
Spagnuoli, che niuna difficultà trovò ad impadronirfene, giacchè gli Auftriaci ne aveano precedentemente menato via il
Cannone, e tutti gli attrecci, e le munizioni da guerra; e il
loro prefidio ne avea prefo congedo per tempo. Volarono corrieri a Madrid con quefte liete nuove, nè s'inganno chi credette, che la magnanima Regina di Spagna intendeffe con particolar giubilo e confolazione il riacquifto del fuo paterno retaggio.

Era Volg.
Ann. 1745.

taggio. Fu prefo dal Generale *Marchefe di Caftellar* il poffeffo di quelle Città, e di tutto il dominio già fpettante alla Cafa Farnefe, a nome d'effa Cattolica Regina; ed egli pubblicò pofcia uno ftraordinario Editto, vietante ogni forta di Giuoco d'azzardo, fotto pene graviffime: regolamento invidiato, ma non ifperato da altre Città. Dopo l'acquifto di Parma fu creduto, che di quel paffo verrebbono gli Spagnuoli fino a Modena, e perfuafi di ciò gli Ufiziali Savoiardi, fpedirono via in fretta i loro equipaggi. Ma altro non ne feguì, meditando gli Spagnuoli imprefe di maggior loro vantaggio.

DIEDE in quefti tempi il Generale d'effi *Conte di Gages* un nuovo faggio della fua avvedutezza, moftrata in tante altre militari azioni. Fatto gittare un Ponte alla Stella verfo Belgioiofo, fpinfe all'altra riva un corpo di tre mila Granatieri con della cavalleria. Pareano le fue mire volte a Milano: il che fu cagione, che dal campo Auftriaco-Sardo di Baffignana foffero fpediti con diligenza quattro mila foldati per coprire quella Città. Ma il Gages all'improvvifo fece marciare il Duca di Vieville con quella gente a Pavia. Soli cinquecento Schiavoni, parte de' quali anche o malata o convalefcente, fi trovavano in quella Città, Città di molta eftenfione: laonde non durarono fatica con una fcalata gli Spagnuoli a mettervi dentro il piede nella notte precedente il dì 22. di Settembre, con fare un acquifto di fomma importanza nelle congiunture prefenti, ftante la fituazione di quella Città, che oltre all'effere di là da Po, ha anche il fuo ponte a cavallo del Ticino. Ottenne quel tenue prefidio ritiratofi nel Caftello di poterfene andare, con obbligo di non militare per un anno contra de' Gallifpani e loro Alleati. Per non effere ben informati gli Spagnuoli, perderono allora un bel colpo. Nel Caftello di Milano erano, fecondo la difattenzione Auftriaca, fmontati quafi tutti i Cannoni; poco più di cento foldati ftavano alla fua difefa; e quefti fenza viveri che per cinque o fei giorni. Se colà marciavano a dirittura gli Spagnuoli, troppo verifimilmente veniva quell'infigne Caftello in breve alle lor mani. Nè pur Pizzighittone fi trovava allora in migliore arnefe. Ebbero dunque tempo il Generale Conte Pallavicini, e il Conte Criftiani Gran Cancelliere, di provvedere con indicibil diligenza di tutto il bifognevole quelle due Fortezze, ficchè le medefime fi rifero poi de'fuffeguenti attentati nemici. Intanto per mare; non oftante il continuo girare de' vafcelli Inglefi, andavano continuamente giugnendo a Genova parte da Napoli, e parte dalla Catalogna nuovi rinforzi di gente, di artiglierie, e munizioni, deftinati al Campo Spagnuolo. La prefa di Pavia cagion fu, che il Generale Auftriaco *Conte di Schulemburgo* colle fue truppe ripaffaffe il Po, per vegliare alla ficurezza di Milano, reftando nondimeno a portata di poter recar foccorfo, mercè di un Ponte ful Po, al Re di Sardegna, rimafto colle fue milizie nell'accampamento di Baffignana. Erafi fiuquì effo Re *Carlo Emmanuele* fermato in quel fito, attendendo a fempre più fortificarlo, e a vifitar fovente la Città d'Aleffandria, a cui pure facea continuamente accrefcere nuove fortificazioni. Ma da gran tempo andava ftudiando il Conte di Gages col Duca di Modena di farlo sloggiare di là, perchè fenza di quefto nulla v'era da fperare contro Aleffandria, Valenza, ed altri Luoghi fuperiori dietro il Po. Giacchè loro era riufcito di feparare la maggior parte delle milizie Auftriache dalle Piemontefi, lafciato un convenevol prefidio in Pavia, fi riduffero di qua da Po; ed unito tutto lo sforzo de' fuoi, Napoletani, Franzefi, e Genovefi, nella fera del dì 26. di Settembre moffero da Caftelnuovo di Tortona l'efercito per paffare il Tanaro, ed affalire i forti trinceramenti, ne'quali dimorava il Re di Sardegna colle fue truppe.

MARCIAVA in fei colonne quefta potente Armata, e nella prima fi trovava lo fteffo *Gages* col *Duca di Modena*, a fin di fare in varj fiti un vero o finto affalto. Sullo fpuntar dell'aurora del dì 27. dato il fegno della battaglia con tre razzi dalla Torre di Piovera, fanti e cavalli allegramente guadarono il fiume, e da più parti, fecondo il premeditato ordine, piombarono addoffo a gli argini e foffi del campo nemico. Aveano effi creduto di andare a un duro combattimento, e fi trovò, che a riferva del primo infulto a quelle trincee, non vi fu occafion di combattere. Perciocchè il Re di Sardegna, appena fcoperto il loro difegno, fenza voler avventurare il nerbo delle fue genti, ordinò la ritirata, a cui gli altri diedero il nome di fuga. Furono veramente infeguiti i Savoiardi da i Carabinieri Reali, e dalle Guardie del Duca di Modena, e da altri corpi di cavalleria Spagnuola; ma cinque Reggimenti Sardi a

ca-

Cavallo, poſtati ſopra un'altura in ordinanza, coprirono in maniera la ritirata delle artiglierie e la lor fanteria, che queſta, quantunque sbandata, parte ſi riduſſe ſalva a Valenza, e parte ad Aleſſandria. Con ſommo diſordine poſcia ſcamparono anche que'Reggimenti. Al primo romore avea bene il Real Sovrano di Sardegna chieſto ſoccorſo al Conte di Schulemburgo, che colle ſue truppe ſtava accampato di là da Po, nè tardò egli punto a muoverſi; due anche de' ſuoi Reggimenti paſſarono allora in aiuto d'eſſo Re; e da che videro come in rotta i Savoiardi, arditamente quaſi per mezzo a i nemici ſi ritirarono a Valenza anch'eſſi. Ma perciocchè non furono pigri i Galliſpani a marciar verſo il Ponte ſul Po, che manteneva la comunicazione co'Piemonteſi; e preſa la teſta del medeſimo, voltarono due cannoni ivi trovati contro gli ſteſſi Auſtriaci: queſti o perchè trovarono interdetto l'ulteriore paſſaggio, o perchè conobbero già finita la feſta, diedero il fuoco al Ponte medeſimo, e ſe ne tornarono al loro accampamento. Sicchè andò a finire tutta queſta ſtrepitoſa impreſa in poca mortalità di gente, in avere i Collegati acquiſtato non più che nove cannoni, due Stendardi, e il bagaglio di tre Reggimenti. Si fece aſcendere il numero de' prigioni Savoiardi ſin quaſi a due mila, fra' quali trentaſette Uſiziali, e ad alcune centinaia di cavalli, parte de'quali feriti nelle groppe. Non mancò in queſta diſgrazia al Re Sardo la lode di aver ſaputo ſalvare la maggior parte delle ſue truppe ed artiglierie.

VOLLERO in queſti tempi gl'Ingleſi far provare il loro ſdegno alla Repubblica di Genova per la ſua aderenza alla Spagna. Preſentataſi nel dì 26. di Settembre una ſquadra delle lor navi contro la medeſima Città, con alquante Palandre, cominciò a gittar delle Bombe; ma conoſciuto, che queſte non arrivavano a terra, e intanto i Cannoni del Porto non iſtavano in ozio: tardarono poco a ritirarſi, ſenza avere inferito alcun danno alla Città. Paſſarono eſſi dipoi al Finale, e fecero quivi il medeſimo giuoco contro quella Terra, che loro corriſpoſe con frequenti ſpari di artiglierie: laonde vedendo di nulla profittare, anche di là ſe n'andarono con Dio. Non coſì avvenne alla tanto popolata Terra, o ſia Città di San Remo, dove o non ſeppe, o non potè far difeſa quel Popolo. Secento bombe e tre mila cannonate delle navi Ingleſi fecero un la-

grime-

Era Volg.
Ann. 1745.
grimevol guasto in quelle case, ed immenso danno recarono a
quégl' industriosi abitanti. Andarono intanto gli Austriaci e
Piemontesi ad unirsi in Casale di Monferrato, vegliando quivi
a gli andamenti de' Gallispani, i quali perchè Alessandria era
rimasta in isola, nel dì sei d'Ottobre sotto d'essa aprirono la
trincea. Sino alla notte precedente al dì dodici si tenne forte
in quella Città il *Marchese di Carraglio*, General veterano del
Re di Sardegna, e si ridusse poi con tutti i suoi nella Cittadella, di modo che nel dì seguente pacificamente entrarono in
essa Città i Gallispani. Avea ne' tempi addietro il Re Sardo
con immense spese atteso a fornir quella Cittadella di tutte le
più accreditate fortificazioni dentro e fuori; abbondanti munizioni da guerra e provvisioni di vettovaglie v'erano state poste; grosso era il presidio. Per queste ragioni, e per essere
molto avanzata la stagione, troppo impegno essendo sembrato
a' Gallispani l'imprendere quell'assedio, unicamente si pensò
a vincere colla fame una sì rilevante Fortezza. Lasciatala dunque bloccata con sufficiente numero di truppe, il resto della
loro Armata passò all'assedio di Valenza, sotto di cui nel dì
17. d'Ottobre diedero principio alle ostilità. Venne in questi
tempi al comando dell'Armata Austriaca *Wincislao Principe*
Listenstein, di una delle più nobili e più ricche Case della Germania, e personaggio di somma Prudenza, e Pietà, in cui non
si sapea se maggior fosse la Generosità, o la Cortesia e l'Onoratezza: delle quali Virtù avea lasciata gran memoria nell'Am-
basceria a Parigi, e in tante altre occasioni. Da che furono
inoltrati gli approcci sotto Valenza, e si videro gli assedianti
in procinto di dare l'assalto ad una mezza luna, il Comandante d'essa Fortezza *Marchese di Balbiano* ne propose la resa à
gli aggressori; ma ricevuta risposta, che si voleva la guernigion
prigioniera, egli nella notte avanti al dì 30. del Mese suddetto con tutta segretezza abbandonò la Piazza, lasciando dentro
solamente cento uomini nel Castello oltre a molti malati. Il
resto di sua gente, che consisteva in mille e novecento soldati, in varie barche felicemente si trasportò co' suoi bagagli
di là da Po, con aver anche danneggiato i Gallispani, che
prevedendo questo colpo, tentarono di frastornare il loro passaggio. Entrati i vincitori in Valenza, vi trovarono circa sessanta cannoni, ma inchiodati, molti mortari, e buona quantità
di munizioni ed attrecci militari.   GIAC-

GIACCHE' il *Re di Sardegna*, e il *Principe di Lictenstein* si
erano ritirati da Cafale coll' efercito loro di là da Po a Crefcentino, paffarono i Gallifpani ad effa Città di Cafale, che
aprì loro le porte nel giorno quinto di Novembre. Il Caftello guernito di fecento uomini fi moftrò rifoluto alla difefa, e
però ne fu imprefo l'affedio, ma con fomma lentezza, ancorchè colà ridotti fi foffero l'*Infante Don Filippo*, il *Duca
di Modena*, il *Conte di Gages*, e il *Marefciallo di Maillebois*.
Erano cadute eforbitanti pioggie, che fuori dell' ufato durarono fino al fine dell'Anno. In quel graffo terreno vicino al
Po; fi trovavano rotte a difmifura le ftrade, ed immenfo il
fango, talmente che i muli deftinati per condurre da Valenza
il Cannone e le carrette delle munizioni, reftavano per iftrada,
e trovavano la fepoltura in quegli orridi pantani. Dall'efcre-
fcenza ed inondazione del Po fu anche obbligato il Re di Sardegna a ritirare il fuo campo verfo Trino e Vercelli. Intanto
circa il dì otto di Novembre paffarono i Franzefi ad impadronirfi della Città d'Afti, il cui Caftello fatta refiftenza fino al
dì 18. fi rendè, reftando prigioniere il prefidio. In quefti tèm-
pi, cioè nel dì 17. d'effo mefe comparve fotto la Baftia Capitale della Corfica una fquadra di Vafcelli Inglefi, che fatta
indarno la chiamata al Governator *Mari* Genovefe, fi diede
a fulminar quella Città con bombe e cannonate, profeguendo
fino al dì feguente quell'infernale perfecuzione; e poi fpinta
da venti furiofi, pafsò altrove. Reftò sì fmantellata e in tal
defolazione la mifera Città, che il Governatore informato dell'
avvicinamento del Colonnello Rivarola con tre mila Corfi follevati, giudicò bene di ritirarli di là: ficchè venne quella Piazza in poter d'effi Corfi. Per tal novità gran bisbiglio ed affanno fu in Genova. Intanto effendofi continuati gli approcci e
le offefe fotto il Caftello di Cafale, quel Comandante Savoiardo fi vide obbligato alla refa, con reftar prigioniera di guerra la guernigione. Volle il *Marefciallo di Maillebois* il poffeffo
e dominio di quella Città a nome del Re Criftianiffimo, ed altrettanto avea fatto d'Afti, d'Acqui, e dell'altre Terre di
que' contorni. Sì eforbitanti poi furono le contribuzioni di
danaro e di naturali impofte da' Franzefi a quel paefe, che fve-
gliarono orrore, non che compaffione in chiunque le udì.
Nell'Aftigiano le truppe quivi acquartierate levavano anche
i tetti

i tetti alle cafe per far buon fuoco. Pafsò dipoi l'*Infante Don
Filippo*, e il *Duca di Modena* col meglio delle loro forze a Pavia. Eranfi già impoffeffati gli Spagnuoli di Mortara, del ferti-
liffimo paefe della Lomellina, e di tutto l'antico territorio Pavefe con giubilo incredibile di que'Cittadini, che aveano cotanto deplorato in addietro un sì fiero fmembramento del loro
diftretto. Aveano in oltre effi Spagnuoli pofto il piede in Vigevano, e meditavano di volgere i paffi alla volta di Reggio e
Modena; quando venne loro un affoluto ordine della Corte di
Madrid di paffare a Milano.

Si fapea, che non troverebbono intoppo a i lor paffi. Il
Duca di Modena era di fentimento, che fi doveffe tenere unito tutto l'efercito fra Pavia e Piacenza, e non iftenderne o
fparpagliarne le forze; e il *Conte di Gages*, quantunque difap-
provaffe quell'imprefa, pure fu forzato ad ubbidire. Marciò
dunque effo Gages con un groffo diftaccamento di truppe, e
dopo avere ricevuti i Deputati di Milano, che gli andarono
incontro ad offerire le chiavi, e a chiedere la conferma de i
lor Privilegi, nel dì 16. di Dicembre entrò con tutta pace in
quella Metropoli, e tofto diede ordine, che fi barricaffero tutte le contrade riguardanti quel Reale Caftello. Nel dì 19. del
fuddetto Dicembre fece anche l'Infante *Don Filippo* in compagnia del Duca di Modena l'ingreffo in Milano, accolto con
feftofe acclamazioni da quel Popolo, che quantunque ben affetto all'Augufta Cafa d'Auftria, pure non potea di meno di
non defiderare un Principe proprio, che ftabiliffe quivi la fua
refidenza. E fu certamente creduto da molti non folo poffibile, ma anche probabile, che in quefto germoglio della Real
Cafa di Borbone fi aveffero a rinovare gli antichi Duchi di
Milano. Perciò con illuminazioni, ed altre dimoftrazioni di
giubilo fi vide o per amore o per forza folennizzato l'arrivo di
quefto Real Principe in quella Città. Quefto paffo ne facilitò
poi de gli altri, cioè l'impadronirfi, che fecero gli Spagnuoli
delle Città di Lodi e Como. Intanto il *Principe di Liftenftein*
col fuo corpo di gente fi tratteneva ful Novarefe, ftendendofi
fino ad Oleggio grande, e ad Arona, e alle Rive del Ticino.
Nell'oppofta riva d'effo Fiume il Conte di Gages fi pofe anch'
egli colle fue fchiere, per impedire ogni paffaggio, o tentativo de gli Auftriaci. In tal pofitura di cole terminò l'Anno

pre-

Era Volg.
Ann. 1745.

prefente : Anno confiderabilmente infaufto al Re di Sardegna, per la perdita di tanto paefe, e per tante altre perniciofe incurfioni fatte da' fuoi nemici verfo Ceva ed altri Luoghi, ed anche verfo Exiles, dove le fue truppe ebbero una mala percoffa nel dì 11. d'Ottobre. E pure quì non terminarono le difavventure del Piemonte. Nell'Anno precedente era penetrata in quelle contrade la Pefte Bovina, e fi calcolò, che circa quaranta mila capi di Buoi e Vacche vi periffero. Un potente mezzo per dilatare qualfivoglia Peftilenza, fuol effere la Guerra, ficcome quella, che rompe ogni argine e mifura dell' umana prudenza. Però maggiormente fi dilatò quefto micidial malore nell'Anno prefente pel Monferrato, e per gli altri Stati del Re di Sardegna, e di là pafsò ne i diftretti di Milano e di Lodi, e giunfe fino al Piacentino di là da Po, anzi arrivò a ferpeggiare nel di qua da effo Fiume, e in parte del Brefciano, con terrore del refto della Lombardia. La ftrage fu indicibile ; e chi sa quai fieno le terribili confeguenze di sì gran Flagello, bifogno non ha da imparare da me, in quanta defolazione reftaffero que' Paefi, oppreffi nel medefimo tempo dall'infoffribil pefo della Guerra. Conto fu fatto, che cento ottanta mila capi d'effi Buoi periffe nello Stato di Milano. Più riufcì fenfibile a que' Popoli quefto colpo, che la fteffa Guerra.

Anno di CRISTO 1746. Indizione IX.
Di BENEDETTO XIV. Papa 7.
Di FRANCESCO I. Imperadore 2.

NEL più bell'afcendente pareano gli affari de'Gallifpani in Lombardia ful principio di queft'Anno, trovandofi l'armi loro dominanti nel di qua da Po, a riferva della bloc- cata Aleffandria, ed effendo venuta la Città di Milano con Lo- di, Pavia, e Como alla lor divozione, con reftare il lolo Ca- ftello di Milano renitente a i loro doveri. Lufingaronfi allora i Franzefi di poter trarre coll'apparenza di sì bel tempo *Car- lo Emmanuele* Re di Sardegna nel loro partito, o almeno di ftaccarlo colla neutralità dalla Lega Auftriaca ed Inglefe. Da Parigi e da altre parti volavano nuove, che davano per certo e conchiufo l'accomodamento colla Real Corte di Torino; nè fi può mettere in dubbio, che qualche maneggio, durante il verno, feguiffe fra le due Corti per quefto. Ma o fia, che le efibizioni della Francia non foddisfaceffero al Re di Sarde- gna; o pure, come è più probabile, e proteftò dipoi effo Re per mezzo de'fuoi Miniftri alle Corti Collegate, ch'egli più pregiaffe la fede ne'fuoi impegni, che ogni altro proprio van- taggio, e gli premeffe di reprimere la voce fparfa, che l'ifta- bilità nelle Leghe paffaffe per eredità nella Real fua Cafa: certo è, che fvanirono in fine quelle voci, e fi trovò più che mai il Re Sardo coftante ed attaccato alla Lega primiera, con aver egli fatto tornare indietro mal foddisfatto il Figlio del *Marefciallo di Maillebois*, che venuto a' confini, portava fe- co, non dirò la fperanza, ma la ficurezza lufinghevole di ve- der tofto fottofcritto l'accordo. Stavano intanto i curiofi af- pettando, che s'imprendeffe l'affedio formale del Caftello di Milano, giacchè il ridurlo col blocco e colla fame farebbe coftato de i mefi, e intanto potea mutar faccia la fortuna. Ma il Cannon groffo penava affaiffimo ad effere trafportato per le ftrade troppo rotte da Pavia a Milano, e però d'una in altra fettimana fi andava differendo il dar principio a quell' imprefa. Intanto perchè fi lafciarono vedere alcuni armati Spagnuoli nel Borgo de gli Ortolani, o fia Porta Comafina, che è in faccia al Caftello, le artiglierie di effo Caftello gafti-

garo-

garono gl'innocenti padroni di quelle Cafe con diroccarle. Attendeva il Real Infante *Don Filippo* a folazzarfi in quella Metropoli con Opere in Mufica, ed altri divertimenti; il *Duca
di Modena* fe ne pafsò a Venezia per rivedere la fua Famiglia,
e reftituiffi pofcia nel Febbraio a Milano; e il *Generale Gages*
col nerbo maggiore delle truppe Spagnuole andò a poftarfi alle rive del Ticino verfo il Lago Maggiore, per impedire qualunque tentativo, che poteffe fare il *Principe di Lictenftein*,
il quale avea piantato il fuo campo ad Oleggio, ed Arona,
e in altri fiti del Novarefe alla riva oppofta del Fiume fuddetto.

Non attendeva già a folazzi in Vienna l'*Imperadrice Regina*, ma con attività mirabile, a cui non era molto avvezza
in addietro la Corte Auftriaca Imperiale, provvedeva a i bifogni de'fuoi in Lombardia. Era già ftata conchiufa e ratifica-
ta la Pace col Re di Pruffia. Pertanto sbrigata da quel potente nemico effa Regina col Conforte Augufto, fpedì fubito ordine, che una mano de'fuoi Reggimenti marciaffe alla volta
dell'Italia. Rigorofo era il verno; le nevi e i ghiacci dapertutto; convenne ubbidire. Gran copia ancora di Reclute fi mife allora in viaggio. Cagion fu la fuddetta inafpettata Pace,
e la fpedizion di tanti armati Auftriaci, a poco a poco nel Febbraio arrivati ful Mantovano, che andaffe in fumo ogni difegno de gli Spagnuoli [fe pure alcuno mai ve ne fu] di mettere l'affedio al Caftello di Milano. E perciocchè s'ingroffavano forte gli Auftriaci nel di qua da Po a Quiftello, a San Benedetto, ed altri Luoghi, rivolfero effi Spagnuoli i lor penfieri
alla difefa di Piacenza, Parma, e Guaftalla, nella qual ultima
Piazza erano anche entrati. Occuparono anche la Città di
Reggio, dove quel Comandante Bofelli Piacentino s'ingegnò di
lafciare un brutto nome, peggio trattandola che i paefi di
conquifta. Fu dunque pofto groffo Prefidio in Guaftalla, ed
inviata gente con qualche artiglieria in rinforzo di Parma; nè
in quefti medefimi tempi ceffavano di arrivare ful Genovefato
munizioni e foldatefche fpedite dalla Spagna e da Napoli,
paffando felicemente per mare, ancorchè giraffero di continuo
per quelle acque i Vafcelli e le Galeotte Inglefi. Anche per la
Riviera di Ponente paffarono verfo Genova tre Reggimenti di
Cavalleria; ma non fi vedevano già comparire in Italia nuove
truppe Franzefi.

DIE-

DIEDESI, appena venuto il Mese di Marzo, principio alle mutazioni di scena, che andarono poi continuando e crescendo in tutto l'Anno presente nel teatro della Guerra d'Italia. Il primo a fare un bel colpo, fu il *Re di Sardegna*, i
cui movimenti finirono di dissipar le ciarle del sognato suo
accordo colla Francia. Spedito il *Barone di Leutron* con più di
dieci mila combattenti all'improvviso nel dì cinque del Mese
suddetto, piombò sopra la Città d'Asti. Circa cinque mila
Franzesi con più di trecento Uffiziali si godevano quivi un
buon quartiere. Spedì bensì il Tenente Generale Signor di
Montal Comandante di quelle truppe al Maillebois l'avviso
del suo pericolo, insieme con ottanta mila Lire da lui ricavate di contribuzione; ma caduto il Messo colla scorta ne gli
Usseri, cotal disgrazia cagion fu, che i Franzesi non fecero
difesa che per tre giorni, e furono obbligati a rendersi prigionieri, con sommo rammarico del Maresciallo, il quale non
fu a tempo per soccorrerli, e rovesciò poi tutta la colpa di
quell'infelice avvenimento sul Comandante suddetto. Mentre
egli sconcertato non poco si ritirò per coprire Casale e Valenza, i vincitori Piemontesi rastellando in varj siti altre picciole guernigioni Franzesi, s'inoltrarono alla volta della già
languente Cittadella d'Alessandria pel sofferto blocco di tanti
Mesi, seguitati da un buon convoglio di viveri condotto dal
Marchese di Cravenzana. Sminuito per li patimenti quel Presidio, comandato dal valoroso *Marchese di Carraglio*, era anche giunto a combattere colla fame; e già per la mancanza delle vettovaglie si trovava alla vigilia di darsi per vinto: quando i dieci battaglioni Franzesi esistenti nella Città,
all'udire avvicinarsi il grosso corpo de i Piemontesi, giudicarono meglio di abbandonarla, lasciando in quello Spedale qualche centinaio di malati, che rimasero prigioni del Re di Sardegna. Intanto per conservar la comunicazione con Genova,
ritirossi il Maillebois a Novi. Questi colpi, e l'ingrossarsi continuamente verso l'Adda, e nel Mantovano di qua da Po le
milizie Austriache, fecero conoscere all'Infante Don Filippo,
che l'ulteriore soggiorno suo e delle sue truppe in Milano,
era oramai divenuto pericoloso. Cominciarono dunque a sfilare verso Pavia i Cannoni grossi venuti per l'ideato assedio
del Castello di Milano, ed ogni altro apparato militare. Ciò
non ostante nel dì 15. di Marzo, giorno Natalizio dell'Infante

sud-

fuddetto, il Duca di Modena diede una funtuofa fefta a tutta la Nobiltà di Milano. Ma da che s'intefe, che il Generale Tedefco *Berenclau* da Pizzighittone con circa dieci mila de'
fuoi, dopo l'acquifto di Codogno, s'incamminava verfo Lodi,
di colà ritiratifi gli Spagnuoli fi falvarono quafi tutti a Piacenza. Gli altri parimente, che erano a Como, Lecco, e
Trezzo, ed affediavano il Forte di Fuentes, tutti fe ne vennero a Milano. Ma ecco cominciar a comparire alle Porte di
quella Città le fcorrerie de gli Ufferi. Allora fu che il Generale Conte di Gages andò ad infinuare al Real Infante, che
tempo era di ricoverarfi a Pavia, aggiugnendo effere venuto
quel giorno, ch'egli sì chiaramente avea predetto all'Altezza fua Reale, prima di muoverfi alla volta di Milano. Era
ful far dell'Alba del dì 19. di Marzo, in cui quel Real Prin-
·cipe col Duca di Modena, e col corpo di fua gente, prefe
commiato da quella nobil Città. Quanto era ftato il giubilo nell'entrarvi, altrettanto fu il rammarico ad abbandonarla. Due ore dopo la loro partenza ripigliarono gli Auftriaci
il poffeffo di Milano; ed ebbero tempo di folennizzare la fefta di San Giufeppe con tutti i fegui di allegria, sì per la felice liberazione della Città, che pel nome del primogenito
Arciduchino.

Non poterono allora i Politici contenerfi dal biafimare la
condotta de gli Spagnuoli, che in vece di attendere ad afficurar
meglio il di qua da Po coll'efpugnazione della Cittadella d'Aleffandria, aveano voluto sì fmifuratamente slargar l'ali, e prendere tanto paefe, fenza ben riflettere, fe aveano forze da con-
fervarlo. Efercito troppo divifo, non è più efercito. Erano fparpagliati i Gallifpani per tutto il di qua da Po, ed arrivava il dominio d'effi da Afti per Piacenza e Parma fino a Reggio e Guaftalla. Tenevano Pavia, Vigevano, e la Città di Milano, ma con
un Caftello forte, che minacciava non meno effi, che la Città.
Occupavano ancora Lodi, e le Fortezze dell'Adda. Dapertutto
conveniva tener prefidj, e però dapertutto mancava un'Armata, e ciò che parea accrefcimento di potenza, non era che debolezza. Non fu già configlio del Duca di Modena, nè del Generale Gages, che s'andaffe a far quella bella fcena o fia comparfa in Milano; ma convenne ubbidire al Reale Infante, o
ficcome è più credibile, a gli ordini precifi venuti da Madrid.

Trop-

Troppo fpeſſo fogliono prendere mala piega le imprefe, qualora i Gabinetti lontani vogliono regolar le cofe, e faperne
più di un Generale faggio, che ful fatto conofce meglio la
fituazion delle cofe, e fecondo le buone o cattive occafioni
dee prendere nuove rifoluzioni. Contuttociò s' ha da riflettere, che non poterono gli Spagnuoli prevedere l'improvvifa
Pace dell'Imperadrice Regina col Re Pruſſiano, nè feppero figurarfi, ch'ella nell'afpro rigore del verno aveffe da far volare in Italia sì gran forza di gente: tutti avvenimenti, che
fconcertarono le da loro forfe ben prefe mifure. A queſti im-
penfati colpi e vicende gli affari delle Guerre e delle Leghe
fon fottopoſti. Anche dalla parte di Levante non tardò la fortuna a dichiararfi per l'armi Auſtriache. Nel dì 26. di Marzo il Generale Comandante *Conte di Broun*, effendofi moffo
dal Mantovano di qua da Po col fuo Corpo d'Armata, divifo in tre colonne, l'una comandata da lui, e l'altre da i Generali *Lucchefi* e *Novati*, s'inviò alla volta di Luzzara e di
Guaſtalla. Trovavafi in queſta Città di prefidio il Marefciallo
di campo *Conte Coraffan*, valorofo Ufiziale del Re di Napoli
col fuo Reggimento di Albanefi, confiſtente in circa mille e
cinquecento delle migliori foldatefche Napoletane; ma fenza
artiglieria, e fprovveduto anche d'altre munizioni da guerra
e da bocca. Ricorfe egli per tempo al *Marchefe di Caſtellar*,
che con alquanti Reggimenti era venuto alla difefa di Parma,
rapprefentandogli il bifogno e il pericolo. Ordine andò a lui
di ritirarfi a Parma, ma a tempo non arrivò quell'ordine. Intanto il Caſtellar con tre mila de'fuoi venne a poſtarfi al Ponte di Sorbolo, per fecondare la fuppoſta ritirata del Coraffan.
Poco vi fermò il piede, perchè un groffo diſtaccamento, da lui
inviato al Ponte del Baccanello, affalito dal Generale Unghero
Nadaſti, fu forzato a tornarfene con poco piacere a Parma,
lafciando indietro molti morti e prigioni. Piantati intanto alcuni pezzi di groffa artiglieria fotto Guaſtalla, non potendofi
foſtenere quel prefidio, fi rendè prigioniere di guerra con gravi lamenti contra del Caſtellar, quafi che gli aveffe facrificati
al nemico. Cagion furono queſti avvenimenti, che anche gli
Spagnuoli efiſtenti in Reggio, abbandonata quella Città, fi
ritirarono al Ponte d'Enza; laonde fpedito da Modena il Conte Martinenghi di Barco, Colonnello del Reggimento Savoiar-

do

do di Sicilia, con alcune centinaia de' fuoi, e con un rinforzo di Varasdini, ripigliò il poffeffo di quella Città; e poi pafsò al fuddetto Ponte, per ifcacciarne i nemici. Quivi fu caldo il conflitto; vi perirono da trecento e più Auftriaco-Sardi, con alcuni Ufiziali; vi reftò anche gravemente ferito lo fteffo Colonnello; ma in fine fi falvarono gli Spagnuoli a Parma, lafciando libero quel fito a i Savoiardi. La perdita d'effi Spagnuoli in quefti movimenti e piccioli conflitti, fi fece afcendere a circa quattro mila perfone fra difertati, uccifi, e prigioni.

Non iftava intanto oziofo dal canto fuo il Re di Sardegna. Giunto egli e ricevuto nella Città di Cafale, fra pochi giorni, cioè nel dì 28. di Marzo, col furore delle artiglierie coftrinfe i pochi Franzefi efiftenti in quel Caftello a renderlo, col rimaner effi prigioni. Di colà poi pafsò all'affedio di Valenza, dove fi trovavano di prefidio due Battaglioni Spagnuoli, ed uno Svizzero; truppe del Re delle due Sicilie. Il fuoco maggiore nondimeno fi difponeva verfo Parma. L'effere in concetto i Parmigiani di fofpirare più il governo Spagnuolo, che quello de gli Auftriaci, concetto fondato verifimilmente nell'aver taluno della matta Plebaglia ufate alcune infolenze al prefidio Tedefco, allorchè abbandonò quella Città, e fatta quel Popolo gran fefta all'arrivo d'effi Spagnuoli: tale mal animo impreffe in cuore delle milizie Auftriache, che non fi fentivano che minacce di trattar quel Popolo da ribelle e nemico; e però marciavano quelle truppe alla volta del Parmigiano, come a nozze per l'avidità dello fperato, e fors'anche promeffo bottino. Ma non così l'intefe la faggia ed infieme magnanima Imperadrice Regina. Conofcendo effa, qual deformità farebbe il permettere pel reato di alcuni pochi il gaftigo e la rovina di tante migliaia d'innocenti perfone; e che in danno anche fuo proprio ridonderebbe il ridurre in miferie una Città, che era e dovea reftar fua: mandò ordine, che fi pubblicaffe un general perdono in favore de' Parmigiani; e quefto fu ftampato in Modena. La difgrazia volle, che alcuni di quegli Ufiziali per tre giorni dimenticarono d'averlo in faccoccia e di pubblicarlo; e però entrarono furiofi i Tedefchi in quel territorio, ftendendo le rapine fopra le Ville e Cafe che s'incontravano, ed anche sfogando la rabbia loro contro quadri, fpecchi, ed altri

Troppo spesso sogliono prendere mala piega le imprese, qualora i Gabinetti lontani vogliono regolar le cose, e saperne più di un Generale saggio, che sul fatto conosce meglio la situazion delle cose, e secondo le buone o cattive occasioni dee prendere nuove risoluzioni. Contuttociò s'ha da riflettere, che non poterono gli Spagnuoli prevedere l'improvvisa Pace dell'Imperadrice Regina col Re Prussiano, nè seppero figurarsi, ch'ella nell'aspro rigore del verno avesse da far volare in Italia sì gran forza di gente: tutti avvenimenti, che sconcertarono le da loro forse ben prese misure. A questi impensati colpi e vicende gli affari delle Guerre e delle Leghe son sottoposti. Anche dalla parte di Levante non tardò la fortuna a dichiararsi per l'armi Austriache. Nel dì 26. di Marzo il Generale Comandante *Conte di Broun*, essendosi mosso dal Mantovano di qua da Po col suo Corpo d'Armata, diviso in tre colonne, l'una comandata da lui, e l'altre da i Generali *Lucchesi* e *Novati*, s'inviò alla volta di Luzzara e di Guastalla. Trovavasi in questa Città di presidio il Maresciallo di campo *Conte Coraffan*, valoroso Ufiziale del Re di Napoli col suo Reggimento di Albanesi, consistente in circa mille e cinquecento delle migliori soldatesche Napoletane; ma senza artiglieria, e sprovveduto anche d'altre munizioni da guerra e da bocca. Ricorse egli per tempo al *Marchese di Castellar*, che con alquanti Reggimenti era venuto alla difesa di Parma, rappresentandogli il bisogno e il pericolo. Ordine andò a lui di ritirarsi a Parma, ma a tempo non arrivò quell'ordine. Intanto il Castellar con tre mila de'suoi venne a postarsi al Ponte di Sorbolo, per secondare la supposta ritirata del Coraffan. Poco vi fermò il piede, perchè un grosso distaccamento, da lui inviato al Ponte del Baccanello, assalito dal Generale Unghero Nadasti, fu forzato a tornarsene con poco piacere a Parma, lasciando indietro molti morti e prigioni. Piantati intanto alcuni pezzi di grossa artiglieria sotto Guastalla, non potendosi sostenere quel presidio, si rendè prigioniere di guerra con gravi lamenti contra del Castellar, quasi che gli avesse sacrificati al nemico. Cagion furono questi avvenimenti, che anche gli Spagnuoli esistenti in Reggio, abbandonata quella Città, si ritirarono al Ponte d'Enza; laonde spedito da Modena il Conte Martinenghi di Barco, Colonnello del Reggimento Savoiar-

da

Era Volg.
Ann. 1746.

flo di Sicilia, con alcune centinaia de' fuoi, e con un rinforzo di Varasdini, ripigliò il poffeffo di quella Città; e poi pafsò al fuddetto Ponte, per ifcacciarne i nemici. Quivi fu caldo il conflitto; vi periron̄o da trecento e più Auftriaco-Sardi, con alcuni Ufiziali; vi reftò anche gravemente ferito lo fteffo Colonnello; ma in fine fi falvarono gli Spagnuoli a Parma, lafciando libero quel fito a i Savoiardi. La perdita d'effi Spagnuoli in quefti movimenti e piccioli conflitti, fi fece afcendere a circa quattro mila perfone fra difertati, uccifi, e prigioni.

Non iftava intanto oziofo dal canto fuo il Re di Sardegna. Giunto egli e ricevuto nella Città di Cafale, fra pochi giorni, cioè nel dì 28. di Marzo, col furore delle artiglierie coftrinfe i pochi Franzefi efiftenti in quel Caftello a renderlo, col rimaner effi prigioni. Di colà poi pafsò all'affedio di Valenza, dove fi trovavano di prefidio due Battaglioni Spagnuoli, ed uno Svizzero; truppe del Re delle due Sicilie. Il fuoco maggiore nondimeno fi difponeva verfo Parma. L'effere in concetto i Parmigiani di fofpirare più il governo Spagnuolo, che quello de gli Auftriaci, concetto fondato verifimilmente nell'aver taluno della matta Plebaglia ufate alcune infolenze al prefidio Tedefco, allorchè abbandonò quella Città, e fatta quel Popolo gran fefta all'arrivo d'effi Spagnuoli: tale mal animo impreffe in cuore delle milizie Auftriache, che non fi fentivano che minaccie di trattar quel Popolo da ribelle e nemico; e però marciavano quelle truppe alla volta del Parmigiano, come a nozze per l'avidità dello fperato, e fors'anche promeffo bottino. Ma non così l'intefe la faggia ed infieme magnanima Imperadrice Regina. Conofcendo effa, qual deformità farebbe il permettere pel reato di alcuni pochi il gaftigo e la rovina di tante migliaia d'innocenti perfone; e che in danno anche fuo proprio ridonderebbe il ridurre in miferie una Città, che era e dovea reftar fua: mandò ordine, che fi pubblicaffe un general perdono in favore de' Parmigiani; e quefto fu ftampato in Modena. La difgrazia volle, che alcuni di quegli Ufiziali per tre giorni dimenticarono d'averlo in faccoccia e di pubblicarlo; e però entrarono furiofi i Tedefchi in quel territorio, ftendendo le rapine fopra le Ville e Cafe che s'incontravano, ed anche sfogando la rabbia loro contro quadri, fpecchi, ed altri
tri

Era Volg.
Ann. 1746. Troppo fpeſſo fogliono prendere mala piega le imprefe, qualora i Gabinetti lontani vogliono regolar le cofe, e faperne
più di un Generale faggio, che ſul fatto conofce meglio la
ſituazion delle cofe, e fecondo le buone o cattive occaſioni
dee prendere nuove rifoluzioni. Contuttociò s'ha da riflettere, che non poterono gli Spagnuoli prevedere l'improvviſa
Pace dell'Imperadrice Regina col Re Pruſſiano, nè feppero fi-
gurarſi, ch'ella nell'afpro rigore del verno aveſſe da far volare in Italia sì gran forza di gente: tutti avvenimenti, che
fconcertarono le da loro forfe ben prefe mifure. A queſti im-
penfati colpi e vicende gli affari delle Guerre e delle Leghe
fon fottopoſti. Anche dalla parte di Levante non tardò la fortuna a dichiararſi per l'armi Auſtriache. Nel dì 26. di Marzo il Generale Comandante *Conte di Broun*, eſſendoſi moſſo
dal Mantovano di qua da Po col fuo Corpo d'Armata, divifo in tre colonne, l'una comandata da lui, e l'altre da i Generali *Lucchefi* e *Novati*, s'inviò alla volta di Luzzara e di
Guaſtalla. Trovavaſi in queſta Città di prefidio il Marefciallo
di campo *Conte Coraffan*, valorofo Ufiziale del Re di Napoli
col fuo Reggimento di Albanefi, confiftente in circa mille e
cinquecento delle migliori foldatefche Napoletane; ma fenza
artiglieria, e fprovveduto anche d'altre munizioni da guerra
e da bocca. Ricorfe egli per tempo al *Marchefe di Caſtellar*,
che con alquanti Reggimenti era venuto alla difefa di Parma,
rapprefentandogli il bifogno e il pericolo. Ordine andò a lui
di ritirarſi a Parma, ma a tempo non arrivò quell'ordine. Intanto il Caſtellar con tre mila de'fuoi venne a poſtarſi al Ponte di Sorbolo, per fecondare la fuppoſta ritirata del Coraffan.
Poco vi fermò il piede, perchè un groſſo diſtaccamento, da lui
inviato al Ponte del Baccanello, aſſalito dal Generale Unghero
Nadaſti, fu forzato a tornarfene con poco piacere a Parma,
lafciando indietro molti morti e prigioni. Piantati intanto alcuni pezzi di groſſa artiglieria fotto Guaſtalla, non potendoſi
foſtenere quel prefidio, fi rendè prigioniere di guerra con gravi lamenti contra del Caſtellar, quaſi che gli aveſſe facrificati
al nemico. Cagion furono queſti avvenimenti, che anche gli
Spagnuoli eſiſtenti in Reggio, abbandonata quella Città, fi
ritirarono al Ponte d'Enza; laonde fpedito da Modena il Conte Martinenghi di Barco, Colonnello del Reggimento Savoiarda

do di Sicilia, con alcune centinaia de' fuoi, e con un rinforzo di Varasdini, ripigliò il poffeffo di quella Città; e poi pafsò al fuddetto Ponte, per ifcacciarne i nemici. Quivi fu caldo il conflitto; vi perirono da trecento e più Auftriaco-Sardi, con alcuni Ufiziali; vi reftò anche gravemente ferito lo fteffo Colonnello; ma in fine fi falvarono gli Spagnuoli a Parma, lafciando libero quel fito a i Savoiardi. La perdita d'effi Spagnuoli in quefti movimenti e piccioli conflitti, fi fece afcendere a circa quattro mila perfone fra difertati, uccifi, e prigioni.

Non iftava intanto oziofo dal canto fuo il Re di Sardegna. Giunto egli e ricevuto nella Città di Cafale, fra pochi giorni, cioè nel dì 28. di Marzo, col furore delle artiglierie coftrinfe i pochi Franzefi efiftenti in quel Caftello a renderlo, col rimaner effi prigioni. Di colà poi pafsò all'affedio di Valenza, dove fi trovavano di prefidio due Battaglioni Spagnuoli, ed uno Svizzero; truppe del Re delle due Sicilie. Il fuoco maggiore nondimeno fi difponeva verfo Parma. L'effere in concetto i Parmigiani di fofpirare più il governo Spagnuolo, che quello de gli Auftriaci, concetto fondato verifimilmente nell'aver taluno della matta Plebaglia ufate alcune infolenze al prefidio Tedefco, allorchè abbandonò quella Città, e fatta quel Popolo gran fefta all'arrivo d'effi Spagnuoli: tale mal animo impreffe in cuore delle milizie Auftriache, che non fi fentivano che minacce di trattar quel Popolo da ribelle e nemico; e però marciavano quelle truppe alla volta del Parmigiano, come a nozze per l'avidità dello fperato, e fors'anche promeffo bottino. Ma non così l'intefe la faggia ed infieme magnanima Imperadrice Regina. Conofcendo effa, qual deformità farebbe il permettere pel reato di alcuni pochi il gaftigo e la rovina di tante migliaia d'innocenti perfone; e che in danno anche fuo proprio ridonderebbe il ridurre in miferie una Città, che era e dovea reftar fua: mandò ordine, che fi pubblicaffe un general perdono in favore de' Parmigiani; e quefto fu ftampato in Modena. La difgrazia volle, che alcuni di quegli Ufiziali per tre giorni dimenticarono d'averlo in faccoccia e di pubblicarlo; e però entrarono furiofi i Tedefchi in quel territorio, ftendendo le rapine fopra le Ville e Cafe che s'incontravano, ed anche sfogando la rabbia loro contro quadri, fpecchi, ed altri

tri

tri mobili, che non poteano o volevano afportare. Nè pure andò efente dalle griffe loro il Palazzo di Villa della Vedova Ducheffa di Parma Dorotea di Neoburgo, a cui pure dovuto era tanto rifpetto, per effere ella Madre della Regina di Spagna, e Pro-zia della Regnante Imperadrice. Si fece poi fine al flagello, da che niuno potè fcufarfi di non fapere l'accordato perdono, e maggiormente dappoichè arrivò a quel campo il fupremo Comandante *Principe di Liftenftein*, il quale con efemplar rigore di gaftighi tolfe di vita i difubbidienti, e maffimamente i trovati rei d'aver faccheggiate le Chiefe.

Con cinque mila fanti, e buon nerbo di cavalleria dimorava alla cuftodia di Parma il Tenente Generale Spagnuolo *Marchefe di Caftellar*; ma prima d'effere quivi riftretto, felicemente avea rimandati di là dal Taro quafi tutti que' cavalli, giacchè in cafo di blocco o d'affedio gli farebbe mancata maniera di foftentarli. Intanto il Generale dell'artiglieria *Conte Gian-Luca Pallavicini* con groffa brigata di Granatieri, cavalli, e pedoni, andò nel dì quattro d'Aprile a prendere pofto intorno a Parma. Fatta fu la chiamata della refa dal General Comandante Conte di Broun; la rifpofta fu, che il Caftellar defiderava di acquiftarfi maggiore ftima preffo di quell'Auftriaco Generale. Così fu dato principio al blocco affai largo di Parma; il groffo dell'Armata Auftriaca pafsò ad attendarfi alle rive del Taro, mentre al lungo dell'oppofta riva aveano piantato il loro campo gli Spagnuoli. Pofto fu il quartier generale d'effi coll'Infante, col Duca di Modena, e col Gages a Caftel Guelfo fulla Strada Maeftra o fia Claudia. Era già pervenuto da Vigevano ful territorio di Milano il Principe di Liftenftein colla fua armata, da lui faggiamente confervata in addietro ful Novarefe. Ora anch'egli, dopo aver lafciato un corpo di gente a Binafco, Biagraffo, ed altri fiti, per reprimere ogni tentativo de gli Spagnuoli, tuttavia Signori di Pavia, col refto di fua gente venne nel dì undici d'Aprile all' accampamento del Taro, ed affunfe il comando di tutta l'Armata. Aveano ne'giorni addietro gli Spagnuoli inviate per Po a Piacenza le artiglierie, attrecci, munizioni, e magazzini, che tenevano in Pavia, dando abbaftanza a conofcere di non voler fare le radici in quella Città. In fatti da che videro incamminato con tante forze il Liftenftein alla volta di Parma,

abban-

abbàndonarono nel dì cinque d'Aprile quella Città, e paffarono a rinforzar la loro ofte, accampata al Fiume fuddetto.
Così quella Città ritornò all'ubbidienza dell'Imperadrice Regina.

· Posavano in quefta maniera le due poderofe Armate, l'una
in faccia all'altra feparate dal folo Taro, e gli uni miravano
i picchetti dell'altro Campo nella riva oppofta, ma fenza voglia e difpofizione di azzuffarfi infieme. Conto fi facea, che
cadauna afcendeffe a trenta mila combattenti, avendo dovuto
gli Auftriaci lafciare un altro buon corpo a Pizzighettone, per
afficurarfi da ogni infulto de gli Spagnuoli, che teneano un fortiffimo e ben armato Ponte ful Po a Piacenza, e groffo prefidio in quella Città. I Franzefi col *Marefciallo di Maillebois*
tranquillamente ripofavano tra Voghera e Novi, a fin di confervare il paffo a Genova, d'onde continuamente venivano munizioni da bocca e da guerra, ma non mai vennero que' quaranta nuovi Battaglioni, che fi decantavano deftinati per la
Lombardia dal Re Criftianiffimo. Stava ful cuore del Generale Gages la guernigione rinchiufa in Parma in numero di più
di fei mila armati, ed efpofta al pericolo di renderfi prigioniera di guerra, giacchè fenza il brutto ripiego di tentare una·
battaglia non fi potea quella Città liberare dal blocco, nè
v'era fuffiftenza di viveri, fe non per poco tempo, e le bombe aveano cominciato a falutarla con gran terrore de' Cittadini. Segretamente dunque concertò egli col Marchefe di Caftellar la maniera di farlo ufcire di gabbia. Nella notte feguente al dì 19. d'Aprile gran movimento fi fece nell'Armata Spagnuola; s'appreffarono al fiume in più luoghi le loro fchiere
in apparenza di volerlo paffare, e tentarono anche di gittare
un Ponte. Si difpofero a ben riceverle anche gli Auftriaci,
tutti pofti in ordine di battaglia. In quefto mentre, cioè in
quella fteffa notte, il Marchefe di Caftellar, lafciato poco più
di ottocento uomini, parte anche invalidi, con feffanta Ufiziali nel Caftello, alla fordina e fenza toccar tamburo, fe ne
ufcì colla fua gente di Parma, feco menando quattro pezzi di
cannone, e trenta carra di bagaglio e munizioni; e dopo avere forprefo un picciolo corpo di guardia de gli Auftriaci, s'incamminò alla volta della montagna, cioè di Guardafone e Mon-
chierugolo, con difegno di paffare per la Lunigiana nel Genovefato, e di là alla fua Armata. Lafciò quefta gente la defo-

lazione per dovunque pafsò, e non poco ancora ne fofferirono le confinanti terre del Reggiano. Tardi gli Auftriaci, formanti il blocco, fi avvidero di quefta inafpettata fuga. Dietro a i fugitivi fu fpedito il Tenente Marefciallo *Conte Nadafti* co' fuoi Ufferi, e con un corpo di Croati, che gl'infeguì per qualche tempo alla coda. Seguirono perciò varie battagliole; ma in fine il Nadafti fu obbligato a lafciar in pace i fugitivi, perchè non poteano i fuoi cavalli caracollar per que' monti, e caddero anche in qualche imbofcata con loro danno. Molti di quella truppa Spagnuola, ma di varie Nazioni, e probabilmente la metà d'effi, in quefta occafione difertarono. Il refto dopo un gran giro arrivò in fine ad unirfi coll'efercito del Real Infante, ridotto a poco più di tre mila perfone. Non mancò poi chi cenfurò il Caftellar, perchè avendo fotto il fuo comando dieci mila foldati, creduti le migliori truppe dell'efercito Spagnuolo, per non efferfi ritirato quand'era tempo, ne avea perduta la maggior parte. Pel Reggiano tornarono indietro molti de gli Ufferi, e fi rifecero fopra i poveri abitanti di quello, che non aveano trovato nel Parmigiano, faccheggiato prima da gli altri. Per la ritirata improvvifa del Caftellar, che niun penfiero s'era prefo della lor falvezza, in grande fpavento rimafero i Cittadini di Parma. Pafsò da lì a non molto la paura, perchè nella feguente mattina del dì 20. rientrarono pacificamente in quella Città i Tedefchi col Generale Conte Pallavicini Plenipotenziario della Lombardia Auftriaca; il quale tofto vi fece pubblicare un general perdono con rincorare gli afflitti ed intimoriti Cittadini. Poco poi fi fece pregare il prefidio di quel Caftello a renderfi prigioniere di guerra, con ottener folamente di falvare l'equipaggio tanto fuo che de gli altri Spagnuoli, rifugiato in quella poco forte Fortezza; che quefta appunto era ftata la mira del Marchefe di Caftellar. Trovaronfi in effo Caftello ventiquattro Cannoni, quattro Mortari, ed altri militari attrecci e munizioni.

Solamente nel dì 19. d'Aprile per cagion delle frequenti pioggie poterono le foldatefche del Re di Sardegna aprire la breccia fotto Valenza. Era diretto quell'affedio dal *Principe di Baden Durlach*, e coperto dal *Barone di Leutron*, dichiarato ultimamente Generale di fanteria. Continuarono le offefe contro di quella Piazza fino al dì due di Maggio, in cui d'opo avere i Piemontefi prefa la ftrada coperta ed aperta la breccia,

fi vifi vide quel Prefidio obbligato ad efporre bandiera bianca. V'erano dentro circa mille e cinquecento difenfori, a' quali toccò di reftar prigionieri. Da i Franzefi intanto occupata fu la Città d'Acqui; ma acquifto che durò ben poco. Aveva già ottenuto il *Generale Gages* l'intento fuo di difimbrogliare da Parma il Marchefe di Caftellar, e nulla a lui giovando il fermarfi più lungamente alle rive del Taro, dove patì gran diferzione di fua gente, finalmente nel dì tre di Maggio levò il campo, e s'inviò verfo il Fiume Nura in vicinanza maggiore a Piacenza, per quivi cominciare un altro giuoco. S'inoltrò per quefto anche l'Armata Auftriaca fino a Borgo San Donnino, con iftenderfi poi a poco a poco più oltre, cioè a Fiorenzuola, e di là fino alla Nura. Riufcì a gli Ufferi, che infeguivano nella loro ritirata gli Spagnuoli, di forprendere in mezzo a i loro corpi tutto il bagaglio del Duca di Modena, per efferfi, a cagion d'un equivoco, meffo in viaggio fenza afpettare l'Armata, Argenterie, cavalli, muli, e carrozze: tutto andò. Non confifte la gloria de' prodi Condottieri d'Armate folo in dar con vantaggio delle battaglie, ma anche nella maeftria di ordine ftratagemmi in danno de' nemici. Ben iftruito di quefto meftiere fi moftrò in più congiunture il Generale Conte di Gages. Aveva egli fpediti innanzi verfo Piacenza varj diftaccamenti, confiftenti in dieci mila combattenti, col pretefto di fcortare il bagaglio; e ordinato, che fotto effa Città di Piacenza fi preparaffe loro uno ftabile quartiere; nè fe n'erano accorti gli Auftriaci, efiftenti di qua da Po. Prima nondimeno aveano avuto ordine circa cinque mila tra fanteria e cavalleria Tedefca di paffare da Pizzighittone a Codogno, e di poftarfi quivi, per vegliare a gli andamenti de gli Spagnuoli; i quali per avere ful Po a Piacenza un ben fortificato Ponte, avrebbero potuto recare infulti al di là da Po. Alla tefta d'effi v'erano i Generali Cavriani e Grofs. Contra di quefto corpo di gente erano indirizzate le fegrete mene del Conte di Gages. Appena giunto a Piacenza il Tenente Generale Pignatelli, fece vifta di disfare il Ponte fuddetto: il che fervì ad addormentare i nemici. Pofcia rimeffo il Ponte nella notte del dì cinque di Maggio vegnendo il fei, colla maggior parte de' fuddetti Spagnuoli paffò alla fordina di là dal Po. Dopo avere avviluppati e forprefi i picchetti avanzati de' nemici, fenza che quefti poteffero recarne avvifo alcuno a i lor Comandanti, inafpet-

tato

tato arrivò la mattina feguente addoffo a' Tedefchi, efiftenti
in Codogno, che allora faceano l'efercizio militare. Come poterono, fi mifero quefti in difefa con fei cannoni ed alcuni fal-
conetti carichi a cartoccio, che erano fulla Piazza; ma avan-
zatifi gli Spagnuoli con baionetta in canna, e impadronitifi dè
que' bronzi, gli obbligarono a ritirarfi parte ne' Chioftri,
parte nelle cafe e nel Palazzo Triulzio, dove per quattro ore
valorofamente fi foftennero facendo fuoco. Ma in fine loper-
chiati dal maggior numero de'nemici, quei, che erano reſta-
ti in vita, per mancanza di munizioni fi renderono prigioni.
Quafi due mila furono i prigioni, circa mille e quattrocento
i morti e feriti, il refto trovò fcampo colla fuga. La perdita
dalla parte de gli Spagnuoli non fi potè fapere. Reftarono in
loro potere dieci bandiere, due ftendardi, i fuddetti Cannoni, e i bagagli di quelle genti, a riferva di quello del Generale Grofs, che nel darfi per vinto falvò il fuo, e quello de gli
altri Ufiziali, che erano con lui. Se ne tornarono con tutto comodo i vincitori a Piacenza, nè dimenticarono di condurre colà quanti grani, foraggi, e beftie bovine poterono cogliere nel
loro ritorno.

ERASI poftato l'efercito Spagnuolo fotto Piacenza, e quivi fortificato con buoni trincieramenti, guerniti di molta artiglieria. Gran copia ancora di cannoni fi ftendeva fulle mura della Città. Paffata la fpianata, che è intorno ad effa Città, e fulla Strada maeftra dalla parte di Levante; ftava fituato il Seminario di San Lazzero, fabbrica grandiofa, eretta con grandi fpefe dal *Cardinale Alberoni*, per quivi educa-
re gratis e iftruire i Cherici di Piacenza fua Patria. In quel
magnifico edifizio furono pofti di guardia due mila Spagnuoli, ed alzate fortificazioni all'intorno. Ma da che l'efercito
Auftriaco ebbe paffata la Nura, anfiofo di accoftarfi il più
che foffe poffibile a Piacenza, determinò di sloggiare di colà
i nemici. Pertanto nel dì 18. di Maggio fi avanzarono alla
volta d'effo Seminario alcuni Battaglioni con artiglierie, e
tutta la prima Linea dell'Armata fi mife in ordine di battaglia per foftenerli, con rifoluzione ancora di venire ad un
fatto d'armi, fe foffero accorfi gli Spagnuoli, per maggiormente contraftare quel fito. Ma eglino punto non fi moffero; e però dopo avere quel prefidio moftrata per un pezzo
la fronte a gli aggreffori, prefe il partito di cedere il luogo;

con

con ritirarſi alla Città. Le cannonate contra d' eſſa fabbrica
ſparate da gli Auſtriaci per impadronirſene, e poi l'altre de
gli Spagnuoli per incomodargli, dappoichè ſe ne furono impadroniti, ſommamente danneggiarono, anzi riduſſero quaſi come uno ſcheletro quel grande edifizio. Il Cardinale,
che coſtante volle dimorare in Piacenza, ſenza punto alte-
rarſi o ſcomporſi, ne mirò l'eccidio. Con tale acquiſto ſi
ſteſe la prima Linea de gli Auſtriaci in vicinanza del Seminario ſuddetto; dalla parte ancora della collina furono tolte a gli Spagnuoli alcune Caſine, il Caſtello di Uſſolengo,
ed altri ſiti fino alla Trebbia; ſicchè da quella parte ancora fu riſtretta Piacenza. Alzateſi poi a San Lazzero da i
Tedeſchi alcune batterie di cannoni e mortari, cominciarono nel fine del Meſe di Maggio colle bombe ad infeſtare la
Città; coſì che convenne a quegli abitanti di evacuare i Mo-
niſteri e le Caſe dalla parte Orientale della medeſima, benchè in fine ſi riduceſſe a poco il loro danno per la troppa lontananza delle batterie e de'mortari nemici. Riuſcì ancora nel
dì quattro di Giugno a gli Auſtriaci di occupare di là dalla
Trebbia a forza d'armi il Caſtello di Rivalta, con farvi prigionieri circa cinquecento uomini di fanteria ed alcuni pochi
di cavalleria. Anche Monte Chiaro ſi arrendè a i medeſimi
Auſtriaci.

CERTO è, che non poco ſvantaggioſa oramai compariva la
ſituazion de gli Spagnuoli, perchè confinati nell'anguſtie de i
loro trincieramenti intorno alla Città, e colla comunicazione di Genova, divenuta pericoloſa per le ſcorrerie de gli Uſ-
feri. Peggiore ſenza paragone ſi ſcorgeva lo ſtato di quella
Cittadinanza, chiuſa entro le mura, col ſuo territorio e poderi tutti in mano de i nemici, ſenza ſperanza di ricavarne
alcun frutto, e colla ſicurezza di ritrovar la deſolazione dapertutto. Scarſeggiavano eſſi in oltre di viveri, ſenza poter-
ſene provvedere, al contrario de gli Spagnuoli, che pel Ponte
del Po ſcorrendo di tanto in tanto nel Lodigiano e Paveſe, ne
riſcotevano contribuzioni, e ne aſportavano beſtiami ed altre
vettovaglie per loro uſo. Ma nè pure dal canto loro aveano
di che ridere gli Auſtriaci, perchè imbrogliati dalla ſagacità
del Generale Conte di Gages, che coll'eſſerſi poſto a cavallo
del Po, fraſtornava ogni loro progreſſo, e gli obbligava a tener
divi-

divise le loro forze nel di qua e nel di là. Se aveſſero voluto ingroſſarſi molto ſul Piacentino, avrebbero laſciati troppo eſpoſti alle ſcorrerie e a i tentativi de gli Spagnuoli i territorj di Lodi, Pavia, e Milano. E ſe infievolivano l'oſte di qua, per ſoccorrere il di là, ſi poteano aſpettare qualche brutto ſcherzo da i nemici, a' quali era facile l'unirſi tutti in Piacenza. Cagion fu queſta diviſione, che ſul principio di Giugno liberamente ſcorſe un groſſo diſtaccamento di Spagnuoli fino a Lodi. Entrato nella Città ne fece chiudere toſto le porte; volle il pagamento della Diaria per due Meſi; occupò tutto il danaro de i Dazj e della Caſſa Regia, ed intimò una contribuzione al Pubblico. Poſcia preſo quanto di ſale, farina, legumi, formaggio, e carne porcina ſi trovò in quelle botteghe e magazzini, dopo avere ordinato, che coll'impoſta contribuzione foſſero ſoddisfatti i particolari, tutto portarono a ſalvamento in Piacenza.

MENTRE in queſta inazione dimoravano intorno a Piacenza le due nemiche Armate, nel dì tredici di Giugno ſi cominciò a prevedere qualche novità, ſtante l'eſſerſi moſſo con tutta la ſua gente [erano circa dodici mila combattenti] il Mareſciallo di Maillebois alla volta di Piacenza. Schivò egli nella marcia le truppe del Re di Sardegna, che erano in moto contra di lui. Per aver egli abbandonato Novi, ricca Terra de i Genoveſi, non trovarono difficultà i Piemonteſi ad entrarvi, ed impoſero toſto a quel Popolo una contribuzione di ducento mila Lire di Genova. Si ſpinſero ancora ſotto Serravalle, Terra già del Tortoneſe, e ceduta da i Galliſpani a i Genoveſi. Nel dì quattordici s'uniron con gli Spagnuoli in Piacenza le truppe ſuddette Franzeſi; colà ancora erano ſtati richiamati tutti i diſtaccamenti inviati di là da Po. Non mancarono ſpie che riferirono all'eſercito Auſtriaco queſti andamenti de' Galliſpani, nè molto ſtudio vi volle per comprendere la lor voglia di venire ad un fatto d'armi. Il perchè notte e giorno ſtettero in armi i Tedeſchi, per non eſſere colti ſprovviſti, e fu chiamato da Fiorenzuola il ſupremo Comandante Principe di Lichtenſtein, che colà trasferitoſi per cercare ripoſo alla ſua indiſpoſizione d'aſma, avea laſciata la direzion dell'armi al Marcheſe Antoniotto Botta Adorno, Cavaliere di Malta, Generale d'artiglieria, a cui per l'anzianità del grado conveniva appunto quel comando. Fu anche richiamata al campo la

mag-

maggior parte della gente comandata dal Generale Roth, che era a Pizzighettone. Dappoichè nel dì quindici di Giugno ebbero prefo ripofo le truppe Franzefi, e dopo avere il Marefciallo di Maillebois, il Duca di Modena, e il Generale Gages nel Configlio di guerra, tenuto in camera del Real Infante Don Filippo, ftabilita la maniera di procedere al meditato conflitto, full' imbrunir della fera cominciarono ad ordinare col maggior poffibile filenzio le loro fchiere; formando tre principali colonne, per affalire da tre parti il campo Tedefco. Tale era il loro difegno. L'ala diritta comandata dal Maillebois co i Franzefi, rinforzati da alquanti Battaglioni e Squadroni Spagnuoli, dovea pervenire alla collina, e dietro ad effa camminando affalire alla fchiena il nemico accampamento, dove nè buoni trincieramenti, nè preparamento di artiglierie fi ritrovavano. Dovea fare altrettanto l'Ala finiftra, marciando al Po morto per le due Vie, l'una maeftra, e l'altra più breve, che da Piacenza guidano verfo Cremona. Il centro o fia corpo di battaglia, che era in faccia al Seminario di San Lazzero fulla Via maeftra o fia Claudia, dovea tenere a bada ed occupar l'altre forze degli Auftriaci, la prima Linea de'quali era poftata in vicinanza d'effo Seminario, e la feconda non molto diftante dal Fiume Nura. Conto fi facea, che l'ofte Auftriaca afcendeffe a circa trentacinque o quaranta mila combattenti, e la Gallifpana a quaranta cinque mila; fe non che voce comune correa fra effi Spagnuoli e Franzefi d'effer eglino fuperiori di quindici mila perfone a i nemici, talmente che attefa la decantata prefunzione, che i più vincono i meno, non fi può dire con che allegria e coraggio ufciffero di Piacenza, e fuori de'lor trincieramenti le truppe Gallifpane, parendo a ciafcuno di andare non ad un pericolofo cimento, ma ad un ficuro trionfo. All'ofte Auftriaca non mancarono ficuri avvifi di quanto meditavano i nemici, e però fi trovarono ben preparati a quella fiera danza.

SULLA mezza notte adunque precedente il dì fedici di Giugno marciò fegretamente il Marefciallo Franzefe Maillebois colle fue milizie, e dopo aver occupato Goffolengo, credette di prendere il giro fotto la collina; ma o perchè mal guidato, o perchè non foffero a lui noti tutti i pofti avanzati de' Tedefchi, andò ad urtare in alcune Cafine guernite da i medefimi, e quivi fi cominciò a far fuoco, e a metter l'all'armi

in tutto il campo Auſtriaco. Oltre alla ſtrage di molti Schiavoni, Uſſeri ed altri, che erano, o accorſero in quella parte,
fecero prigionieri circa quattrocento uomini, che toſto inviarono alla Città con due piccioli pezzi di cannone preſi: ilche
fece credere in Piacenza già sbaragliati i nemici. Tutti poi
in galloria pel primo buon ſucceſſo, marciarono verſo la ſtrada di Quartizola, dove il Generale Auſtriaco *Conte di Broun*,
che comandava l'ala ſiniſtra, li ſtava aſpettando con alquanti cannoni d'un Ridotto carichi a cartoccio. Non sì toſto ſi
preſentarono ſul far del giorno i Franzeſi a i trincieramenti
nemici, che furono ſalutati con lor grave danno da que'bronzi. Ciò non oſtante a'fianchi e alla ſchiena aſſalirono i Ridotti de gli Auſtriaci, e il conflitto fu caldo, ma ſenza che eſſi
poteſſero ſuperar i gran foſſi della circonvallazione. Trovandoſi all'incontro eſpoſti alle palle due o tre de'migliori Reggimenti Tedeſchi di Cavalleria, ed impazientatiſi, chieſero
più d'una volta al Generale Luccheſi di poter uſcire in aperta
campagna contra de'Franzeſi. Biſognò in fine eſaudirli. Stupore fu il vedere, come queſti Cavalli paſſarono un alto e largo foſſo del Canale di San Bonico, e s'avventarono contro la
fanteria Franzeſe. Non aveva quivi ſeco il Maillebois, che
circa cinquecento Cavalli, eſſendo reſtato addietro il maggior
nerbo della ſua Cavalleria: del che può eſſere, che foſſe a lui
poſcia fatto un reato di poca maeſtria di guerra nella Corte
di Francia. Caricata dunque la fanteria Franzeſe dall'urto
della nemica Cavalleria, maraviglia non è, ſe cominciò a piegare e a ritirarſi il meglio che potè, ma con grave ſua perdita e danno. In meno di tre ore terminò quivi il combattimento, e con ciò rimaſta libera l'ala ſiniſtra de gli Auſtriaci, potè ſomminiſtrar poſcia de i rinforzi alla deſtra, la quale nello ſteſſo tempo era ſtata aſſalita a i fianchi da gli Spagnuoli condotti dal Generale *Conte di Gages*, e da altri lor
Generali.

Quivi fu il maggior calore delle azioni guerriere, e durò
il fiero combattimento fin quaſi alla ſera. Aveano eſſi Spagnuoli con gran fatica paſſato il Po morto; dopo di che ſi ſca-
gliarono contro i Ridotti del campo nemico; alcuni ne preſero, e s'impadronirono di qualche batteria; ma vennero anche coſtretti dalla forza de gli avverſarj a retrocedere. Per
più volte rinovarono gli aſſalti e progreſſi con far tali maraviglie

glie di valore, fpezialmente i foldati Valloni, che confeffaro-
no dipoi gli fteffi Auftriaci, d'effere ftati più volte full' orlo
di vedere dichiarata la fortuna per gli Spagnuoli. Ma così
forte refiftenza fecero, e buon provvedimento diedero da quella parte i Generali *Berenclau*, e *Botta Adorno*, che furono in
fine refpinti gli aggreffori, e pofto fine allo fpargimento del
fangue. Fu detto, che anche il centro di battaglia de' Gallifpani s'inoltraffe verfo il Seminario di San Lazzero, e che ancora fe ne impadroniffe; ma che dal Conte Gorani foffe bravamente ricuperato quel fito. Altri v'ha, che niegano tàl
fatto. Bensì è certo, che il General Comandante *Principe di*
Lichtenftein in quefto terribil conflitto accudì a tutte le parti,
efponendo sè fteffo anche a i maggiori pericoli; e da che gli
fu uccifo fotto un cavallo, allora prefe la corazza. Sentimento ancora fu di alcuni, che fe gli Spagnuoli aveffero condotta feco la provvifion neceffaria di affoni e fafcine, per paffare i foffi profondi e pieni di acqua de gli Auftriaci, avrebbero probabilmente cantata la vittoria. Comunque ciò foffe,
convien confeffare, che non giocarono a giuoco eguale quefte
due Armate. Tenevano i Tedefchi per tutto il campo loro
delle buone fortificazioni, de' foffi e contrafoffi pieni d'acqua,
e de i Ridotti ben guerniti di artiglierie. Ne gli fteffi foffi
fott' acqua erano pofti Cavalli di Frifia, ne' quali s'infilzava
o imbrogliava, chi fi metteva a paffarli. Trovaronfi anche le
truppe Tedefche non forprefe, ma ben preparate e difpofte
al combattimento. Il Generale *Conte Pallavicini* comandando
la feconda Linea, fenza che foffe più fraftornato da i nemici,
inviava di mano in mano rinforzi a chi ne abbifognava. Quefta vantaggiofa fituazion di cofe quanto giovò ad effi, altrettanto pregiudicò a gli sforzi de'Gallifpani, obbligati ad andare a petto aperto contro la tempefta de' cannoni e fucili nemici, e fermati di tanto in tanto da i Ridotti e foffi fuddetti,
per cagion de' quali poco potè la lor cavalleria far moftra del
fuo valore. Però avendo anch'effi provato, che non fi potea
fuperare quella forte barriera d'uomini, cavalli, artiglierie, e
fortificazioni, finalmente tanto effi, che i Franzefi fe ne tornarono in Piacenza con volto e voce ben diverfa da quella,
con cui n'erano ufciti.

Non fi potè mettere in dubbio, che la vittoria reftaffe a
gli Auftriaci, e foffero giuftamente cantati i loro *Te Deum*.

Imperciocchè, oltre all'effer eglino rimafti padroni del cam, po, guadagnarono qualche pezzo di cannone, e più di venti fra bandiere e ftendardi, e una graviffima percoffa diedero alla nemica Armata. Fu creduto, che intorno a cinque mila foffero i morti dalla parte de' Gallifpani, più di due mila i prigionieri fani, e almeno due mila i feriti, che rimafti ful campo furono anch'effi prefi per prigioni, e rilafciati pofcia a i nemici Ufiziali. Pretefero altri di gran lunga maggiore la loro perdita. Spezialmente delle Guardie Vallone e di Spagna, e di due Reggimenti Franzefi, pochi reftarono in vita. Chi ancora dal canto di effi volle difertare, feppe di quefta occafione ben prevalerfi, e furono affaiffimi. Quanto a gli Auftriaci fi fa, che alcuni loro Reggimenti rimafero come disfatti; ma le Relazioni d'effi appena fecero afcendere il numero de' lor morti, feriti, e prigionieri a quattro mila perfone. Sparfero voce all'incontro gli Spagnuoli d'aver fatto prigioni in tale occafione più di mille e cinquecento nemici. Se ne può dubitare. Certo è, che i Franzefi fi dolfero de gli Spagnuoli, ma quefti ancora molto più fi lamentarono de' Franzefi, rovefciando gli uni su gli altri la colpa della male riufcita imprefa. Il più ficuro indizio nondimeno de gli efiti delle battaglie, e de' guadagni e delle perdite, fi fuol prendere da i fuffeguenti fatti. Certo è, che i Gallifpani, benchè tanto indeboliti, pure o per neceffità, o per far credere, che un lieve incomodo aveffero fofferto nella pugna fuddetta, più vigorofi che mai fi fecero conofcere poco dipoi. Cioè quafichè nulla temeffero, anzi fprezzaffero il campo nemico affediatore di Piacenza, da che ebbero lafciato un fufficiente corpo di gente alla difefa delle loro ftraordinarie fortificazioni, con più di dieci mila combattenti paffato su i loro Ponti il Po, fi ftefero a Codogno, San Colombano, ed altri Luoghi del Lodigiano. Un corpo ancora di Franzefi pafsò il Lambro, per raccogliere foraggi dal Pavefe. Trovoffi allora la Città di Lodi in graviffimi affanni, perchè entrativi gli Spagnuoli richiefero a quel Popolo quindici mila facchi di grano, altrettanti di avena o fegala, e fei mila di farina, e tutto nel termine di due giorni. Colà eziandio comparvero più di tre mila muli, per caricar tanto grano, e condurlo al loro quartier Generale di Fombio e a Piacenza: Città divenuta in quefti tempi un teatro di miferie. Piene erano tutte le cafe di feriti; per le ftrade abbon-

Era Volg.
Ann. 1746.

bondavano le braccia, e gambe tagliate, e i cadaveri de' morti; gran fetore dapertutto; e intanto il povero Popolo facea le crocette per la fcarfezza de' viveri. Buona parte de' Religiofi non potendo reggere in tali anguftie, e non pochi ancora de' Nobili fi ritirarono chi a Milano, chi a Crema, ed altri Luoghi. Chiunque non potè di meno, rimafe efpofto a molti involontarj digiuni. Nelle precedenti guerre aveano le Città di Piacenza e Parma goduto di molte efenzioni e Privilegj: ecco che fecondo le umane vicende fopra di loro piovvero a difmifura i difaftri, ma più fenza comparazione fulla prima, che fulla feconda. Fra Piacenza e Genova era in quefti tempi interrotta ogni comunicazione, attefa la permanenza delle foldatefche Piemontefi in Novi.

ANCORCHE' non defifteffero gli Auftriaci di tenerfi forti e copiofi ne' loro trincieramenti fotto Piacenza, minacciando fcalate ed altri tentativi, pure il teatro della guerra parea trafportato di là da Po ful Lodigiano fino al Lambro e all'Adda. Quivi gli Spagnuoli dall'un canto, e i Franzefi dall'altro faceano alla lunga e alla larga da padroni coll'efterminio di que' poveri contadini ed abitanti, a'quali nulla fi lafciava di quello, che ferviva al bifogno del campo e alla particolare avidità d'ogni foldato. Giugnevano i loro diftaccamenti a Marignano, e fino in vicinanza di Milano e Pavia, mettendo quel paefe tutto in contribuzione. Gran fuggezione ancora recavano al Forte della Ghiara, anzi allo fteffo Pizzighettone; giacchè aveano gittato un Ponte full'Adda, e ricavavano da Crema co i lor danari molte provvifioni, delle quali abbifognavano. Per ovviare a quefti andamenti de gli Spagnuoli, furono fpediti groffi rinforzi di gente al Generale Roth Comandante in Pizzighettone, e fi accrebbero le guernigioni di Cremona e Guaftalla. E perciocchè fi prevedeva, che a lungo andare non avrebbero potuto fuffiftere i Gallifpani in quel riftretto territorio, fenza più potere ricevere nè genti, nè munizioni da guerra da Genova: corfe fofpetto, che i medefimi poteffero tentare di metterfi in falvo col paffare o di qua o di là dall' Adda verfo il Cremonefe e Mantovano. Ma quefte erano voci del folo volgo. Intanto il *Re di Sardegna* feriamente penfando a i mezzi più pronti per procedere contro i Gallifpani, venne col nerbo maggiore delle fue forze verfo la metà di Luglio alla Trebbia, e fece con tal diligenza gittare un Ponte

ful

Era Volg.
Ann. 1746.
sul Po a Parpanefo, e paffare di là il Generale *Conte di Schu-*
lemburgo con affai milizie, che fi potè afficurarne la tefta, ed
effere in iftato di ripulfare i nemici, fe foffero venuti per im-
pedirlo; ficcome feguì, ma fenza alcun profitto. Ciò efeguito
nel dì fedici di Luglio, gli Auftriaci accampati fotto Piacenza,
dopo aver fatto fpianare i loro Ridotti e batterie, e meffe in
viaggio tutte le artiglierie, munizioni, e bagagli, levarono il
campo, e s'inviarono alla volta della Trebbia, abbandonando
in fine i contorni della mifera Città di Piacenza. Prima di
metterfi in viaggio, minarono il Seminario di San Lazzero,
per farlo faltare in aria; non ne feguì già il rovefciamento da
effi pretefo: tuttavia qualche parte ne rovinò, e fe ne rifentirono tutte le muraglie maeftre, riducendofi quel grande edifizio ad uno ftato compaffionevole, benchè non incurabile. Fermoffi l'ofte Auftriaca alla Trebbia, e i Generali *Marchefe Bot-*
ta Adorno, Conte Broun, e di *Linden*, colla Ufizialità maggiore fi portarono ad inchinare il Re di Sardegna, il quale af-
fuufe il comando fupremo di tutta l'Armata. Tennefi poi fra
loro un Configlio generale di guerra, a fine di determinar le
ulteriori operazioni della prefente campagna. Per l'allontanamento de' Tedefchi ognun crederebbe, che fi slargaffe di molto il cuore a gl'infelici Piacentini dopo tanti patimenti foffer-
ti in così lungo affedio. Ma appena poterono eglino paffeggiar
liberamente per li contorni, che videro un orrido fpettacolo
di miferie, nè trovarono fe non motivi di pianto. Per più miglia all'intorno quelle cafe, che non erano diroccate affatto,
minacciavano almeno rovina; erano fuggiti i più de' contadini; perite le beftie; fi fcorgeva immenfa la ftrage de gli alberi. E come vivere da lì innanzi, effendo in buona parte mancato il raccolto prefente, e tolta la fperanza di ricavarne nell'
Anno appreffo, non reftando maniera di coltivar le terre?
Molto oro, non fi può negare, fparfero gli Spagnuoli per le
botteghe di quella Città, per provvederfi maffimamente di
panni e drapperie; ma il refto del Popolo languiva per la povertà e penuria de' grani. Per fopracarico venuti i Franzefi,
nè potendo ottenere da gli Spagnuoli frumento o farine, richiefero fotto pena della vita nota fedele di quanto fe ne trovava preffo de' Cittadini, e ne vollero la metà per loro. Non
andarono efenti dalla militar prequifizione nè pure i Monifterj
delle Monache.

IN.

IN questa positura erano gli affari della guerra in Lombardia, quando eccoti portata da Corrieri la nuova d'una peripezia, che ognun conobbe d'incredibile importanza per la Francia, e per chiunque avea sposato il di lei partito. Il Cattolico Monarca delle Spagne *Filippo V.* godeva al certo buona salute; ma per la mente troppo affaticata in addietro era divenuto per così dire una pura macchina. Assisteva a i Configli, ma più per testimonio che per direttore delle risoluzioni. Queste dipendevano dal senno de' suoi Ministri, e più da i voleri della Regina Conforte *Elisabetta Farnese*, i cui principali pensieri tendevano sempre all'esaltazione de' proprj Figli. Da molti anni in qua usava il Re di fare di notte giorno, costume preso, allorchè soggiornò in Siviglia. Nel dopo pranzo adunque nel dì 9. di Luglio, quando stava per levarsi di letto, fu sorpreso da un mortale deliquio, alcuni dissero di apoplessia, ed altri di rottura di vasi, che in sette minuti il privò di vita. Mancò egli fra le braccia della Real Conforte in età d'anni sessantadue, sei mesi, e giorni venti, essendo inutilmente accorsi i Medici e il Confessore. Morto ancora il trovarono i Reali Infanti. Lasciò questo Monarca fama di valore, per avere ne' tanti sconcerti passati del Regno suo intrepidamente assistito in persona alle militari imprese; maggiore nondimeno fu il concetto, che restò dell'incomparabile sua Pietà e Religione, in ogni tempo conservata, con pari tenore di vita, talmente che fu creduto esente da qualunque menoma colpa di piena riflessione. Tanto nondimeno i suoi Popoli, che i suoi avversarj, notarono in lui *peccata Cæsaris*, per le tante guerre non necessarie, che impoverirono i suoi Sudditi con arricchir gli stranieri, e per la poca fermezza ne' suoi Trattati. Ma sono suggetti anche i buoni Regnanti alla disavventura di aver Ministri, che sanno dar colore di Giustizia a i configli dell'Ambizione, e far credere la Ragione di Stato una Legge superiore a quella del Vangelo. A così glorioso Regnante succedette il Real Principe d'Asturias *Don Ferdinando*, figlio del primo Letto, nato nell'Anno 1713. a dì 23. di Settembre da *Maria Luisa Gabriella di Savoia*. Avea questo nuovo Monarca fin l'Anno 1729. sposata l'Infante *Donna Maria Maddalena di Portogallo*; e per quanto appariva agli occhi degli uomini, gareggiava col Padre, se non anche andava innanzi, nella Pietà e Religione. Gran saggio diede egli immediatamente dell'

dell'animo suo Eroico, col confermare tutte le Cariche [anche mutabili] conferite dal Re suo Genitore, e fin quelle di chi avea poco curata, anzi disprezzata la di lui persona in qualità di Principe Ereditario. Viè più ancora si diede a conoscere l'insigne generosità del suo cuore pel gran rispetto, e per le finezze ch'egli usò verso la Regina sua Matrigna, approvando per allora tutti i lasciti a lei fatti dal Re defunto, e non volendo ch'ella si ritirasse in àltra Città, ma soggiornasse in Madrid; al qual fine la provvide per lei e pel *Cardinale Infante* di due magnifici Palagi uniti, e di tutti i convenevoli arredi del lutto: Osservossi eziandio in lui [cosa ben rara] un tenero amore verso de' suoi Reali Fratelli, e massimamente verso dell'Infante *Don Carlo* Re delle due Sicilie. Per conto poi d'essa Regal Matrigna, e per varj assegnamenti fatti dal Re defunto, si presero col tempo delle alquanto diverse risoluzioni.

ARRIVATA la nuova di questo inaspettato avvenimento in Italia, e in tutti i Gabinetti d'Europa, svegliò la gioia in alcuni, il timore in altri, riflettendo ciascuno, che poteano provenire mutazioni di Massime, essendo sopra tutto insorta opinione, che questo Principe, perchè nato in Ispagna, tuttochè della Real Casa di Borbone, farebbe Re Spagnuolo, e non più Franzese; e che la Spagna uscirebbe di minorità e tutela, quasichè in addietro nel Gabinetto di Madrid dominasse al pari che in quello di Versaglies la Corte di Francia. Non passò certamente gran tempo, che gl'Inglesi con rivolgersi al Re di Portogallo, per mezzo suo cominciarono a far gustare al nuovo Re proposizioni di concordia e pace. Men diligenti non furono al certo i Franzesi a mettere in ordine le batterie della loro eloquenza, per contenerlo nella già contratta alleanza: con qual esito, si andò poi a poco a poco scoprendo. Ma in questi tempi un altro impensato accidente riempiè di duolo la Corte di Francia. S'era già sgravata col parto di una Principessa la Moglie del Delfino di Francia *Maria Teresa*, Sorella del nuovo Monarca Spagnuolo: quando sopragiunta una febbre micidiale nel termine di tre giorni troncò lo stame del di lei vivere nel dì 23. di Luglio in età di poco più di vent'anni. Andava intanto il Re di Sardegna insieme co i Generali Tedeschi meditando qualche efficace ripiego, per costrignere i Gallispani ad abbandonare la Città e l'afflitto territorio di Lodi.

di. Fu perciò ordinato al Generale Conte di Broun di paſſare
il Po a Parpaneſo con groſſo corpo di armati, e di occupare
la riva di là del Lambro. Sul principio d'Agoſto anche lo
ſteſſo Re Sardo colle maggiori ſue forze paſsò colà a fine di
riſtrignere gli Spagnuoli non men da quella parte, che da
quella di Pizzighettone. Uniti poſcia i Piemonteſi ed Auſtriaci ebbero forza di paſſare ſull'altra parte del Lambro e di piantare due Ponti ſu quel Fiume, alla cui ſboccatura s'era fortificato il *Mareſciallo di Maillebois*, ſtando a cavallo del medeſimo. Furono cagione tali movimenti, che gli Spagnuoli ſi
ritirarono dall'Adda. Abbandonato anche Lodi, inviarono a
Piacenza le loro Artiglierie e munizioni, raccoglioſi tutti
a Codogno e Caſal Poſterlengo. Precorſe intanto voce, che
per ordine del novello Re di Spagna *Ferdinando VI.* circa ſei
mila Spagnuoli, già moſſi per paſſare in Italia, non progre-
diſſero nel viaggio, e foſſe anche fermata gran ſomma di danaro, che s'era meſſa in cammino a queſta volta: tutti pre-
ludj di cangiamento d'idee in quella Corte.

Non poteano in fine più lungamente mantenerſi nel di là
da Po i Galliſpani, troppo inferiori di forze a i loro avverſarj,
perchè ſempre più veniva meno il foraggio con altre provviſioni, nè adito reſtava di procacciarſene ſenza pericolo. Stavano i curioſi aſpettando di vedere, qual via eſſi eleggerebbo-
no, cioè ſe quella di ritirarſi verſo Genova, o pure d'inviarſi
alla volta di Parma; nè mancavano gli Auſtriaco-Sardi di ſta-
re attenti a qualunque riſoluzione, che poteſſe prendere la
nemica Armata, al qual fine il Generale *Marcheſe Botta Adorno* con più migliaia di Tedeſchi s'era poſtato di qua dalla
Trebbia verſo la collina, per accorrere, ove il chiamaſſe la
ritirata de'Galliſpani. Fu anche ſpedito il Conte Gorani con
alcune Compagnie di Granatieri e di cavalleria al Ponte di
Parpaneſo, per vegliare a gli andamenti de' nemici, caſo che
tentaſſero di voler paſſare il Po verſo la bocca del Lambro, e
per dar loro anche dell'apprenſione. Tennero intanto i Galliſpani Conſiglio ſegreto di guerra, per uſcire di quelle ſtret-
tezze. Fu detto, che foſſero diverſi i ſentimenti del Conſiglio
di Guerra, e fra gli altri del Gagès e Maillebois, tra' quali
paſſarono parole aſſai calde. Proponeva il Gages di ridurſi in
Piacenza, dove non mancavano provviſioni per due ed anche
per tre ſettimane, perſuaſo, che i nemici per mancanza di
fo-

foraggi non avrebbero potuto fermarfi di là dalla Trebbia; nè a cagion del puzzo tornare fotto Piacenza : ficchè farebbe reftato libero il ritirarfi a Tortona . Ma prevalfe in cuore·del Reale Infante il parere del Maillebois , perchè creduto migliore , o perchè parere Franzefe . Nella notte dunque precedente al dì nove d'Agofto i Gallifpani, lafciate fcorrere pel Fiume Lambro nel Po le tante barche da loro adunate , con fomma diligenza fi diedero a formar due Ponti fopra effo Po , e per tutto quel giorno attefero a paffare di qua coll'intera loto Armata, cannoni, e bagaglio ; e nella notte e dì feguente, dopo avere rotti i Ponti, cominciarono a sfilare alla volta di Caftello San Giovanni. Ma effendo giunto l'avvifo della loro ritirata al fuddetto Generale Marchefe Botta , prefe egli una rifoluzione non poco ardita , e che fu poi fcufata per la felicità del fucceffo ; cioè dì portarfi ad affalire i nemici , tuttochè il corpo fuo forfe non giugneffe a fedici mila armati ; laddove quel de' nemici fi faceva afcendere a ventifette mila , computati quei, che nello fteffo dì ufcirono di Piacenza. Contro le iftruzioni a lui date era prima paffato di qua dal Po pel Ponte di Parpanefo il Conte Gorani col fuo picciolo diftaccamento . Per farfi onore , fu egli il primo a pizzicare la Retroguardia de'Gallifpani, che era pervenuta a Rottofreddo in vicinanza del picciolo Fiume Tidone ; e all'incontro di mano in mano , che andavano arrivando i Battaglioni del Generale Botta , entravano in azione . Fu dunque obbligata la Retroguardia fuddetta a voltar faccia , e a tenerfi in guardia , colla credenza, che ivi foffe tutto il forte de gli Auftriaci, cioè fenza avvederfi di combattere fulle prime contra di pochi, che fi poteano facilmente avviluppare, o mettere in rotta. Andò perciò fempre più crefcendo il fuoco, finchè giunti tutti i Tedefchi, divenne generale il conflitto. Fu fpedito all'Infante, pervenuto già col Duca di Modena , e col corpo maggiore di fua gente a Caftello San Giovanni, acciocchè inviaffe foccorfo, ficcome fece con alcuni Reggimenti di cavalleria . Era allora alto il Frumentone, o fia grano Turco ; coperti da effo combattevano i Fucilieri Tedefchi . Giocavano le Artiglierie , e maffimamente una batteria di quei cannoni alla Pruffiana, che prefto fi caricano, nè occorre rinfrefcarli, che dopo molti tiri, pofta da gli Auftriaci fopra un picciolo colle caricata a facchetti. Appena fi accoftarono alla fcoperta le nemiche fchiere,

re,

re, che con orrida gragnuola si trovarono flagellate. Per più
ore durò il sanguinoso cimento; rispinta e più d'una volta
fu messa in fuga la Fantéria Tedesca dalla Cavalleria Spagnuola; finchè giunto a quella danza anche il *Marchese di Castellar*, che seco conduceva il presidio di Piacenza, consistente in cinque mila combattenti, gli Austriaci si ritirarono, tanto che potè l'oste nemica continuare il viaggio, e giugnere
in sacrato al suddetto Castello di San Giovanni. Si venne poscia a i conti, e fu creduto, che restassero sul campo tra morti
e feriti quasi quattro mila Gallispani, e che almeno mille e
ducento fossero i rimasti prigioni, senza contare quei che di-
sertarono; perciocchè abbondando l'oste Spagnuola della ciur-
ma di molte Nazioni, non mai succedeva fatto d'armi, o
viaggio, che non fuggisse buona copia d'essi. Restò il campo in poter de' Tedeschi con circa nove cannoni, e undici
tra bandiere e stendardi; ma in quel campo si contarono anche d'essi tra estinti e feriti circa quattro mila persone. Vi
lasciò la vita fra gli altri Ufiziali il valoroso Generale *Barone
di Berenclau*, e tra i feriti furono i Generali *Conte Pallavicini*,
Conte Serbelloni, *Voghtern*, *Andlau*, e *Gorani*. Di più non fecero i Gallispani, perchè loro intenzione era non di decidere
della sorte con una battaglia, ma bensì di mettere in salvo i
loro sterminati bagagli, e di ritirarsi. Fu nondimeno creduto,
che se il Conte di Gages avesse saputa l'inferiorità delle forze nemiche, potuto avrebbe in quel giorno disfare l'Armata
Tedesca.

NON sì tosto ebbe fine l'atroce combattimento, che sull'
avviso della segreta partenza del Marchese di Castellar da
Piacenza, un distaccamento Austriaco si presentò sotto quella
Città, e ne intimò immediatamente la resa; e perchè non
furono pronti i Cittadini a spalancar le porte, per aver dovuto passar di concerto co i Gallispani, ivi rimasti o malati
o feriti, si venne alle minaccie d'ogni più aspro trattamento.
Uscirono in fine i Deputati della Città, e dopo aver giustifi-
cati i motivi del loro ritardo, fu conchiuso il pacifico ingresso
de' Tedeschi nella medesima sera, con rilasciare libero il bagaglio alla Guernigione Gallispana tanto della Città che del Castello, la quale restò in numero di ottocento uomini prigioniera di guerra. Vi si trovò dentro più di cinque mila [altri
scrissero fino ad otto mila] tra invalidi, feriti, ed infermi,

Era Volg.
Ann. 1746. comprefi fra effi quei della precedente battaglia; più di ottanta pezzi di groffo Cannone, oltre a i minori; trenta Mortari, e quantità grande di palle, bombe, tende, ed altri militari attrecci, con varj magazzini di panni e tele, di grano, ri-
fo, e fieno entro e fuori delle mura. Prefero gli Auftriaci il
poffeffo di quella Città, ed ancorchè ne i dì feguenti v'en-
traffero i Miniftri, e un corpo di gente del Re di Sardegna,
che ne ripigliò il civile e militare governo, pure anch'effi
continuarono ivi il loro foggiorno per guardia delle Artiglierie e de i magazzini, finchè fi ultimaffe la propofta divifione
di tutto, cioè della metà d'effi per ciafcuna delle Corti. Allora fu, che veramente fotto l'afflitta Città di Piacenza ebbe
fine il flagello della guerra militare; ma un'altra vi cominciò non men lagrimevole della prima. Gli ftenti paffati, il
terrore, ma più d'ogni altra cofa il puzzore, e gli aliti male-
fici di tanti cadaveri d'uomini e di beftie feppelliti [e non fempre colle debite forme] tanto in quella Città, che ne i contorni, cagionarono una grande Epidemia ne gli uomini: dura penfione provata tante altre volte dopo i lunghi affedj delle Città.
Ne feguì pertanto la mortalità di molta gente, talmente che
in qualche Villa non potendo i Preti accorrere da per tutto,
fenza l'accompagnamento loro fi portavano i cadaveri alle
Chiefe.

Era già pervenuta a Voghera l'Armata Gallifpana, ridotta, per quanto fi potè congetturare, a quattordici mila Spagnuoli, e fei mila Franzefi, infeguita fempre e moleftata nel
viaggio da Uffieri e Schiavoni. Giacchè i Piemontefi non aveano voluto afpettare in Novi l'arrivo di tanti nemici, e s'era
perciò aperta la comunicazione de'Gallifpani con Genova; ed
in oltre un corpo di circa otto mila tra Franzefi e Genovefi,
condotto dal *Marchefe di Mirepoix*, fcendendo dalla Bocchetta
era venuto fino a Gavi, per darfi mano con gli altri: venne
dal Marefciallo di Maillebois, e dal Generale Conte di Gages
nel Configlio tenuto col Reale Infante e col Duca di Modena
fiffata l'idea di far alto in effa Voghera; ed ordinato a quefto
fine, che fi faceffe per tre giorni un general foraggio per quelle campagne. Ma ecco improvvifamente arrivar per mare da
Antibo il *Marchefe de la Mina*, o fia *de las Minas*, fpedito per
le pofte da Madrid; che giunto a Voghera, dopo aver baciate
le mani all'Infante *Don Filippo*, prefentò le Regie Patenti,

in

in vigor delle quali, ficcome Generale più anziano del Gages, affunfe il comando dell'armi Spagnuole in Lombardia, fubordinato bensì in apparenza ad effo Infante, ma difpotico poi in fatti. Ordinò egli pertanto, che tutte le truppe di Spagna fi metteffero in viaggio a dì quattordici d'Agofto alla volta di Genova. Per quanto fi opponeffero con varie ragioni i Franzefi, non fi mutò parere; laonde anch'effi fcorgendo rovefciate tutte le già prefe mifure, per non reftar foli indietro, fi videro forzati alla ritirata medefima. Marciava quefta Armata verfo la Bocchetta, e già fcendeva alla volta di Genova, facendofi ognuno le meraviglie, per non fapere intendere, come que' Generali penfaffero a mantenere migliaia di cavalli fra le anguftie e le fterili montagne di quella Capitale: quando in fine fi venne a fvelar l'intenzione del Generale della Mina, o per dir meglio gli ordini fegreti a lui dati dal Gabinetto della fua Corte, cioè di prender la ftrada verfo Nizza, e di menar le fue genti fuori d'Italia. Di quefta rifoluzione, che fece trafecolare ognuno, fi videro in breve gli effetti; perchè egli dopo avere fpedito per mare tutto quel che potè d'artiglierie, bagagli, ed attrecci, fenza afcoltar configli, fenza curar le querele altrui, cominciò ad inviare parte delle fue truppe pe' fommamente difaftrofe vie della Riviera di Ponente verfo la Provenza. L'Infante Don Filippo e il Duca di Modena, rodendo il freno per così impenfata e difguftofa mutazione di fcena, fi videro anch'effi forzati dopo qualche tempo a tener quella medefima via, non fapendo fpezialmente il primo comprendere, come s'accordaffero con tal novità le protefte del fratello Re Ferdinando, d'avere cotanto a cuore i di lui intereffi. Fu allora, che non pochi Italiani delle brigate Spagnuole non fentendo in fè voglia di abbandonare il proprio Cielo, feppero trovar la maniera di rifparmiare a fè fteffi il difagio di quelle marcie sforzate. Il *Conte di Gages*, e il *Marchefe di Caftellar* s'inviarono innanzi, per paffare in Ifpagna. Era il Caftellar richiamato colà. Al Gages fu lafciato l'arbitrio di andare o di reftar nell'Armata; ma anch'egli andò.

PAREVA intanto, che gli Auftriaco-Sardi faceffero i ponti d'oro a quella gente fugitiva, quafichè non curaffero più di pungerla o di affrontarla, come era feguito a Rottofreddo, e baftaffe loro di vedere fgravata dalle lor armi la Lombardia.

Ma tempo vi volle, per ben afficurarfi delle determinazioni de' nemici. Chiarita la ritirata di effi alla volta di Genova, allora paffato il Po, andarono il *Generale Broun*, e il *Principe di Carignano* con dodici mila armati ad unirfi a San Giovanni col *Generale Botta*. Moffofi poi di là da Po anche il Re di Sardegna, s'avanzò fino a Voghera e Rivalta; dove concorfi tutti i Generali, tenuto fu Configlio di guerra, e prefa la rifoluzione di procedere avanti contro di Genova. Opponevafi a i lor paffi primieramente Tortona, e poi Gavi. Perchè nella prima era reftata una gagliarda guernigione di Spagnuoli e Genovefi, e gran tempo farebbe coftato l'efpugnazion di quella Piazza, folamente fi penfò a ftrignerla con un blocco. A questa imprefa furono deftinati alquanti battaglioni, la metà Auftriaci e la metà Savoiardi, che fi poftarono fulla collina contro la Cittadella; al piano fi ftefe un corpo di cavalleria. E perciocchè il più della lor gente a cavallo non occorreva per quell'imprefa, e molto meno per la meditata di Genova, fu inviata a prendere ripofo nel Cremonefe, Modenefe, e Guaftallefe. Nel dì dicianove d'Agofto arrivò la vanguardia Tedefca col Generale Broun a Novi, bella Terra del Genovefato, ma Terra troppo berfagliata nelle congiunture prefenti, e fottopofta di nuovo ad una contribuzione più rigorofa delle precedenti. Il Caftello di Serravalle affalito da gli Auftriaco-Sardi, e perfeguitato con due mortari a bombe, non tenne forte, che una giornata, e tornò all'ubbidienza del Re di Sardegna. Fatteſi poi le neceffarie difpofizioni, fi prepararono gli Auftriaci, per inoltrarfi verfo Genova, e nello fteffo tempo il fuddetto Re colla maggior parte delle fue forze s'inviò verfo le Valli di Bormida ed Orba, per penetrare nella Riviera Genovefe di Ponente verfo Savona, e Finale, a fine d'incomodar la ritirata di i nemici. Incredibil numero di cavalli perderono gli Spagnuoli nella precipitofa loro marcia per quelle ftrade piene di paffi ftretti, balze, e dirupi. Tuttochè Gavi, vecchia Fortezza, foffe mal provveduta di fortificazioni efteriori, pure teneva tal prefidio, e treno d'artiglieria, che poteva incomodar di troppo i paffaggi de gli Auftriaci, e la lor comunicazione colla Lombardia: fu perciò incaricato il *Generale Piccolomini* di formarne l'affedio; al qual fine da Aleffandria furono fpediti cannoni e bombe. Intanto verfo il fine di Agofto s'inoltrò il grofso dell'Armata Austriaca per Voltaggio alla volta della Bocchetta, passo fortificato da i Genovesi, e guernito di alquante Compagnie d'essi e di Franzesi. Dopo aver fatto i due Generali Botta e Broun prendere le superiori eminenze del Giogo, inviarono all'assalto di quel sito tre diversi staccamenti di Granatieri e fanti; e se s'ha da prestar fede alle Relazioni loro, col sacrifizio di soli trecento de' loro uomini forzarono i Genovesi a prendere la fuga coll'abbandono de' Cannoni e munizioni, che quivi si trovarono. Pretesero all'incontro i Genovesi di avere sostenuto con vigore, e renduto vano il primo assalto de gli Austriaci, e si preparavano a far più lunga resistenza, quando furono all'improvviso richiamati dal loro Generale i Franzesi. Non avea mancato in questi tempi il *Maresciallo di Maillebois* d'incoraggire il Governo di Genova, con fargli sperare l'assistenza delle truppe di suo comando, ed una risoluzione diversa da quella de gli Spagnuoli, che tutti in fine erano marciati verso Ponente. Ma non durò gran tempo la sua promessa, perchè vago anch'egli di mettere in salvo sè stesso e tutta la sua gente, la fece sfilare verso la Francia, lasciando in grave costernazione l'abbandonata infelice Città di Genova. Il tempo fece dipoi conoscere, che dalla Corte di Versaglies non dovette essere approvata la di lui condotta, perchè richiamato a Parigi, fu posto a sedere, e dato il comando di quella molto sminuita Armata al Duca di Bellisle. Se crediamo a i Genovesi, il loro Comandante rimasto alla Bocchetta dopo l'abbandonamento de' Franzesi, scrisse tosto al Governo, per ricevere ordini più precisi, esibendosi di poter sostenere quel posto anche per qualche giorno. L'ordine, che venne, fu ch'egli si ritirasse colla sua gente: laonde non durarono poi gli Austriaci ulteriore fatica per impadronirsene, coninseguir anche e pizzicare i fugitivi Genovesi. Liberata da questo ostacolo l'oste Austriaca, non trovò più remora a i suoi passi, e potè francamente calare buona parte d'essa sino a San Pier d'Arena a bandiere spiegate, dove nel dì quattro di Settembre si vide piantato il suo quartier generale.

Se battesse il cuore a i Cittadini di Genova al trovarsi in così pericoloso emergente, ben facile e giusto è l'immaginarlo. Fin quando si vide l'esercito Gallispano muovere i passi dalla Lom-

Era Volg.
Ann. 1746.

Lombardia verſo la loro Città, ben s'era avveduto quel Senato della brutta piega, che prendevano i proprj intereſſi; e però furono i ſaggi d'avviſo, che ſi ſpediſſero toſto quattro Nobili alle Corti di Vienna, Parigi, Madrid, e Londra, per quivi cercar le maniere di ſchivar qualche temuto, anzi preveduto naufragio. Ma guai a quegl'infermi, che preſi da micidial paroſismo, aſpettano la lor ſalute da i Medici troppo lontani! Il perchè, peggiorando ſempre più i loro affari, que' ſavj Signori, già convinti d'eſſere abbandonati da ognuno, ed eſpoſti a i più gravi pericoli, altra migliore riſoluzione in così terribil improvviſata non ſeppero prendere, che di trattare d'accordo co'Generali della Regnante Imperadrice. Non mancavano certamente, ſe alle apparenze ſi bada, forze a quel Senato per difendere la Città guernita di buone mura, anzi di doppie mura, di copioſa artiglieria, e di groſſi Magazzini di grano, ed altri beni, quivi laſciati da gli Spagnuoli, e con preſidio di non poche migliaia di truppe regolate. Nè già avea laſciato in quella ſtrettezza di tempo il Governo di diſtribuir le guardie e milizie dovunque occorreva, e di diſporre le artiglierie ne'ſiti più proprj per la difeſa della Città. Contuttociò battuti dalla parte di terra da i Tedeſchi, anguſtiati per mare dalle Navi Ingleſi, e perduta la ſperanza d'ogni ſoccorſo: che altro potevano aſpettar in fine, ſe non lo ſmantellamento delle lor ſuntuoſe Caſe e delizie di campagna, ed anche la propria rovina e ſchiavitù? Nè pur ſapeano eſſi ciò, che ſi poteſſero promettere del numeroſo bensì e vivace Popolo di quella Capitale, perchè Popolo già mal contento, per eſſergli mancato il guadagno, e creſciuto lo ſtento, mentre da tanto tempo ſì dalla banda della Lombardia, che da quella del Mare, veniva difficultato il traſporto della legna, carbone, carni, e varj altri comeſtibili; e forſe Popolo, che declamava contro l'impegno di guerra, preſo dal Conſiglio di alcuni più prepotenti de'Nobili. Aggiungaſi, che fra la dominante Nobiltà ed eſſo Popolo paſſava bensì in tempo di quiete la corriſpondenza convenevole dell'ubbidienza e del comando, ma non già aſſai commerzio di amore, ſtante l'altura, con cui trattavano que'Signori il minuto Popolo, già degradato da gli antichi onori e privilegj; talmente che non ſi potea ſperare, che alcun d'eſſi voleſſe ſacrificar le proprie vite, per mantenere in trono tanti Principi, che ſembravano non curar mol-

to.

tò di farsi amare da i loro Sudd'*. E se i nemici fossero giunti a salutar la Città colle bombe, potea la poca armonia degli animi far nascere disegni e desiderj di novità in quella gran popolazione. Finalmente si trovava la Città sì sprovveduta di farine, che la fame fra pochi dì avrebbe sconcertate tutte le misure. Saggiamente perciò da quel Configlio fu preso lo spediente di non resistere, e di comperar più tosto co i meno svantaggiosi patti, che fosse possibile, la riconciliazione coll'Imperadrice e co' suoi Alleati, che di azzardarsi ad un giuoco, in cui poteano perdere tutto.

ERANSI già accampate le truppe Austriache alle spiaggie del Mare, vagheggiando i movimenti di quello da i più d'essi non prima veduto elemento. Spezialmente sull'asciutte sponde della Polcevera non pochi Reggimenti d'essi s'erano adagiati; nè sarebbe mai passato per mente a que' buoni Alemanni, che quel picciolo Torrente potesse, per così dire, in un istante cangiarsi in un terribil Gigante. Ma nel dì sei del suddetto Settembre ecco alzarsi per aria un fiero temporale gravido di fulmini con impetuoso vento e pioggia dirotta, per cui scese sì gonfia d'acque ed orgogliosa essa Polcevera, che strascinò in mare circa secento perlone tra soldati, famigli, ed anche alcuni Ufiziali, affaissimi cavalli, muli, e bagagli. Guai se questo accidente arrivava di notte, la terza parte dell'Armata periva. Nel giorno stesso de i quattro, in cui parte dell'esercito Austriaco cominciò a giugnere a San Pier d'Arena, furono deputati dal Configlio di Genova alcuni Senatori, che andassero a riverire il *Generale Broun*, Condottiere di quel corpo di gente. Introdotti alla sua udienza, rappresentarono la somma venerazione della Repubblica verso l'Augusta Imperadrice, mantenuta anche in questi ultimi tempi, ne' quali aveano protestato e tuttavia protestavano di non aver guerra contro della Maestà sua; e che essendo le di lei milizie entrate nel dominio della Repubblica, il Governo inviava ad offerire tutti i più sicuri attestati di amicizia a i di lei Ministri, mettendosi intanto sotto la protezione, e in braccio alla clemenza della Cesarea Reale Maestà Sua. Intendeva molto bene il Broun la Lingua Italiana; ma non arrivò mai a capire ciò, che volesse dire quella protesta di non aver fatta guerra contro l'Augusta sua Sovrana. Pure senza fermarsi in questo, rispose a i Deputati, che stante la lor premura di godere della Cesarea clemen-

menza e protezione, e di n··; provare i difordini, che potrebbe produrre l'avvicinamento dell'armi Imperiali, egli mande-
rebbe le guardie alle Porte della Città, affinchè fi previniffe
ogni moleftia e fconcerto nel di dentro e al di fuori d'effa. E
perciocchè rifpofero i Deputati, che a ciò oftavano le Leggi
fondamentali dello Stato, il Generale alterato replicò loro,
che non fapeva di Leggi e di Statuti, con altre parole brufche, colle quali li licenziò. Arrivato poi nel giorno appreffo il *Marchefe Botta Adorno*, primario Generale e Comandante dell'efercito Auftriaco, fi portarono a riverirlo i Deputati.
In lui fi trovò più cortefia di parole, ma infieme egual premura, che fruttaffe alla Maeftà dell'Imperadrice la fortuna
prefente delle fue armi. Propofero di nuovo que' Senatori la
rifoluzione della Repubblica di metterfi fotto la protezione d'
effa Imperadrice, a cui darebbono gli atteftati della più rive-
rente amicizia, con ririrar da Tortona le loro genti; con far
ceffare le oftilità del prefidio di Gavi; con rimettere tutti i
prigionieri, ed anche i difertori, implorando nondimeno grazia per effi; col congedar le milizie del paefe, e quelle eziandio di fortuna, ritenendo folamente le confuete per guardia
della Città, e con esibirfi di fomminiftrare tutto quanto foffe
in lor potere per comodo e fervigio dell'armi Auftriache, ri-
mettendofi in una totale neutralità per l'avvenire. Le rifpofte
del Generale Botta furono, che darebbe gli ordini, affinchè
l'efercito Cefareo Reale defifteffe da ogni oftilità, ed offervaffe un' efatta difciplina; ma effere neceffaria una promeffa nella Repubblica di ftare a gli ordini dell'Auguftiffima Imperadrice, dalla cui clemenza per altro fi poteva fperare un buon
trattamento; e che per ficurezza della lor fede conveniva dargli in mano una Porta della Città; e che intanto fi lafcereb-
be intatta l'autorità del Governo, la Libertà e quiete della
Città. Portate al Configlio quefte propofizioni, furono accet-
tate, e fi confegnò al Generale Botta la Porta di San Tommafo, febben pofcia egli pretefe e volle anche l'altra della
Lanterna.

NEL giorno feguente fei di Settembre portoffi perfonalmen-
te effo Marchefe in Città, per formare una Capitolazion provvifionale, la quale farebbe poi rimeffa all'arbitrio della Maeftà dell'Imperadrice. Ne furono ben gravofe le condizioni;
ma giacchè il riccio era entrato in tana, convenne ricevere
le

Erà Volg.
Ann. 1746.

le leggi da chi le dava, non come contrattante, ma come Vincitore; e furono: Che si consegnasse le Porte della Città alle soldatesche dell'Imperadrice Regina: il che non ebbe poi effetto, essendosi, come si può credere, tacitamente convenute le parti, che bastassero le due sole già consegnate. Che le truppe regolate, o sia di fortuna della Repubblica, s'intendessero prigioniere di guerra. Che l'armi tutte della Città, e le munizioni da bocca e da guerra, destinate per le milizie, si consegnassero a gli Ufiziali di Sua Maestà. Che lo stesso s'intendeva di tutti i bagagli ed effetti delle truppe Gallispane e Napoletane, e delle loro persone ancora. Che il presidio e Fortezza di Gavi, se non era peranche renduta, si rendesse tosto all'armi d'essa Imperadrice. Che il Doge e sei primarj Senatori nel termine d'un Mese fossero tenuti di passare alla Corte di Vienna, per chiedere perdono dell'errore passato, e per implorare la Cesarea Clemenza. Che gli Ufiziali e soldati d'essa Imperadrice, e de' suoi Alleati, si mettessero in libertà. Che subito si pagherebbe la somma di cinquanta mila Genovine all'esercito Imperiale, a titolo di rinfresco, e per ottenere il quieto vivere: del resto poi delle Contribuzioni doveva intendersi la Repubblica col Generale *Conte di Cotech*, autorizzato per tale incumbenza. Che quattro Senatori intanto passerebbero per ostaggi di tal convenzione a Milano. Finalmente che questo accordo sortirebbe il suo effetto, finchè venisse ratificato dalla Corte di Vienna. Tralascio altri meno importanti articoli. Non si sa, che avesse effetto la consegna dell'armi e munizioni da guerra della Città; ma si bene alle mani de' Ministri Austriaci pervennero tutti i Magazzini [erano ben molti] spettanti a i Gallispani: con che quell'esercito poco prima bisognoso di tutto, si vide provveduto di tutto; e col ritorno de i disertori, a' quali fu accordato il perdono, venne aumentato di due mila persone. Non si tardò a sborsare le cinquanta mila Genovine, il ripartimento delle quali fra gli Ufiziali e Soldati ebbe l'attestato delle pubbliche Gazzette. Bisogno più non vi fu di trattare e disputare intorno al resto delle Contribuzioni; perciocchè il suddetto Conte di Cotech, Commissario Generale Austriaco, il quale ne sapea più di Bartolo e Baldo nel suo mestiere, inviò al *Doge Brignole* e Senato di Genova un'Intimazione scritta di buon inchiostro. In essa esponeva; che essendosi la Repubblica di Genova impegna-

ta in una guerra manifestamente ingiusta contro la Maestà dell'
Imperadrice Regina, e de' suoi Collegati, ed aperto il varco
a' suoi nemici, per invadere gli Stati d'essa Imperadrice e del
Re di Sardegna: giusta cosa sarebbe stata l'esigere da essa il
rifacimento di tante spese e danni sofferti, che ascendevano a
somme inestimabili. Ma che avendo essa Repubblica riconosciuto la mano dell'Onnipotente, che l'avea fatta soccombe-
re sotto l'armi giuste e trionfanti della Maestà sua Cesarea e
Reale; ed essendosi volontariamente offerta di soggiacere a gli
aggravj, che le si doveano imporre: perciò esso Conte di Cotech perentoriamente le faceva intendere di dover pagare alla Cassa militare Austriaca la somma di *Tre Milioni di Genovine* [cioè *Nove Milioni di Fiorini*] in tanti Scudi d'argento,
e in tre pagamenti: cioè un Milione dentro quarantott' ore;
un altro nello spazio di otto giorni; e il terzo nel termine di
quindici giorni: sotto pena di ferro, fuoco, e saccheggio, non
soddisfacendo ne' termini sopra intimati. Quella fu l'interpre-
tazione, che diede il Ministro alla Clemenza dell'Imperadrice
Regina, a cui s'era rimessa quella Repubblica.

AVEANO gl'infelici Genovesi il coltello alla gola; inutile fu
il reclamare; necessario l'ubbidire. Concorsero dunque le Famiglie più benestanti al pubblico bisogno coll'inviare alla Zecca le loro argenterie; si trasse danaro contante da altri; convenne anche ricorrere al Banco di San Giorgio, depositario del
danaro non solo de' Genovesi, ma di molte altre Nazioni: tanto che nel termine di cinque giorni fu pagato il primo Milione. Più tempo vi volle per isborsare il secondo, non potendo
la Zecca battere se non partitamente sì gran copia d'argento.
Con parte di quel danaro furono non solamente soddisfatti di
molti Mesi trascorsi gli Uffiziali Austriaci, ma anche riconosciuto dalla generosità dell'Augusta Sovrana con proporzionato
regalo il buon servigio de' suoi Uffiziali. Parte d'esso tesoro fu
condotta a Milano da riporli in quel Castello. A conto ancora
del pagamento suddetto andò la restituzion delle gioie e d'altri arredi della Casa de' Medici, impegnati in Genova dal Regnante Augusto. Nè si dee tacere, che videsi ancor quì una
delle umane vicende. Tanta cura de gl'industriosi Genovesi,
per raunar ricchezze, andò a finire in una sì straboccchevol
tassa di Contribuzioni, la quale tuttochè imposta ad una Città cotanto doviziosa, pure a molti può fare ribrezzo. Non sarebbe

Era Volg.
Ann. 1746.

febbe ad una Città povera toccato un così indiscreto salasso.
E vie più dovette riuscire sensibile a quella nobil Repubblica,
perchè accaduto, dappoichè appena ella s'era rimessa dalla
lunga febbre maligna della Corsica, in cui non oso dire, quanti Milioni essi dicono d'avere impiegato, ma che certamente
si può credere costata a lei un' immensità di danaro. Fama
corse, che il Re di Sardegna si lagnasse, perchè nè pure una
parola si fosse detta di lui nella Capitolazione, e nè pure si
fosse pensato a lui nell' imposta di tanto danaro, e nell' occupazione di tanti Magazzini. Pari doglianza fu detto, che facesse l'Ammiraglio Inglese.

CIO', che in sì improvvisa e deplorabil rivoluzione dicessero, almen sotto voce, gli afflitti e battuti Genovesi, non è
giunto a mia notizia. Quel che è certo, entro e fuori d'Italia
accompagnata fu la loro disavventura dal compatimento universale, e fino da chi dianzi non avea buon cuore per essi.
Però dapertutto si scatenarono voci non men contra degli Spagnuoli, che de' Franzesi, detestando i primi, perchè principalmente da loro venne il precipizio de' Genovesi; e gli altri,
perchè mai non comparvero in Italia nell' Anno presente quelle tante lor truppe, che si spacciavano in moto sulle Gazzette, e che avrebbero potuto esentare da sì gran tracollo gl'interessi proprj, e quei de' loro Collegati. Aggiugnevano i Politici, che quand' anche il novello Re di Spagna avesse preso
idee diverse da quelle del Padre, richiedeva nondimeno l'onor
della Corona, che non si sacrificassero sì obbrobriosamente gli
Amici ed Alleati; e in ogni caso poteva almeno e doveva il
comune esército procacciare per mezzo di qualche Capitolazione condizioni men dure e dannose a chi avea da restare in
abbandono. Finalmente diceano, doversi incidere in marmo
questo nuovo esempio, giacchè s'erano dimenticati i vecchi,
per ricordo a i minori Potentati del grave pericolo, a cui s'espongono in collegarsi co i maggiori, perchè facile è il trovar
Monarchi tanto applicati al proprio interesse, che fanno servir gli Amici inferiori al loro vantaggio, con abbandonarli anche alla mala ventura, per risparmiare a sè stessi l'incomodo
di sostenerli. Chi più si figurava di sapere gli arcani de' Gabinetti, spacciò, che fra la Spagna, Inghilterra, e Vienna era
già conchiuso un segreto accordo, per cui la Spagna dovea richiamar d'Italia le sue truppe; gl'Inglesi lasciar passare a Na-

poli

poli dieci mila Spagnuoli; e l'Imperadrice Regina fermaré `a'
confini del Tortonese i passi delle sue truppe. Avere i primi
soddisfatto all'impegno, ed aver mancato alla sua parte l'Austriaca Armata. Di qua poi essere avvenuto, che la Spagna
irritata poscia di-nuovo s'unì colla Francia. Tutti sogni di
gente sfaccendata. Nè pur tempo v'era stato per sì fatto maneggio e preteso accrdo; e certo l'Imperadrice Regina, Principessa generosa e d'animo virile, non era capace d'obbliar la
propria Dignità con tradire non solo gli Spagnuoli, ma anche i
mediatori Inglesi, cioè i migliori de'suoi Collegati. La comune credenza pertanto fu, che la Francia non pensò all'abbandono de'Genovesi; e se il suo Maresciallo si lasciò strascinare
dall'esempio de gli Spagnuoli, non fu questo approvato dal Re
Cristianissimo. Quanto poscia alla Corte del Re Cattolico, si
tenne per fermo, che su i principj cotanto prevalesse il partito contrario alla Vedova *Regina Elisabetta*, che si giugnesse a
quella precipitosa risoluzione, a cui da lì a non molto succedètte
il pentimento, essendo riuscito al Gabinetto di Francia di tener
saldo nella Lega il Re novello di Spagna, ma dopo essere cotanto peggiorati in Italia i loro affari, e con dover tornare
all'Abicì, qualora intendessero di calar un' altra volta in Italia. Per conto poi de' Genovesi poco servì a minorare i loro
danni ed affanni l'altrui compatimento, e il cangiamento di
Massime nella Corte del Re di Spagna. Contuttociò dicevan-
no essi di trovar qualche consolazione in pensando, che ognuno poteva scorgere, non essere le loro disavventure una conseguenza di qualche loro ambizioso disegno, ma una necessità
di difesa; nè potersi chiamar poco saggio il loro consiglio per
l'aderenza presa con due Corone potentissime, le quali sole poteano preservarli da i minacciati danni: giacchè a nulla aveano
servito i tanti loro ricorsi e richiami alle Corti di Vienna, Inghilterra, ed Ollanda.

Ma lasciamo oramai i Genovesi, per seguitare *Carlo Emmanuele* Re di Sardegna. Nè pur egli fu pigro a prendere la
fortuna pel ciuffo. Colla maggior diligenza possibile fece egli
calar le sue truppe per l'aspre montagne dell'Apennino sulla
Riviera di Ponente, a fin di tagliare la strada, se gli veniva
fatto, a i fugitivi Franzesi; e fama corse, essere mancato poco,
che l'Infante *Don Filippo*, e il *Duca di Modena* non fossero
sorpresi nel viaggio. Ma la principal mira d'esso Re erano Savona.

vona e il Finale, paeſi dietro a'quali s'erano conſumati tanti deſiderj de'ſuoi Antenati, e su i quali la Real Caſa di Savoia manteneva antiche ragioni, o pretenſioni. Giunſero colà le ſue milizie nel dì otto di Settembre, ed arrivò anche lo ſteſſo Re nel dì ſeguente a Savona, incontrato dal Veſcovo, e da i Magiſtrati della Città, che andarono a preſentargli le chiavi. Colà giunſe ancora il Generale Gorani, ſpedito con alcuni battaglioni Auſtriaci, per darſi mano a ſottomettere il Caſtello aſſai forte d'eſſa Savona. Trovavaſi alla difeſa di quello un Comandante di Caſa Adorno Nobile Genoveſe, il quale alla chiamata di renderſi diede quella riſpoſta, che conveniva ad un coraggioſo e fedele Ufiziale; e tanto più perchè fu fatta eſſa chiamata per parte del Re di Sardegna. Raccontaſi, ch'egli dipoi, come ſe quella Piazza aveſſe da eſſere il ſepolcro ſuo, diſtribuì a i ſoldati varj effetti e danari di ſua ragione; e nel Teſtamento ſuo dichiarò eredi ſuoi le mogli e i figli di quegli Ufiziali, che morrebbono nella difeſa: al che egli dipoi ſi accinſe con tutto vigore. Si tardò ben molto a cominciare le oſtilità contra di quel Caſtello, perchè non poteano volare per le aſpre montagne i mortai e l'artiglieria groſſa, che occorreva a quell'aſſedio. Paſſarono le brigate Auſtriaco-Sarde al Finale, e il Forte di quella Terra non ſi fece molto pregare a capitolar la reſa, con reſtar prigione il preſidio, e coll'avere gli Ufiziali ottenuto buon trattamento per loro e per li loro equipaggi. Giunſe colà nel dì quindici di Settembre il Re di Sardegna; allora fu, che non potendoſi più ritenere l'antico abborrimento di quel Popolo al giogo Genoveſe, ſcoppiò in ſegni d'incredibil allegrezza, e con ſommo applauſo, ed applauſo di cuore, accolſe il novello Sovrano. Proſeguì poſcia eſſo Re colle milizie il viaggio, occupando di mano in mano i poſti e le Terre, che i Franzeſi andavano abbandonando, finchè giunſe a Ventimiglia, Villafranca, e Montalbano, all'aſſedio de i quai Luoghi egli fu forzato a dover fermare il piede. Dovunque paſſarono l'armi ſue vincitrici, ſegni ne reſtarono della ſingolar ſua moderazione, e della ſavia ſua maniera di trattare chiunque a lui ſi arrendeva. Non la voleva egli contro la borſa di que'Popoli; eſatta diſciplina oſſervavano le ſue truppe; ſolamente, per buona precauzione, levò l'armi al conquiſtato paeſe. Impiegò egli in que'viaggi, e

nella

nella conquifta della Riviera di Ponente il refto di Settembre, e la metà di Ottobre; nè altro confiderabil avvenimento fi contò; fe non che il Generale Auftriaco Gorani, nel riconofcere il pofto della Turbia nel dì dodici d'effo Ottobre
perdè la vita; i Franzefi nel dì 18. ripaffarono il Varo; il Caftello di Ventimiglia nel dì 23. fi fottomife all'armi de i Piemontefi.

Intanto la Corte di Vienna, confiderando il bell'afcendente dell'armi fue in Lombardia e nel Genovefato, e già cacciati di là da' monti i nemici tutti, vagheggiava il bel Regno
di Napoli, come un premio dovuto al valore e alla buona fortuna dell'armi fue nell'Anno prefente. Niun v'era de' Miniftri, che ricordevole delle tante penfioni e regali, procedenti
una volta da quel fruttuofo paefe, non inculcaffe venuto oramai
il tempo di riacquiftar giuftamente ciò, che s'era sì mifera-
mente perduto ne gli anni addietro; avere l'Imperadrice oziofi
circa dieci mila Cavalli, adagiati nel Modenefe, Cremonefe,
Mantovano, ed altri Luoghi. Accrefciuti quefti da qualche
quantità di fanteria, ecco un efercito capace di conquiftare
tutto quel Regno; trovarfi il Re di Napoli privo di gente,
di danaro, e di maniera per refiftere; col folo prefentarfi colà un efercito Auftriaco, altro fcampo non reftare a quel Re,
che di fuggirfene in Sicilia; e che la Sicilia fteffa, qualora
voleffero dar mano gl'Inglefi, facilmente coronerebbe il trionfo dell'armi Imperiali. Forti erano, e ben guftate quefte ragioni; e non è da dubitare, che la Corte Cefarea ardeffe di
voglia di far quell'imprefa; al qual fine fi videro anche sboc-
care in Italia alcune migliaia di fanti Croati e Schiavoni, gente mal in arnefe, ma forte di corpo, reggimentata, e che fa
occorrendo ben maneggiare fucili e fciable. Ma altri furono
in quefti tempi i difegni dell'Inghilterra, cioè di quella Potenza, che avea come dipendenti, per non dire come Servi, i
fuoi Collegati, pel bifogno, che tutti aveano delle fue Sterline, cioè di un danaro, onde veniva il moto principale della macchina di quell'Alleanza. Da che la Francia osò fe non
di attaccare, almeno di fecondare il fuoco nelle vifcere della
Gran Bretagna colla fedizion della Scozia, in cui non fi trattava di meno, che di detronizzare il regnante Re *Giorgio II.*
lo fpirito della vendetta, o fia la brama di rendere la pari-
glia

glia al Re Criftianiffimo, fece gran breccia nella Corte Britannica. Fu dunque rifoluto l'armamento d'una poffente Flotta, per portare la defolazione in qualche fito delle cofte di Francia; e in oltre, giacchè più non reftavano in Lombardia nemici da combattere, quefto parea il tempo di portare la guerra anche dalla parte d'Italia nel cuor della Francia, acciocchè ella non fi gloriaffe di farla fempre in cafa altrui. A quefta determinazione ripugnava non poco il Gabinetto Imperiale tra per li noti infelici tentativi altre volte fatti o nella Provenza o nel Delfinato, e perchè fi vedeva interrompere l'imprefa di Napoli, dove certo fi conofceva il guadagno, laddove poco o nulla v'era da fperare nella Provenza. Per lo contrario l'Inghilterra non folo defiderava, ma comandava una tale fpedizione; e per quefto fine ancora molfe il Re di Sardegna a contribuir buona parte della fua fanteria.

TALI nondimeno divennero le forze Auftriache in Italia, tali i nuovi rinforzi inviati per accrefcerle, che fi figurò il Miniftero Cefareo di poter accudire all'una imprefa fenza pregiudizio dell'altra; nè fi può negare, che ben penfati erano i fuoi difegni. Ma ordinaria difavventura delle Leghe è l'avere ogni Contraente de'particolari intereffi e defiderj, che non s'accomodano con quei de gli altri. In Londra v'erano delle fegrete intenzioni, contrarie a quelle di Vienna. Si voleva far del male alla Francia, e non già alla Spagna. Sempre fitto il Re d'Inghilterra nella fperanza d'una Pace particolare col Re Cattolico, fervorofamente maneggiata dall'Auftriaca Regina di Portogallo, e creduta anche affai verifimile, per efferfi fcoperte nel novello Re di Spagna delle Maffime ben diverfe da quelle del Re fu fuo Padre: con ogni riguardo procedeva verfo gli Spagnuoli, aftenendofi, per quanto mai poteva, dal recar loro danno, anzi da ogni menomo loro infulto; nemico in fine di folo nome, ma non già di fatti. Però la conquifta del Regno di Napoli, meditata in Vienna, che avrebbe infinitamente difguftata la Corona di Spagna, fi trovò afcofamente attraverfata da gl'Inglefi; i quali fecero valere la neceffità di entrare in Provenza colle maggiori forze poffibili, per non foggiacere a gl'inconvenienti patiti altre volte in sì fatte fpedizioni, ed effere troppo pericolofo l'indebolir cotanto l'Armata di Lombardia, coll'inviarne sì gran parte in sì lontane e divife contrade; e che cofterebbe troppo il mantenere in ta

li

li circoſtanze quell' acquiſto. Queſte ed altre ragioni, delle quali il Gabinetto di Vienna intendeva molto bene il perchè, fecero, che l'Imperadrice Regina forzatamente deſſe bando ad ogni diſegno ſul Regno di Napoli. E intanto il Re Catto, lico con varj convogli per mare ſpedì ad eſſo Napoli alcune migliaia delle ſue truppe, le quali ebbero ſempre la fortuna di non eſſere vedute da gl'Ingleſi, nè d'incontrarſi nelle lor Navi, le quali pure padroneggiavano per tutto il Mare Liguſtico e Toſcano.

Fiſſata dunque la ſpedizione Auſtriaco-Sarda contro la Provenza, per cui tanto all'Imperadrice, che al Re di Sardegna uno ſtraordinario aiuto di coſta in moneta fu ſomminiſtrato dall'Inghilterra, eſſo Re Sardo per diſporla ed animarla come Generaliſſimo, paſsò a Nizza già abbandonata da i Franzeſi. Quivi ricevette egli l'avviſo, che s'era renduto alle ſue armi Montalbano, e che poco appreſſo, cioè nel dì quattro di Novembre, avea fatto altrettanto il Caſtello di Villafranca. Giunſe anche da lì a poche ſettimane la lieta nuova, che la Cittadella di Tortona era tornata in ſuo dominio nel dì venticinque del Meſe ſuddetto, con aver quella guernigione Spagnuola ottenuta ogni onorevol capitolazione; giacchè anche eſſo Re in tutta queſta guerra ogni maggior convenienza e riſpetto oſſervò ſempre verſo la Corona di Spagna. Intanto sì dalla parte di Genova, che di Lombardia andavano sfilando le ſoldateſche deſtinate per l'invaſione della Provenza, facendoſi la maſſa della gente a Nizza. Scelto per Comandante di quell'Armata il Generale *Conte di Broun*, queſti verſo la metà di Novembre giunſe per mare a quella Città, e cominciò a prendere le miſure, per effettuare il meditato diſegno. Giacchè ſi calcolava di non trovare nè viveri nè foraggi in Provenza, l'Ammiraglio Ingleſe Medier, chiamato a conſiglio, aſſunſe il carico di condurre da i Magazzini di Genova e della Sardegna il biſognevole, ſiccome ancora le artiglierie, attrecci, e munizioni da guerra. Sopragiunſe in queſti tempi gagliarda febbre al Re di Sardegna, che grande apprenſione ed affanno cagionò in quell'Armata, ma più in cuore de i Sudditi ſuoi, i quali perciò con pubbliche preghiere implorarono da Dio la conſervazione di una vita sì cara. Dichiaroſſi poi nel dì 25. di Novembre il Vaiuolo, e queſto di qualità non maligna, talchè paſſato il convenevol tempo richieſto da sì fatta

ma-

malattia, cefsò ogni pericolo e timore. A cagione nondimeno della convalefcenza fu conchiufo, ch'efso Re pafferebbe il verno in quella Città. Finalmente ful fine di Novembre fi trovò raunato l'efercito deftinato a i danni della Provenza, che fi fece afcendere a trentacinque mila combattenti tra fanti e cavalli, cioè due terzi di Auftriaci, e l'altro di Piemontefi comandati dal Tenente Generale *Marchefe di Balbiano*; e però s'imprefe il paffaggio del Fiume Varo.

CREDEVASI di trovar quivi forte refiftenza dalla parte de i Franzefi; ma non erano tali le forze di quefti da poter punto fraftornare i paffi de gli Auftriaci e Savoiardi. S'erano già feparate le milizie Spagnuole da i Franzefi, e mifteriofi parevano i loro movimenti, perchè ora fembrava, che volefsero prendere il cammino verfo la Spagna, ed ora che penfafsero a ritirarfi in Savoia. E veramente a quella volta tendevano i loro paffi, quando arrivò in Tarafcon al Generale *Marchefe de la Mina* un Corriere dell'Ambafciatore Cattolico efiftente in Parigi, da cui veniva avvertito di tener le truppe di fuo comando unite con quelle di Francia, ftante una nuova convenzione ftabilita fra le due Corone di Madrid e Verfaglies. Servì un tale avvifo, perchè il Marchefe non progrediffe innanzi, per afpettare più accertati ordini della Corte del fuo Sovrano. Non afcendevano dal canto loro i Franzefi a più di cinque o fei mila perfone fotto il comando del *Marchefe di Mirepoix* Tenente Generale, avendo pagato gli altri il difaftrofo ritorno del Genovefato o con lunghe malattie, o colla morte. Vero è, che fi trovarono alquanti corpi d'effi Franzefi qua e là poftati al baffo e all'alto del Varo, per contraftarne il paffo a i nemici; due Fortini ancora o Ridotti teneano fulle fponde d'effo Fiume: pure tra le batterie erette di qua dal Fiume, che faceano buon giuoco, e pel Cannone di tre Vafcelli e di altri Legni minori Inglefi, che s'erano poftati all'imboccatura del Fiume fteffo, animofamente in più colonne paffarono gli Auftriaco-Sardi, effendofi precipitofamente ritirati da tutti que' poftamenti i Franzefi. Detto fu, che folamente coftaffe quel paffaggio ottanta perfone, le quali ebbero anche la difgrazia d'annegarfi. Fu dipoi formato un fodo Ponte ful Varo; e volarono ordini, perchè veniffero le groffe artiglierie, per dar principio all'affedio di Antibo, mira principale del *Generale Broun*, che fervirebbe di fcala all'altro di Tolone.

Em. Volg.
Ann. 1746.

TROVARONO gli aggreſſori in que' contorni abbandonate le caſe, e fuggiti col loro meglio i poveri abitanti. Ma per buona ventura vi reſtarono le cantine piene di vino, e vino, come ognun ſa, ſommamente generoſo di quelle colline, onde ne avrebbe quel Popolo ſecondo il coſtume ricavato un teſoro. Giacchè altro nemico da combattere non aveano trovato i Tedeſchi, gli Svizzeri, ed anche gl' Italiani, sfogarono il loro valore e ſdegno contra di quelle botti, e per tre giorni ognun trionfò di que' cari nemici. Era un bel vedere qua e là per terra migliaia di ſoldati, che più non ſapeano in qual parte del Mondo ſi foſſero: così ben conci erano dal tracannato liquore. Non ſanno più i gran guerrieri del noſtro tempo uſare ſtratagemmi, nè ſtudiano i Libri vecchi, per impararne l'arte. Se quattro o cinque mila Franzeſi col muoverſi di notte aveſſero colto in quello ſtato i lor nemici, voglio dire quegli otri di vino: chi non vede qual brutto governo ne avrebbero potuto fare? Il Generale Broun per queſto inaſpettato accidente non ſapea darſi pace, e vi rimediò come potè. Gli antichi preparavano buona cena alle truppe nemiche, per farne poi loro pagare lo ſcotto nella notte ſeguente. Tanto nulladimeno s'affrettarono que' bravi bevitori a votar quelle botti, ſpandendo anche per le cantine il vino ſopravanzato alla loro ingordigia, che ne ſecero poi lunga penitenza, coſtretti ſovente a bere acqua, per non trovare di meglio. Si ſteſero dipoi i loro ſtaccamenti alle picciole Città di Vences, Graſſe, ed altri Luoghi, i Veſcovi delle quali Città impiegarono con ſomma Carità quanto aveano, per eſentare i Popoli da un duro trattamento. Trovarono un diſcreto nemico nel ſuddetto Generale Broun, il quale portò poſcia il ſuo Quartiere generale fino a Cannes ſulla ſpiaggia del Mare di là da Antibo, con bloccare quel Porto, e dar principio alle oſtilità contra del medeſimo. Non trovando quelle ſoldateſche in alcun Luogo oppoſizione alcuna, s'inoltrarono fino a Caſtellana, Draghignano, ed altre lontane Terre. Altro miglior partito non ſeppe trovare il Re Criſtianiſſimo, per mettere argine a queſto torrente, che di ordinare la moſſa di almen trenta mila combattenti delle truppe regolate eſiſtenti in Fiandra, giacchè ſi conobbe inſufficiente medicina a queſto malore il formar de' nuovi Reggimenti in Provenza. Uomini di nuova leva ſono per lo più ſoldati di nome, conigli di fatti. Un ſoccorſo tale, che dovea

vea

vea far viaggio di più centinaia di miglia, per arrivare in Provenza, non fraſtornava punto i ſonni e i paſſi dell' Armata Auſtriaca e Savoiarda; la quale perciò nel dì quindici di Dicembre giunſe ad impadronirſi anche della Città di Frejus, con iſtendere le contribuzioni per tutte quelle contrade. E perciocchè ſi trovò, che le barche armate dell'Iſole di Sant' Onorato e di Santa Margherita infeſtavano non poco i convogli deſtinati pel campo di Cannes, ordinò il Broun, che ſopra molti Legni venuti da Villafranca s'imbarcaſſero tre mila ſoldati, e faceſſero colà una diſceſa. Non indarno queſta fu fatta. Capitolarono le picciole guernigioni de i due Forti eſiſtenti in quell'Iſole, e cederono il campo a i nuovi venuti. Molto dipoi coſtò a'Franzeſi la ricupera di que' Luoghi. Le ſperanze intanto di vincere il Forte di Antibo erano ripoſte ne'groſſi Cannoni e Mortai, che ſi aſpettavano da Genova; quando ſi ſconcertarono tutte le miſure per uno inaſpettato avvenimento, che ſarà ben memorabile anche ne' Secoli avvenire.

Da che piegarono il collo i Rettori di Genova ſotto l'armi fortunate dell'Imperadrice Regina colla Capitolazione, che di ſopra accennammo, reſtò quella nobil Città ondeggiante fra mille tetri ed inquieti penſieri. Le apparenze erano, che in quel Governo duraſſe l'antica Libertà e Signoria; perchè il Doge, il Senato, e gli altri Magiſtrati continuavano come prima nell'eſercizio delle loro funzioni ed autorità; tenevano le guardie de'lor proprj ſoldati [ſoldati nondimeno dichiarati prima prigionieri di guerra de'Tedeſchi] a Belvedere, e alle Porte, a riſerva di quelle di San Tommaſo e della Lanterna, cedute a gli Auſtriaci. Gli ſteſſi Auſtriaci pareva che non turbaſſero i fatti della Città, giacchè non permetteva il Generale Botta, che alcun de' ſuoi ſoldati entraſſe in quella ſenza ſua licenza in iſcritto. Ma in fine tutta queſta Libertà non era diverſa da quella de gli uccelletti, che legati per un piede ſi laſciano ſvolazzare qua e là. Se non entravano a centinaia e migliaia i Tedeſchi in Città a farvi da padrone, poteano ben entrarvi, qualora ne veniſſe loro il talento; e non pochi ancora v'entravano, con pagar poſcia i viveri meno del dovere, e con vilipendere ed ingiuriare toccando forte ſul vivo i poveri abitanti. Intanto di circa otto mila Tedeſchi non andati in Provenza, parte acquartierata in San Pier d'Arena teneva in cep-

pi la Città, e parte ftefa per la Riviera di Levante s'era im-
padronita di Sarzana, della Spezia, e d'altri Luoghi in quelle
parti. Nella Fortezza di Gavi, ceduta da' Genovefi, comandava la guernigione Auftriaca; e per tutta la Riviera di Ponente altro più non reftava, che inalberaffe le bandiere della
Repubblica, fuorchè l'affediato Caftello di Savona, avendo il
Re di Sardegna conquiftate tutte l'altre Terre e Città, con
farfi anche giurare fedeltà da i Finalini. Ed allorchè fu per
marciare l'Armata in Provenza, credette ben fatto il Generale
Botta di occupare all'improvvifo il Baftione di San Benigno,
guernito di gran copia di bombe e cannoni, che fovrafta alla
Lanterna, e domina non men la Città, che il Borgo di San
Pier d'Arena. In tal pofitura di cofe fi fcorgeva da ognuno
ridotta al verde la potenza e Libertà de' Genovefi. Aggiungafi
il guafto de' Poderi e delle Cafe, con una man d'eftorfioni ed
avanie, che più d'uno de gli Ufiziali e foldati Auftriaci, non
mai fazj di conculcare i vinti, andavano commettendo per
tutti i luoghi de' loro quartieri. Nè da Vienna altra indulgenza finora avea potuto ottenere l'Inviato della Repubblica, fe
non l'efenzione, che il Doge e i fei Senatori fi portaffero colà.
Pretefero i Tedefchi infuffiftenti e vane tutte le fuddette accufe. Il peggio era, che dopo avere il Senato fmunte le caffe
de' più ricchi, intaccato il Banco di San Giorgio, e battute in
moneta le argenterie de' beneftanti, col giugnere in fine a pagar anche buona parte del fecondo Milione di Genovine, animato a quefto sforzo dalle molte fperanze date, che farebbe
condonato il refto: non iftettero molto ad udirfi le richiefte
anche del terzo; e quefte poi s'andarono maggiormente in-
culcando, corteggiate dalle minaccie del Commiffario Generale
Cotech del faccheggio e di ogni altro più afpro trattamento.
La mirabil induftria d'effo Commiffario avea faputo con tanta
facilità, cioè con un folo tratto di penna, trovare il *Lapis Phi-
lofophorum;* fi credeva egli, che in effa penna durerebbe per
fempre quella virtù. Intanto quel Governo di confenfo del
Marchefe Botta fcelfe quattro Cavalieri, per inviarli a Vienna a rapprefentar l'impotenza di un ulterior pagamento, fperando pure migliori influffi dall'Imperiale e Real Clemenza e
Protezione, in braccio a cui s'erano gittati. Ma o fia, che
non veniffe mai dalla Corte l'approvazione di tal Deputazio-
ne, o che veniffe in contrario: mai non fi poterono ottenere
dal

dal Marchese i necessarj passaporti . Se poi s'ha da credere tutto quanto concordemente asseriscono i Genovesi , giunse il Conte di Cotech ad intimare, oltre al suddetto terzo milione, anche il pagamento d'altre gravi somme per li quartieri del verno e quieto vivere , e dugento mila Fiorini per li magazzini delle truppe Genovesi , dichiarate prigioniere di guerra, i quali non v'erano, ma vi dovevano essere . Allegò il Governo l'impossibilità a più contribuire ; e perchè succederono le minaccie, fu risposto, che il Cotech prendesse quante risoluzioni volesse, ma che queste in fine non potrebbero essere che ingiuste . Non andò molto, che il Generale Botta parimente richiese Cannoni e Mortari alla Repubblica, per inviarli in Provenza; e non volendoli questa dare di buon grado, egli spedì gente a levarli da i posti per quel trasporto.

QUESTO era il deplorabile stato di Genova, cagione, che già molti Nobili , e ricchi Mercatanti aveano cangiato Cielo , non sofferendo loro il cuore di mirare i mali presenti della Patria, con paventarne ancora de'peggiori in avvenire. La troppo disgustosa voce del minacciato sacco, vera o falsa che fosse, disseminata oramai fra quel numeroso Popolo, di troppo accrebbe il già prodotto fermento d'odio, di rabbia, di disperazione. E tanto più crebbe, perchè lamentandosi alcuni dell'aspro trattamento, che provavano, scappò detto ad un Ufiziale Italiano nelle truppe Cesaree, che si meritavano di peggio. Poi soggiunse : *E vi spoglieremo di tutto , lasciandovi solamente gli occhi per poter piagnere* . Meriterebbe d'essere cancellato dal ruolo de'Cavalieri d'onore, chi nudriva così barbari sentimenti, e si facea conoscere un Tartaro, e non un Cristiano. L'infima Plebe imparò allora a lodare lo stato antecedente, perchè altro aspetto non aveva il presente che quello d'esterminio e di schiavitù. Pure non trovandosi chi osasse d'alzare un dito, in soli segreti lamenti e combricole andava a terminare il risentimento d'ognuno : quand'ecco una scintilla va ad attaccare un grande impensato incendio . Era il quinto giorno di Dicembre, e strascinavano gli Alemanni un grosso mortaio da bombe, per inviarlo in Provenza. Sono assaissime strade di Genova vote al di sotto, affinchè passino l'acque scendenti dalle montagne in tempo di pioggie , ed anche per le cloache . Al troppo peso di quel bronzo, nel passare pel quartiere di Portoria, si sfondò la strada , onde restò incagliato il trasporto.

La

Era Volg.
Ann. 1746.

La curiosità trasse colà non pochi del minuto Popolo, che furono ben tosto forzati a dar mano, per sollevare il Mortaio. E perchè mal volentieri facevano essi quel mestiere, perchè non pagati, e perchè parea loro cosa dura di faticare in danno della stessa lor Patria: si avvisò uno de'Tedeschi di pagargli col regalo di alcune poche bastonate. Non sapeva coltui, di che fuoco ed ardire sia impastato il Popolo di Genova; ne. fece immantenente la pruova. Il primo a scagliare contra di lui una buona sassata, fu un ragazzo, con dire prima a i compagni: *la rompo?* E all'esempio suo tutti gli altri diedero di piglio a' sassi, i quali ebbero la virtù di far fuggire i Tedeschi. Rinvenuti in sè que'Soldati, tornarono poscia colle sciable nude, per gastigar quella povera gente; ma ricevuti con più copiosa grandine di sassi, furono di nuovo obbligati a salvarsi colla fuga. Nulla di più avvenne in quel giorno. Nella notte quei, che erano intervenuti a quella picciola Commedia, andando per le strade, cominciarono a gridare *All'armi*, ripetendo sovente *Viva Maria;* con che si raunò una gran brigata, tutta della feccia più vile della Città. Deridevano gli Austriaci questo schiamazzo, insultandoli con gridare *Viva Maria Teresa.* Presentossi poscia al Palazzo pubblico la Plebe, chiedendo armi con terribile strepito. Ordinò il Governo, che si chiudessero le Porte, si raddoppiassero le Guardie, si mettessero soldati fuori del rastello con baionetta in canna. Nulla potendo ottenere, raddoppiarono le grida; e intanto sparso il romore per varj quartieri, maggiormente crebbe la folla de i sollevati, che tornata con più empito la seguente mattina, giorno sei di Dicembre, al Palazzo continuò a fare istanza di armi, e tentò anche di scalar l'alte finestre dell'Armeria, ma con esserne rispinta. Nè mancò il Governo di ragguagliare il *Generale Botta* di questa novità. Giacchè era fallito questo colpo al Popolo, si voltò alle Guardie delle Porte, e sorprendendole s'impadronì dell'armi loro; sforzò le porte de gli Ufiziali militari; entrò in qualsivoglia bottega d'Armaiuoli, e quante armi trovò, tutte se le portò via, senza toccare il resto. Ma non v'era Capo, ognun comandava, nè altro si mirava che confusione. Spediti dal Governo alcuni de'Cavalieri più accreditati fra il Popolo, impiegarono indarno la loro.eloquenza per frenarli. Andò poi l'infuriata gente alle Porte di San Tommaso, credendosi di atterrire le Guardie Tedesche.

con

con una fcarica di fucili e con alte grida. Chiufero gli Alemanni le Porte, e fi rifero delle loro bravate. Ma non fi rallentò
per quefto il coraggio del Popolo, che corfo a prendere un
picciolo Cannone, lo prefentò a quelle Porte per batterle.
Quefto fu un farne un regalo a gli Alemanni, i quali aperte
all'improvvifo le Porte, e fpedita fuori una man di Granatieri, nè pur lafciarono tempo di fpararlo, e fel portarono via.
Fuori anche d'effe Porte sboccò nella Città una banda di quindici o venti uomini di cavalleria Tedefchi, che dopo la fcarica delle lor carabine, colle fciable alla mano corfero per Ac-
quaverde e Strada Balbi fin fulla Piazza dell'Annunziata. Di
più non vi volle, per diffipare l'indifciplinata gente, che fpar-
pagliata prefe fulle prime qua e là la fuga. Ma attruppatifi
poi alcuni d'effi, ed uccifi con mofchettate due de'cavalli nemici, fecero ritirare il refto più che di fretta. Da quefto fatto argomentarono molti, che fe il Generale Botta aveffe inviato delle buone fchiere e fquadre d'armati nella Città, avrebbe potuto in quel tempo fopire il tumulto, perchè movimento contradetto dal Governo, nè fecondato da perfona alcuna
di conto.

SERVI' di fcuola a gli ammutinati il rifchio corfo a cagion
dell'irruzione della poca cavalleria nemica per premunirfi; e
però nella feguente notte barricò le principali ftrade con botti
ed altra copia di legnami, e con replicati foffi. Era crefciu-
to a difmifura il Popolaccio; e giacchè tutti i Palazzi de'Nobili fi trovavano chiufi e ben cuftoditi, nè fito finora s'era
trovato per farvi le loro feffioni, sforzarono il Portone de'Padri Gefuiti nella Strada Balbi, ed impadronitifi di tutte quelle
Scuole e Congregazioni, quivi piantarono il loro Quartier generale. Fu creato un Commiffario generale, che fcelfe varj
Luogotenenti, ordinò pattuglie di giorno e di notte, per ovviare a i difordini, pubblicò Editti rigorofi, che ognun doveffe
accorrere alla difefa. In una parola affunfe il Governo e comando della Città, fenza nondimeno perdere il rifpetto al Doge e Senato, fe non che gli ordini del ceto Nobile non erano
attefi, e il Magiftrato Popolare voleva effere ubbidito. Pretefe dipoi quel Popolo, che foffe nulla la Capitolazione, fatta
dal Governo con gli Auftriaci, ficcome fatta fenza participazione e confenfo del Secondo e Terzo Ordine Popolare, che a
tenore delle Leggi e Convenzioni pubbliche fi richiedeva. Avea
co-

comandato esso Governo Nobile, che non si sonasse campana
a martello, e intimato a i Capitani delle popolatissime vicine
Valli del Bisagno e della Polcevera di non prendere l'armi. Se
ubbidissero, staremo poco a vederlo. Intanto il Generale Marchese Botta avea spediti ordini pressanti alle milizie Tedesche,
sparse per le due Riviere di Levante e Ponente, acciocchè ac-
corressero a Genova. Prese eziandio altre precauzioni, per
sostenere le Porte di San Tommaso, ed occupò varj postamenti, atti non meno all'offesa, che alla difesa. Ma venuto il dì
sette di Dicembre, ecco in armi tutto il gran quartiere di San
Vincenzo, ed il Bisagno, che si diedero mano con gli altri Popolari. Andarono essi ad impossessarsi di tutte le artiglierie,
poste ne i lavori esteriori della Città, e di una Batteria detta
di Santa Chiara. Con questi bronzi cominciarono a fulminare
alcuni posti, dove erano i nemici, con farne anche prigioni
alcuni. Al vedere sì stranamente cresciuto l'impegno, il Generale Botta mandò a dire al Governo, che acquetasse il tumulto; e ricevuto per risposta dal Palazzo di non aver forza da farlo, s'esibì egli d'andare al Palazzo, per comporre
le cose; ma poscia non si attentò, o lo trattenne il decoro.

ARRIVO' il giorno otto di Dicembre, giorno solenne spezialmente in Genova per la Festa della Concezione di Maria Vergine, che quel Popolo tiene per sua principal Protettrice; ed
allora fu, che altro nerbo, altro regolamento prese il sinquì
ammutinato minuto Popolo della Città e del Bisagno. Imperciocchè unitosi con loro il Secondo Ordine de i Mercatanti ed
Artisti, si cominciò a dar pane, vino, e danaro; si provvide-
ro le occorrenti munizioni ed armi; si stabilì uno Spedale per
li feriti, e si presero altre saggie misure, che accrebbero il coraggio ad ogni amator della Patria. Per la Strada Balbi in quel
giorno crebbero le ostilità delle artiglierie dall'una e dall'altra
parte, quando consigliato il Popolo a proporre un aggiustamento, espose un panno bianco. Venuto a parlamento un Usi-
ziale Tedesco, intese le loro proposizioni, consistenti in richiedere, che fossero lasciate libere le Porte; riposti al suo sito i
Cannoni asportati; cessata ogni ulterior pretensione di Danaro, e di qualsivoglia altra, benchè menoma esazione, con
dare per questo sei Usiziali in ostaggio. Rapportate furono al
Generale Botta e al suo Consiglio queste dimande, l'ultima delle quali mosse ciascuno a sdegno, o riso, considerata la viltà

de'

de'proponenti, e la trionfal maeftà di chi udiva tali propofizioni. La rifpofta fu, che fi voleva tempo a rifpondere. Giudicò bene d'interporfi, per veder pure, fe fi poteva amichevolmente terminar quefta pugna, il *Principe Doria*, Signore ben
veduto da gli Auftriaci, e infieme fommamente amato dal Popolo per le fue belle doti e copiofe limofine. Concorfe anche
per iftanza e commiffion del Governo a sì lodevol imprefa il
Padre Vifetti, rinomato facro Oratore della Compagnia di Gesù, ficcome perfona molto ftimata dal Marchefe Generale Botta. Per quanto quefti rapprefentaffe le trifte confeguenze, che
potea produrre la durezza de' Tedefchi contra di sì numerofo, ardito, e difperato Popolo, effendo egualmente pregiudiciale a gl'intereffi e alla gloria dell'Imperadrice Regina il danno, che fovraftava all'Armata Imperiale, e l'eccidio minacciato della Città : non poterono fiffare concordia alcuna. Si
arrendeva il Generale ful capitolo dell'efazione richiefta fopra
il terzo Milione, ma troppo abborriva il rilafciar le Porte.
Più volte andò il Principe innanzi e indietro, con rapportar
le rifpofte. Trovatofi il Popolo rifoluto in voler la libertà delle Porte, parve, che il General Botta inchinaffe a foddisfarlo,
con trovarfi poi, ch'egli intendeva di una Porta, e non di
tutte e due quelle di San Tommafo. Preteifero i Genovefi,
ch'effo Generale tergiverfaffe, o lavoraffe di fottigliezze ; ma
certo egli fi trovava in un mal paffo, perchè in qualunque
maniera ch'egli aveffe operato, mal intefe farebbero ftate le
fue rifoluzioni. Cioè fe con cedere aveffe calmata quella po-
polar commozione, gli farebbe ftato attribuito a delitto l'avere facrificato l'onore dell'armi Imperiali e l'intereffe dell'Imperadrice Regina, condonando il Milione promeffo, e refti-
tuendo le Porte fenza licenza della Corte. Se poi non cedeva,
volendo più tofto afpettar la rovina, che poi feguitò : farebbe
ftato egualmente efpofto al biafimo e alla cenfura il fuo contegno. Dopo, il fatto ognun la fa da Giudice e fputa fentenze ;
ma per giudicar bene, conviene metterfi nel vero punto delle
cofe e delle circoftanze prima del fatto.

CONTINUARONO anche nel dì nove di Dicembre i trattati,
ma fenza frutto, talmente che il Principe Doria, dopo aver
buttate tante ragioni e fatiche, fe ne lavò le mani, e fi ritirò
lungi da Genova. Nè miglior fortuna ebbe l'eloquenza del
Padre Vifetti. E perchè il Generale Auftriaco andava pren-

dendo tempo alle rifoluzioni, fpendendo intanto fperanze e-
buone parole, pretefe il Popolo Genovefe ciò fatto ad arte,
tanto che arrivaffero al fuo campo le truppe richiamate dalle
due Riviere. Tutto quefto accrefceva l'impazienza e i moti
de' Genovefi, per tentare colla forza la fofpirata liberazione.
Frequenti furono in tutti que' dì le pioggie: pure nulla poteva ritenerli dal fare ogni opportuno preparamento per quell'
imprefa; nè loro mancò qualche fperto Ingegnere, che fuggerì i mezzi più adattati al bifogno. Si videro a folla Uomini, Donne, Ragazzi, e maffimamente i Facchini, tutti a gara portare chi fafcine, chi palle, chi polve da fuoco e granate, chi formar palizzate e gabbioni, e chi colle fole braccia
ftrafcinar per iftrade fommamente erte, cannoni, mortai, e
bombe. Ne traffero fino alle alture di *Prea*, o fia *Pietra-mi-
nuta:* il che parrebbe inverifimile, mirando quel fito. Parimente portò il Popolo varie altre batterie di cannoni in fiti,
che dominavano San Benigno, in Strada Balbi, all'Arfenale,
e altrove, dove maggiormente conveniva, per offendere i nemici. Non mancavano armi, palle, e polve ad alcuno. Mal
digeriva il Popolo le dilazioni, che andava prendendo il Generale fuddetto, e tanto più, perchè già fi fentivano giunti
in Bifagno circa fettecento Tedefchi, ed efferne affai più in
moto. Gli fu dunque dato un termine perentorio fino alle ore
fedici del dì dieci di Dicembre. O fia, che in quello fpazio
di tempo non veniffe rifpofta, o che veniffe quale non fi voleva; o fia, come pretefero altri, che l'impaziente Popolo la
rompeffe prima di quell'ora: certo è, ch'effo diede all'armi,
da che fi udì fonar campana a martello nella Cattedrale di San
Lorenzo, il cui efempio da tutte l'altre campane della Città,
fu immediatamente imitato. In concordi altiffime voci fu in-
tonato il grido di battaglia, cioè *Viva Maria*, il cui fanto Nome ifpirava coraggio ne' petti d'ognuno. Cominciarono con
gran fracaffo le artiglierie a giocare contro la Commenda di
San Giovanni, ed atterrato quel Campanile con altre rovine,
fu obbligato quel prefidio Tedefco a renderfi prigioniere. La
Batteria fuperiore di Prea-minuta berfagliava le Porte, e l'altura de' Filippini, fcagliando anche bombe e granate fulla Piazza del Principe Doria fuori della Città, dove erano fchierate
alcune centinaia di Cavalleria nemica. Come fteffe il cuore
a i Tedefchi all'udir tante grida di quel numerofo infuriato Popolo,

polo, e infieme il fuono ferale di tante campane della Città,
di maggiore efficacia, che quel de' tamburi: io nol so dire.
La verità fi è, che il Generale Marchefe Botta, già credendo
affai giuftificata la fua rifoluzione in sì brutto frangente, fece
dar fegno di tregua; e ceffato il fuoco mandò pel Padre Vilet-
ti a fignificare al Governo, che avrebbe ceduto le Porte, fe
gliene foffe fatta la dimanda. Accettò il Governo, e fece il
Decreto di richiederle. Ma il Popolo rifpofe di non voler più
riconofcere per limofina ciò, che non potea mancare alla propria induftria e valore.

RICOMINCIATE dunque le offefe, più che mai fieramente
continuarono, finchè gli Auftriaci forzati abbandonarono la
Porta, ed altri pofti vicini, ficcome ancora la Porta della Lanterna, e il pofto di San Benigno. Colà fubentrati i Popolari,
cominciarono dal parapetto delle mura a fare un fuoco continuo fopra i nemici, e caricato a cartocci il cannone, tolto loro dianzi, più volte lo fpararono, e non mai in fallo. Andarono a poco a poco rinculando i Tedefchi dalle alture e da tutti gli occupati pofti, ed uniti poi con gli altri, abbandonarono
anche la Piazza del Principe Doria, ad altro non penfando,
che a ritirarfi verfo la Bocchetta e Lombardia. Fu fcritto,
che giunti alla Chiefa de' Trinitarj, arrivarono loro addoffo i
Popolari, e trovandoli difordinati e intenti a fuggire, ne fecero macello. La verità fi è, che niun combattimento vi fuccedette. Forfe non furono più di venticinque i Tedefchi uccifi; non più di dodici gli uccifi Genovefi; e a pochiffimi fi
riduffe il numero de' feriti. Andavano gli Alemanni accompa-
gnati da varie bombe, e da molte cannonate della Città; ed
avendo quei della Cava ravvifato il General Botta, appunta-
rono contro di lui un cannone, la cui palla a canto a lui fven-
trò il cavallo del Cavalier Caftiglioni, e una fcheggia d'un
muro percoffo andò a leggiermente ferire in una guancia lo fteffo Generale. Ritiraronfi dunque venuta la notte gli Auftriaci
con gran fretta e difordine verfo la Bocchetta: pofto che prudentemente il Generale fuddetto avea per tempo fatto preoc-
cupare full'incertezza di quell'avvenimento. È buon per loro, che i Polceverini non fi moffero, per infeguirli o tagliar
loro la ftrada: ne potea loro fuccedere gran male. Fu creduto, che quella brava gente non faceffe in tal congiuntura
infulto a i fugitivi, perchè ubbidiente all'ordine del Governo

Era Volg.
Ann. 1746.

di non prendere l'armi. Si figurarono altri, che il Generale Austriaco regalasse il Capitano della Valle, e gli facesse credere seguito un aggiustamento: il che non sembra verisimile, stante l'essere appena cessato lo strepito di tante armi e cannoni, quando si vide per quella lunga salita andarsene frettolosa la picciola Armata Tedesca. Eransi rifugiati più di settecento Alemanni in tre Palagi d'Albaro; ma quivi bloccati da i Bisagnini, ed infestati da una frequente moschetteria, e poscia da un Cannone tirato da Genova, furono costretti ad arrendersi, con venire nel dì undici di Dicembre condotti prigioni alla Città. Altri poi ne furono presi in San Pier d'Arena, e in altri Luoghi, di modo che conto si fece, che più di quattro mila Austriaci rimasero nelle forze de' Genovesi, e fra loro circa cento cinquanta Ufiziali. Molti de' primi, perchè non si potè mai riscattarli, vennero meno di malattie e di stento. E perciocchè quegli Ufiziali sparlavano, pretendendosi non obbligati alla parola data, perchè presi da gente vile e non decorata del cingolo della Milizia, e molto più, perchè gli ostaggi dati da' Genovesi furono mandati nel Castello di Milano: vennero in Genova trasportate ad altro Monistero le Monache dello Spirito Santo, e nel Chiostro d'esse rinserrati e posti a far orazioni e meditazioni quegli Ufiziali sotto buona guardia. Quegli Alemanni, che restarono in quelle focose azioni feriti, riceverono nello Spedale della Città ogni più caritativo trattamento.

TALE fu il fine della Tragedia del dì dieci di Dicembre, terminata la quale il Popolo vincitore nel dì seguente corse a San Pier d'Arena a raccogliere le spoglie della felice giornata. Vi si trovarono grossi Magazzini di grano, di panni, di armi, e di munizioni da guerra. Quivi ancora venne alle lor mani non lieve numero di Tedeschi feriti o malati; buona parte de' bagagli non solo de' poco dianzi fuggiti Ufiziali, ma de gli altri ancora, che erano passati in Provenza. Furono eziandio sorprese non poche Barche nel Porto, cariche di grano e d'ogni altra provvisione per l'Armata della suddetta Provenza. Parimente in Bisagno restarono preda di quel Popolo gli equipaggi d'altri Alemanni. In una parola, alcese ben alto il valore del copiosissimo bottino, ma non già a que' tanti milioni, che la fama decantò. Corse anche voce, che fossero presi cinque muli carichi della pecunia, dianzi pagata

da'

da' Genovesi, ma questo danaro non vi fu chi lo vedesse.
Per sì fortunati successi tutta era in festa la Città; ma non
già que' forestieri, per qualche ragione aderenti a gli Austriaci, che non poteano fuggire, perchè durante questa terribil crisi non ischivarono d'essere svaligiati. Fu anche messa solennemente a sacco dal Popolo la Posta di Milano, ultimamente piantata in quella Città. Fin dentro a i Monisterj delle Monache andò l'avido popolo a ricercare quanto vi aveano rifugiato i Tedeschi. All'incontro l'Inviato di Francia, a cui non si farà già torto in credere, che soffiasse non poco in questo fuoco, ed impiegasse anche buona somma di danaro, spedì tosto per mare due Felucche a Tolone o Marsiglia, dando cento Doble a cadauno de' padroni d'esse, e promettendone altre cento a chi di loro il primo arrivasse colà, per ragguagliare il *Maresciallo Duca di Bellisle* di sì importante metamorfosi di cose. E se non allora, certamente poco dipoi spedì anche il Governo di Genova lettere premurose al Generale medesimo, e dell'altre supplichevoli al Re Cristianissimo, implorando soccorsi. Dopo il fatto declamarono forte i Tedeschi, perchè il loro Generale non avesse tolte l'armi a quella Città, non avesse occupato Belvedere, e tutte le Porte, ed avesse permesso a i Ministri di Francia, Spagna, e Napoli il continuar ivi la loro dimora. Ciò sarebbe stato contro la Capitolazione; ma non importa. Così la discorrevano essi. Altri poi [e con buon fondamento] asseriscono, che se gli Austriaci avessero saputo trattar bene quel Popolo, e promettergli lo sgravio di alcuni Dazj e Gabelle, nulla era più facile, che il far proclamare l'Augusta Imperadrice Signora di quella nobil Città. Ma acciecati dal lieve guadagno presente, nulla pensarono all'avvenire.

Con rapido volo intanto portò la fama per tutta la Riviera di Levante l'avviso della liberata Città, avviso, che siccome riempiè di terrore le schiere Austriache sparse in Sarzana, Chiavari, Spezia ed altri Luoghi, così colmò d'allegrezza quegli abitanti. La gente saggia d'essi paesi, per evitare ogni maggiore inconveniente, quella fu, che amichevolmente persuase a quelle truppe di andarsene con Dio; e se ne andarono, ma col cuor palpitante, finchè giunsero di qua dall'Apennino. Loro furono somministrate vetture, e conceduto lo spazio di otto giorni pel trasporto de' loro Spedali e bagagli. Un gran dire fu per tutta Europa

ropa dell'avere i Genovesi con risoluzione sì coraggiosa spez-
zati i loro ceppi ; ed anche chi non gli amava, li lodò . Fu
poi comunemente preteso, che se il Ministro Austriaco con più
moderazione fosse proceduto in quella contingenza , maggior
gloria di Clemenza sarebbe provvenuta all'Imperadrice Regina, ed avrebbono le sue armi sfuggito questo disgustoso rove-
scio di fortuna. Non si potè cavar di testa a gli Austriaci , e
dura tuttavia, anzi durerà sempre in loro la ferma persuasione, che il Governo di Genova manipolasse lo scotimento del
giogo , e sotto mano se l'intendesse col Popolo , fingendo il
contrario ne' pubblici Atti . Non si può negare : molti giorni
prima gran bollore appariva ne gli abitanti di Genova, e si
tenevano varie combricole : del che fu anche avvisata la Corte di Vienna, senza che nè essa , nè gli Uziali dell'Armata
ne facessero alcun conto, per la soverchia idea delle proprie
forze e dell'altrui debolezza. Pure altresì è vero, che in una
Repubblica, composta di tanti Nobili, ciascun de' quali ha de
gl'interessi ed affetti particolari , e fra quali e il Popolo non
passa grande intrinsechezza, sembra, che non si potesse or-
dire una tela di tante fila , senza che in qualche guisa ne traspirasse il concerto . Non è capace di segreto un Popolo ; di
tutti i moti della medesima Plebe il Governo andò sempre
ragguagliando il Generale Austriaco. Si sa ancora, che niuno
de i Nobili pubblicamente s'unì col Popolo , se non dopo la
liberazione della Città . Vero è , che il Governo comunicò
al Popolo la risposta data al Generale di non poter pagare un
soldo di più , e si fece correr voce di gravi soprastanti malanni ; ma non per questo si mosse mai il Governo contro gli
Austriaci .

RIMETTENDO io a migliori giudizj la decisione di questo
punto, dirò solamente quel poco, che da persone assennate
e ben istruite di quegli affari ho inteso. Cioè : che i Nobili
del Governo senza mai tramare rivolta alcuna , sempre onoratamente trattarono col Comandante Austriaco . Ma essere
altresì vero, che non era loro ignoto, meditarsi dal Popolo
qualche rivoluzione. Questa poi scoppiò prima del tempo, e
per l'accidente di quel mortaio, cioè quando non erano peranche all'ordine tutte le ruote. Quali poi fossero le conseguenze di quella strepitosa mutazion di cose, andiamo a vederlo .
Avea bensì il *Conte della Rocca* Comandante dell'assedio della

la Cittadella di Savona avanzati i lavori fotto la medefima;
tuttàvia non potè mai, fe non all'entrar di Dicembre procedere con braccio forte : tanta difficultà fi provò a tirar colà
tutte le artiglierie , e gli altri neceffarj ordigni di guerra .
Solamente dunque allora cominciò a battere in breccia quella Fortezza : quando eccoti giugnere l'avvifo delle novità oc-
corfe in Genova , Città diftante non più che trenta miglia .
Conobbefi ben tofto, che penferebbe quella Repubblica al foccorfo di Savona ; e però ordine fu dato , che dal Mondovì,
da Afti , e da altri Luoghi del Piemonte colà frettolofamente
paffaffero alcuni Battaglioni di truppe regolate , e molte migliaia di miliziotti , per rinforzare quell'affedio , ed accelerare
un sì rilevante conquifto. In fatti non trafcurarono i Genovefi
di fpignere a quella volta per mare un groffo convoglio di
gente e di munizioni da bocca e da guerra , fcortato da tre
Galere. Inviarono anche per terra un corpo di forfe tre o quattro mila volontàrj, pagati nondimeno dal Pubblico; ma inviarono tutto indarno. Veleggiavano per quel mare le Navi Inglefi , che avrebbero ingoiato il convoglio , forzato perciò a
retrocedere; e per terra effo Conte della Rocca con forze molto fuperiori venne incontro alle brigate Genovefi di terra; laonde quefte giudicarono meglio di riferbare ad altre occafioni
l'efercizio della loro bravura. Continuarono pertanto le oftilità e gli affalti, ne' quali perì qualche centinaio di Piemontefi,
talchè la guernigione del Caftello di Savona compofta di mille e cento uomini , perduta ogni fperanza di foccorfo, dovette nel dì dicianove di Dicembre renderfi prigioniera, e cedere la Piazza : colpo ben fenfibile a i Genovefi, sì per la qualità del Luogo , dove il Porto da effi interrito fe riforgeffe ,
ficcome uno de i migliori e più ficuri del Mediterraneo , darebbe un gran tracollo al commerzio della fteffa Genova , e
sì perchè la Real Cafa di Savoia fu quella Città per ceffione fattane da i Marchefi del Carretto , ha fempre mantenuto vive le fue ragioni ; e quefte , colla giunta del Poffeffo ,
venivano ad acquiftàre un incredibil vigore . Trovoffi in quella Fortezza gran copia di cannoni di bronzo.
 Non provò già un'egual felicità l'imprefa di Provenza .
Sì perniciofa influenza ebbero le novità di Genova fopra i
difegni de gli Auftriaco-Sardi in quelle contrade, che tutti andarono a voto. Da Genova aveano da venire i groffi Cannoni

e i Mortai, per vincere il Forte d'Antibo, e procedere poscia alle offese di Tolone. Di là ancora si dovea muovere buona parte delle vettovaglie necessarie al campo, e delle munizioni da guerra. Ebbe il Generale *Conte di Broun* un bell' aspettare: s'era cangiato di troppo il sistema delle cose di Genova. Sicchè tutte le prodezze di quell' esercito si ridussero a fare de gl'inutili giocolini sotto Antibo, e a liberamente passeggiare per quella parte di Provenza, tanto per esigere contribuzioni, quanto per tirarne foraggi e viveri da far sussistere l' Armata. Era giunta, siccome dissi, l'ala sinistra d'essi fino a Castellana, Luogo comodo per far contribuire le Diocesi di Digne, Sanez, e Riez dell'alta Provenza. Niun ostacolo aveano trovato a i lor passi, giacchè il *Marchese di Mirepoix*, troppo smilzo di truppe, andava saltellando qua e là alla difesa delle rive de'Fiumi, ma senza voglia alcuna di affrontarsi co i nemici. Arrivò poscia al comando dell' armi Franzesi in Provenza il Maresciallo *Duca di Bellisle*, ed era in cammino a quella volta il gran distaccamento d'armati mosso dalla Fiandra, per somministrargli i mezzi di frenare il corso de'nemici, ed anche per obbligarli alla ritirata. Corrieri sopra corrieri spediva egli, per affrettare il loro arrivo; ma più l'affrettavano i desiderj e le orazioni a Dio de i Provenzali, che o provavano di fatto, o sentivano accostarsi l' oste nemica. Intanto il *Generale Botta*, tenendo forte la Bocchetta, piantò il suo quartier generale a Novi, e fu rinforzato di nuova gente; ma perciocchè da gran tempo andava egli chiedendo alla Corte di Vienna la permissione di passare alla sua Patria Pavia, per cagione d'alcuni suoi abituali incomodi di salute, maggiormente rinforzò allora le suppliche sue, per ottener questa licenza, e in fine l'ottenne.

Ne' si dee tacere, che nel dì quindici d'Agosto dell'Anno presente un colpo di apoplessia portò all' altra vita *Giuseppe Maria Gonzaga*, Duca di Guastalla, Principe a cui furono sì familiari le alienazioni di mente, che stette sempre in mano della Duchessa *Maria Eleonora d'Holstein* sua Moglie, e de' Ministri il governo di quel Popolo: Popolo ben trattato e felice in tal tempo, e Popolo, che sommamente deplorò la perdita di lui. Essendo egli mancato senza prole, terminò quell'illustre ramo della Cala Gonzaga, e restò vacante il Ducato di Guastalla, quello di Sabbioneta, e il Principato di Bozzolo.

zolo. Al Feudo della fola Guaſtalla era chiamato il Conte di
Paredes Spagnuolo della nobil Caſa della Cerda, in vigore
delle Imperiali Inveſtiture, ſiccome diſcendente da una Gonzaga di quella Linea. Su gli allodiali giuſte e incontraſtabili
ragioni competevano al Duca di Modena. Il bello fu, che
l'Imperadrice Regina fece prendere il poſſeſſo di tutti quegli
Stati e beni, quaſichè foſſero dipendenze dello Stato di Milano, o del Ducato di Mantova: del che fece querele il Conſiglio dell'Imperadore Conſorte, con pretenderli ſpettanti alla
ſola giuriſdizione ſua. Fu intorno a queſti tempi, che gli
Auſtriaci uſarono una prepotenza, la qual certo non fece onore nè alla Nazione Alemanna, nè all'Auguſta Imperadrice, a
cui pure ſtava cotanto a cuore il pregio della Giuſtizia e della Clemenza. Cioè inviarono truppe nel Ferrareſe a fare un'
eſecuzione militare ſu gli Allodiali della Sereniſſima Caſa di
Eſte, benchè ſpettanti in vigore di Donazione paterna in
uſufrutto alle Principeſſe *Benedetta* ed *Amalia* Sorelle del Duca di Modena, intimando per eſſi una groſſa contribuzione di
danari e di naturali, fiancheggiata dalle minaccie di vendere
tutte le razze de'cavalli, beſtie bovine, grani, e foraggi di
quelle tenute. Operarono eſſi nello Stato di Ferrara con autorità non minore, come ſe ſi trattaſſe di un paeſe di conqui-
ſta, e ciò con deteſtabil diſpregio della Sovranità Pontifizia.
Per non vedere la rovina di que' Beni, forza fu di accordar
loro quanto vollero in gran ſomma di danaro. Impiegarono
poſcia il Nunzio Pontifizio, ed anche l'Inviato del Re di Sardegna i lor caldi ufizj preſſo le lore Ceſaree Maeſtà, rappre-
ſentando il grave torto fatto ad innocenti Principeſſe, e l'obbligo di rifondere almeno il danaro indebitamente percetto.
S'ha tuttavia da vedere il frutto delle loro iſtanze; e lo ſca-
rico dell'Imperiale coſcienza. Nè fu men grande l'altra prepotenza, con cui trattarono il Ducato di Maſſa di Carrara,
non d'altro reo, ſe non perchè quella Ducheſſa *Maria Tereſa
Cibò*, Sovrana ſola di tale Stato, era congiunta in Matrimonio col *Principe Ereditario* di Modena. Da eſſo Popolo ancora
colle minaccie d'ogni più fiero trattamento eſtorſero una ri-
goroſa contribuzione, tuttochè queſta non foſſe guerra d'Imperio. In che Libri mai [convien pur dirlo] ſtudiano talvolta i Potentati Criſtiani? Certo non ſempre in quei del Vangelo. Ma ho fallato. Doveva io dir ciò non de'Principi, che

tutti oggidì fon buoni, ma di que'Miniftri adulatori e fenza Religione, che tutto fanno lecito al Principe, per maggiormente guadagnarfi l'affetto e la grazia di lui.

Sullo fpirare dell'Anno prefente gran romore ancora cagionò in Napoli l'affare della facra Inquifizione. Ognun sa, quale avverfione abbia fempre mantenuto e profeffato quel Popolo a sì fatto Tribunale. Ma perciocchè la confervazion della Religione efige, che vi fia pure, chi abbia facoltà di frenare o gaftigare, chi nutrifce fentimenti e dottrine contrarie alla medefima; e quefto diritto in Italia è radicato almeno ne'Vefcovi: aveano gli Arcivefcovi di Napoli col tacito confenfo de'piiffimi Regnanti introdotta una fpecie d'Inquifizione, con avere carceri appofta, Confultori, Notai, e Sigillo proprio, per formare fegreti proceffi, e catturare i delinquenti. Quivi anche fi leggeva fcolpito in marmo il nome del *Santo Ufizio*. Trovò lo zelantiffimo e digniffimo *Cardinale Spinelli* Arcivefcovo di quella Metropoli così difpofte le cofe; ed anch'egli teneva in quelle carceri quattro delinquenti folenni, proceffati per materia di Fede, da due de'quali fu anche fatta una femipubblica abiura. Però egli pretefe di non aver fatta novità; ma fu pofcia pretefo il contrario dalla Corte. Ne fece grave doglianza il Popolo, commoffo da chi più de gli altri mirava di mal occhio come introdotta fotto altro verfo l'Inquifizione: laonde l'Eletto d'effo Popolo, con rapprefentare al Re turbate le Leggi del Regno, e vilipefe le antiche e recenti grazie Regali in quefto particolare concedute a'fuoi Sudditi, ebbe maniera d'indurre il Re a pubblicare un Editto, in cui annullò, e vietò tutto quell'apparato di novità, bandì due Canonici, ed ordinò, che da lì avanti la Curia Ecclefiaftica procedeffe folamente per la via ordinaria, e colla comunicazion de'Proceffi alla Secolare, con altri articoli, che non importa riferire; ma con tali formalità, che fi potea tenere, come renduta inutile in quefto particolare la giurisdizione Epifcopale. Giudicò bene la Corte di Roma d'inviare a Napoli il *Cardinale Landi*, Arcivefcovo di Benevento, perfonaggio di fperimentata faviezza, per trattare di qualche temperamento all'Editto. Qual efito aveffe l'andata di lui, non fi rifeppe. Solamente fu detto, che affacciatifi alla di lui carrozza alcuni di quegli arditi popolari, gli minacciarono fin la perdita della vita, fe non fi partiva dalla Città.

Meritoffì il Re per quell'Attò dal Popolo un regalo di trecento mila Ducati di quella moneta. Vuolfi anche aggiugnere,
che durando i mali umori nella Corfica, nè potendo i Genovefi accudire a quegl'intereffi, perchè diftratti da più importante impegno, le più forti Cafe di quell'Ifola tumultuarono di nuovo, e difcontente del Governo di Genova, quafichè non manteneffe le promeffe de'Capitoli ftabiliti, e infieme
difingannata, che altre Potenze non davano che parole : s'im-
padronìrono della Città e del Caftello di Calvi, della Fortezza
di San Fiorenzo, e d'altri Luoghi. Avendo pofcia chiamati ad
una Dieta generale i Capi delle Pievi, ftabilìrono una Democra-
zia e Reggenza, che da lì innanzi governaffe il paefe. Fu detto,
che dopo avere il Popolo di Genova prefe le redini, e ripigliata
la Libertà, imploraffe l'aiuto de'Corfi, con promettere loro il
godimento di qualfifia antico Privilegio. Ma fatta quefta efpofi-
zione a gente che più non fi fidava, niun buon effetto produffe:
A tanti guai, che renderono queft'Anno di troppo lagrimevo-
vole in Lombardia, fi aggiunfe il flagello dell'Epidemia, e
mortalità de'Buoi, che fece ftrage in Piemonte e Milanefe,
e pafsò anche nel Reggiano, Modenefe, e Carpigiano, e toccò alquante Ville del Bolognefe e Ferrarefe. Povere lafciò molte famiglie, e cefsò dipoi nel verno. E tale fu il corfo delle
bellicofe imprefe ed avventure di queft'Anno in Italia; alle
quali fi vuol aggiugnere, che nel dì 29. di Giugno la Santità
di Papa *Benedetto XIV*. con gran folennità celebrò in Roma
la Canonizzazione di cinque Santi. Fu anche dal medefimo
Pontefice, correndo il Mefe di Aprile, approvato un nuovo
Ordine Religiofo, intitolato la Congregazione de'*Cherici Scalzi*
della Paffion di Gesù Crifto, il cui iftituto è di promuovere la
divozione de'Fedeli verfo la fteffa Paffione con le Miffioni, ed
altri pii efercizj.

Quanto alle guerre Oltramontane, non potè nè pure il
verno trattener l'armi Franzefi da nuovi acquifti. Sul principio di Febbraio al difpetto de'freddi, delle pioggie, e de'fanghi, il prode Marefciallo di Francia *Conte di Saffonia*, raunato un efercito di quaranta mila perfone, dopo aver prefo alcuni Forti, all'improvvifo fi prefentò fotto la riguardevol Città di Bruffelles, e fenza dimora ereffe batterie, e minacciò la
fcalata. Non pafsò il dì 20. di detto Mefe, che quella nume-

Era Volg.
Anf. 1746.

rofa guernigione di truppe Ollandefi rendè la Città , e sè
ſteſſa prigioniera di guerra . Gran treno d'artiglieria quivi ſi
trovò . Immenſo danno e triſtezza cagionò nel dì 23. del ſeguente Marzo a tutta la Francia un orribile incendio , ſucceduto [non ſi ſeppe ſe per poca cautela , o per malizia de gli
uomini] nel gran Magazzino della Compagnia dell' Indie , ſituato nel Porto d'Oriente ſulle coſte maritime della Bretàgna *
A più e più milioni ſi fece montare il danno recato da quelle fiamme , tanto alla Regia Camera , che alla Compagnia
ſuddetta . D'altro in queſti tempi non riſonavano i Caffè ,
che di vicina Pace , quando tutti queſti aerei caſtelli ſvani-
rono al vedere , che il Re Criſtianiſſimo *Luigi XV.* partitoſi
da Verſaglies nel dì quattro di Maggio entrò in Bruſſelles , e
poſcia in Malines , e miſe in un gran moto le diviſioni della ſua potentiſſima Armata . Conobbeſi allora , che guerra e
non pace avea anche nell' Anno preſente a far gemere la
Fiandra e l'Italia . Dove tendeſſero le mire de' Franzeſi , ſi
fece poi paleſe ad ognuno nel dì 20. del ſuddetto Meſe , eſſendoſi preſentato un gran corpo d'eſſi ſotto la nobil ed importante Città d'Anverſa ; ancorchè foſſe preveduto queſto
colpo , tuttavia gli Alleati , ſiccome troppo inferiori di forze , dovendo accudire a molti Luoghi , non l'aveano rinfor-
zata di ſufficiente nerbo di gente per ſoſtenerla . V'entrarono dunque pacificamente i Franzeſi , e toſto ſi applicarono a
formar l'aſſedio di quella Cittadella , guernita d'un preſidio
di due mila perſone . Non ſon più que'tempi , che gli aſſedj durano meſi ed anni . A' Franzeſi ſpezialmente , che han
raffinata l'arte di prendere le Piazze , coſta poco tempo il
forzarle a capitolare . In fatti nel dì ultimo di Maggio il Comandante della Cittadella ſuddetta giudicò meglio di cederla
a gli aſſedianti , con ottener delle convenevoli condizioni , ma
inſieme con rilaſciare a i Franzeſi anche i Forti eſiſtenti lungo
la Schelda .

Dopo sì glorioſo acquiſto ſe ne tornò il Re Criſtianiſſimo a
Verſaglies , per aſſiſtere al parto della Delfina ; e il Principe di
Conty , a cui fu confidato il ſupremo comando dell' armi in
Fiandra , impreſe nel dì 17. di Giugno l'aſſedio della Città di
Mons. Incamminoſſi intanto verſo la Fiandra il Principe *Carlo
di Lorena* , per aſſumere il comando dell' Armata Collegata ,
nel

nel mentre che lentamente marciava dalla Germania un co-
piofo corpo di milizie Auftriache. a rinforzarla. Ma vi arrivò ben tardi, e non mai giunfero l'armi d'effi Alleati a tal
nerbo da poter impedire i progreffi delle milizie Franzefi. L'
aver dovuto accorrere gl'Inglefi, ed anche gli Ollandefi, alla guerra bollente in Ifcozia, fconcertò di troppo le lor mifure in Fiandra, ed agevolò a i Franzefi il buon efito d'ogni
loro imprefa. In fatti la sì forte Città di Mons, dopo una vigorofa difefa nel dì 12. di Luglio dovette foccombere alla forza de i Franzefi, e quella guernigione di circa cinque mila
Collegati non potè efentarfi dal reftar prigioniera di guerra.
La medefima fortuna corfe dipoi la Fortezza di San Ghislain,
al cui prefidio nel dì 24. di Luglio altra condizione non fu
accordata, che quella di Mons. Ciò fatto, paffarono i Franzefi all'affedio di Charleroy, Piazza, che nel dì due di Agofto fi trovò coftretta a mutar padrone, con reftar prigioni di
guerra i fuoi difenfori. Inutili erano riufciti finquì tutti i maneggi fatti dalle Cefaree Maeftà per far dichiarare guerra dell'
Imperio la prefente, avendo i Principi e le Città della Germania, fomentate fpezialmente dal Re di Pruffia, ricufato di
far fua la caufa dell'Augufta Cafa d'Auftria. Nè la Corte di
Francia avea mancato di divertir la Dieta Germanica dall'entrare in verun impegno, con afficurarla, che dal canto fuo
non s'inferirebbe moleftia alcuna alle Terre dell'Imperio.
Quefto contegno fece credere a molti, che la Nazion Germanica
coll'ultima mutazion di cofe fi foffe alquanto emancipata: il
che da altri veniva riprovato, ful rifleffo, che il lafciare la
briglia al fempre maggiore ingrandimento della Francia, era
un preparar catene col tempo alla Germania fteffa. In fatti
non oftante le lor belle promeffe, allorchè i Franzefi s'avvidero di poter fare un bel colpo, non fentirono fcrupolo a
rompere i confini delle Terre Germaniche, e ad impoffeffarfi nel dì 21. di Agofto di Huy, appartenente al Principato
di Liegi, e di fortificarlo, tuttochè fia da credere, che affi-
curaffero il Cardinale Principe di nulla voler ufurpare del di
lui dominio. L'occupazione di quel pofto avea per mira l'obbligare l'efercito Collegato a ripaffar la Mofa per la penuria
de' viveri, ficcome appunto avvenne. Allora fu, che il Marefciallo Conte di Saffonia s'appigliò a formare l'affedio di

Na-

rofa guernigione di truppe Ollandefi rendè la Città , e sè
ftessa prigioniera di guerra . Gran treno d'artiglieria quivi fi
trovò . Immenfo danno e triftezza cagionò nel dì 23. del feguente Marzo a tutta la Francia un orribile incendio , fucceduto [non fi feppe fe per poca cautela , o per malizia de gli
uomini] nel gran Magazzino della Compagnia dell' Indie , fituato nel Porto d'Oriente fulle cofte maritime della Bretagna?
A più e più milioni fi fece montare il danno recato da quelle fiamme , tanto alla Regia Camera , che alla Compagnia
fuddetta . D'altro in quefti tempi non rifonavano i Caffè ,
che di vicina Pace , quando tutti quefti aerei caftelli fvanirono al vedere , che il Re Criftianiffimo *Luigi XV.* partitofi
da Verfaglies nel dì quattro di Maggio entrò in Bruffelles , e
pofcia in Malines , e mife in un gran moto le divifioni della fua potentiffima Armata . Conobbefi allora , che guerra e
non pace avea anche nell' Anno prefente a far gemere la
Fiandra e l'Italia . Dove tendeffero le mire de' Franzefi , fi
fece poi palefe ad ognuno nel dì 20. del fuddetto Mefe , effendofi prefentato un gran corpo d'effi fotto la nobil ed importante Città d' Anverfa ; ancorchè foffe preveduto quello
colpo , tuttavia gli Alleati , ficcome troppo inferiori di forze , dovendo accudire a molti Luoghi , non l'aveano rinfor-
zata di fufficiente nerbo di gente per foftenerla . V'entrarono dunque pacificamente i Franzefi , e tofto fi applicarono a
formar l'affedio di quella Cittadella , guernita d' un prefidio
di due mila perfone . Non fon più que'tempi , che gli affedj durano mefi ed anni . A' Franzefi fpezialmente , che han
raffinata l' arte di prendere le Piazze , cofta poco tempo il
forzarle a capitolare . In fatti nel dì ultimo di Maggio il Comandante della Cittadella fuddetta giudicò meglio di cederla
a gli affedianti , con ottener delle convenevoli condizioni , ma
infieme con rilafciare a i Franzefi anche i Forti efiftenti lungo
la Schelda .

Dopo sì gloriofo acquifto fe ne tornò il Re Criftianiffimo a
Verfaglies , per affiftere al parto della Delfina ; e il Principe di
Conty , a cui fu confidato il fupremo comando dell' armi in
Fiandra , imprefe nel dì 17. di Giugno l'affedio della Città di
Mons. Incamminoffi intanto verfo la Fiandra il Principe *Carlo
di Lorena*, per affumere il comando dell' Armata Collegata ,

nel

nel mentre che lentamente marciava dalla Germania un co-
piofo corpo di milizie Auftriache a rinforzarla. Ma vi arrivò ben tardi, e non mai giunfero l'armi d'effi Alleati a tal
nèrbo da poter impedire i progreffi delle milizie Franzefi. L'
aver dovuto accorrere gl'Inglefi, ed anche gli Ollandefi, alla guerra bollente in Ifcozia, fconcertò di troppo le lor mifure in Fiandra, ed agevolò a i Franzefi il buon efito d'ogni
loro imprefa. In fatti la sì forte Città di Mons, dopo una vigorofa difefa nel dì 12. di Luglio dovette foccombere alla forza de i Franzefi, e quella guernigione di circa cinque mila
Collegati non potè efentarfi dal reftar prigioniera di guerra.
La medefima fortuna corfe dipoi la Fortezza di San-Ghislain,
al cui prefidio nel dì 24. di Luglio altra condizione non fu
accordata, che quella di Mons. Ciò fatto, paffarono i Franzefi all'affedio di Charleroy, Piazza, che nel dì due di Agofto fi trovò coftretta a mutar padrone, con reftar prigioni di
guerra i fuoi difenfori. Inutili erano riufciti finquì tutti i maneggi fatti dalle Cefaree Maeftà per far dichiarare guerra dell'
Imperio la prefente, avendo i Principi e le Città della Germania, fomentate fpezialmente dal Re di Pruffia, ricufato di
far fua la caufa dell'Augufta Cafa d'Auftria. Nè la Corte di
Francia avea mancato di divertir la Dieta Germanica dall'entrare in verun impegno, con afficurarla, che dal canto fuo
non s'inferirebbe moleftia alcuna alle Terre dell'Imperio.
Quefto contegno fece credere a molti, che la Nazion Germanica
coll'ultima mutazion di cofe fi foffe alquanto emancipata: il
che da altri veniva riprovato, ful rifleffo, che il lafciare la
briglia al fempre maggiore ingrandimento della Francia, era
un preparar catene col tempo alla Germania fteffa. In fatti
non oftante le lor belle promeffe, allorchè i Franzefi s'avvidero di poter fare un bel colpo, non fentirono fcrupolo a
rompere i confini delle Terre Germaniche, e ad impoffeffarfi nel dì 21. di Agofto di Huy, appartenente al Principato
di Liegi, e di fortificarlo, tuttochè fia da credere, che affi-
curaffero il Cardinale Principe di nulla voler ufurpare del di
lui dominio. L'occupazione di quel pofto avea per mira l'obbligare l'efercito Collegato a ripaffar la Mofa per la penuria
de' viveri, ficcome appunto avvenne, Allora fu, che il Marefciallo Conte di Saffonia s'appigliò a formare l'affedio di

Na-

Namur, Piazza fortiſſima , ſe pure alcuna di forte v'ha contro i Franzeſi , e nel dì undici di Settembre cominciarono a far fuoco le batterie . Non era molto lungi di là l'eſercito de i Collegati ; ma il Mareſciallo , che ben ſituato copriva l'aſſedio , non ſi ſentiva voglia di accettare l'eſibizion d'una battaglia . Fino al dì 20. del ſuddetto Meſe fece reſiſtenza la Città di Namur , e quella guernigione ne accordò la reſa , per ritirarſi alla difeſa del Caſtello , ſotto cui fu immediatamente aperta la trincea . Non andò molto , che la breccia fatta conſigliò a' que' difenſori nel dì 30. del Settembre ſuddetto di prevenire i maggiori pericoli , con proporre la reſa della Piazza , ma ſenza poterli eſentare dal rimaner prigioniera di guerra.

LE apparenze erano , che terminata sì felice impreſa , prenderebbero ripoſo l'armi Franzeſi ; e tanto più perchè in queſti tempi rondava una potente Flotta Ingleſe , con animo di qualche irruzione ſulle coſte di Francia , alla difeſa delle quali parea , che aveſſe da accorrere parte della Franzeſe Armata. Così non fu . Il Mareſciallo Conte di Saſſonia dopo avere colla preſa di Namur ridotti tutti i Paeſi baſſi Auſtriaci in potere del Re Criſtianiſſimo , ſentendoſi molto ſuperior di forze all'oſte de i Collegati , meditava pur qualche altro colpo di mano contra de' medeſimi . Per coprire Liegi da gl'inſulti de' Franzeſi , s'era in varj liti ben poſtata l'Armata d'eſſi Alleati fra Maſtricht e quella Città . Spedì il Mareſciallo un forte diſtaccamento verſo lo ſteſſo Maſtricht , affinchè ſe il Principe Carlo di Lorena , che in quelle vicinanze avea fiſſato il quartiere con groſſo corpo di gente , voleſſe accorrere in difeſa de' ſuoi , egli poteſſe aſſalirlo per fianco . Ciò fatto nel dì ſette di Ottobre a bandiere ſpiegate marciò contro l'Ala ſiniſtra de' Collegati , comandata dal Principe di Waldech , Generale de gli Ollandeſi , in vicinanza di Liegi . Per più ore durò il fiero combattimento . Fu detto , che due Reggimenti di Cavalleria Ollandeſe , come ſe bruciaſſe l'erba ſotto i loro piedi , ſi ritiraſſero dal conflitto . Certo è , che in fine gli Alleati , ſenza potere ricevere ſoccorſo dal Principe di Lorena , piegarono , e ritirandoſi , come poterono il meglio , laſciarono il campo di battaglia a i vincitori Franzeſi . Si ſparſe voce , che quattro mila Collegati vi aveſſero perduta la vita , e che in mano de'

Fran-

Franzesi restassero molti Cannoni, Bandiere, e Stendardi, con grosso numero di prigionieri tra sani e feriti. Pretesero altri, che non più di mille fossero da quella parte gli estinti; nè si seppe quanto costasse a' Franzesi la loro vittoria. Passarono poscia i vincitori, divisi in varie parti, a godere i quartieri del verno.

ALTRA guerra fu nell'Anno presente tra i Franzesi e gl' Inglesi. Riuscì a questi ultimi di torre a gli altri nell'America Settentrionale Capo-Bretone, posto di somma importanza, e riputato da gl'Inglesi d'incredibil utilità per la pesca di que' contorni. All' incontro i Franzesi, siccome accennammo nel precedente Anno, colla spedizione del Cattolico Principe di Galles *Carlo Odoardo Stuardo*, aveano attaccato il fuoco nella Scozia, e con quella diversione facilitati a sè i progressi ne i Paesi bassi Austriaci. Trovò quel Principe fra que' Popoli gran copia di aderenti alla Real sua Casa, che presero l'armi, e sparsero il terrore fino nel cuore dell'Inghilterra; perciocchè venne a lui fatto di dare una rotta alle truppe Inglesi a Preston, e poi nel dì 28. di Gennaio a Falkirk, di prendere Carlisle, Invernes, e di fare altre conquiste ne' confini della stessa Inghilterra. Per dubbio, che qualche cattivo umore si potesse covare in Londra stessa, prese il Re *Giorgio II.* la precauzione di tenere alla guardia d'essa Città, e della Real Corte, un buon sussidio di soldatesche: ed invio il suo secondogenito *Guglielmino Augusto Duca di Cumberland* con gagliarde forze contra del Principe Stuardo. Varie furono le vicende di quella guerra; ma si venne a conoscere, che gl'Inglesi non amavano di mutar Regnante, e si mostravano zelanti della conservazione della Real Casa di Brunsvich. Altro all' incontro non s'udiva, che imbarco di soccorsi Franzesi, spediti di tanto in tanto al Principe suddetto; e pur egli a riserva di alquanti Ufiziali Irlandesi, e di poche milizie Franzesi, non ricevette mai rinforzo alcuno di gente, bastante a continuare la buona fortuna dell'armi sue. Troppe navi Inglesi battevano il mare, e custodivano le coste, per impedire ogni sbarco di truppe straniere. Andarono finalmente a fare naufragio tutte le speranze del Principe Stuardo in un fatto d'armi accaduto nel dì 27. d'Aprile presso d'Invernes, dove l'esercito suo rimase disfatto. Peggiorarono poi da lì innanzi i di lui affari;

molti

Era Volg.
Ann. 1746. molti anche della primaria Nobiltà di Scozia, ed anche Lor-
di fuoi feguaci, caddero in mano del Duca di Cumberland,
ed alquanti di loro lafciarono poi la vita fopra un catafalco in
Londra. Le avventure dello fventurato Principe, per falvar
la fua vita, mentre da tutte le parti fi facea la caccia di fua
perfona, tali furono dipoi, che di più curiofe non ne inventa-
no i Romanzi. Contuttociò ebbe la fortuna di giugnere felicemente nelle fpiagge di Francia fano e falvo nel Mefe d'Ottobre; e paffato alla Corte di Verfaglies, fi vide colle maggiori finezze ed onori accolto, come Principe di gran valore
e fenno, dal Re Criftianiffimo *Luigi XV.* Sbrigati, che furono
gl'Inglefi da quefto fiero temporale, penfarono anch'effi alla
vendetta; e a quefto fine alleftirono un poffente ftuolo di navi
con più migliaia di truppe da sbarco. Non era un miftero quefto lor difeguo, e però fi mifero in buona guardia le cofte della Francia. Sul fine appunto del Mefe di Settembre comparve la Flotta Inglefe alle vicinanze di Porto Luigi in Bretagna,
fperando di mettere a facco il Porto d'Oriente, dove fi confervano i magazzini della Compagnia dell'Indie, ricchi di più
Milioni. Ne era già ftato afportato il meglio. Sbarcarono gl'
Inglefi; fecero del danno alla campagna; ma in vece di fuperar quel Porto, ne furono rifpinti colla perdita di molta
gente, e di alcuni pochi pezzi di cannone. Quattro lor navi
ancora, rapite da vento furiofo, andarono a trovar la loro
rovina in quegli fcogli. Tornarono effi da lì a non molto a
fare un altro sbarco, e non ebbero miglior fortuna; fe non che
lafciarono in varj Luoghi de i vivi monumenti della lor rabbia,
coll'aver dato alle fiamme alcune Ville e Conventi di Religiofi
nella fuddetta Provincia di Bretagna. Gran tesoro coftò loro
quella fpedizione, e non ne riportarono che danno e pentimento.

Anno

Era Volg.
Ann. 1747.

Anno di Cristo 1747. Indizione X.
Di Benedetto XIV. Papa 8.
Di Francesco I. Imperadore 3.

Furono alquanto lieti i principj dell'Anno prefente, perchè gli accorti Monarchi fecero vedere in lontananza a
gli afflitti lor Popoli un'Iride di Pace come vicina. Imperciòc-
chè fi mirò deftinata Bredà in Ollanda per Luogo del Congreffo, e fpediti Plenipotenziarj per trattarne, e convenire delle condizioni. La gente credula alle tante menzogne delle Gazzette, fi figurava già fegretamente accordati Franzefi, Spagnuoli, ed Inglefi ne i Preliminari, e a momenti afpettava la
dichiarazione d'un Armiftizio, cioè un foriere dello fmalti-
mento delle minori difficultà, per iftabilire una piena concordia. Ma poco fi ftette a conofcere, che tante belle fparate
di defiderar la Pace ad altro non fembravano dirette, che a
rovefciare fulla parte contraria la colpa di volere continuata
la guerra, onde preffo i proprj Popoli reftaffe giuftificata la
continuazion de gli aggravj, e tollerati i danni procedenti dal
maneggio di tante armi. Trovaronfi in effetto inciampi ful
primo gradino. Cioè fi mifero in tefta i Franzefi di non ammettere al Congreffo i Plenipotenziarj dell'Imperadore, perchè non riconofciuto tale da effi; nè della Regina d'Ungheria, per non darle il titolo a lei dovuto d'Imperadrice; nè
del Re di Sardegna, perchè non v'era guerra dichiarata contra di lui. Tuttavia non avrebbe tal pretenfione impedito il
progreffo della Pace, fe veramente fincera voglia di Pace foffe allignata in cuore di que' Potentati; perchè avrebbero [co-
me in fatti fi pretefe] potuto i Miniftri di Francia, Inghilterra, ed Ollanda, comunicar tutte le propofizioni e negoziati a i Miniftri non intervenienti; e convenuto che fi foffe de'
punti maficci, ognun pofcia avrebbe fatta la fua figura nelle Seffioni. Ma coftume è de' Monarchi, i quali tuttavia fi
fentono bene in forze, di cercar anche la Pace per ifperanza
di guadagnar più con effa, che coll'incerto avvenimento dell'
armi. Alte perciò erano le pretenfioni di ciafcuna delle parti, e in vece d'appreffarfi, parve, che fempre più fi allon-
tanaffero que' gran Politici. Ciò che dipoi cagionò maraviglia,
fu il vedere, che nè pure al Signor di Macanas, Plenipoten-

Tomo XII.   F ff   ziario

ziario di Spagna , fu conceduto l'acceſſo a i Congreſſi , quando le apparenze portavano, che le Corti di·Verſaglies e Madrid paſſaſſero di concerto , e foſſe tornata fra loro una per-
fetta armonia . Veramente il cannocchiale de gl'Italiani non
arrivava in queſti tempi a diſcernere le mire ed intenzioni ar-
cane del Gabinetto di Madrid. Le truppe di quella Corona ſe-
guitavano a fermarſi in Aix di Provenza, ſenza che appariſſe , ſe le medeſime ſi uniſſero mai daddovero colle Franzeſi ,
benchè ſi ſcriveſſe , che le ſpalleggiaſſero , allorchè, ſiccome
diremo, obbligarono i nemici a retrocedere . Ne fu poi or-
dinata una non lieve riforma, e il rello andò a ſvernare in
Linguadoca, con prendere ripoſo l'Infante *Don Filippo*, e il
Duca di Modena in Mompelieri. Nel medeſimo tempo ſi attendeva forte in Madrid al riſparmio per rimettere, come ſi
diceva , in migliore ſtato l'impoverito Regno, annullando ſpezialmente le tante penſioni, concedute dal Re defunto; e pur
dicevaſi, farſi leva di nuove milizie, per iſpedirle in Provenza . Fluttuava del pari anche la Repubblica d'Ollanda fra
due oppoſti deſiderj, cioè quello di non entrare in guerra dichiarata contro la Francia, minacciante oramai i di lei confini ; e l'altro di mettere una volta freno dopo tante conquiſte
a gli ulteriori progreſſi di quella formidabil Potenza . La con-
cluſione intanto fu , che ognun depoſe per ora il penſier della Pace, giacchè quei ſoli daddovero la chieggono, che ſon
depreſſi, e non ſi ſentono più in lena , per continuare la·
guerra,

PASSARONO il Gennaio in Provenza gli Auſtriaco-Sardi,
ma in cattiva oſteria, combattendo più co i diſagi, che co'Franzeſi, i quali andavano ſchivando le zuffe, ſperando poi di ri-
farſi, allorchè foſſero giunte le numeroſe brigate ſpedite di
Fiandra. Biſognava, che quell'Armata aſpettaſſe la ſuſſiſten-
za ſua in maggior parte dal Mare, venendo ſpedite le provviſioni per uomini, cavalli, e muli da Livorno, Villafranca,
e Sardegna. Ma il Mare è una bellia indiſcreta, maſſimamente in tempo di verno. Però tardando alle volte l'arrivo de i
viveri, uomini e cavalli rimanevano in gravi ſtenti; e giorno
vi fu, che convenne paſſarlo ſenza pane. Tutto il comeſtibile
coſtava un occhio, non oſando i paeſani di portarne, o facen-
dolo pagar cariſſimo, ſe ne portavano. Soffiarono talvolta sì
orridi venti., che i ſoldati ſull'alto della montagna nè pur poteano

teano accendere, o tenere acceso il fuoco. Trovavanfi anche
non pochi di loro fenza fcarpe e camicie, da che s'erano perduti i magazzini di Genova. Ora tanti patimenti cagion furono, che entrò nell'efercito un fiero influffo di diferzione, fuggendo chi potea alla volta di Tolone, dove fperavano miglior
trattamento. Tanti ne arrivarono colà, che il Comandante
della Città non volle più ammetterli entro d'effa per faggia
fua precauzione. Caddero altri infermi, e conveniva trafpor-
tarli fino a Nizza, per dar luogo ad effi ne gli Spedali della
Riviera. Per quindici dì que' cavalli e muli non videro fieno
o paglia, campando maffimamente con pane e biada, e quefta anche fcarfa alle volte. Chi fpacciò, che furono forzati a
cibarfi delle amare foglie de gli Ulivi, dovette figurarfi, che
i Cavalli foffero Capre. Arrivò la buona gente fino a credere,
che que' Cavalli per la foverchia fame mangiaffero la minuta
ghiaia del lido del mare, fenza avvederfi, che quefte erano
iperboli o finzioni di chi fi prende giuoco della ftolta creduli-
tà altrui. Quel che è certo, non pochi furono i cavalli e muli, che quivi lafciarono le lor offa, e gli altri notabilmente
patirono, e parte reftarono inabili al meftier della guerra.
Intanto a quefto gran movimento d'armi non fuccedea progreffo alcuno di confeguenza. Ridevafi il Forte di Antibo de'
Croati lafciati a quel blocco, che non poteano rifpondere alle cannonate, fe non con gl'inutili loro fucili. Però fu fpediente di trarre da Savona con licenza del Re Sardo quanta
artiglieria groffa occorreva, per battere quella Rocca; e in
quel frattempo le navi Inglefi la travagliarono con gran copia di bombe, le quali recarono qualche danno alla Terra, fenza nondimeno intimorir punto i difenfori di quel Forte. Giunfero finalmente i groffi cannoni, ma giunfero troppo tardi.

IMPERCIOCCHE' fi cominciò ad ingroffare l'efercito Franzefe
co i corpi di gente, che dalla Fiandra pervenuti a Lione, fenza dilazione andavano di mano in mano ad unirfi col campo
del *Marefciallo Duca di Bellisle*. Avea quefti raunate alcune
migliaia di Miliziotti armati, e da che fi trovò rinforzato
dalla maggior parte delle truppe regolate, divisò tofto le maniere di liberar la Provenza dalla ftraniera Armata. Scarfeg-
giava forte anch'egli di viveri e foraggi, perchè venne a militare in Luoghi, dove niun Magazzino fi trovò preparato, e

diffi-

Era Volg.
Ann. 1747.

difficilmente ancora si potea preparare per mancanza di giumenti. Fiera strage anche in que'paesi avea fatto la mortalità de' Buoi. Ebbe nondimeno il contento di udire, che le truppe spedite di Fiandra, ancorchè stanche e malconcie, nulla più sospiravano, che d'essere a fronte de' nemici, e chiedevano di venire alle mani. La prima impresa, ch'ei fece, fu di spedire alla sordina un distaccamento di alquante brigate de' suoi alla volta di Castellana, dove stava di quartiere il Generale Austriaco Conte di Neuhaus con dodici o quattordici Battaglioni. Dopo gagliarda difesa toccò a questi di cedere a chi era superiore di forze, con lasciar quivi alcune centinaia di morti e prigioni, e si contò fra gli ultimi lo stesso Generale ferito, con buon numero d'altri Ufiziali. Non gli sarebbe accaduta questa disavventura, se avesse fatto più conto del parere del giovane Marchese d'Ormea, che si trovò a quel conflitto. Di meglio non succedette in alcuni altri Luoghi a gli Austriaco-Sardi: laonde il Generale *Conte di Broun* all'avviso delle tanto cresciute forze nemiche, fatto sciogliere l'assedio di Antibo e rimbarcare l'artiglieria, si andò poi ritirando a Grasse. Quindi fatte tutte le più savie disposizioni, sul principio di Febbraio cominciò la sua Cavalleria a ripassare il Varo, e fu poi seguitata dalla Fanteria, senza che nel passaggio occorresse sconcerto o danno alcuno notabile, ancorchè non lasciasse qualche corpo di Franzesi d'insultarli. Penuriavano di tutto, come dissi, anche i Franzesi in quel sì desolato paese, e però non poterono operare di più.

E D ecco dove andò a terminare la strepitosa invasione della Provenza. Assaissimi danni recò ben essa a que'poveri abitanti; ma pagarono caro gli Austriaco-Sardi il gusto dato alla Corte di Londra, perchè oltre a i non lievi patimenti ivi sofferti, fu creduto, che l'esercito loro tornasse indietro sminuito almeno d'un terzo; e la lor bella Cavalleria per la maggior parte si rovinò, talchè nè pel numero nè per la qualità si riconosceva più per quella, che andò. Restò alla medesima anche un altro disagio, cioè di dover passare in tempo di verno e di nevi per le alte montagne di Tenda: sì se volle venir a cercare riposo in Lombardia, dove ancora per un gran tratto di via l'accompagnò la fame a cagion della mancanza de' foraggi. Quanto a i Provenzali, non lievi furono, ma non indiscrete ferete le contribuzioni loro imposte. La necessità di scaldàrsi e di far bollire la marmitta, cagion fu, che dovunque si fermarono le truppe nemiche, restarono condennate tutte le case a perdere i loro tetti. Non ha per lo più quella bella costiera di montagne, che si stende dal Varo verso Marsilia, se non ulivi, fichi, e viti. Ordine andò del Generale Broun, che si risparmiassero, per quanto mai fosse possibile, gli Ulivi, onde si ricavano Olj sì preziosi, non so ben dire, se per solo motivo di generosa Carità, o perchè la Provincia si esibisse di fornirlo in altra maniera di legna. Ben so, che a riserva di un mezzo miglio intorno all' accampamento di Cannes, dove tutte quelle piante andarono a terra, e di qualche altro Luogo, dove non si potè di meno nella ritirata, rimasero intatti gli Ulivi; e ch' esso Conte di Broun riportò in Italia il lodevole concetto di molta moderazione, pregio, che di rado si osserva in Generali ed Armate, che giungono a danzare in paese nemico. Per questo e in considerazione molto più del suo valore e prudenza, venne egli dipoi eletto General Comandante dell'armi Cesareo-Regie in Italia. Quel che è da stupire, non ebbe già sì buon mercato la Città e territorio di Nizza, tuttochè dominio del Re di Sardegna. Quivi legna da bruciare non si truova, e v'è portata dalla Sardegna, o si provvede dalla vicina Provenza. Pel bisogno di tanta gente, che quivi o nella venuta o nel ritorno ebbe a fermarsi, si portò poco rispetto a gli Ulivi, cioè alla rendita maggiore di quegli abitanti: danno incredibile, considerato il corso di tanti anni, che occorre per ripararlo. Prima di questi tempi trovandosi in Nizza il Re di Sardegna bene ristabilito in salute, benchè le montagne di Tenda fossero assai guernite di neve, pure volle restituirsi alla sua Capitale. Giunse pertanto a Torino nel dì quindici di Gennaio, e somma fu la consolazione e il giubilo di que' Cittadini in rivedere il loro amato e benigno Sovrano.

CHE breccia avesse fatto nel cuore de gli Augusti Austriaci Regnanti la rivoluzione di Genova, sel può pensare ognuno. D'altro non si parlava in Vienna, che dell'enorme tradimento de' Genovesi. Questi dichiarati spergiuri e mancatori di fede; questi ingrati, da che l'armi vittoriose dell'Imperadrice Regina, che avrebbero potuto occupare il Governo di quella Repubblica, e disarmare il Popolo, s'erano contentate di una sola contribuzione di danaro, non eccessiva per sì doviziosa

Cit-

Era Volg.
Ann. 1747.

Città. Crebbero le rabbiose dicerie, da che si conobbe, che cattive conseguenze ridondarono dipoi sopra l'impresa di Provenza. Riflettendo alla grave perdita de' Magazzini, e di tanti bagagli de' Cesarei Ufiziali, ma sopra tutto all'onore dell'armi Imperiali leso da quel Popolo, maggiormente si esaltava la bile, e si eccitavano i pensieri e desiderj di vendetta. Poterono allora accorgersi i Ministri di quella gran Corte, che i buoni ufizj fatti passare da chi è Padre comune de'Fedeli, cioè dal regnante Pontefice *Benedetto XIV.* per ottener la diminuzion dell'imposta contribuzione a i Genovesi, tendevano bensì al sollievo di quella Nazione, ma anche alla gloria delle loro Maestà, e alla maggior sicurezza de' loro interessi. E certamente se l'Imperadrice Regina fosse stata informata della trista situazione, a cui i suoi Ministri ed Ufiziali con tante estorsioni ed abusi della buona fortuna aveano ridotta quella Repubblica: siccome Principessa d'animo grande ed inclinata alla Clemenza, si può credere, che avrebbe colla benignità & indulgenza prevenuto quel precipizio di cose. Ora in Vienna fra gli altri consigli dettati dallo spirito di vendetta, si appigliò la Corte a quello di confiscare tutti i Beni, crediti, ed effetti, spettanti a qualsivoglia Genovese in tutti gli Stati dell'Austriaca Monarchia, ascendenti a milioni e milioni. Si maravigliavano i saggi al trovare nell'Editto pubblicato, per quello, che vi si parlava di Ribellione, di Delitto di lesa Maestà, e che si usavano altri termini, non corrispondenti al diritto Naturale e delle Genti. Ne' Monti di Vienna, di Milano, e d'altri Luoghi stavano allibrate immense somme di danaro Genovese, per la cui sicurezza era impegnata la sovrana e pubblica Fede, anche in caso di Ribellione, e d'ogni altro maggiore pensato o non pensato avvenimento. Come calpestare sì chiari patti? E come condennare tanti innocenti Privati, e tanti che abitavano fuori del Genovesato, e se ne erano ritirati dopo quella specie di cattività? Il fallimento poi de'Genovesi si sarebbe tirato dietro quello di tant'altre Nazioni. Perchè verisimilmente dovettero essere fatti de i forti richiami, e meglio esaminato l'affare, se ne toccò con mano l'ingiustizia. Smontò dipoi la Corte Imperiale da questa pretensione, e con altro Editto solamente pretese, che i frutti e le rendite annue de gli Effetti de'Genovesi pervenissero al Fisco, non essendo di dovere, che servissero per far guerra alla

la Maeftà fua Imperiale e Regale. Di grandi grida ci furono
ánche per quefto, pretendendo la gente, che fi aveffero a tenere in depofito; altrimenti quella Corte in altri bifogni farebbe la penitenza della non mantenuta fede. Nello fteffo
tempo feriamente fi pensò alle maniere militari da far pentire
i Genovefi del loro attentato; e a quefto fine s'inviarono in
Italia in gran copia le reclute, e de i nuovi corpi di Croati.
Giacchè il *Generale Broun* finceramente fcriffe alla Corte,
quanto diffícil imprefa farebbe l'affedio di Genova, in vece
fua fu eletto il Generale *Conte di Schulemburg*. Spedito intanto da i Genovefi ad effa Corte Imperiale il Padre Vifetti
Gefuita, ficcome ben informato de' paffati avvenimenti, per
addurre le difcolpe del loro Governo, non folo non fu am-
meffo, ma venne anche obbligato a tornarfene frettolofamente in Italia. Durante tuttavia il verno, non volle l'efercito
Auftriaco marcire nell'ozio. Effo ripigliò la Bocchetta con
isloggiarne i Genovefi. La dimora in quel Luogo fpelato e freddo coftò a gli Auftriaci gran perdita di gente. Rallentato poi,
che fu il verno, calarono varie partite di Croati al baffo verfo Genova per bottinare, ed inquietare gli abitanti del paefe.
Contaronfi allora alcune crudeltà di quella gente, che facevá-
ño orrore. Ne reftò così irritato il Popolo di Genova, che fece fapere a i Comandanti Cefarei, che fe non mutavano re-
giftro, andrebbono a tagliare a pezzi tutti gli Ufiziali di lor
Nazione prigionieri.

Sì a Verfaglies, che a Madrid aveano portate i Genovefi
le loro più vive iftanze e preghiere, per ottener foccorfi nel
graviffimo loro bifogno. L'obbligo della cofcienza e dell'onore efigeva dalle due Corone un'emenda d'avere sì precipitofamente abbandonata al voler de' nemici quella Repubblica.
Perorava ancora l'intereffe, affinchè sì potente Città non cadeffe in mano dell'Auftriaca Potenza; e molto più avea forza preffo de'Franzefi il debito della gratitudine, non potendo
effi non riconofcere dall'animofa rifoluzion de'Genovefi l'elen-
zion delle catene, che s'erano preparate alla Provenza. Però
amendue le Corti, e maffimamente quella di Francia, pro-
mifero protezione e foccorfo; ordini anche andarono per la
fpedizione d'un Convoglio di truppe e munizioni all'afflitta e
minacciata Città. Precorfe intanto colà il lieto avvifo, e la
ficurezza dell'impegno prefo dalle due Corone in fuo favore:

nuo-

nuova , che fparfe l'allegrezza in tutto quel Popolo, ē rad-
doppiò il coraggio in cuore d'ognuno . Allora fu, che il Governo Nobile cominciò pubblicamente ad intenderfi ed affrat-
tellarfi col Popolare, per procedere tutti di buon concerto alla
difefa della Patria . Erafi già all'arrivo del Generale Schulemburgo meffa in moto parte delle Soldatefche Auftriache, cioè
Croati , Panduri , e Varasdini , con riufcir loro di occupare
varj fiti non folamente nelle alture delle montagne, ma anche
nel baffo verfo Lagnafco, Campo-Morone, e Pietra-Lavezza-
ra, con ifcacciare da alcuni poftamenti i Genovefi, e con efferne anch'effi vicendevolmente ricacciati . Non potè quefto
fuccedere fpezialmente nel dì fedici di Febbraio fenza fpargimento di fangue. Si diedero all'incontro i Genovefi ad accrefcere maggiormente le fortificazioni efteriori della loro Città ;
a difporre le artiglierie per tutti gli occorrénti fiti ; a ridurre
in moneta le argenterie, contribuite ora più di buon cuore da'
Cittadini, che ne'giorni addietro. Ottennero in oltre da lì a
qualche tempo licenza da Roma di poterfi valere di quelle
delle Chiefe, con obbligo di reftituirne il valore nel termine
di alquanti anni , e di pagarne intanto il frutto annuo in ragione del due per cento . Furono pofcia dalla Corte del Re
Criftianiffimo fpediti a poco a poco a quella Repubblica un Milione e ducento mila Franchi ; e in oltre fatto ad effa un affe-
gno di ducento cinquanta mila per Mefe ; danaro, che fu poi
puntualmente pagato . Non fi fa, che dal Cielo di Spagna
fcendeffe su i Genovefi alcuna di quefte rugiade . Succedette
intanto l'arrivo di alquanti Ingegneri e Cannonieri Franzefi ;
e nella fteffa Città fi andarono formando affaiffime Compagnie
urbane, ben veftite all'uniforme, e ben armate, parte com-
pofte di Nobili Cadetti , parte di Mercatanti e perfone del
fecondo ordine, e molte più delle varie Arti di quella Città,
animandofi ciafcuno a difendere la Patria, e gridando: O Morte , o Libertà . Cotal fidanza nella protezione della Vergine
Santiffima era entrata in cuore d'ognuno , che fi tenevano
oramai per invincibili, attribuendo a miracolo ogni buon fucceffo de'piccioli conflitti, che di mano in mano andavano fuc-
cedendo contra de gli Auftriaci, o cacciati, o uccifi, o fatti
prigioni.

AD accrefcere il comune coraggio ferviva non poco l'accennato promeffo foccorfo delle due Corone, e il faperfi, che
erano

Erà Volg.
Ann. 1747.

erano già imbarcati fei mila fanti in Marfilia e Tolone in più
di feffanta barche e tartane, oltre ad altre vele, che conducevano provvifioni da bocca e da guerra, altro non bramando
da effe, fe non che fi abbonacciaffe il mare, e deffe loro l'ali
un vento favorevole. Venuto oramai il tempo propizio circa
la metà di Marzo fecero vela. Rondava per que' mari il Vice-Ammiraglio Medley con più Vafcelli e Fregate Inglefi, afpettando con divozione i movimenti di quel convoglio per farne la caccia. E in fatti, per quanto potè, la fece. Fioccarono più del folito le bugie intorno all'efito di quella fpedizione. All'udir gli uni, buona parte di que' Legni e truppe Gallifpane, era rimafta preda de gl'Inglefi; difperfo il reftante,
parte avea fatto ritorno a Tolone, parte s'era rifugiato in
Corfica, e a Monaco. Softenevano gli altri, che una fortuna
di mare avea fparpagliati tutti que' Navigli; e ciò non oftante, non effervi ftato nè pure un d'effi, che non giugneffe a
falvamento, approdando chi a Porto-Fino, chi alla Spezia,
e Seftri di Levante, e chi a dirittura a Genova fteffa, dove
certamente pervenne la Flora Nave da guerra Franzefe, la
quale sbarcò il Signor di Mauriach, Comandante di quelle
milizie, e buon numero di Ufiziali, Granatieri, e Cannonieri. Ventilate da i faggi non parziali tante alterate notizie, fu
conchiufo, che circa quattro mila Gallifpani per più vie arrivaffero a Genova; più di mille cadeffero in man de gl'Inglefi; e qualche baftimento fi ricoveraffe in Monaco, dove fu
poi bloccato da effi Inglefi, ma fenza frutto. Con immenfo
giubilo venne accolto da' Genovefi quefto foccorfo, fpezialmente perchè caparra d'altri maggiori; e in fatti s'intefe,
che altro convoglio s'alleftiva in Tolone e Marfilia, parimente deftinato in loro aiuto. Ma nè pure dall'altro canto per-
donavano a diligenza alcuna gli Auftriaci, con preparar Magazzini, Artiglierie groffe e minori, Mortai da bombe, ed altri attrecci e munizioni da guerra, più che mai facendo conofcere di voler dare un efemplare gaftigo, fe veniva lor fatto, alla fteffa Città di Genova. Giacchè sì fovente nelle Armate Auftriache il valore non è accompagnato da tutti que'
mezzi, de' quali abbifogna il meftier della guerra: il che poi
rende indifciplinate, e d'ordinario troppo pefanti le loro milizie ovunque alloggiano: alcune Città del cotanto fmunto Stato di Milano [giacchè mancava d'attiraglio quell' efercito]

Tomo XII.　　　　　Ggg　　　　　furo-

furono coſtrette a provvedere cinquecento carrette , con quattro cavalli e un uomo per ciaſcuna, per condurre le provviſioni al deſtinato campo . Le braccia di migliaia di poveri Villani vennero anch'eſſe impiegate a rendere carreggiabili le ſtrade della montagna , a fin di condurre per eſſe le artiglierie .
Con tutto quello apparato nondimeno non poche erano le ſa-
vie perſone credenti, che non ſi poteſſe o voleſſe tentar quell'
impreſa , come molto pericoloſa per varj riguardi , che non
importa riferire . Ed avendo veduto , che dopo un gran Conſiglio de' primarj Ufiziali fu ſpedito a Vienna il General Coloredo, molti ſi avviſarono, che altra mira non aveſſero i ſuoi
paſſi , che di rappreſentare le gravi difficultà , che s'incon-
trerebbono, e il riſchio di ſacrificare ivi al per altro giuſto ſdegno non meno l'Armata, che la riputazione dell'Auguſta Imperadrice Regina. S'ingannarono, e poco ſtettero ad avvederſi
del falſo loro ſuppoſto.

Aꞁꞁ' incontro in Genova ſi teneva per inevitabile la viſita ,
e colla viſita ogni maggiore aſprezza de'Tedeſchi . Queſto imminente riſchio intanto fu un'efficace Predica, perchè quella
popolata Città diveniſſe un' altra Ninive, sì per placare l'ira
del Cielo, come per implorare l'aiuto del Dio de gli eſerciti in
sì ſcabroſa contingenza. Ceſſò pertanto il vizio, purgò ciaſcuno
le ſue coſcienze colla Penitenza , ed altro ivi non ſi vedevano che
divote Proceſſioni a i Santuarj. Più ancora delle Miſſioni de i
Religioſi poſſono aver forza le Miſſioni dell' irreligioſa gente
armata, per convertire i Popoli a Dio . Venuto che fu il dì
dieci d'Aprile , il Generale *Conte di Schulemburg* [già ſcelto
per capo e direttore di quella impreſa] dopo aver viſitati i ſiti e le ſtrade , miſe in marcia l' eſercito Auſtriaco , il quale fu
figurato aſcendente a venti in venti due mila ſanti : giacchè la
cavalleria in quelle ſterili montagne non potea concorrere alle
fatiche e all'onore dell'ideato conquiſto . Su i primi paſſi corſe riſchio della vita il Generale ſuddetto , perchè mancati i
piedi al cavallo, gli rotolò addoſſo con tal percoſſa, che ſputò
ſangue , e per alquanti giorni ſi dubitò, ſe non di ſua vita, almeno d'inabilità a continuare in quel comando . Gli antichi
ſuperſtizioſi Romani avrebbero preſo ciò per un cattivo augu-
rio . Calò quell'Armata, ſuperati alquanti Ridotti, a Langaſco,
Ponte-Decimo, ed altri ſiti ; e fatti alcuni prigioni, s'impoſſeſsò di varj poſti in diſtanza ove di cinque, ove di quattro miglia

glia dalla Città, ma fenza ftenderfi punto alla parte del Bifagno, dove fembrano più facili le offefe d'effa Città. Il quartier generale fu pofto alla Torrazza. Non è improbabile, che
il Configlio militare Auftriaco aveffe rifoluta quella fpedizione in tempo maffimamente che la barriera delle nevi dell'
Alpi gli afficurava per ora da i tentativi de' Gallifpani in Lombardia, ftante la fperanza di poter almen ridurre quella Repubblica a qualche onefto aggiuftamento, onde rifarcito reftaffe l'onore dell'armi dell'Augufta Regina, con animo di
slargar la mano occorrendo ad ogni poffibil forta d'indulgenza. Fu in fatti fpedito nel dì 15. d'Aprile a quel Governo
un Ufiziale, che in voce e in ifcritto gli fece intendere, come l'efercito Regio-Cefareo era pervenuto in quelle vicinanze per farfi ragione de i delitti e della fede violata da i medefimi Genovefi, con tanti danni inferiti alle perfone e foftanze dell'efercito dell'Imperadrice Regina. Che erano anche
in tempo di ravvederfi e di ricorrere pentiti del loro errore
alla Clemenza di fua Maeftà, nel cui cuore più poffanza aveva il defiderio di far grazie, che di difpenfar gaftighi. E di
quefta Clemenza, e de' fentimenti Criftiani d'effa Imperadrice
Regina, a cui troppo difpiacerebbe la rovina di una delle più
belle e floride Città d'Italia, fi faceva un pompofo elogio.
Ma che? fe indugiaffero a pentirfi ed umiliarfi, fi procedereb-
be, da che foffero giunte le artiglierie, con ogni maggior rigore contro la loro Città, perfone, cafe, e campagne, colla
giunta d'altre più ftrepitofe minaccie di ferro, fuoco, e rovine: le quali come s'accomodaffero con quella gran Clemenza
e fentimenti Criftiani, che giuftamente s'attribuivano alla
Maeftà fua, non arrivarono alcuni a comprenderlo. La rifpofta della Repubblica concepita con termini della maggior
venerazione verfo l'Augufta Imperadrice Regina, portava,
che non ad effi fi avea da imputare la neceffità, in cui s'era
trovato il Popolo fecondo il Gius Naturale e delle Genti di
prendere l'armi per fua difefa, e non per offefa, da che ad
altro non penfavano gli Auftriaci Miniftri, fe non a ridurlo
nell'eftrema povertà e fchiavitù, fenza nè pure permettere,
che i richiami loro perveniffero alla Regina, il folo conofci-
mento della cui Clemenza aveva indotto il Governo a volontariamente aprir le porte all'armi fue. Che pertanto non ri-
conofcendo in fè delitto, nè motivo di chiedere perdono, fpe-

rava-

ravano, che la fomma rettitudine della Maeſtà ſua troverebbe il loro contegno degno di compatimento, e non di riſentimento; e che altrimenti avvenendo, eſſi attenderebbono a difendere quella Libertà, in cui Dio gli avea fatti naſcere, pronti a dar le lor vite più toſto che cedere a chi la voleſſe opprimere.

Non vi fu biſogno di microſcopio, per iſcoprir le ragioni, onde furono moſſi i Genoveſi a sì fatta riſpoſta. Aveano contratto nuovi legami ed impegni colle Corone di Francia e Spagna, ſenza loro conſenſo non poteano onoratamente venire a trattati contrarj. Perduta la Protezion di quelle Corti, chi più avrebbe ſoſtenuti i loro intereſſi in un Congreſſo di Pace? Venendo ora ad un accomodamento, nulla ſi ſarebbe parlato di Savona e Finale, con privarſi intanto i Genoveſi anche della ſperanza di ricuperarle coll'armi, qualora gli Auſtriaci foſſero ricacciati in Lombardia da i Galliſpani. La fortezza poi della Città, l'ardore e la concordia del Popolo alla difeſa, e le promeſſe delle due Corone per una valida aſſiſtenza, baſtavano bene ad infondere coraggio in chi naturalmente non ne manca. Quand'anche peggioraſſero gli affari, ſempre tempo vi reſterebbe per una Capitolazione. Rinovò intanto quel Popolo il giuramento di ſpendere roba e vita, per mantenere la propria Libertà, ſempre fidandoſi nell'interceſſione della Vergine Santiſſima, e nella protezione di Dio. Queſte rifleſſioni nondimeno ſufficienti non furono, perchè molte Famiglie Nobili e Cittadineſche non ſi andaſſero ritirando da Genova ne' Meſi precedenti, e molto più all'avvicinamento di queſto temporale con ricovarſi chi a Maſſa, chi a Lucca, e chi in altre ſicure e quiete contrade. Ma ſpezialmente diſſero addio alla loro Città i benefſtanti di Sarzana. Imperocchè libera bensì reſtava a i Genoveſi tuttavia la Riviera di Levante, onde poteſſero ricavar viveri ed altri naturali, eſſendo eſpoſta ſempre a pericoli la via del Mare per cagion delle Navi Ingleſi, intente a far delle prede: ma preſero gli Auſtriaci la riſoluzione di ſpogliarli anche di quel ſuſſidio, con inviare colà due corpi di gente, l'uno per le montagne di Parma, e l'altro per quelle del Reggiano; e tanto più, perchè Genova avea da penſare a sè ſteſſa, nè forze le rimanevano per difendere quella Riviera. Conoſciuto poſcia, che per le ſtrade di Pontremoli e delle

Cen-

Cento-Croci fi andava ad urtare nelle montagne Genovefi, dove i Popoli erano tutti in armi, giudicarono meglio di tener folamente la via de'Monti Reggiani. Fu il *Generale Voghtern*, che conduffe più di due mila Panduri, e circa cinquecento Ufferi a quella volta; ma gli convenne far alto su quel di Maffa di Carrara, perchè nè pur da quelle parti mancavano oftacoli, ed egli s'era avviato colà fenza cannoni, e per così dire, col folo bordone. Da Sarzana erano partiti col loro meglio i Cittadini più agiati; e all'incontro i Contadini aveano in effa Città afportati i lor mobili. Fece a quefti fapere il Comandante Genovefe della picciola Fortezza di Sarzanello, che quando non s'appigliaffero al partito di difenderfi, rovefcierebbe loro addoffo colle fue artiglierie la Città. Giacchè di tanto in tanto andavano arrivando a Genova con varie imbarcazioni Franzefi e Spagnuole de i nuovi foccorfi, non trafcurò quel Governo di accudire anche alla difefa di effa Sarzana. Colà fpedito un corpo di truppe regolate, e un numero molto maggiore di paefani armati, rimafero talmente fconcertati i difegui del fuddetto Generale Voghtern, che a riferva di un Palazzo, e di poche cafe faccheggiate ful Sarzanefe, niun'altra imprefa osò di tentare. Stavafene egli a Lavenza ritirato fenza artiglierie, e facendo crocette per mancanza di viveri: laonde prefe la favia rifoluzione verfo la metà di Maggio di ritornarfene in Lombardia con paffare pel Lucchefe e per Caftelnuovo di Garfagnana. Molta fu la moderazione fua in quel viaggio; ma imparò, che per far de'buoni digiuni tanto di pane che di foraggi, altro non vi vuole, che condur truppe e cavalli per delle montagne fenza alcun precedente preparamento.

ERANSI intanto l'armi Auftriache impadronite de i due Monti, cioè Creto, e del Diamante, da dove con alquanti Cannoni, e qualche Mortaio infeftavano i Genovefi, i quali s'erano ben fortificati e trincierati con buona copia di artiglierie nel Monte chiamato de i due-Fratelli: Monte, che fu la falute della loro Città. Aveano ben effi Auftriaci con immenfe fatiche de'poveri paefani fatte fpianar le ftrade verfo la Bocchetta, e per la Valle di Scrivia, con difegno di condurre per colà le groffe artiglierie e i mortai, tratti da Aleffandria e da altre Piazze. Il primo groffo Cannone, che pafsò la Bocchetta, trovando le ftrade inferiori tutte guafte dai
Ge-

Genovesi , rotolò giù per un precipizio . Non aveano muli ,
non varj attrecci , atti a superar le difficultà de' siti montuo-
si . Tuttavia ne traffero alquanti, mercè de' quali con bombe
e groffe granate infeftavano, per quanto poteano, i poftamenti contrarj, da' quali erano corrifpofti con eguale , anzi con
più fiera tempefta . Incredibil fu l' allegrezza e confolazione
recata nel dì 30. d' Aprile a i Genovefi dall' arrivo in quella
Città del *Duca di Boufflers*, fpedito dal Re Criftianiffimo, per
quivi affumere il comando delle fue truppe, parte venute, e
parte preparate a venire in loro foccorfo . Era Cavaliere non
men cofpicuo pel valore, che per la Prudenza, affabilità, e
cortefia . Un eloquente , e ben ornato difcorfo da lui fatto al
Doge e a' Collegj, per efaltare il coraggio delle paffate e prefenti loro rifoluzioni , e per afficurarli della più valida protezione del fuo Monarca , toccò il cuore a tutto quel maeftofo
Conseffo . Conofcendo pofcia gli Auftriaci, che più gente occorreva per tentare di accoftarfi alla Città di Genova in fito
da poterla moleftare con bombe , ed altre offefe , ftante l' immenfo giro delle mura nuove, che da lungi la difendono, e
per cagione de' pofti avanzati, che maggiormente ne difficul-
tano l' acceffo : tanto fi adoperarono , che ottennero dal Re
di Sardegna un rinforzo di circa cinque o fei mila fanti . Non
fi afpetti il Lettore , ch' io entri a riferire le tante azioni di
offefa e difefa fuccedute in quel rinomato affedio . Son rifer-
bate quefte a qualche diffufa Storia , che fenza dubbio farà
compofta, ed ufcirà alla luce . Solamente dirò , che gli sforzi
de' Tedefchi furono dalla parte della Polcevera , fenza poter
nondimeno penetrare giammai in San Pier d' Arena, ben prefidiato e difefo da i Gallifpani . Contuttociò s' inoltrarono effi
cotanto verfo il baffo, che pervennero all' Incoronata , a Seftri di Ponente, e a Voltri, formando a forza di mine e braccia una ftrada fino al Mare . Non poche furono le crudeltà
commeffe in tale occafione . Non folamente dato fu il facco a
quelle Terre [ficcome dipoi anche alla Mafone] ma eziandio
rimafe uccifa qualche Donna e Fanciullo , e niuna efenzione
provarono i facri Templi. Fecero poi credere, che gl' Inglefi
accorfi per mare a quella fefta foffero ftati gli affaffini d' effe
Chiefe ; ma fi fa, che gli fteffi Auftriaci portarono a Piacenza
Calici e Piffidi, e fin gli ufciuoli de' Tabernacoli per venderli.
Niun fi trovò, che voleffe comperarne . Il Colonnello Franchini

ni fra gli altri prese spasso in far eunucare un giovane Laico Cappuccino, e mandollo con irrisioni a Genova. Restò in vita e guarì il povero Religioso; ma non già il barbaro Franchini, il quale da lì a tre giorni, colto da un'archibugiata, fu chiamato al Tribunale di Dio. Era colui Fiorentino, e Disertore de'Genovesi.

Dopo avere i Franzesi ricuperate con gran tempo e fatiche l'Isole di Santo Onorato e di Santa Margherita, finalmente il *Cavalier di Bellisle* nella notte del dì due venendo il dì tre di Giugno, con quarantatrè battaglioni passato il Varo, sorprese in Nizza, oltre a molti soldati, alcuni Ufiziali Tedeschi e Piemontesi. Trattò cortesemente gli ultimi con dichiararli bensì prigionieri di guerra, ma con rilasciar loro gli equipaggi. Non così indulgente si mostrò a gli Austriaci, perchè informato delle barbarie da essi usate contra de'Genovesi. Continuarono intanto le bellicose azioni sotto Genova, e pochi giorni passavano senza qualche scaramuccia, o tentativo degli assedianti e de gli assediati. Spezialmente merita d'aver quì luogo l'operato a gli Austriaci nella notte precedente il giorno della Pentecoste, allorchè, come dissi, vollero aprirsi una strada al Mare. Col benefizio d'una dirotta pioggia arrivarono essi al Convento della Misericordia de'Padri Riformati sopra la costa di Rivaruolo, distante da Genova quattro buone miglia. Quivi trovati solamente sessanta uomini di milizie del paese, quando ve ne dovevano essere quattrocento, con facilità se ne impadronirono. Pervenuta tal notizia sul far del giorno in Genova, furono immediatamente chiuse le Porte, affinchè niuno potesse portare al nimico la notizia di quanto s'era per operare, come altre volte era avvenuto. Fece dunque nel dì 21. di Maggio il *Duca di Bouflers* fare una sortita di più corpi di truppe, parte regolate, e parte paesane, destinate a sloggiare dal Convento suddetto gli Austriaci. Gran fuoco vi fu, e già questi cedevano, quando sopragiunti in aiuto secento Granatieri Piemontesi, costrinsero alla ritirata i Gallo-Liguri, i quali poi non negarono d'avere perduto trecento venticinque soldati, oltre al Signor de la Faye, rinomato Ingegnere Franzese, e un Capitano di Granatieri. Restò anche prigione de'Piemontesi il Signor Francesco Grimaldi Colonnello, che ingannato dalle loro coccarde, disavvedutamente si trovò in mezzo d'essi. Fecero i Genovesi ascendere circa ad ottocento

la

la perdita de gli Auſtriaci fra morti, feriti, e prigioni; ma io non mi fo mallevadore di queſto. Tentarono anche gl' Ingleſi di far provare a Genova gli effetti della loro nemiſtà con metterſi a ſcagliar bombe dalla parte del Mare. Ma queſte non giugnevano mai a terra, perchè troppo lungi erano tenute le palandre dalla groſſa artiglieria diſpoſta ſul Molo e ſul Porto: laonde molto non durò quella ſcena. Le nuove intanto provenienti da quella Città parlavano di tante centinaia o migliaia di Galliſpani, colà, o nella Riviera di Levante di mano in mano arrivati, che avrebbero formato un poſſente eſercito, capace di ſconcertar tutte le miſure de'Tedeſchi. Ma queſti furono deſiderj, e non fatti. Con tutti nondimeno i loro sforzi, non poterono mai gli aſſedianti piantare alcun Cannone o Mortaio, che moleſtaſſe la Città, nè occupare pur uno d'eſſi poſti avanzati, muniti da i Genoveſi, come il Monte de i due Fratelli, Sperone, Granarolo, Monte Moro, Tenaglia, la Concezione, San Benigno, oltre a Belvedere, e alla lunghiſſima e forte Trincea, che da queſto ultimo Monte ſi ſtendeva fino al Mare, e inchiudeva Conigliano con profondo foſſo pieno d'acqua. Unanime e ben fornito di coraggio era tutto il Popolo della Città per difenderla. Le Compagnie de i Cadetti Nobili, de' Mercatanti e delle varie Arti col loro uniforme, anche sfarzoſo, e fin le perſone Religioſe per comando del Governo accorrevano per far le guardie, maſſimamente al Moniſtero e Luoghi, dove ſi cuſtodivano i tanti Ufiziali e ſoldati prigioni. Di queſti ultimi non pochi preſero partito, e inſieme co i diſertori Tedeſchi, i quali andavano ſopravenendo, furono ſpediti a Napoli. Al pari anche delle milizie regolate fecero di grandi prodezze in aſſaiſſimi Luoghi i paeſani Genoveſi.

S'AVVIDE in fine il *Generale Schulemburg*, che maniera non reſtava di poter prevalere contro la Città dalla parte della Polcevera; e però tenuto Conſiglio, fu da tutti conchiuſo di volgere le lor maggiori forze alla parte del Levante, cioè alla Valle del Biſagno: lito, dove minori ſono le fortificazioni, e più facile potrebbe riuſcire di offendere la Città. Pertanto nella notte e mattina del dì tredici di Giugno, dopo avere ordinati alcuni falſi aſſalti dalla parte della Polcevera, e ſuperati con perdita di poca gente varj trincieramenti, improvviſamente calarono gli Auſtriaci con bell'ordine a quella volta, e venne

Era Volg.
And. 1747.

ne lor fatto d'impadronirsi di varj posti, lontani nondimeno circa quattro miglia da Genova, arrivando fino alla spiaggia di Sturla e del Mare, essendosi ritirati i Genovesi, con cedere alla superiorità delle forze nemiche. Tentarono essi di penetrare nel Colle della Madonna del Monte, e ne furono rispinti con loro danno, siccome ancora dal Colle d'Albaro, dove stavano ben trincierati i Gallo-Liguri. In questi medesimi giorni i Gallispani, dopo avere in addietro con poca fatica obbligato alla resa il Forte di Monte-Albano, ed impreso l'assedio del Castello di Villafranca, anche di questo si renderono padroni, con aver fatti prigionieri alquanti battaglioni Piemontesi. Passarono dipoi verso Ventimiglia, dove si trovava il *Generale Leutron* con venticinque battaglioni per contrastar loro il passo; ma accortosi quelli, che i nemici prendevano la via per la montagna di Saorgio, a fine di tagliargli la ritirata, prevenne il loro disegno, con lasciar solamente trecento uomini nel Castello di quella Città. Fece poscia quel tenue presidio sì bella difesa, che solamente nel dì due di Luglio, dopo essere stato rovinato tutto esso Castello dalle Cannonate e Bombe, si rendè a discrezione prigioniere de'vincitori. Avendo preveduto per tempo il *Duca di Boufflers* il disegno de gli Austriaci di passare in Bisagno, s'era portato con varj suoi Ingegneri alla visita di quel sito; e trovato, che il Monte detto di Fasce era a proposito per impedire il maggiore avvicinamento de'nemici, avea ordinato, che mille e cinquecento lavoratori vi alzassero de'buoni trincieramenti, e che vi si piantasse una batteria di Cannoni, destinando alla guardia di posto di tanta importanza il valore di settecento Spagnuoli. Da che furono postati in Bisagno gli Austriaco-Sardi, seguirono varie sanguinose azioni, dal racconto delle quali mi dispenso, non essendo mio istituto di farne il Diario, bastandomi di dire, che dall'incessante fuoco de'Genovesi furono obbligati i nemici a rilasciare alcuno de gli occupati posti, e a retrocedere, allorchè tentarono di occuparne de gli altri. Mandò anche ordine il Duca di Boufflers, che un buon corpo di Franzesi e Spagnuoli pervenuti dalla Corsica alla Spezia, unio con secento paesani, si tenesse in vicinanza di Sturba, per impedire a i nemici lo stendersi a i danni della Riviera di Levante.

Le speranze intanto dell'Armata Austriaca erano riposte nell'

nell' arrivo di grosse artiglierie e mortai, parte de' quali già
stava preparata in Sestri di Ponente, condotta da Alessandria,
e un' altra dovea venire da Savona. Non mancarono i Vascelli Inglesi di accorrere colà per farne il trasporto; ma allorchè vollero sbarcare que' bronzi a Sturla, accorsero due
Galere Genovesi, che spingendo avanti un Pontone, dove erano alquante Colubrine, talmente molestarono que' Vascelli,
che lor convenne ritirarli in alto, e desistere per allora dallo
sbarco. Seguì poi nella notte fra il dì 24. e 25. di Giugno
una calda azione. Perciocchè calato con grosso corpo di truppe dal Monte delle Fasce il Signor Paris Pinelli, per isloggiar
da quelle falde gli Austriaci, che s'erano postati in due siti,
gli riuscì bensì di rovesciar que' picchetti; ma accorso un potente rinforzo di Tedeschi, fu obbligata la sua gente a retrocedere. Essendo restata a lui preclusa la ritirata, dimandò
quartiere; ma que' Barbari inumanamente gli troncarono il
capo. Era egli Cavaliere di Malta, e da Malta appunto era
venuto apposta per assistere alla difesa della Patria. Portata
questa nuova al Generale Pinelli suo Fratello, che stava alla
Scofferra, talmente si lasciò trasportare dall'eccesso del dolore e della rabbia, che con una maggior crudeltà volle com-
pensar l'altra, levando di vita due bassi Ufiziali Tedeschi,
dimoranti prigioni presso di lui. Il corpo dell'ucciso Giovane
richiesto a gli Austriaci, e portato a Genova, co' maggiori militari onori fu condotto alla sepoltura. Altro, come dissi,
non restava all' Armata Austriaca, che di ricevere un buon
treno di Artiglierie, Mortai e Bombe, lusingandosi, che con
alzar buone batterie si potrebbero avanzar più oltre, e giugnere almeno a fulminar parte della Città con una tempesta
di Bombe: il che se mai fosse avvenuto, parea non improbabile, che i Genovesi avessero potuto accudire a qualche Trattato. Ma queste erano lusinghe, trovandosi tuttavia le loro
armi tre o quattro miglia lontane da Genova, e con più siti
avanzati, che coprivano la Città, e guerniti di difensori, che
non conoscevano paura. Vennero in fatti, non ostante l'oppo-
sizion de' Genovesi, Cannoni e Mortai; furono sbarcati; si alzarono batterie: con che allora gli assedianti si tennero in pugno la conquista di Genova. Anzi è da avvertire, che portata da un Ufiziale a Vienna la nuova della discesa in Bisagno,
o sia che quell' Ufiziale spalancasse la bocca, o pure che a

dismidifmifura fi amplificaffero le confeguenze di tale azione, fenza faper bene la pofitura di quegli affari; certo è, che nella Corte Imperiale sì fattamente prevalfe la fperanza di quel grande acquifto, che di giorno in giorno s'afpettava l'arrivo de' Corrieri, apportatori di sì dolce nuova; e fi giunfe fino a fpedir fuori per qualche miglio i Lacchè, acciocchè fentito il fuono delle liete cornette, frettolofamente ne riportaffero l'avvifo alle Cefaree loro Maeftà. Non tardarono molto a difingannarfi.

Un giuoco, che non fi fapeva intendere in quefti tempi, era il contegno de' Franzefi, e molto più de gli Spagnuoli, fra' quàli compariva una concordia, che infieme potea dirfi difcordia. Erano venuti a Mentone l'Infante *Don Filippo*, e il *Duca di Modena*. Ognun fi credeva, e per fermo lo tenevano i Genovefi, che quel groffo corpo di Gallifpani, lafciando bloccato il Caftello di Ventimiglia, profeguirebbe alla volta di Savona, anzi fi faceva, ma fenza fondamento, già pervenuto ad Oneglia: quando all'improvvifo fu veduto retrocedere al Varo. Chi dicea, per unirfi col corpo maggiore dell' Armata, comandata dal *Marefciallo di Bellisle*, e dal *Marchefe de las Minas;* e chi per prendere la via de i Monti di Tenda, e paffar nella Valle di Demont, allorchè il nerbo maggiore de gli altri Gallifpani foffe penetrato colà. Certo è, che da un gran turbine erano allora minacciati gli Stati del Re di Sardegna; perchè congiunte che foffero l'armi Franzefi e Spagnuole, trovanfi fuperiori di molto quelle forze alle fue. Il perchè ful fine di Giugno o principio di Luglio, fu fpedito il giovane Marchefe d'Ormea al Generale di Schulemburg, per rapprefentargli l'urgente bifogno, che aveva il Re di richiamar le fue truppe dall'affedio di Genova, per valerfene alla propria difefa. Gran dire fu nell'Armata Auftriaca per quefta novità, parendo a quegli Ufiziali, che foffe tolta loro di bocca la conquifta di quella Città: cotanto s'erano ifperanziti per la venuta delle bombarde e de' mortai. Sparlarono perciò non poco del Re di Sardegna, quafi che fra lui e i Franzefi paffaffero intelligenze, quando chiariffimo era il motivo di rivoler quelle milizie. Trovavafi l'efercito Auftriaco affai eftenuato tanto per le morti della gente perita nelle moltiffime paffate baruffe, quanto per la difertata, e per l'altra mancata di malattie e di ftenti. Perciocchè nulla trovando

Era Volg.
Ann. 1747. eſſi fra quegli ſterili dirupi, tutto conveniva far paſſare colà dalla Lombardia pel vitto, per le munizioni da guerra e foraggi. E tali traſporti non di rado con varj impedimenti e dilazioni a cagion de'tempi, delle ſtrade difficultoſe, e del romperſi le carrette, che interrompevano il corſo delle ſuſſeguenti, di maniera che giorno vi fu, in cui ſi penò ad aver la pagnotta. Gran parte ancora delle tante carrette a quattro cavalli, provvedute dallo Stato di Milano, andò a male.

A TALE ſtato ridotte le coſe, e ſminuite le forze per la richieſta retroceſſion de'Piemonteſi, conobbe il Conte di Schulemburg Generale Auſtriaco la neceſſità di levare il campo; e tanto più, perchè andavano di tanto in tanto giugnendo per mare a Genova nuove truppe di Francia, ed alcune di Spagna. Pertanto colla maggior ſaviezza poſſibile nel dì due di Luglio, giorno della Viſitazion della Vergine Santiſſima, cominciò egli a ſpedire in Lombardia gli equipaggi, attrecci militari, malati, e vivandieri. Rimbarcarono gl'Ingleſi le Artiglierie; parte de'Piemonteſi s'inviò verſo Seſtri di Ponente, per paſſare in barche alla volta di Savona. Siccome queſti movimenti non ſi poteano occultare, così cagion furono di voce ſparſa per Italia, che gli Auſtriaci nel dì quattro del ſuddetto Meſe di Luglio aveſſero ſciolto l'aſſedio di Genova. La verità ſi è, ch'eſſi ſolamente nella notte ſcura precedente al dì ſei marciarono alla ſordina verſo le alture de'monti, e ſoſpirando ſi riduſſero in Lombardia, prendendo poi ripoſo a Gavi, Novi, ed altri ſiti, ancorchè più giorni paſſaſſero, prima che aveſſero abbandonati tutti i dianzi occupati poſti. Non vi fu chi gl'inſeguiſſe o moleſtaſſe, perchè baſtava a i Genoveſi per un'inſigne vittoria l'allontanamento di sì fieri nemici, con reſtar eſſi padroni del campo. S'aggiunſe in oltre un faſtidioſo accidente, che arenò qualunque riſoluzione, che ſi poteſſe o voleſſe prendere da loro in quell'emergente. Pochi dì prima era caduto infermo il *Duca di Boufler*s. Fu creduta ſul principio da'Medici ſcarlattina la ſua febbre, ma venne poi ſcoprendoſi, che era vaiuolo, e di sì perniciofa qualità, che nel dì tre di Luglio il fece paſſare all'altra vita. Non ſi può eſprimere il cordoglio, che provarono per colpo sì funeſto i Genoveſi: tanta era la ſtima e l'amore, ch'eſſi aveano conceputo per così degno Cavaliere, ſtante la grazioſa forma del ſuo contegno, e il mirabil ſuo zelo per la lor

dife-

difefa è falute. Il pianferò, come fe foffe mancato un loro Padre, e con funtuofe efequie diedero l'ultimo addio al fuo corpo, ma non già alla memoria di lui.

Ora trovandofi il Popolo di Genova liberato da quella furiofa tempefta, chi può dire, quai rifalti d'allegrezza foffero i fuoi? Erano ben giufti. Le Lettere procedenti di là in addietro portavano fempre, che nulla mancava loro di provvifioni da vivere. Vennefi poi fcoprendo, che dopo la calata de' nemici in Bifagno erano ftranamente crefciute le loro anguftie, giacchè per terra nulla più riceveano, e gravi difficultà s' incontravano a ricavarne per mare, a cagion de' vafcelli Inglefi fempre in aguato per far loro del male; e la Città fi trovava colma di gente, effendofi colà rifugiate migliaia di contadini, fpogliati tutti d'ogni loro avere. Parimente fi feppe, effere coftata di molto la lor difefa per tante azioni, dove aveano facrificate le lor vite affaiffimi Gallifpani e Nazionali. Ma in fine tutto fu bene fpefo. Era rifonato, maggiormente rifonò per tutta l'Italia, anzi per tutta l'Europa il nome de' Genovefi, per aver sì gloriofamente, e con tanto valore ricuperata e foftenuta la loro Libertà. Ufcì pofcia chi volle de' Nobili e del Popolo, per vifitare i fiti già occupati da i nemici. Trovarono dapertutto, cioè in un circondario di moltiffime miglia un lagrimevole teatro di miferie, ed un orrido defetto. Le tante migliaia di Cafe, Palazzi, e Giardini per sì gran tratto ne' contorni, già nobile ornamento di quella magnifica Città, fpiravano ora folamente orrore, perchè alcuni incendiati, e gli altri disfatti; le Chiefe e i Monifterj profanati e fpogliati di tutti i facri vafi & arredi. Per non far inorridire i Lettori, mi aftengo io dal riferire le varie maniere di barbarie praticate in tal congiuntura da i beftiali Croati contro Uomini, Donne, Fanciulli, Preti e Frati: il che fu cagione, che anche i paefani Genovefi talvolta infieriffero contra di loro. Seguirono fenza dubbio tante crudeltà contro il volere della clementiffima Imperadrice; ma non è già onore dell' inclita Nazione Germanica l'efferfi in quefta occafione dimenticata cotanto d'effere feguace di Crifto Signor noftro. Niun movimento, ficcome diffi, fecero per molti giorni i Franzefi e Genovefi contra de' Tedefchi, a riferva di un' irruzione fatta da alcune centinaia di que' montanari ne' Feudi Imperiali del Conte Girolamo Fiefchi in Valle di Scrivia, dove diedero

il

il facco, e pofcia il fuoco a quelle Caftella e Cafe. Ma faputafi
quefta enorme oftilità in Genova, condannò quel Governo come mafnadieri e ladri coloro, che fenza alcuna autorità aveano tanto ofato contra Feudi dell'Imperio : laonde cefsò da lì
innanzi tale infolenza.

AVEANO in quefto mentre adunate i Franzefi di molte forze in Delfinato e Provenza, ma fenza che s'intendeffero i mi-
fterj de gli Spagnuoli, i quali tuttochè fteffero in quelle parti, pure niuna voglia moftravano di concorrere ne i difegni de
gli altri. Erafi il groffo delle milizie del Re di Sardegna accampato, parte a Pinerolo, e parte a Cuneo, e in altri Luoghi della Valle di Demont, con effer anche accorfe colà in
aiuto fuo non poche truppe Auftriache : giacchè queft'ultimo
fi giudicava il fito più pericolofo, ed efpofto alla calàta de i
Franzefi, reftando per altro incerto, a qual parte tendeffero
i loro tentativi, e il tanto loro andare qua e là rondando per
quelle parti. Non lafciò effo Re di guernire di gente anche
gli altri paffi dell'Alpi, per li quali fi poteffero temere i loro
infulti. Uno fra gli altri fu quello di Colle dell'Affietta fra
Exiles e le Feneftrelle : pofto confiderabile, perchè fuperato
effo, fi paffava a dirittura verfo di Pinerolo e Torino. E quefto appunto venne fcelto dal *Cavalier di Bellisle*, Fratello del
Marefciallo, e Luogotenente Generale nell'Armata di Francia,
per fuperarlo, giudicando affai facile l'imprefa per le notizie
avute, che alla guardia di que'trinceramenti non ifteffero fe
non otto battaglioni Piemontefi fra truppe regolate e Valdefi.
Dicono, ch'egli aveffe circa quaranta battaglioni, parte de'
quali fu fpedita a prendere varj fiti all'intorno, affinchè fe
il colpo veniva fatto, niuno de'Piemontefi poteffe colla fuga
falvarfi. Stava all'erta il *Conte di Bricherafco*, Tenente Generale del Re di Sardegna, deputato alla cuftodia di quell'importante paffo, e a tempo gli arrivò un rinforzo di due o pur
tre battaglioni Auftriaci, comandati dal Generale *Conte Colloredo*. Alle ore quindici dunque del dì diecinove di Luglio vennero i Franzefi, divifi in tre colonne, all'affalto dell'Affietta
con alquanti piccioli Cannoni [niuno ne aveano i Piemontefi]
e cominciarono parte a falire, parte ad arrampicarfi per quell'
erta montagna. Vollero alcuni foftenere, che nella precedente notte foffe ivi nevicato, onde ftentaffero i Franzefi a tenerfi ritti, e maneggiarfi nella falita ; ma non fu creduto,

per-

perchè poco prudente farebbe fembrata in circoftanza tale la
rifoluzione del Bellisle. E pure quefta fu verità. Per tre volte
i Franzefi divifi in tre colonne, non oftante il loro grande di-
favantaggio, andarono bravamente all'affalto, e fempre furono con grave loro perdita o uccifi, o feriti, o rotolati al baffo.
Fremeva nè fapeva darfi pace di tanta refiftenza, e di sì infelice fucceffo il Cavalier di Bellisle; e però impaziente, a
fine di animar la fua gente ad un nuovo affalto, fi mife egli
alla tefta di tutti; e falito fino alle barricate nemiche, quivi
arditamente piantò una Bandiera, credendo, che niuno de i
fuoi farebbe meno di lui. Quando eccoti un colpo di fucile,
per cui reftò ferito, e pofcia un colpo di baionetta, che lo
ftefe morto a terra. Il valore e coraggio bella lode è ancora
de'Generali d'Armata, ma non mai la temerità; perchè la
confervazione della lor vita è intereffe di tutto l'efercito. Probabilmente non fu molto lodata l'azione d'effo Cavaliere,
uno de' più rinomati e ftimati guerrieri, che s'aveffe la Francia, la cui perdita fu generalmente compianta da' fuoi. Do-
pò altri tentativi ebbe fine ful far della notte il conflitto; ed
ufciti pochi Granatieri Piemontefi ed Auftriaci infeguirono colle fciable alla mano fin quafi a Seftrieres i fugitivi Franzefi.
Per sì nobil difefa gran lode confeguirono i due Generali Conte di Bricherafco e Conte Colloredo, e il Cavaliere Alciati
Maggior Generale, e il Conte Martinenghi Brigadiere del Re
di Sardegna. In fatti fu la vittoria compiuta. Circa fecento
feriti rimafti ful campo furono fatti prigioni, e fu creduto,
che la perdita de' Franzefi tra morti, feriti, e prigionieri
afcendeffe a cinque mila perfone, fra le quali trecento Ufiziali. A poco più di ducento uomini fi riftrinfe quella de' Piemontefi ed Auftriaci; e però con ragione fi folennizzò quel
trionfo con varj *Te Deum* per gli Stati del Re di Sardegna
e in Milano. Fu anche immediatamente celebrato in un elegante Poemetto Italiano dal Signor Giufeppe Bartoli, pubblico Lettore di Lingua Greca nell'Univerfità di Torino.

QUELLO poi, che più fece maravigliar la gente, fu, che
quantunque tale percoffa baftante non foffe ad infievolire le
forze de'Gallifpani, pure niun tentativo o movimento fecero
da lì innanzi contro le Terre del Piemonte, anzi più tofto furono invafe da i Piemontefi alcune contrade della Francia,
benchè con poco fucceffo. L'accampamento maggiore del Re
fud-

fuddetto, ficcome diffi, fu a Cuneo, e nella Valle di Demont, dove egli medefimo fi portò in perfona, perchè quivi parea fempre da temerfi qualche irruzion de' nemici. Attefero in quefti tempi i Genovefi a fortificar varj pofti fuor della Città, e fpezialmente quello della Madonna del Monte, avendo la fperienza fatto loro conofcere, quai foffero i pericolofi, e quali gli utili e i neceffarj per la loro difefa: Entrata una fpecie d'Epidemia fra i tanti Contadini, già rifugiati in effa Città, a cagion de' terrori, fatiche, e ftenti paffati, ne conduffe non pochi al fepolcro; e gli fteffi Cittadini non andarono efenti da molte infermità. Ebbero effi Genovefi in quefti medefimi giorni molte veffazioni alla Baftia in Corfica; ma io mi difpenfo dal riferire que' piccioli avvenimenti. Nel dì cinque poi di Settembre una groffa partita di Gallifpani, varcato l'Apennino, fcefe in Valle di Taro del Parmigiano; vi fece alquanti Auftriaci prigionieri; intimò le contribuzioni a quel Borgo ed altre Ville con afportarne gli oftaggi, e circa mille e cinquecento capi di Beftie tra groffe e minute. Per timore che non calaffero anche a Bardi e Compiano, effendo accorfi due Reggimenti Tedefchi, cefsò tofto quel turbine. Intantò il Re di Sardegna lungi dal temere, che i Gallifpani s'inoltraffero per la Riviera di Ponente, fece di nuovo occupare dalle fue truppe la Città di Ventimiglia, ed imprendere dal Barone di Leutron il blocco di quel Caftello, alla cui difefa era ftato pofto un gagliardo prefidio. Per molto tempo foprintendente al Governo di Milano e de gli altri Stati Auftriaci di Lombardia era ftato il *Conte Gian-Luca Pallavicini*, come Plenipotenziario e Generale d'Artiglieria dell'Auguftiffima Imperadrice, Cavaliere difintereffato, e magnifico in tutte le fue azioni. Fu egli chiamato a Vienna per iftanze e calunnie de gl'Inglefi, ma ciò non oftante promoffo al riguardevol pofto di Governatore perpetuo del Caftello di Milano. In luogo fuo nel dì diecinove di Settembre pervenne ad effa Città di Milano il *Conte Ferdinando d'Harrach*, dichiarato Governatore e Capitan Generale della Lombardia Auftriaca. Portò quefti feco la rinomanza d'una fperimentata faviezza, maffimamente ne gli affari Fo...ici, e un compleffo d'altre belle doti, che fecero fperare a que' Popoli un ottimo governo, e tollerabile la perdita, che aveano fatta dell'altro.

SPERAVA pure la Città di Genova dopo tante paffate fciagure

gure di godere l'interna calma; e pure un'altra inaspettata si
rovesciò sopra d'essa, da che fu passata la metà di Settembre. Uno straboccevole temporale di terra e di mare, con
diluvio di pioggia e vento, con fulmini e gragnuola grossissi-
ma, talmente tempestò quella Città, che ruppe un'immensa
copia di vetri delle case, rovesciò non pochi cammini e tetti,
talmente che parve quivi il dì del finale Giudizio. Dominò
in oltre un furioso Libeccio sul Mare, che allagò parte della
Città, e danneggiò gran copia di quelle case, oltre della rovina de gli orti e delle vigne per più miglia. Arrivò verso il
fine del Mese suddetto a consolare quell'afflitto Popolo il *Duca di Richelieu*, personaggio di rara attività e di mente vivace, inviato dal Re Cristianissimo a comandar l'armi Gallispane nel Genovesato. Ascendevano queste, per quanto fu
creduto, a quindici mila persone. Un corpo di questa gente
venne ad impossessarsi della picciola Città di Bobbio, e per
la Trebbia arrivò fin presso a Piacenza. Se quel Fiume non
fosse stato gonfio, avrebbe fatto paura alla tenue guernigione di quella Città. Rastellarono molti bestiami, imposero
contribuzioni, presero qualche nobile Piacentino per ostaggio. Ma sollevatisi i Villani in numero di due e più mila,
strinsero circa cento trenta di que' masnadieri, che ristretti
in Nibbiano non si vollero arrendere prigioni, se non ad un
corpo di truppe regolate Tedesche, le quali gli obbligarono a
restituire tutto il maltolto. Qualche irruzione ancora seguì
nel basso Monferrato, dove essi Gallo-Liguri colsero varj soldati Austriaco-Sardi, fecero bottino di bestiami, e preda di
drappi e panni, che andavano in Piemonte, oltre all'aver
esatte alquante contribuzioni. Fioccarono anche i flagelli sulla bassa Lombardia, perchè la cessata nel precedente verno
Epidemia de' Buoi ripullulò, e crebbe aspramente nel Veronese, Vicentino, Bresciano, in qualche sito del Padovano,
e del Mantovano di là da Po, e passata nel Ferrarese, quivi
diede principio ad un'orrida strage. In oltre il Po soverchia-
mente ingrossato d'acque inondò Adria ed Ariano. Anche l'A-
dige e la Brenta allagarono parte del Polesine di Rovigo e del
Padovano. A tanti guai s'aggiunse di più la scarsezza del raccolto de' grani in molte Provincie.

GODE' Roma all'incontro non solo un'invidiabil tranquillità, ma occasioni eziandio di allegrezze, stante la promozione

ne fatta nel dì dieci d' Aprile dal fommo Pontefice *Benedet-*
to XIV. de i Cardinali nominati dalle Corone, e in appreffo
nel dì tre di Luglio ancora del Duca di Iorch fecondogenito
del Cattolico Re d'Inghilterra Giacomo III. Fu in effa Metropoli fabbricata per ordine del Re di Portogallo una Cappella di tanta ricchezza e di sì raro lavoro, che riufcì d'ammirazione d'ognuno. Coftò circa cinquecento mila Scudi Romani, ed imbarcata in queft'Anno venne trafportata a Lisbona. Maggiori furono i motivi di giubilò nella Real Corte
di Napoli; perciocchè quella Regina alle tre della notte precedente il dì quattordici di Giugno nella Villa di Portici diede alla luce un Principino, a cui fu pofto nel Battefimo il nome di *Filippo Antonio Gennaro* &c. Quefto regalo fatto da Dio
a que' Regnanti tanto più fi riconobbe preziofo, perchè il Re
di Spagna *Ferdinando* non avea finora veduti frutti del fuo
matrimonio; e quefto germe novello riguardava non meno
il Re delle due Sicilie, che la Monarchia di tutta la Spagna.
Quai foffero i rifalti di gioia in quella Real Corte e nella Nobiltà e Popolo d'una Metropoli tanto copiofa di gente, non
fi potrebbe dire abbaftanza. Grandi fefte ed allegrezze per più
giorni folennizzarono dipoi quefto fortunato avvenimento. Fece il Re un dono alla Regina di cento mila Ducati, e un accrefcimento d'altri dodici mila annui all'antecedente fuo appanaggio. Dalla Città e Regno fatto fu preparamento a fin
di donare a fua Maeftà un milione per le fafce del nato Principino, che fu intitolato Duca di Calabria. Partecipò di tali
contentezze anche la Real Corte di Madrid, il cui Monarca
dichiarò Infante di Spagna quefto fuo Real Nipote, e fu detto, che gli affegnaffe anche una penfione annua di quattrocento mila piaftre.

A DUE fole confiderabili imprefe fi riduffe la guerra fatta
nel prefente Anno ne'Paefi baffi fra il Re Criftianiffimo e gli
Alleati. V'intervenne in perfona lo fteffo Re, il cui poten-
tiffimo efercito era di gran lunga fuperiore a quello de'fuoi
nemici. Nel dì due di Luglio fi trovarono a vifta le due Armate fra Maftricht e Tongres. Attaccarono i Franzefi la zuffa
coil' ala finiftra de' Collegati, compofta d'Inglefi, Hannove-
riani, ed Affiani, i quali fecero una mirabil refiftenza nel
Villaggio di Laffeld, con farne coftare ben caro l'acquifto ad
effi Franzefi. Il valorofo *Conte di Saffonia* Marefciallo Generale

rale di Francia, veggendo più volte rifpinti i fuoi, entrò egli ſteſſo con altro nerbo di gente nella miſchia, e finalmente gli riuſcì di far battere la ritirata a i nemici e d'infeguirli. Intervenne a sì calda azione il *Duca di Cumberland* ſecondogenito del Re Britannico e Generale delle ſue armi, e con tale ardore, che corſe gran pericolo di ſua vita. Per difenderlo ſi eſpoſe ad ogni maggior cimento il *Generale Ligonier*, Comandante dell'Armata ſotto di lui, con reſtar per queſto prigionier de' Franzeſi. Poco ebbero parte in queſto conflitto il centro e l'ala diritta d'eſſi Collegati, compoſta d'Auſtriaci ed Ollandeſi, i quali ultimi nondimeno vi perderono molta gente. Per altro ragione ebbero i Franzeſi di cantare la vittoria, tuttochè comperata con molto loro ſangue, perchè rimaſero padroni del campo; fecero milleſecento prigioni; acquiſtarono trentatrè Cannoni, quattordici tra Bandiere e Stendardi; e colti ſul campo circa due mila feriti de gli Alleati, li conduſſero ne gli Spedali Franzeſi. Fu detto, che intorno a tre mila de' Collegati, e più di due mila de' Franzeſi vi reſtaſſero eſtinti: Ritiroſſi l'Armata d'eſſi Alleati di là dalla Moſa, e finchè il Re ſi fermò in quelle parti, non oſò di ripaſſar quel Fiume.

L'ALTRA anche più ſonora impreſa fu quella dell'aſſedio di una Piazza fortiſſima, impreſo da' Franzeſi; giacchè nella poſitura delle coſe oſſo troppo duro forſe comparve Maſtricht da eſſi minacciato. Città del Brabante Ollandeſe è Bergh-op-Zoom, conſiderata per una delle Fortezze ineſpugnabili, parte per la ſituazione ſua ſopra un'altura in vicinanza del Mare, con cui comunica mediante un canale, e a cagion di alcune paludi, che ne rendono difficile l'acceſſo; e parte per le tante ſue fortificazioni, oltre ad alcuni Forti e Ridotti ſino al Mare, da dove può ricevere ſoccorſi. Il celebre Duca di Parma Aleſſandro Farneſe nel 1588. e il Marcheſe Spinola nel 1622 indarno l'aſſediarono. Fu poi da lì innanzi maggiormente fortificata. Niuno di queſti riguardi potè trattenere la bravura Franzeſe dall'imprenderne l'aſſedio, e dall'aprir la trincea nella notte del dì quindici venendo il dì ſedici di Luglio. Al *Conte di Lowendhal* Tenente Generale del Re, Uffiziale di diſtinto valore e perizia nell'Arte militare, fu appoggiata queſta impreſa. Dopo l'aſſedio memorabile della fortiſſima Città di Friburgo, altro non ſi vide più difficile e ſtrepitoſo di queſto.

Per-

Perciocchè nelle linee contigue ad esso Bergh-op-Zoom , e fra le paludı e la costa del Mare , si postò il *Principe di Hildbur-ghausen* con circa venti mila soldati , da dove non potè mai essere rimosso; di modo che durante l' assedio potè sempre quel-la Fortezza essere di mano in mano soccorsa con truppe fre-sche , e provveduta di quante munizioni da bocca e da guer-ra andavano occorrendo . Come superare una Piazza , a cui nulla mancava , e il cui presidio potea fare sortite frequen-ti , con sicurezza d' essere d' ogni sua perdita rifatto? Ma niu-na di queste difficultà ritener potè l' ardire de' Franzesi . Sì dall' una che dall' altra parte si cominciò a giocar di canno-nate , di bombe , di mine; e i lavori d' una settimana vennero talvolta rovesciati in un'ora . Tanto le offese che le difese co-starono gran sangue , ma incomparabilmente più dal canto de gli assedianti .

PROGREDI' così lungamente questo assedio ; che i Franzesi sfornirono di polve da fuoco e d'altre munizioni tutte le loro Piazze circonvicine ; e intanto stavano dapertutto sulle spine i parziali e i Novellisti per l'incertezza dell'esito di sì perti-nace assedio . Di grandi apparenze vi furono , che sarebbero in fine costretti i Franzesi a ritirarsi ; ma differentemente si dichiarò la fortuna , perchè ancor quella appunto interven-ne a decidere quella quistione . Erano già fatte breccie in due Bastioni e in una mezzaluna , e queste imperfette , o cer-tamente non credute praticabili : quando il Generale Conte di Lowendhal determinò di venire all' assalto . Ammanite dun-que tutte le occorrenti truppe all' esecuzione di sì pericolo-so cimento , sul far del giorno sedici di Settembre , dato il segno con lo sparo di tutti i Mortai a bombe , andarono co-raggiosamente all'assalto : impresa , che non si suole effettua-re senza grave spargimento di sangue . Ma quello non fu un assalto , fu una sorpresa . Detto fu , che i Franzesi per buona ventura , o per tradimento s'introducessero segretamente nel-la Città per una Galleria , esistente sotto un Bastione e mal custodita da quei di dentro . La verità si è , che altro non aven-do trovato alla difesa delle breccie , che le guardie ordinarie , con poca perdita e fatica salirono , ed impadronitisi de' Ba-stioni , e di due Porte della Città , quindi passarono alla vol-ta della Guernigione , la quale raccolta tanto nella Piazza , quanto in varie contrade , fece una vigorosa resistenza , fin-chè

chè veggendosi soprafatta da gli Aggressori, che s'andavano
vie più ingrossando, e venendo qualche casa incendiata, parte d'essa ebbe maniera di ritirarsi, sempre combattendo,
fuori della Porta di Steenbergue. Corse fama, che il Conte
di Lowendhal avesse dati buoni ordini, e prese le misure,
affinchè la misera Città rimanesse esente dal sacco. Cheches-
sia, i Volontarj lo cominciarono, e gli altri tennero loro dietro, senza risparmiare alcuno di quegli eccessi, che in sì
fatti furori sogliono i militari, non più Cristiani, non più
Uomini, commettere. Si salvarono in questa confusione i
Principi d'Assia, e di Anhalt, e il Generale Constrom; ma
non poca parte di quel presidio rimase o tagliata a pezzi da
gl'infuriati Assalitori, o fatta prigioniera.

Nè quì terminarono le conseguenze di giorno cotanto favorevole a i Franzesi. Il campo del Principe d'Hildburgau-
sen, afforzato nelle linee presso di Bergh-op-Zoom, all'intendere presa la Città, e alla comparsa de' fugitivi, altro
consiglio non seppe prendere, se non quello di dar tosto alle gambe, lasciando indietro equipaggi, tende, artiglierie,
e fasci di fucili. Tutto andò a ruba, nè vi fu soldato Franzese, che non arricchisse. Videsi nondimeno Lettera stam-
pata, che negava questo abbandono di bagagli e fucili, a
riserva di un Reggimento, il quale amò meglio di mettere
in salvo i suoi malati, che i suoi equipaggi. Oltre a ciò,
non perdè tempo il Conte di Lowendhal a spedire armati,
per intimare la resa a i Forti di Rover, Mormont, e Pin-
sen, che non si fecero molto pregare ad aprir le porte, con
restar prigionieri que' presidj. Trovandosi ancora in quel Porto diecisette bastimenti con assai munizioni da guerra e da
bocca, che per la marea contraria non poterono salvarsi, furono obbligati dalle minaccie de' Cannoni ad arrendersi. Se s'ha
da credere a' Franzesi, quasi cinque mila soldati tra uccisi e
prigionieri costò quella giornata a gli Alleati; due sole o tre
centinaia ad essi. Oltre a i semplici soldati gran copia d'Ufiziali rimasero ivi prigioni. Prodigiosa fu la preda ivi trovata, e spettante al Re. Cioè più di ducento cinquanta Cannoni, la metà de' quali di grosso calibro, quasi cento Mortai,
qualche migliaio di fucili, ed altri militari attrecci, e magazzini a dismisura abbondanti di polve da fuoco, di granate, di
abiti, di scarpe, panni &c. Un pezzo poi si andò disputando

per

per fapere qual deftino avelfe facilitata cotanto la caduta di sì
forte Piazza, in cui nulla fi defiderava per refiftere più lungamente, e fors'anche per render vano in fine ogni tentativo de gli affedianti. In fine fu conchiufo, effere ciò proceduto dalla poca cautela del Conftrom, il quale non fi figurò,
che le imperfette breccie abbifognaffero di maggior copia di
guardie. Contra di lui fu poi fulminata fentenza di morte;
ma falvollo il riguardo alla fua rifpettabil vecchiaia. La rifpofta del Re Criftianiffimo alla Lettera del Conte di Lowendhal,
recante sì cara nuova, fu di dichiararlo Marefciallo, con vederfi poi in Francia un raro avvenimento, cioè due ftranieri,
primarj e gloriofi Condottieri delle Armate di quella potent-
tiffima Corona. Paffarono ciò fatto le truppe comandate da
effo Conte a mettere l'affedio al Forte di Lillò, e ad alcuni
altri pochi di minor confiderazione, per liberare affatto il corfo della Schelda: nè tardarono a coftrignere alla refa il For-
te-Federigo, e quindi effo Lillò nel dì dodici d'Ottobre, coll'
acquifto di quafi cento pezzi d'artiglieria, e con farvi prigioniera la guarnigione di ottocento foldati. Gran gioia dovette effere quella di Anverfa al veder come liberato da que' nemici Forti il corfo del loro Fiume.

In Italia ebbero fine le militari imprefe con quella di Ventimiglia. Già s'era impadronito d'effa Città il General Piemontefe *Barone di Leutron*, e da varie fettimane teneva ftret-
tamente bloccato quel forte Caftello. Segreti avvifi pervennero a i Generali Gallifpani, efiftenti in Nizza, che già fi trovava in agonia quella Fortezza, e fe in pochi dì non giugne-
va foccorfo, il Comandante per mancanza di munizioni e viveri dovea rendere la Piazza e sè fteffo al Re di Sardegna.
Però la maggior parte dell'Armata Gallifpana, fi mife in marcia a quella volta col Marefciallo *Duca di Bellisle*, e col Generale Spagnuolo *Marchefe della Mina*. Vollero del pari intervenire a quefta fcena l'Infante *Don Filippo*, e il *Duca di
Modena*. Erafi a difmifura afforzato con trincee e barricate
il Barone di Leutron al per altro difficiliffimo paffo de' Balzi
Roffi di là da Ventimiglia. Non ofarono i Franzefi di affalir
per fronte un fito sì ben difefo dalla natura e dall'arte, e
in fole picciole fcaramuccie impiegarono due giornate. Ma
nella terza, cioè nel dì 20. d'Ottobre, ben informato il fo-
pradetto Barone della fuperiorità delle forze nemiche, e ch'
effi

essi Gallispani s'erano stesi per l'alto della montagna con intenzione di venirgli alle spalle, benchè forte di venticinque Battaglioni, prese la risoluzione di ritirarsi: il che fu con buon ordine da lui eseguito. Uscì anche il presidio Franzese del Castello, per secondare lo sforzo di chi veniva in soccorso; e però la Città, dove si trovavano o s'erano rifugiati alquanti Piemontesi, tardò poco ad aprir le Porte. Finì questa faccenda colla liberazion di que' Luoghi, e colla prigionia di forse cinquecento Piemontesi. Ritirossi il Leutron a Dolce-Acqua, e alla Bordighera; e rotti i ponti sul Fiume, quivi si trincierò. L'Armata Gallispana, dopo aver ben provveduto quel Castello di nuova gente, vettovaglie e munizioni da guerra, e lasciato grosso presidio nella stessa Città di Ventimiglia, se ne tornò a cercar quartiere di verno e riposo, parte in Provenza e Linguadoca, e parte in Savoia, con passare a Sciambery anche il suddetto Infante Duca di Modena. Circa questi tempi il *Duca di Richelieu* ricuperò il posto della Bocchetta di Genova, e attese a fortificare i Luoghi più importanti della Riviera di Levante, che parevano minacciati da qualche irruzion de' Tedeschi. Ad altro nondimeno allora non pensavano gli Austriaci, se non a ristorarsi ne' quartieri presi in Lombardia dopo tante fatiche e disagi patiti per quasi due anni senza mai prendere riposo. E perciocchè nel dì tredici di Settembre due Coralline Genovesi furono predate da gl'Inglesi sotto il Cannone di Viareggio, senza che quel Forte le difendesse: rimase esposta la Repubblica di Lucca a gravi minaccie e pretensioni del suddetto Duca di Richelieu. Non arrivò il Pubblico ad intendere, come tal pendenza si acconciasse. Negli ultimi Mesi ancora dell'Anno presente si videro di nuovo lusingati i Popoli con isperanze di Pace, giacchè si stabilì fra i Potentati guerreggianti un Congresso da' tenersi in Acquisgrana, non parendo più sicura Breda; e furono dal Re Cristianissimo chiesti i Passaporti per li suoi Ministri, e per quei di Genova, e del Duca di Modena. Si teneva per fermo, che fossero spianati alcuni punti scabrosi ne' Gabinetti di Francia e d'Inghilterra, al vedere già preso per Mediator della Pace il Re di Portogallo, che destinò a quel Congresso Don Luigi d'Acugna suo Ministro. Ma si giunse al fine dell'Anno con restar tuttavia ambigue le voglie di Pace nelle Potenze guerreggianti, ed incerto, se il Congresso suddetto fos-

se

Era Volg.
Ann. 1747. se o non foſſe un'illuſione de' poveri Popoli . Nè ſi dee tacere
una ſtrana metamorfoſi , avvenuta nelle Provincie Unite, dove per li potenti ſoffj della Corte Britannica , e per le parzialità de' Popolari, non ſolamente fu dichiarato Statolder il Principe d'Oranges e di Naſſau *Guglielmo*, Genero del Re d'Inghilterra , ma Statolder perpetuo ; nè ſolamente egli, ma anche la ſua diſcendenza tanto maſchile che femminile . Parve
ad alcuni di oſſervare in tanta novità il principio di grandi
mutazioni per l'avvenire nel Governo di quella Repubblica ,
conſiderando eſſi, che anche a Giulio Ceſare baſtò il titolo di
Dittatore perpetuo ; e che avendo in ſua mano tutte l'armi della Romana Repubblica , ſenza titolo di Re potea fare , e faceva da Re . Ma i ſoli Profeti , che ſono iſpirati da Dio ,
han giuriſdizione ſulle tenebre de' tempi avvenire .

Anno di CRISTO 1748. Indizione XI.
Di BENEDETTO XIV. Papa 9.
Di FRANCESCO I. Imperadore 4.

DIEDE principio all'Anno preſente una bella apparenza
di Pace , ma contrapeſata da un' altra di continuazione di Guerra . Dalla parte della Francia non altro s' udiva,
che magnifici deſiderj di rendere il ripoſo all'Europa, nè altra voglia facevano comparire le contrarie Potenze: ſembrando tutti d'accordo in voler la Pace ; ma diſcordi, perchè vo-
glioſo ciaſcuno di quella ſola , che foſſe vantaggioſa a i ſuoi
privati intereſſi , e portaſſe un equilibrio [bel nome inven-
tato da i Politici di queſti ultimi tempi] quale ognun ſe l'idea-
va più conforme o neceſſario al proprio ſiſtema . Apriſſi dunque il nuovo Congreſſo di Miniſtri in Aquiſgrana, come Città neutrale del Regno Germanico. I Popoli, benchè tante volte beffati da queſte fantaſime di ſoſpirata Pace , pure non la-
ſciavano di luſingarſi , che aveſſe finalmente dopo ſì lungo
fracaſſo di tuoni e fulmini a ſuccedere il ſereno . Ma intanto
un brutto vedere faceva l'affaccendarſi a gara i Potentati in
preparamenti maggiori di guerra ; e quantunque ſi ſapeſſe,
che appunto ſforzi tali ſogliono rendere più pieghevoli i re-
hitenti alla concordia : pure motivo non mancava di temere ,
che queſt' Anno ancora aveſſe da riuſcire ſecondo di rovine
e di ſtragi . Sopra tutto gli Oilandeſi , che finquì incantati
dal

dal gran guadagno della loro neutralità e libera navigazione, e dalle dolci parole della Francia, aveano dato tempo al Re Criſtianiſſimo di ſtendere le ſue conquiſte nello ſteſſo Brabante di loro ragione, e vedevano in aria minaccie di peggio: ſi diedero, ma troppo tardi, a mendicar truppe dalla Germania, da gli Svizzeri, e da i paeſi del Nort. Trovarono intoppi dapertutto, probabilmente per li ſegreti maneggi, o per l'efficacia della pecunia Franzeſe; e però non ſi ſapevano determinare a dichiarar guerra aperta alla Francia; e ſe facevano nell'un dì un paſſo innanzi, nell'altro ne facevano due indietro. Aveano eſſi unitamente col Re Britannico fatto ricorſo ad *Eliſabetta Imperadrice della Ruſſia*, per trarre di colà un poſſente eſercito d'armati, cioè un eſorciſmo, valevole a mettere freno all'eſorbitante Potenza Franzeſe, ch'eſſi chiamavano troppo avida, e principale origine o promotrice di tutte le guerre, che da gran tempo ſono inſorte fra' Principi Criſtiani. Non pareva già credibile, che la Corte Ruſſiana foſſe per condiſcendere alla richieſta di trenta o trentacinque mila de' ſuoi ſoldati, pel mantenimento annuo de' quali ſi eſibivano dalle Potenze maritime cento mila Lire Sterline, ſtante l'immenſo viaggio, che occorreva per condurre tali truppe alle rive del Reno, o in Ollanda. Ma più che il danaro dovette prevalere in cuore di quella grande Imperadrice il rifleſſo di contribuire alla difeſa di quella de' Romani: giacchè troppo utile o neceſſaria ſi è l'amiſtà ed unione di queſte due Monarchie per l'intereſſe loro comune, e comune anche della Criſtianità, a fine di far fronte ne' biſogni alla Potenza Turcheſca. Si venne dunque a ſcoprire ſul principio di queſt'Anno, eſſere quel negoziato conchiuſo, e che la Germania avrebbe il guſto o diſguſto di conoſcere di viſta, che razza di milizia foſſe quella, che avea dato di sì brutte lezioni alla Svezia, e tanto terrore ai Turchi: quantunque non pochi ſpeculativi ſi figuraſſero, dovere riuſcir quel trattato uno ſemplice ſpauracchio a' Franzeſi, e non già un vero ſoccorſo a i Collegati avverſarj.

MINORE non era in queſti tempi l'apparato di guerra per l'Italia, bollendo più che mai lo ſdegno dell'Imperadrice Regina contra de' Genoveſi, quaſichè il valor d'eſſi aveſſe non poco ſcemata la riputazion dell'Armi Auſtriache. A rinforzare il ſuo eſercito in Lombardia andavano calando in eſſa,

oltre alle numerose reclute di gente e di cavalli anche de' nuovi corpi di truppe. E perciocchè secondo il parere de' savj
suoi Generali il tornare all'assedio di Genova sarebbe stato un
andare a caccia di un nuovo, anzi maggior pentimento, per
le tante difese accresciute a quella Città: rivolte pareano tutte le mire de gli Austriaci a portar la guerra e la desolazio-
ne nella Riviera di Levante, e massimamente contro Sarzana
e le Terre del Golfo della Spezia. Ma non istette in ozio
l'attività del *Duca di Richelièu*. Per quanto era possibile, accrebbe egli le fortificazioni a qualunque Luogo capace di difesa in essa Riviera, non risparmiando passi ed occhiate, per
provvedere a tutto. E perciocchè temeva, che gli Austriaci
valicando l'Apennino, e avendo la mira sopra Sarzana, potessero impadronirsi di Lavenza, picciola Fortezza del Ducato
di Massa, tuttochè si trattasse di Luogo Imperiale, e però
neutrale: meglio stimò di mettervi presidio Franzese, e di levare a i nemici l'uso dell'Artiglieria, che ivi si trovava. Col
tempo misero quelle milizie il piede anche in Massa contro il
volere della Duchessa Reggente, e con grande danno di quegli
abitanti, i quali perderono da lì in innanzi il commerzio per
Mare, perchè considerati quai nemici dalle Navi Inglesi. Fra
questo mentre andavano di tanto in tanto giugnendo a Genova, senza chiedere licenza a quelle Navi, alcuni ora grossi,
ora tenui rinforzi di gente Franzese, spediti da Nizza, Villafranca, e Monaco; ma non s'udiva già, che nella Provenza
e nel Delfinato si facesse gran massa di soldatesche, nè armamento tale, che fosse capace di divertire le forze de' Tedeschi, calo che tentassero daddovero un'irruzione nel Genovesato. I principali pensieri della Corte di Francia erano rivolti più che mai in questi tempi a i Paesi bassi, dove in fatti
era il gran teatro della guerra; il che teneva in un continuo
batticuore il Governo e Popolo di Genova. Anche gli aiuti di
Spagna consistevano in sole voci di gran preparamento, e però in sole speranze e promesse. E intanto il Reale Infante
Don Filippo, e il *Duca di Modena*, deposti per ora i pensieri marziali, se ne andarono a passare il verno in solazzi nella Città di Sciambery. Ma poco vi si fermò il Duca, perchè
nel furore del verno, e ad onta de' ghiacci e delle nevi, si
portò per gli Svizzeri e Grigioni a Venezia a visitare la sua
Ducal Famiglia; e di là poi nel Marzo si restituì in Savoia.

Era Volg.
Ann. 1748.

Scorsero i primi Mesi del presente Anno senza riguardevoli novità; giacchè non meritano d'aver luogo in questi brevi Annali alcuni vicendevoli tentativi fatti da i Gallispani per sorprendere Savona ed altri Luoghi o della Riviera di Ponente, o delle montagne Piemontesi, ed altri fatti da gli Austriaco-Sardi, per tornare ad impadronirsi di Voltri. Così ne' Paesi bassi niun'altra considerabil azione seguì, fuorchè in vicinanza di Berg-op-Zoom, dove conducendo i Franzesi con buona scotta un gran convoglio di munizioni da bocca e da guerra; dopo la metà di Marzo furono assaliti da un più possente corpo di Collegati; e messi finalmente in rotta con perdita di molta gente e roba. Venuta la Primavera il General Comandante Austriaco *Conte di Broun* sempre più dava a credere di voler portare la guerra verso Sarzana e la Spezia: al qual fine de' grossi Magazzini di biade e fieni si fecero a Fornovo, Berceto, e Borgo Val di Taro. S'inoltrò anche a Varese, Terra del Genovesato, un gran Corpo di sua gente. Ma per condurre un' Armata di là dall' Apennino col necessario corteggio d'artiglieria, foraggi, e viveri, occorrevano migliaia di muli; e di questi restava anche a farsi in gran parte la provvisione: disgrazia, che non fu la prima ed unica, per cui sono ite talvolta in fumo le ben pensate idee ed imprese de i Generali Austriaci. A queste difficultà, che impedivano l'avanzamento dell' armi Tedesche probabilmente s'aggiunse qualche motivo e riflesso segretamente comunicato dalla Corte Cesarea al suddetto Conte di Broun, per cui quantunque egli facesse dipoi varie mostre di portare la guerra nel cuore del Genovesato, pure non corrisposero mai i fatti alle minaccie; ed egli arrivò poi a distribuire buona parte dell' esercito suo nel Parmigiano, Modenese, e Reggiano. Dall'altro canto nè pure mai si videro comparire in Provenza i Generali delle due Corone alleate, cioè il *Maresciallo di Bellisle*, e il *Marchese de la Mina*, nè s'udì moto alcuno delle lor armi in quelle parti. Anche il Duca di Modena passò nell'Aprile a Parigi, di modo che in questo aspetto di cose sembrava a non pochi di mirare un crepuscolo di vicina Pace. Ma a tali speranze si contraponeva il movimento delle truppe Russiane, non sembrando verisimile, che s'avesse da esporre alle fatiche di un sì sterminato viaggio quel grosso corpo di gente, qualora si fosse alla vigilia di qualche concordia. Non s'era finquì potuto

tuto

tuto perſuadere a molti di coloro , i quali mettono il loro più
guſtoſo divertimento nel trafficar novelle di guerre , ed inter-
pretazioni de'ſegreti de' Gabinetti, che s'aveſſero a muovere
daddovero i Reggimenti accordati dall' Imperadrice Ruſſiana
alle Potenze maritime ; e al più ſi credeva , che non doveſſero ſe non minacciare la Francia con iſtarſene ferme a' loro confini. Si videro poi entrare nella Polonia, e ſempre più inoltrarſi
alla volta del Mezzodì, ad onta delle nevi e de' ghiacci. Fortuna fu per la Francia, che il Miniſtro d'Ollanda ſpedito alla
Corte Ruſſiana colle neceſſarie facoltà per maneggiar quel Contratto , non ſi attentò a ſegnarlo ſenza l'ordine del novello Statolder *Principe Guglielmo di Naſſau*. L'andata d'un Corriere
e il ſuo ritorno ritardarono per più d'un Meſe la moſſa de' preparati Ruſſiani.

SEPPERO i Franzeſi mettere a profitto il ritardo di quella
gente, e conoſcendo la lor grande ſuperiorità ſopra le forze
de' Collegati, parte delle quali era tuttavia troppo lontana, o
non peranche ben reclutata, ſi affrettarono a far qualche ſtrepitoſa impreſa. I lor varj preparamenti, marcie e contramarcie
aveano fiuquì imbrogliata la provvidenza di gli Alleati, con
obbligarli a tener diviſe ed impiegate in varj vigoroſi preſidj le
lor armi, per non ſapere , ſopra qual parte aveſſero a volgerſi
gli ſforzi nemici , mentre nello ſteſſo tempo erano minacciati
Lucemburgo, Maſtricht, Bredà, e la Zelanda . Finalmente ſi
tirò il ſipario nella notte precedente al dì 16. d'Aprile, e ſi vide
inveſtita la fortiſſima Città di Maſtricht, Città interſecata dalla
Moſa con Ponte di comunicazione fra le due Rive. Il *Mareſciallo
di Saſſonia* col nerbo maggiore delle milizie aprì da due lati la
trincea ſotto la Piazza; e il *Mareſciallo di Lovendhal* anch'egli
dalla parte deſtra del Fiume di Wyck, diede principio all'offeſe,
comunicando inſieme le due Armate Franzeſi mercè d'uno o più
Ponti. Eranſi ritirate l'armi de' Collegati da que' contorni, così
conſigliate dall'inferiorità delle forze ; e però non andò molto
che cominciarono a tuonare le copioſe batterie di cannoni e mortari contro l'aſſediata Città. Non mancarono al lor dovere i difenſori ; ma aveano a far con gente, che da gran tempo ha imparato a farſi ubbidire dalle più orgoglioſe Fortezze. Durante lo
ſtrepito di queſte azioni guerriere, nel pacifico teatro della Città
d'Acquiſgrana adunati i Miniſtri delle Potenze belligeranti, più
che mai trattavano di dar fine a tante ire e diſcordie. Avea non

poco

poco ripugnato la Corte di Vienna ad ammettere a quel Congreſſo i Miniſtri del Duca di Modena e della Repubblica di Genova : prevalſe poi la giuſtizia, che aſſiſteva queſti due Sovrani. Per lo contrario non ebbe già effetto la propoſta mediazione del Re di Portogallo, e biſogno nè pur ve ne fu. Ordinariamente le Paci fra' Monarchi dipendendo da certe ſegrete ruote di qualche poco conoſciuto Emiſſario, e non dall' unione e maeſtoſo conſeſſo de' gran Miniſtri de' contrarj partiti, che in apparenza amici, pure più fra loro combattono per la diverſità delle pretenſioni, che le oppoſte Armate in campagna. Anzi frequentemente accade, che anche più difficilmente s'accordino fra loro gli ſteſſi Collegati, penſando troppo ognuno al privato proprio intereſſe, di modo che per lo più non ſi giugne ad una Pace generale, ſe non ne precede una particolare, trovandoſi ſempre qualche ſoda o plauſibil ragione, per mancare ad uno de' patti primarj delle Leghe, cioè di non far Pace ſenza il totale conſenſo degli Alleati.

Coſì appunto ora avvenne. Eccoti che ſi viene all'improvviſo a ſcoprire, che nel dì 30. d'Aprile i Miniſtri di Francia, Inghilterra, ed Ollanda aveano ſegnati i Preliminari della Pace, e ciò ſenza ſaputa non che ſenza conſenſo di quei dell'Imperadrice Regina, e del Re di Sardegna. Tali erano ſì fatti Preliminari, che formavano una Pace vera fra le tre ſuddette Potenze, laſciando luogo all'altre di aderirvi il più preſto poſſibile. Portavanoſi principali punti di queſta concordia : Che ſi reſtituirebbero tutte le conquiſte fatte dopo il principio della preſente guerra dalle prefate Potenze, e per conſeguente, quanto avea la Francia tolto ne' Paeſi baſſi all' *Auguſta Regina* e a gli *Ollandeſi ;* e ſi renderebbe Capo Breton alla *Francia* nell'America Settentrionale. Che dalla parte del Mare ſi demolirebbono le fortificazioni di Dunquerque. Che all'Infante *Don Filippo* ſi cederebbono i Ducati di Parma, Piacenza, e Guaſtalla, colla reverſione a chi ora li poſſedeva, caſo ch'eſſo mancaſſe ſenza figli, o otteneſſe la Corona delle due Sicilie. Che il *Duca di Modena* ſarebbe rimeſſo in poſſeſſo di tutti i ſuoi Stati, e che gli ſi darebbe un compenſo di ciò, che non poteſſe eſſergli reſtituito. Che la *Repubblica di Genova* ſarebbe riſtabilita nel poſſeſſo di quanto ella godeva nel 1740. Che il *Re di Sardegna* rimarrebbe in poſſeſſo di tutto quel che poſſedeva prima d'eſſo Anno 1740. o avea acquiſtato per ceſſione l'Anno 1743. a riſerva di Piacenza. Che il Ducato di Sleſia colla Contea di Glatz ſarebbe garantito al *Re di Pruſſia* da tutte le Potenze contrattanti . Che la Spagna confermerebbe a gl' Inglesi il Trattato dell'Assiento per alquanti anni, oltre ad alcune segrete promesse d'altri vantaggi e privilegj di Commerzio per gl' Inglesi nell'America Spagnuola. A me non occorre dirne di più; se non che in vigore di questa concordia uscì di Mastricht colla più onorevol Capitolazione la Guernigione de gli Alleati, e restò quella Città in potere de' Franzesi per ostaggio, tantochè si effettuasse la vicendevol restituzione de gli Stati a tenore de i Preliminari, i quali nel debito tempo si videro ratificati dalle tre Potenze formatrici di quell'accordo. Per conto del Re Cattolico si può credere, che le risoluzioni prese dal Re Cristianissimo per la Pace, fossero preventivamente comunicate anche alla Maestà sua, stante la buona armonia di quelle due Corti. Ma certo è bensì, che senza participazione dell' Augustissima Regina tagliato fu il corso della presente Guerra, mentre ella dalla continuazione di questa sperava maggiori vantaggi e men pregiudizio a' proprj affari. Non così l'intesero i Potentati, autori di que' Preliminari. Trovavasi tuttavia in un bell'ascendente la fortuna e il valore dell'armi Franzesi ; contuttociò conobbe quel Gabinetto, che tempo era di contentarsi de' trionfi passati senza cercarne con troppo pericolo o a troppo costo de' nuovi. Pesante era la carestia de' grani di quel Regno. Dall' Inghilterra, che soleva somministrarne, non si potea sperare soccorso; meno da Danzica e da altri emporj del Settentrione, o del Mediterraneo, perchè gl' Inglesi erano padroni del Mare; e maggiormente si farebbe precluso il Commerzio per quel vasto Elemento, ove si fosse accoppiata con gl' Inglesi la forza de gli Ollandesi. Di gravi percosse aveano già patito le Flotte Franzesi, e più ne poteano temere. Cominciava anche a risentirsi la Francia pel sacrifizio di trecento se non più migliaia d'uomini, consumati da i capricci dell' Ambizione ; ogni dì ancora occorrevano nuove leve, nè altronde si potevano fare, che da quel continente. Avrebbe ben fruttato più a quel gran Regno la metà di tanta fiorita gente perduta, se fosse stata inviata a fondar delle Colonie nel Mississipì. Vero è, che la Francia ricavava abbondanti rugiade dall' Erario Spagnuolo, e grosse contribuzioni dal conquistato paese; ma chi non sa, qual immensa voragine sia la Guerra, e Guerra maneggiata con più centinaia di migliaia d'armati; e con quante pensioni comperas-

se:

fe la Francia le amicizie di quegli ftranieri, che le potevano nuocere? Però le convenne in quefti ultimi tempi imporre eforbitanti e difufate gravezze a' Popoli fuoi, per le quali fi vide poi, che il Parlamento di Parigi giunfe a far delle delicate doglianze al fuo Monarca. Finalmente l' Epidemia de' Buoi entrata in Francia, e i trenta mila Ruffiani, che erano in viaggio, aggiunfero un grano alla bilancia, e la fecero calare. Tali furono i motivi, che induffero il Re Criftianiffimo a defiderar daddovero la Pace, e a conchiuderla, contando egli per fuo vantaggio, anche fenza ritener per sè alcuno de gli acquifti, l'avere alquanto indebolita la potenza dell'emula Cafa d'Auftria colla perdita della Slefia, e con lo fmantellamento di alcune Fortezze nella Fiandra e nella Brifcovia.

CONCORSERO del pari a dar mano all' accordo gl' Inglefi, perchè ftanchi di foftenere con sì enorme effufione de' lor tefori in tante parti l'impegno prefo, non per acquiftare un palmo di terreno per loro, ma per impedire, che la Francia maggiormente non islargaffe l'ali alle fpefe de i lor Collegati, e per riacquiftare qualche vantaggio al proprio interrotto Commerzio nell'America. Ottenuto quefto colla Pace, più non occorreva cercarlo coll' incredibil difpendio della Guerra, la quale aveva accrefciuto il debito antecedente di quella Nazione, con farlo giugnere a fettanta milioni di Lire Sterline. Lamentavanfi ancora effi Inglefi, perchè l'Augufta Imperadrice non manteneffe in campagna l'intera ftipulata quota delle truppe, per cui tirava il fuffidio di groffe fomme da Londra. Più ancora inclinò a quefta concordia la Repubblica delle Provincie unite, perchè per difendere l'altrui, avea tirato un troppo grave incendio fulla cafa propria. Spogliata di gran parte del fuo Brabante, mirava colla perdita di Maftricht oramai aperta la porta alla defolazione del fuo miglior paefe. Però non trovava ella ne' Libri fuoi l'obbligo di comperare a sì caro prezzo l'indennizzazione altrui. Aggiugnevano in oltre qualche mal umore nelle vifcere de' fuoi medefimi Stati, per cagione di cui fi fcorgeva troppo utile, fe non anche neceffario, il non impegnarfi maggiormente in pericolofi cimenti di guerra, quando amichevolmente fi potea ricuperare il perduto proprio, e l'antemurale reftante delle Piazze Auftriache. Per lo contrario non

fi fa-

Volg. fi fapeva accomodare l' Imperadrice Regina alla legge, che
1748. venivale data da amici e nemici, duro a lei parendo il rinunziare per fempre al felice Ducato della Slefia e ad alcuni paefi della Lombardia Auftriaca. Contuttociò accomodandofi la prudenza del fuo Gabinetto alla prefente fituazione di cofe, fenza gran ritardo comparve in Acquisgrana il confenfo della Maeftà fua a gli Articoli Preliminari della Pace, con qualche reftrizione nondimeno allo ftabilito in effi. Nè pure tardò ad approvare la fuddetta orditura di Pace il Re di Sardegna; ed anche il Re Cattolico vi fpedì l'affenfo fuo, ma intralciato da qualche riferva, fpettante al Commerzio pretefo da gl'Inglefi nell'Indie Spagnuole. Contuttociò lungamente continuarono in Italia le oftilità fra gli Auftriaci e i difenfori del Genovefato. Anzi fi vide ftampata e pubblicata nel dì venti di Maggio un' Intimazione del Generale Conte di Broun a i Popoli della Riviera di Levante di non commettere atto alcuno di oppofizione all'armi Cefaree, perchè così farebbero ben trattati, minacciando all'incontro ferro e fuoco a chi fi abufava della clemenza di Sua Maeftà Regia Imperiale. Continuò anche in mare la guerra fra gl'Inglefi e i Legni Genovefi; finchè finalmente vennero gli ordini dell'Armiftizio, e fi cominciò a vagheggiare come vicina la fofpirata Pace, e a fperar non lungi l'adempimento delle già accennate condizioni. Non fapevano intanto i Politici del volgo accordare con sì belle difpofizioni l'offervarfi, che l'efercito aufiliario Ruffiano continuando il viaggio moftrava di non aver contezza alcuna, che i raggi della Pace fpandeffero l'allegrezza pel refto d'Europa. In fatti dopo aver valicata la Polonia, ed alta Silefia, fi vide alla metà di Giugno comparire la prima colonna di quelle truppe in Moravia. Vollero le Imperiali Maeftà godere di quefto fpettacolo, e portatefi a Brun, dove nobilmente furono accolte e trattate dal Cardinale di Troyer Vefcovo d'Olmutz, ebbero il piacere di confiderare la bella comparfa di quella gente, tutta ben armata, veftita, e difciplinata, e fenza alcun fegno dell'antica loro barbarie. Seco veniva una magnifica Cappella co' fuoi Cantori; e il loro paffaggio per tanti paefi non fu accompagnato da lamenti de gli abitanti, perchè pagavano tutto. Solamente parve, che taluno non miraffe di buon occhio la venuta di que' Settentrionali per timore, che alla Nazione Ruffiana poteffe piacer più

del

Era Volg.
Ann. 1748.

del proprio il Cielo del Mezzodì. Si diffuse poi sopra quelle truppe ed Ufiziali la munificenza dell' Imperadrice Regina. Ma allorchè comunemente si credeva, che stante l'intavolata ed immancabile Pace avessero i Russiani a ritornarsene all' agghiacciato lor Clima, o pure fermar il piede in Boemia, non senza maraviglia d'ognuno si videro istradati anche alla volta della Franconia e del Reno. A tal vista si diedero a strepitare e a parlar alto i Franzesi, e tal forza ebbero le loro minaccie, che dalle Potenze maritime fu spedito ordine a que' troppo arditi stranieri di retrocedere fin in Boemia: con che cessò ogni apprensione della loro venuta.

DAPPOICHE' tutti i Principi impegnati nella Guerra presente si trovarono assai concordi in approvare ed accettare i Preliminari, cioè il masiccio della futura Pace, si ripigliarono i Congressi de' Ministri in Acquisgrana, a fin di spianare, per quanto fosse possibile, le diverse particolari pretensioni de i Principi, le quali potessero difficultar la conchiusione dell'universal concordia, o lasciar semi di guerre novelle. Per conto dell'Italia, di gravi doglianze aveano fatto e faceano i Milanesi alla Corte di Vienna, perchè si fosse ceduta al Re di Sardegna tanta parte del Contado d'Anghiera colla metà del Lago Maggiore, senza aver considerato, che sensibil danno ed angustia ne provvenisse alla stessa Città di Milano. Però l'Augusta Imperadrice cominciò a pretendere, che siccome più non sussisteva il Trattato di Vormazia per la cessione all' Infante Don Filippo di Piacenza, così dovesse anche la Maestà sua restare sciolta dall'obbligo di mantenere al Re di Sardegna quanto gli avea ceduto. Pretendeva in oltre più di un Milione di Genovine, di cui erano rimasti debitori i Genovesi. Quanto all'Infante Don Filippo, si faceva istanza, che col Ducato di Guastalla andassero uniti quello di Sabioneta, e il Principato di Bozzolo, siccome goduti da gli ultimi Duchi di essa Guastalla. Finalmente il Conte di Monzone Ministro del Duca di Modena richiedeva, che fosse rimesso questo Principe in possesso de i Contadi d'Arad e di Jeno in Ungheria; e perchè si trovò, che per li bisogni della guerra erano stati venduti, insisteva per un equivalente di Stati in Lombardia. Restavano poi da dibattere varie altre pretensioni de' Principi fuori d'Italia, che io tralascio, perchè non appartenenti all'assunto mio. Giunsero ancora al Congresso d' Acquisgrana le doglianze de' Corſi contro la Repubblica di Genova ; ma parve, che niun conto ne faceſſero que' Miniſtri. Per iſmaltir dunque le materie ſuddette s'impiegarono cinque Meſi e mezzo dopo la pubblicazion de' Preliminari ; e finalmente ſi venne in Acquisgrana allo Strumento deciſivo della Pace nel dì diciotto d'Ottobre del preſente Anno. Non rapporterò io ſe non quegli Articoli, che riguardano l'Italia : cioè

2. DAL giorno delle ratificazioni di tutte le parti ſarà ciaſcuno conſervato e rimeſſo in poſſeſſo di tutti i Beni, Dignità, Benefizj Eccleſiaſtici, Onori, ch' egli godeva, o doveva godere al principio della Guerra, non oſtante tutti gli ſpoſſeſſi, le occupazioni e confiſcazioni occaſionate per la ſuddetta Guerra.

6. TUTTE le reſtituzioni e ceſſioni riſpettive in Europa ſaranno interamente fatte ed eſeguite da ambe le parti nello ſpazio di ſei ſettimane, e più preſto, ſe ſi potrà, contando dal giorno del cambio delle Ratificazioni di tutte le parti.

7. I Ducati di Parma, Piacenza, e Guaſtalla ſi daranno all' Altezza Reale dell' Infante Don Filippo, e ſuoi Diſcendenti maſchi col diritto di riverſione a i preſenti poſſeſſori, ſe il Re di Napoli paſſaſſe alla Corona di Spagna, o Don Filippo moriſſe ſenza Figli.

8. QUINDICI dì dopo le Ratificazioni ſi terrà un Congreſſo a Nizza : Cioè fra i Miniſtri delle parti contrattanti, a fin di ſpianare e riſolvere tutte le difficultà reſtanti all' Eſecuzione del preſente Trattato di Pace.

10. LE Rendite ordinarie de' Beni, che debbono eſſere reſtituiti o ceduti, e le Impoſte fatte in eſſi paeſi pel trattamento e per li quartieri d'inverno delle truppe, apparterranno alle Potenze, che ne ſono in poſſeſſo, fino al giorno delle Ratificazioni, ſenza che ſia permeſſo d'uſare alcuna via di Eſecuzioni, purchè ſi dia cauzione ſufficiente pel pagamento. Dichiarando, che i Foraggi ed Utenſigli per le truppe, ch'ivi ſi truovano, ſaranno ſomminiſtrati fino all' Evacuazione. Tutte le Potenze promettono e s'impegnano di nulla ripetere, nè di eſigere delle Impoſte e Contribuzioni, ch' eſſe poteſſero aver poſte ſopra i paeſi, Città, e Piazze occupate nel corſo di queſta Guerra, e che non ſaranno ſtate pagate nel tempo, che gli avvenimenti della Guerra gli avranno obbligati ad abbandonare i detti paeſi. Queſto Articolo ſpe-

spezialmente riguardava la Repubblica di Genova, da cui l'Imperadrice Regina pretendeva più di un Milione, siccome accennammo.

12. LA Maestà del Re di Sardegna resterà in possesso di Vigevano, di parte del Pavese, e di parte del Contado di Anghiera, secondochè gli è stato ceduto nel Trattato di Vormazia.

13. IL Serenissimo Duca di Modena sei settimane dopo il cambio delle Ratificazioni prenderà possesso di tutti i suoi Stati, Beni &c. Per quello, che mancherà, si pagherà a giusto prezzo; il qual prezzo, siccome ancora l'Equivalente de' Feudi, ch'egli possedeva in Ungheria, se non gli fossero restituiti, sarà regolato e stabilito nel Congresso di Nizza. Di maniera che nello stesso tempo e giorno, che esso Serenissimo Duca di Modena prenderà possesso di tutti i suoi Stati, egli possa anche entrare in godimento, sia de' suoi Feudi in Ungheria, sia dell'Equivalente. Gli sarà parimente fatta giustizia nel detto termine di sei settimane dopo il cambio delle Ratificazioni sopra gli Allodiali della Casa di Guastalla.

14. LA Serenissima Repubblica di Genova sarà rimessa in possesso di tutti i suoi Stati, posseduti da essa prima della presente Guerra, come anche i Particolari in possesso di tutti i fondi esistenti nel Banco di Vienna ed altrove.

FINALMENTE furono confermati i Preliminari stabiliti nel dì trenta d'Aprile di quest'Anno 1748. e garantiti da tutte le Potenze gli Stati restituiti o ceduti. E caso che alcuna Potenza rifiutasse di aderire al suddetto Trattato, la Francia, Inghilterra, ed Ollanda promisero d'impiegare i mezzi più efficaci per l'esecuzione de' soprascritti regolamenti.

AVRESTE creduto, che questa Pace avesse sparso una larga pioggia di giubilo spezialmente sopra que' Popoli, che soffrivano il peso dell'armi straniere; ma per disgrazia si convertì essa Pace in una più sensibil guerra di prima. Detto fu, che i Ministri della Regina Imperadrice e del Re di Sardegna avessero fatto gagliarde istanze, affinchè gli Stati destinati a tornare in mano de' loro legittimi antichi Padroni, avessero a goder l'esenzione da ulteriori Contribuzioni. Frutto certamente non se ne vide. Può essere, che si credesse provveduto abbastanza coll'Articolo Decimo a questo bisogno; ma non s'avvisavano già i primarj Ministri del Congresso d'Ac-

quis-

quisgrana, che i Generali de' Spagnuoli aveſſero un Diziona-
rio, in cui le parole di *Foraggi ed Utenſigli*, eſpreſſe nel ſuddetto Articolo, importaſſero la facoltà di ſcorticare i poveri
con nuove Contribuzioni, che non aveano però nome di Contribuzioni. Fecero pertanto gl'Intendenti Galliſpani a chiari
conti conoſcere a i Deputati di Nizza e Villafranca, a quanto
aſcendeſſe il debito loro per la ſomminiſtrazion della Paglia e
Fieno, della Legna e del Lume &c. dovuti a ventiquattro Battaglioni eſiſtenti in quelle parti [benchè mancanti della metà
della gente] e a i tanti Generali ed Ufiziali, anche lontani o ſo-
gnati di quel corpo di truppe. E perchè quel deſolato paeſe
non potea dar que' naturali, convenendo perciò, che gl'Intendenti li faceſſero venire di Francia a caro prezzo, ſi fece mon-
tar molto più alto la ſomma del debito, riducendoſi in fine a taſ-
ſarlo tutto per cento mila Lire di Piemonte [cioè per venti mila
Filippi] al Meſe, e ad intimarne il pagamento; e queſto anti-
cipato per li Meſi di Novembre e Dicembre, con aggiugnere
la minaccia dell'eſecuzion militare in caſo di ritardo. Reſtarono
di ſaſſo que' Deputati, e rappreſentarono l'evidentiſſima impotenza del paeſe, già eſtenuato per sì lunga guerra, e per tanti
paſſaggi di truppe: ma riſcaldatoſi nel contraſto l'Intendente
Spagnuolo, giunſe a dire, che li farebbe ſcorticare, e fatte le
lor pelli in fette, le venderebbe a chi ſe ne voleſſe ſervire. Convenne pagare: io non ſo il come. Non furono meglio trattati i
Popoli della Savoia. Fin l'Anno 1745. ſi vide ſteſo da mano
maeſtra un loro Memoriale al Cattolico Monarca Filippo V. in
cui eſſi eſponevano gl'incredibili aggravj poſti dall'Intendente
Spagnuolo a quelle montagne, coll'eſigere in danaro il ſervigio
militare delle truppe: con che venivano obbligati gli abitanti
a pagare più di cento mila doble l'anno; e ciò non oſtante, i ſoldati ſi facevano lecito di prender fieno e legna, ſenza incontrar
queſto ne' conti: oltre al torre le lor beſtie, voler carreggi ſenza
fine, e obbligar la gente bene ſpeſſo alle fortificazioni. Queſle
ed altre avanie, per le quali nulla reſtava pel proprio ſoſtenta-
mento a que' poveri Popoli, aveano obbligato gran copia di famiglie ad abbandonare il paeſe, per cercare il pane in Francia
o altrove. Che quel Memoriale non aveſſe la fortuna di pervenir
ſotto gli occhi del Re Cattolico, ſi può ben credere, ſtante la
ſomma Pietà di quel Monarca, che non avrebbe mai permeſſo
un così duro ſtrazio a Popoli battezzati ed innocenti. E pure là
                                                              miſe-

miseria d'effi crebbe dopo la Pace. d'Acquisgrana, perchè anche ad essi l'Intendente Spagnuolo intimò di pagare, oltre
all'ordinaria Contribuzione, cento mila Lire di Piemonte per
Mese, e queste anticipate per Novembre e Dicembre. E perciocchè si giunse al fine dell'Anno senza che seguisse restituzione
alcuna de gli occupati paesi, fu replicata la medesima dose di an-
ticipato pagamento anche pel Gennaio dell'Anno seguente 1749.

ALLORA fu, che il Re di Sardegna, il quale finquì avea con
soave mano trattato Savona, il Finale, e gli altri Paesi della
Genovese Riviera di Ponente a lui sottomessi, irritato da sì aspre estorsioni fatte a'Sudditi suoi, impose a titolo di Proservizio,
Rappresaglia, Retorsione, e Quieto vivere a que'Paesi l'anti-
cipata Contribuzione di trecento mila Lire di Piemonte [sono
sessanta mila Filippi] e poscia un'altra di quaranta cinque mila
Lire. Ancorchè gli Stati del Duca di Modena credessero di non
dover soggiacere a somiglianti aggravj, sì per non esser dichiarati Paesi di conquista, come ancora perchè somministravano
il contingente di Foraggi ed Utensigli alle soldatesche ivi esistenti: pure anche ad essi furono intimate due Contribuzioni
ed esatte. Vero è, che tanto la Regina Imperadrice, che il Re
suddetto, non dimenticarono in tal occasione l'innata lor Clemenza e Generosità verso que'Popoli; ed anche Piacenza fu quo-
tizzata, ma con molto più tollerabile aggravio. A cagione di
questi disgustosi salassi furono portate al Congresso d'Acquisgrana
le doglianze e le lagrime de gli afflitti Popoli, ed arrivarono anche all'altro già incominciato in Nizza. Sorde si trovarono le
orecchie di chi dovea porgere il rimedio, perchè andavano d'
accordo i Generali d'armi in volere risparmiar a'Regnanti il
pensiero di premiar tante lor fatiche, con prendere la ricom-
pensa su i Paesi, che s'aveano ad abbandonare. Erano intanto
venute le Ratificazioni della Pace d'Acquisgrana dalle Corti di
Francia, Inghilterra, ed Ollanda; poi quelle del Re Cattolico,
del Re di Sardegna, del Duca di Modena, e della Repubblica di
Genova; sicchè fu al debito tempo aperto il Congresso di Nizza,
dove intervennero i due Generali Gallispani *Bellisle* e *Las Minas*,
e per l'Augusto Imperadore il Generale *Conte Broun*, accompagnato dal Conte Gabriello Verri Fiscale generale di Milano, Giu-
risconsulto di gran credito. Similmente l'Imperadore, il Re di
Sardegna, il Duca di Modena, e la Repubblica di Genova v'inviarono i lor Ministri. Furono dibattute le vicendevoli pretensioni

de'

de'Principi per le Fortezze, Artiglierie, Munizioni &c. che
si doveano restituire. E perchè tuttavia insistevano i Ministri
Austriaci sul preteso lor credito contra de' Genovesi, pericolo vi fu, che si sciogliesse senza conclusione alcuna quell'adunanza. Andò poi così innanzi la copia e l'intralciamento de
gli affari, che arrivò il fine dell'Anno, senza che i Popoli
gustassero un menomo sapor della Pace; perchè niuno disar-
mava, e se non si faceva guerra a gli uomini, si faceva ben
viva alle borse. In quest'Anno nel Ferrarese un grave danno recò l'Epidemia bovina. Anche il Finale di Modena, e
qualche Luogo della Romagnuola, e del Bolognese participarono di questa sciagura.

Anno di CRISTO 1749. Indizione XII.
Di BENEDETTO XIV. Papa 10.
Di FRANCESCO I, Imperadore 5.

SPuntò il felicissimo presente Anno tutto gioviale con Corona d'ulivo in capo, risoluto di dare a gli aggravati Popoli quella quiete, che il precedente con varie promesse avea
fatto sperare. S'era già preparata la gente a solennizzar con
isfogo di giubilo il fine di tanti guai, perchè nel Congresso
di Acquisgrana era stato stabilito, che nel dì quattro di Gennaio si desse principio all'evacuazione de gli occupati Paesi:
quand'ecco insorgere una nuova remora all'adempimento della sospirata Pace. Restavano tuttavia indecise nel Congresso
di Nizza le soddisfazioni dovute al Duca di Modena tanto per
gli Allodiali della Linea estinta de i Duchi di Guastalla, dovuti secondo le Leggi alla Serenissima Casa d'Este, quanto
per li Contadi di Arad e di Jeno in Ungheria, tolti in occasion della presente guerra ad esso Duca. Con tutto il suo buon
cuore non trovava l'Augusta Imperadrice la maniera di resti-
tuirli, perchè gli aveva alienati; e i Ministri suoi non trovavano un Equivalente di Stati da darsi a questo Principe, giacchè l'esibizione di pagargli annualmente i frutti corrispimpimon-
ti alle rendite non soddisfaceva. Insistevano perciò i Ministri
Gallispani a tenore de gli ordini delle lor Corti su questo punto, e sulla restituzione de'fondi spettanti a i Genovesi; e perchè restò incagliato l'affare, bastò intoppo tale a fermar tutto, l'altro resto dell'esecuzion della Pace, e a moltiplicar anche

chè per un Mese gli aggravj delle Provincie, che s'aveano a reftituire. Detto fu, che il Re Criftianiffimo ricavaffe da gli Stati occupati ne' Paefi baffi cinquantamila Fiorini per giorno. Se ciò fuffifte, nè pur que' Popoli fotto barbieri tali avranno avuto gran voglia di ridere. Il perchè fomma premura avendo la clementiffima Imperadrice di redimere i Sudditi fuoi ed altrui da ulteriori veffazioni, cotanto s'induftriò, che le venne fatto di ricuperare i Feudi fuddetti da un generofo comprator d'effi; di render i lor fondi a i particolari Genovefi; e confeguentemente di poter adempiere interamente gli Articoli del Trattato conchiufo in Acquisgrana. D'effi Stati adunque fu rimeffo in poffeffo il Duca di Modena, ficcome ancora gli fu accordato il poffeffo de gli Allodiali di Guaftalla. E perciocchè furono ancora tolte di mezzo le controverfie eccitate fra la Corte Auftriaca, e la Repubblica di Genova, niun oftacolo più reftò a perfezionare il grande edificio della Pace univerfale. Videfi pertanto un Regolamento ftabilito in Acquisgrana de' giorni precifi, ne' quali a poco a poco fi dovea far l'evacuazione di alcune Città o Piazze de' Paefi baffi, e nello fteffo tempo d'altre dell' Italia. Spezialmente il principio di Febbraio quel fu, che diferrò le porte all' allegrezza de' varj Paefi. Quetamente prefero le truppe Spagnuole il poffeffo di Parma, Piacenza, e Guaftalla a nome del Reale Infante *Don Filippo* con fomma confolazione di que' Cittadini. Altrettanto fecero il Re di Sardegna, e i Genovefi de gli Stati lor proprj. Nel dì fette del Mefe fuddetto fu confegnata la Mirandola alle foldatefche di *Francefco III.* Duca di Modena. E nel dì undici anche la Città e Cittadella di Modena, con tutte l'altre fue pertinenze, tornarono a godere i benigni influffi del legittimo loro Sovrano. Convien quì fare giuftizia all' Auguftiffima Imperadrice Regina *Maria Terefa*, e alla Maeftà di *Carlo Emmanuele* Re di Sardegna, che per fette anni tennero il dominio di quefto Ducato. Certo è, che non mancarono graviffimi guai e danni, frutti inevitabili della guerra, a quefti Stati, i quali anche contraffero più e più Milioni di debiti pubblici in sì lagrimevole congiuntura. Contuttociò reftò quì, e per lungo tempo refterà memoria della gloriofa moderazione di quefti due clementiffimi Sovrani, che fi tennero lungi da ogni eccesso, finchè quì efercitarono la lor fignoria. Placido e pien di Giuftizia fi provò quì il Governo civi-

civile, perchè venne appoggiata l'Amminiftrazion d'effi Stati al Conte Beltrame Criftiani, Gran Cancelliere della Lombardia Auftriaca, perfonaggio che per l'elevatezza della mente, per l'attività nell'operare, e per le Maffime dell'Onoratezza, inclinante tutta al Pubblico Bene, ha pochi pari. Suo Luogotenente il Conte Emmanuele Amor di Soria, Senator di Milano, avveduto ed incorrotto Miniftro della Giuftizia e dell' Economia Camerale, lafciò anch'egli in quefte parti con onore il fuo nome. Affai difcreto medefimamente fi trovò il contegno Militare, avendo tanto gli Ufiziali che le truppe delle lor Maeftà offervata una lodevol difciplina, fenza eftorfioni ed avanie in danno de gli abitanti.

MA non poterono già altri Popoli, per lor difavventura imbrogliati nella prefente guerra, contare un egual trattamento e fortuna. Aveva io all'Anno 1500. fra le glorie de' noftri tempi regiftrato ancor quella delle guerre oggidì fatte con moderazione fra' Principi Criftiani, cioè fenza infierire contro le innocenti Popolazioni, e fenza la defolazione de'conquiftati o de'nemici paefi. Debbo io ora con vivo difpiacere ritrattarmi. Ci ha fatto queft'ultima guerra vedere troppi efempli di barbarie entro e fuori d'Italia, con lafciare la briglia alla licenza militare, per fare colla rovina della povera gente Vendetta de'veri o pretefi reati de'loro Principi. Che i Turchi, che i Barbari, i quali pare, che non conofcano Legge alcuna d'umanità, cadano in così brutali eccefsì, non è da maravigliarfene; ma che genti profeffanti la Legge fanta del Vangelo, Legge Maeftra della Carità, facciano altrettanto: non fi può mai comportare. E non vede chi così opera, che in vece di gloria egli va cercando l'infamia, la quale fenza dubbio tien dietro alle crudeltà? Ma lafciando quefte inutili doglianze e luttuofe memorie, volgiam più tofto i ringraziamenti noftri alla divina Clemenza, che ha fatto in queft'Anno ceffar l'ire de'Regi, e coll'evacuazion de'Paefi, che s'aveano a reftituire, ha ridonata la tranquillità e l'allegrezza a tanti Regni e Principati, involti per fette anni nelle calamità della Guerra. Tanto più memorabile dee dirfi quefta Pace, perchè non folamente s'è diffufa per tutta l'Europa, ma viene anche accompagnata dall'univerfale di tutta la Terra, non udendofi in quefti tempi alcun'altra Guerra di rilievo per le altre parti del Mondo, di modo che non abbiam

da

na invidiare la felicità de'tempi d'Augusto. Resta solamente
della Corsica il fermento della Ribellione; ma non andrà molto [così è da sperare] che l'interposizione de' Monarchi di
Francia e Spagna pacificamente e con oneste condizioni ridur-
rà que' Popoli all'ubbidienza verso la legittima ed antica Sovranità della Repubblica di Genova. Ma oltre a i ringraziamenti da noi dovuti al supremo Autor d'ogni Bene, conviene ancora inviare al suo Trono le umili nostre preghiere, acciocchè il gran Bene della Pace a noi restituita non sia dono
di pochi giorni, e che i Potentati d'Europa giungano a sacrificare al riposo de' poveri Popoli, i quali dopo tante calamità cominciano a respirare, i lor risentimenti, o pur le sug-
gestioni della non mai quieta Ambizion. Regnando la Pace
in Italia, che non possiamo noi sperare, da che abbiamo
Principi di sì buon volere, e di tanta rettitudine? A me sia
lecito di ricordarne quì il nome per riconoscimento della presente nostra fortuna.

HA lo Stato della Chiesa Romana per suo Principe e Ret-
tore il Sommo Pontefice BENEDETTO XIV. che per la
somma Pietà, per l'ottimo suo cuore, per la penetrazion della mente, e per la singolar Dottrina può ben gareggiare co'
più rinomati ed illustri Successori di San Pietro. Non ha egli
accettato il Governo della Chiesa di Dio e del Principato Romano, per alcun comodo od utile suo, ma unicamente per
far servire i pensieri e la vigilanza sua al Pubblico Bene.
Eterna memoria del suo Sapere e Zelo per l'istruzione della
Chiesa Cattolica saran le varie insigni Opere già da lui date
alla luce, ed ultimamente ancora due Tomi del suo Bollario.
E perciocchè gl'innocenti Popoli suoi per le peripezie dell'ultime guerre hanno partecipato anch'essi delle comuni calamità, si studia l'amorevolissimo Padre di ricomporre le da lor
patite slogature: giacchè se chiedeste, quali sieno i suoi Nipoti, vi si risponde, che tali propriamente sono i Sudditi suoi.
Roma spezialmente, che l'ha alzato al Trono, quella è, che
sopra l'altre gode i benefici influssi d'un Principe, che non
conoscendo cosa sia Amor proprio e de'suoi, quanto a lui viene dal Principato, tutto vuol rifondere in decoro e abbelli-
mento della sua benefattrice Città. Testimonianze perciò delle sue gloriose idee, e monumenti per l'immortalità del suo
nome, sono e saranno un Braccio dello Spedale di Santo Spi-

rito in effa Roma : fabbrica di fingolar magnificenza ; e di
fomma utilità pel bene de'Poveri . Lo Stradone , che guida
da San Giovanni Laterano fino a Santa Croce in Gerufalem-
me . Rinovata entro e fuori con Atrio infigne la fteffa Bafilica di fanta Croce . Affcurata la maravigliofa Cuppola di
San Pietro da i timori inforti di rovina . Terminata la Fontana di Trevi , che per la grandiofità e vaghezza è l'ammi-
razion d'ognuno . Ornata mirabilmente al di dentro , e decorata al di fuori d'una nobil Facciata la Chiefa di Santa Maria Maggiore , colla giunta ancora delle fabbriche adiacenti ,
e beneficata di molto la Chiefa di Santo Apollinare . Riftau-
rate ed abbellite le Chiefe di San Martino in Monte , e di Santa Maria de gli Angeli ; e rinovato il Triclinio di Papa Leone III. nella Bafilica Lateranenfe . Ha egli in oltre fabbricato
un Nicchio col Mufaico a canto della Scala Santa ; rinovato
il Mufaico della Bafilica di San Paolo ; fcoperto il già fotter-
rato infigne Obelifco di Campo Marzo . Sonofi ftefi i fuoi benefizj anche alla Camera Apoftolica , eftenuata in addietro per
varie cagioni , con procacciarle ogni rifparmio e vantaggio ,
e fopra tutto coll' affegnare alla medefima il capitale de' Vacabili , che vengono a vacare : il che aveano dimenticato di
fare tanti fuoi Anteceffori . Vedefi parimente dal nobiliffimo
fuo genio maggiormente arricchita la Galleria delle Antichità
nel Campidoglio , ed erettane un'altra egualmente magnifica
di Pitture e Medaglie ; per tacer altri monumenti dell'incomparabil fua munificenza verfo a Roma , ed anche verfo la
Metropolitana e l'Iftituto delle Scienze di Bologna Patria fua.
Roma ne'Secoli barbarici , e molto più durante la dimora de'
Papi in Avignone , era incredibilmente decaduta dall'antico
fuo fplendore . Ha circa tre Secoli , ch'effa va fempre più ri-
cuperando la fua maeftà e bellezza ; ma sì fattamente in queft'
ultimo mezzo Secolo fono in effa crefciuti gli ornamenti , che
giuftamente tuttavia le è dovuto il pregio e titolo di Regina
delle Città . E però a sì gloriofo ed amorevol Principe , nato
folamente per l'altrui Bene , chi non augurerà di cuore vita lun-
ghiffima ed ogni maggiore profperità?

GRANDE obbligo hanno , o almen debbono profeffare a Dio
i Regni di Napoli e Sicilia , perchè loro abbia conceduto nella perfona del Re DON CARLO , germoglio della Real Cafa di Francia , dominante in Ifpagna , un Regnante di fomma

Cle-

Clemenza , e Regnante proprio . Gran regalo in fatti della
Divina Provvidenza è per effi dopo tanti anni di divorzio il
poter godere della prefenza d'un Reale Sovrano, della fua magnifica Corte , e della retta amminiftrazion della Giuftizia ,
fenza doverla cercare oltra monti. Gran confolazione in oltre
è il vedere, come quefto Monarca col fuo Configlio fi ftudii di
aumentar le manifatture, la navigazione, il traffico, e la ficurezza de' Sudditi fuoi . A lui è anche tenuta la Repubblica
delle Lettere pel fuo defiderio, che maggiormente fiorifcano
l'Arti e le Scienze, e per la mirabile fcoperta della Città di
Ercolano, tutta ne' vecchi tempi profondamente feppellita fot-
terra da i tremuoti e dalle bituminofe fiumane del Vefuvio .
In quel Luogo noi abbiam pure un infigne Teatro dell'antica
Erudizione . Finalmente la placidezza del fuo Governo , la
nobil Figliolanza a lui donata dal Cielo, e il valore dalla Maeftà fua moftrato nella difefa di Velletri, e de' Regni fuoi : fon
pregi, che concorrono a compiere la gloria di quefto Monarca,
e la felicità de' Popoli fuoi .

APPARTIENE all'Auguftiffimo Imperadore FRANCESCO I.
il Gran Ducato della Tofcana, cioè ad un clementiffimo e piiffimo Sovrano . Non può già effere , che quella contrada , per
tanti anni retta da i faviffimi Principi dell'immortal Cafa de' Medici, non rifenta oggidì qualche convulfione per la lontananza del Principe fuo. Contuttociò hanno que' Popoli di che ringraziar Dio , perchè i riguardi dovuti a così gran Monarca
gli abbiano prefervati da ogni difaftro nell'ultima sì perniciofa e dilatata Guerra ; e perchè la rettitudine del Governo e
della Giuftizia prefente non lafci loro da augurarfi quella de'
tempi paffati ; e perchè la vigilanza e attività del Conte Emmanuele di Richecourt nulla ommette per foftenere, anzi au-
mentare l'induftria e il commerzio della Tofcana, onde per
quefta via fi rifarcifca, e compenfi ciò, che fi perde pel mantenimento della Corte lontana : pare, che la Tofcana non abbia molto a dolerfi della prefente fua fituazione.

QUANTO a gli Stati della Sereniffima REPUBBLICA DI
VENEZIA , le contingenze dell'ultima lunga Guerra non fon
giunte a turbare il ripofo di quegli abitanti ; e quantunque
per precauzione prudente e buona cuftodia delle fue Città e
Fortezze abbia quel Senato in tal congiuntura fatto buon armamento, pure nulla per quefto ha accrefciuto i pubblici ag-

gravj; anzi delle altrui calamità non poco han profittato gli Stati suoi di Lombardia. Del resto così ben concertate son le maniere di quel Governo, così acconce le sue antiche Leggi, acciocchè regni in ogni Popolazione la tranquillità, la Giustizia, e il traffico, che ognuno da gran tempo riconosce per buona Madre una Repubblica di tanta saviezza.

ALTRETTANTO a proporzione è da dire della REPUBBLICA DI LUCCA. Ha cooperato la situazione sua, ma anche l'inveterata Prudenza di que' Magistrati, e l'osservanza delle ben pesate lor Leggi, a mantenere il paese immune dalle calamità, che in questi ultimi tempi sopra tanti altri Popoli largamente son piovute. Più de' vasti dominj può essere felice un picciolo, qualora la Libertà, la concordia, l'esatta Giustizia, il buon comparto e la discretezza de i tributi, fa che ognuno possa essere contento nel grado suo.

MA per conto di gran parte della Lombardia, paese bensì felice, ma destinato da tanti Secoli a provare, che pesante flagello sia quel della Guerra, certo è, che per la conchiusa Pace comincerà essa a respirare, ma con restar tuttavia languente il corpo suo per lo sconvolgimento e per le piaghe de gli anni addietro. Il Sereniss. Signor Duca di Modena FRANCESCO III. per più anni ha veduto in mano altrui gli Stati suoi; l'ha sempre accompagnato il coraggio nelle fatiche militari e ne' disastri. Ha confessato la maggior parte de gli Uziali Gallispani, essere sempre stato giusto il pensare e consigliare di questo Principe, durante la guerra, talmente che se si fosse fatto più conto del parere del Duca di Modena, le cose avrebbero avuto un esito molto migliore. Finalmente ha egli con tutto suo onore superata la pericolosa tempesta, e ha dato a i suoi fedelissimi Sudditi la contentezza di ripiglar le redini del suo Governo. Ora se si rivolgerà la paterna sua cura, come è da sperare dalle saggie e rettissime Massime sue, e dall' ottimo suo cuore, alle maniere più proprie per sollevare i suoi Popoli da tanti debiti contratti, e da i molti aggravj, non già imposti dalla sempre amorevole Serenissima Casa d'Este, ma dal maleficio influsso delle Guerre passate: ritornerà a fiorire l'allegrezza nel dominio suo, e sarà benedetta quella benefica mano, che avrà fatto dimenticare tante sciagure in addietro sofferte.

FORSE maggiori son da dir quelle, che in questi ultimi tem-

tempi han provato gli Stati di Parma e Piacenza, perchè ivi non poco ha danzato il furore delle nemiche Armate. Tuttavia da che la Pace ha ridonato a que' Popoli un Principe proprio nella perfona del Real Infante DON FILIPPO fratello de' potentiffimi Re di Spagna, e di Napoli: ben fi dee fperare, che ritornando colà il fangue della Sereniffima Cafa Farnefe, vi ritornerà ancora quella Felicità, che godevafi quivi fotto gli ultimi prudenti Duchi. Non fi può ftimare. abbaftanza il privilegio d'aver Principe proprio e prefente, che faccia circolare il fangue de'Sudditi, e rifparmi loro la pena di cercar lungi la Giuftizia, ed altri provvedimenti neceffarj ad uno Stato.

Per fua legittima Signora riconofce il Ducato di Milano, oggidì congiunto con quello di Mantova, l'Auguftiffima Imperadrice Regina MARIA TERESA D'AUSTRIA. Delle comuni difavventure, e di un nuovo fmembramento ha effo partecipato nell'ultima Guerra. Qual fia per effere il ripofo e follievo fuo ne' venturi tempi di pace, non fi può peranche comprendere, ftante la rifoluzion prefa dall'Imperiale e Real Maeftà fua di non provar più il rammarico di aver creduto di avere, e di avere effettivamente pagato un poderofo efercito per fua difefa in Italia, con averne poi trovata folamente appena la metà al bifogno. Manifefta colà è, tanta effere la Pietà e l'amore del Giufto in quefta generofa Regnante, che in sì bel pregio niun altro Principe può vantarfi d'andarle innanzi. Nè già mancano nel Configlio fuo Miniftri di fomma avvedutezza e di ottima Morale, per gli avvifi de'quali fi fon talvolta veduti fermati in aria i fulmini del fuo fdegno, e ritrattate le rifoluzioni, le quali farebbero tornate in difcredito e difonore della Sovrana, che pur tanto è inclinata alla Clemenza, nè altro defidera che il Giufto. Ragionevole motivo perciò hanno in Italia i Popoli fuoi di fperare, che a i tempeftofi paffati giorni fuccederà un bel fereno.

Quanta parte d'Italia fia fottopofta alla Real Cafa di Savoia, ognun lo fa, ma non tutti fanno, quanto abbiano fofferto di guai i fuoi Stati di qua da Po, e che intollerabili miferie fi fieno rovefciate fopra quei della Savoia e di Nizza. Nulladimeno così ben regolato è il Governo di quella Real Corte, così rette le Maffime del favio e benigniffimo Principe CARLO EMMANUELE III. Re di Sardegna e Duca di Savoia,

voia, tanto l'amore verſo i Sudditi ſuoi, ch' eſſi non tarderan-
no ad aſciugar le lagrime ; giacchè non ha egli men cura del
proprio, che del Pubblico Bene.

RESTA la Sereniſſima REPUBBLICA DI GENOVA, che
nelle proſſime paſſate rivoluzioni s' è trovata sbattuta più di
ognuno da i più feroci venti , con pericolo di far naufragio
anche di tutto. Graviſſime, non può negarſi, ſono ſtate le perdite ſue, deplorabili le ſue ſciagure ; ma da che a lei è riuſcito
di ſalvar la gioia più cara e prezioſa della Libertà , e dappoichè nulla s' è ſcemato de' legittimi ſuoi dominj : molto ha di
che conſolarſi ora e per l'avvenire . E tanto più , perchè il
ſenno de' ſuoi Magiſtrati, l'attività, il commerzio de gl'induſtrioſi
Cittadini, potranno fra qualche tempo avere riſarciti i patiti
danni, reſtando intanto per tutta l'Europa immortale la gloria della lor coſtanza e valore in tante altre congiunture , ma
ſpezialmente nell'ultima da eſſi moſtrato.

PER memoria de' poſteri non vo'laſciar di aggiugnere, che
niuno dovrebbe mai deſiderar di godere , o rallegrarſi d' aver
goduto un Verno placido , e ſenza nevi e ghiacci ne' paeſi ,
dove regolarmente ſi pruova queſta disguſtoſa , ma forſe utile
penſione . Non potea eſſere più placido in Lombardia ed in
altri paeſi il Verno dell' Anno preſente, perchè privo di nevi
e ghiacci, talmente che non ſe ne potè ammaſſare nelle Con-
ſerve per refrigerio ed uſo della vegnente State. Ma che ? Sul
fine di Marzo venne più d'uno ſcoppio di neve, che quantunque da lì a poco ſi ſquagliaſſe , pure ci rubò i primi frutti ,
danneggiò gli orti, e la foglia de'gelſi, o poco propizia fu a i
grani, che già s'erano moſſi . Poco è queſto . Nel dì 25. d'Aprile per tre giorni nevicò in Milano, e ſuccederono brine , che
fecero perdere tutti i frutti. Sul principio poi di Giugno eccoti fuor del ſolito fioccar folta neve ne' gioghi dell' Apennino ,
che ſi rinforzò e ſoſtenne gran tempo, con produrre un pun-
gente freddo, dirottiſſime piogge ogni dì, e temporali, e gra-
gnuole orribili : onde ſi videro gonfi e minaccioſi tutti i Fiumi, e ne ſeguirono anche gravi inondazioni, e fiere buraſche
in Mare. Nè caldo nè gelo vuol reſtare in Cielo : è proverbio
de'contadini Toſcani. Spezialmente orribile e dannoſo fu il Turbine ſucceduto nella notte del dì undici di Giugno in una ſtri-
ſcia dell'alma Città di Roma, e particolarmente fuori d'eſſa ;
di cui s'è veduta relazione in iſtampa.

CON-

CONCLUSIONE.

QUI' mia intenzione era di deporre la penna ; e l' avrei fatto, fe i configli di più d' uno non m' aveffero fpinto a moftrarmi intefo di quanto ha fcritto un moderno Giornalifta Anonimo contra di quefti Annali, cioè contro di me , con una Cenfura, la quale può dubitarfi, fe convenga ad onefto Scrittore. Certamente tanti e tanti, che han letto le adirate fue parole fenza leggere effi Annali, abbifognano di qualche lume, per non effere condotti ad un finiftro giudizio da sì appaffionato Scrittore. Mi vuol egli dunque proceffare quafi per troppo parziale de gli antichi Imperadori. Ma fappia , ch' io non ho mai penfato a farmi punto di merito nè con gli antichi nè co' moderni Augufti. Il folo amore della Verità , o di quanto io credo Verità, quello è, che guida la mia penna ; e la Verità non può già chiamarfi Guelfa o Ghibellina. Ho io trovato in troppe Storie, che ne gli antichi Secoli non fi potea confecrare l' eletto Papa fenza il confenfo de gl' Imperadori. Avrebbe defiderato il Cenfore, che io non aveffi toccato quefta particolarità, o pur l' aveffi chiamata iniquità ed ufurpazione. Ha io dato nome d' *Ufo* od *Abufo* a quel rito , durato per più Secoli, nè a me tocca dirne di più. Lo fteffo San Gregorio il Grande fe ne fervì, per fottrarfi al Pontificato; tant' altri fommi Pontefici furono lontani dal difapprovarlo ; e in un Concilio, tenuto da uno de gli fteffi Papi, quell'ufo fu appellato *Rito Canonico*. Doveva il Giornalifta offervare , ch' io lodai la Libertà da più Secoli in qua goduta per l' elezione e confecrazion de' Papi, e conofcere, ch' io non ho men di lui Zelo per la libertà e per l' onore del Pontificato; ma aver egli ben poca grazia in volere, ch' io affolutamente condanni quello, che i Papi fteffi una volta non difapprovavano.

SCALDASI poi forte effo Anonimo, perchè io dopo il Pagi ed altri Scrittori abbia moftrato, che gl' Imperadori Carolini e i lor Succeffori per lungo tempo confervarono l' alto Dominio fopra Roma ed altri Stati della Chiefa Romana, non volendo effere da meno de' precedenti Greci Imperadori; Che il Prefetto pofto in Roma da effi Augufti vi durò fino a' tempi di Papa Innocenzo III ; Che la Romagna, benchè donata da Pippino alla Chiefa fuddetta, e da lei fignoreggiata per molto tempo, fu poi poffeduta da i Re d' Italia ed Imperadori fino

a Pa-

a Papa Niccolò III. che la ricuperò. Al Cenfore fuddetto ben
conviene il provare, fe può, che non fuffiftano sì fatte opinio-
ni. Ma s'io non ho tali cofe afferito di mio capriccio, anzi
ho prodotto le pruove di tutto, prefe dalla Storia e dalle Memorie de' vecchi tempi: come mai pretendere, ch'io afconda
que' fatti, o chiami ufurpazione quello, che tanti Papi lafciarono godere fenza richiamo a gl'Imperadori? Ma fi va repli-
cando, ch'effi Augufti confermavano di mano in mano la Romagna a i Papi. Tutto fia; e pure non ne reftituivano il dominio e poffeffo; ed Arrigo il fanto Imperadore, che tanto
operò in favor della Chiefa Romana, non fece meno de' fuoi
Anteceffori. Così nel Diploma di Lodovico Pio e d'altri Augufti noi troviamo donato ad effa Chiefa il Ducato di Spoleti
[per tacer altri paefi] e ciò non oftante miriamo effi Augufti
tuttavia Sovrani e poffeffori di quegli Stati. Come mai quefto?
Se il Giornalifta fi fa lecito di pronunziar fentenze contra di
tanti Imperadori, io per me non ofo d'imitare l'arditezza fua.

QUEL che è più ftrano: fi lafcia egli fcappar dalla penna,
*Che quefti Annali fono uno de' Libri più fatali al Principato
Romano*. A quefto epifonema fi rifponde, che fe mai per
difavventura fi trovaffe un Imperadore cotanto perverfo, che
voleffe turbare il Principato Romano, così giufto, così antico, e confermato dal figillo di tanti Secoli, e dal confenfo di
tanti Augufti: egli non avrà bifogno di quefti Annali, nè d'altri Libri, per far del male. A lui bafteranno i configli delle
fue empie e difordinate paffioni. Ma di fimili Augufti è da fperare, che niuno mai ne verrà. Chiunque fra' Regnanti Criftiani fa, cofa fia Giuftizia, fa eziandio, che i Dominj e Diritti ftabiliti da lunga ferie di tempi, e maffimamente di più
Secoli, e da una tacita rinunzia d'ogni pretenfione: fono per
così dire confecrati dalle Leggi del Criftianefimo e della Pre-
fcrizione. Altrimenti tutto farebbe confufione, e niuno mai
fi troverebbe ficuro nelle fue Signorie, per antiche o antichif-
fime che foffero. Mi fi perdoni, non abbonda di giudizio, chi
arriva a fpacciare per *fatali al Principato de' Papi* le Memorie
de gli antichi Secoli: quafichè fecondo lui poffano aver credito e valore titoli rancidi, anzi affatto eftinti, e fchiacciati fotto il pefo di una fterminata lunghezza di tempo. Ma potrebbero fervir di pretefto a i cattivi. Già s'è rifpofto a quefta
chiamata. Nè folamente quefto nuovo Politico è dietro a nuocere

cere con fentenze tali al Principato Romano , ma anche al
dominio di tanti altri Principi , pochi effendo quelli , che non
poffano trovar nelle Storie de' vecchi Secoli qualche Atto o
Diritto *fatale al fuo Principato*, per ufare la frafe di lui. Ma
qual Principe faggio , poffeffore immemorabile d'una ben fondata Signoria , fi formalizza , o fi dee mettere paura , perchè
la Storia de' precedenti Secoli non s'accordi col fuo prefente
fiftema ? La conclufione fi è , che il Giornalifta tacitamente
vorrebbe , che fi adulteraffe , o fi bruciaffe parte della Storia ,
per levare da gli occhi noftri ogni fpauracchio , da lui creduto
Fatale al Principato Pontificio , ma con lafciare intatte le an-
tiquate ragioni della Chiefa Romana full'Alpi Cozie , fulla Corfica , e Sardegna , su Mantova , ed altri paefi. Secondo lui , allora farà da lodar la Storia , che riferirà tutto quanto è favorevole a Roma , e tacerà tutto quello , che ha ombra di fuo
pregiudizio. Potrà egli formare una Storia tale , ma non già io.

SEGUITA un altro proceffo a me fatto da quefto Cenfore.
Non ho io defraudato delle convenevoli lodi [non può egli ne-
garlo] tanti Romani Pontefici o fanti o buoni , che fono la
maggior parte ; ma non ho lafciato di toccare i difetti di pochi altri , fpezialmente de gli Avignonefi , disdicevoli a mio
credere in chi fecondo l'intenzione di Dio dovrebbe effere ,
quanto è fublime nel grado , altrettanto eminente efemplare
d'ogni Virtù. Se l'ha a male il Giornalifta , nè può fofferire ,
che uno Storico ardifca di giudicar delle azioni e del merito de'
gran Perfonaggi ; ed è sì accorto , che non bada altrove a produrre un paffo , tutto contrario a quefte fue belle pretenfioni ,
cioè l'autorità del Reverendiffimo e celebre Padre Orfi dell'
Ordine de' Predicatori , Segretario della Congregazione dell' Indice , e Autore d'una nobile Storia Ecclefiaftica , con dire :
*Quanto a i Giudizj , che non vuole il Signor Fleury , che fiano
interpofti dallo Storico fopra le perfone , e fopra le loro azioni ,
oppone il Padre Orfi il fentimento di Dionifio Alicarnaffeo , che
nella Lettera a Pompeo Magno toglie al Cielo con grandiffime
lodi Teopompo , per aver più liberamente , che tutti gli altri Storici , giudicato de gli uomini , e delle azioni , delle quali fcriffe
la Storia.* Ma forfe quefto Giornalifta ha intefo di dire a me ,
e a chicheffia : Dite quanto mal volete de gl'Imperadori , Re ,
e Principi ; ma per conto de' Papi , rifpettate ogni lor coftume
ed azione , e non ofate di parlarne fe non in bene. Torno a di-

re, ch'egli formi una Storia tale, perchè niuno gliel contra-
fta. Ma chiunque sa, che il principal credito della Storia è la
Verità, e il giudicar, come poco fa dicemmo, delle operazioni de gli uomini, per ispirar ne'Lettori l'amore della Giustizia
e del retto operare, e l'abborrimento a ciò, che sa di vizio:
crederà ben meglio fatto, e giusto, ed utile alla Repubblica,
che si dia il suo vero nome a quello ancora, che difettoso ap-
parisce ne'costumi e nelle azioni de'Pastori della Chiesa di Dio.
La Storia ha da essere una Scuola per chi dee loro succedere,
a fin d'imparare nelle lodi de' buoni, e nella disapprovazion
de'cattivi, quello ch'essi han da fare o non fare. E forse che
le divine Scritture dell'uno e dell'altro Testamento non ci han
lasciato un chiaro esempio di questo? Anch'ivi noi troviam
riprovato ciò, che meritava biasimo ne'sacri Ministri; e la stessa libertà comparisce ne gli Annali dell' immortale Cardinal
Baronio, e in altri insigni Storici, che sapevano il lor mestiere, e tenevano per irrefragabile il sentimento di Tacito: *Præ-
cipuum munus Annalium, ne Virtutes sileantur, utque Pravis
Dictis Factisque ex posteritate & infamia metus sit.*

Vegga dunque l'Anonimo Censore, che in vece di ben servire alla santa Romana Chiesa, non la discrediti col soverchio
suo zelo. Che appunto in vergogna di essa ritornerebbe l'esigere, che s'avesse a nascondere ed opprimere la Verità in parlando dei Papi; e il pretendere, ch'essi sieno sempre stati esen-
ti dalle umane passioni; non si sieno mai abusati della loro
autorità; non abbiano mai fatto guerre poco giuste; non fulminate Scomuniche e Interdetti senza buone ragioni. Noi pos-
siam bene ascondere queste macchie a'nemici del Cattolicismo:
ma non le sanno forse, o non le sapranno eglino senza di noi?
Fresche ne abbiamo anche le pruove. Meglio è pertanto, che
onoratamente le riferiamo ancor noi quali sono, per far loro
conoscere, che nè pur noi le approviamo: giacchè negar non
possono gli stessi Protestanti, che non son Vizj e difetti della
Religione e del Pontificato gli eccessi e mancamenti particolari
de'sacri Pastori. Il divino nostro Legislatore ha ben promessa
e manterrà l'Infallibilità, la Verità de'Dogmi, e la sussistenza
eterna della Chiesa Cattolica, ed ha conceduto Privilegj singolari alla Sedia di San Pietro pel mantenimento della Fede
e della Gerarchia; ma non s'è già impegnato ad esentare i
suoi Vicarj dalle umane infermità; e però non abbiam da ma-
ravi-

ravigliarci, fe talora la Storia ce ne fa veder taluno meritevole di biafimo, perchè per effere Papa non fi lafcia d'effere
Uomo, e i Papi anch'effi umilmente s'accufano delle lor colpe al facro Altare. Per altro effendo la Criftianità da circa due
Secoli in qua avvezza a mirar la vita e il governo efemplare
di tanti Sommi Pontefici, e maffimamente de gli ultimi tempi,
e del regnante *Benedetto XIV.* gloriofo pel compleffo di tutte le Virtù : niuna favia perfona fi formalizza, per trovar
ne'vecchi Secoli fulla Cattedra di San Pietro, chi fu di tempra ben differente. Anzi ringrazia Dio d'effere nato in tempi sì ben regolati per la Chiefa fua fanta, mentre i difordini
paffati fanno maggiormente rifaltare il buon ordine prefente.
Pofte poi tali premeffe, io mi credo difobbligato dall'entrare
in un minuto efame di quanto il Giornalifta s'è ftudiato di
opporre alla difcreta libertà di quefti Annali, coerente alle
Leggi, colle quali s'ha da reggere la Storia, acciocchè fia
utile al Pubblico.

MA non fi può già lafciar paffare, efferfi egli lafciato trafportare dall'ecceffiva paffione fua tant'oltre, che laddove pretende, non dover io trovar cofa biafimevole in veruno de i
Papi, pofcia in vece di fapermene meco grado, bizzarramente meco
s'adira, perchè difendo la fama di alcuni d'effi, vivuti nel Secolo Decimo, dalla troppo acre cenfura del Cardinal Baronio,
volendo che fi ftia alle afferzioni di lui, e non già alle fondate ragioni miè in lor favore. Similmente mi vuol reo, perchè
ho toccato i mali effetti del *Nepotifmo* de' Papi; nè gli paffa
per mente, che il fanto Pontefice Innocenzo XII. colla fua celebre Bolla più e meglio di me ha parlato contra di tale abufo; e che il celebre Cardinale Sfondrati con Libro appofta ne
fece comparire tutta la deformità. Oltre a ciò non vorrebbe,
ch'io dopo aver lodata la piena Libertà del facro Collegio, ricuperata già tanti Secoli fono, in eleggere e confecrare i Papi, aveffi defiderato, che ceffino le lunghezze de' Conclavi, e
le private paffioni de' facri Elettori in affare di tanta importanza per la Chiefa di Dio. Nè fi ricorda, che l'Eminentiffimo
Cardinale Annibale Albani in tale occafione fece riftampare e
fpargere per Roma la famofa Lettera CLXXX. dell'Ammana-
ti Cardinal di Pavia al Cardinale di Siena, dove le irregolari-
tà occorrenti ne' Conclavi fon pienamente riprovate.

E CHE diremo noi delle idee di quefto Giornalifta, allor-

chè

chè pretende aver la Conteſſa Matilda donato àlla Chieſa Romana Mantova, Parma, Reggio, e Modena? Io nol poſſo
aſſicurare, che non ridano gl'Intendenti delle Leggi, all'udir
sì fatte pretenſioni. Davanſi allora le Città del Regno d'Italia in Governo o Feudo. Come poterne diſporre ſenza la per-
miſſione del Sovrano? A queſto conto avrebbe anche potuto
Matilda donare il Ducato di Toſcana, di cui era Ducheſſa.
E s'ella aveſſe donata Ferrara, dove ſignoreggiò, ad alcuno:
pare egli a queſto valentuomo, che legittima foſſe ſtata una
tal donazione? Biſogna poi, ch'egli non abbia occhi, allorchè
ſcrive, ch'io chiamo gli Eſtenſi Duchi della ſteſſa Ferrara fin
dall'Anno 1097. Laſcerò ancora, ch'altri dica, qual nome ſi
convenga a lui colà, dove in diſpregio d'illuſtri Principi oſa
trattare da Spurio Don Alfonſo d'Eſte, Figlio d'Alfonſo I.
Duca di Ferrara, e Padre del Duca Ceſare: coſa non mai ſo-
gnata, non che preteſa da i Camerali Romani, per eſſere un'
evidente menzogna e calunnia. Queſto è un impiegare l'ingegno e il tempo, non già in difeſa, ma in obbrobrio della ſacra
Corte di Roma, la quale per altro non potrà mai approvare
chi con diſordinate pretenſioni, e fin colla calunnia prende a
combattere per lei.

Che ſe non peranche foſſe queſto animoſo Cenſore perſuaſo de i giuſti diritti di chi ſcrive Iſtorie: io il prego di aſcol-
tare un Giudice più autorevole di me in queſta parte; cioè il
celebre Padre Mabillone, grande ornamento dell'Ordine Bene-
dittino. Secondo il ſolito fu anch'egli coſtretto a udire i lamenti e rimbrotti d'alcuni a cagion della veracità, da lui parimente praticata nel compilare l'inſigne Opera de gli Annali
Benedittini. Si vide egli obbligato per queſto ad una breve Apo-
logia, un pezzo di cui vien riferito dall'Autore della di lui Vita, ſtampata fra' ſuoi Analetti. Eccone le parole: *Ut æquita-*
tis amor prima Judicis dos eſt, ſic & rerum anteactarum ſince-
ra & accurata inveſtigatio Hiſtorici munus eſſe debet. Judex
perſona publica eſt, ad ſuum cuique tribuendum conſtituta. Ejus
judicio ſtant omnes in rebus, de quibus fert ſententiam. Maxi-
mi proinde criminis reum ſe facit, ſi pro virili ſua parte jus
ſuum unicuique non reddat. Idem Hiſtorici munus eſt, qui &
ipſe perſona publica eſt, cujus fidei committitur examen rerum,
ab antiquis geſtarum. Quum enim omnibus non liceat eas per
ſe inveſtigare: ſententiam ejus ſequuntur plerique, quos proin-
de

de fallit, nisi æquam ferre conetur. Nec satis est tamen verum amet & investiget, nisi is insit animi candor, quo ingenue & aperte dicat, quod verum esse novit. Mentiri si Christianis omnibus, a fortiori Religiosam vitam professis nulla umquam ratione licet; longe minus, quum mendacium exitiale & perniciosum multis evadit. Fieri vero non potest, quin Historici mendacia vertant in perniciem multorum, qui verbis ejus fidem adhibendo decipiuntur, dum Errorem pro Veritate amplectuntur. Non levis proinde ejus culpa est, quæ tot alias secum trahit. Debet ergo, si candidus sit, procul studio partium certa ut certa, falsa ut falsa, dubia ut dubia tradere, neque dissimulare, quæ utrique parti favere aut adversari possint. Questi, e non l'Anonimo Giornalista, sono stati a me, e saranno anche ad altri, i veri Maestri, per tessere una Storia, che non paia indegna della pubblica luce.

INDICE
DEL TOMO DUODECIMO.

fem-

Suci

N O T A.

Avendo io all' Anno 1672. pag. 320. accennato il Tremuo-to accaduto in Rimino , con fidarmi delle alterate Relazioni d' allora, fcriffi, che più di Mille e cinquecento per-fone in effo lafciarono la vita . Ho dipoi letta nel Tomo XXXIV. de gli Opufcoli del P. Calogerà una Relazione di quel fatto, ultimamente compofta dal Chiariffimo Sig. Dottore Giovanni Bianchi, Medico primario d'effa Città, da cui fi raccoglie, che nè pur cento perfone perirono in quell' orrida congiuntura . L'efattezza di quefto Scrittore, e le più ficure memorie , ch' egli ha confultato , efigono, che fi corregga quanto io ho detto di quelle morti.

Lightning Source UK Ltd.
Milton Keynes UK
UKHW012205051218
333536UK00014B/1354/P